Der Spiegel des Hermes Trismegistos

Europäische Hochschulschriften

Publications Universitaires Européennes
European University Studies

Reihe XX
Philosophie

Série XX   Series XX
Philosophie
Philosophy

Bd./Vol. 676

PETER LANG
Frankfurt am Main · Berlin · Bern · Bruxelles · New York · Oxford · Wien

Roderich von Webel

Der Spiegel des Hermes Trismegistos

Leib-Seele-Dualismus und Künstliche Intelligenz

Das Gehirn-Geist-Problem
auf der Basis der Intensionalitäts- und
Selbstbewußtseinsthematik
in der Analytischen Philosophie
als theoretischer Hintergrund für aktuelle
Forschung in der Informatik

PETER LANG
Europäischer Verlag der Wissenschaften

Bibliographic Information published by Die Deutsche Bibliothek
Die Deutsche Bibliothek lists this publication in the Deutsche
Nationalbibliografie; detailed bibliographic data is available in the
internet at <http://dnb.ddb.de>.

Zugl.: Berlin, Freie Univ., Diss., 2001

Der vorliegende Text stellt eine erweiterte Fassung
der unter dem Titel
>Geist, Gehirn und Künstliche Intelligenz -
Das Leib-Seele-Problem auf der Basis der Intensionalitäts-
und Selbstbewußtseinsthematik in der
Analytischen Philosophie und seine Relevanz für aktuelle
Forschung in der Informatik<
im März 2001 bei der Freien Universität Berlin,
Fachbereich Politik- und Sozialwissenschaften,
Arbeitsbereich Informationswissenschaft,
vorgelegten Inauguraldissertation dar.

Abbildungen auf dem Umschlag:
Many Worlds; Ken Keller, http://fractalartgallery.com
Hermes Trismegistos; Michael Maschka.

Abdruck mit freundlicher Genehmigung der Künstler.

Gedruckt auf alterungsbeständigem,
säurefreiem Papier.

D 188
ISSN 0721-3417
ISBN 3-631-52797-7

© Peter Lang GmbH
Europäischer Verlag der Wissenschaften
Frankfurt am Main 2004
Alle Rechte vorbehalten.

Printed in Germany 1 2 3 4 5   7

www.peterlang.de

gewidmet

meiner Mutter,
sowie
der liebsten Julia,
sowie
meinen humorvollen Freunden,
denen ich viel verdanke.

HERMES TRISMEGISTOS: "der Dreifach Größte Hermes" (Name entstammt dem synkretistischen Eklektizismus des hellenistischen Alexandrien), mythisch-mystische Figur, aus der zwei Gottheiten hervorgingen: der griechische *Hermes* (Götterbote, Erfinder der Buchstaben und Gesetze, auch der List und des Betrugs) und der ägyptische *Thoth* (Gott der Weisheit). Hermes Trismegistos galt als Verfasser zahlreicher sagenhafter (d.h. überwiegend verschollener bzw. nur in arabischen Bruchstücken vorliegender) Schriften, wie der "Tabula Smaragdina" oder dem "Corpus Hermeticum", und ist Ahnherr der Alchemie, Astrologie und >Hermetischen Philosophie< (d.i.Geheimwissenschaften und Magie).

Inhaltsverzeichnis

ZWEITER TEIL.

SELBSTBEWUSSTSEINS-PHILOSOPHIE, NATURWISSENSCHAFTEN UND DAS LEIB-SEELE-PROBLEM 89

DRITTER TEIL.

PARADIGMEN DER KÜNSTLICHEN INTELLIGENZ 245

VIERTER TEIL.

DAS LEIB-SEELE-PROBLEM UND KÜNSTLICHE INTELLIGENZ 307

Vorwort[0]

„Und das Leben für sein Teil? War es vielleicht nur eine infektiöse Erkrankung der Materie, – wie das, was man die Urzeugung der Materie nennen durfte, vielleicht nur Krankheit, eine Reizwucherung des Immateriellen war? Der anfänglichste Schritt zum Bösen, zur Lust und zum Tode war zweifellos da anzusetzen, wo, hervorgerufen durch den Kitzel einer unbekannten Infiltration, jene erste Dichtig-keitszunahme des Geistigen, jene pathologisch üppige Wucherung seines Gewebes sich vollzog, die, halb Vergnügen, halb Abwehr, die früheste Vorstufe des Substantiellen, den Übergang des Unstoffli-chen zum Stofflichen bildete. Das war der Sündenfall. Die zweite Urzeugung, die Geburt des Organi-schen aus dem Unorganischen, war nur noch eine schlimme Steigerung der Körperlichkeit zum Be-wußtsein, wie die Krankheit des Organismus eine rauschhafte Steigerung und ungesittete Überbeto-nung seiner Körperlichkeit war – : nur noch ein Folgeschritt war das Leben auf dem Abenteuerpfade des unehrbar gewordenen Geistes, Schamwärmereflex der zur Fühlsamkeit geweckten Materie, die für den Erwecker aufnahmelustig gewesen war ... "

THOMAS MANN: *Der Zauberberg*

Seit ihren Anfängen hat sich die Philosophie um die logisch-ontologische Klärung der Schlüsselbegriffe menschlichen Selbstverständnisses: Intelligenz, Geist, Selbstbewußt-sein – bemüht, stellen sich doch in diesem Zusammenhang die zeitlos brisanten Fragen des *Leib-Seele- (Gehirn-Geist-)Problems* und nach *Determinismus* und *Willensfreiheit*. Aus der seit zweieinhalb Jahrtausenden währenden Debatte zwischen materialistischen und idealistischen Positionen sind wichtige Konzeptionen hervorgegangen, auf deren Fundament die heutige Forschung zur *Künstlichen Intelligenz* ("KI", engl. *Artificial Intelligence*, "AI") basiert.

Besonders im zwanzigsten Jahrhundert haben etwa philosophische Logik und analyti-sche Philosophie die wesentlichen theoretischen Ideen geliefert, die von den KI-Forschern aufgegriffen und weiterentwickelt wurden – einige von ihnen gehen soweit, ihre Disziplin gar als einen praktisch-empirischen Zweig der Philosophie aufzufassen:

"Artificial Intelligence is philosophical explication turned into computer programs. Historically, what

---

[0] **Anmerkungen zur Notationsweise:** im Laufe dieser Arbeit kommen verschiedene Formen der Zitierung, Anführung bzw. der quasimetaphorischen oder sonstigen `cum grano salis´-Redeweise (wie ebendiese) mit unterschiedlichen Anführungszeichen zur Anwendung:
- doppelte Anführungsstriche („") ausschließlich für Textzitate (Ausnahme im Castaneda-Kapitel, dort wer-den aus Gründen der Übersichtlichkeit passagenweise auch Beispielsätze in doppelte Striche gesetzt);
- spitze Klammern (> <) für zitierte Begriffe (gelegentlich), angeführte Beispielsätze und Beispielbegriffe, metasprachliche/sprachlogische Differenzierung (>heute< hat fünf Buchstaben, aber nicht: heute) und all-gemeine Formen spezifischer semantischer >Aufladung< und Betonung (quasimetaphorische Rede) und cum-grano-salis-`Einfärbung´;
insbesondere bei letzterer finden auch noch die einfachen Strichpaare (` ´) als schwächste Anführungsvari-ante ihren Platz.
zur (optischen) Gliederung: diese Arbeit ist untergliedert in Teile, Abschnitte, Kapitel und Unterkapitel. Dabei variieren insbesondere die Kapitel, jeweils einheitlich nach Abschnitt, hinsichtlich des Umfangs und relativer Eigenständigkeit bzw. kontextueller Einbettung: entsprechend beginnt z.B. nur in den Abschnitten B. und C. von Teil 2 jedes Kapitel auf neuer Seite.

we think of artificial intelligence arose by taking the explications provided by philosophers, and finding computable extensions and applications of them".[1]

Trotz der Affinität zur Philosophie und den unbestreitbaren Erfolgen von Computerwissenschaft und Künstlicher Intelligenz bleibt jedoch offensichtlich, daß eine Anzahl von Schlüsselbegriffen bislang nur unzureichend geklärt ist: Wissensbegriff, Intelligenzbegriff und die Verwirrung darüber, welche Arten von >neuem Wissen< mithilfe deduktiver oder induktiver Inferenzmechanismen generiert werden können, liefern hierfür ein Beispiel. Als die eigentliche Kernfrage der KI-Wissenschaft kann jedoch die nach dem Verhältnis von Geist und Gehirn bzw. Seele und Leib gelten.

Während die KI-Forschung implizit wie explizit deterministische, reduktionistisch-materialistische Stellungen bezieht (damit dem allgemeinen naturwissenschaftlichen und philosophischen Trend des 19. und 20. Jahrhunderts folgend), kann sowohl im naturwissenschaftlichen als auch im philosophischen Bereich ein Wiederaufleben idealistischer, dualistischer bzw. allgemein reduktionsskeptischer Positionen festgestellt werden:

Physiker wie HENRY MARGENAU und ROGER PENROSE ziehen u.a. aufgrund mathematisch-logischer (*Gödels Unvollständigkeitstheoreme*) und quantentheoretischer Überlegungen idealistische Konsequenzen, der Neurophysiologe JOHN C.ECCLES und der Physiker FRIEDRICH BECK unternehmen gar den Versuch, eine quantenphysikalisch-neurophysiologische Fundierung (wenn nicht gar den Beweis) ihrer dualistisch-idealistischen Auffassung zu erbringen. Auch die Analytische Philosophie hat nach Überwindung ihrer positivistischen Vereinseitigungen die Rückkehr zur Bewußtseinsphilosophie längst vollzogen, und eine Reihe scheinbar überholter Einsichten fanden und finden ihre Rehabilitation; klar ist: gelänge es, aufgrund physikalisch-neurophysiologischer oder auch philosophisch-ontologischer Überlegungen das Leib-Seele-Problem entweder noch besser zu verstehen und gegebenenfalls zu reformulieren oder gar zu entscheiden, würde dies eine definitive ontologische Klärung und Bewertung (nicht nur) des KI-Ansatzes ermöglichen.

Die Dichotomie von Materialismus und Idealismus findet auf semantischer Ebene ihr logisches Pendant im Begriffspaar von Extension und Intension.

So wie einerseits der *Turing-Test* als *extensionalistisches* Kriterium menschlichen Bewußtseins gelten kann (und dabei allerdings notwendige aber nicht hinreichende Bedingungen formuliert), so ist andererseits *Intentionalität* (seit FRIEDRICH BRENTANO irreduzibles Charakteristikum des Mentalen), nur über *intensionale Kontexte* präzisierbar. Es soll daher zunächst, gleichsam als philosophische Propädeutik im Sinne begrifflicher Vorarbeit und Hinführung, das charakteristischste Begriffspaar der Analytischen Philosophie: Extension und Intension (bei FREGE: Bedeutung und Sinn) in seiner Genese und Entwicklung in den paradigmatischen Systemen von FREGE,

---

[1] C.Glymour: *AI is philosophy*, in: J.Fetzer (ed.):*Aspects of Artificial Intelligence*,1988, S.195;

14

WITTGENSTEIN und CARNAP untersucht werden.

Über deren Kritik und Rezeption entfaltete sich die Philosophie des zwanzigsten Jahrhunderts in die heutigen Strömungen, und ohne Kenntnis der dort aufgeworfenen und nachwievor aktuellen Fragestellungen ist ein adäquates Verständnis zeitgenössischer Philosophie und Logik kaum möglich. Nicht nur daß fregeanische bzw. neofregeanische Positionen aus der neueren Diskussion nicht wegzudenken sind (etwa GARETH EVANS), auch die in dieser Arbeit als Schlüsselproblem der KI behandelte Gehirn-Geist-Frage ist hiermit untrennbar verbunden:

➢ sind Bewußtseinsinhalte, Gegebenheitsweisen von Welt erschöpfend auf materiell-physikalisch beschreibbare Entitäten reduzierbar und damit extensional als Klassen solcher Objekte faßbar, oder besitzen sie diesen gegenüber emergente Eigenschaften?

Dabei stellen sich nicht zuletzt immer wieder Probleme und Fragen bezüglich der Ontologie, denen unsere Aufmerksamkeit zu gelten hat.

ALLAN NEWELL und HERBERT SIMON hatten seinerzeit die für die GOFAI ("Good Old Fashioned Artificial Intelligence") paradigmatische *physical symbol system hypothesis* formuliert:

„Die physikalische Symbolsystemhypothese. Ein physikalisches Symbolsystem hat notwendige und ausreichende Mittel für allgemeine, intelligente Aktion. Mit >notwendig< meinen wir, daß jedes System, das allgemeine Intelligenz zeigt, bei der Analyse beweisen wird, ein physikalisches Symbolsystem zu sein. Mit >ausreichend< meinen wir, daß jedes physikalische Symbolsystem von ausreichender Größe so weitgehend organisiert werden kann, daß es allgemeine Intelligenz zeigt".[2]

Nun heißt es bei den Gebrüdern DREYFUS:

„Die Ursprünge ihrer Hypothese fanden Newell und Simon bei Gottlob Frege, Bertrand Russell und A.N.Whitehead, aber natürlich waren Frege und seine Gesellschaft ihrerseits Erben einer langen, atomistischen, rationalistischen Tradition", und, etwas weiter:

„E. Husserl ... der sich selbst als die Kulmination der Cartesischen Tradition betrachtet hat und deshalb als Großvater der KI gelten kann ... Referenz wird hergestellt durch >prädikative Bedeutungen<, die, wie Freges Sinne, eben diese bemerkenswerte Eigenschaft haben, die atomistischen Eigenschaften der Objekte herauszuheben".[3]

Tatsächlich scheint an diesen Formulierungen so ziemlich alles verdreht zu sein, und unsere FREGE-Untersuchung wird mithin zur entgegengesetzten Bewertung führen.

WITTGENSTEINs *Tractatus-System* verdient dagegen insofern besonderes Interesse, als es eine ontologisch fundierte *korrespondenztheoretische Basis des Wahrheitsbegriffes* postuliert:

„Ludwig Wittgenstein, der Frege und Russell einbezogen hat, behauptete in seinem Tractatus Logico-Philosophicus die reine Form dieser syntaktischen, auf Repräsentationen beruhenden Ansicht der Beziehung zwischen Geist und Realität ... KI kann als der Versuch angesehen werden, im Subjekt

---

[2] zit. nach H.und S.Dreyfus, in: Graubard (ed.), S.16;
[3] ebd. S.29;

(Mensch oder Computer) die einfachen Elemente und logischen Relationen aufzufinden, welche die elementaren Gegenstände und ihre Beziehungen wiederspiegeln, aus welchen sich die Welt zusammensetzt: Newells und Simons physikalische Symbolsystemhypothese verwandelt letztlich die Wittgensteinsche Ansicht ... in einen empirischen Anspruch und baut darauf ein Forschungsprogramm auf".[4]

Die *Tractatus*-Ontologie beschreibt in der Tat die >beste aller möglichen Welten< für hartgesottene (klassische) KI-er:

aufgrund der postulierten Existenz absolut elementarer, irreduzibler Entitäten, der "Gegenstände", die in elementaren "Sachverhalten" konfiguriert sind, kann durch iterierte Anwendung der logischen Operation $N(\bar{\xi})$ sukzessive die ganze Welt komplexer Strukturen gleichsam mechanisch generiert werden.

Der entscheidende Punkt liegt dabei im Postulat absolut elementarer und fester Atome:

gerade weil die durch momentan verfügbare Theorien beschriebene physikalische Welt keine absoluten Strukturen bzw. finale Atome aufweist insofern, daß diese *immer* theorieabhängig sind, stellt für die KI-Forschung die Welt-Konstituierung (d.h. auf welcher Ebene werden Objekte und Klassen konstruiert, auf welcher Ebene soll analysiert/synthetisiert werden?) ein Problem dar:

„[Die einer Theorie] zugrunde liegenden Begriffe und Grundgesetze ... sind freie Erfindungen des menschlichen Geistes, die sich weder durch die Natur des menschlichen Geistes noch sonst in irgendeiner Weise apriori rechtfertigen lassen ... Insofern sich die Sätze der Mathematik auf die [physikalische] Wirklichkeit beziehen, sind sie nicht sicher, und insofern sie sicher sind, beziehen sie sich nicht auf die Wirklichkeit".[5]

Im *Logischen Aufbau der Welt* hatte auch der frühe CARNAP ein Quasi-Paradigma der KI geliefert,[6] während in *Meaning and Necessity* das Scheitern der Extensionalitätsthese bereits außer Frage steht.

Wie FREGE war CARNAP vornehmlich an der Konstruktion logisch-semantischer Systeme interessiert, und seine Überlegungen zu intensionalen Kontexten, induktiver Logik und nichtklassischen Systemen sind vielfältig richtungsweisend geworden:

in der heutigen KI-Forschung gewinnen Konzeptionen nichtklassischer Logiken nach wie vor an Bedeutung (z.B. *Nonmonotonic Reasoning, Default Reasoning, Circumscriptive Theories*, s. MACLENNAN, LIFSCHITZ, McCARTHY), da sich die Unzulänglichkeit klassischer Ansätze herausgestellt hat.

Allerdings wird im Zuge dieser Arbeit, insbesondere über OSWALD WIENERs Präzisierungen, (hoffentlich) deutlich werden, daß auch diese nichtklassischen Ansätze solange ungenügend bleiben müssen, so sie als *flache Formalismen* operieren, und, allgemein, keine befriedigenden Theorien zu einem adäquateren Verständnis des menschlichen Selbstbewußtseins, Denkens und phänomenalen Erlebens beizutragen in der Lage sind, mithin das Leib-Seele-Problem, entgegen gelegentlicher Pseudo-

---

[4] Dreyfus/Dreyfus,in Graubard (ed.)S.17f;

[5] A.Einstein:*Mein Weltbild*, 1934;

[6] s. R.Kese: *Über den Beitrag Carnaps zur gegenwärtigen KI-Forschung,* in Weingartner/Schulz (eds.)1987;

Auflösungen, nach wie vor virulent erscheint.[7]

In allgemeinerer Hinsicht ergibt sich dabei das von manchem (etwa WIESENDANGER) bereits konstatierte Ende der akademischen Philosophie weniger aus einer vermeintlichen definitiven Klärung oder Sinnlosigkeitserweisung der einschlägigen >Letzten Fragen<.

Vielmehr erscheinen die konstatierbare zunehmende gesellschaftliche und interdisziplinär inspiratorische Irrelevanz der akademischen Philosophie sowohl in ihrer traditionellen sokratischen sozio-anthropologischen Fokussierung als auch in Wissenschaftstheorie und Erkenntnistheorie einerseits, sowie die offenkundige und wachsende philosophische Signifikanz naturwissenschaftlicher Disziplinen wie der theoretischen Physik (z.B. hinsichtlich Relativitätstheorie, Quantentheorie) und Neurowissenschaft andererseits, als ein Hinweis darauf, daß die Philosophie des Abendlandes über einen Zyklus von 2500 Jahren wieder zu ihren antiken Ursprüngen zurückgekehrt ist:

die vorsokratischen ionischen Naturphilosophen – die antiken Physiker – hatten einst auf genialische Weise Weltmodelle ohne hinreichende empirische Basis spekulativ entworfen, und heute, d.h. seit Beginn des 20. Jahrhunderts, sind es wieder vor allem die Physiker, welche die theoretisch interessanten und letztlich relevanten Beiträge zum Verständnis von Mensch und Kosmos liefern.

In dieser Arbeit soll nun, nachdem im **ersten Teil** die Behandlung der Intensionalitätsthematik als semantischer Basis des Leib-Seele-Problems bei den Klassikern der Analytischen Philosophie untersucht wurde, im **zweiten Teil** zunächst das Problem der intertheoretischen Relationen bzw. der Theorienreduktion, (denn beim Leib-Seele-Problem geht es ja um die Frage einer solchen Reduktion), untersucht werden. Der von der *Strukturalistischen Wissenschaftstheorie* bereitgestellte Begriffsrahmen erscheint dafür besonders geeignet; der strukturalistische Ansatz erlaubt dabei nicht nur eine präzisere Bestimmung davon, was unter theoretischer Reduktion verstanden werden kann bzw. muß, sondern macht darüberhinaus auch gewisse KI-neuralgische Probleme etwa aus dem Bereich der induktiven Logik transparent: so wie es z.B. unmöglich ist, sowohl hinreichende als auch notwendige Kriterien zur Bestimmung der Klasse der intendierten Anwendungen einer Theorie anzugeben, so gibt es keinen universalen Algorithmus zur Generierung wahrer Welten bzw. Theorien aus einer gegebenen Klasse von Objekten und Propositionen (wie in WITTGENSTEINs *Tractatus* unterstellt), und zwar aufgrund der *Eigenschaftstranszendenz* der physikalischen Wirklich-

---

[7] z.B. hatte G.Ryle (in: *The Concept of Mind*) den Dualismus bzw. das Leib-Seele-Problem als schlichte Folge eines Konglomerats von Kategorienfehlern aufzuweisen versucht; nach des Verfassers Eindruck jedoch bleiben seine auf der Basis (willkürlicher) Substitutionstests angestellten Überlegungen und Deduktionen insofern problematisch, daß die postulierte Validität der angesetzten Kriterien tatsächlich *nicht* gegeben ist, mithin die Untersuchungen ihr Ziel zumindest nicht vollständig erreichen.
H.Wiesendanger (in: *Mit Leib und Seele*) verkündet im Sinne des eliminativen Materialismus gleichzeitig das Ende des Leib-Seele-Problems wie der Philosophie als ernstzunehmender akademischer Disziplin überhaupt – nicht daß sich letzteres nicht bewahrheiten könnte: aber dann aus weniger karnevalesken Gründen als den von Wiesendanger proklamierten und eher im Sinne O.Spenglers.

keit.

Ferner lassen sich die relevanten Kriterien der Theoriebewertung nicht hinreichend formalisieren, um etwa in einem Master-Program des hypothetisch-deduktiven Schluß- folgerns implementierbar zu sein:

„Einige Theorien werden akzeptiert, wenn die Anzahl von bestätigten Annahmen noch sehr klein ist. Das war zum Beispiel der Fall mit der Allgemeinen Relativitätstheorie. In solchen Fällen postulieren wir, daß es nicht nur die Anzahl von bestätigten Annahmen ist, die zählt, sondern auch die Eleganz oder Einfachheit der in Frage stehenden Theorie. Können solche quasi-ästhetischen Begriffe wie `Eleganz´ oder `Einfachheit´ wirklich formalisiert werden? ... Außerdem verträgt sich eine bestätigte Theorie manchmal schlecht mit Hintergrundwissen; in einigen Fällen schließen wir daraus, daß die Theorie nicht stimmen kann, bei anderen schlußfolgern wir, daß das Hintergrundwissen modifiziert werden muß".[8]

Die strukturalistische Analyse erlaubt es, eine rationale, d.h. theoretisch fundierte, Rechtfertigung solcher weicher Kriterien wissenschaftlicher Praxis zu präzisieren; im Anschluß an die Formulierung des wissenschaftstheoretischen Begriffsrahmens kann die strukturalistische Rekonstruktionsskizze der Freudschen Neurosentheorie (als einer mentalistischen, d.h. in unserem Zusammenhang: idealistischen Theorie) vorge- stellt und bezüglich der Reduktionsthematik informell befragt werden.

Auf dem Hintergrund der bereitgestellten Folie von intertheoretischen Relationen und Reduktion werden dann die neueren Arbeiten der Analytischen Philosophie zu Selbstbewußtsein und Leib-Seele-Problem herangezogen bzw. kritisiert.
In der hier gewählten Fokussierung stehen dabei die Arbeiten zum Selbstbewußtsein im Vordergrund gegenüber denen, die sich im engeren Sinne mit dem Leib-Seele- Verhältnis befassen, und zwar aus folgender Erwägung heraus:
erst auf der Basis jeweilig interpretierter (gegebenenfalls vermeintlicher) Erkenntnisse über das (Selbst-) Bewußtsein kann anschließend die über- oder nachgeordnete Frage- stellung hinsichtlich der Leib-Seele-Relation formuliert werden. Die Argumentations- strukturen auch zeitgenössischer Leib-Seele-Debatten wiederholen sich dabei weitge- hend. Das `Hinabsteigen´ auf eine dem Leib-Seele-Problem theoretisch vorgeordnete Ebene soll aus (auch wenn zum Teil bereits seit über 30 Jahren veröffentlichten), nachwievor aktuellen Destillaten der Selbstbewußtseinsdiskussion innerhalb der analytischen Philosophie nun auch für außerphilosophische Kontexte relevante Er- kenntnisse generieren.

Die Auswahl der kritisierten Positionen und Resultate erfolgt dabei insgesamt aus einem interdisziplinär-informationswissenschaftlich orientierten Blickwinkel, d.h. es werden, gegebenenfalls quer zur philosophischen Kanonik, von einem externen For- schungsinteresse ausgehend, philosophie-intern als maßgeblich bewertete, (und den internen Diskussionszusammenhang hoffentlich hinreichend repräsentierende), Positi- onen hinsichtlich des hier formulierten Problemkontextes in Beziehung gesetzt.

---

[8] H.Putnam, in S.Graubard (ed.),dt.1996, S.262;

18

Im **dritten Teil** kommen der klassische symbolische und der neurophysiologisch orientierte konnektionistische Ansatz, als die beiden Hauptparadigmen der KI, zur Sprache:
im ersten Abschnitt (A.) werden OSWALD WIENERs dem klassischen Modell verhafteten phänomenologischen Intuitionen zur Generierung innerer abstrakter Maschinen vorgestellt; im zweiten Abschnitt (B.) sind die grundlegenden konnektionistischen Modelle in ihrer Funktionsweise zu erläutern, abschließend gibt Kapitel 41 einen kurzen Blick über eklektizistisch-integrative Tendenzen der Kombination symbolischer und ikonischer Repräsentationsformen.

Im **vierten Teil** sollen, rekurrierend auf HUMBERTO MATURANAs konstruktivistischer Epistemologie, von welcher sich signifikante Ergänzungen und Parallelen sowohl zur Sneedschen Wissenschaftstheorie als auch zu WIENERs Einsichten ergeben, Kommunikations- und Lernprozesse als Bestandteile von Hierarchien bzw. Heterarchien biologischer Para-Code-Systeme dargestellt, und die beiden KI-Paradigmen bezüglich ihrer Leistungen und Grenzen, insbesondere auf dem Hintergrund der in Teil 1 und 2 präzisierten Anforderungen einer adäquaten Fassung mentaler Phänomene, kritisiert werden.

Im Sinne einer physiko-philosophischen Absicherung versteht sich die in Kapitel 48 gegebene Exposition zu der in Kapitel 49 vorgeschlagenen Ontologie:
jene referiert auf gemeinverständlichem bzw. philosophischem Niveau grundlegende Ergebnisse der `modernen´ Physik – dabei stammen sämtliche derzeit virulenten Theorien und Interpretationen im Kern bereits aus den 1920-er (sog. *Kopenhagener Deutung*) oder 1950-er Jahren (EVERETTs *many worlds theory*; BOHMs *hidden variables theory*, welche sogar auf ältere Vorschläge DE BROGLIEs zurückgeht, die seinerzeit mit Nichtbeachtung gestraft wurden).

Nicht zuletzt sind es die Resultate der gegenwärtigen Physik, die insbesondere aufgrund ihrer interpretatorischen und/oder theoretischen Strittigkeit erwarten lassen, daß sich das Bewußtsein des theoretischen Defizits der aktuell verfügbaren Modelle unter Grundlagenforschern verstärken wird, und daß nicht unerhebliche Erweiterungen/Modifikationen des derzeitigen physikalischen Weltbildes – auch und gerade hinsichtlich der Bedeutung von Bewußtseinsphänomenen (etwa der Beobachterproblematik in Quantenprozessen beim vermeintlichen oder tatsächlichen >Kollaps< der Wellenfunktion) – mittel- und langfristig nicht nur wahrscheinlich, sondern sogar unvermeidlich sein werden, wenn eine gerade von herausragenden Forschern (um nur einige Protagonisten zu nennen: EINSTEIN, DE BROGLIE, EVERETT, BOHM, BELL, De WITT, DEUTSCH) als theoretisch unbefriedigend bzw. `kriseninduzierend´ empfundene Situation sich als tatsächliche grundlegende Verständnislücke herausstellen sollte.

Abschließend wird, auf der Basis eines postulierten einfachen ontologischen Systems, eine (rudimentäre) Reformulierung bzw. Re-Kontextuierung des Leib-Seele-Problems versucht, welche zur differenzierteren Diskussion der KI-Standpunkte beitragen bzw. eine prinzipielle d.i. definitive Klärung des ontologischen Status derselben ermöglichen soll.

Dabei werden auch die – gemäß der von diesem Verfassser impliziter oder expliziter vertretenen eigenen Position – an verschiedenen Stellen der Arbeit angedeuteten, aber nicht immer ausgeführten Konsequenzen für bestimmte problemneuralgische philosophische Kategorien, wie etwa die Unterscheidung von Urteilen a priori/a posteriori oder der analytisch-synthetisch-Dichotomie (die seinerzeit schon durch QUINE einer heute als klassisch geltenden Kritik unterworfen worden waren) auf der Basis der formulierten Ontologie noch einmal neu betrachtet und bewertet bzw. rekonstruiert: insbesondere aufgrund des hier vertretenen Determinismus-Konzeptes, demzufolge die meisten herkömmlichen raumzeitlichen Kausalititätsmodelle nur als schnittstellenabhängige (interface-determinierte), d.h. kontingente, kognitive Verständnishilfen ohne ontologische Relevanz gelten müssen, erweisen sich gewisse Elemente des klassischen philosophischen Begriffsrahmens als letztlich unangemessen und revisionsbedürftig.

Ein für diesen Verfasser entscheidender Schritt liegt wohl in dem Postulat eines ontischen Bereichs der Emotivität als einer systemisch ernstzunehmenden ontologischen Kategorie und übergeordneten Organisationsform (auch im Maturanaschen Sinne) materieller Strukturen. Damit in direktem Zusammenhang steht dann auch die These, daß insbesondere für die >höheren< Formen von Intelligenz (wie sie z.b. von Menschen realisiert wird) eine emotive Komponente intrinsisch sein muß, so daß also eine wirklich intelligente (d.h. mit Kreativität, Flexibilität, etc., versehene) Maschine notwendigerweise als eine *fühlende* Maschine gedacht werden muß. Diese These – Emotivität als irreduzibles, notwendiges architektonisches Modul zur Realisierung höherer Intelligenz – hat offensichtliche Konsequenzen für die Diskussion der zur Generierung tatsächlicher Intelligenz befähigten potentiellen maschinellen Strukturen, die dann nämlich zumindest keine >einfachen< Maschinen herkömmlicher Provenienz mehr sein dürften.

Interessanterweise zeigen neueste Forschungstendenzen deutlich in die durch obige These systemisch induzierte Richtung, ohne daß diese allerdings entsprechend theoretisch reflektiert wäre. Mindestens aber die Einsicht, daß *höhere Intelligenz* im gemeinhin üblichen Sinne [kurz und unprätentiös: >*h*-Intelligenz<, hier im weiteren auch als >*e*-Intelligenz< bezeichnet zur Profilierung der *expliziten*, d.h. mit Selbstbewußtsein ausgestatteten komplexen kognitiven Mechanismen, im Gegensatz zu den präreflexiven, vorbewußt algorithmischen Mechanismen der *impliziten* >*i*-Intelligenz<], eine komplexere Eigenschaft impliziert, als sie durch bloße formale Rechenkapazität zu realisieren ist, schlägt sich mittlerweile bereits in der Forschung nieder: so stellt der von CYNTHIA BREAZEAL und ihrem Team am *MIT* entworfene und erstmals im Jahr 2000 vorgestellte Roboter *KISMET* den Versuch dar, eine (von der kindlichen Entwicklungspsychologie inspirierte) Maschine mit emotionalem Interaktionsradius zu kreieren:

„The goal is to build a socially intelligent machine that learns things as we learn them, through social interactions" (Cynthia Breazeal, MIT-*News*: *MIT team building social robot*, 14.02.2001).

Überflüssig wohl zu betonen, daß *KISMET*, allein da in seiner Architektur als >flacher Automat< (im Sinne O.WIENERs) angelegt, weit davon entfernt ist, die hier als notwendig profilierten Merkmale ˋernstzunehmenderʼ Intelligenz aufzuweisen, und dementsprechend, wie seine bisherigen Vorgänger, mehr als pseudo-interaktiver Oberflächensimulator denn als architektonisch-systemischer Durchbruch zur Ermöglichung maschineller *e*-Intelligenz gelten darf.

ERSTER TEIL. EXTENSION UND INTENSION

0. **Einleitung: Extension und Intension – die semantische Ebene des Leib-Seele-Problems in der klassischen Analytischen Philosophie**

GOTTLOB FREGE, LUDWIG WITTGENSTEIN und RUDOLF CARNAP gelten mittlerweile als Klassiker der Analytischen Philosophie, deren Entwicklung zu verschiedenen Zeiten untrennbar mit den genannten Namen verbunden war und auch in Zukunft bleiben wird. Ob dabei FREGE gar als Vater der modernen Sprachphilosophie überhaupt gelten kann oder nicht, seine eminente Bedeutung für die Grundlegung des logischen und philosophischen Fundamentes analytischen Philosophierens ist heute, quer durch alle Strömungen und Richtungen, unbestritten. Neben und vielmehr als BERTRAND RUSSELL war es WITTGENSTEIN, der nicht nur im *Tractatus* die erste weithin relevante Rezeption der als bedeutsam erkannten Fregeschen Gedanken und Theorien lieferte, sondern auch wiederholt auf die eminente Rolle hingewiesen hat, welche Frege für die Entwicklung seines eigenen philosophischen Denkens und Denkstiles zukam.

Die zwischen den Dreien konstatierbaren Gemeinsamkeiten liegen dabei weniger in einer etwaigen Ähnlichkeit der von ihnen konstruierten logischen, ontologischen o.ä. Systeme:
tatsächlich gibt es hier Differenzen, die von unterschiedlichen Fragestellungen herrühren, auf die entsprechend unterschiedliche Antworten auf unterschiedlichen Ebenen gegeben werden. Dabei geben weder FREGE noch WITTGENSTEIN eine *semantische Wahrheitstheorie* im späteren TARSKI'schen Sinne, während CARNAPs Unternehmungen einer solchen schon recht nahe kommen - für FREGE ist nämlich der *Wahrheitsbegriff* so *fundamental*, daß er als *logisch unhintergehbare Voraussetzung* gelten muß; WITTGENSTEIN bemüht sich dagegen um eine *ontologisch fundierte korrespondeztheoretische Grundlegung* des Wahrheitsbegriffs.
Ebenso wie FREGE geht es CARNAP vornehmlich um die Konstruktion *funktionstüchtiger semantischer Systeme*, während WITTGENSTEIN, dessen eminenter Einfluß auf CARNAP zu Zeiten des *Wiener Kreises* natürlich nichtsdestoweniger unbestritten ist, eine umfassendere Klärung des *Wesens der Logik* im besonderen *und der Welt* im allgemeinen anstrebt, und dies über die *Postulierung* einer ebenso mächtigen wie monströsen *Ontologie* zu erreichen hofft.

Das für die übergeordnete Fragestellung von Leib-Seele-Problem und Künstlicher Intelligenz relevante Ergebnis des ersten Teils besteht in der Plausibilisierung des *Scheiterns der Extensionalitätsthese*, also in der Erkenntnis der Unmöglichkeit, intensionale Größen auf extensionale Größen reduzieren zu können.
Dies bedeutet in vorgreifender und gleichzeitig etwas informeller Sprechweise:
mentale Objekte sind als intensionale Objekte nicht auf materielle Objekte als extensi-

onaler Objekte reduzierbar, und zwar u.a. deswegen, weil

1. jedes denkmögliche Objekt überhaupt erst durch implizite/explizite Theorien (>Interfaces<) konstituiert wird, mithin
2. die objektiven potentiellen Strukturen und Objekte der >wirklichen< Welt, des physikalischen >Wirk-(Dis-) kontinuums<, anders als im *Tractatus*-System, eigenschaftsmäßig transzendent sind, d.h. jedes physikalische Objekt ist als solches relativ zu einem spezifischen Interface konstruiert, und kann in unendlich vielen Zusammenhängen unter verschiedensten Aspekten betrachtet werden, weist also unendlich viele Eigenschaften auf;
3. sind die vom Erkenntnissubjekt aus seinem spezifischen Medium herausdestillierten Eigenschaften eines somit konstruierten materiellen Objektes - welche also das betreffende Objekt für das Subjekt überhaupt erst konstituieren - eine Funktion des phylogenetisch nach evolutionär sinnvollen Kriterien herausgebildeten Kognitions- und Perzeptionsapparates; mithin erscheint es ebenso hoffnungslos, aus einer physikalischen Beschreibung eine mental-phänomenale Beschreibung deduzieren zu wollen, bzw. letztere auf erstere reduzieren zu können, wie es nicht gelingen kann, aus extensionalen Größen intensionale Größen zu extrahieren;

Sowohl FREGE wie auch WITTGENSTEIN und CARNAP haben jeweils als paradigmatisch zu bewertende Systemkonzeptionen geschaffen, über deren positive wie negative Kritik sich die Philosophie des zwanzigsten Jahrhunderts in die heutigen Strömungen entfaltete.

Da der Charakter vorliegender Untersuchung eher ein systematischer als ein historischer ist, wird in allen drei Fällen eine idealtypische Vereinfachung vorgenommen derart, daß jeweils vornehmlich eine bestimmte Epoche bzw. ein bestimmtes Werk als ausschlaggebend herangezogen werden soll.

Bei FREGE ist dies die Zeit der sogenannten "Meisterjahre" (SCHOLZ), in welche die Veröffentlichung der *Grundgesetze der Arithmetik* [9] sowie die Unterscheidung von Sinn und Bedeutung fällt; bei WITTGENSTEIN muß der *Tractatus* als stringenteste Fassung der Frühphilosophie gelten; CARNAP schließlich liefert in *Meaning and Necessity*[10] seine eigene modifizierte Version des Fregeschen Begriffspaares: die Methode der Extension und Intension.

Auf die philosophisch relevante und daher in diesem Zusammenhang zu berücksichtigende behavioristisch motivierte prinzipielle Ablehnung QUINEs von Intensionen und Bedeutungen auf der Basis eines >extensionalen Platonismus< wird, wenigstens kursorisch, im Zuge der ontologischen Betrachtungen in Kapitel 50 einzugehen sein.

---

[9] 1893,1903;
[10] 1947;

A. Gottlob Frege (1848 – 1925)

(zur vormaligen Lektüre empfohlene biographisch-philosophische Einführungsbemerkung auf Seite 384)

1. Exposition

Entgegen einer Tradition der Analytischen Philosophie, die FREGE vor allem als einen Sprachphilosophen verstehen und entsprechend kontextuieren möchte (z.B. DUMMETT), soll hier (u.a. mit SLUGA, THIEL, LICHTENBERG, MAYER) davon ausgegangen werden, daß FREGE primär als ein um die methodologischen Grundlagen seiner Disziplin besorgter Mathematiker angesehen werden muß, der im Zuge seiner metatheoretischen Bemühungen allerdings nicht umhin kam, die Grenzen der eigenen Fachdisziplin zu überschreiten.

"Gottlob Frege can be considered the first analytic philosopher" heißt es zwar bei SLUGA[11], doch hat dieser selbst gegenüber DUMMETT für eine adaequate historisch-systemische Kontextuierung Freges gesorgt.

In der Auseinandersetzung FREGEs mit zeitgenössischen Begründungsversuchen der Arithmetik, etwa dem Empirismus JOHN STUART MILLs , dem Psychologismus (das Ergebnis der Bekehrung HUSSERLs durch FREGE waren ja die *Logische(n) Untersuchungen*) und nicht zuletzt den Vertretern der Formalarithmetik und des *Permanenzprinzips*[12] sowie der konventionalistischen Geometrie-Axiomatisierung HILBERTs nimmt er als "rationalistisch orientierter Vermittler" (LICHTENBERG) eine Mittelstellung ein:

die Unfähigkeit der oben genannten Ansätze zur (für FREGE) befriedigenden Klärung des Seinsbereichs der Arithmetik erfordern die Postulierung eines nicht-sinnlichen objektiven dritten Reiches von Entitäten. (Die später in Kapitel 49 vorgeschlagenen ontologischen Axiome werden u.a. einen solchen objektiven logisch-mathematischen Raum postulieren).

Das *Werkzeug* zur Deduktion der Arithmetik aus der Logik ist dabei die *Begriffsschrift*, ein Zeichensystem, welches exakte Formulierung und Kontrolle der Beweisführungen logisch-arithmetischer Inhalte erlaubt.

Die Konzeption der Begriffsschrift ist verwandt demjenigen, was man als *Leibnizprogramm*[13] bezeichnet hat, sie ist eine *lingua characteristica*, wie LEIBNIZens *calculus ratiocinator* ein Versuch, die Gewißheit wissenschaftlicher Erkenntnisse durch die effektive Kontrollierbarkeit der Beweisführung abzusichern, und kann daher ebenso als *Paradigma der Künstlichen Intelligenz* angesehen werden.

---

[11] H.Sluga: *Gottlob Frege*, 1980;

[12] Thomae, Heine, Hankel; nach Lichtenberg (1989);

[13] s. C.Thiel (1965), H.Sluga (1980);

2.   Sinn und Bedeutung[14]

2.1.   Bedeutung

Ausgangspunkt für die Unterscheidung von Sinn und Bedeutung war das Bemühen, das Wesen der Gleichheit/Identität zu klären. Offensichtlich konnte Gleichheit nicht als Beziehung eines Gegenstandes zu sich selbst verstanden werden, da sich in diesem Fall Urteile wie "a = a" und "a = b" in ihrem Erkenntniswert nicht unterschieden, beide analytisch und a priori wahr wären. Da es aber unzweifelhaft Urteile der Form "a = b" gibt, die "wertvolle Erweiterungen unserer Erkenntnis enthalten"[15] und nicht über die Regeln des Zeichensystems zu erhalten sind, können sie sich auch nicht nur als graphische Gegenstände (Zeichenfiguren) unterscheiden, wie noch in der *Begriffsschrift* angenommen, vielmehr können "a = a" und "a = b" nur dann verschiedenen Erkenntniswert haben, wenn sich "a" von "b" nicht nur der äußerlichen Gestalt nach, sondern auch "in der Weise, wie es etwas bezeichnet" unterscheidet, kurz
"eine Verschiedenheit kann nur dadurch zu Stande kommen, daß der Unterschied des Zeichens einem Unterschied in der Art des Gegebenseins des Bezeichneten entspricht".[16]

Unter der Bedeutung eines Eigennamens bzw. eines einen Eigennamen vertretenden Ausdrucks (Kennzeichnung) ist nach FREGE derjenige Gegenstand zu verstehen, der von diesem Namen bezeichnet wird, sofern er vorhanden ist. Die von FREGE angeführten Beispiele: "Skylla", "der größte echte Bruch", "der von der Erde am weitesten entfernte Himmelskörper, machen deutlich, daß nicht ohne weiteres von *der* (einzigen) Bedeutung eines Namens gesprochen werden kann. Um von *der* Bedeutung eines Namens sprechen zu können, muß gelten daß:

0. $\exists x\ Fx$. {es gibt (mindestens) ein x mit der Eigenschaft F}
1. $\forall x\ \forall y\ [\ F(x) \wedge F(y) \rightarrow x = y\ ]$. {Für alle x und alle y gilt: wenn sowohl x als auch y die Eigenschaft F besitzen, dann ist x mit y identisch}

Daß dies in natürlichen Sprachen im allgemeinen *nicht* zutrifft, betrachtete FREGE als erheblichen Mangel gegenüber einer konstruierten *Wissenschaftssprache*, in welcher es zu *jedem grammatikalisch korrekt gebildeten Namen einen einzigen Gegenstand* als dessen *Bedeutung* geben soll.
Bezüglich der Verwendung in den Wissenschaften ist der Begriff des *Eigennamens* bei FREGE als *terminus technicus* anzusehen derart, daß ein Eigenname ein zur Bezeich-

---

[14] Die Ursprünge der Fregeschen Dichotomie von Sinn und Bedeutung sind nicht eindeutig geklärt. Von verschiedenen Anknüpfungspunkten stellt Sluga (1980) Kants Unterscheidung von Begriff und Gegenstand als wesentlich heraus:"My further suggestion is that the shift from the Lotzean to the Kantian conception ... is motivated by none of the reasons that have so far been offered, but by the requirements of Frege´s philosophy of mathematics"(S.154).

[15] *Sinn und Bedeutung*, S.25;

[16] ebd. S.26;

nung eines bestimmten Gegenstandes eingeführtes Zeichen ist, so daß es nicht widerspruchsfrei möglich ist, von einem bedeutungslosen Eigennamen oder von mehreren Gegenständen als Träger dieses Namens zu sprechen. Ebenso ist festzuhalten, daß FREGE keine terminologische Differenzierung vornimmt zwischen Eigennamen wie "Anaxagoras", "Aischylos" etc. einerseits, und Kennzeichnungen wie "der Verfasser der *Cantos*", "der Autor von *Waverly*" etc. andererseits: beide Arten verweisen, als strikte Eigennamen gebraucht, primär auf einen einzelnen Träger.

Prinzipiell läßt sich also sagen, daß die Bedeutung eines Ausdrucks dasjenige ist, worüber man reden möchte, wenn man den Ausdruck verwendet:

"Wenn man in der gewöhnlichen Weise Worte gebraucht, so ist das, wovon man sprechen will, deren Bedeutung".[17]

Diese allgemeine Bestimmung der Bedeutung ist nun natürlich für die Ausdrücke der verschiedenen logischen Kategorien jeweils zu spezifizieren. Der einfachste Fall der singulären Ausdrücke ist bereits besprochen worden. Hat man nun diese im Kopf, so scheint es zunächst etwas seltsam zu sein, daß FREGE jetzt aber nicht nur Eigennamen, sondern auch Begriffswörtern und Sätzen Bedeutung zuspricht:

"ein Eigenname hat im wissenschaftlichen Gebrauche den Zweck, einen Gegenstand zu bezeichnen, und dieser Gegenstand ist, falls der Zweck erreicht wird, die Bedeutung des Eigennamens. Entsprechend ist es bei den Begriffszeichen, den Beziehungszeichen, den Funktionszeichen. Sie bezeichnen beziehungsweise Begriffe, Beziehungen, Funktionen, und das, was sie bezeichnen, ist dann ihre Bedeutung".[18]

Dabei sind jedoch Begriffswörter von Namen darin unterschieden, daß ihre Bedeutungen keine Gegenstände sind, und daher auf völlig andere Art und Weise bezeichnen wie Eigennamen:

"Hier ist das Wort `Gemeinname´ verwirrend, weil es den Anschein erweckt, als beziehe sich der Gemeinname in derselben oder einer ähnlichen Weise auf die unter den Begriff fallenden Gegenstände, wie der Eigenname sich auf einen einzelnen Gegenstand bezieht. Nichts falscher als das! das Wort `Planet´ bezieht sich gar nicht unmittelbar auf die Erde, sondern auf einen Begriff, unter den unter anderem auch die Erde fällt. So ist die Beziehung zur Erde nur eine durch den Begriff vermittelte, und es bedarf zur Erkennung dieser Beziehung der Fällung eines Urteils, das mit der Kenntnis der Bedeutung des Wortes `Planet´ noch keineswegs gegeben ist".[19]

Die Beziehung von Begriffswörtern zu ihrer Bedeutung kann also nicht als ein Verhältnis von Name und Gegenstand verstanden werden, die Rede von "bezeichnen" ändert hier ihren Sinn. Bereits in den *Grundlagen* hatte FREGE erklärt:

"Bei einem Begriff fragt es sich immer wieder, ob etwas und was etwa unter ihn falle. Bei einem Eigennamen sind solche Fragen sinnlos".[20]

Entsprechend der Tatsache, daß bei einem Begriff stets gefragt werden kann, ob etwas unter ihn fällt, lassen sich Begriffswörter nur als Teilausdrücke von Sätzen identifizie-

---

[17] *S.u.B.*,S.28;

[18] *Grundlagen der Geometrie I*, in: *Kleine Schriften,*1963, S.298;

[19] nach W.Carl (1982),S.123;

[20] *Grundlagen der Arithmetik*, 1962, S.64;

ren und kann ihre Bedeutung nur im Zusammenhang der Bedeutung eines Satzes bestimmt werden, was auch daraus erhellt, daß FREGE den Begriff als Funktion konzipiert, deren Werte Wahrheitswerte sind. Das Begriffszeichen selbst ist >ungesättigt<, es harrt der Ergänzung durch einen Eigennamen, durch welchen es zu einem dann wahrheitsfähigen Satz komplettiert wird. Also kann nur aufgrund und innerhalb eines Satzes und seiner Bedeutung das Begriffszeichen und das, was es bezeichnet, bestimmt werden, es selbst ist als Satz unvollständig, seine Bedeutung ist ein Beitrag für die Bedeutung aller Sätze, die durch Vervollständigung des unvollständigen Satzteiles gebildet werden können.

Was aber schließlich ist es, was als die Bedeutung vollständiger Sätze angesehen werden kann? FREGE schreibt:

"Wir fragen nun nach Sinn und Bedeutung eines ganzen Behauptungssatzes. Ein solcher Satz enthält einen Gedanken".[21]

Unter Gedanken versteht FREGE, wie bereits oben angesprochen, nicht das

"subjektive Tun des Denkens, sondern dessen objektiven Inhalt, der fähig ist, gemeinsames Eigentum von vielen zu sein".[22]

Seine Argumentationsweise läuft indirekt:

"Nehmen wir einmal an, der Satz habe eine Bedeutung! Ersetzen wir nun in ihm ein Wort durch ein anderes von derselben Bedeutung, aber anderem Sinne, so kann dies auf die Bedeutung des Satzes keinen Einfluß haben. Nun sehen wir aber, daß der Gedanke sich in solchem Falle ändert; denn es ist z.B. der Gedanke des Satzes >der Morgenstern ist ein von der Sonne beleuchteter Körper< verschieden von dem des Satzes >der Abendstern ist ein von der Sonne beleuchteter Körper<. Jemand, der nicht wüßte, daß der Abendstern der Morgenstern ist, könnte den einen Gedanken für wahr, den anderen für falsch halten. Der Gedanke kann also nicht die Bedeutung des Satzes sein, vielmehr werden wir ihn als den Sinn aufzufassen haben. Wie ist es aber nun mit der Bedeutung? ... Hat ein Satz als Ganzes nur einen Sinn, aber keine Bedeutung?".[23]

Offenkundig geht er in seiner Überlegung davon aus, daß zwei *Gedanken* dann als verschieden anzusehen sind, wenn eine Person den einen als wahr und den anderen als falsch bewerten kann, eine Voraussetzung, die als problematisch angesehen werden könnte, jedoch im weiteren nicht thematisiert werden soll, da er den Begriff des Gedankens schlichtweg als gegeben voraussetzt. FREGE räumt die Möglichkeit ein, daß Sätzen gar keine Bedeutung zukommt. Im Falle der Eigennamen war dies klar: singuläre Ausdrücke, die einen Sinn haben, aber nicht bezeichnen, keinen Gegenstand benennen.

Da FREGE eine *funktionale Theorie der Bedeutung* komplexer Ausdrücke vertritt, derzufolge einem Satz nur dann eine Bedeutung zukommt, wenn auch seine Teilausdrücke alle bedeutungsvoll sind, ergibt sich also die Lage, daß ein Satz einen Ausdruck (oder mehrere) enthalten kann, der selber keine Bedeutung hat: genau dann wird auch der gesamte Satz bedeutungslos.

---

[21] *S.u.B.*, S.32;
[22] ebd.
[23] ebd.

Sätze wie >*Odysseus wurde schlafend in Ithaka an Land gesetzt*< haben offensichtlich einen Sinn, soweit aber zweifelhaft ist, ob >Odysseus< eine Bedeutung hat, soweit muß auch die Bedeutung des ganzen Satzes zweifelhaft bleiben. Wenn jemand den Satz ernsthaft für wahr oder falsch halten wollte, müßte er dem Namen *Odysseus* Bedeutung zusprechen, denn es ist stets die Bedeutung eines Namens, der ein bestimmtes Prädikat zu- oder abgesprochen wird. Soweit es aber um das Zu- bzw. Absprechen von Prädikaten geht, bewegen wir uns bereits im Kontext von Urteil und Wahrheit, und dies ist genau FREGEs Stoßrichtung zur Klärung der Bedeutung von Sätzen.

Wenn wir etwas behaupten, ein Prädikat zu- oder absprechen, setzen wir stets voraus, daß dem im Satz enthaltenen Namen eine Bedeutung zukommt, denn nur dann (notwendige Bedingung), können wir überhaupt "im Ernste den Satz für wahr oder falsch halten".

Und wenn wir nun einen Satz nicht nur äußern sondern auch behaupten, worauf kommt es uns vornehmlich an?

Ginge es nur um den Gedanken, den Sinn, dann wäre das Insistieren, das "Vordringen bis zur Bedeutung des Namens", von dem etwas prädiziert wird, kommunikationsökonomisch überflüssig, denn der Gedanke eines Satzes ist ja von den Bedeutungen seiner Satzteile unabhängig:

"Der Gedanke bleibt derselbe, ob der Name 'Odysseus' eine Bedeutung hat oder nicht".[24]

Da also die Bedeutungen der Eigennamen zum Gedanken bzw. Sinn eines Satzes nichts beizutragen haben, FREGE aber aus seinem funktionalistischen Ansatz bzw. aus Analogie-bzw. Symmetrie-Überlegungen heraus für seine Theorie eine Entität benötigt, die sich, wenn auch nicht so wie beim Satz-Sinn aus den einzelnen Bestandteilen (d.i. hier Namensbedeutungen) zusammensetzt, so aber doch auf ihnen basiert, durch sie fundiert ist, muß er eine Entität *postulieren*. Diese Entität ist die *Satzbedeutung*. FREGE schreibt:

"Daß wir uns überhaupt um die Bedeutung eines Satzteiles bemühen, ist ein Zeichen dafür, daß wir auch für den Satz selbst eine Bedeutung im allgemeinen anerkennen und fordern".[25]

Offenkundig gibt es hier einen kleinen Sprung in der Argumentation:

aus der Irrelevanz der Namensbedeutungen für den Sinn, und der Unmöglichkeit, über den Gedanken (Sinn) zur besonderen Behauptungsqualität des Satzes vorzustoßen, folgt wohl nicht unmittelbar, (ist nicht "ein Zeichen dafür"), daß eine integrale allgemeine Satzbedeutung angenommen werden muß. CARL formuliert:

"Denn die Möglichkeit des Behauptens eines Satzes zeigt zwar, daß wir nicht >beim Gedanken stehen bleiben< müssen, aber weshalb soll nicht die Annahme der Bedeutung der in einem Satz vorkommenden Namen genügen, um das Spezifische der Behauptung gegenüber der Äußerung eines Gedankens zu markieren? Dann wäre aber der Begriff der Bedeutung nicht für den >Satz als Ganzes<, sondern nur für die in ihm vorkommenden Namen eingeführt".[26]

---

[24] *S.u.B.*, S.33;
[25] ebd.
[26] *Sinn und Bedeutung*,1982, S.98;

Wenn aber Bedeutungen von Namen Bedeutungen von Satzteilen sind, diese sich zu komplexen Ausdrücken (Sätzen) zusammenfügen, greift hier die funktionale Satzauffassung als *Induktionskatalysator*, d.i. es muß eine Bedeutung des Satzes geben, welche durch die Bedeutung seiner Satzteile bestimmt wird.

Indem FREGE schließlich den Zusammenhang herstellt zwischen der Bedeutung eines Satzes und dem Begriff der *Wahrheit*, ist der Boden bereitet für die Bestimmung des *Wahrheitswertes* eines Satzes als seiner *Bedeutung*.

Sowohl im wissenschaftlichen Kontext als auch in praktischen Lebenssituationen ist das Fassen des bloßen Gedankens eines Satzes oftmals unzureichend, trifft nicht den Punkt der kommunikativen Intention, "weil und soweit es auf seinen Wahrheitswert ankommt ... Das Streben nach Wahrheit also ist es, was uns überall vom Sinn zur Bedeutung vorzudringen treibt".[27]

Insofern es uns also auf die Bedeutung der Bestandteile ankommt, insoweit ist auch stets eine Bedeutung eines Satzes als vorhanden anzunehmen, und dies ist nach FREGE immer genau dann der Fall, wenn nach dem Wahrheitswert gefragt wird. Auf diese Weise werden wir "dahin gedrängt, den Wahrheitswert eines Satzes als seine Bedeutung anzuerkennen".

Unter dem Wahrheitswert eines Satzes versteht man

"den Umstand, daß er wahr oder falsch ist"; und: "Weitere Wahrheitswerte gibt es nicht".[28]

Im Zusammenhang von FREGEs Konzeption von Funktion und Gegenstand steht nun auch die Betrachtungsweise, derzufolge die beiden Wahrheitswerte (*das Wahre* und *das Falsche*) als *Gegenstände* anzusehen sind, und damit konsequenterweise die Sätze selbst als *Gegenstandsnamen* bzw. als *Eigennamen* (nämlich des Wahren oder des Falschen) zu gelten haben.

In der Tat ist diese Konzeption ja auch von manchen ob ihrer vermeintlichen Befremdlichkeit kritisiert bzw. abgelehnt worden. FREGE selbst hat sich mit möglichen Einwänden befaßt, so etwa mit der Entgegnung, daß die natürliche Umgangssprache *wahr* und *falsch* als Prädikate verwende, und zwar für Sätze, bzw. für die von Sätzen ausgedrückten Gedanken. In diesem Sinne wäre "das Verhältnis des Gedankens zum Wahren nicht als das des Sinnes zur Bedeutung, sondern als das des Subjekts zum Prädikate anzusehen" (ebd.). Doch hiergegen sprechen vor allem zwei Argumente:

1. Es sind *wahr* und *falsch* nicht mit gewöhnlichen Prädikaten zu vergleichen aus dem Grunde, daß sie vom fraglichen Subjekt tatsächlich nichts aussagen, d.h. zum ausgedrückten Gedanken gar nichts beitragen . Betrachtet man etwa die beiden Sätze:

   >Der Gedanke, daß 5 eine Primzahl ist, ist wahr<, und

   >5 ist eine Primzahl<,

---

[27] *S.u.B.*, S.33;
[28] ebd.

so drücken beide den gleichen Gedanken aus, wobei die Behauptung der Wahrheit in beiden Fällen in der Form des Behauptungssatzes und nicht im fraglichen Prädikat *wahr* begründet liegt.

2. Es sind Subjekt und Prädikat bloße "Gedankenteile", die für das Erkennen "auf derselben Stufe" stehen, wobei man "durch die Zusammenfügung von Subjekt und Prädikat immer nur zu einem Gedanken, nie von einem Sinne zu dessen Bedeutung, nie von einem Gedanken zu dessen Wahrheitswerte" gelangt, denn dieser "kann nicht Teil eines Gedankens sein, sowenig wie etwa die Sonne, weil er kein Sinn ist, sondern ein Gegenstand".[29]

Desweiteren führt FREGE für die Richtigkeit seiner Vermutung (daß die Bedeutung eines Satzes sein Wahrheitswert ist) an, daß sie der *Invarianzbedingung* genüge, d.h. der Wahrheitswert eines Satzes bei Kommutation sinnverschiedener aber bedeutungsgleicher Bestandteile konstant bleibe. Allerdings funktioniert dies reibungslos auch nur in solchen Fällen, wo die Satzbestandteile nicht selbst wieder Satzcharakter aufweisen, bzw. Sätze in *ungerader Rede* gebraucht werden.
Diesen Ausnahme- bzw. Ergänzungsfällen widmet FREGE ebenfalls seine Aufmerksamkeit, was dann zu einer weiteren Differenzierung und auch gewissen Asymmetrisierung seines Modells führen wird.

Insgesamt gilt es noch einmal festzuhalten, daß die These vom Wahrheitswert als der Bedeutung eines Satzes nicht mehr als ein plausibilisierbares, begründbares *Postulat* darstellen kann, deren Akzeptanz oder Verwerfung eine Frage der gewählten Sprachform darstellt, und daher endet auch FREGEs Argumentation diesbezüglich mit einer plädoyeresquen rhetorischen Frage:

"Was sonst als der Wahrheitswert könnte auch gefunden werden, das ganz allgemein zu jedem Satze gehört, bei dem überhaupt die Bedeutung der Bestandteile in Betracht kommt, was bei einer Ersetzung der angegebenen Art unverändert bliebe?".[30]

2.2. Sinn

Der *Sinnbegriff* darf nach VERENA MAYER (1989) "als der schwierigste Begriff der Fregeschen Semantik" gelten. Wie oben bereits angesprochen, handelt es sich hierbei keinesfalls um *Vorstellungen*, denn "von der Bedeutung und dem Sinne eines Zeichens ist die mit ihm verknüpfte Vorstellung zu unterscheiden".[31] Letztere nämlich ist an ein vorstellendes Individuum gebunden, hat also subjektiven Charakter und kann entsprechend nicht im strengeren Sinne gemeinsames Eigentum vieler kommunizierender Individuen sein, da die Vorstellung des einen Individuums nicht mit der des anderen vergleichbar ist:

"Es ist zwar zuweilen möglich, Unterschiede der Vorstellungen, ja der Empfindungen verschiedener Menschen festzustellen; aber eine genaue Vergleichung ist nicht möglich, weil wir diese Vorstellun-

---

[29] *S.u.B.*, S.35;
[30] ebd.
[31] *S.u.B.*, S.29;

gen nicht in demselben Bewußtsein zusammen haben können".

Im Gegensatz dazu muß der *Sinn* eines Ausdrucks als intersubjektiv-objektive Entität angesehen werden, er kann "gemeinsames Eigentum von vielen" sein und ist demnach „nicht Teil oder Modus einer Einzelseele", welche Tatsache nach FREGE schon dadurch erhellt bzw. nahegelegt wird "daß die Menschheit einen gemeinsamen Schatz von Gedanken hat, den sie von einem Geschlechte auf das andere überträgt".[32]

In den folgenden Erläuterungen soll, zunächst idealtypisch, bestimmt werden, wie FREGE den Sinnbegriff verstanden haben möchte, um anschließend zu untersuchen, inwieweit diese Konzeption auch in nichtidealisierten, d.h. nicht begriffsschriftlichen Kontexten, also etwa dem der normalen Alltagssprache, zum Tragen kommt, und welche Probleme und Fragestellungen sich hier ergeben.

FREGE selbst hat diesem Feld einige Relevanz beigemessen, seine Überlegungen zur *ungeraden Rede* (QUINE: "opaque contexts") in *Sinn und Bedeutung* nehmen eine dominante Stellung innerhalb dieses Aufsatzes ein.

Explizit eingeführt wird die Sinnbegriff-Bedeutungsbegriff-Dichotomie erstmals in dem am 9. Januar 1891 vor der Jenaischen Gesellschaft für Medizin und Naturwissenschaft gehaltenen Vortrag *Funktion und Begriff.*

Nachdem FREGE dort die Wahrheitswerte als die Bedeutungen von Gleichungen bestimmt hatte und sich hieraus die Bedeutungsgleichheit unterschiedlicher Gleichungen ergab, kommt er nun auf den möglichen Einwand zu sprechen,

„daß `$2^2 = 4$´ und `$2 > 1$´ doch ganz verschiedenes besagen, ganz verschiedene Gedanken ausdrücken; aber auch `$8 + 8 = 4^2$´ und `$4 \times 4 = 4^2$´ drücken verschiedene Gedanken aus; und doch kann man `$8 + 8$´ durch `4×4´ ersetzen, weil beide Zeichen dieselbe Bedeutung haben. Folglich haben auch `$8 + 8 = 4^2$´ und `$4 \times 4 = 4^2$´ dieselbe Bedeutung. Man sieht hieraus, das die Gleichheit der Bedeutung nicht die Gleichheit des Gedankens zur Folge hat."[33]

Die Klasse Fregescher Bedeutungen enthält also sowohl physikalische wie abstrakte Objekte; diese lassen sich jeweils durch spezifische epistemologische Zugänglichkeitsrelationen charakterisieren:

➢ Abstrakte und mathematische Objekte (s. Kapitel 49: Π-Objekte) sind potentiell vollständig erkennbar, während materiell-physikalische Objekte (Φ-Objekte) wesensmäßig unvollständig, in *Abschattungen* (HUSSERL) erfaßt werden.

Offensichtlich gebraucht FREGE das auf LEIBNIZ zurückgehende *Substitutionsprinzip*, welches in diesem Zusammenhang besagt, daß ein komplexer Ausdruck bei Kommutation bedeutungsgleicher Teilausdrücke ebenfalls seine Bedeutung bewahrt.[34] Nachdem er mithilfe obiger Beispiele die Unabhängigkeit des Gedankens von der

---

[32] ebd. S.29f;

[33] *Funktion und Begriff*, in: Patzig (ed.) 1966, S.13;

[34] Mayer (1989) merkt dazu etwas kritisch an:"Frege scheint das Prinzip fast wahllos zur Begründung verschiedener Thesen und vor allem auch zu heuristischen Zwecken einzusetzen, so in den *Grundlagen* zur Entwicklung der Anzahldefinition und in *Sinn und Bedeutung* zur Bestätigung der These, daß der Wahrheitswert die Bedeutung eines Satzes sei. Frege betrachtet die Anwendbarkeit des Prinzips ind den meisen Fällen als Hinweis, nicht als Beweis" (S.106).

Bedeutung dargelegt hat, führt er weiter aus:

"Wenn wir sagen >der Abendstern ist ein Planet, dessen Umlaufzeit kleiner ist als die der Erde<, so haben wir einen anderen Gedanken ausgedrückt als in dem Satze >der Morgenstern ist ein Planet, dessen Umlaufzeit kleiner ist als die der Erde<; denn wer nicht weiß, daß der Morgenstern der Abendstern ist, könnte den einen für wahr, den anderen für falsch halten; und doch muß die Bedeutung beider Sätze dieselbe sein, weil nun die Wörter >Abendstern< und >Morgenstern< miteinander vertauscht sind, welche dieselbe Bedeutung haben, d.h. Eigennamen desselben Himmelskörpers sind. Man muß Sinn und Bedeutung voneinander unterscheiden. „8 + 8" und „4 x 4" haben zwar dieselbe Bedeutung; d.h. sie sind Eigennamen derselben Zahl, aber sie haben nicht denselben Sinn; und daher haben „8 + 8 = 4²" und „4 x 4 = 4²" zwar dieselbe Bedeutung, aber nicht denselben Sinn; d.h. in diesem Falle: sie enthalten nicht denselben Gedanken".[35]

Außerhalb des Gedankens anzusiedeln sind nach FREGE auch die emotionalen Färbungen, mit denen manche Inhalte verbunden sind, jene Bestandteile des Satzes,

"auf die sich die behauptende Kraft nicht erstreckt, denn ob ich das Wort >Pferd< oder >Roß< oder >Gaul< oder >Mähre< gebrauche, macht keinen Unterschied im Gedanken. Die behauptende Kraft erstreckt sich nicht auf das, wodurch sich diese Wörter unterscheiden. Was man Stimmung, Duft, Beleuchtung in einer Dichtung nennen kann, was durch Tonfall und Rhythmus gemalt wird, gehört nicht zum Gedanken".[36]

Um den Sinnbegriff nun noch etwas genauer zu fassen, sollen hier einige diesbezüglich signifikante Äußerungen FREGEs aufgeführt und anschließend in eine möglichst konsistente Gesamtschau eingegliedert werden:

1. "Es liegt nun nahe, mit einem Zeichen (Namen, Wortverbindung, Schriftzeichen) außer dem Bezeichneten, was die Bedeutung des Zeichens heißen möge, noch das verbunden zu denken, was ich den Sinn des Zeichens nennnen möchte";[37]

   d.h. einfache wie komplexe Zeichen haben immer einen Sinn und (gegebenenfalls) eine Bedeutung;

2. "Ich sage ferner, ein Name drücke aus seinen Sinn und bedeute seine Bedeutung";[38]

3. Im Sinn eines Zeichens ist "die Art des Gegebenseins (der Bedeutung, R.W.) enthalten" [(35)];

4. "verschiedene Zeichen für dieselbe Sache (d.i. Bedeutung, R.W.) sind unvermeidlich, weil man auf verschiedenen Wegen auf sie hingeführt werden kann";[39] d.h. verschiedene Sinne derselben Bedeutung sind gleichsam verschiedene Wege, zu dieser zu gelangen.

5. Der Sinn "beleuchtet" die Bedeutung, jedoch "immer nur einseitig" [(ebd.)];

6. "Zu einer allseitigen Erkenntnis der Bedeutung würde gehören, daß wir von jedem gegebenen Sinne sofort angeben könnten, ob er zu ihr gehöre. Dahin gelangen wir nie." [(ebd.)]

7. "Vielleicht kann man zugeben, daß ein grammatikalisch richtig gebildeter Ausdruck, der für einen Eigennamen steht, immer einen Sinn habe. Aber ob dem Sinne nun auch eine Bedeutung entspre-

---

[35] *F.u.B.*, S.14;

[36] *Logische Untersuchungen*, 1966, S.36;

[37] *S.u.B.*, S.26ff;

[38] *Grundgesetze der Arithmetik*, 1988, S.7;

[39] *Nachgelassene Schriften*, 1965, S.95

che, ist damit nicht gesagt... Der Ausdruck >die am wenigsten konvergente Reihe< hat einen Sinn, aber man beweist, daß er keine Bedeutung hat ... Dadurch, daß man einen Sinn auffaßt, hat man noch nicht mit Sicherheit eine Bedeutung ". (ebd.)

8. "Den Sinn des Namens eines Wahrheitswertes nenne ich Gedanken "; (37)

9. "Die einfachen oder selbst schon zusammengesetzten Namen nun, aus denen der Name eines Wahrheitswertes (d.i.der Satz,R.W.) besteht, tragen dazu bei die Gedanken auszudrücken, und dieser Beitrag des einzelnen ist sein Sinn. Wenn ein Name Teil des Namens eines Wahrheitswertes ist, so ist der Sinn jenes Namens Teil des Gedankens, den dieser ausdrückt"; [40]

10. "so daß dem Aufbau des Satzes aus Satzteilen der Aufbau des Gedankens aus Gedankenteilen entspricht. Und den Gedankenteil kann man den Sinn des entsprechenden Satzteils nennen, sowie man den Gedanken als Sinn des Satzes auffassen wird"; [41]

11. "Es ist daher nicht unmöglich, daß derselbe Gedanke bei dieser Zerlegung als singulärer, bei einer anderen als partikulärer, bei einer dritten als allgemeiner erscheint" [42]

d.h. Gedanken können auf unterschiedliche Art und Weise zerlegt werden und sich damit unterschiedliche Subjekt-Objekt-Konstellationen ergeben;

12. "Ohne damit eine Definition geben zu wollen, nenne ich Gedanken etwas, bei dem überhaupt Wahrheit in Frage kommen kann. Was falsch ist, rechne ich ebenso zu den Gedanken, wie das, was wahr ist"; [43]

13. "In der Tat gebrauche ich das Wort >Gedanke< ungefähr in dem Sinne von >Urteil< in den Schriften der Logiker"; (ebd.)

14. "Demnach kann ich sagen: Der Gedanke ist der Sinn eines Satzes, ohne damit behaupten zu wollen, daß der Sinn jedes Satzes ein Gedanke sei ... Wir sagen, der Satz drücke einen Gedanken aus"; (ebd.)

15. "Einem Befehlssatze wird man einen Sinn nicht absprechen wollen; aber dieser Sinn ist nicht derart, daß Wahrheit bei ihm in Frage kommen könnte. Darum werde ich den Sinn eines Befehlssatzes nicht Gedanken nennen. Ebenso sind Wunsch- und Bittsätze auszuschließen. In Betracht kommen können Sätze, in denen wir etwas mitteilen oder behaupten"; (ebd.)

16. "2^2 und $2 + 2$ haben nicht denselben Sinn, noch haben $2^2 = 4$ und $2 + 2 = 4$ denselben Sinn"; (ebd.)

17. "Es würde die Bedeutung von >Abendstern< und >Morgenstern< dieselbe sein, aber nicht der Sinn"; [44]

Zunächst ist festzuhalten, daß sich die Genese der Sinn-Bedeutungs-Unterscheidung aus der Ausweitung des mathematischen Funktionsbegriffs innerhalb des Fregeschen >Funktion-Gegenstand-Universums< ergab, derzufolge die Bedeutung als Funktionswert anzusehen ist, entweder als Wahrheitswert-Gegenstand (bei Sätzen), als Namens-

---

[40] *Grundgesetze d.A.*,S.51;7;
[41] *Nachgelassene Schriften*, S.243;
[42] *B.u.G.*,S.200;
[43] *L.U.*, S.33f;
[44] *S.u.B.*,S.27;

träger-Gegenstand (bei Eigennamen) oder als Begriff, dem ein spezifischer Begriffs-umfang entspricht (bei Begriffswörtern), wobei in letzterem Fall die Bedeutung kein Gegenstand wäre, da

"Gegenstände und Begriffe grundverschieden sind und einander nicht vertreten können",[45]

Aus der Konzeption der Bedeutung von Sätzen als Wahrheitswerte resultierte dann die Einführung der *Sinn-Dimension* als spezifischer Bestimmungsweise der Bedeutung:

obgleich aufgrund des Substitutionsprinzips bedeutungsgleiche Teilausdrücke *salva veritate*, d.i. ohne Veränderung der Satzbedeutung, kommutiert werden können, so werden doch gegebenenfalls verschiedene Gedanken zum Ausdruck gebracht. Da die Bedeutung als *Funktionswert* konzipiert ist, ferner jeder Funktionswert durch Zusam-menfassung von Funktion und Argument bestimmt wird, macht der *Sinn* eben diese *spezifische Verbindung von Funktion und Argument* aus.

Wenn nun aber *einerseits* im Sinn eines Ausdrucks die Bestimmungsweise eines Funktionswertes über die spezifische Kombination von Funktion und Argument zu verstehen ist, *andererseits* aber Funktion und Argument selbst ebenfalls als Funkti-onswerte und demnach über spezifische Bestimmungsweisen vorliegen, sind dann offenkundig auch die in eben diesen Bestimmungsweisen auftauchenden Funktionen und Argumente wiederum durch Bestimmungsarten (Sinne) gegeben *ad infinitum*.

Um an dieser Stelle den unendlichen Regreß zu vermeiden, werden bei FREGE die sogenannten *Urfunktionen* eingeführt: ihnen kommt kein Sinn, sondern ausschließlich Bedeutung zu, und demzufolge müssen sie als undefinierbare >Grundatome< angese-hen werden.

Zusammenfassend stellt sich die Sachlage also folgendermaßen dar:[46]

➢ die Bestimmungsweise der Bedeutung (d.h. des Funktionswertes) eines Ausdrucks ist sein Sinn, es muß jedoch zwischen simplexen und komplexen Ausdrücken un-terschieden werden, wobei simplexe Ausdrücke entweder

    a)   zu den Urzeichen gehören und dennoch keinen Sinn, sondern nur Bedeutung aufweisen,

    oder aber

    b)   definitorisch durch komplexe Ausdrücke ersetzbar sind.

➢ Komplexe Ausdrücke können auf unterschiedliche Art und Weise in Funktion und Argument zergliedert werden, wobei in der Ergänzung der Funktion durch ein Ar-gument ein bestimmter Funktionswert (d.i.Bedeutung) geliefert wird, und in dieser spezifischen Funktion-Argument-Kombination ist der Sinn des Ausdrucks gegeben.

➢ Betrachtet man die in 3.-6. gegebenen Kennzeichnungen des Ausdruckssinnes als *Art des Gegebenseins der Bedeutung*, als *spezifischer Weg zur Bedeutung*, als fo-

---

[45] *Nachgelassene Schriften*, S.130;
[46] s.a. V.Mayer (1989), S.110;

kussierende "Beleuchtung", im Zusammenhang, so erhellt daraus auch die wesens-
gesetzmäßige, d.h. *ontologisch unhintergehbare Selektionsfunktion* des Sinns.

➢ Da jeder materiell-physischen Entität potentiell *unendlich viele* Eigenschaften
zukommen können, ist in jeder materiell realisierten Bedeutungsentität ein Unein-
holbares, eine *Transzendenz* angelegt, da ein vollständiges Erfassen der konkreter
materieller Objekte samt ihrer potentiell unendlichen Bestimmungsweisen (Sinne)
ontologisch unmöglich ist.

➢ Nur eine begrenzte Anzahl von biologisch, alltagspragmatisch oder wissenschaft-
lich-theoretisch als relevant betrachtete Vor-und Darstellungsweisen, Aspekten, der
Bedeutung, wird als *Sinn*, der demzufolge als *selektierter Weltausschnitt* zu verstehen ist, zur Verfügung gestellt und mit ihm manipuliert und operiert.

➢ In den Bestimmungen 9.-15. wird der Zusammenhang von Sinn und Gedanke
angesprochen. Ebenso wie die Konzeption der Bedeutung steht auch der Gedan-
kensbegriff in engem Zusammenhang mit den Wahrheitswerten, der Möglichkeit
des Wahr- oder Falschseins von Ausdrücken. Während die Bedeutung den Bezug
eines Audrucks zur empirischen Realität gewährleistet, also die gegenständliche
Referenz sicherstellt, und demzufolge keine logisch-syntaktischen, d.h. grammati-
kalisch-interne, sondern empirische, grammatikalisch-externe, Restriktionen fordert, kommt beim Gedanken gerade ersteres zum tragen:

➢ nur was der logisch-syntaktischen Form eines Urteils, einer Prädikation, genügt,
und diesbezüglich wahrheits-oder falschheitsfähig ist, soll als Gedanke bezeichnet
werden.

Dabei ist zwar jeder Gedanke ein Sinn, aber eben nicht jeder Sinn ein Gedanke, d.h.
die Klasse der Gedanken ist echt in der Klasse der Sinne enthalten. Ein Wahrheitswert ist demzufolge immer die Bedeutung eines Gedankens (und damit eines
Sinns), es hat, im Gegensatz zum Sinn, jeder Gedanke einen Wahrheitswert als Bedeutung.

2.3. Sinn in der Umgangssprache

Bisher war die Bestimmung des Sinnbegriffs nur bezüglich idealtypischer, begriffs-
schriftlicher Kontexte untersucht worden. Dort war mithilfe bestimmter Sicherheits-
vorkehrungen (etwa den für Definitionen geltenden *Grundsätze(n)"*)[47] gewährleistet,
daß alle

"ursprünglichen Namen eine Bedeutung haben", und "daß auch von allen rechtmäßig aus ihnen
zusammengesetzten Namen dasselbe gilt", ebenso wie "auch ein Sinn ... allen rechtmäßig aus
unseren Zeichen gebildeten Namen zukommt".[48]

Besonders in *Sinn und Bedeutung* geht nun FREGE der Frage nach, inwiefern sich

---

[47] *Grundgesetze d.A.,* S.51;
[48] ebd. S.50;

seine Konzeption auch auf die mit logischen Mängeln behaftete Umgangssprache übertragen läßt. In [*S.u.B.*] heißt es:

"Der Sinn eines Eigennamens wird von jedem erfaßt, der die Sprache oder das Ganze von Bezeichnungen hinreichend kennt, der er angehört".[49]

Nun ist es aber offensichtlich so, daß in der Umgangssprache der Sinn eines Eigennamens gerade nicht eindeutig bestimmt ist, d.h. einfache Zeichen können nicht jeweils definitorisch durch komplexere sinngleiche Zeichen ersetzt werden. So kann z.B. der Eigenname >Ezra Pound< ebenso bestimmt werden als:

Der Freund Eliot's und Förderer Hemingway's, der zwölf Nachkriegsjahre in einer Nervenheilanstalt verbringen mußte,

oder als:

der 1885 in Hailey geborene und 1972 in Venedig gestorbene Dichter.

Mit einem Wort, es kann offensichtlich gar keine Rede davon sein, daß der Sinn eines Eigennamens auch nur mehr oder minder feststünde und von jedem erfaßt würde, der mit hinreichender Sprecherkompetenz ausgestattet wäre.

Eine weitere, Inkonsistenz induzierende, Unfreundlichkeit der Umgangssprache liegt darin, daß sie sich oftmals nicht im geringsten darum bekümmert, ob die mannigfaltigen Bestimmungsweisen tatsächlich einen Gegenstand als Bedeutung bestimmen, also einen Funktionswert ergeben.

Die in den *Grundgesetze(n)* gegebenen Vorschriften zum Sinn-und Bedeutungserhalt der Ausdrücke auch bei zunehmender Komplexität, kommen in einer lebendigen Sprache nicht zur Anwendung, es ist daher oftmals fraglich, ob bestimmten sinnhaften Ausdrücken auch eine Bedeutung zukommt. Formulierungen wie >der von der Erde am weitesten entfernte Himmelskörper< oder >die am wenigsten konvergente Reihe< haben beide einen Sinn, aber keine Bedeutung (s.o.). Wenn nun aber der Sinn als der spezifische Bestimmungsmodus, als die charakterisierende *Beleuchtungsweise* der Bedeutung bzw. des Funktionswertes verstanden wird, so ließe sich hier eine Aporie bzw. Inkonsistenz festmachen.[50]

FREGE selbst hat, wie oben gesehen, auf diese Schwierigkeit zwar hingewiesen, sich aber mit dem Hinweis beruhigt, daß jene etwa in fiktionalen Kontexten auszumachenden bedeutungslosen aber sinntragenden Ausdrücke in einer Idealsprache der Logik definitorisch zu vermeiden seien. Der Neo-Fregeaner GARETH EVANS schreibt zu diesem Punkt:

---

[49] *S.u.B.*,S.27;

[50] so schreibt Dummett (1981):"sense determines reference; but this thesis admits of two interpretations, a weak one and a strong one. On the weak interpretation, to say that sense determines reference involves only that two expressions with the same sense cannot have different references. If this were the correct interpretation, a specification of the references of a range of expressions would not very severely circumscribe the account to one given of their senses... It is clear that we must adopt the strong interpretation at least for sentences: to grasp a thought, that is, the sense of a sentence, is to apprehend the condition which must hold for it to be true... The sense of a proper name is the manner in which some object is determined as beeing its referent"(*The Interpretation of Frege's Philosophy*, S.249).

„So on this matter of the senses of empty singular terms Frege was inconsistent. Why did he not see the inconsistency? Why did he continue to adhere to to a basically Russellian view of singular terms in all his serious theorizing, despite his willingness to contemplate empty singular terms with a sense? The answer, I think, is that Frege found a convenient mat under which he could sweep the problem posed for his theory by his assigning sense to empty singular terms, a mat we might label `Fiction'".[51]

Berechtigterweise weist EVANS darauf hin, daß es in zahlreichen Fällen nicht plausibel erscheint, bei nicht vorhandener Bedeutungsentität die intuitive Sinnhaftigkeit singulärer Terme als illusionäres Vorurteil abzutun:

„For, altough I should (and shall) defend the idea that there are many kinds of singular term (paradigmatically, genuine demonstratives) such that, when they are empty, there can be nothing but the *illusion* of thought-expression and of understanding, it seems to me impossible to maintain this position for all the expressions in the rag-bag intuitive category ... And even if we follow Russell, and hive off definite descriptions for separate treatment as quantifiers, there still remain terms which would intuitively be regarded as singular terms, but for which the `no referent - no thought (sense)' position seems quite incorrect".[52]

EVANS selbst schlägt daher vor, nicht nur physikalische Entitäten als Bedeutungen bzw. Referenzobjekte singulärer Terme zuzulassen, sondern diesen einen semantischen Wert (*semantic value*) zuzuordnen, so daß jedem singulären Term (Name bzw. Kennzeichnung) zwar ein semantischer Wert, aber nicht obligatorisch ein Referenzobjekt entspricht, d.h. bei fehlendem Referenten wäre der semantische Wert die Leere Menge:

„What I have claimed is that dire consequences follow from the ascription of a Fregean sense to any expression that has no *Meaning* or *semantic value*; hence the consequences ensue for Frege because he selected, as appropriate semantic values for singular terms, the objects that would be regarded as their *referents*. But the equation between semantic value and referent is by no means mandatory. In fact it has to be given up if empty singular terms are to be ascribed a sense".[53]

Dies gilt allerdings nur für konkret-physische, nicht für mathematische Objekte - im Gegensatz zu ersteren sind letztere nämlich als >absolute Wesenheiten< tatsächlich *objektiv erfaßbar*, die Unterscheidung von *Noumenon* und *Phainomenon* ergibt in der Mathematik und Logik keinen Sinn.[54]

Im übrigen scheint es mir unproblematisch, innerhalb des Frege-Systems für jene bedeutungslosen Ausdrücke etwa folgende Konstruktionsoptionen offenzuhalten:

➢ entweder postuliert man gewisse abstrakte Entitäten als *I-(inkonsistente) Bedeutungen* (in potentiell unbegrenzter Anzahl), von deren semantisch-logischer Komplexität die Möglichkeit verschiedener Pseudo-Gegebenheitsweisen als Sinn-Entitäten

---

[51] *The Varieties of Reference*, 1980, S.28;

[52] ebd. S.31;

[53] ebd. S.32;

[54] bezüglich mathematischer bzw. logischer Objekte liegen die Dinge anders als für die mittels ihrer – als des transzendentalen, d.h. epistemisch primordialen, unhintergehbaren Grundgerüstes – erzeugten konkret-physischen Außenweltobjekte, und dies bringt auch eine m.E. bislang nicht beachtete Dichotomie ins Frege-System, welches ja ursprünglich von mathematischen Objekten ausging; eine mögliche Frege-Revision, wie sie etwa von Castaneda formuliert wurde, besteht in der ontologischen Neufassung der Bedeutungen als Sinn-Entitäten kognitionshierarchisch anderer Ordnung – dieser Ansatz wird hier aufgegriffen, s. Kapitel 50;

abhängt: so lassen sich zahllose logisch-mathematische Strukturen/Objekte hinreichender Komplexität konstruieren, deren Status als Pseudo-Objekt für ein begrenzt intelligentes Wesen weder unmittelbar noch überhaupt jemals einsichtig sein muß;

➤ oder man verzichtet auf die fiktionale Bedeutungsentität mit dem Hinweis auf die Fähigkeit des menschlichen Erkenntnissubjekts, prinzipiell beliebige Kombinationen semantischer Objekte/Strukturen vorzunehmen (nach welcher Heuristik auch immer), von denen einige epistemisch ausgezeichnete >tatsächliche< Gegebenheitsweisen abstrakt oder konkret existenter Entitäten darstellen.

Prinzipiell sind dabei solche Fälle wie: „die am wenigsten konvergente Reihe", „der von der Erde am weitesten entfernte Himmelskörper" u.ä. offensichtlich widerspenstigere Kandidaten als etwa die in fiktionalen Kontexten auftauchenden, von FREGE als *Scheineigennamen* betitelten poetischen Gegenstände wie *Odysseus, Agamemnon* etc.:

in letzteren Fällen können zwar keine in der realen Welt wahrheitsfähigen Sätze formuliert werden, da den Scheinnamen keine realen Bedeutungen entsprechen, wohl aber könnte in der hermeneutischen Welt der Altphilologen etc. darüber gestritten werden, ob und inwieweit Klytemnestra mitschuldig an der Ermordung Agamemnons war: die fiktionalen Personen sind in den als maßgeblich bewerteten Quellen beschrieben und gekennzeichnet, ebenso wie bei historischen Gestalten ist ihre Beschreibung immer fragmentarisch und abhängig von der Überlieferungsquelle.

Bei historischen wie fiktionalen Personen gibt es also eine Pluralität des Sinns, abhängig von den mit den Eigennamen verbundenen realen oder fiktionalen Kennzeichnungen, anders als im Falle lebender realer Personen ist jedoch die Menge möglicher Kennzeichnungen, Gegebenheitsweisen, feststehend und abgeschlossen (respektive des Auftauchens neuer Quellen etc.).

Scheineigennamen wie echte Eigennamen haben also die aus Fregescher Perspektive unschöne Eigenschaft, keinen feststehenden Sinn aufzuweisen, aber da die Bedeutung stets über irgendeinen Sinn vermittelt sein muß, ob sie nun real oder fiktional sei, greift hier wenigstens die Fregesche Sinnbestimmung (s.o.). Der reale oder fiktionale Status der Bedeutungsentitäten ist dabei nicht aufgrund des vermittelten Sinns, sondern, wenn überhaupt, nur aufgrund *externer* Kriterien entscheidbar.

3. Epistemologische Aspekte: Theoriegeladenheit und Hierarchie der Erkenntnisformen

Das Vermitteltsein der Bedeutung über den Sinn steht in Zusammenhang mit der Unmöglichkeit, epistemisch zu den Dingen-an-Sich vorzudringen, und zwar in zweifacher Hinsicht:

1. von den Erkenntnisobjekten aus gesehen stellt sich die Lage so dar, daß sie erst durch den Erkenntnisakt konstituiert werden in dem Sinne, daß jede Entität ihre Individuationskriterien durch eine implizit-immanente (neurophysiologisch-evolutionsbiologisch fundierte) oder explizite (alltagspragmatische oder wissenschaftliche) >Theorie< geliefert bekommt, so daß also das Kantsche *Ding an sich* - im Sinne eines objektiven raumzeitlich situierten materiellen Objektes – als eine logisch widersprüchliche Bestimmung, eine Pseudoentität angesehen werden muß;

2. für das Erkenntnissubjekt stellt jeder Wahrnehmungsakt eine spezifische Kommunikationsform dar, die als strukturelle Kopplung interagierender Systeme mit Quasi-Informationsübertragung (s. Maturana-Kapitel) verstanden werden kann und abhängig ist bzw. konstituiert wird durch spezifische Codes, Encodierungs-/ Decodierungs- bzw. Konstruktionsprozesse, Eigenschaften des subjektspezifischen Mediums (Übertragungskanäle), kurzgesprochen durch implizit und explizit theorieabhängige Faktoren;

Spätestens hier wird deutlich, daß in FREGEs scheinbar *rein semantischer* Dichotomie eine *ontologische* Komponente wesentlich angelegt ist (man erinnere sein Postulat eines *Dritten Reiches objektiver abstrakter Entitäten*).

Die große Schwierigkeit im Fregeschen System hinsichtlich der Ontologie besteht darin, daß Sinne und Bedeutungen keine ontologisch disjunkten Mengen bilden: Sinne sind prinzipiell immer Abstrakta bzw. Universalien, während Bedeutungen ebenso konkrete einzelne physische Objekte wie abstrakte mathematische Objekte (Eigennamen), ebenso Klassen konkreter physischer Objekte wie Klassen abstrakter mathematischer Objekte sein können; Wahrheitswerte schließlich scheinen ontologische Zwitterwesen zu sein: zumindest im Falle empirisch-kontingenter Sätze könnte man sie, von einem empiristischen Standpunkt aus, als durch empirische Zuordnungsprozeduren identifizierbare konkrete physikalische Weltausschnitte definieren, welche durch die kontingente Zerlegung der gesamten Weltwirklichkeit, die das *Wahrheits-Universal* bildet, entstehen. Mit anderen Worten, die mittels kognitiver Akte durchgeführte Zerlegung der Welttotalität in Weltpartitionen spiegelt sich wider mittels der entsprechenden wahren Sätze, sie alle bezeichnen als Namen ihrer jeweiligen Wahrheits-Partiale letztlich konkrete physische Partitionen der physischen Welttotalität (dem Wahrheits-Universal).

Demgegenüber bewegen sich die Wahrheitswerte logischer und mathematischer Sätze im Bereich abstrakter platonischer Wesenheiten.

Hierbei ist natürlich auch anzumerken, daß FREGE, im Gegensatz zum frühen WITTGENSTEIN oder CARNAP, zu keinem Zeitpunkt eine anti-platonistischen Haltung eingenommen hat; dies mag seine philosophische Gelassenheit hinsichtlich ontologischer Provenienzen verständlicher machen.

Ein zentrales Problem wurde jedoch von FREGE klar unterschätzt: die von der klassischen Theorie der Propositionen und von FREGE zumindest für eine Idealsprache postulierte *Konvergenz* der Inhalte des Denkens, Sprechens, und der realen Außenwelt, die Annahme einer Entsprechung von Überzeugungsinhalten als Gegenständen des subjektiven Für-wahr-Haltens (Glaubens) einerseits und intersubjektiv kommunizierbaren, öffentlich zugänglichen objektiven Propositionen andererseits, kann nun offenbar nicht aufrechterhalten werden.

So hat u.a. CASTANEDA klargestellt, daß etwa bei indexikalischen Sätzen Referenz und Proposition nicht durch ein für allemal sprachsystemisch fixierte Bedeutungen (Fregesche Sinne), sondern durch die pragmatische Verwendung im jeweiligen Sprechakt profiliert werden – was aber keinen prinzipiellen Widerspruch zum Fregeschen Ansatz induzieren muß, weshalb z.B. EVANS gerade die indexikalischen Verwendungsweisen für `fregebedürftig´ hält.

In jedem Fall aber gibt es keine Möglichkeit der ein-eindeutigen Zuordnung von Propositionen, indexikalischen Sätzen und subjektiven Überzeugungsinhalten (letztere bezeichnet CASTANEDA auch als >doxastische Akkusative<: s. *Self-Consciousness, Demonstrative Reference, and the Self-Ascription View of Believing*).

Ein weiterer Schlag gegen die Konvergenzthese ist die Unabhängigkeit der Selbstzuschreibungen von Fremdzuschreibungen, die speziell in den Arbeiten von CASTANEDA, SHOEMAKER und EVANS zum Ausdruck kommt.

Es war ebenfalls CASTANEDA, der den wunden Punkt der Fregeschen Ontologie hinsichtlich des Referenzproblems (Sinn ohne Bedeutung) klar diagnostiziert und treffend therapiert hat.

Weil die von FREGE angesetzte ontologische Relation von Sinn (intensionaler Entität), Bedeutung (extensionaler Entität) und den sie ausdrückenden sprachlichen Termen tatsächlich ein Ding der Unmöglichkeit ist – wir können uns im menschlichen Denken nämlich immer nur auf Sinn-Entitäten beziehen, auch die durch naturwissenschaftliche Theorien beschriebene vermeintlich objektive Außenwelt ist eine Struktur, die aus Sinn-Entitäten besteht – bleibt letztlich die Möglichkeit der denkenden Bezugnahme auf objektive, d.h. außerhalb des Bewußtseins existierende, Referenten unklar.

Tatsächlich sind es nämlich nicht die Bedeutungen (Referenten), die als Denotate sprachlicher Ausdrücke gelten können, sondern ebenfalls Primär-, Sekundär- etc. Sinne (bzw. >Wiener-Maschinen<,s.Kapitel 28ff.,50), deren spezifizierte Gegebenheitsweisen dann als Sinne >höherer Ordnung< erscheinen – d.h. zwischen dem Denken und der (>objektiven<) Welt besteht ein irreduzibler *ontologischer Hiatus*.

Die in diesem Zusammenhang von CASTANEDA für Glaubenszustände geforderten zwei *Intensionalitätsanforderungen*
1. Keine wahrheitsfunktionale Abhängigkeit der logischen Relationen zwischen Glaubenssätzen von der bestehenden extensionalen logischen Beziehung;
2. Bewußtseinsmäßige unmittelbare inhaltliche Transparenz der Glaubensgegenstände; d.h. materiell-physikalische Objekte oder Sachverhalte mit unbegrenzter Anzahl

von Eigenschaften (Stichwort: >attributive Transzendenz<) können niemals Konstituenten von Glaubensinhalten sein] induzieren die epistemische und epistemologische Priorität der intensionalen gegenüber den extensionalen Strukturen.

Treffend formuliert heißt es daher bei GRUNDMANN:

„Castaneda kehrt Freges Theorie deshalb kurzerhand um. Stellt man die Intensionalitätsbedingungen des menschlichen Denkens in Rechnung, dann kann der Weltbezug des Denkens nur dadurch erklärt werden, daß die gewöhnlichen, realen Objekte als *Systeme von Fregeschen Sinnen* (Hervorhebung RW) verstanden werden. Auf diese Weise erhalten >Sinn< und >Referent< jedoch völlig neuartige Bedeutungen. Der *Sinn* steht nicht mehr in der Mitte zwischen dem Denken und der Welt, sondern er ist der *primäre Referent* des Denkens und geht als Bestandteil in den *sekundären Referenten* (das gewöhnliche Objekt der Wirklichkeit) ein. Castanedas erkenntnistheoretisch fundierte phänomenalistische Ontologie versteht Freges Sinne zugleich als primäre Objekte des Denkens und als *elementare Konstituenten der Realität* (Hervorhebung RW). In dieser Funktion bezeichnet er sie als >ontologische Gestaltungen<.“[55]

Im vierten Teil dieser Arbeit können im Zusammenhang der angestellten ontologischen Erwägungen die hier angerissenen Probleme noch einmal differenziert und terminologisch präzisiert werden.

Darüber hinaus stellt sich auf erkenntnistheoretischer Ebene die Frage nach einer *Kanonik* (hierarchischen Ordnung) der epistemischen Interaktionsmodi (Mensch – Umwelt):

Offensichtlich gibt es innerhalb der Bandbreite menschlicher Wahrnehmungsarten gewisse epistemisch als primär zu bewertende Gegebenheitsweisen, welche die unverzichtbare Erkenntnisquelle liefern für sekundäre, indirekt vermittelte (z.B. durch technische Apparate, Augenzeugenberichte/Protokolle, aufgrund unterstellter Gesetzmäßigkeiten abgeleiteter etc.) Erkenntnisformen.

Die Klassifikationsmerkmale dieser Gegebenheitsweisen sind zweifellos durch die biologisch-physiologische Konstitution des Menschen bedingt, wobei die Selektion gewisser epistemisch relevanter Attribute über den sozio-kulturellen Kontext erfolgt:

➢ so werden bei Naturvölkern besondere >hieratische Zustände< gnostischer Hellsichtigkeit, Erleuchtung, Sensibilität durch die Einnahme von Psychotomimetica o.ä. in Kombination mit meditativ-mystischen Praktiken gesteigert, sie haben religiöse Funktion und sind ebenfalls der gnostischen Elite (den Medizinmännern, Sehern etc.) vorbehalten;

➢ in säkularen, dem Paradigma empirischer Rationalität verpflichteten Gesellschaften dienen die 'hieratischen Erkenntnisformen' nicht dem religiösen, sondern dem wissenschaftlichen Unternehmen, so daß an die Stelle enthusiastisch-individuell-inspirierter Erkenntnis-/ Wahrnehmungsmodi solche treten, die sich durch technologische Reproduzierbarkeit und Kommunizierbarkeit auszeichnen.

---

[55] T.Grundmann: *Attribution oder Proposition?* in: M.Frank (ed.): *Analytische Theorien des Selbstbewußtseins*, Frankfurt/M. (1994), S.325;

Jede kognitive Weltkonstruktion ist fundiert auf gewissen basalen Elementen, primären Gegebenheitsweisen, deren hinreichende Konturiertheit und Konstanz/Stabilität die epistemische Verankerung des Erkenntnissubjektes gewährleistet und die anzuzweifeln (subjektives) erkenntnismäßiges Chaos zur Folge hätte:

es sind dies die *indexikalischen Wahrnehmungssituationen*, deren Objektkonstituierungen nicht durch explizite theoretische Annahmen, sondern ausschließlich durch die impliziten sinnesphysiologisch und evolutions-phylogenetisch fundierten Mechanismen, welche gleichsam eine *immanente Theorie* zur Realitätskonstruktion realisieren, determiniert sind.

RUDOLF CARNAPs *Der logische Aufbau der Welt* stellt den frühesten (und wohl maßgeblichsten) Versuch dar, mithilfe formaler Methoden ein umfassendes elaboriertes hierarchisches System rationaler empiristischer Rekonstruktion der Erkenntnisformen zu entwerfen, wobei das Phänomen der *immanenten Theoriegeladenheit* basaler Wahrnehmungsarten deutlich artikuliert wird:

„Das `Gegebene´ liegt im Bewußtsein niemals als bloßes, unverarbeitetes Material vor, sondern immer schon in mehr oder weniger verwickelten Bindungen und Gestaltungen. Die Erkenntnissynthese, die Verarbeitung des Gegebenen zu Gebilden, zu Vorstellungen der Dinge, der `Wirklichkeit´, geschieht meist unabsichtlich, nicht nach bewußtem Verfahren ... Auch in der Wissenschaft geschieht die Verarbeitung, Gegenstandsbildungund Erkennung meist intuitiv und nicht in der rationalen Form logischer Schlüsse ... Das Konstitutionssystem ist eine rationale Nachkonstruktion des gesamten, in der Erkenntnis vorwiegend intuitiv vollzogenen Aufbaues der Wirklichkeit".[56]

Diese Einsicht der *unmöglichen Beobachtungsneutralität* mußte im späteren Dikussionszusammenhang mentaler Introspektion erst wieder von WILFRID SELLARS in seiner Kritik vom *Mythos des Gegebenen* herausgestellt werden: auch erlebte mentale Zustände sind nicht unmittelbar gegeben und epistemisch transparent, vielmehr besitzt alles Wissen *propositionalen* Charakter, und insofern subjektive Erlebnisse unter spezifische Beschreibungen fallen, Beschreibungen aber irreduzibel theorienrelativ sind, kann auch die Introspektion nicht als theorienunabhängige Instanz gelten.

Von keinem wurde die These der Untrennbarkeit von Theorie/Sprache und Beobachtung/Erkenntnis mit größerer philosophischer Durchschlagskraft vertreten als von QUINE: dabei bilden in seinem `dogmenbereinigten´ Torso empiristischer Bedeutungstheorie die elementaren Wahrnehmungsmodi die epistemische Grundlage der behavioristisch profilierten und erkenntnistheoretisch primären *Beobachtungssätze*.

Gemäß der hier vertretenen Position muß einerseits die Quinesche These noch verschärft werden, andererseits ist sein Intensionsskeptizismus und linguistischer Behaviorismus als vorurteilsbehaftet und letztlich nicht konsistent nachvollziehbar abzulehnen: Reiz-Reaktions-Schemata sind als Bedeutungkriterium völlig witzlos und unverständlich, wenn das, was ihnen überhaupt erst irgendeine semantische Struktur und epistemische Relevanz zuweist – nämlich die angeblich unverständlichen oder metaphysischen Intensionen – vorsorglich dem Ockhamschen Rasiermesser zum Opfer fallen.

---

[56] *Der logische Aufbau der Welt*,1928, S.138;

Demgegenüber bedeutet diesem Verfasser die Verschärfung der Quineschen These gleichzeitig ein Argument gegen dessen eigenen Intensions-Skeptizismus, weil Theorien ontologisch nur als komplexe Intensionen (>Wiener-Maschinen<, s.u.) fassbar sind:

auch die elementarsten Wahrnehmungsmodi sind in dem Sinne *implizit theoriegeladen*, daß sie neurophysiologisch-psychologische Realisationsformen einer evolutionsgesteuerten `Hardware-Software´-Adaption an artenspezifische Umweltbedingungen darstellen, während komplexere Objektkonstituierungen propositionalen Charakters als *explizit theoretische* Manifestationen gelten können:

„In der Tat, ein wahrgenommener Gegenstand *ist* eine Hypothese, die aufgrund sensorischer Daten aufgestellt und geprüft wurde .. Wahrnehmung wird so zu einer Angelegenheit der Hypothesenbildung und -prüfung. Man sieht den Vorgang der Hypothesenprüfung am deutlichsten bei der doppeldeutigen Figur wie beim Necker-Würfel. Hier ist die sensorische Information konstant, und doch wechselt die Wahrnehmung von einem Augenblick zum anderen, sowie eine der möglichen Hypothesen vorgelegt wird, um überprüft zu werden. Jede wird abwechselnd aufrechterhalten, aber keine vermag sich durchzusetzen, da die eine so gut wie die andere ist".[57]

Den elementaren Wahrnehmungszuständen kommt also prinzipiell in den hier präsentierten Theorien des Selbstbewußtseins besondere Bedeutung zu, etwa im Ansatz von EVANS. Er bezeichnet die postulierten Formen nicht-propositionaler Wahrnehmungszustände als *Informationszustände*, sie bilden die Basis für Gedanken des *de-re*-Typs, während Gedanken *de-dicto* gerade nicht informationsbasiert sind.

Für EVANS besitzt man Information, wenn man mit dem Gegenstand der Information in (sinnesphysiologisch vermitteltem) Kontakt steht. Dabei unterscheidet er grundsätzlich *Information* von *Gedanken*, *Meinungen* und *Wissen*:

Informationszustände sind meinungsunabhängig, d.h. man kann sich in einem Informationszustand mit bestimmtem Inhalt befinden, ohne gleichzeitig zu glauben, daß das-und-das der Fall ist.

Ein weiterer Unterschied liegt darin, daß Inhalte von Information nicht-begrifflich sein können. EVANS´ Theorie auf Informationszuständen beruhender Gedanken (*information-based thoughts*) beansprucht natürlich, auch die im Zentrum der Selbstbewußtseinsproblematik stehenden philosophisch renitenten >ich<-Gedanken adäquat zu fassen und domestizieren zu können: daß >ich<-Gedanken auf Informationszuständen gründen ist ein wesentliches Resultat von EVANS´ Analyse.

Gerade die Besonderheiten indexikalischer und demonstrativer Referenz sind für EVANS, entsprechend seiner neo-fregeanischen Position, nur über eine Theorie der damit verbundenen nicht deskriptiven Gegebenheitsweisen (Sinn) zu explizieren.

Die Gegebenheitsweise der ersten Person ist dabei analog den durch "dieses" und "hier" ausgedrückten Referenzmodi aufzufassen. Im engeren Kontext der Selbstbewußtseinstheorien sollen die damit verbundenen Konsequenzen näher beleuchtet werden.

---

[57] R.L.Gregory: *Auge und Gehirn*, 1972, S.223;

Ein weiteres Beispiel für die systemische Relevanz kanonisch-basaler Erkenntnisformen bietet JERRY FODORs Konzeption einer kausalen bzw. korrelationalen Theorie der Psychosemantik, derzufolge der Gehalt eines Glaubenszustandes mit der Menge derjenigen äußeren kausal wirksamen Faktoren gleichzusetzen ist, welche diesen Zustand unter gewissen Bedingungen induzieren. Letztere Einschränkungen auf gewisse optimale Bedingungen soll die zu irrigen Überzeugungen führenden, ansonsten jedoch theoretisch insignifikanten, pathologischen (d.i. durch Rauschen beeinträchtigten) Wahrnehmungssituationen ausschließen.

Diese optimalen Wahrnehmungsbedingungen sind desweiteren dadurch charakterisiert, daß hier noch nicht auf (explizit formulierte) Theoriekonstrukte und elaborierte Begriffssysteme rekurriert werden kann, vielmehr gibt es für FODOR eine ausgezeichnete Klasse basaler Glaubenszustände, es sind dies die Überzeugungen vom Bestehen elementarer Wahrnehmungsqualitäten:

"For example: Paint the wall red,turn the lights up, point your face toward the wall, and open your eyes.The thought `red there´ will occur to you".[58]

Solche basalen unmittelbaren kognitiven Akte werden mittels theoretischer Konstrukte zu komplexeren Erkenntnisakten erweitert, wobei letztere stets auf ersteren fundiert bleiben. So ist der Glaubenszustand >dort ist ein Proton<, induziert durch bestimmte Wahrnehmungsqualitäten sowie gewisse physikalische und psychophysikalischen Gesetze, mit einem Zustand der äußeren Welt verknüpft, und dieser äußere Zustand bedeutet den Gehalt der Überzeugung:

„physics - including the physics of the experimental environment - guarantees a reliable causal covariation between instantiations of proton and the psychophysical properties of the photographic plate, or the cloud chamber, or the voltmeter, or whatever apparatus you´re using to detect protons (if physics didn´t guarantee this correlation, what you´re using wouldn´t count as a proton detector). And psychophysics guarantees a reliable causal covariation between the observable properties of the apparatus and tthe tokening of concepts in the belief box (if psychophysics didn´t guarantee this correlation, these properties of the apparatus wouldn´t count as observable".[(ebd.)]

Daß FODORs Theorie der Psychosemantik als vollständige Theorie der Gehalte mentaler Zustände, denn als solche ist sie konzipiert, unzulänglich bleibt, braucht an dieser Stelle nicht näher ausgeführt zu werden - wir möchten später darauf zurückkommen - hier sollte nur auf die prinzipielle Bedeutung des Problems einer Hierarchie bzw. Kanonik ausgezeichneter Erkenntnisformen für die von uns aufgeworfenen Fragestellungen hingewiesen sein.

---

[58] J.A.Fodor: *Psychosemantics*, Cambridge (1987), S.112f;

B.   Ludwig Wittgenstein (1889 – 1951)

(Biographisch-philosophische Einführungsbemerkung auf Seite 401)

4.   Exposition

Im folgenden soll untersucht werden, wie FREGEs Sinn-Bedeutungs-Dichotomie von
WITTGENSTEIN aufgegriffen, in ein eigenes System, gerader bezüglich der Aus-
gangsproblematik völlig anderer, nämlich Russellscher Provenienz, integriert, und
somit in nicht unwesentlichen Punkten modifiziert wird.[59]
Ebenso wie schon bei FREGE soll hierbei eine philosophiehistorische Idealisierung
bzw. Vereinfachung dahingehend vorgenommen werden, daß der frühe WITTGEN-
STEIN (allgemein wird der Autor des *Tractatus* und der *Remarks on logical form* als
der `frühe´, der aller folgenden Werke als der `späte´ WITTGENSTEIN bezeichnet),
zum Gegenstand der Untersuchung gemacht wird, es geht also vornehmlich um die im
Tractatus formulierten Positionen:
vorhergehendes wie späteres Schrifttum soll nur insoweit hinzugezogen werden, wie es
die in der *Abhandlung* ausgedrückten Gedanken profiliert und damit das Verständnis
erleichtert.

Es war bereits angedeutet worden, daß WITTGENSTEIN maßgeblich durch Fragestellungen und Probleme RUSSELLs beeinflußt war, so etwa durch dessen Untersuchungen zum Urteil und zur Beziehung von Satz und empirischer Realität. Für RUSSELL
war der Gegenstand eines Urteils, welches in der Behauptung eines Satzes besteht, ein
Komplex von Termen; das Urteil ist dann wahr, wenn der behauptende Satz mit dem
urteilsbezogenen Komplex korrespondiert. In RUSSELLs *logischem Atomismus*[60] gibt
es also bereits eine isomorphe Entsprechung von *atomic proposition* und *atomic fact*,
Substantive bzw. Eigennamen entsprechen Gegenständen bzw. Personen, Adjektiva
korrespondieren mit Eigenschaften, und Verben mit Relationen.

Wenn im folgenden auch besonderes Gewicht auf WITTGENSTEINs spezifische
Rezeption und Modifikation des Fregeschen Sinnbegriffs gelegt und dessen eigentüm-
liche Funktionsweise und Vernetzung innerhalb der *Tractatus* -Theorie aufgezeigt
werden soll, so kommt man m.E. dennoch nicht umhin, auch die anderen Aspekte der
Systematik zu berücksichtigen, da es sich um eine ziemlich geschlossene Theorie von
entsprechendem Interdependenzgrad handelt. Es wird also (zunächst) die gesamte

---

[59]   Der *Tractatus* stellt anerkanntermaßen die erste wirklich bedeutsame rezeption der Fregeschen Theorie
von Sinn und Bedeutung dar. Zwar hatte schon Russell im Appendix seiner *Principles of Mathematics*
(1903) auf Freges logisch-mathematischen Arbeiten hingewiesen, dabei dessen Gedanken aber in eher
verzerrter Form wiedergegeben. Im Gegensatz zu Russell lernte Wittgenstein Frege auch persönlich kennen, auch kam es, besonders während der Abfassung des *Tractatus*, zu einem Briefwechsel, der allerdings
nicht zu einer nennenswerten Verständigung führte, wie man aus einem Brief an Russell entnehmen
kann:"Mit Frege stehe ich in Briefwechsel. Er versteht kein Wort von meiner Arbeit und ich bin schon
ganz erschöpft vor lauter Erklärungen" (*Briefe*, 6.10.1919).

[60]   Pitcher (1964) weist darauf hin, daß diese Bezeichnung erst auf den *Tractatus* katexochen paßt;

46

WITTGENSTEINsche Ontologie sukzessive entwickelt und erst an entsprechender Stelle auf die Sinnkomponente in ihren Zusammenhängen abgehoben.

5. Was der Fall ist

Der beträchtliche Anspruch des *Tractatus* offenbart sich bereits in den ersten Sätzen:

> „1.   Die Welt ist alles, was der Fall ist.
> 1.1   Die Welt ist die Gesamtheit der Tatsachen, nicht der Dinge.
> 1.1.1.   Die Welt ist durch die Tatsachen bestimmt und dadurch, daß es alle Tatsachen sind".[61]

Wenn die *Welt* als *Gesamtheit* von *Tatsachen* und nicht etwa von *Dingen* bestimmt wird, geht es offenkundig um den Aspekt der *Struktur:*
- die Dinge sind nicht beliebig im Raum verstreut, sie stehen zueinander in charakteristischen Beziehungen und Ordnungsgefügen.

Um also eine auch nur ausschnitthafte Beschreibung der Welt zu geben, wäre eine bloße Inventarliste vorhandener, irgendwie gegebener Dinge völlig unzureichend, denn diese könnten in unterschiedlichsten Kombinationen die unterschiedlichsten Welten formieren.

Kennzeichnend für eine bestimmte Realität sind also die Dinge samt ihren spezifischen Verknüpfungen und Zusammenhängen, *Realität wird also konstituiert durch das In-Relation-Setzen der Dinge*. Entsprechend muß unter einem Sachverhalt eine Entität von bestimmter Komplexität verstanden werden, der weiterer Zergliederung unterworfen werden kann.

> "2.   Was der Fall ist, die Tatsache, ist das Bestehen von Sachverhalten.
> 2.01   Der Sachverhalt ist eine Verbindung von Gegenständen (Sachen, Dingen).
> 2.011   Es ist dem Ding wesentlich, der Bestandteil eines Sachverhaltes sein zu können.
> 2.02   Der Gegenstand ist einfach.
> 2.021   Die Gegenstände bilden die Substanz der Welt. Darum können sie nicht zusammengesetzt sein.
> 2.03   Im Sachverhalt hängen die Gegenstände ineinander, wie die Glieder einer Kette.
> 2.032   Die Art und Weise, wie die Gegenstände im Sachverhalt zusammenhängen, ist die Struktur des Sachverhalts".[62]

Es ist nun eine in der Literatur umstrittene Frage, was genau zur Klasse der Gegenstände zu zählen ist, d.h. ob es sich hierbei um *Einzeldinge* oder auch um *Eigenschaften* bzw. *Universalien* handelt. Während COPI ("There is an overwhelming evidence that objects are particulars rather than properties"[63]), ANSCOMBE, SELLARS, PITCHER u.a. klar für ersteres plädieren, gehen STENIUS u.a. davon aus, daß auch Eigenschaften und Rela-

---

[61] L.Wittgenstein: *Tractatus logico-philosophicus,*1984 (1922);
[62] *TLP*;
[63] I.M.Copi:*Objects,Properties, and Relations in the >Tractatus<*, in: I.M.Copi / R.W.Beard (eds.):*Essays on Wittgensteins Tractatus,*1966, S.182;

tionen dazugehören, eine Lesart, die m.E. unter anderem deshalb kaum haltbar ist, weil sie

1. expliziten Äußerungen WITTGENSTEINs, und
2. der Systematik der Konstruktion zuwiderläuft;[64]

Betrachtet man die obigen Zitate, so schiene die Redeweise, bezöge sie sich auf Universalien, zumindest sonderbar wenn nicht irreführend. Ferner heißt es in 2.0231: "Die Substanz der Welt kann nur eine Form und keine materiellen Eigenschaften bestimmen".
Denn diese werden erst durch Sätze dargestellt – erst durch die Konfiguration der Gegenstände gebildet.
Da nun unter *formalen* Eigenschaften *logische* verstanden sind, diese aber, HUSSERL-schen *Wesensgesetzen* ähnlich, das unhintergehbare logische Grundgerüst der Welt bilden und daher nicht ausgesagt werden können, müssen Gegenstände eigenschafts-los, absolut-simplex, "farblos" (2.0232) sein.
Es sind damit auch Relationen als mögliche Gegenstandsaspiranten ausgeschlossen: da Sachverhalte durch Konfiguration (Relationierung) von Gegenständen entstehen, wäre die Beziehung zwischen den Gegenständen ebenfalls ein Gegenstand - wir hätten eine Konstitution von Gegenständen auf unterschiedlichen Ebenen ad infinitum.
Nun sind Gegenstände zwar absolut einfach, doch sind sie durch etwas gekennzeichnet: ihre spezifische *logische Form*.

Da WITTGENSTEIN gelegentlich (4.023, 4.123) von *externen* und *internen Eigenschaften* spricht, scheint hier ein Widerspruch vorzuliegen, worauf auch PITCHER hinweist:
"Wittgenstein speaks over and over again about the properties of objects ... so he certainly thought that they have properties. But than (a) how can they be simple? And (b) what sense can be made of Wittgensteins remark that objects are colourless?" [65]
Dabei ist zunächst festzustellen, daß im *Tractatus* selbst (4.123) auf den schwanken-den, d.h. nicht immer terminologischen, Gebrauch der Worte *Gegenstand*, *Eigenschaft* und *Relation* hingewiesen wird. Es ist also zumindest zweifelhaft, ob WITTGEN-STEIN tatsächlich und allen Ernstes den *Urgegenständen* (so sollen von nun an die ontologisch absolut simplexen, "farblosen" Entitäten genannt werden), mehr als forma-le Eigenschaften zugesprochen hat.

PITCHER löst die Schwierigkeit derart, daß die Urgegenstände für sich genommen einfach und eigenschaftslos sind, jedoch infolge ihrer Vernetzung und Konfiguration mit anderen Urgegenständen erst die `Eigenschaftshaftigkeit´ konstituieren, ihre *spezifischen Eigenschaften also erst durch die spezifische Kombination mit anderen Urgegenständen* erhalten.

---

[64] vgl. G.Pitcher (1964), S.Shwayder, in: J.V.Canfield,(ed.),1986, Vol.II, R.A.Dietrich (1973),
G.E.M.Anscombe (1959), D.Pears, in: S.Shanker (ed.),1986-89, Vol.I, W.Sellars, in: Schilpp (ed.) 1963,
N.Malcolm (1986), P.M.S.Hacker (1972), P.Simons, in: J.Schulte (ed.),1989;
[65] G.Pitcher:*The Philosophy of Wittgenstein*, S.118;

In dieser Sicht können nun zwar die Urgegenstände selbst als einfach, farblos etc. betrachtet werden, es stellt sich aber für PITCHER wie für WITTGENSTEIN die m.E. innerhalb des *Tractatus*-Systems unbeantwortbare und d.i. *aporetische Frage*, auf welche Weise absolut einfache, eigenschafts-und farblose Urgegenstände (für sich genommen, wobei sie eben diese Attribute aufweisen müssen, soll das ganze System nicht ins Bodenlose stürzen), in spezifischen Konfigurationen denkbar seien sollen:

➢ *wie können aus farb-bzw. eigenschaftslosen Entitäten charakteristische Konfigurationen (warum konfiguriert sich gerade dieses mit jenem, d.h. es gibt keine Konfigurationskriterien) entstehen?*

Auch bei einer möglichst konsistenten Lesart scheint hier im *Tractatus*-System an der *ontologischen Basis* eine *systemische Schwierigkeit* vorzuliegen, von der empirischen Implausibilität (doch um die Empirie kümmerte sich WITTGENSTEIN explizit nicht, sein Unterfangen war ja ein `rein-logisches`) ganz zu schweigen.
Es ist daher auch nicht weiter verwunderlich, daß z.B. HACKER seine Urteilsenthaltung in dieser Gretchenfrage des *Tractatus* folgendermaßen rechtfertigt:

"Wittgenstein says a great deal about objects, but notoriously gives no examples of such entities; and equally notoriously, it is impossible to find any kind of thing - be it substantival or attributive, objective entitity or mental representation i.e., idea, impression, or sense datum - which will satisfy the condition of objecthood. In the end, this should not be surprising since the conditions appear to be inconsistent - the failure to find anything to meet Wittgenstein's conditions is not a result of the poverty of reality, but of the knotted complexity of the Tractatus".[66]

Nicht zuletzt aufgrund dieser systemischen Widersprüche ist die Frage nach der Natur der Urgegenstände nicht gültig beantwortet und wohl auch nicht beantwortbar, woraus andererseits natürlich nicht, entgegen HACKER, die systemische Gleichberechtigung der rivalisierenden Gegenstandskonzeptionen zu folgern ist, da hier klare Konsistenzabstufungen möglich sind (s.o.). Wenn etwa eine semantizistisch-linguizistische Lesart (ISHIGURO, McGUINESS) Urgegenstände als *dummies* bzw. als *dummy names* (ISHIGURO) betrachtet, denen keine eigentliche Existenz außerhalb der Sprache zukommt, wird somit eines der Grundunterfangen des Tractatus, die Erklärung des Verhältnisses von Sprache und Wirklichkeit mittels der Bildtheorie, offenkundig ignoriert.
ISHIGURO schreibt:
"The Tractatus does not, as has sometimes been thought, offer an extensional foundation of semantic analysis. The objects of the Tractatus are not like things (however simple) in the empirical world which can be individuated extensionally. The concept of a simple object is more like that of an instantiation of an irreducible property".[67]

Ohne die extensionale Basis hinge aber die ganze *Tractatus*-Konstruktion in der Luft und würde nichts von dem erklären, was sie gerade erklären will. Für ISHIGURO und McGUINESS kehrt sich die Bestimmungsrichtung von Realität und Sprache um:

---

[66] P.M.S.Hacker, in: S.Shanker (ed.): *L.Wittgenstein*,Vol.I-V, !986-89,Vol.I, S.77;
[67] H.Ishiguro, in: J.V.Canfield (ed.): *The Philosophy of Wittgenstein*,Vol.I-XV, Vol.II, S.124;

"The Tractatus view entails that it is the use of the name which gives you the identity of the object rather than vice versa",[68]

und McGUINESS, beipflichtend:

"It is a fundamental idea of the Tractatus that there is no securing of reference prior to occurence in a proposition ... Use determines reference in the Tractatus also" bzw. "reference is defined solely in terms of semantic role".[69]

Explizit kritisch gegenüber einer solchen linguizistischen Sichtweise äußert sich auch MALCOLM :

"When I correlate a name with an object it is thereby settled for me in what linguistic contexts that name can occur. The name carries definite grammar: but it has that specific grammar only because it is correlated with a specific object. On the view of the Tractatus it would be senseless to suppose that I might not know which object I meant by a name, and had to infer this from an observation of how I employ that name in sentences".[70]

Und bei MAURY ließt man:

"The thesis which fits the Tractatus is, then, that a semantic possibility is always grounded in an ontic possibility and that every ontic possibility is reflected in a semantic counterpart".[71]

Eine weitere Streitfrage ist die, ob Gegenstände als, wie auch immer geartete, materiell-physikalische, oder aber als phänomenologische Entitäten anzusehen sind; ersteres wird besonders von GRIFFIN, der WITTGENSTEINs Beeinflussung durch HERTZ' *Prinzipien der Mechanik* betont, vertreten:

"The elements cannot be said either to exist or not to exist, for existing or not existing consists in the holding or not holding of connexions between elements ... Elements are timeless, indestructable; because everything we call destruction lies in the seperation of elements. But notice that the elements, as Wittgenstein speaks of them ... are ontologically simple. The properties he attributes to them there hold ... only for material simples".[72]

DIETRICH glaubt dagegen die Gegenstände phänomenologisch interpretieren zu können:

"Seit Mai 1915 ist in den Tagebüchern eine Fülle von Aussagen zugunsten der Annahme vorhanden, daß einfache Gegenstände als kleinste Teile unserer Wahrnehmung gedacht sind, die den logisch kleinsten Teilen des Satzes entsprechen ... Die Einfachheit ist von unserer Wahrnehmung abhängig, sie ist nicht in der Welt vorgegeben".[73]

Hierzu wäre anzumerken, daß alle subjektivistisch fundierten Gegenstandskonzeptionen deshalb fehlgehen, weil sie die "Substanz der Welt" in die kontingente menschliche Spezifität (sei es phänomenologische Gegebenheitsweise oder auch kollektive Sprachpraxis), zurückverlegen wollen. Offensichtlich haben die Urgegenstände des *Tractatus* aber einen von speciesgegebenen Zufälligkeiten völlig unabhängigen, *onto-*

---

[68] ebd. S.108;

[69] B.McGuinness, in: I.Block (ed.): *Perspectives on the Philosophy of Wittgenstein,*1981, S.67;

[70] N.Malcolm: *Nothing is hidden,* 1986, S.31;

[71] A.Maury: *The concept of Sinn und Gegenstandin Wittgenstein's Tractatus,*1977,S.76;

[72] Griffin, in: P.M.S.Hacker (ed.): *Insight and Illusion,*1972, S.154;

[73] R.A.Dietrich: *Sprache und Wirklichkeit in Wittgensteins Tractatus,*S.38;

logisch absoluten Charakter. Noch unhaltbarer als der Phänomenalismus DIETRICHs erscheint mir allerdings die neo-STENIUSsche Interpretation der Gegenstände, wie sie von MAURY und den HINTIKKAS vertreten wird. Letztere schreiben:

"The concial subject matter in trying to understand the Tractatus is obviously Wittgenstein's conception of object ... One of the most persistent and most pervasive misunderstandings ... is the idea that what he there calls objects (Gegenstände) include only individuals (particulars) but not properties and relations".[74]

Einen Kernpunkt der Gegenstandsproblematik stellt die Interpretation der *Simplexität*, der Einfachheit, dar. Bei den HINTIKKAS heißt es hierzu:

"There are at least three different things which Wittgenstein could .. have meant by the simplicity of objects:
(i) They have no structure. (They are 'of a piece')
(ii) They cannot be analysed further into more basis objects.

(iii) They are logically independent of each other".[75]

Da sie sich, unzureichendermaßen, für (ii) entscheiden, können nun auch Eigenschaften und Relationen als Gegenstandsaspiranten in Frage kommen:

"In any case, the crucial thing here is that in the important sense (ii), primitive (unanalysable) relations can obviously be 'simple' in Wittgenstein's sense, and hence can be objects".[(ebd.)]

Offenbar unterschätzen auch die HINTIKKAS den systemisch-notwendigen, abstrakten Charakter der Urgegenstände, die in keinem Fall Gegenstände irgendeiner Erfahrung (die empirisch beschreibbare Welt besteht aus Tatsachen, die wiederum wahrheitsfunktional aus Sachverhalten gebildet werden, ist also schon komplex, während der Urgegenstand das ontische Pendant der logischen Forderung einer finalen Entität zur Gewährleistung der Bestimmtheit des Sinns darstellt) sein können, wenn sie schreiben:

"Rather, it is due to the fact ... that I depend on the basic objects given to me in my expirience for my entire language and hence entire thinking".[76]

Ihre Gegenstandskonzeption ist offenbar linguizistisch-phänomenologisch:

"Wittgenstein's objects are substance-like, not because they are indestructable, but because they are the meanings of our simplest expressions, those expressions whose meanings cannot any longer be described but only displayed ... Rightly understood, Wittgenstein's doctrine of the substantiality and indestructibility of Tractarian objects supports our thesis of their phenomenological character".[77]

Da die HINTIKKAS ebenso wie MAURY im wesentlichen die m.E. verfehlte Position von STENIUS vertreten, soll hierauf an dieser Stelle nicht näher eingegangen werden.

Daß WITTGENSTEIN selbst sich über die Natur der Urgegenstände im unklaren war, etwa in den *Tagebüchern* tatsächlich beispielhaft einerseits an phänomenologische, andererseits an physikalische Entitäten denkt (6.5.1915: "Als Beispiele des Einfachen denke

---

[74] M.B.&J.Hintikka: *Investigating Wittgenstein,* S.30;
[75] ebd. S.39;
[76] ebd. S.58;
[77] ebd. S.70;

ich immer an Punkte des Gesichtsbildes", und 21.6.1915: "Es scheint immer so, als ob es komplexe Gegenstände gäbe, die als einfache fungieren, und dann auch wirklich einfache, wie die materiellen Punkte der Physik, etc."),
kann letztlich ebensowenig zur Unterstützung dieser oder jener Ansicht herangezogen werden, wie seine späteren Aussagen, wie etwa in den *Philosophischen Untersuchungen*, in denen er seine vermeintlichen *Tractatus*-Positionen kritisiert.

KENNY hat darauf hingewiesen, daß WITTGENSTEIN sowohl anderen wie auch sich selbst gegenüber nur sehr bedingt als zuverlässiger Historiograph philosophischer Positionen angesehen werden kann:
"I want to suggest that his carelessness as a critic affected not only his discussion of his admired predecessors but also his later polemic against his own early work. I wish to claim that his own later statements about the Tractatus sometimes misrepresent it and mask the considerable continuity between his later views and his early ones".[78]

In jedem Falle aber erscheint es problematisch, solche Entitäten als Urgegenstände betrachten zu wollen, deren Vorhandensein und Existenz von alltäglicher Trivialität sind – nicht nur daß sie für das *Tractatus*-System als Urgegenstände unbrauchbar sind, es wären dann auch WITTGENSTEINs Bemühungen um die Klärung des Wesens der Urgegenstände ebenso überflüssig, wie der periodisch wiederkehrende Zweifel (Tagebücher) an der Existenz derselben – 21.6 1915:
"Unsere Schwierigkeit war doch die, daß wir immer von einfachen Gegenständen sprachen, und nicht einen einzigen anzuführen wußten".
WITTGENSTEIN spricht in den *Tagebüchern* von *Gegenständen* (Dingen), und *einfachen Gegenständen*, ohne immer eindeutig terminologisch zu differenzieren. Dabei ist er sich des Problems völlig bewußt, daß in der Sprache komplexe Gegenstände benannt und folglich so behandelt werden können, als ob es einfache, nämlich *Urgegenstände* wären:
"Daraus schiene es nun, als ob in gewissem Sinne alle Namen echte Namen wären. Oder wie ich auch sagen könnte, als ob alle Gegenstände in gewissem Sinne einfache Gegenstände wären".[79]
Und wenn es dort heißt:
"Auch Relationen und Eigenschaften etc. sind Gegenstände",
so spricht er gerade *nicht* von *Urgegenständen*, wie HINTIKKAS, auf diese Stelle anspielend, annehmen:
"there is a excellent prima facie evidence that Wittgenstein included properties and relations among what he called objects (Gegenstände)".[80]
Im Gegenteil, hier geht es allein darum, daß komplexe Gegenstände *sich (scheinbar) wie Urgegenstände verhalten können*:
"Wenn ich dies nun tue und die (komplexen, RW) Gegenstände mit Namen bezeichne, werden sie dadurch einfach? Aber doch ist dieser Satz ein Bild jenes Komplexes. Dieser (komplexe, RW) Gegenstand ist für mich einfach!"[81]

---

[78] A.Kenny: *The legacy of Wittgenstein*, S.13;
[79] L.Wittgenstein: *Tagebücher*, 16.6.1915;
[80] *Investigating Wittgenstein*, S.31;
[81] 22.6.1915;

Noch einmal:

> die die *Substanz der Welt bildenden Urgegenstände*, die *einerseits* von absoluter Einfachheit sind (ansonsten könnten sie weiter analysiert werden), *andererseits* aber eine innere Form aufweisen müssen, welche den Möglichkeitsraum ihrer, alle anderen empirisch konstatierbaren Eigenschaften erst konstituierenden, wie auch immer gearteten, Verbindung mit anderen Urgegenständen determiniert, *sind ein logisches Postulat zur Gewährleistung der Bestimmtheit des Sinns von Sätzen.* Auch wäre ohne sie jeder Sachverhalt a priori von unendlicher Hierarchien-Komplexität, eine Annahme, die WITTGENSTEIN dann im Tractatus implizit als unakzeptabel zurückweist (siehe 4.2211).

Nicht zuletzt benötigt WITTGENSTEIN die Finität der Urgegenstände für sein Behandlung des Existenz - bzw. des Allquantors, denn es gilt z.B. die Äquivalenz:

$(\exists x)\ f(x) \leftrightarrow (f(a) \lor f(b) \lor f(c) \lor ...)$

nur dann, wenn über einer endlichen Menge von a, b, c, ... operiert wird.[82]

In den *Tagebüchern* heißt es dazu:

"Trotzdem scheint nun der unendlich komplexe Sachverhalt ein Unding zu sein! Aber auch das scheint sicher, daß wir die Existenz einfacher Gegenstände (Urgegenstände, RW) nicht aus der Existenz bestimmter einfacher Gegenstände schließen, sondern sie vielmehr als Endresultat einer Analyse, ...durch einen zu ihnen führenden Prozeß kennen".[83] "Wenn wir auch die einfachen Gegenstände nicht aus der Anschauung kennen; die komplexen Gegenstände kennen wir aus der Anschauung, wir wissen aus der Anschauung, daß sie komplex sind - Und daß sie zuletzt aus einfachen Dingen bestehen müssen?"[84]

---

[82] s.Hintikka, S.110;
[83] 23.5.1915;
[84] 24.5.1915;

6. Die Bildtheorie

Für die folgenden Abbildungen s. *dtv-Atlas Philosophie*:[85]

A₃: abbildende Relation   A₄: Hieroglyphenbeispiel

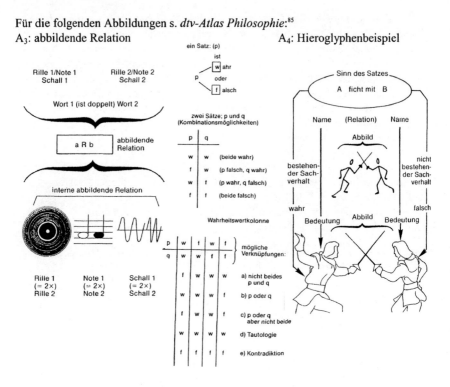

"Ein Bild hielt uns gefangen" schreibt WITTGENSTEIN in den *Philosophischen Untersuchungen*. (Tatsächlich war er durch eine schematische Zeichnung in einer Zeitschrift auf seine Bildtheorie gestoßen worden). Im *Tractatus* heißt es:

"4.016 Um das Wesen des Satzes zu verstehen, denken wir an die Hieroglyphenschrift, welche die Tatsachen, die sie beschreibt, abbildet. Und aus ihr wurde die Buchstabenschrift, ohne das Wesentlich der Abbildung zu verlieren. 4.02 Dies sehen wir daraus, daß wir den Sinn des Satzzeichens verstehen, ohne daß er uns erklärt wurde. 4.027 Es liegt im Wesen des Satzes, daß er uns einen neuen Sinn mitteilen kann. 4.03 Ein Satz muß mit alten Ausdrücken einen neuen Sinn mitteilen".

---

[85] *dtv-Atlas zur Philosophie*, München 1993 (1991), S. 212, 216; der Verfasser steht dem prinzipiell ambitionierten Versuch der dtv-Atlanten, abstrakte Inhalte durch graphische Darstellungen zu veranschaulichen (vgl. Kapitel 41: Ikonische Systeme), undogmatisch gegenüber; vielleicht mag manch ernsthafter Philosoph generell den Wert der zuweilen fragwürdigen Visualisierungen im Philosophie-Atlas anzweifeln – der werte Leser nutze die hier dargebotenen nach Belieben.

Hier geht es WITTGENSTEIN um das Phänomen der potentiell unendlichen Ausdrucksfähigkeit der Sprache bei begrenztem Zeichenvorrat: mithilfe alter Zeichen können neue gebildet, mit alten Vokabeln neue Ausdrücke und Aussagen gebildet werden, wobei bisher unbekannte Sätze durchaus von jedem Hörer auch sofort und ohne Erläuterung verstanden werden können.

Um diese rekursive Eigenschaft der Sprache zu erklären, ist für WITTGENSTEIN die *Bildtheorie* die allein angemessene Konzeption. Man versteht den Sinn einer Aussage, wenn man erkennt, welche Sachlage in ihr beschrieben wird, denn die Aussage ist ein Bild der von ihr beschriebenen Sachlage, deren Existenz bzw. Nicht-Existenz behauptet wird.

Auch wenn der Sinn einer Aussage neu ist, kann er demnach von der Aussage selbst >abgelesen< werden:

"4.021 Der Satz ist ein Bild der Wirklichkeit: denn ich kenne die von ihm dargestellte Sachlage, wenn ich den Satz verstehe. Und den Satz verstehe ich, ohne daß mir sein Sinn erklärt wurde. 4.022 Der Satz zeigt seinen Sinn. Der Satz zeigt, wie es sich verhält, wenn er wahr ist. Und er sagt, daß es sich so verhält".

Wenn Sätze *Bilder von Sachlagen* sein sollen, müssen sie etwas mit der abgebildeten Sachlage gemein haben, und dieses Etwas kann offenkundig nicht gestalthafter, sondern muß vielmehr abstrakter Natur sein, d.h. der Satz ist kein räumliches o.ä. , sondern ein *logisches Bild* der Sachlage.

Entsprechend ist das Gemeinsame von Satz und Sachlage die *logische Form* ; diese selbst wird nicht abgebildet, sondern ist die *Form der Abbildung.*
Sie kann, als unhintergehbarer Bezugsrahmen, auch nicht ausgesagt werden, sie *zeigt* bzw. *spiegelt* sich im Satz (4.12, 4.121).

Damit nun zwischen zwei Objekten X und Y eine solche logische Bildhaftigkeitsbeziehung bestehen kann, muß folgendes gelten:

a) es müssen *Abbildungsregeln, Projektionsgesetze*, gegeben sein, welche die Konstituenten von X mit denen von Y verbinden (4.0141);

b) die *logische Gliederung* in X und Y muß analog sein (4.032);

c) X und Y müssen die gleiche (logische, mathematische) *Mannigfaltigkeit* aufweisen (4.0.4.).

zusammenfassend kann man auch sagen, daß zwischen X und Y eine *Isomorphierelation* bestehen muß.[86]

Der *Satz* ist demnach
"ein Modell der Wirklichkeit, so wie wir sie uns denken"(4.01),
in ihm

---

[86] Eine diesbezügliche Präzisierung über die Modelltheorie Tarskis nimmt Stegmüller (*Modelltheoretische Präzisierung der wittgensteinschen Bildtheorie,*Notre Dame Journal of Formal Logic 7,1966) vor, allerdings sind bei ihm auch Prädikate als *Elementarsätze* zugelassen;

"wird gleichsam eine Sachlage probeweise zusammengestellt" (4.031).

WITTGENSTEIN spricht auch von der Aussage als der Projektion der durch sie beschriebenen Sachlage (3.11), denn
"der Satz ist das Satzzeichen in seiner projektiven Beziehung zur Welt" (3.12).
Explizit heißt es in 4.0311:
"Ein Name steht für ein Ding, ein anderer für ein anderes Ding und untereinander sind sie verbunden, so stellt das Ganze, - wie ein lebendes Bild - den Sachverhalt vor".

Es muß beachtet werden, daß hier ausschließlich von *Elementarsätzen* und nicht von solchen der Alltagssprache die Rede ist. Gewöhnliche Sätze bestehen natürlich nicht aus Namen für Urgegenstände, sondern sind Wahrheitsfunktionen von Elementarsätzen, in die sie zerlegt werden können. Entsprechend ist ihr Abbildungsverhältnis ein indirektes, da über die Elementarsätze vermitteltes, und daher in der logischen Tiefenstruktur des Satzes verborgen.
Die Bildtheorie thematisiert als also das Verhältnis zwischen Elementarsätzen und elementaren Sachlagen, den *Sachverhalten*.[87]

Wenn nun aber nur Elementarsätze *direkt* abbilden, und diese nur aus Namen für Urgegenstände bestehen, wie kommt dann eine logisch-syntaktische Struktur zustande, wenn man eine bloße Namensfolge nicht als eine solche anzusehen bereit ist?
Im *Tractatus* heißt es:
"2.14 Das Bild besteht darin, daß sich seine Elemente in bestimmter Art und Weise zueinander verhalten. 2.141 Das Bild ist eine Tatsache. 2.15 Daß sich die Elemente des Bildes in bestimmter Art und Weise verhalten, stellt vor, daß sich die Sachen so zueinander verhalten. 3.14 Das Satzzeichen besteht darin, daß sich seine Elemente, die Wörter, in ihm auf bestimmte Art und Weise zueinander verhalten. Das Satzzeichen ist eine Tatsache. 3.142 Nur Tatsachen können einen Sinn ausdrücken, eine Klasse von Namen kann es nicht. 3.1432 Nicht: „Das komplexe Zeichen >aRb< sagt, daß a in der Beziehung R zu b steht, sondern : Daß >>a<< in einer gewissen Beziehung zu >>b<< steht, sagt, daß aRb. 4.22 Der Elementarsatz besteht aus Namen. Er ist ein Zusammenhang, eine Verkettung, von Namen."

WITTGENSTEIN möchte sagen, daß nicht das Satzzeichen etwa als bloße Wortfolge eine Sachlage darstellt, sondern die Tatsache, daß die Wörter des Aussagezeichens auf eine bestimmte Art und Weise zueinander in Beziehung stehen, stellt die beschriebene Sachlage dar.[88]
Aber auch hier scheint die Schwierigkeit nicht wirklich aus dem Weg geräumt zu sein: Relationen sind nicht als Urgegenstände zugelassen, und wenn Elementarsätze nur aus Namen für Urgegenstände bestehen, können aus bloßen Namenskonfigurationen keine Relationen konstituiert werden, und es bleibt weiterhin unklar, wie die `Sachverhaltshaftigkeit´, d.i. die Struktur, in die Welt bzw. in den Satz kommt.

---

[87] vgl. *Tagebücher* (TB), 31.10.1914;
[88] vgl. Hintikka (1986), Anscombe (1959), dsb: *Mr.Copi on Objects, Properties, ans Relations in the Tractatus,*in: Copi / Beard (eds.) 1966;

Dies ist von WITTGENSTEIN auch gesehen worden, heißt es doch in den *Tagebüchern*:

"16.6.1915: Meine Schwierigkeit besteht doch darin: In allen mir vorkommenden Sätzen kommen Namen vor, welche aber bei weiterer Analyse wieder verschwinden müssen. Ich weiß, daß eine solche weitere Analyse möglich ist, bin aber nicht im Stande, sie vollständig durchzuführen. Trotzdem nun weiß ich allem Anscheine nach, daß, wenn die Analyse vollständig durchgeführt wäre, ihr Resultat ein Satz sein müßte, der wieder Namen, Relationen etc. enthielte. Kurz: es scheint, als wüßte ich auf diese Weise nur eine Form, von welcher ich kein einziges Beispiel kenne. Ich sehe: die Analyse kann weitergeführt werden und kann mir nun sozusagen nicht vorstellen, daß sie zu etwas anderem führt als zu den mir bekannten Satzgattungen".

7. Sätze

7.1. Namen und Bedeutung

"Names are, according to the Tractatus, the linguistic counterparts of >substance<. A name is always the name of an atomic thing, and an elementary sentence consists of names as an atomic state of affairs consists of atomic things".[89]

"3.202 Die im Satze angewandten einfachen Zeichen heißen Namen. 3.203 Der Name bedeutet den Gegenstand. Der Gegenstand ist seine Bedeutung. 3.22 Der Name vertritt im Satz den Gegenstand. 3.23 Die Forderung der Möglichkeit der einfachen Zeichen ist die Forderung der Bestimmtheit des Sinnes".

STENIUS zufolge gibt es *vier Aspekte*, unter denen der *Namensbegriff* im Tractatus zu verstehen ist.

Der *erste* ist für STENIUS unproblematisch, er wird, als Paraphrase von "3.203", in zwei komplementären Thesen formuliert:

"A name is a symbol in language the function of which is to name an entity, called its denominatum. This is its meaning", und

"To understand a name is to know what entity it names".[90]

Diese Interpretation ist allerdings nur dann haltbar, wenn man unterstellt, daß WITTGENSTEIN an den entsprechenden Stellen nicht terminologisch gesprochen und mit "Gegenständen" keine Urgegenstände gemeint hat, was jedoch bezweifelt werden muß. Dies erhellt auch aus dem *zweiten* Aspekt:

"3.26 Der Name ist durch keine Definition weiter zu zergliedern: er ist ein Urzeichen. 3.261 ... Zwei Zeichen, ein Urzeichen, und ein durch Urzeichen definiertes, können nicht auf dieselbe Art und Weise bezeichnen. Namen kann man nicht durch Definitionen auseinanderlegen".

STENIUS zufolge konfundiert WITTGENSTEIN im *Tractatus* zwei Thesen, nämlich

1. "that there is an absolute difference between defined symbol and primitive symbols"

und

2. "that defined symbols always signify indirectly whereas primitive symbol signify directly."

---

[89] E.Stenius: *Wittgenstein's Tractatus*, 1981,(1960), S.120;
[90] ebd. S.122;

Was Punkt 1. anbelangt, schreibt STENIUS, daß

"only in a logical system - as for instance that of geometry - is there a definite difference between
>defined< and >primitive< concepts. And here too, which concepts are chosen as primitive and which
are taken as defined is a matter of convention ... Hence there cannot be any absolute and intrinsic
difference between defined and primitive symbols".[ebd.]

Zu Punkt 2. wendet er ein:

"But suppose we have, for instance, a name >a<, and that we introduce a new symbol >b< by the
definition b = a Def.; From this definition we learn to know which object >b< means, and I cannot
see any reason why >b<, after this definition has been accepted, could not be considered a name,
which has a meaning alone and independently ... At least the fact that a sign can be defined does not
show that it does not signify directly".[ebd.]

In beiden Punkten scheint mir seine Kritik darum fehlzugehen, weil sie nicht system-
adäquat ist:

> innerhalb der *Tractatus*-Ontologie müssen >letzte Dinge<, *Urgegenstände*, de-
nen in der Sprache die Namen (*Urzeichen*) zugeordnet sind, postuliert werden,
da sie die *Substanz der Welt* bilden müssen, denn hätte "die Welt keine Substanz,
so würde, ob ein Satz Sinn hat, davon abhängen, ob ein anderer Satz wahr ist"
(2.0211).

HACKER schreibt hierzu:

"Objects constitute the substance of the world – the unchanging substratum against which all change
is determinable ... this is given as a reason for the necessary simplicity. If objects were complex, then
they might decompose, or cease to exist. But since ... objects are the meanings of simple names, then
if they ceased to exist their names would lack meaning and the propositions of which they are constituents would lack sense. More importantly ... if the world lacked a substance consisting of objects,
then whether a proposition had a sense i.e., was true or false, would depend upon whether another
proposition were true i.e., a proposition asserting the existence of a complex".[91]

Und auch SHWAYDER betont:

"It is essential to every object that it should be simple. Also, every simple object exists necessarily ...
Objects from the same totality are involved in all possible states of affairs. Hence the existence of
these objects is required by any completed totality of such possible states of affairs and excluded by
none. They therefore exist relative to all possible worlds, i.e. exist necessarily".[92]

Diese logischen Eigenschaften der Urgegenstände und damit verbunden die logisch-
semantisch fundamentale Funktion der "eigentlichen Namen" als *Urzeichen* scheinen
STENIUS und seiner Fraktion (MAURY, HINTIKKA u.a.) entgangen zu sein, bzw.,
verursacht durch WITTGENSTEIN unzureichende Differenzierung von Gegenständen
und einfachen Gegenständen (Urgegenständen), sprechen STENIUS u.a. von "objects"
(Gegenständen), wo es eigentlich um Urgegenstände geht, und diejenigen Gegenstände
("objects"), die sie zu erklären versuchen, haben wenig gemein mit denjenigen Urge-

---

[91] *The Rise and the Fall of the Picture Theory,* in: Block (ed.) 1981, S.78;
[92] *Gegenstände and other Matters,* in: Canfield (ed.),1986,Vol.II, S.84;

genständen, auf welche sich das *Tractatus*-System gründet.

Dabei ist auch klar, daß die "eigentlichen Namen" als sprachliche Pendants der Urgegenstände einen ebenso abstrakten, hypostatischen Charakter haben müssen wie diese, und in der Alltagssprache nicht aufzufinden sind, solange es keine *absolut vollständige* logische Analyse eines Satzes gibt, denn erst mit dieser würde sich die Notwendigkeit einer Benennung der Urgegenstände ergeben.

Eigentliche Namen sind also, gleich den *Urgegenständen*, *systemlogische Postulate* innerhalb der *Tractatus-Ontologie*, und als systemische Artefakte in der sprachlichen Wirklichkeit ebenso unauffindbar wie jene in der physikalischen, während die uns bekannten Namen der Alltags- und Wissenschaftssprachen sich zwar wie Urnamen verhalten, (und dies war, worauf oben hingewiesen wurde, für Wittgenstein ein Problem), aber `in Wirklichkeit´ komplexe Entitäten bezeichnen und daher gegebenenfalls weiterer Analyse unterworfen werden können bzw. müssen.

Fazit:
Insgesamt betrachtet erscheint der Fregesche *Bedeutungsbegriff* im *Tractatus*-System auf eigenartig modifizierte Art und Weise:

➤ es sind die *Bedeutungen* aufgefaßt als die *ontischen Korrelate* gewisser abstrakter sprachlicher Entitäten, der eigentlichen *Namen* oder *Ur-Namen*. Namen sind phänomenologisch, d.h. in ihrer graphischen oder phonetischen Realisierung, zunächst nicht von jenen komplexen sprachlichen Entitäten zu unterscheiden, die, im Gegensatz zu ersteren, eine logische Struktur aufweisen, nämlich den Sätzen.

➤ Während nun bei FREGE auch den *Sätzen* als komplexen Entitäten *genau eine Bedeutung* zugeordnet war, nämlich ihr *Wahrheitswert*, faßt WITTGENSTEIN den Bedeutungsbegriff enger, so daß er auf Sätze, als komplexe Entitäten, nicht angewendet werden kann: nur solche sprachlichen Formen kann Bedeutung zukommen, die logisch einfach sind, deren Funktion einzig darin besteht, zu denotieren: Namen.

7.2. Sinn

Im *Tractatus*-System haben *Namen*, und nur diese, eine *Bedeutung*. *Sätze* dagegen, und nur diese, haben einen *Sinn*. In den *Aufzeichnungen über Logik* hatte WITTGENSTEIN auch Sätzen eine Bedeutung zugesprochen: es war dies die dem Satz korrespondierende empirische *Tatsache*.

Bei FREGE kamen Sätzen wie Namen jeweils Bedeutung und Sinn zu, dort war ja der Sinn, wenn auch nur informell, als spezifischer Bestimmungsmodus der Bedeutung verstanden worden, was auch zu Schwierigkeiten geführt hatte in jenen Fällen, in denen Namen und Sätzen keine Bedeutung zugeordnet werden konnte aber dennoch offensichtlich ein Sinn vorhanden war. Dieses Problem ist im Tractatus ausgeräumt: Wir verstehen Sätze und ihren Sinn unabhängig davon, ob sie wahr oder falsch sind oder sich zu einem späteren Zeitpunkt als wahr oder falsch herausstellen werden, der Sinn eines Satzes ist also unabhängig von seinem Wahrheitswert zu fassen.

Zunächst muß zwischen *Satz* und *Satzzeichen* unterschieden werden:

"3.12 Das Zeichen, durch welches wir den Gedanken ausdrücken, nenne ich das Satzzeichen. Und der Satz ist das Satzzeichen in seiner projektiven Beziehung zur Welt. 3.13 Zum Satz gehört alles, was zur Projektion gehört; aber nicht das Projizierte. Also die Möglichkeit des Projizierten, aber nicht dieses selbst. Im Satz ist also sein Sinn noch nicht enthalten, wohl aber die Möglichkeit ihn auszudrücken. (>Der Inhalt des Satzes< heißt der Inhalt des sinnvollen Satzes). Im Satz ist die Form seines Sinns enthalten, aber nicht dessen Inhalt. 3.14 Das Satzzeichen besteht darin, daß sich seine Elemente, die Wörter in ihm auf bestimmte Art und Weise zueinander verhalten. Das Satzzeichen ist eine Tatsache."

GRIFFIN unterscheidet *Satzzeichen, Satz*, und *sinnvoller Satz*:
"Satzzeichen are, obviously, signs; and sinnvolle Sätze must be Satzzeichen plus - sense and so must be symbols ... A Satz, then, is somewhere between sign and symbol. It is, to return to its definition, the Satzzeichen plus its projektive relation to the world".[93]

Soweit ein Satz also phonetisch oder graphisch realisiert ist, bilden die phonetischen oder graphischen Einheiten das *Satzzeichen*, welches selbst eine *Tatsache* ist. Die *projektive Beziehung des Satzzeichens zur Welt ist demnach eine Beziehung zweier Tatsachen*, der abgebildeten und der abbildenden. Der *Sinn* des Satzzeichens hängt hier davon ab, ob zwischen ihm und der projizierten Tatsache eine *Isomorphierelation* besteht. Ist der Zusammenhang zwischen Welt und Satzzeichen klar, dann ist es auch der Sinn des Satzes, der bestimmt ist als seine "Übereinstimmung und Nichtübereinstimmung mit den Möglichkeiten des Bestehens und Nichtbestehens der Sachverhalte" (4.2).

Auf welche Weise nun ein Satz mit den Möglichkeiten des Bestehens und Nichtbestehens der Sachverhalte übereinstimmen kann, ist durch seine spezifische wahrheitsfunktionale Struktur bestimmt, d.h. durch seine formalen Eigenschaften als *Funktion der Elementarsätze*.
Die Anzahl der Möglichkeiten bezüglich des Bestehens und Nichtbestehens von n Sachverhalten ist gegeben durch die Reihe

$$K_n = \sum_{v=0}^{n} \binom{n}{v} = 2^n \, ;$$

bezüglich der Übereinstimmung und Nichtübereinstimmung eines Satzes mit den

---

[93] in: Hacker (1972), S.129;

Wahrheitswertmöglichkeiten von n Elementarsätzen gibt es folglich:

$$L_n = \sum_{\kappa=0}^{Kn} \binom{Kn}{\kappa} = 2^{2^n} \text{ Möglichkeiten.}$$

Es ist oft darauf hingewiesen worden, daß es im *Tractatus* eine Entsprechung gibt zwischen der Unterscheidung von *Sinn* und *Bedeutung* einerseits und der Dichotomie des *Zeigens* und *Sagens* andererseits.

So schreibt DUMMETT:

"In laying down what an expression is to stand for, we say what its reference is, not what its sense is; but, by choosing, as we must, a particular manner of doing this, we show what sense it is to have".[94]

Und im *Tractatus* heißt es:

"Der Satz zeigt seinen Sinn. Der Satz zeigt, wie es sich verhält, wenn er wahr ist. Und er sagt, daß es sich so verhält" (4.022).

STEGMÜLLER hat nun im Tractatus *drei verschiedene Verwendungsweisen* von *zeigen* aufgespürt:

➤ das *äußere* Zeigen (*a-zeigen*),

➤ das *innere* Zeigen (*i-zeigen*), und

➤ das *mystische* Zeigen (m-zeigen).

Im Zusammenhang des Sinnbegriffs interessiert vor allem das *äußere Zeigen*, denn dies ist das Sinn-Zeigen des Satzes (4.022). Indem der Satz seinen Sinn *a*-zeigt, *a*-zeigt er seinen deskriptiven Gehalt, folglich

"lesen wir aus seiner äußeren Struktur die entsprechende äußere Struktur des Sachverhaltes ab".[95]

Beim *inneren Zeigen* offenbart sich die logische Form des Satzes, die gleichzeitig die logische Form der Wirklichkeit ist (4.12). Im Gegensatz zum äußeren Zeigen fällt es nicht mit dem Sagen des Satzes zusammen, sondern ist, sozusagen *transzendental*, eine *Bedingung der Möglichkeit* des *a*-Zeigens überhaupt. Wenn in einem deskriptiven Satz einem oder mehreren Subjekten Prädikate oder Relationen zu oder abgesprochen werden, ist dies am physikalisch gegebenen Satz empirisch durch Analyse abzulesen. Das *i-Zeigen* kann demgegenüber nicht abgelesen o.ä. werden, es ist, so Stegmüller,

"die conditio sine qua non dafür, daß überhaupt ein Bild vorliegt: Die Gleichheit der kategorialen (oder inneren) Struktur (s.o.) von Bild und Original".[ebd.]

Das *mystische Zeigen* schließlich betrifft das, was in sinnvollen Sätzen nicht ausgesagt werden kann, eben das Unaussprechliche, das "Mystische" (6.522).

Entsprechend den Möglichkeiten des *a*-Zeigens und des *m*-Zeigens wird im *Tractatus* auch der Sinnbegriff unterschiedlich verwandt: außer dem Sinn von Sätzen spricht WITTGENSTEIN auch vom "Sinn des Lebens" (6.521) bzw. vom "Sinn der Welt"

---

[94] *Frege and Wittgenstein,* in: Block (ed.) 1981, S.32;
[95] W.Stegmüller: *Hauptströmungen der Gegenwartsphilosophie,* 1969, Bd.1, S.555f;

(6.41). Letztere Verwendungsweise ist jedoch eher metaphorisch als terminologisch zu verstehen und braucht im folgenden nicht näher zu interessieren. Tatsächlich steht die Klärung des semantischen *Sinnbegriffs* in engem Zusammenhang mit der (unausgesprochenen) *Kernproblematik* des *Tractatus*, eben nämlich der Frage, was *gesagt* werden kann und was *sich zeigen* muß.

MONK schreibt hierzu:

"Central to the book in all its aspects is the distinction between showing and saying: it is at once the key to understanding the superfluity of the Theory of Types in logic and to realizing the inexpressibility of ethical truths. What the Theory of Types attempts to say can be shown only by a correct symbolism, and what someone wants to say about ethics can be shown only by contemplating the world sub specie aeternitatis".[96]

Und in einem Brief WITTGENSTEINs vom 19.8.1918 liest man:

"The main point is the theory of what can be expressed (gesagt) by props - i.e. by language - (and, which comes to the same, what can be thought) and what can not be expressed by props, but only be shown (gezeigt); which, I believe, is the cardinal problem of philosophy".[97]

Von hier aus stellt sich auch die Frage nach der *Extensionalität* bzw. *Intensionalität* des *Tractatus*-Systems. Meines Erachtens spricht VON WRIGHT die Wahrheit gelassen aus, wenn er schreibt:

"One could say that Wittgenstein's position in the Tractatus is >extensionalist< as far as that which in the Tractatus view can be said is concerned. What is >intensional< cannot be spoken of in significant propositions. It may nevertheless show itself in language".[98]

Und STEGMÜLLER hatte bereits einige Jahre früher konstatiert:

"Gegenüber der wiederholt aufgestellten These, daß der Verfasser dieses Werkes ein rein extensionales Denkschema aufgestellt habe, läßt sich vielmehr behaupten, daß der Tractatus mit intensionalen Begriffen 'durchtränkt' ist und daß sich mehrere solcher intensionaler Schichten unterscheiden lassen".[99]

Daß die Klasse der sinnvollen Sätze, also das, was sinnvoll gesagt werden kann, (auch wenn der Sinn selbst sich nur zeigt), extensional zu interpretieren ist, dürfte klar sein: die allgemeine Satzform, (die selbst natürlich eine transzendentale Kategorie ist), lautet:

$[\bar{p}, \bar{\xi}, N(\bar{\xi})]$. (6.).

---

[96] R.Monk: *Ludwig Wittgenstein*,S.156;

[97] Im Zusammenhang der Theorie des Zeig-und Sagbaren steht auch Wittgensteins Unterscheidung "formaler" und "eigentlicher Begriffe", deren „Verwechslung die ganze Logik durchzieht" (4.126) sowie die damit verbundene Kritik an Russell's Typentheorie:"Der formale Begriff ist mit einem Gegenstand, der unter ihn fällt, bereits gegeben. Man kann also z.B. nicht den Begriff der Funktion, und auch spezielle Funktionen (wie Russell) als Grundbegriffe einführen"(4.12721).K.Niedermayer (1987) sieht bezüglich der Möglichkeit logischer Sätze im Tractatus zwei Prinzipien, nämlich a) das „Prinzip der Autarkie der Sprachphilosophie" sowie b) das „Prinzip der unmöglichen Selbstbezüglichkeit der Sprachphilosophie (Logik)"(S.13). Letzteres spielte auch in Wittgensteins späterer Kritik der Gödelsätze eine Rolle.

[98] H.v.Wright: *Wittgenstein*,S.186;

[99] *L.W. als Ontologe,Isomorphietheoretiker,Transzendentalphilosoph und Konstruktivist*, in: *Philosophische Rundschau 13, Heft 2*,1965;

Hierbei steht $\overline{p}$ stellvertretend für die Gesamtheit der Elementarsätze, die Variable $\overline{\xi}$ vertritt eine bestimmte Auswahl aus $\overline{p}$, und $N(\overline{\xi})$ bedeutet die Negation sämtlicher Werte der Variablen $\overline{\xi}$ (5.501).[100]

Demzufolge ist jeder (sinnvolle) Satz ein Resultat der sukzessiven Anwendung der Operation $N(\overline{\xi})$auf die Elementarsätze, welche die Werte von ξ sind.

Wenn man z.B. p, q, r als die Werte von ξ nimmt, so gibt es $2^{(2^3)} = 256$ verschiedene Wahrheitsfunktionen dieser Elementarsätze (d.h. auch Tautologie und Kontradiktion sind Wahrheitsfunktionen von Elementarsätzen, nur daß die Klasse der Wahrheitsgründe der Wahrheitsgründe einmal die Allmenge und einmal die Leere Menge ist).

Offenbar denkt sich WITTGENSTEIN die Anwendung der Operation $N(\overline{\xi})$ z.B. auf die Elementarsätze p , q etwa folgendermaßen (gemäß dem Schema [a, x, $O'x$] (5.2522) :

$p, q, N(p, q), N(N(p, q), \ldots$

Es sind hier p, q ein Wert für ξ. Die fundamentale Wahrheitsoperation ergibt sich durch

$N(p, q)$,

– dabei herauskommen soll: $\neg p \wedge \neg q$, d.h. der *Sheffer-Strich* (nach dem englischen Logiker HENRY MAURICE SHEFFER): $p \mid q$, der eine *logische Basis* für komplexere Junktoren darstellt. Dessen Negation ergibt die nächste Wahrheitsoperation usw.

Leider funktioniert das so *nicht*, denn die Negation allein stellt keine *logische Basis* dar. FAVRHOLDT hat darauf hingewiesen, daß das Resultat von $N(p, q)$ niemals $\neg p \wedge \neg q$, sondern einzig $\neg p, \neg q$ heißen kann. Damit $N(p, q)$ den Sheffer-Strich ergäbe, müßte zwischen p und q bereits eine konjunktive [$\neg(\neg p \wedge \neg q)$] bzw. disjunktive [$p \vee q$] Beziehung bestehen. FAVRHOLDT schreibt:

"My conclusion is that Wittgenstein has made two serious mistakes. First he has not observed that p, q is not a truth-function and that therefore it cannot be negated as a whole. Secondly, he has overlooked that fact that the expression $N(N(p, q))$ is equivalent to p, q and not to $p \vee q$ ".[101]

Aber auch abgesehen von dieser Schwierigkeit bleibt bei der sukzessiven Anwendung der Operation $N(\xi)$ eine entscheidende, von WITTGENSTEIN unberücksichtigt gelassene Frage offen, nämlich die der *Auswahl* der Werte von ξ.

Um bei der Konstruktion überhaupt voranzukommen, muß die Wahrheitsoperation nämlich angewendet werden auf

[100] Von Fogelin (1976) ist dabei die Frage aufgeworfen worden, inwiefern es, entgegen Wittgensteins lakonischer Antwort im Brief vom 19.8.1919, im Tractatus-System nicht doch negative Elementarsätze geben müsse;

[101] D.Favrholdt: *An Interpretation and Critique of Wittgenstein's Tractatus*, S.132;

- Auswahlen von Elementarsätzen;
- Auswahlen von Elementarsätzen zuzüglich bereits erhaltener Wahrheitsfunktionen;
- Auswahlen bereits erhaltener Wahrheitsoperationen;

Hierzu finden sich jedoch im *Tractatus* keine näheren Ausführungen:

"But the question about the nature of the procedure of selection is left unanswered. Is it a logical, a mechanical selection, or does it presuppose a subject which intuitively or reflectively selects the propositions which must be negated if a certain truth-function is to be generated?".[102]

Es ist von verschiedener Seite betont worden, daß das *Tractatus*-System extensional verstanden werden muß hinsichtlich dessen, was gesagt werden kann, und bezüglich dessen, was sich zeigen muß, eine intensionale Struktur aufweist, ja sogar, entsprechend den verschiedenen Formen des Zeigens (s.o.), verschiedene *intensionale Schichten* ausgemacht werden können, ferner, daß die Möglichkeit der extensional fundierten sinnvollen Sätze selbst auf einer intensionalen Kategorie gegründet ist, nämlich derjenigen der *logischen Möglichkeit*.

Auch wenn diese Lesart einer *intensionalen Fundierung* des *Tractatus*-Systems durchaus mit WITTGENSTEIN eigener Einschätzung im Einklang stehen dürfte, scheint sie mir eine überflüssige *Inkonsistenz* zu induzieren:

da die (mechanische) Operation $N(\xi)$ eine nicht nur *logische* sondern auch *ontologische* Qualität besitzt (und demzufolge auch als *fundamental-meta-physikalische Weltformel* aufgefaßt werden müßte) ist ein *irreduzibler Determinismus* hier impliziert:

Kontingenz ergibt sich dabei nur als *subjektiv-erkenntnistheoretische Kategorie*. Gewisse Ansätze, gemäß 5.525, das *Tractatus*-System *modal-extensionalistisch* zu interpretieren, indem man die Modalkomponente der Kontingenz sinnvoller Sätze anhand der basal gewählten Kategorien Tautologie und Kontradiktion negativ definiert als das, was weder das eine noch das andere ist, schlagen im Tractatus-System jedoch fehl, wie v.WRIGHT darlegt:

"If the necessary propositions are the tautologies and the impossible propositions are the contradictions, then necessity and impossibility are >defined< in truth-functional terms. The contingent could then be characterized >negatively< as that which is neither tautological nor contradictory ... If one could regard tautology and contradiction as basic notions, then one could also define the contingent as that which is neither the one or the other. But this basic notion in the context is that of the significant proposition. It is in the terms of the possible truth-values of significant propositions that the various truth-functions, among them tautology and contradiction, are defined. It is of the essence of the significant proposition that it can be true and that it can be false. >Can be< here means (logical) possibility. The notion of propositional significance in the Tractatus is itself a modal notion".[103]

Die Unterscheidung zwischen *sagen* und *zeigen* beruht demzufolge also auf einer *intensional* gefaßten *modalen Kategorie*, nämlich der der *Kontingenz sinnvoller Sätze*.

v.WRIGHT schreibt weiter:

"In the Tractatus view, moreover, every significant proposition has a characteristic bi-polarity in

---

[102] ebd. S.135;
[103] *Wittgenstein*, S.188;

relation to truth and falsehood. A significant proposition can be true and it can be false ... whether it is the one or the other has to be determined on the basis of a comparison between the proposition and reality ... Because of the >bi-polar< character of the significant proposition in relation to truth, the semantic concept of Sinn in the Tractatus has an essential relationship to the modal concept of contingency".[104]

Es ist allgemeines Kennzeichen sinnvoller (empirischer) wie sinnloser (Tautologie, Kontradiktion) Sätze, einen Wahrheitswert zu haben, wahr oder falsch sein zu müssen. Während aber der Wahrheitswert von Tautologie und Kontradiktion in ihrer logischen Struktur selbst begründet liegt und direkt aus ihnen abgelesen werden kann, ist dies bei sinnvollen Sätzen gerade nicht der Fall:

ihrer logischen Struktur nach können sie sowohl wahr als auch falsch sein, und ob sie das eine oder das andere sind ist allein abhängig von der zufälligen Konfiguration der Sachverhalte, ihr Wahrheitswert ergibt sich im nachhinein durch den Vergleich mit der Wirklichkeit.[105]

➢ Wie wir jedoch gesehen haben, ist im *Tractatus*-Universum (aufgrund der unterstellten Korrespondenz von Satz und physikalischer Realität muß der semantischen allgemeinen Satzform N(ξ) ein ontisches Pendant entsprechen), allerhöchstens auf der untersten Ebene der Urgegenstände und Elementarsätze logischer Raum für eine Zufallsverteilung: alle komplexeren Strukturen werden durch die deterministische Negationsiteration auf zweiwertiger Basis mechanisch generiert.

➢ Auch wenn man nicht umhin kommt, die *Ontologie* des *Tractatus* als eine *metaphysisch fundierte Hypostasierung* anzusehen, so spricht deren Postulierung, entgegen ihrer empirischen Implausibilität und Monstrosität, gerade *für* und nicht *gegen* ihre Relevanz im *Tractatus*-System.

(Dieses kann übrigens insofern in *Analogie* zur KANTschen *Transzendentalphilosophie* gesehen werden, als es hier ebenfalls um eine *primordiale Eingrenzung des Denkbaren und dessen Bestimmung mittels transzendentaler Elemente* geht).[106]

---

[104] ebd. S.192;

[105] v.Wrights Kennzeichnung sinnvoller Sätze:"A significant proposition can be true and can be false..."(ebd.) wird von Maury (1977) als "Prinzip der Bipolarität" bezeichnet. Bei der modalen Komponente handelt es sich dabei um ein `logisches Können´ als eines im Tractatus-System nicht weiter analysierbaren und daher quasi-transzendentalen Grundbegriffs.

[106] Kennzeichnenderweise wird die Übereinstimmung des Kantschen Systems mit dem *Tractatus* geradevon jenen Interpreten überbetont, welche gegenüber der Tractatus-Ontologie eine eliminative Tendenz einnehmen, d.h. dieselbe phänomenologisch oder linguizistisch aufzulösen trachten (s.M.&J.Hintikka 1986, P.Bachmeier 1978).

C. Rudolf Carnap (1891 – 1970)

(Biographisch-philosophische Einführungsbemerkung auf Seite 371)

8. Exposition

In seiner Autobiographie schreibt CARNAP:

„For me personally, Wittgenstein was perhaps the philosopher who, besides Russell and Frege, had the greatest influence on my thinking".[107]

FREGE kannte er bereits aus seinen Studententagen in Jena:

„the most fruitful inspiration I received from university lectures that did not come from those in the fields of philosophy proper or mathematics proper,but rather from the lectures of Frege on the borderlands between those fields, namely, symbolic logic and foundations of mathematics".[108]

FREGE, WITTGENSTEIN und CARNAP gelten heute als Klassiker der Analytischen Philosophie. Während WITTGENSTEIN unbestreitbar durch FREGE, doch kaum nachweislich durch CARNAP beeinflußt sein dürfte, ist letzterer sowohl Fregeschem wie Wittgensteinschem Erbe verpflichtet. So überrascht es auch nicht, bei ihm ebenfalls an zentraler Stelle auf die Fregesche *Dichotomie von Sinn und Bedeutung* zu stoßen: in der Monographie *Meaning and Necessity* expliziert CARNAP seine modifizierte Version des Fregeschen Begriffspaares: die *Methode der Extension und der Intension*.

Diese soll im folgenden thematisiert werden, wobei ein Schwerpunkt wieder auf den *intensionalen* Aspekten der Theorie liegen soll, was auch im Fall CARNAPs eine Kernfrage darstellt:

- da er sich als *Empirist* verstand, glaubte er lange Zeit, mehr oder minder explizit die *Extensionalitätsthese* vertreten zu müssen, derzufolge *alle intensionalen Begriffe letztlich auf extensionale Begriffe zurückgeführt* werden können. Das wiederholte Scheitern dieses Programms sowie die Unbrauchbarkeit aller empiristischen Sinn-Kriterien führten schließlich zur Auflösung des *dogmatischen Empirismus* und brachten CARNAP zu einer pragmatisch-toleranten Haltung gegenüber sprachlichen Weltmodellen:

"Let us be cautious in making assertions and critical in examining them, but tolerant in permittinglinguistic forms".[109]

---

[107] *Intellectual Autobiography*, in: P.A.Schilpp (ed.):*The Philosophy of Rudolf Carnap,* 1963,S.24
[108] ebd. S.4
[109] R.Carnap: *Empiricism, Semantics, and Ontology,* in: dsb: *Meaning and Necessity,* 1967,(1947);

9. Die Namensrelation und ihre Probleme

CARNAP entwickelte seine *Methode der Extension und Intension* als Alternative zur *Methode der Namensrelation*, welche er in den meisten semantischen Analysen ausmachen zu können glaubte, und deren Anwendung zu gewissen Problemen führte, die zwar, wie bei FREGE, gelöst werden konnten, wobei mit der Lösung aber wiederum "ensthafte Nachteile" verbunden seien:

"The pair of concepts, extension - intension, is in some respects similar to the pair of Frege's concepts; but it will be shown that the latter pair has serious disadvantages which the former avoids. The chief disadvantage of the method applying to the latter pair is that, in order to speak about, say, a property and the corresponding class, two different expressions are used, the method of extension and intension needs only one expression to speak about both the property and the class and, generally, one expression only to speak about an intension and the corresponding extension".[110]

Inwieweit dieser Einschätzung CARNAPs zuzustimmen ist, wird hoffentlich im Zuge vorliegender Untersuchung deutlicher werden, es sollen dabei in diesem Abschnitt vornehmlich seine Ausführungen in *Meaning and Necessity* Orientierungspunkt sein.

In der gewöhnlichen Auffassung der Bedeutungsanalyse werden *sprachliche Ausdrücke* als *Namen* für konkrete oder abstrakte Entitäten angesehen, die als *Nominatum* bzw. *Designatum* des entsprechenden sprachlichen Ausdrucks bezeichnet werden.

Über die genaue Bestimmung der Klasse von sprachlichen Ausdrücken, welche als Namen fungieren können, konnte unter den Logikern keine Einigkeit erzielt werden. Klassische Eigennamen wie *Platon, Beckenbauer, Athen, Aristoteles* etc. sind wohl allgemein akzeptiert, ihre Nominata problemlos auffindbare historische Personen, Städte, etc.

Problematischer schon wird es bei allgemeinen Ausdrücken wie Zahl- oder Farb- oder anderen Eigenschaftswörtern. Einen extremen Standpunkt in dieser Hinsicht nahm FREGE ein, der auch den *Satz* als einen den *Wahrheitswert bezeichnenden Namen* ansah. Wie weit oder eng man aber den Anwendungsbereich der Namensrelation auch bestimmen mag, es bleiben gewisse irreduzible Elemente, die implizit oder explizit den charakteristischen Kern der Namensrelation ausmachen. CARNAP spricht hier von *drei Prinzipien*, die der *Methode der Namensrelation* zugrunde liegen, es sind dies

1. *The principle of univocality* (Prinzip der Eindeutigkeit): jeder in einem gewissen Kontext als Name gebrauchter Ausdruck ist Name genau einer bestimmten Entität, dem Nominatum (Designatum) des Ausdrucks. Dieses Prinzip wird offensichtlich von den Alltagssprachen nicht erfüllt, kann jedoch in konstruierten idealen Sprachen Anwendung finden.

2. *The principle of subject matter* (Gegenstandsprinzip): ein Satz hat zum Gegenstand bzw. handelt von den Nominata der in ihm vorkommenden Namen, d.h. der Satz *Beckenbauer spielte in München* handelt von den Nominata Beckenbauer und München der sprachlichen Ausdrücke "Beckenbauer" und "München".

---

[110] *Meaning and Necessity,* [*M&N*]1947, S.2;

3. *The principle of interchangebility* (Prinzip der Austauschbarkeit): wenn zwei Ausdrücke dieselbe Entität benennen, so kann der eine für den anderen *salva veritate* eingesetzt werden d.h. die beiden Ausdrücke sind austauschbar; ferner sind, wenn ein Identitätssatz der Form ... = _ _ _ wahr ist, die beiden Argumentausdrücke ... und _ _ _ austauschbar.

Auf den ersten Blick scheinen diese Prinzipien ebenso einleuchtend wie trivial zu sein, doch sind sie mit einigen Schwierigkeiten verbunden, deren Widerspenstigkeit erst beim Versuch des exakten Aufbaus einer Sprache zutage tritt. So das

(i) *Problem der Ambiguität der Namensrelation*: Diese resultiert aus der Inkompatibilität von Eigenschaften (Intensionen) und Klassen (Extensionen).

(ii) *Namensvervielfachung*: Ein weiterer Nachteil der Methode der Namensrelation liegt für CARNAP darin, daß sie mit einer Vervielfachung der als Namen fungierenden sprachlichen Ausdrücke verbunden ist. So nimmt man etwa ein System *PM'* (entstanden aus RUSSELL-WHITEHEADs *Principia Mathematica, PM,* durch Hinzufügung einiger nichtlogischer Prädikate und atomarer Matrizen), so werden in *PM'* dann unterschiedliche Ausdrücke als Namen für Eigenschaften und als Namen für Klassen verwendet. Eigenschaftsnamen erscheinen als Satzfunktionen, Klassennamen werden durch den Klassenoperator gebildet:

- $H\hat{x}$ ist Name der Eigenschaft Menschlich;
- $\hat{x}$ (Hx)   ist Name der Klasse Menschlich;
- $F\hat{x}.B\hat{x}$ ist Name der Eigenschaft Ungefiederter Zweifüßer;
- $\hat{x}$ (Fx . Bx)   ist Name der Klasse Ungefiederter Zweifüßer;

Betrachtet man nun die beiden Sätze
$\hat{x}$(Hx) = $\hat{x}$(Fx.Bx);
und
$H\hat{x} = F\hat{x}.B\hat{x}$;
von denen der erste besagt, daß die *Klasse der Menschen* mit der *Klasse der ungefiederten Zweifüßer* identisch ist, während der zweite behauptet, daß die Eigenschaft *Menschlich* identisch ist mit der Eigenschaft *Ungefiederter Zweifüßer*, so ist der erste Satz offenkundig (empirisch) wahr, der zweite dagegen falsch, da das Zeichen " = " als nichtextensionales Identitätszeichen fungiert. (Durch Hinzufügung von Bedeutungspostulaten zu *PM'* könnte der Satz natürlich analytisch wahr gemacht werden).
Wenn sowohl Satzfunktionen wie Klassenausdrücke als Prädikatausdrücke fungieren, bringt es die *Methode der Namensrelation* mit sich, daß auf jeder *Typenstufe* zwei verschiedene Prädikatausdrücke zugelassen werden müssen, entsprechendes gilt für die jeweiligen Variablen. In einer *Typenordnung* ergibt sich somit eine Vervielfältigung sprachlicher Ausdrücke, von der allgemein gilt, daß auf n-ter Stufe 2^n verschiedene Prädikatausdrücke benötigt werden; so z.B. auf zweiter Stufe:
1. Namen für Klassen von Klassen;
2. Namen für Eigenschaften von Klassen;
3. Namen für Klassen von Eigenschaften;

4. Namen für Eigenschaften von Eigenschaften;

(iii) Insgesamt stellen die hier genannten Unannehmlichkeiten noch keinen *prinzipiellen* Einwand gegen die *Methode der Namensrelation* dar, weder Ambiguität noch Namensvervielfältigung sind als theoretische Aporien anzusehen.

Ein ernsthafteres Problem dagegen ergibt sich aus Prinzip c), welches zu einem (natürlich u.a. auch von FREGE und RUSSELL bemerkten) Widerspruch führt, der von CARNAP als *Antinomie der Namensrelation*[111] bezeichnet wird.

Tatsächlich sind zur Lösung des Antinomienproblems von verschiedener Seite Vorschläge gemacht worden. FREGEs Lösung war durch die Unterscheidung von *Sinn* und *Bedeutung* gekennzeichnet und ist später durch ALONZO CHURCH aufgegriffen und noch etwas elaboriert worden, während RUSSELLs Methode in der Eliminierung bzw. *Restriktion selbständiger Bedeutungen* besteht, QUINE schließlich *Bedeutungen* auf *extensionale Kontexte* begrenzt. CARNAPs Lösung erscheint nun in gewissem Maße dem Fregeschen Begriffspaar verpflichtet, sie wird bezeichnet als die *Methode der Extension und Intension.*

10. Die Methode der Extension und Intension

10.1. L-Semantik

"The problem of the nature of logical deduction and logical truth is one of the most important problems in the foundations of logic and perhaps in the whole of theoretical philosophy. Although in the development of modern logic much has been done to throw more light on this problem, especially by Frege, Russell and Wittgenstein, it can still not be regarded as completely solved ... The view will here be explained that logic is a special branch of semantics, that logical deducibility and logical truth are semantical concepts. They belong to a special kind of semantical concepts which we shall call L-concepts".[112]

In Ergänzung zu den grundlegenden semantischen Begriffen der *Wahrheit, Falschheit, Implikation, Äquivalenz* und *Disjunktion* stehen die entsprechenden *L-Begriffe*:

immer wenn erstere auf Ausdrücke, Relationen zwischen Ausdrücken oder Ausdrücken und ihren Bedeutungen der Objektsprache, nicht aus faktischen, sondern ausschließlich logischen Gründen ("on the basis of merely logical reasons, in contradiction to factual reasons")[113] zutreffen, finden die korrespondierenden L-Begriffe Anwendung.[114]

---

[111] *M &N,* S.133;

[112] R.Carnap: *Introduction to Semantics,* 1942, S.56;

[113] ebd. S.60;

[114] Prinzipiell kann zwischen *spezieller* und *allgemeiner* L-Semantik unterschieden werden: im ersteren Fall wird ein bestimmtes System mittels exakter Regeln konstruiert und auf ihm bestimmte Begriffe definiert, während in der allgemeinen L-Semantik von konkreten Sprachsystemen abstrahiert und keine vollständige Explikation der semantischen Begriffe geliefert wird.

In *Introduction to Semantics* liefert CARNAP *zwei Methoden* zur Konstruktion einer *allgemeinen L-Semantik*, die eine über *Postulate*, die andere über *Definitionen* (aus denen u.a. die Postulate der ersteren als Theoreme gewonnen werden), wobei letztere zwar theoretisch befriedigender, aber aufwendiger zu skizzieren ist, weshalb, für hiesige Zwecke ausreichend, hier kurz die Postulate angeführt werden sollen. Zunächst können die *Postulate* in *vier Gruppen* unterteilt werden:

I.   P1 bis P4 konstatieren das *Einschlußverhältnis* zwischen L-Begriffen und den entsprechenden semantischen Grundbegriffen;

II. P5 - P10 betreffen *allgemeine Eigenschaften* der L-Begriffe;

III. P11 - P13 betreffen *Relationen* zwischen Sätzen und Satzklassen;

IV. P14 - P15 konstatieren *spezifische Eigenschaften* von L-Wahrheit und L-Falschheit;

Die Symbole S_i , S_j bezeichnen Sätze, K_i , K_j bezeichnen Satzklassen und T_i , T_j bezeichnen Sätze oder Satzklassen:

P1. Wenn T_i L-wahr ist, dann ist es wahr.

P2. Wenn T_i L- falsch ist, dann ist es falsch.

P3. Wenn gilt: $T_i \rightarrow_L T_j$, dann gilt: $T_i \rightarrow T_j$.

P4. Wenn T_i und T_j L-disjunkt sind, dann sind sie disjunkt.

P5. Die L-Implikation ist transitiv, d.h. wenn gilt $T_i \rightarrow_L T_j$ und $T_j \rightarrow_L T_k$, dann gilt $T_i \rightarrow_L T_k$.

P6. Wenn gilt $T_i \rightarrow_L T_j$ und T_i ist wahr, dann ist T_j wahr.

P7. Wenn gilt $T_i \rightarrow_L T_j$ und T_j ist falsch, dann ist T_i falsch.

P8. Für jedes S_i gilt: $S_i \rightarrow_L S_i$.

P9. T_i ist L-äquivalent zu T_j gdw. gilt $T_i \rightarrow_L T_j$ und $T_j \rightarrow_L T_i$.

P10. Wenn T_i L-wahr ist, sind T_i und T_j L-disjunkt.

P11. Wenn $S_j \in K_i$, dann $K_i \rightarrow_L S_j$.

P12. Wenn T_i jedes Element von K_j L-impliziert, dann L-impliziert T_i K_j.

P13. Wenn jedes Element von K_i L-wahr ist, dann ist K_i L-wahr.

P14. Wenn T_j L-wahr ist, dann wird es von jedem beliebigen T_i L-impliziert.

P15. Wenn T_i L-falsch ist, dann L-impliziert es jedes beliebige T_j.

Bei der *Definition* der L-Begriffe greift CARNAP auf LEIBNIZ' Konzeption der *möglichen Welten* zurück, wobei der Begriff der *möglichen Welt* bei CARNAP durch den der *Zustandsbeschreibung* ersetzt wird.

Die *Definitionen* der grundlegenden Begriffe sollen hier kurz gegeben werden:

a. Ein Satz S_i ist **L-wahr** (in der Objektsprache S1) $=_{Df}$ S_i gilt in allen Zustandsbeschreibungen (in S1);

b. S_i ist **L-falsch** (in S1) $=_{Df}$ $\neg$ S_i ist L-wahr;

c. S_i **L-impliziert** S_j (in S1) $=_{Df}$ der Satz $S_i \supset S_j$ ist L-wahr;

d. S_i ist **L-äquivalent** zu S_j (in S1) $=_{Df}$ der Satz $S_i \equiv S_j$ ist L-wahr;

e. S_i ist **L-determiniert** (in S1) $=_{Df}$ S_i ist entweder L-wahr oder L-falsch;

in komplementärem Verhältnis zum Begriff der *L-Determination* steht der Begriff der *L-Unbestimmtheit* bzw. der *L-Kontingenz*:

f. S_i ist **L-unbestimmt** oder **kontingent** ("factual") (in S1) $=_{Df}$ S_i ist nicht L-determiniert;

Ein Satz ist *kontingent* genau dann, wenn es mindestens eine Zustandsbeschreibung gibt, in der er gilt, und es mindestens eine Zustandsbeschreibung gibt, in der er nicht gilt. Der Begriff der *K-Wahrheit* ("F-truth") dient zur Bezeichnung dessen, was gewöhnlich als faktisch-empirische, synthetische oder kontingente Wahrheit bezeichnet wird im Gegensatz zur logischen, notwendigen oder analytischen Wahrheit. Die Adäquatheit dieser K-Begriffe ("F-concepts") folgt für CARNAP aus der Adäquatheit der L-Begriffe:[115]

g. S_i ist **K-wahr** ("F-true") (in S1) $=_{Df}$ S_i ist wahr aber nicht L-wahr;
h. S_i ist **K-falsch** (in S1) $=_{Df}$ $\neg$ S_i ist K-wahr;
i. S_i **K-impliziert** S_j (in S1) $=_{Df}$ $S_i \supset S_j$ ist K-wahr;
j. S_i ist **K-äquivalent** zu S_j (in S1) $=_{Df}$ $S_i \equiv S_j$ ist K-wahr;

Beispiel:

Annahme: Alle Menschen sind ungefiederte Zweifüßer und vice versa. (Hierbei soll es sich um eine biologische Tatsache handeln);

Die Designatoren sollen dabei wie folgt gelesen werden:

"Hx" steht für "x ist ein menschliches Ding",

"Fx" - "x ist ein ungefiedertes Ding",

"Bx" - "x ist ein zweibeiniges Ding",

"RAx" - "x ist ein mit Vernunft begabtes Lebewesen";

Demnach gilt: der Satz $(x)[Hx \equiv (F.B)x]$ ist wahr (in S1), aber nicht L-wahr, also K-wahr.

---

[115] Eine Besonderheit des Carnapschen Verfahrens liegt auch darin, daß Sätze, Prädikate und Individuenausdrücke als Designatoren zusammengefaßt und einheitlich behandelt werden.Während der *L*-Äquivalenzbegriff üblicherweise nur auf Sätze angewendet wird, ist sein Gebrauch bei Carnap auch auf andere Designatoren erweitert.

Entsprechend den Regeln kann der Satz verkürzt werden zu "H ≡ F.B".

Die Prädikatoren H und $F.B$ sind also äquivalent (in S1), aber nicht L-äquivalent, also K-äquivalent. Demgegenüber kann die Wahrheit des Satzes

(x)[Hx ≡ RAx] ;

ohne Bezug auf empirische Tatsachen erkannt werden, sie ergibt sich allein aus den semantischen Regeln von S1, es gilt also:

(x)[Hx ≡ RAx] ist L-wahr.

Und ferner: H ≡ RA ist L-wahr.

Die Prädikatoren H und RA sind also L-äquivalent (in S1).

Aufbauend auf den Begriffen der Äquivalenz und L-Äquivalenz der Designatoren werden die Begriffe der Äquivalenzklasse und L-Äquivalenzklasse eingeführt:

Sei D_i ein Designator (in S1) ,

a. die Äquivalenzklasse von D_i =$_{Df}$ die Klasse der zu D_i äqivalenten Ausdrücke (in S1);
b. die L-Äquivalenzklasse von D_i =$_{Df}$ die Klasse der zu D_i L-äquivalenten Ausdrücke (in S1).

Demzufolge gehört D_i selbst beiden Klassen an, die L-Äquivalenzklasse ist in der Äquivalenzklasse (echt) enthalten und in beiden Klassen kommen nur Designatoren vor, die vom selben Typ wie D_i sind.

10.2. Extension und Intension

10.2.1. Prädikate

Der Unterschied zwischen *Äquivalenz* und *L-Äquivalenz* ermöglicht nun auch die Einführung der Begriffe *Extension* und *Intension*. Auf die unterschiedlichen Identitätsbedingungen von Klassen und Eigenschaften ist bereits hingewiesen worden, doch jetzt kann präziser formuliert werden:

- *Klassen* sind identisch gdw. die auf sie zutreffenden Prädikate *äquivalent* sind.
- *Eigenschaften* sind identisch gdw. die auf sie zutreffenden Prädikate *L-äquivalent* sind.

Bezüglich *Extension* und *Intension* soll gelten:

- Zwei Prädikate haben dieselbe *Extension* gdw. sie *äquivalent* sind.
- Zwei Prädikate haben dieselbe *Intension* gdw. sie *L-äquivalent* sind.

Demzufolge ist die Extension eines (einstelligen) Prädikates die korrespondierende *Klasse*, die Intension eines (einstelligen) Prädikates ist die korrespondierende *Eigenschaft*. Entsprechend lautet die auf Designatoren verallgemeinerte *Definition*:

> Zwei Designatoren haben dieselbe **Extension** (in S1) $=_{Df}$ sie sind äquivalent (in S1).
> Zwei Designatoren haben dieselbe **Intension** (in S1) $=_{Df}$ sie sind L-äquivalent (in S1).

10.2.2. Sätze

Als Extension bzw. Intension von Prädikaten wurden Klassen bzw. Eigenschaften bestimmt. Welche Entitäten kommen nun als Extensionen und Intensionen für die übrigen Designatoren, also für Sätze und Individuenausdrücke, in Betracht?

Hier ist CARNAP wieder eindeutig FREGEschem Erbe verpflichtet, wenn er als die Extension eines Satzes seinen Wahrheitswert und als die Intension die durch den Satz ausgedrückte Proposition (bei letzterem war der Sinn des Satzes als der durch diesen ausgedrückten Gedanken gefaßt worden), annimmt.

Diese verschiedentlich kritisierte Methode, den Satz als Namen eines Wahrheitswertes (auch wenn CARNAP glaubt, die Methode der Namensrelation überwunden zu haben) zu fassen, steht dabei durchaus im Einklang mit der für Prädikate vorgenommenen Wahl: ein n-stelliges Prädikat muß durch n Argumentausdrücke ergänzt werden um einen Satz zu bilden. In diesem Sinne kann auch ein Satz als ein Prädikat vom Grade Null aufgefaßt werden.

Es war nun in obigem Zusammenhang wesentlich von einem Begriff die Rede, dessen theoretischer Status noch nicht geklärt worden war, nämlich dem Begriff der *Proposition*.

CARNAP versichert:

"Like the term "property"... it (d.i.der Begriff der Proposition,R.W.), is used neither for a linguistic expression nor for a subjective, mental occurrence, but rather for something objective that may or may not be exemplified in nature ... We apply the term >proposition< to any entity of a certain logical type, namely, those that may be expressed by (declarative) sentences in a language".[116]

Daß CARNAP nun Deklarativsätze als paradigmatische Ausdrucksform von Propositionen versteht, findet seine Entsprechung bei FREGE, wo das *Urteil* als paradigmatische Form des *Gedankens* gesehen wurde. Propositionen sind also nicht bloß subjektiv-mentale Vorkommnisse, sondern vielmehr *objektive* Entitäten, die teilweise (im Falle der wahren Propositionen), in der empirischen Welt exemplifiziert sein sollen. Man könnte nun wahre Propositionen mit Tatsachen identifizieren, womit sich aber

---

[116] *M&N*, S.27;

eine Schwierigkeit ergäbe, denn während es Sinn macht, von wahren und falschen Propositionen zu sprechen, muß dies in bezug auf Tatsachen bezweifelt werden, denn was hätte man etwa unter einer falschen Tatsache zu verstehen?

Entsprechend diffizil scheint nun zu erklären, wie man im Falle eines falschen Satzes den Begriff der Proposition zu verstehen habe; RUSSELL sah sich durch diese Schwierigkeit veranlaßt, den Begriff der Proposition im subjektiv-mentalen Bereich zu fundieren:

"Since a significant sentence may be false, it is clear that the signification of a sentence cannot be the fact that makes it true (or false). It must, therefore, be something in the person who believes the sentence, not in the object to which the sentence refers". "Propositions ... are to be defined as psychological and physiological occurrences of certain sorts - complex images, expectations, etc. ... Sentences signify something other than themselves, which can be the same when the sentences differ. That this something must be psychological (or physiological) is made evident by the fact that propositions can be false".[117]

Entgegen dieser *subjektivistischen* Variante setzt CARNAP auf eine *objektive* Interpretation des Propositionsbegriffes, die offensichtlich an der von WITTGENSTEIN im *Tractatus* gegebenen Lösung [der semantischen Verankerung der Sprache in der empirischen Welt über die (Ur-) Gegenstände der (elementaren) Sachverhalte bzw. die (Ur-)Namen in Elementarsätzen] orientiert ist:

"Any proposition must be regarded as a complex entity, consisting of component entities, which, in their turn, may be simple or again complex. Even if we assume that the ultimate components of a proposition must be exemplified, the whole complex, the proposition itself, need not to be".[118]

Die damit verbundene Schwierigkeit ist ähnlich dem Fall des unerfüllten komplexen, zusammengesetzten Prädikates.

10.2.3. Individuenausdrücke

Die Frage nach der *Extension* eines Individuenausdrucks erscheint als offensichtlich unproblematisch. Da Individuenausdrücke äquivalent sind bzw. dieselbe Extension haben gdw. sie dasselbe Individuum bezeichnen, kann als die *Extension eines Individuenausdrucks* eben *dasjenige Individuum gelten, auf welches sich der Ausdruck bezieht*. Bei der Frage der *Intension* von Individuenausdrücken scheint die Lage weniger trivial zu sein:

CARNAP postuliert hier eine abstrakte Entität objektiven Charakters, die er *Individualbegriff* nennt, auch hier also Fregeschem Gedankengut verpflichtet.

Es ist also die *Intension eines Individuenausdrucks der durch ihn ausgedrückte Individualbegriff*. Steht beispielsweise "S" für "Walter Scott", so ist die Intension von *S* der Individualbegriff *Walter Scott*.

---

[117] B.Russell, cit. nach *M&N*, S.29;
[118] R.Carnap, ebd. S.30;

Die Intension der Individuenbeschreibung $(\iota\ x)$ (AWx) ist dann der Individualbegriff *Der Autor von Waverley.*

10.2.4. Individuenbeschreibungen

Bezüglich der *Individuenbeschreibungen* gibt es einige Komplikationen, an deren Behandlung sich seit jeher die philosophischen Geister schieden und nach wie vor scheiden, so daß hier kurz darauf eingegangen werden soll. Eine Individuenbeschreibung (in *SI*) hat die Form

"$(\iota\ x)$ (... x ...)" , und wird gelesen als

"dasjenige Individuum x, für welches gilt ... x ... ".

(Individuum bedeutet hier keine feststehende spezifische Entität, sondern es werden, relativ zu einem Sprachsystem *S*, diejenigen Entitäten bezeichnet, die als Elemente des Diskursuniversums in *S* gelten können. Je nach Sprachsystem kann es sich hierbei also um Menschen, Raum-Zeit-Punkte, Zahlen oder sonstiges handeln).

Die durch die Individuenbeschreibung bezeichnete Entität wird ihr *Designatum* genannt.

Bezüglich des Gebrauchs von Beschreibungen ergeben sich folgende Möglichkeiten:

- es *gibt genau ein* Individuum, welches die ausgedrückte Bedingung erfüllt;
- es *gibt kein* solches Individuum;
- es *gibt mehrere* die ausgedrückte Bedingung erfüllende Individuen;

Nur im *ersten* Fall kann gesagt werden, daß die Beschreibung der zu fordernden *Einzigkeitsbedingung* genügt, die wie folgt definiert ist:

❖ Sei "... x ... " eine Satzmatrix (in *SI*) mit x als einziger freier Variable.
 ...x ... bzw. $(\iota\ x)$ (... x ...)
 erfüllen die Einzigkeitsbedingung (uniqueness condition) (in *SI*)
 $=_{Df}$ $(\exists\ z)\ (x)[... x ... \equiv (x \equiv z)]$ ist wahr (in *SI*).

Soweit die Einzigkeitsbedingung erfüllt ist, gibt es keine Schwierigkeiten in der Behandlung der Individuenbeschreibungen, problematisch wird es erst, wenn entweder gar keine oder mehrere Individuen der ausgedrückten Bedingung genügen. Diesbezüglich sind von verschiedener Seite Vorschläge gemacht worden:

- HILBERT und BERNAYS geben eine formalistische Lösung, indem sie nur Beschreibungen zulassen, die bewiesenermaßen der Einzigkeitsbedingung genügen;
- RUSSELLs Methode war oben bereits angesprochen worden, in seiner Analyse einer Individuenbeschreibung ist die Einzigkeitsbedingung nicht für den *Satzcha-*

rakter des entsprechenden Ausdrucks maßgeblich, (der steht für RUSSELL ohnehin fest), sondern für den *Wahrheitswert* des Satzes.

Es gehört die Einzigkeitsbedingung also zum Gehalt des Satzes dazu, und die Beschreibung

$\_\_$ (ι x) (... x ...)$\_\_$ wird analysiert als

$(\exists$ y)[(x) (... x ... $\equiv$ (x $\equiv$ y)) $\wedge \_\_$ y $\_\_$] ;

- FREGEs Lösung bestand darin, über die Regeln des Sprachsystems zu gewährleisten, daß jede zulässige Beschreibung ein Deskriptum besitzt und somit als Name fungieren kann. Beschreibungen, die nicht der Einzigkeitsbedingung genügen, bekommen als Deskriptum die Klasse der die Bedingung erfüllenden Objekte zugeordnet.

- CARNAP schließt sich nun dem Fregeschen Vorschlag an, wählt jedoch als Deskripta nicht der Einzigkeitsbedingung genügender Beschreibungen relativ zu einem Sprachsystem jeweils *ein für allemal feststehende* Elemente aus dem Wertebereich der Variablen des Systems, so daß also in einem System *S* alle pathologischen Beschreibungen *ein und dasselbe* Element als Deskriptum zugeordnet bekommen.

So bietet sich in Zahlsystemen die *Null* als Deskriptum pathologischer Beschreibungen an, in anderen Systemen könnte die *Nullklasse* Λ gewählt werden etc. Handelt es sich bei den Individuen eines Systems aber um physikalische Objekte o.ä., scheint die Wahl eines diskriminativ auszusondernden Elements weniger plausibel, so daß CARNAP den Begriff des *Nullobjektes* (null thing) einführt: während jedes physikalische Objekt einer bestimmten Klasse von Raum-Zeit-Punkten (in einem System mit Raum-Zeit-Punkten als Individuen) korrespondiert, läßt sich das postulierte Nullobjekt der Nullklasse von Raum-Zeit-Punkten zuordnen.

- Somit fungiert in Systemen mit physikalischen Objekten als Individuen das Nullobjekt a_0 als Deskriptum aller pathologischen Beschreibungen. Kommt es im gegebenen Zusammenhang nicht darauf an, welches Deskriptum (Nullklasse, Nullobjekt etc.) gemeint ist, wird die Individuenkonstante a* verwendet, sie bedeutet das *allgemeine* Deskriptum aller pathologischen, d.h. nicht der Einzigkeitsbedingung genügenden, Beschreibungen.

Entsprechend muß für CARNAP die Übersetzung einer Beschreibung

$\_\_$ (ι x) (... x ...) $\_\_$

in die Metasprache *M* lauten:

- *Entweder gibt es ein Individuum y derart, daß y das einzige Individuum ist, für welches ... y ... gilt, und dann* $\_\_$ y $\_\_$;

  oder es gibt kein solches Individuum, und dann $\_\_$ a* $\_\_$. [119]

---

[119] formal: $(\exists y)$ [(x) (... x ... $\equiv$ (x $\equiv$ y)) $\wedge \_\_$ y $\_\_$] $\vee$ [$\neg(\exists y)$ (x) (... x ... $\equiv$ (x $\equiv$ y) $\wedge \_\_$ a* $\_\_$].

10.2.5. Wertextension und Wertintension

CARNAPs Methode ordnet, wie bereits gesehen, jedem Designator eine Extension und eine Intension zu, entsprechend gilt für *Variablen*, daß ihnen *Wertextensionen* und *Wertintensionen* zugeordnet sind. Bei *Prädikatvariablen* sind dies *Klassen* und *Eigenschaften*, bei *Satzvariablen* sind es *Wahrheitswerte* und *Propositionen*, bei *Individuenvariablen Individuen* und *Individualbegriffe*.

10.2.6. Extensionale und intensionale Kontexte

Als Beispiele für *extensionale Kontexte* lassen sich alle mithilfe der klassischen Junktoren (¬, ∨, ∧, ⊃, ≡) gebildeten Sätze nennen.
Intensionale Kontexte ergeben sich etwa in einem System *S2* (aus dem extensionalen System *S1* durch Hinzufügung des Modaloperators *N* gebildet) in Modalsätzen, (die semantische Regel für *N* lautet:

N(...) ist wahr und auch L-wahr gdw. ... L-wahr ist, ansonsten ist N(...) falsch und auch L-falsch.
"C" sei hier die Abkürzung für einen wahren empirisch-kontingenten Satz, d.h. C ist wahr aber nicht L-wahr):
- C und C ∨ ¬C sind **äquivalent**, aber nicht **L-äquivalent**.
- N(C ∨ ¬C) ist **wahr** und auch **L-wahr**.
- N(C) ist **nichtextensional** bezüglich C.
- N(C ∨ ¬C) ist **nichtextensional** bezüglich des Teilausdrucks C ∨ ¬C.
- N(C ∨ ¬C) ist **intensional** bezüglich des Teilausdrucks C ∨ ¬C.

Es war gesehen worden, daß alle Sätze in *S1* extensional und alle Sätze in *S2* extensional oder intensional sind. Darüberhinaus gibt es aber auch Kontexte, die weder extensional noch intensional sind, sie heißen *nichtintensionale Kontexte*;
Beispiele hierfür liefern die *Glaubenssätze*. Seien *A* und *B* zwei äquivalente Sätze der Objektsprache, dann gilt keinesfalls, daß

s1: *Fritz glaubt, daß A* , und

s2: *Fritz glaubt, daß B*,

äquivalent sein müssen; ebenso im Falle zweier L-äqivalenter Sätze *C* und *D*:

es stehen etwa "C" für den L-wahren Ausdruck "Es regnet oder es regnet nicht", "D" für irgendeinen (komplizierten) wahren mathematischen Satz, der Fritzens menschlichbegrenzte Auffassungsgabe übersteigt, dann ist der Satz s3: *Fritz glaubt, daß C*

wahr, während

s4: *Fritz glaubt, daß D*

falsch ist. Obwohl also *C* und *D* beide wahr/äquivalent, und auch L-wahr/L-äquivalent sind, ist das Vorkommen von *C* in s3 weder vertauschbar noch L-vertauschbar mit *D*, d.h. der Glaubenssatz s3 ist weder extensional noch intensional bezüglich des Teilsatzes *C*.

Es haben sich also die Begriffe der Extension und Intension allein als zur *Analyse von Glaubenssätzen unzulänglich* herausgestellt. Aus der Wahrheit von s3 folgt zwar, daß es einen Satz gibt, auf den Fritz affirmativ reagieren würde, der dann jedoch eine stärkere Relation zu s3 aufzuweisen hätte als die der L-Äquivalenz. An dieser Stelle führt CARNAP den Begriff der *intensionalen Struktur* ein:

"The two sentences must, so to speak, be understood in the same way; they must not only be L-equivalent in the whole but consist of L-equivalent parts, and both must be built up out of these parts in the same way. If this is the case, we shall say that the two sentences have the same intensional structure".[120]

10.2.7. Intensionale Struktur

Sind zwei Sätze analog konstruiert, d.h. bestehen sie aus korrespondierenden Designatoren mit denselben Intensionen, so sagt man, daß sie dieselbe *intensionale Struktur* aufweisen, sie heißen dann auch *synonym*.

Wählt man z.B. die beiden Ausdrücke *2 + 5* und *II sum V* aus einer Zahlausdrücke und arithmetische Funktionen enthaltenden Sprache *S*, dann ersieht man allein aus den semantischen Regeln von *S*, daß es sich bei + und *sum* um L-äquivalente Funktoren für die Summenfunktion handelt, während die Zahlzeichen ihre gewöhnlich Bedeutung haben, so daß *2* und *II* sowie *5* und *V* jeweils L-äquivalent zueinander sind. Es heißen dann die beiden Ausdrücke *intensional isomorph* bzw. sagt man, daß sie dieselbe *intensionale Struktur* aufweisen, weil sie nicht nur im ganzen L-äquivalent sind, (zur Zahl 7), sondern jeweils aus drei korrespondierenden zueinander L-äquivalenten, also intensionsgleichen Teilen bestehen.

Wenn nun zwei Ausdrücke, die unterschiedlichen Sprachsystemen angehören, hinsichtlich ihrer intensionalen Struktur untersucht werden sollen, muß der Begriff der *L-Äquivalenz* für Ausdrücke unterschiedlicher Systeme wie folgt bestimmt werden:

❖ ein Ausdruck in *S* ist L-äquivalent einem Ausdruck in *S'* gdw. sich *allein aus den semantischen Regeln* von *S* und *S'* zusammengenommen ergibt, daß die beiden Ausdrücke *extensionsgleich* sind.

---

[120] ebd. S.55;

Auf ebenso informelle Weise läßt sich der Begriff des *intensionalen Isomorphismus* definieren:

❖ Gegeben seien zwei *Designator-Matrizen* in einem oder in zwei verschiedenen semantischen Systemen, derart, daß keine von beiden eine weitere Designator-Matrix als Teilausdruck enthält. Sie sind *intensional isomorph* $=_{Df}$ sie sind L-äquivalent.

❖ Gegeben seien zwei *zusammengesetzte Designator-Matrizen*, jeweils bestehend aus einer Unter-Matrix (vom Funktions-, Prädikats-, oder Junktorentyp) und n Argumentausdrücken (sowie gegebenenfalls Hilfszeichen).

Die beiden Matrizen sind *intensional isomorph* $=_{Df}$

1) die beiden Haupt-Untermatrizen sind intensional isomorph, und
2) für jedes m von 1 bis n ist der m-te Argumentausdruck der ersten Matrix intensional isomorph dem m-ten Ausdruck der zweiten Matrix.

❖ Gegeben seien zwei *zusammengesetzte Designator-Matrizen*, jeweils bestehend aus einem Operator (All- oder Existenzquantifikator, Abstraktions-oder Beschreibungsoperator) und seiner Bereichs-Designator-Matrix.

Die beiden Matrizen heißen *intensional isomorph* $=_{Df}$

1) die beiden Bereiche sind intensional isomorph bezüglich einer bestimmten Korrelation der in ihnen erscheinenden Variablen,
2) die beiden Operatoren sind L-äquivalent und enthalten einander entsprechende Variablen.

Mithilfe des Begriffs der intensionalen Isomorphie kann nun ein erneuter Versuch unternommen werden, Glaubenssätze befriedigend zu paraphrasieren. CARNAPs Vorschlag lautet dann:

❖ *Es gibt einen Satz s_i auf einem semantischen System S derart, daß*
s_i (als Satz von S) intensional isomorph zu D (als eines Satzes aus einem System S') ist, und
Fritz zu einer affirmativen Antwort auf s_i disponiert ist.

Diese Bestimmung erlaubt es offenbar zumindest, mit einer *gewissen Sorte nichtintensionaler Kontexte* fertig zu werden, darunter etwa das sogenannte *paradox of analysis*, wie es von LANGFORD charakterisiert wurde:

"If the verbal expression representing the analysandum has the same meaning as the verbal expression representing the analysans, the analysis states a bare identity and is trivial; but if the two verbal expressions do not have the same meaning, the analysis is incorrect".[121]

Man betrachte nun die beiden Sätze:

---

[121] C.H.Langford, cit. nach G.Baker: *Wittgenstein, Frege and the Vienna Circle*, S.63;

a) Der Begriff *Bruder* ist mit dem Begriff *Männlicher Geschwister* identisch, und

b) Der Begriff *Bruder* ist mit dem Begriff *Bruder* identisch.

Beide Sätze sind L-äquivalent, haben die gleiche Intension, und doch enthält a) einen gewissen (nicht-empirischen) Informationswert, nämlich die semantisch-logische Analyse des Begriffs Bruder, während b) trivial ist.

Der Unterschied der beiden Sätze liegt offensichtlich in der *differierenden intensionalen Struktur* der beiden Begriffe *Bruder* und *Männlicher Geschwister*, die somit als zwar L-äquivalent, aber nicht als synonym gelten können.

Wenn nun auch der Begriff der intensionalen Isomorphie gegenüber dem der Intension eine brauchbare Ergänzung darstellt, so kann er dennoch kaum als hinreichendes Kriterium der Synonymie angesehen werden. Entsprechend ist auch die diesbezügliche Unzulänglichkeit von verschiedenen Seiten kritisiert worden.

11. Sinn und Bedeutung versus Intension und Extension

Ein Einwand gegen die Methode der Namensrelation bestand im Hinweis auf die sich ergebende Mehrdeutigkeit der Designatoren, die im Widerspruch zum *principle of subject matter* sowohl auf Gegenstände als auch auf Eigenschaften bezogen werden konnten. Da bei CARNAP das Gegenstandsprinzip wegfällt, können jedem Ausdruck eine Extension und eine Intension zugeordnet werden, jeder Satz kann somit zweifach als über Extensionen oder Intensionen der in ihm enthaltenen Designatoren sprechend gelesen werden, wobei zwischen beiden Lesarten keine Rivalität sondern vielmehr Komplementarität bestehen soll. Ob hiermit allerdings eine (relevante) Verbesserung gegenüber einer elaborierten Namensrelationsmethode (wie FREGE/CHURCH) vorliegt, kann bezweifelt werden.[122]

Daß CARNAPs Methode derjenigen FREGEs verwandt ist, liegt auf der Hand. Beide Begriffspaare kennzeichnen bestimmte Aspekte der Bedeutung (hier im weitesten Sinne):

"The concepts of sense (Sinn) and of intension refer to meaning in a strict sense, as that which is grasped when we understand an expression without knowing the facts; the concepts of nominatum (Bedeutung) and of extension refer to the application of the expression, depending upon facts".[123]

Bezüglich der *Prädikate* sind es *Klassen*, die als *Bedeutung* bzw. *Extension* zu gelten haben, bezüglich der *Sätze* sind es *Wahrheitswerte* und bei den *Individuenausdrücken* die fraglichen *Individuen*, so daß CARNAP schreiben kann:

---

[122] s. D.Davidson:*The Method of Extension and Intension*, in Schilpp 1963; P.Bernays:*Review of R.Carnap: [M.&N.]*, in: *Journal of Symbolic Logic 14,Nr.4* (1950);

[123] *M&N*, S.125f;

"For any expression, its ordinary nominatum (in Frege's method) is the same as its extension (in our method)".[(ebd.)]

Analoge Übereinstimmung sieht er hinsichtlich des *Sinnkriteriums* gegeben, worüber sich FREGE zwar nicht in wünschenswerter Klarheit geäußert habe, als welches er, FREGE, aber wohl die *L-Äquivalenz* akzeptieren würde.

Entsprechend wäre der *Sinn*/die *Intension* eines *Satzes* die ausgedrückte *Proposition* (der *Gedanke*), der *Sinn*/die *Intension* eines *Prädikats* die fragliche *Eigenschaft* und der *Sinn*/die *Intension* eines *Individuenausdrucks* der entsprechende *Individualbegriff*, so daß auch hier gilt:

"For any expression, its ordinary sense (in Frege's method) is the same as its intension (in our method)".[(ebd.)]

Nun kann an dieser Parallelisierung wohl manches kritisiert werden. Ohne auf die Fregesche Konzeption (s.o.) nochmals en detail eingehen zu wollen:

FREGE hatte explizit darauf hingewiesen, daß die *Bezeichnungsrelation* etwa von *Name* und *Gegenstand* einen wesentlich anderen Charakter habe, als diejenige von *Prädikat* und *Begriff* (der Begriff, nicht die Klasse, war als die Bedeutung des Prädikats gefaßt worden).

FREGEs *Unterscheidung von Begriff und Gegenstand*, die sich auch im *Tractatus* findet und derzufolge die Existenz zwar Eigenschaft eines Begriffs, aber nicht eines Gegenstandes sein kann –

"Ich will nicht sagen, es sei falsch, das von einem Gegenstande auszusagen, was hier von einem Begriffe ausgesagt wird; sondern ich will sagen, es sei unmöglich, es sei sinnlos. Der Satz >Es gibt Julius Caesar< ist weder wahr noch falsch, sondern sinnlos".[124] "Wo immer das Wort >Gegenstand< ... richtig gebraucht wird, wird es in der Begriffsschrift durch den variablen Namen ausgedrückt ... Wo immer es anders, also als eigentliches Begriffswort gebraucht wird, entstehen unsinnige Scheinsätze. So kann man z.B. nicht sagen >Es gibt Gegenstände< ... oder >Es gibt $\aleph_0$ Gegenstände< ",[125]

– findet bei CARNAP keine Entsprechung:

> ➤ so wie Individuenausdrücke auf Individuen (Gegenstände) referieren, referieren Prädikatausdrücke auf Klassen von Entitäten mit entsprechender Eigenschaft.

Bezüglich der *vermeintlichen Übereinstimmung des Sinn- und des Intensionsbegriffes* ergeben sich noch deutlichere Diskrepanzen. Entgegen CARNAPs Auffassung ist der *Begriff der L-Äquivalenz zur Charakterisierung des Fregeschen Sinnbegriffs* eindeutig *unzureichend*, denn gerade L-äquivalente Ausdrücke wie >8 + 8 = 16< und >4 x 4 = 4^2< dienten FREGE als Beispiele für Ausdrücke mit gleicher Bedeutung und verschiedenem Sinn.

Auch CARNAPs weitergehender Begriff der *intensionalen Isomorphie* ist offensicht-

---

[124] G.Frege: *Begriff und Gegenstand,* in: *Funktion,Begriff, Bedeutung,*(ed.G.Patzig),1966, S.200;
[125] *Tractatus* 4.1272;

lich außerstande, das wesentliche des Fregeschen Sinnbegriffs einzufangen.[126]

Sowohl BERNAYS wie auch CHURCH haben überzeugend gegen CARNAPs Versuch argumentiert, den Begriff der *Proposition* (welchen CHURCH für irreduzibel hält) mithilfe der Anführung von Sätzen als konkreter Objekte zu überwinden. Während für CHURCH *Glaubenszustände* als *Relationen zwischen Personen und Propositionen* aufzufassen sind, versucht CARNAP (vergeblich) sie als *Relationen von Personen und Sätzen* zu konstruieren – intensionale Isomorphie bleibt jedoch als Synonymiekriterium unzureichend, da sie weder *notwendige* noch *hinreichende* Bedingungen liefert.

Es ist auch zutreffend darauf hingewiesen worden (BUTRICK), daß die Schwierigkeit in der Bewertung der intensionalen Isomorphie als Synonymiekriterium nicht zuletzt darin liegt, zu entscheiden, ob ein gegebenes Prädikat *simplex* oder *komplex* vorliegt, denn zur *Bestimmung eines Isomorphieverhältnisses muß die Analyse der Ausdrücke bis zu den kleinsten Subdesignatoren* vorangetrieben werden.

Schließlich hat noch BERNAYS darauf hingewiesen, daß der Begriff der intensionalen Isomorphie, insoweit er auf *künstliche Sprachen* spezifiziert ist und Anwendung findet, letztlich nur trivialen Erklärungswert besitzt, nämlich für solche Ausdrücke, die durch bloße *Umbenennung* auseinander herleitbar sind:

"if we apply the definition to a single language system (it is adapted also to the comparison of different languages), if we assume - as usual considerations of economy would require - that no two different primitive designators are L-equivalent, and if further we understand it in the sense that terms introduced by an explicit definition are always to be thought of as replaced by their definiens, then it turns out that designators are intensionally isomorphic only when they are obtainable from another by mere alphabetic change of bound variables".[127]

DAVIDSONs Bewertung der Carnapschen Methode im Verhältnis zum Fregeschen System erscheint insgesamt als angemessen:

"The method of extension and intension does not appear to differ from other modified versions of the method of the name-relation in departing any more radically from the original concept and principles characteristic of that method. The chief distinguishing feature of Carnap's new semantical method seems rather to be the fact that unlike the simplest systems, which admit only extensional entities, and the Frege-Church systems, which admit infinite hierarchies of entities, Carnap's system admits just two varieties of entities. Despite the possibility of several alternative interpretations, Carnap's system apparently appeals, either explicitly or implicitly, to extensions and intensions as discrete categories

---

[126] So schreibt Butrick: „Yet baring a suprasemantic system in which the L-equivalence of designators follows from the semantical rules, intensional isomorphism does not hold between sentences of different languages. Intensional isomorphism between sentences of different languages is crucial if Carnap's analysis of belief sentences is to have the slightest measure of plausibility" (*Carnap on Meaning and Analyticity*, 1970,S.61). Wenn man davon ausgeht, daß einunddieselbe Proposition in Sprachen unterschiedlicher morphologischer Struktur ausgedrückt werden kann (z.B. dem Chinesischen,vgl. Collinder 1978), stellt intensionale Isomorphie offenbar keine notwendige Bedingung für Isomorphie dar. Aber auch im Fall morphologisch ähnlicher Sprachen wurde die Angemessenheit intensionaler Isomorphie als Synonymiekriterium von verschiedener Seite [L.Linsky (1949), P.Bernays (1950), A.Church (1950)] mit unterschiedlicher Berechtigung als unzulänglich kritisiert.

[127] P.Bernays: *Review of R.Carnap:[M&N]*, in: *Journal of Sybbolic Logic 14, Nr.4* (1950), S.238;

of entities; it may thus be regarded as a truncated version of the Frege-Church system".[128]

12. Analytizität und Ontologie

CARNAPs Konzeption von *Semantik* bzw. *L-Semantik* ist wesentlich mit der *analytisch/synthetisch*-Unterscheidung verbunden. Nun haben Autoren wie QUINE geltend gemacht, daß die analytisch/synthetisch-Dichotomie in hohem Maße erklärungsbedürftig bzw. philosophisch irreführend sei. In *Zwei Dogmen des Empirismus* möchte QUINE herausstellen, daß

1. das Prädikat *analytisch* in den gängigen Verwendungsweisen als bloßes Etikett ohne Erklärungswert fungiert:

   „Hier besteht die Schwierigkeit einfach darin, daß die Regeln das Wort "analytisch" enthalten, das wir nicht verstehen! Wir verstehen, *welchen* Ausdrücken die Regeln Analytizität zuschreiben, aber wir verstehen nicht, *was* die Regeln diesen Ausdrücken zuschreiben".[129]

   Es kann zwar, zumindest insofern es um *Bedeutungsgleichheit* geht, Bedeutung mithilfe des *Notwendigkeitsbegriffs* geklärt werden, *Notwendigkeit* wiederum aufgrund von *Analytizität*, Analytizität mithilfe der *Synonymie* und *logischen Wahrheit*, Synonymie mithilfe der Analyitizität oder Notwendigkeit, in jedem Fall jedoch erscheint ein Ausbrechen aus dem Gewebe intensionaler Begriffe unmöglich.

2. Damit zusammenhängend ist der Einwand QUINEs, daß

   a) die Grenzlinie zwischen analytischen und synthetischen Urteilen eine arbiträre und verschwommene sei und daher

   b) keine exakte *Abgrenzung analytischer von synthetischen Urteilen* erfolgen könne:

   „Weiterhin wird es albern, eine Grenzlinie zwischen synthetischen Aussagen, die abhängig von der Erfahrung wahr sind, und analytischen Aussagen, die wahr sind, egal was da kommen mag, zu suchen. Jede beliebige Aussage kann als wahr aufrecht erhalten werden, was da auch kommen mag, wenn wir nur andererseits in dem System ausreichend drastische Anpasssungen vornehmen".[130]

QUINE wie CARNAP fordern eine *Begriffsexplikation* über die Angabe *notwendiger* und *hinreichender Bedingungen*, eine Vorgehensweise, die seitens der *ordinary language philosophy* als inadäquat kritisiert wurde. GRICE/STRAWSON[131] und später SEARLE[132] verweisen auf die gängige philosophische Praxis, derzufolge eine ausreichende Übereinstimmung in der Verwendungsweise der analytisch/synthetisch-Unterscheidung ein Indiz dafür sei, daß dem Begriffspaar ein tatsächlicher und offen-

---

[128] D.Davidson: *The Method of Extension and Intension*, in: Schilpp (ed.) 1963, S.347;
[129] W.V.O.Quine:*Von einem logischen Standpunkt*,1979, S.39;
[130] ebd. S.47;
[131] *In defense of a dogma*,in: *Philosophical Review 65* (1965);
[132] *Sprechakte*,1983:

sichtlich verstandener Unterschied der Aussageformen entspreche, der nicht durch bloßes Auswendiglernen einer *arbiträren* Liste von als analytisch betitelten Ausdrücken konstituiert werden könne.

Bezüglich QUINEs Forderung extensionaler Kriterien heißt es bei SEARLE:

„Die Einwände scheinen auf der stillschweigenden Voraussetzung zu beruhen, daß nicht-extensionale Erklärungen gar keine Erklärungen sind, und daß jeder Begriff, der nicht extensional erklärbar ist, unzulänglich ist. Mein Argument ist, daß das Argument sich selbst widerlegt. Daß ein gegebenes extensionales Kriterium nicht zutrifft, kann man nur wissen, wenn man eine Vorstellung von dem hat, was Erfolg oder Mißerfolg bestimmt. Und das bedeutet im allgemeinen, daß man den betreffenden Begriff versteht".[133]

Aber wenn auch ein vorgängiges Verständnis des Analytizitätsbegriffs bzw. die epistemologische Irreduzibilität der Intensionen postuliert werden kann, ferner die Angemessenheit extensionaler bzw. behavioristischer Erklärungskriterien im Sinne QUINEs füglich bezweifelt werden darf, so ist QUINE doch in dem wichtigen Punkt zuzustimmen, daß es *kein logisches Kriterium* zur definitiven Unterscheidung synthetischer und bedeutungsanalytischer Sätze gibt, sondern nur ein *bedeutungskonventionelles*, d.h. ein durch die in den jeweiligen (Welt)-Theorien stipulierten Beziehungen definiertes: was als (bedeutungs-)analytische bzw. synthetische Aussage gelten kann, ist durch die *jeweilige (Welt-) Theorie* bestimmt.[134]

Was nun die hierbei unweigerlich auftauchende Gretchenfrage der Ontologie betrifft, so war bereits gesehen worden, daß das Frege-System Universalien ja nicht nur für Sinne, sondern auch für bestimmte Bedeutungen vorsieht. Vom Carnapschen empiristischen Standpunkt stellt sich aber die Frage bzw. Aufgabe nach einer nominalistischen Säuberung der Fregeschen Semantik derart, möglichst viele, wenn nicht alle, Universalien als wesentliche, d.h. theoretisch unverzichtbare, Entitäten ganz aus der Semantik zu entfernen.

Entsprechend sind die Carnapschen Versuche zu erklären, nicht nur den Fregeschen Sinn über die L-Äquivalenz bzw. die intensionale Isomorphie einzufangen, sondern darüber hinaus auch den Begriff der Proposition (als Universalie) insofern semantisch zu eliminieren, daß Glaubenszustände als Relationen aufgefaßt werden, die zwischen Personen und Sätzen als physischen (phonemischen oder graphemischen) Objekten bestehen – welches sich, wie schon gesehen, als nicht durchhaltbar erwies (s.o.).

Von verschiedener Seite wurde CARNAP schließlich vorgeworfen, als dezidierter Empirist allzu pragmatisch bzw. inkonsequent in der Handhabung abstrakter Entitäten wie Klassen, Intensionen etc. vorzugehen. So schreibt KRAUTH:

„Die Verwendung des Begriffs der Intension in der Semantik schließt die Bezugnahme auf abstrakte

---

[133] ebd. S.21;

[134] So könnte in einer deterministischen Welt ein allwissendes Wesen beliebige Namensausdrücke wie "Aristoteles" derart verwenden, daß sie mit einer potentiell unendlichen Liste von Kennzeichnungen verbunden sind ("aus Stagira gebürtig", "Lehrer Alexanders" etc.), so daß jeder vermeintlich synthetische Satz (etwa „Aristoteles ist in Stagira geboren") als analytisch zu gelten hätte; näheres, insbesondere zu Quines Kritik der >synthetisch-analytisch<-Dichotomie, sowie zur Rekonstruktion des Intensionsbegriffs, s. Kapitel 35, 50);

Entitäten mit ein, mehr noch: es taucht in dieser erklärterweise antimetaphysischen Umgebung ein altes philosophisches Problem von durchaus metaphysischem Charakter in einem neuen Gewande wieder auf, nämlich die Frage nach dem Verhältnis des Allgemeinen zum Individuellen, zum Besonderen, vor allem bei der intensionalen Interpretation der Prädikatoren".[135]

Weiterhin hat DAVIDSON klargestellt, daß CARNAPs vermeintlich *ontologisch neutrale* Metasprache M' tatsächlich *nicht* neutral ist, da die L-designierten Entitäten keine Extensionen, sondern nur Intensionen sein können.

Wäre dagegen der Gegenstandsbereich von M' auf neutrale Entitäten beschränkt, wäre die Relation der L-Designation keine Relation auf M':

„For while, on the simplest version of the name-relation, the entities named by expressions on the fist level are extensions, the entities which correspond to expressions on Carnap's theory cannot be. To consider the case of sentences, sentences which are not L-equivalent correspond to different entities. Thus >Hs< (meaning >Scott is human<) and >(F.B)s< (meaning >Scott is a featherless biped<), since they are not L-equivalent, cannot correspond to the same entity. They do, however, have the same truth-value since both are true; consequently they have the same extension. It follows that the entities to which sentences correspond on Carnap's theory cannot be truth-values or extensions. The same reasoning may be applied to predicates and individual expressions".[136]

Demzufolge besteht die Ontologie von M' nicht aus neutralen Entitäten, sondern aus Intensionen, was CARNAP dann auch zugibt, wenn er im ersten Satz seiner Erwiderung auf DAVIDSONs Kritik schreibt:

„I now share Davidson's view that my metalanguage M' ... , which I called „neutral" with respect to the distinction between extensions and intensions, is in effect a language of intensions".[137]

Entsprechend CARNAPs *Klassifikation der Designatoren* waren *drei Arten von Intensionen* genannt worden, nämlich *Eigenschaften* (Intensionen einstelliger Prädikate), *Propositionen* (Intensionen von Sätzen) und *Individualbegriffe* (Intensionen von Individuenausdrücken).

Versteht man nun unter einer *Universale* eine abstrakte, nicht mit raumzeitlich individuierten Objekten zu identifizierende Entität, der dennoch eine gewisse Art von Existenz bzw. Realität zukommen soll, so müssen die oben genannten Intensionen, da sie nicht als konkrete raum-zeitliche Objekte identifiziert werden können, als Universalien angesehen werden. Legt man ferner QUINEs *Kriterium der ontologischen Festlegung* zugrunde, demzufolge

„eine Theorie Entitäten einer bestimmten Art dann und nur dann annimmt, wenn einige davon zu den Werten der Variablen gerechnet werden müssen, um die Wahrheit der in der Theorie behaupteten Sätze zu sichern",[138]

dann involviert CARNAPs Bedeutungstheorie wohl oder übel eine *Ontologie von Universalien*. Bezüglich des ontologischen Status von Klassen schreibt QUINE:

„Die Tatsache, daß Klassen Universalien oder abstrakte Entitäten sind, wird manchmal dadurch verschleiert, daß von Klassen als bloßen Anhäufungen oder Sammlungen gesprochen wird, wodurch

[135] L.Krauth: *Die Philosophie Rudolf Carnaps*,1970, S.44;
[136] D.Davidson: *The Method of Extension and Intension*, S.322;
[137] *D.Davidson on Modalities and Semantics*, in: Schilpp (ed.) 1963, S.911;
[138] W.V.O.Quine: *Von einem logischen Standpunkt*, S.110;

eine Klasse von Steinen etwa einem Steinhaufen ähnlich erscheint. Zwar ist der Haufen tatsächlich ein konkretes Objekt, ebenso konkret, wie die Steine in ihm; doch die Klasse der Steine, die zu dem Haufen gehören, darf nicht eigentlich mit dem Haufen identifiziert werden. Wäre dies zulässig, dann könnte entsprechend auch eine andere Klasse mit jenem selben Haufen identifiziert werden: die Klasse der Steinmoleküle in dem Haufen. Tatsächlich müssen wir jene zwei Klassen jedoch unterschieden halten, da wir sagen wollen, daß die eine vielleicht hundert Elemente hat, die andere jedoch Trillionen. Klassen sind also abstrakte Entitäten ... es sind Universalien".[(ebd) 139]

Nachdem CARNAP also von verschiedenen Seiten anhören mußte, in seiner Semantik, entgegen der von ihm explizit beanspruchten empiristischen Position, dennoch beachtliche Verpflichtungen gegenüber einer *platonistischen Ontologie* eingegangen zu sein, unternimmt er den Versuch, diese Vorwürfe als unberechtigt und demgegenüber seine Theorie als „perfectly compatible with empiricism and strictly scientific thinking"[140] aufzuweisen. Dabei nimmt er bezüglich ontologischer Fragen folgende Position ein:

➤ die Frage nach der Existenz bestimmter Arten von Entitäten in einem Sprachsystem *S* (d.h. *interne Fragen*) ist keine Pseudo-Frage, sondern aufgrund der semantischen Regeln von *S* zu entscheiden. (Ein Beispiel für eine solche Frage wäre >*Gibt es Zahlen in S ?<*, wobei die Antwort trivial ist);

➤ die Frage nach der existenz bestimmter Arten von Entitäten im allgemeinen und außerhalb eines Sprachsystems (d.h. *externe Fragen*) ist eine unentscheidbare und unsinnige Pseudo-Frage. (z.B. *Gibt es überhaupt Zahlen ?*);

➤ die Frage nach der Wahl eines linguistischen Systems ist eine pragmatische:

„The acceptance or rejection of abstract linguistic forms, just as the acceptance or rejection of any other linguistic forms in any branch of science, will finally be decided by their efficiency as instruments, the ratio of the results achieved to the amount and complexity of the efforts required".[141]

CARNAP ist offenbar zuversichtlich, mit der Unterscheidung *externer* und *interner* Fragen sogenannte *metaphysische* Probleme seiner Semantik ausgeräumt zu haben, und selbst einen ontologisch neutralen, wissenschaftlichen Standpunkt zu vertreten.[142]

Dabei stellen stellen sich in diesem Zusammenhang zumindest zwei Fragen:

1. wie stichhaltig ist das Sinnlosigkeitsverdikt externer Fragen?

---

[139] Sowohl gegen Quine als auch Carnap wendet sich F.B.Fitch (1949) wobei er ersterem vorwirft, unnötig Carnaps Intension >Individualbegriff< in modalen Kontexten zu verwenden, obgleich sich dies durch Differenzierung des Bindungsbereichs der Modaloperatoren umgehen ließe. An die Stelle der Individualbegriffe treten bei Fitch Attribute: „The writer objects to a Platonism of >individual concepts<, but not to a Platonism of attributes"(*The Problem of the Morning Star and the Evening Star*, S.141); zur Kritik an Quine von fregeanischer Position aus siehe auch Church (1940,1943), D.Kaplan (1969);

[140] *Empiricism,Semantics and Ontology*, Chicago 1967, S.206;

[141] ebd. S.221;

[142] Carnaps Toleranz gegenüber konkurrierenden Sprachsystemen eignet dabei durchaus eine integrative Tendenz, worauf J.A.Coffa hinweist: „The remarkable thing about Carnap's approach is that ... he would actively search for and often find a way to reinterpret what all conflicting parties were saying so as to turn their metaphysical doctrines into something a reasonable person might want to say ... Carnap's attitude reflects an astonishing degree of optimism towards the instincts, if not the opinions, of most philosophers" (*The semantic tradition from Kant to Carnap*, S.235)

2. sind die metaphysisch-philosophischen Fragestellungen damit tatsächlich aus der semantischen Welt geschafft?

Die Sinnlosigkeitsbehauptung hängt wesentlich mit der Anerkennung eines *empiristischen Sinnkriteriums* zusammen: da das Programm, eine adäquate Fassung eines solchen zu geben, worin CARNAP wohl wie kein anderer involviert war, eingestandenermaßen als *gescheitert* betrachtet werden kann, stellt das *Sinnlosigkeitsverdikt* selbst

„nicht mehr dar als eine theoretisch nicht weiter zu rechtfertigende Option oder sogar ein philosophisches Dogma, und ebenso verlieren alle auf ihm aufbauenden Theorien ihre Beweiskraft und objektive Geltung, also auch die Ansicht, externe Fragen würden Pseudo-Probleme betreffen".[143]

Bezüglich der *zweiten* Frage fällt es nicht allzu schwer, CARNAP zumindest Inkonsequenz nachzuweisen insofern,

➤ daß er selbst sich gelegentlich Fragen stellt und auch beantwortet, die eigentlich, da nicht intern, als *sinnlos* diskriminiert sein sollten, etwa in seinen Charakterisierungen der Intensionen (Eigenschaften, Propositionen, Individualbegriffe).

➤ desweiteren bedeutet die Unterlassungsvorschrift bezüglich der metaphysisch-philosophischen Fragestellungen eher ein *arbiträres Ausblenden* mithin *genuiner philosophischer Fragestellungen* als ein systemisch-methodisches Überwinden oder *Aufheben* (im Hegelschen Sinne) derselben. CARNAPs Behandlung des Problems der ontologischen Verpflichtung, der Scheidung sinnvoller (als *interner*) von sinnlosen (als *externer*) Fragen, erscheint nicht überzeugend, so daß mit KRAUTH festgehalten werden kann:

„Dadurch, daß traditionelle philosophische Probleme, insbesondere erkenntnismäßige und ontologische Probleme (Realitätsprobleme), zu externen Fragen und diese wiederum zu pragmatischen Fragen der Sprachwahl erklärt werden, lassen sich die betreffenden philosophischen Probleme nicht erledigen ... denn es steht dabei im Grunde mehr in Frage als die praktische Wahl einer sprachlichen Form. Da Carnap die traditionellen philosophischen Probleme in der Perspektive der internen und externen Fragen offensichtlich nicht erledigt, sondern eher nur vor sich herschiebt, kehren sie bei konsequenter Weiterführung des von diesen Problemen ausdrücklich gereinigten Denkansatzes schließlich trotzdem alle wieder. Die Carnapschen Überlegungen liefern somit ein sprachliches und logisches Instrument, nicht um die alten Fragen zu überwinden, vielmehr um sie neu zu stellen und zu formulieren".[144]

---

[143] L.Krauth: *Die Philosophie Rudolf Carnaps*, S.201;
[144] ebd. S.208;

ZWEITER TEIL. SELBSTBEWUSSTSEINS-PHILOSOPHIE, NATURWISSENSCHAFTEN UND DAS LEIB-SEELE-PROBLEM

13. Einleitung

Das *Leib-Seele-Dilemma* erwächst aus einer Anzahl von Annahmen, die jeweils für sich genommen plausibel bzw. unbezweifelbar erscheinen, zusammen jedoch als irreduzibel widersprüchlich gelten. Je nachdem ob man nun den *ontologischen Dualismus* als gegeben voraus setzt (A), oder aber ihn zu vermeiden trachtet (B), ergeben sich die durch folgende Thesen charakterisierten Problemkontexte:[145]

(A):
1. Mentale Phänomene sind nicht-physische Phänomene;
2. Mentale Phänomene können auf den Bereich physischer Phänomene kausal ein- wirken;
3. Der Bereich physischer Phänomene ist kausal abgeschlossen;

(B):
1. Wenn (A) 2. und (A) 3. gelten sollen, so folgt daraus, daß mentale Phänomene (auch) physische Phänomene sein müssen;
2. Mentale Phänomene sind M („M" steht hier für irgendein mentales Charakteristikum);
3. Wenn ein Phänomen M ist, so kann es kein physisches Phänomen sein;

Durch unterschiedliche Stellungnahme zu obigen Thesen ergeben sich die entsprechenden materialistischen oder idealistischen Positionen, die nun anhand einiger prototypischer Beispiele untersucht und evaluiert werden sollen.

ARTHUR SCHOPENHAUER nannte das Leib-Seele-Problem den *Weltknoten*, die aporetische Relation zwischen physischen und psychischen Zuständen, EMIL DU BOIS-REYMOND[146] hielt es für prinzipiell unlösbar und reihte es unter die von ihm postulierten *Sieben Welträtsel* der Naturwissenschaften, und bei SHAFFER ließt man:
„It may well be that the relation between mind and body is an ultimate, unique, and unanalyzable one. If so, philosophical wisdom would consist in giving up the attempt to understand the relation in terms of other, more familiar ones and accepting it as the anomaly it is".[147]

Bei PLATON erscheint der Leib als *Kerker der Seele*, gegenüber der *pythagoreischen* Vorstellung der *Seele als Harmonie des Leibes* vertritt er eine *dreistufig-hierarchische Seelentheorie* mit der unsterblichen Seele an der Spitze bzw. der *Seele als dem leben-*

---

[145] s. P.Bieri (ed.): *Analytische Philosophie des Geistes,*1981;
[146] E. Du Bois-Reymond: *Über die Grenzen des Naturerkennens. Die sieben Welträthsel. Zwei Vorträge.* Leipzig (1907/1880), S.88;
[147] J.A.Shaffer: *Mind-Body Problem,* in: P.Edwards (ed.) 1967,Vol.V;

digen Prinzip der Selbstbewegung und der *Materie als dem passiven, gegebenenfalls durch dieses Prinzip Beseelten*. ARISTOTELES wiederum versteht die Seele als *erste Entelechie* der organischen Körper: in beiden Fällen handelt es sich jedoch kaum um monistische oder dualistische Konzeptionen, da hier von einem Gegensatz von belebter und unbelebter Materie nicht gesprochen werden kann.

Seine moderne, scharfe, aporetische Form erhält das Leib-Seele-Problem erst mit RENE DESCARTES – er unterscheidet eine *unendliche Substanz*, Gott, von einer endlichen, welche letztere zerfällt in eine *substantia finita extensa sive corpus* und eine *substantia finita cogitans sive mens*. Obwohl beide von der göttlichen Substanz deriviert, können sie als Träger akzidenteller Bestimmungen selbständig für sich gedacht werden und existieren. *Res extensa* und *res cogitans* sind dabei einerseits substantiell verschieden und entgegengesetzt, andererseits müssen Leib und Seele als miteinander verbunden gelten. DESCARTES' dualistische Substanzmetaphysik faßt dabei die Einheit von Leib und Seele als eine durch mechanistisch-kausale Verknüpfung bedingte auf, welche Interaktion in der Zirbeldrüse des Gehirns stattfinden soll.

Die Entwicklung der modernen Physik und Naturwissenschaften besonders seitdem 17. Jahrhundert ist untrennbar verbunden mit dem *Paradigma der kausalen Geschlossenheit der physischen Welt* und dem universellen Anspruch definitiver physikalischer Beschreibung und Erklärung:

- physische Phänomene sind stets im physischen Bereich verursacht und innerhalb desselben vollständig erklärbar. Gemäß *Ockham's Razor* (nach dem nominalistischen Scholastiker WILLIAM VON OCKHAM und dessen >epistemologischem Rasiermesser<) müssen nicht-psysikalische Erklärungen als überflüssig/redundant und methodologisch inkonsequent zurückgewiesen werden.

Die These der kausalen Geschlossenheit der physischen Welt als regulatives und heuristisches Prinzip empirisch-naturwissenschaftlicher Forschung bedeutet also einen methodologischen Physikalismus, demzufolge nur eine physikalische Erklärung überhaupt als theoretisch adaequate Form einer wissenschaftlichen Erklärung eines physischen Phänomens Gültigkeit beanspruchen kann:

„What seems impossible is to include in a physical conception of the world the facts what mental facts are like for the creature having them".[148]

Auch wenn zum gegenwärtigen Zeitpunkt noch keine umfassende und hinreichende physikalisch-neurophysiologische Theorie menschlichen Verhaltens und mentaler Zustände zur Verfügung steht, wird allgemein von zukünftigem Forschungsfortschritt eine stetige Vervollständigung und Elaborierung neurophysiologischer Verhaltenserklärungen mit dem Ziel endgültiger Reduktion der mental-psychischen Sphäre auf eine physikalistische Basis für möglich oder wahrscheinlich gehalten:

„In sum, the neuroscientist can tell us a great deal about the brain, about its constitution and the physical laws that govern it; he can already explain much of our behaviour in terms of the physical, chemical, and electrical properties of the brain; and he has the theoretical resources available to

---

[148] T.Nagel: *Mortal Questions,*1979, S.201;

explain a good deal more as our explorations continue".[149]

Wie oben bereits angedeutet, ergibt sich die *Aporie* aus den drei Annahmen *Dualismus, physikalische Autarkie* und *Interaktionismus*, denn entweder sind mentale Phänomene nicht-physischer Natur und die physische Region kausal geschlossen - *physikalisch autark*, dann muß man die Annahme mentaler Verursachung und die sie stützenden Intuitionen als epistemische Vorurteile bewerten und fallenlassen: diese Option kennzeichnet die traditionellen Konzeptionen von *Parallelismus, Okkasionalismus* (beide idealistisch/dualistisch) und *Epiphänomenalismus* (materialistisch).

Der *Pantheismus* BARUCH SPINOZAs bedeutet einen psychophysischen Parallelismus, hier sind die beiden *Cartesischen Substanzen* als Attribute der göttlichen Substanz (*deus sive natura*), als Aspekte derselben Entität gefaßt, entsprechend entfällt das Problem einer zu spezifizierenden Interaktion.

Eine andere Variante von psychophysischem Parallelismus finden wir in der LEIBNIZschen *Monadologie* (Monadenlehre) mit ihrem Gesetz der *prästabilierten Harmonie*. Erscheint die Monadenlehre mit ihrer Konzeption der prästabilierten Harmonie schon nicht gerade leicht nachvollziebar (was auch nicht gegen sie sprechen muß), so gilt dies in noch größerem Maße für den *Okkasionalismus*, wie er von GERAUD DE CORDEMOY, ARNOLDUS GEULINCXS und NICHOLAS MALEBRANCHE vertreten wurde:

die Wechselwirkung zwischen körperlicher und geistiger Substanz erklärt sich durch gelegentliche göttliche Interventionen bzw. *göttlich verursachte* (im Sinne eines permanent-aktuellen göttlichen Wirkens in den Dingen) *andauernde Korrespondenz* der beiden Substanzen, da alle Ereignisse außer Gott kontingent und zufällig sind und gegenüber dem göttlichen Wirken nur als Gelegenheitsursachen (*causae occasionales*) gelten können.

Gegenüber diesen einigermaßen ideosynkratisch anmutenden Modellen wirkt der materialistische *Monismus* PIERRE GASSENDIs eher harmlos: Seele ist `nichts als´ feinste Materie und verbindet im Organismus den Geist mit dem Körper, welcher ganz von der materiellen Seele durchdrungen als Erkenntniswerkzeug des Geistes dient.

Die idealistische Variante des Monismus finden wir im *Solipsismus* GEORGE BERKELEYs, für dessen *konsequenten Immaterialismus* physische Entitäten nur gedachte Ideen der denkenden Substanz sind:

"there is not any other substance than spirit, or that which perceives. But for the fuller proof of this point, let it be considered, the sensible qualities are colour, figure, motion, smell, taste, and such like, that is, the ideas perceived by sense. Now for an idea to exist in an unperceived thing, is a manifest contradiction; for to have an idea is all one as to perceive: that therefore wherein colour, figure, and the like qualities exist, must perceive them; hence it is clear there can be no unthinking substance or substratum of those ideas".[150]

---

[149] P.Churchland, 1988, S.19;
[150] G.Berkeley: *A Treatise Concerning the Principles of Human Knowledge*, Oxford University Press 1998 (1710), §7;

G. T.FECHNERs *Doppelaspekt-Theorie* liefert wiederum einen an SPINOZA angelehnten *Monismus*, dem Körper und Geist als zwei Seiten/ Betrachtungsweisen derselben Sache gelten (Metapher der je konvex bzw. konkav erscheinenden gekrümmten Linie).

Mit dem *Epiphänomenalismus* T.H.HUXLEYs stehen wir bereits an der Schwelle zum 20. Jahrhundert – welches durch das klare Vorherrschen elaborierterer materialistischer Positionen gekennzeichnet ist. Für HUXLEY ist menschliches Bewußtsein auf mechanische Physiologie im Sinne einer unidirektionalen Kausalrelation reduzierbar. Bewußtseinszustände sind als Begleiterscheinungen materieller Prozesse zwar von subjektiv-epistemischer Bedeutung, eine kausale Rolle kommt ihnen als bloßen Symbolen bzw. Indikatoren gewisser physiologischer Zustände allerdings nicht zu. Mentale Ereignisse sind demnach eindeutig durch materielle Prozesse verursacht, können jedoch diese auf keine Weise beeinflussen, da der materielle Bereich physikalisch autark ist. *Ebensowenig wie eine Dampfpfeife den Gang der Dampfmaschine tangiert, können Bewußtseinszustände als Epiphänomene der sie determinierenden Maschinenzustände auf letztere rückwirken:*

„The consciousness of brutes would appear to be related to the mechanism of their body simply as a collateral product of ist working, and to be as completely without any power of modifying that working as the steam-whistle which accompanies the work of a locomotive engine is without influence upon ist machinery", „the argumentation which applies to brutes holds equally good of men".[151]

Der *Epiphänomenalismus* stellt eine in sich konsistente Sichtweise dar, wobei die mit ihm verbundenen Konsequenzen manchem als unakzeptabel bzw. kontraintuitiv erscheinen mögen.[152]

Von einem *energetischen Bewußtseinsverständnis* im Sinne eines erweiterten, Geist, Materie sowie sämtliche Naturerscheinungen umfassenden Energiebegriff geht der Philosoph W.OSTWALD aus, somit die >Energie< zu einer Art finaler Ur-Entität machend.

Der *dialektische Materialismus* als Naturphilosophie, wie er weniger (bzw. gar nicht) von K.MARX als vielmehr später durch F.ENGELS (dessen *Dialektik der Natur* erschien in MARXens Todesjahr 1883) und die scholastischen Epigonen vertreten wurde, findet u.a. seinen Ausdruck in W.I.LENINs Schrift *Materialismus und Empiriokritizismus* (1908). Hier wird die >*Widerspiegelungsfähigkeit*< als einer dem Wesen der Empfindung ähnliche ontologische Kernkompetenz der Materie bestimmt, welche in ihren komplexeren Organisationsformen, entstanden bzw. hochgezüchtet durch die als dynamisches Prinzip und Evolutionsmotor wirkende *Dialektik der Natur*, auch die von ihr abkünftigen psychische Phänomene zu generieren imstande ist.

---

[151] T.H.Huxley: *On the Hypothesis that Animals are Automata, and its History*, (1874), in: *Collected Essays*, Vol. I, 1970 (1893), S.243;

[152] Die im vorliegender Arbeit schließlich vertretene Position ließe sich als `auf den Kopf gestellter` [d.h. platonistischer] Epiphänomenalismus bezeichnen, insofern die materiellen Strukturen als (epiphänomenale) `Auskondensationen` abstrakterer immaterieller (deterministischer) Prinzipien interpretiert werden; (s. Kapitel 49).

Die Interpretation des Leib-Seele-Verhältnisses bzw. des menschlichen Selbstbewußtseins im 20. Jahrhundert ist also überwiegend durch materialistische Ansätze charakterisiert, denen wir uns nun ausführlicher zuwenden wollen, wobei unsere Aufmerksamkeit zunächst dem *prinzipiellen Problem der Reduktion von Theorien* (denn genau darum geht es den materialistischen Ansätzen) gelten soll.

A.   Das Problem der Theorienreduktion und die Strukturalistische Wissenschaftstheorie nach Sneed/Stegmüller et al.

14.   Exposition

Unter den möglichen Reduktionsvarianten im Leib-Seele-Kontext ist am bekanntesten die durch die *Identitätsthese* im Sinne des *Physikalismus* gegebene, wie sie z.B. prononciert durch HERBERT FEIGL vertreten wurde, derzufolge mentale Zustände schlichtweg mit physiologisch-physikalischen Zuständen identifiziert werden, und zwar im strikten Sinne einer logischen Äquivalenz:
dies bedeutet, daß auf beiden Seiten einer Gleichung >ABC< = >XYZ< jeweils sowohl hinreichende wie notwendige Bedingungen stehen, mit der Konsequenz, daß hier eine äußerst enge, nämlich intrinsische, Verknüpfung von spezifischen mentalen Ereignissen mit spezifischen neurophysiologischen Ereignissen unterstellt wird.

Auch die von ERNEST NAGEL als Vertreter des Logischen Empirimus vorgeschlagene Fassung stellt an eine erfolgreiche *Reduktion* (einer alten Theorie T1 auf eine neue Theorie T2) folgende *starke Anforderungen* :
1) Alle in der reduzierten Theorie T1 nicht enthaltenen Begriffe der reduzierenden Theorie T2 müssen durch verknüpfende Prinzipien (oder Brückenprinzipien) mit Begriffen aus T1 verbunden werden (Verknüpfbarkeit).
2) Mit Hilfe dieser verknüpfenden Prinzipien müssen alle Gesetze von T1 aus den Gesetzen von T2 ableitbar sein (Ableitbarkeit).
Nun setzt aber *Ableitbarkeit* (der reduzierten aus der reduzierenden Theorie) gerade *Verträglichkeit* der beiden Theorien voraus, während eine *Verbesserung* bzw. *Korrektur* von T1 durch T2 wiederum ihre *Unverträglichkeit* voraussetzt, so daß formale und informelle Reduktionsbedingungen sich hier ebenfalls widersprechen.

Innerhalb des auf SNEED zurückgehenden und von STEGMÜLLER (et al.) weiter ausgearbeiteten Ansatzes der *Strukturalistischen Wissenschaftstheorie* (im folgenden kurz: *SW*) ist der Reduktionsbegriff sehr differenziert gefaßt, so daß das Problem der Inkompatibilität und Übersetzbarkeit von Theorien dort präziser explizierbar und auch auflösbar wird. Im folgenden soll daher der Ansatz der *SW* informell erläutert und in grundlegenden Bestimmungen dargestellt werden. Gerechtfertigt erscheint dieser relativ ausführliche Exkurs in die Wissenschaftstheorie aus folgenden Gründen:

⇒ erstens erlaubt dieser Ansatz, wie oben angedeutet, eine exaktere und damit transparentere Formulierung des Reduktionsproblems im Kontext von *T-Theoretizität*, *intertheoretischen Verknüpfungen*, *Inkommensurabilität* und *Übersetzung*;
die hierzu erforderlichen zahlreichen und mitunter nicht gerade kurzweilig anmutenden definitorischen Bestimmungen und terminologischen Differenzierungen sollen letztlich dazu dienen, gegenüber einer ansonsten allzu vagen, d.h. gezwungenermaßen unverbindlichen und daher konzeptuell unergiebigen Redeweise von

irgendwelchen Theorien, die irgendwie zusammenhängen oder irgendwie unterschieden oder ähnlich bzw. gleich oder sonst irgendetwas sind, die notorischen Schlüsselbegriffe hinlänglich präzisieren und ihnen somit einen entscheidungsträchtigen Sinn geben zu können derart, daß erzielte Resultate ebenso klar nachvollziehbar wie `definitiv´, d.h. nur unter globaler Ablehnung des verwendeten begrifflichen Rahmens, wesentlich kritisierbar erscheinen.

⇒ zweitens wird durch die Orientierung der *SW* (wie der meisten wissenschaftstheoretischen Untersuchungen) an der Physik, (wobei der Erklärungsanspruch der *SW* natürlich universal auch auf weniger formalisierte, etwa geisteswissenschaftliche, Theorien ausgerichtet ist), intuitiv klarer, was im normalwissenschaftlichen Zusammenhang unter *Reduktion, Approximation, Inkommensurabilität und Übersetzung* von Theorien verstanden werden kann, und welche formalen/inhaltlichen Anforderungen und Konsequenzen damit verbunden sind:
inwieweit die dort formulierten Bedingungen auch auf die Leib-Seele-Problematik bzw. die Reduktion mentaler durch physiologische Theorien übertragbar sind, oder sich vielmehr von diesen klar abheben, ist für unsere Fragestellung von definitiver, entscheidender Relevanz.

15. Informelle Skizze des Strukturalistischen Theorienkonzeptes[153]

Prinzipiell geht es in der Wissenschaftsphilosophie darum, einerseits die logischen Strukturen wissenschaftlicher Theorien zu analysieren und transparent werden zu lassen, andererseits die vielfältigen nicht nur intra- sondern auch inter-theoretischen Verflechtungen aufzuspüren, zu explizieren und schließlich die Anwendungsbereiche der Theorien zu bestimmen.

Grundlegend ist hierbei die Beantwortung der Frage, ob eine *rationale Rekonstruktion der Wissenschaft* überhaupt möglich, und wenn, wie sie möglich ist. Letzterer Fragenaspekt ergab sich nicht zuletzt aus der Erfahrung, daß eine rein-logische, metamathematische Beschreibungssprache allzu schwerfällig zu handhaben war, als daß sich mit ihr die interessanten, komplexeren Theorien auf wünschenswert elegante Weise hätten beschreiben lassen.

Die Empfehlung von P.SUPPES an die Wissenschaftsphilosophen, *sich nicht metamathematischer, sondern mathematischer Methoden zu bedienen*, führte in der SW auf der Grundlage einer *informellen Mengenlehre* zum Konzept der *informellen Formalisierung*.
[Einige Vertreter des Strukturalismus entschieden sich später zu einem `Sprachwechsel´ und ersetzten die informelle Mengenlehre durch die formal elegantere – und kompliziertere – sogenannte mathematische Kategorientheorie. Als Nichtmathematiker muß sich dieser Verfasser jedoch, auch hinsichtlich des verfolgten Zwecks, auf die Wiedergabe der für interessierte Laien noch einigermaßen nachvollziebaren informellen Notationsformen beschränken].
Dabei bedeutet *Formalisierung* eben kein formalsprachliches, sondern ein dem *mathematischen Präzisionsstandard genügendes axiomatisches Vorgehen*, während das Attribut *informell* beinhaltet, daß ein mengentheoretisches Grundsymbol ("∈") verwendet wird, ferner die logischen Ausdrücke in der umgangssprachlichen Bedeutung zu verstehen sind, abgesehen von den definitorisch bedingten `Eigentümlichkeiten´ der Implikationsrelation ("→" bzw. "⊃"). Dabei soll in den folgenden Erläuterungen zunächst eine `Sandkasten-Theorie´ zur Veranschaulichung dienen.

Als *Theorie* wird die sogenannte *Archimedische Statik* bzw. *Archimedische Gleichgewichtstheorie* gewählt.
Der Objektbereich der durch diese Theorie beschriebenen Gleichgewichtssysteme besteht aus n Gegenständen $a_1, ..., a_n$, die sich um einen Drehpunkt im Gleichgewicht befinden. Ferner gibt es zwei Funktionen d (mißt den Abstand der n Objekte vom Drehpunkt) und g (liefert das Gewicht der Objekte), wobei der g-Wert stets positiv sein soll und die Summe der Produkte $d(a_i) \times g(a_i)$ für die diesseits und jenseits des Drehpunktes befindlichen Objekte gleich ist, d.h. man erhält den Gesamtwert 0, nach-

---

[153] für die folgenden Ausführungen und Abbildungen s. W.Stegmüller: *Die Entwicklung des neuen Strukturalismus seit 1973*, in: *Probleme und Resultate der Wissenschaftstheorie und Analytischen Philosophie*, Bd.II: *Theorie und Erfahrung* (1986);

dem man alle Summanden auf eine Seite gebracht hat. (Obiges Prinzip wird auch *Goldene Regel der Statik* genannt). Das *die Theorie ausdrückende Prädikat* kann wie folgt definiert werden:

Definition (1)
x ist ein AS (eine archimedische Statik) gdw. es ein A, d und g gibt, so daß gilt:
(1) x = $\langle A, d, g \rangle$
(2) A ist eine endliche, nichtleere Menge, z.B. $A = \{a_1, ..., a_n\}$;
(3a) $d: A \Rightarrow$ IR ;
(3b) $g: A \Rightarrow$ IR ; d.h d und g sind Funktionen von A in IR ;
(4) für alle Objekte $a \in A$ gilt: $g(a) > 0$;

(5) $\sum_{i=1}^{n} d(a_i) \cdot g(a_i) = 0$ (goldene Regel der Statik).

Erläuterungen (1):
Die Aussagen (1) - (4) charakterisieren das *Begriffsgerüst* der Theorie, und die sie erfüllenden Entitäten heißen *mögliche* oder *potentielle Modelle* unserer Theorie, da hier *die Frage sinnvoll gestellt werden kann, ob sie Archimedische Gleichgewichtssysteme sind*, was dann zutrifft, wenn diese Entitäten auch die Bestimmung (5) erfüllen.
(5) heißt das *eigentliche* Axiom der Theorie. (1) - (5) erfüllende Entitäten heißen dann *Modelle* der Theorie. Benennt man mit *AS* das die Theorie ausdrückende Prädikat, so sind die Modelle genau die Wahrheitsfälle von *AS*. Potentielle Modelle und Modelle werden also auch als Extensionen geeigneter Prädikate eingeführt. Versteht man unter *AS*$_p$ das aus *AS* durch Streichung von (5) entstehende Prädikat, so ist die Klasse der potentiellen Modelle die Gesamtheit aller *x*, die das Prädikat *AS*$_p$ erfüllen, also die Klasse

$\{x \mid x$ ist ein $AS_p\}$;

analog gilt für die Klasse der Modelle:

$\{x \mid x$ ist ein $AS\}$;

Nun besitzt jede Theorie ihren *spezifischen Anwendungsbereich*, die *Menge der intendierten Anwendungen*. Hierbei sind folgende Aspekte entscheidend:

➤ die *intendierten Anwendungen einer Theorie werden mit der Spezifikation des theoretischen Apparates nicht mitgeliefert*, sondern müssen unabhängig gegeben werden, d.h. erst in den vom Forscher zu diskutierenden Beispielen (und Übungsaufgaben) kann das empirische Anwendungsfeld der Theorie allmählich herausprofiliert werden;
➤ die Auffassung, diese *Anwendungsmenge* durch die *Angabe notwendiger und hinreichender Bedingungen der Zugehörigkeit* bestimmen zu können, muß *aufgegeben* werden;

➢ die *Menge der intendierten Anwendungen einer Theorie ist keine feststehende platonische Entität*, sondern bleibt auch in späteren Entwicklungsstadien der Theorie eine offene Menge, d.h. sie kann z.B. bei hartnäckigem Versagen der Theorie in gewissen ursprünglich als paradigmatisch aufgefaßten Bereichen jederzeit wieder verkleinert werden.

15.1. T-Theoretische Terme, Ramsey-Verfahren

Streng genommen tritt das Problem der *t-theoretischen Terme* nur in globaleren Theorien (etwa der Klassischen Partikelmechanik *KPM*) auf. Um es für unsere Sandkastentheorie *AS* zu erläutern, sollen folgende ad-hoc-Restriktionen gelten:
- die einzigen bekannten Methoden zum Wiegen von Gegenständen benützen Balkenwaagen / Laufgewichtswaagen;
- es gibt nur endlich viele derartige Waagen.

Nun betrachte man eine Wippschaukel, auf der beiderseitig in gewissem Abstand vom Drehpunkt Kinder sitzen, wobei sich die Schaukel im Gleichgewicht befindet. Diese Anordnungsgesamtheit soll als das Objekt *a* bezeichnet werden.

Die Vermutung, daß es sich hierbei um eine Archimedische Statik handeln könne, übersetzen wir in die informelle mengentheoretische Sprechweise und gelangen zu der scheinbar elementar-empirischen Behauptung:

(i) *a* ist ein *AS*.

Daß es sich nur *scheinbar* um eine *empirische Aussage* handelt, resultiert daher, daß es innerhalb unserer ad-hoc-Welt (s.o.) *keine Möglichkeit gibt*, (i) *empirisch zu überprüfen*, ohne in einen *vitiösen Zirkel* zu geraten:

➢ *Einerseits kann das Gewicht eines Objektes nicht bestimmt werden, solange nicht mindestens eine erfolgreiche Anwendung der Theorie AS bekannt ist. Andererseits ist nicht zu entscheiden, ob man auf eine erfolgreiche Anwendung der Theorie AS gestoßen ist, solange man nicht die Gewichte der in dieser Anwendung vorkommenden, miteinander aufgewogenen Objekte bestimmt hat.*

➢ Die Messungen von Größen, die *relativ auf eine Theorie* t-theoretisch sind, sind in dem Sinne *theoriegeleitet*, als für *jede korrekte Messung die Gültigkeit der Theorie*, aus der die Größe stammt, *vorausgesetzt* wird.

Um nun dieser aporetischen Schwierigkeit zu begegnen, greift man auf eine von FRANK P.RAMSEY bereits in den 20er Jahren entwickelte Methode zurück, die darin besteht, die theoretischen Größen in den als empirische Ausagen intendierten Sätzen *existentiell wegzuquantifizieren*, d.h. die *theoretische Größen durch Variable zu ersetzen und diese durch vorangestellte Existenzquantoren zu binden*.

Bezogen auf unsere Theorie bilden wir ausgehend von *AS* ein neues Prädikat, in welchem alle Bestimmungen fortgelassen sind, in denen theoretische Größen vorkommen.

Definition (2)

x ist ein AS_{pp} (ein *partielles potentielles Modell* oder ein *partielles Modell* der Archimedischen Statik) gdw. es ein A und ein d gibt, so daß gilt:

(1) $x = \langle A, d \rangle$;

(2) A ist eine endliche, nichtleere Menge, z.B. $A = \{a_1, ..., a_n\}$;

(3) $d : A \Rightarrow \mathrm{IR}$.

Erläuterung (2):

Die Extension dieses neuen Prädikats besteht nur aus Fragmenten der potentiellen Modelle der Miniaturtheorie, g kommt nicht mehr vor. Die Klasse der Modelle dieses Prädikates heißt $M_{pp}(AS)$ bzw. M_{pp}, sie ist identisch mit : $\{ x \,|\, x$ ist ein $As_{pp} \}$.

Definition (3)

xEy bezüglich $M_{pp}(AS)$ (x ist eine *theoretische Ergänzung* von y bezüglich des Prädikates As_{pp} bzw. bezüglich der Menge $M_{pp}(AS)$ gdw. wenn es ein A und ein d gibt, so daß gilt :

(1) $y = \langle A, d \rangle$;

(2) $y \in M_{pp}$ (d.h. y ist ein As_{pp}) ;

(3) es gibt eine Funktion $g : A \Rightarrow \mathrm{IR}$, so daß $x = \langle A, d, g \rangle$.

Erläuterung (3):

Die *empirische Struktur e* unterscheidet sich von dem potentiellen Modell a (s.o.) darin, daß in ihr die Gewichtsangaben entfernt wurden. Sie kann jedoch solcherart zu einem potentiellen Modell ergänzt werden, daß sich letzteres dann als ein Modell der Theorie erweist.

Definition (4)

(a) $I \subseteq M_{pp}$.

(b) $I \subseteq Pot(M_{pp})$.

Erläuterung (4):

Die *intendierten Anwendungen* müssen als *partielle potentielle Modelle* der Theorie *interpretierbar* sein, um sie *zu potentiellen Modellen und Modellen ergänzen zu können*, d.h. die Menge I ist als Teilmenge von M_{pp} zu konstruieren.

(a) gilt für den Fall, daß man sich I als Menge individueller Anwendungen denkt, betrachtet man I als Menge von Anwendungsarten (z.B. in der Klassischen Partikelmechanik *Pendelbewegungen* und *Gezeitenvorgänge* als jeweils *eine* Anwendung der Theorie), so greift (b).

Der Prozeß der Eliminierung von theoretischen Komponenten kann so aufgefaßt werden, daß er durch eine *Restriktionsfunktion* $r^i : M_p \Rightarrow M_{pp}$ ($i \in \mathrm{IN}^0$ indiziert die mengentheoretische Stufe, z.B operiert r^0 auf *einzelnen* potentiellen Modellen als Argumenten) geleistet wird. Bezogen auf AS erzeugt r^i, angewendet auf ein potentielles

Modell $x = \langle A, d, g \rangle$ das entsprechende partielle Modell $y = \langle A, d \rangle$.

Gilt $y = r(x)$, so heißt das partielle Modell y ein *Redukt* des potentiellen Modelles x. Dabei kann ein und dasselbe y das Redukt von zahlreichen, prinzipiell auch unendlich vielen potentiellen Modellen sein, deren Menge mit $E(y)$ („die Menge der theoretischen Ergänzungen von y ") symbolisiert wird. Die Funktion E ist demnach wie folgt definiert:

$$E(y) := \{ x \,|\, x \in M_p \wedge r^i(x) = y \} .$$

Nun können wir die pseudo-empirische Aussage
(i) a ist ein AS ;
durch die `bereinigte´ Aussage
(ii) $I \subseteq r^1(M)$;
ersetzen.

Folgende Schemata mögen den Zusammenhang verdeutlichen:

S_1 $\qquad\qquad\qquad\qquad\qquad\qquad\qquad$ S_2

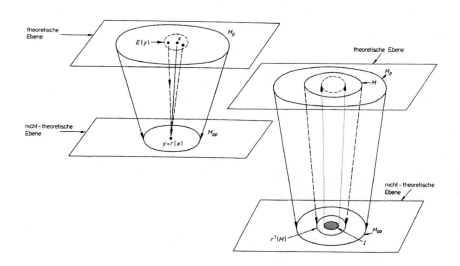

15.2. Constraints, Kerne, Theorie-Elemente,

Aufbauend auf diesen intuitiv-informell gegebenen Grundlagen können nun weitere Differenzierungen vorgenommen werden, die für die strukturalistische Analyse konstitutiv sind.

Definition (5)

X ist eine

$$\left\{\begin{matrix} l+n \\ l+m+k \end{matrix}\right\} - Matrix \quad gdw$$

(1) X ist nicht leer ;

(2) l, m, k (bzw. n) $\in$ IN und $0 < l$ und $0 < m$ $(0 < n)$;

(3) für alle $x \in X$ gibt es D_1 , ..., D_l, n_1, ..., n_m, t_1, ..., t_k , so daß

$x = \langle D_1, ..., D_l, n_1, ..., n_m, t_1, ..., t_k \rangle$ (wobei $n = m + k$) .

Erläuterung (5):

Bei einer *Matrix einer empirischen Theorie* handelt es sich um eine Menge von Entitäten, die *möglicherweise die mathematische Grundstruktur dieser Theorie* besitzen. Jede Matrix ist die nichtleere Folge (1), deren Elemente l + m + k-Tupel (bzw. l + n-Tupel) sind. In jedem dieser Tupel treten l Mengen, m nicht-theoretische Terme und k theoretische Terme (l, m, k $\in$ IN, $0 < l$ und $0 < m$) auf (2), (3). Bei den theoretischen und nicht-theoretischen Termen handelt es sich um Funktionen bzw. Relationen. Wird von dem Unterschied theoretisch-nichttheoretisch abgesehen, so spricht man statt von einer l + m + k-Matrix von einer l + n-Matrix, wobei n die Gesamtzahl der in jedem Element dieser Matrix auftretenden Funktionen bzw. Relationen bezeichnet.

Definition (6)

(a) M_p ist eine (*allgemeine*) *Klasse potentieller Modelle vom Typ l - m - k für eine Theorie* gdw gilt : M_p ist eine l + m + k-Matrix.

(b) M_p sei definiert wie in (a). Dann ist M eine (*allgemeine*) *Klasse von Modellen für M_p* gdw $M \subseteq M_p$.

(c) M_p sei definiert wie in (a). Dann ist M_{pp} eine Klasse partieller potentieller Modelle für M_p gdw

$M_{pp} := \{ \langle D_1, ..., D_l, r_1, ..., r_m \rangle \mid \exists r_{m+l} ... \exists r_{m+k}$

$(\langle D_1, , D_l, r_1, ..., r_m, r_{m+1}, ..., r_{m+k} \rangle \in M_p) \}$.

(d) Es sei M_p definiert wie in (a). Q ist eine *Querverbindung* (ein *Constraint*) *für M_p* gdw

(1) $Q \subseteq Pot(M_p)$;

(2) $\varnothing \notin Q$;

(3) für alle $x \in M_p$ gilt : $\{x\} \in Q$.

Erläuterung (6):

Bei einer Klasse M_p potentieller Modelle vom Typ l - m - k handelt es sich um eine l + m + k-Matrix. Innerhalb von M_p wird eine Klasse M von Modellen für M_p als (echte oder unechte) Teilklasse ausgegrenzt (b). Ferner kann man aus M_p eine Klasse M_{pp} partieller potentieller Modelle bilden, indem in jedem potentiellen Modell $x \in M_p$ die theoretischen Funktionen entfernt werden (c).

Querverbindungen (Constraints) können als *Teilklassen der Potenzmenge* von M_p eingeführt werden; ihre *Elemente* sind demnach *Klassen potentieller Modelle* ((d), (1)). Ferner wird gefordert, daß die die leere Menge *kein* Element eines *Constraints* sein soll ((d), (2)). Durch (d), (3) wird gefordert, daß *Constraints* nur für *Klassen* potentieller Modelle, nicht für *einzelne* potentielle Modelle einschränkende Bedingungen darstellen sollen. Demnach muß gelten, daß jede Klasse, die genau ein potentielles Modell enthält, Element von Q ist.

Definition (7)
Constraints heißen *transitiv* gdw gilt :
$$\forall\, X, Y\ (X \in Q \wedge Y \subseteq X \wedge Y \neq \varnothing \Rightarrow Y \in Q\,).$$

Definition (8)
(a) K ist ein *Kern für ein Theorie-Element* gdw es M_p, M, M_{pp} und Q gibt, so daß
(1) $K = \langle M_p, M, M_{pp}, Q \rangle$;
(2) M_p ist eine (allgemeine) Klasse potentieller Modelle für eine Theorie ;
(3) M ist eine (allgemeine) Klasse von Modellen für M_p ;
(4) M_{pp} ist eine Klasse von partiellen potentiellen Modellen für M_p ;
(5) Q ist eine Querverbindung für M_p ;
(b) Falls $K = \langle M_p, M, M_{pp}, Q \rangle$ ein Kern für ein Theorie-Element ist, so ist I eine *Menge intendierter Anwendungen für K* gdw $I \subseteq M_{pp}$ ($I \subseteq Pot(\,M_{pp})$).

Erläuterung (8):
Sollen in dem betreffenden *Kern* mehrere *Constraints* erfaßt werden, kann Q als *Durchschnitt* dieser verschiedenen (extensional gedeuteten) *Constraints* interpretiert werden. Für I soll gelten, daß es sich um eine Teilklasse von M_{pp} bzw. von $Pot(M_{pp})$ handelt, in letzterem Fall stellen die Anwendungen aus I *keine einzelnen* partiellen potentiellen Modelle, sondern *Klassen* von diesen dar; (so würden z.B. *alle* harmonischen Schwingungsvorgänge zusammen als *eine* Anwendung der Klassischen Mechanik aufgefaßt werden, s.o.).

Definition (9)
$$\mathrm{r}^i : \wp^i(M_p) \Rightarrow \wp^i(M_{pp});$$
$$r^0(\langle D_1, \ldots, D_l, n_1, \ldots, n_m, t_1, \ldots, t_k \rangle) := \langle D_1, \ldots, D_l, n_1, \ldots, n_m \rangle;$$
$$\text{für } x \in \wp^{i+1}(M_p) \text{ ist } r^{i+1}(x) := \{r^i(y) \mid y \in x\}.$$

Erläuterung (9):
Restriktionsfunktionen ordnen jedem potentiellen Modell das entsprechende partielle potentielle Modell, jeder Menge potentieller Modelle die entsprechende Menge partieller potentieller Modelle zu. Dabei wird von der *iterierten Potenzfunktion* Gebrauch

gemacht, die wie folgt definiert werden kann:

Definition (10)
Sei M eine nichtleere Menge und $Pot(M)$ die Potenzmenge von M. Dann sei:
$$\wp^0(M):=M;$$
$$\wp^{n+1}(M):=Pot(\wp^n(M)).$$

Definition (11)
(a) T ist ein (*allgemeines*) *Theorie-Element* gdw es I und K gibt, so daß
(1) $T=\langle K, I\rangle$;
(2) $K=\langle M_p, M, M_{pp}, Q\rangle$ ist ein Kern für ein Theorie-Element;
(3) I ist eine Menge intendierter Anwendungen für K.
(b) T sei definiert wie in (a). Dann ist der *empirische Gehalt von K* $A(K)$ von K definiert durch
$$A(K):=r^2(Pot(M)\cap Q)$$
$$[A(K):=\{X\mid\exists Y\;(r^1(Y)=X\wedge Y\subseteq M\wedge Y\in Q)\}].$$
(c) T sei definiert wie in (a). Dann ist die *empirische Behauptung von T* der Satz:
$$I\in A(K)$$
$$[I^A\subseteq A(K)].$$

Erläuterung (10,11):
Der *empirische Gehalt* $A(K)$ ist eine *Teilmenge* von $Pot(M_{pp})$. Bei den Elementen von $A(K)$ handelt es sich also um Mengen partieller potentieller Modelle, die sich dadurch auszeichnen, daß sie zu Mengen von Modellen ergänzt werden können derart, daß zwischen den einzelnen, durch die Ergänzung erhaltenen Modellen die im Constraint Q zusammengefaßten Querverbindungen bestehen (b).

Die *empirische Behauptung von T* besteht in dem Satz, daß die `reale´ Menge intendierter Anwendungen I ein Element des empirischen Gehalts $A(K)$ ist (c). (Das hochindizierte „A" des Klammerausdrucks steht für die Anwendungs*arten* als Elemente der Anwendungsklasse I^A).

Folgende Abbildung möge den Zusammenhang veranschaulichen:

S₃: Theorie-Elemente, Theoriennetze und ihre empirischen Behauptungen

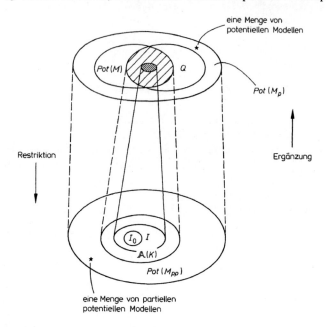

Definition (12)

(a) Seien $K = \langle M_p, M, M_{pp}, Q \rangle$ und $K' = \langle M_p', M', M_{pp}', Q' \rangle$ Kerne für Theorie-Elemente. K' ist ein *Kernspezialisierung* von K gdw

(1) $M_{pp}' = M_{pp}$ (allgemeiner : $M_{pp}' \subseteq M_{pp}$) ;

(2) $M_p' = M_p$ (allgemeiner : $M_p' \subseteq M_p$) ;

(3) $M' \subseteq M$;

(4) $Q' \subseteq Q$.

(b) T und T' seien Theorie-Elemente. T' ist eine *Spezialisierung* von T gdw

(1) K' ist Kernspezialisierung von K ;

(2) $I' \subseteq I$.

Erläuterung (12):

Ist K Kern eines Theorie-Elementes, so bleiben bei einer *Kernspezialisierung* von K die Klasse der partiellen potentiellen Modelle sowie die Klasse der potentiellen Modelle unverändert ; M wird durch eine Teilmenge von M ersetzt. An die Stelle des Constraints Q tritt Q' , der eine Teilmenge von Q ist (normalerweise handelt es sich hierbei um *echte* Teilmengen).

Bei einer Spezialisierung eines Theorie-Elementes $T = \langle K, I \rangle$ wird der Kern K durch eine Kernspezialisierung K' und die Menge intendierter Anwendungen I durch eine Teilmenge von I ersetzt.

Notationsweise:

K' ist eine Kernspezialisierung von K: $\quad K' \sigma K$;
T' ist eine Spezialisierung von T: $\qquad T' \sigma T$;

Definition (13)

T und T' seien Theorie-Elemente. T' ist eine *Theoretisierung von* T (T wird in T' vorausgesetzt) gdw $M_{pp}' \subseteq M$.

Erläuterung (13):

Zum korrekten Verständnis ist hier zu beachten, daß die *Unterscheidung zwischen theoretischen und nicht-theoretischen Funktionen/Relationen immer auf bestimmte konkrete Theorien zu relativieren* ist, d.h. eine Funktion/Relation kann gleichzeitig theoretisch bezüglich der einen Theorie und nicht-theoretisch bezüglich einer anderen sein (z.B. ist die Druckfunktion theoretisch bezüglich der Klassischen Mechanik und nicht-theoretisch bezüglich der Thermodynamik).

Beim Begriff der *Theoretisierung* geht es darum, daß bei zwei verschiedenen Theorie-Elementen T, T' gegebenenfalls jedes *partielle potentielle Modell* von T' zugleich ein *Modell* von T ist, so daß man bei der Beschreibung der möglichen intendierten Anwendungen von T' auf die Elemente der Modellmenge M von T rekurriert, d.h. T wird von T' *vorausgesetzt* und die *bezüglich T theoretischen Funktionen sind nicht-theoretisch bezüglich T'.*

Definition (14)

X ist ein *Theoriennetz* gdw es ein N und ein $\prec$ gibt, so daß
(1) $X = \langle N, \prec \rangle$;
(2) N ist eine endliche Menge von Theorie-Elementen (s.o.) ;
(3) $\prec \subseteq N * N$;
(4) $\forall T \ \forall T'_{\ T,T' \in N} \ (T' \prec T \Leftrightarrow T'$ ist eine Spezialisierung von T) ;
(5) $\forall \langle K, I \rangle , \langle K', I' \rangle \in N \ (I = I' \Rightarrow K = K')$.

Erläuterung (14):

Bei einem *Theoriennetz* handelt es sich um ein aus einer Menge N und einer Relation $\prec$ (dies ist *nicht* die übliche `kleiner-als-Relation´) bestehendes geordnetes Paar. N ist eine (endliche) Menge von Theorie-Elementen; $\prec$ ist als Spezialisierungsrelation (s.o.) zu interpretieren. Bedingung (5) soll ausschließen, daß für gleiche Anwendungsklassen I, I' verschiedene Theoriekerne verwendet werden.

15.3. Leitermengen, Strukturspecies

Die folgenden Differenzierungen sind (innerhalb der *SW*) motiviert durch die Notwendigkeit, die verwendeten mengentheoretischen Strukturen präziser zu definieren, d.h. nicht nur geflissentlich zwischen Objektmengen einerseits und Relationen andererseits zu unterscheiden, sondern darüberhinaus die *fraglichen Relationen typologisch zu charakterisieren*, um damit den *mengentheoretischen Status* der jeweiligen Entitäten jederzeit explizit machen zu können. Obwohl im vorliegenden Zusammenhang zum prinzipiellen Verständnis des strukturalistischen Paradigmas weitere Details wenig zwingend erscheinen mögen, kann auf sie dennoch auch in hiesigem Rahmen nicht verzichtet werden, wenn die als relevant erachteten Definitionen und Begriffe im Kontext von Reduktion und Übersetzung im thematischen Zusammenhang eingeführt werden und nur damit nachvollziehbar bleiben sollen.

Definition (15)
(induktive Definition) der *k-Formen* τ für $1 \le k \in$ IN :
(1) jedes $i \le k$ ist eine k-Form ;
(2) ist τ eine k-Form, so auch pot(τ) ;
(3) sind τ_1 und τ_2 k-Formen, so ist auch prod(τ_1, τ_2) eine k-Form.

Erläuterung (15):
Da die in (1) eingeführten Zahlen mit den sie designierenden Ziffern identifiziert werden, sind alle *k-Formen* syntaktische Gebilde, die für gewisse Konstruktionsvorschriften stehen, denenzufolge sich aus vorliegenden (typologisch bestimmten) Mengen sukzessive neue Mengen komplexerer Struktur erzeugen lassen.
Seien z.B. D_1, ..., D_k die vorliegenden Mengen, dann formuliert (1) die *Induktionsbasis*, derzufolge die Konstruktion durch Auswahl der i-ten Menge D_i aus D_1, ..., D_k vorgenommen wird. (2) und (3) formulieren den *Induktionsschritt*, demzufolge etwa eine vorliegende Menge D - der (als Konstruktionsvorschrift verstandenen) k-Form τ - zur Bildung der Potenzmenge *Pot(D)* von D herangezogen werden kann, wobei der Menge *Pot(D)* die k-Form pot(τ) zugeordnet wird (2).
Entsprechend besagt (3): Wurden aus D_1, ..., D_k zwei Mengen E und F nach τ_1 und τ_2 konstruiert, kann ein weiterer Konstruktionsschritt in der Bildung des Kartesischen Produktes von E und F, nämlich der Menge $E * F$, bestehen, welche dann die k-Form prod(τ_1,τ_2) zugewiesen bekommt.

Definition (16)
Es sei $1 \le k \in$ IN ; ferner seien alle D_1, ..., D_k nicht leer.
Induktive Definition der *Leitermengen der k-Form τ über D_1, ..., D_k* :
(1) jedes D_i (mit $1 \le i \le k$) ist eine Leitermenge der k-Form i über D_1, ...,.D_k ;
(2) ist E eine Leitermenge der k-Form τ über D_1, ..., D_k, so ist *Pot(E)* eine Leiter-

menge der k-Form pot(τ) über D_1, ..., D_k ;

(3) sind E und F Leitermengen der k-Formen τ_1 und τ_2 über D_1, ..., D_k, so ist $E * F$ eine Leitermenge der k-Form prod(τ_1,τ_2) über D_1, ..., D_k..

Erläuterung (16):

Leitermengen unterschiedlicher k-Formen werden mittels Auswahl aus bestimmten Mengenfolgen D_1, ..., D_k , sowie iterierter Bildung von Potenzmengen und kartesischen Produkten konstruiert. War oben die Klasse potentieller Modelle M_p über den mengentheoretisch nicht weiter charakterisierten Begriff der 1+n-Matrix eingeführt worden, soll letzterer nunmehr durch den spezifizierten Begriff der *mengentheoretischen Struktur* ersetzt werden, um damit die *mengentheoretischen Typen* der in einer bestimmten Struktur enthaltenen *Relationen* über den jeweiligen Grundmengen eindeutig fixieren zu können.

Hilfssatz

Zu je k vorgegebenen Mengen D_1, ..., D_k und jeder k-Form τ gibt es genau eine Leitermenge der k-Form τ über D_1, ..., D_k.

Die somit eindeutig bestimmte Leitermenge der k-Form τ über D_1, ..., D_k (sofern $1 \leq$ k $\in$ IN, D_1, ..., D_k nicht leer sind und τ eine k-Form ist) wird mit dem Ausdruck τ $(D_1, ..., D_k)$ bezeichnet.

Definition (17)

x ist eine *mengentheoretische Struktur mit Relationstypen* gdw es D_1, ..., D_k, R_1, ..., R_m (mit $1 \leq$ k, $1 \leq$ m) gibt, so daß

(1) $x = \langle D_1, ..., D_k; R_1, ..., R_m \rangle$;

(2) für jedes i (mit $1 \leq$ i $\leq$ m) gibt es k-Formen τ_1, ..., τ_m, so daß gilt :
$R_i \in Pot(\tau_i(D_1, ..., D_k))$;

(3) von jedem R_i, das die Bedingung (2) erfüllt, sagen wir, daß es vom *k-Typ* (oder *k-Relationstyp*) pot(τ_i) ist .

[Hierbei sei $\langle D_1, ..., D_k; R_1, ..., R_m \rangle$ eine Abkürzung für das geordnete Paar $\langle\langle D_1, ..., D_k \rangle , \langle R_1, ..., R_m \rangle\rangle$].

Erläuterung (17):

Allen in einer mengentheoretischen Struktur enthaltenen Relationen werden demzufolge als *k-Typen* die *k-Formen* derjenigen Leitermengen über den *k* Grundmengen der Struktur zugeordnet, in welchen sie als *Elemente* enthalten sind.

Eine *Differenzierung* bezüglich des *Basismengenbegriffs* soll desweiteren dahingehend vorgenommen werden, daß zwischen *Hauptbasismengen D_1, ..., D_k* und *Hilfsbasismengen A_1, ..., A_l* unterschieden wird.

Während in D_i ($1 \leq$ i $\leq$ k) diejenigen Objekte enthalten sind, um die es in der Theorie geht, sind die A_j $(1 \leq j \leq 1)$ strukturierte Mengen mathematischer Objekte, deren Klassifizierung und Typisierung bereits durch die einschlägigen mathematischen Theorien anderweitig geleistet wurde und als solche vorausgesetzt sein darf. (So sind etwa bezüglich der Klassischen Partikelmechanik die Hauptbasismengen die Menge P der Partikel sowie die Menge T von Zeitpunkten, Hilfsbasismengen dagegen sind die Mengen IN und IR).

Definition (18)

Die mengentheoretische Struktur $\langle D_1, ..., D_k; A_1, ..., A_l; R_1, ..., R_m \rangle$ erhält den $k + l$ - Typ

$\vartheta = \langle k, l, \tau_1, ..., \tau_m \rangle$ zugeordnet, wobei die τ_i $(1 \leq i \leq m)$ wie oben festgelegt sind (d.h. für jedes R_i gilt : $R_i \in Pot(\tau_i (D_1, ..., A_l))$).

Erläuterung (18):

Die Typen von mengentheoretischen Strukturen und die von Relationen bilden disjunkte Mengen, da der Typus einer Relation ein mit "pot" beginnender syntaktischer Ausdruck ist, während der Typus einer mengentheoretischen Struktur als Tripel gefaßt wird. Dementsprechend ist auch die Menge der k-Formen von Leitermengen (d.h. Ziffern bzw. mit "pot" oder "prod" beginnende syntaktische Ausdrücke, s.o.) disjunkt zur Menge der Typen mengentheoretischer Strukturen, während andererseits jeder k-Typ einer Relation mit der k-Form der sie als Element enthaltenden Leitermenge identisch ist.

Definition (19)

Eine Klasse S ist eine *typisierte Klasse (von mengentheoretischen Strukturen)* gdw S nicht leer ist und es einen $k + l$ - Typ ϑ gibt, so daß S genau die mengentheoretischen Strukturen vom Typ ϑ als Elemente enthält.

Erläuterung (19):

Alle in einer typisierten Klasse als Elemente vorkommenden mengentheoretischen Strukturen besitzen die gleiche Anzahl k von Hauptbasismengen, die gleiche Anzahl l von Hilfsbasismengen sowie die gleiche Anzahl m von Relationen, wobei der Relationstyp aller R_j , also $pot(\tau_j)$, in allen Strukturen derselbe ist.

Definition (20)

Es sei S eine typisierte Klasse von mengentheoretischen Strukturen der Gestalt
$x = \langle D_1, ..., D_k; A_1, ..., A_l; R_1, ..., R_m \rangle$ (mit $k \geq 1, l \geq 0, m \geq 1$).
S heißt genau dann *invariant unter kanonischen Transformationen*, wenn für alle $x = \langle D_1, ..., D_k; A_1, ..., A_l; R_1, ..., R_m \rangle$ sowie für alle $f = \langle f_1, ..., f_k \rangle$ und alle nicht-leeren Mengen $D_1', ..., D_k'$ gilt :
$(f_i : D_i \Rightarrow D_i'$ ist für $i = 1, ..., k$ bijektiv) $\rightarrow$ ($x \in S$ gdw
$\langle D_1', ..., D_k'; A_1, ..., A_l; R_1^f, ..., R_m^f \rangle \in S$).

Definition (21)
X ist eine *Strukturspecies* gdw gilt :
(1) X ist eine typisierte Klasse von mengentheoretischen Strukturen ;
(2) X ist invariant unter kanonischen Transformationen.

Erläuterung (20,21):
Sämtliche zwischen den verschiedenen Objekten einer Theorie (also Hauptbasismen-genelementen D_i) hergestellte Beziehungen sollen ausschließlich durch die Relationen $R_1, ..., R_m$ explizit gemacht werden, d.h. die Elemente D_i sollen vor der Formulierung der Theorie als vollkommen unspezifizierte Objekte verstanden und durch die Theorie nur genau über die Relationen $R_1, ..., R_m$ charakterisiert sein.
Der Begriff der *typisierten Klasse* muß daher um die Forderung der *Invarianz unter kanonischen Transformationen* verschärft werden. Unter einer kanonischen Transformation versteht man eine Abbildung, die eine mengentheoretische Struktur x in eine andere mengentheoretische Struktur x' desselben k + l- Typs (d.h. die Typenentsprechung gilt insbesondere für die jeweiligen Relationen R_i, R_i') transformiert.
Eine typisierte Klasse ist dann eine *Strukturspecies*, wenn sie zu jeder in ihr als Element enthaltenen Struktur x gleichzeitig *sämtliche* und auch *nur* solche durch kanonische Transformation aus x erzeugbaren Strukturen x' enthält..
Bei einer kanonischen Transformation haben wir es also mit einer Struktur x, sowie k + l bijektiven Abbildungen f_i der Basismengen $D_1, ..., D_k, A_1, ..., A_l$ von x auf Mengen $D_1', ..., D_k', A_1, ..., A_l$ zu tun [der für die Transformation zu definierende f-Transport läßt dabei die (bereits anderweitig bestimmten, s.o.) Hilfsbasismengenelemente A_i über die identische Abbildung unverändert].
Es müssen also solche Relationen $R_1', ..., R_m'$ bestimmt werden, die zusammen mit den Bildmengen eine Struktur x' desselben Strukturtyps wie x ergeben. R_j' wird dabei aus R_j durch einen von den Bijektionen f_i `induzierten Transport' erzeugt. (Die k Bijektionen f_i werden zu einem Vektor $f = \langle f_1, ..., f_k \rangle$ zusammengefaßt).

Definition (22)
S sei eine typisierte Klasse von mengentheoretischen Strukturen vom Typ $\vartheta = \langle k; l; \tau_1, ..., \tau_m \rangle$ - also von Strukturen der Gestalt $x = \langle D_1 ..., D_k; A_1, ..., A_l; R_1, ..., R_m \rangle$.
E wird eine Charakterisierung des i-ten Terms von S genannt gdw
(1) $1 \le i \le m$;
(2) $E \subseteq S$;
(3) E ist eine Strukturspecies ;
(4) für alle nicht leeren $D_1, ..., D_k, A_1, ..., A_l, R_1, ..., R_m, R_1', ..., R_{i-1}', R_{i+1}', ..., R_m'$:
wenn für alle $j \in \{1, ..., i-1, i+1, ..., m\}$ sowohl
$R_j' \in Pot(\tau_j(D_1, ..., A_l))$ als auch
$\langle D_1, ..., A_l ; R_1, ..., R_m \rangle \in E$ gilt, dann ist auch
$\langle D_1, ..., D_k; A_1, ..., A_l ; R_1', ..., R_{i-1}', R_i, R_{i+1}', ..., R_m' \rangle \in E$.

Erläuterung (22):

E läßt sich als Extension eines mengentheoretischen Prädikates verstehen, dessen definierendes Axiom nur auf die i-te Relation R_i rekurriert, während alle übrigen Relationen $R_1, ..., R_{i-1}, R_{i+1}, ..., R_m$ innerhalb von E beliebig (allerdings unter Typenberücksichtigung) werden können.

Definition (23)

M_p ist eine *Klasse potentieller Modelle für eine Theorie* gdw es ein S gibt, so daß gilt :

(1) S ist eine typisierte Klasse von Strukturen (s.o.);
(2) für i = 1, ..., m gibt es ein E_i, so daß
(a) E_i ist eine Charakterisierung des i-ten Terms von S ;
(b) $M_p = \bigcap\limits_{i \leq m} E_i$.

Es sei M_p eine abstrakte Klasse potentieller Modelle für eine Theorie.
M ist eine *Klasse echter Modelle für* M_p gdw
(1) $M \subseteq M_p$;
(2) M ist eine Strukturspecies ;
(3) M ist keine Klasse potentieller Modelle für eine Theorie (s.o.).

Erläuterung (23):

Während bei den potentiellen Modellen die enthaltenen Relationen höchstens isoliert charakterisiert werden und sich die Klasse M_p demzufolge als Durchschnitt von Charakterisierungen einführen läßt, sind in der Klasse M *mindestens zwei* der enthaltenen Relationen durch *Verknüpfungsgesetze* verbunden, d.h. M kann nicht wie M_p über Charakterisierungen (isolierter Relationen) eingeführt werden.

15.4. Meßmethoden, Meßmodelle, T-Theoretizität

Notationsweise:

$x_{-i}(t) := \langle D_1, ..., A_l; R_1, ..., R_{i-1}, t, R_{i+1}, ..., R_m \rangle$.
(d.h. $x_{-i}(t)$ erhält man aus x dadurch, daß die i-te Relation R_i^x von x durch t ersetzt.)

Definition (24)

(a) X ist eine globale Meßmethode für $\overline{\overline{R_i}}$ ($\overline{\overline{R_i}}$: = der i-te Begriff einer typisierten Klasse von mengentheoretischen Strukturen, so daß jedes $R_i \in \overline{\overline{R_i}}$ eine *Realisierung von* $\overline{\overline{R_i}}$ heißt) gdw
(1) $X \subseteq M_p$;
(2) X ist eine Strukturspecies ;
(3) $\forall x_{\, x \in M_p} \forall t, t' (x_{-i}(t) \in X \land x_{-i}(t') \in X \rightarrow t = t')$;

(4) $\exists x, x', t, t'$ $(x_{\cdot i}(t) \in X \land x_{\cdot i}(t') \in X \land \neg \; t \overset{=}{=} t')$;

(b) x ist ein *globales Meßmodell* für $\overline{\overline{R_i}}$ gdw es eine globale Meßmethode X für $\overline{\overline{R_i}}$ gibt, so daß $x \in X$.

Erläuterung (24):

Eine *globale Meßmethode* für $\overline{\overline{R_i}}$ ist eine Klasse X von potentiellen Modellen mit folgenden Eigenschaften:

- Erstens muß gewährleistet sein, daß die Elemente der Basismengen als die zu messenden Objekte *ausschließlich* durch die in den zu X gehörigen mengentheoretischen Strukturen enthaltenen Relationen charakterisiert werden, d.h. X muß eine Strukturspecies sein (2).

- Zweitens muß die i-te Relation R_i^x einer beliebigen Struktur $x \in X$ gemäß (3) *eindeutig bestimmt* sein, nämlich sowohl durch die übrigen Komponenten von x selbst als auch durch die Zugehörigkeit von x zu X (d.h. die definierenden Merkmale oder `Gesetze' von X).

- Drittens muß in einem Meßmodell x aus X die i-te Relation R_i^x von den übrigen Komponenten aus x *echt* abhängen (4). Betrachtet man nämlich die Negation von **(a)** (4), besagt diese, daß in allen Strukturen aus X einunddasselbe t vorliegt, d.h. t ist dann *unabhängig* von den übrigen Komponenten von x eindeutig bestimmt, was nun durch (4) ausgeschlossen wird.

Definition (25)

η heißt ein *Index für T* gdw η ein s-Tupel von Zahlen ist, d.h. $\eta = \langle i_1, .., i_s \rangle$, mit
(1) $0 \leq s \leq m$; (2) $\{i_1, ..., i_s\} \subseteq \{1, ..., m\}$; (3) $i_1 < ... < i_s$.

Notationsweise:

$x_{\cdot \eta}(t_{i_1}, ..., t_{i_s})$ sei diejenige Struktur, die aus x dadurch entsteht, daß man in x die Glieder R_j^x für alle $j \in \{i_1, ..., i_s\}$ durch t_j ersetzt.
Ist η ein Index für das verallgemeinerte empirische Theorie-Element T , so sei
$M_{pp}^{\eta} := \{x_{\cdot \eta} \,|\, x \in M_p\}$.

Definition (26)

Es sei $\eta = \langle i_1, ..., i_s \rangle$ ein Index für T . Y ist eine (*globale*) η - *Meßmethode mit Skaleninvarianz* gdw
(1) $Y \subseteq M_p$;
(2) Y ist eine Strukturspecies ;
(3) $\forall x \, \forall R_{i_1} \dots R_{i_s} \, \forall R'_{i_1} \dots R'_{i_s} (x_{\cdot \eta}(R_{i_1}, ..., R_{i_s}) \in Y \land x_{\cdot \eta}(R'_{i_1}, ..., R'_{i_s}) \in Y \Rightarrow$
$\langle R_{i_1}, ..., R_{i_s} \rangle \approx_{\eta} \langle R'_{i_1}, ... R'_{i_s} \rangle)$;
(4) $\exists x \, \exists y \left[x \in Y \land y \in Y \land \neg \left(\langle R_{i_1}^x, ..., R_{i_s}^x \rangle \approx_{\eta} \langle R_{i_1}^y, ..., R_{i_s}^y \rangle \right) \right]$.

Erläuterung (25,26):
Analog zur Definfition der (globalen) Meßmethode (s.o.) werden jetzt gleichzeitig in jedem Element x von Y die durch η ausgewählten Relationen $R_{i_1}^x, ..., R_{i_s}^x$ bis auf Skalenäquivalenz $\approx_\eta$ eindeutig bestimmt (3), während durch (4) wiederum sichergestellt ist, daß die Komponenten $R_{i_1}^x, ..., R_{i_s}^x$ von den übrigen Komponenten in x *echt* abhängen.

Definition (27)
Es sei $\sim$ eine Äquivalenzrelation auf M_p. G heißt *ein bezüglich $\sim$ zulässiges Spezialgesetz für T* (abgek.: $G \in Zul(T, \sim)$) gdw
(1) $G \subseteq M$;
(2) G ist eine Strukturspecies ;
(3) $\forall x \forall y (x \in G \wedge x \sim y \Rightarrow y \in G)$.

Erläuterung (27):
Während es in der Definition der Meßmethode um *Skaleninvarianz* (*Invarianz in bezug auf Eichtransformationen*) ging, handelt es sich hier um für *Spezialgesetze zu fordernde Invarianzen*. Ein Spezialgesetz wird dabei als eine eigene Strukturspecies interpretiert, die Teilklasse der Modellklasse ist, wobei Invarianzen als Äquivalenzrelationen auf M_p bestimmt werden.

Definition / Theoretizitätskriterium (28)
Es sei $1 \leq i \leq m$; außerdem sei $\sim$ eine Äquivalenzrelation auf M_p. Der Term $\overline{\overline{R_i}}$ ist T-theoretisch relativ zu $\sim$ gdw es ein η gibt, so daß
(1) $\eta = \langle i_1, ..., i_s \rangle$ ist ein Index für T ;
(2) $i \in \{i_1, ..., i_s\}$;
(3) $\forall z_{z \in M_{pp}^\eta} [\forall x (x \in M \wedge x_{-\eta} = z) \Rightarrow \exists x \exists y (x, y \in M \wedge x_{-\eta} = z = y_{-\eta} \wedge$
$\neg (\langle R_{i_1}^x, ..., R_{i_s}^x \rangle \approx_\eta \langle R_{i_1}^y, ..., R_{i_s}^y \rangle))]$
(4) es gibt ein $z \in M_{pp}^\eta$ sowie ein G und ein x, so daß
(a) $G \in Zul(T, \sim)$,
(b) G ist eine η - Meßmethode mit Skaleninvarianz ,
(c) $x \in G$ und $x_{-\eta} = z$.

Erläuterung (28):
Die Terme mit den Indizes aus $\eta = \langle i_1, ..., i_s \rangle$ sind *T*- theoretisch, alle übrigen sind nicht *T*-theoretisch; die Tatsache, daß die Theorie allein, also *M*, noch keine η-Meßmethode mit Skaleninvarianz darstellt, wird durch (3) ausgedrückt. Entscheidend ist Bestimmung (4), welche besagt, daß es eine η-partielle Struktur *z* sowie ein bezüglich $\sim$ zulässiges/invariantes Spezialgesetz *G* für *T* gibt, welches eine η-Meßmethode ist, die ein Meßmodell *x* mit $x_{-\eta} = z$ enthält. Dabei soll, wie aus (3) hervorgeht, *G* ein echtes,

d.h. ein von M verschiedenes Spezialgesetz sein.

15.5. Reduktion

Bei der Frage der *Reduzierbarkeit* bzw. *Erklärbarkeit* einer vorliegenden Theorie T mittels einer elaborierteren, reichhaltigeren Theorie T' geht es offenbar um die Bestimmung einer *intertheoretischen Relation*:
einerseits sollen hier *Theorien verglichen* werden, die in der als kompetent ausgewiesenen Fachwelt für *unterschiedlich* gelten, andererseits ist diese Relation (innerhalb des hier referierten Ansatzes) *entweder* als eine zwischen unterschiedlichen Theorie-*Elementen* oder gar zwischen unterschiedlichen Theorie-*Netzen* (mit unterschiedlichen Basiselementen) bestehende zu rekonstruieren.

Das hier zunächst vorgestellte *Reduktionsmodell* stellt eine *idealtypische Vereinfachung* in zweifacher Hinsicht dar, da einerseits von den (in der 'realen Wissenschaft' meistens vorliegenden) nur annähernden, *approximativen* Reduktionsbeziehungen abgesehen wird, andererseits die im Realfall stets vorliegenden Constraints an dieser Stelle noch ausgeklammert sind. Nachdem derart die Grundidee idealtypisch erläutert wurde, sollen dann die notwendigen Verfeinerungen im Anschluß gegeben werden.

Als intuitiv-informelle Basis einer zu bestimmenden Reduktionsrelation ρ zwischen einem reduzierten Theorie-Element T und einem reduzierenden Theorie-Element T' lassen sich die folgenden *minimalen Adäquatheitsbedingungen* formulieren:

(I) $\rho \subseteq M_p * M_p'$ (bei vorausgesetzter Verschiedenheit der T und T', also $M_p \neq M_p'$).

(II) Die inverse Abbildung ρ^{-1} von ρ soll eine Funktion, d.h. mehr-eindeutig sein.

(III) Aus den Gesetzen der reduzierenden Theorie sollen die alten Gesetze der reduzierten Theorie ableitbar sein, und dies bedeutet: insofern zwei potentielle Modelle x und x' durch die Relation ρ einander zugeordnet sind, folgt aus der Gültigkeit der Gesetze von T' für x' die Gültigkeit der Gesetze von T für x. Da die Gesetze der fraglichen Theorien durch die Mengen M und M' vertreten werden, läßt sich der mengentheoretische Zusammenhang informell folgendermaßen wiedergeben:
Für alle x *und* x', *wenn* $\langle x, x' \rangle \in \rho$ *und* $x' \in M'$, *dann* $x \in M$.

(IV) Durch die Abbildung ρ sind sowohl jeweils die theoretischen als auch die nicht-theoretischen Größen miteinander verbunden, wobei sich der nicht-theoretische Bestandteil ("γ_ρ") separieren läßt, so daß die intendierten Anwendungen I und I' der beiden Theorien in der durch den Bestandteil γ_ρ von ρ induzierten Entsprechungsbeziehung zueinander stehen.

Für die folgenden Definitionen sei vorausgesetzt, daß P^1, P^2 nicht leer sind und daß T^1 und T^2 wie gehabt (s.o.) jeweils Theorie-Elemente mit jeweiligen Kernen (s.o.) sind. Es sei T^1 die zu reduzierende, schwächere Theorie, gegenüber T^2 als der reduzierenden, stärkeren Theorie.

Definition (29)

ρ ist eine *Quasi-Reduktion* von P^1 auf P^2 (kurz: $rd(\rho, P^1, P^2)$) gdw

(1) $\rho \subseteq P^1 * P^2$;

(2) $D_I(\rho) = P^1$;

(3) $\rho^{-1} : D_{II}(\rho) \Rightarrow P^1$;

Erläuterung (29):

Allgemein wird allen (1) und (2) erfüllenden intertheoretischen Relationen für nicht spezifizierte abstrakte Mengen P^1 und P^2 die Bezeichnung *Quasi-Reduktion* verliehen, wobei die inverse Abbildung ρ^{-1} rechtseindeutig ist.

Definition (30)

Es gelte $rd(\rho, P^1, P^2)$. Dann ist

$\bar{\rho} := \{\langle X, Y\rangle \in Pot(P^1) * Pot(P^2) \mid \exists c \, (c : X \Rightarrow Y \wedge c$ ist eine Bijektion $\wedge$ $\forall x \in X \, (\langle x, c(x)\rangle \in \rho))\}$.

Erläuterung (30):

Hier wird die *Quasi-Reduktion* ρ um eine Stufe auf die Ebene der Potenzmengen erhöht. Ferner sollen X und Y die gleiche Kardinalität aufweisen, d.h. es besteht die Bijektion c.

Definition (31)

Es sei $\rho \subseteq M_p^1 * M_p^2$. Dann ist

$\gamma_\rho := \{\langle x_1, x_2\rangle \in M_{pp}^1 * M_{pp}^2 \mid \exists \, \langle y_1, y_2\rangle \in \rho \, (x_1 = r^0(y_1) \wedge x_2 = r^0(y_2))\}$.

Erläuterung (31):

Es wird die zunächst auf theoretischer Ebene ansetzende Reduktion auf die nicht-theoretische Ebene hinunterprojiziert.

Definition (32)

ρ reduziert T^1 *schwach auf* T^2 (kurz: $Red_w(\rho, T^1, T^2)$) gdw gilt :

(1) $rd(\rho, M_{pp}^1, M_{pp}^2)$;

(2) $\forall \, \langle X^1, X^2\rangle \in Pot(M_{pp}^1) * Pot(M_{pp}^2) \, (X^2 \in A(K^2) \wedge X^1$ ist nicht leer $\wedge$ $\langle X^1, X^2\rangle \in \bar{\rho} \Rightarrow X^1 \in A(K^1))$;

(3) $\forall \, x_1 \, \forall \, X^1 \, (x_1 \in X^1 \wedge X^1 \in I^1 \Rightarrow \exists \, X^2 \, \exists \, x_2 \, (x_2 \in X^2 \wedge X^2 \in I^2 \wedge \langle x_1, x_2\rangle \in \rho)$.

Erläuterung (32):
Es wird die in *Adäquatheitsbedingung (III)* enthaltene Forderung für die *nicht-theoretische Ebene* präzisiert, welche sich wiedergeben läßt als:
alle möglichen empirischen Aussagen des reduzierten Theorie-Elementes sind aus den jeweils zugeordneten empirischen Aussagen des reduzierenden Theorie-Elementes ableitbar, d.h. alles, was die reduzierte Theorie über eine mögliche Anwendung aussagt, folgt aus dem, was die reduzierende Theorie über eine entsprechende Anwendung aussagt, *d.h. alles was die alte Theorie empirisch geleistet hat, leistet auch die neue.*
In (3) gilt zu beachten, daß die Mengen I^1, I^2 wiederum als *Klassen artmäßig spezifizierter Anwendungen* konzipiert sind (d.h.$X^j \in I^j$ für j = 1,2 ist jeweils *eine* Anwendungsart).

Definition (33)
ρ *reduziert* T^1 *stark auf* T^2 (kurz: $Red_{st}(\rho, T^1, T^2)$) gdw gilt :
(1) $rd(\rho, M_p^1, M_p^2)$;
(2) $rd(\gamma_\rho, M_{pp}^1, M_{pp}^2)$;
(3) $\forall \langle Y^1, Y^2 \rangle \in Pot(M_p^1) * Pot(M_p^2)$ ($Y^2 \in Pot(M^2) \cap C^2 \wedge Y^1$ ist nicht leer $\wedge$ $\langle Y^1, Y^2 \rangle \in \bar{\rho} \Rightarrow Y^1 \in Pot(M^1) \cap C^1)$;
(4) $\forall \langle x_1, x_2 \rangle \in \gamma_\rho \forall y_2 \in M^2$ ($x_2 = r^0(y_2)$
$\Rightarrow \exists y_1 \in M^1$ ($\langle y_1, y_2 \rangle \in \rho \wedge r^0(y_1) = x_1$)) ;
(5) $\forall x_1 \forall X^1$ ($x_1 \in X^1 \wedge X^1 \in I^1$
$\Rightarrow \exists X^2 \exists x_2$ ($x_2 \in X^2 \wedge X^2 \in I^2 \wedge \langle x_1, x_2 \rangle \in \gamma_\rho$) .

Erläuterung (33):
In diesem Fall greift die *Reduktionsrelation* ρ von vornherein auf der theoretischen Ebene, allerdings ist durch (2) gewährleistet, daß ρ auch auf nicht-theoretischer, empirischer Stufe eine Projektion γ_ρ induziert, die für die Quasi-Reduktion von M_{pp}^1 auf M_{pp}^2 zuständig ist. Da die Ausdrücke $A(K)$ und $r^2(Pot(M) \cap C)$ die gleiche Klasse bezeichnen, lassen sich die in (3) vorkommenden Teilaussagen ($Y^j \in Pot(M^j) \cap C^j$) als *theoretisch ergänzte mögliche empirische Behauptungen* der fraglichen Theorie-Elemente verstehen.
Die Paraphrase von (3) lautet also:
- *jede mögliche theoretisch ergänzte empirische Behauptung von* T^1 *mit einer Entsprechung in* T^2 *folgt aus eben dieser Entsprechung, d.h. der theoretisch ergänzten empirischen Behauptung von* T^2 .

Die in (III) formulierte Adäquatheitsbedingung wurde somit in die zwei Komponenten Red_w und Red_{st} der *schwachen* und *starken Reduktion* ausdifferenziert, und zwar aus folgendem Grund:
Es ist nicht in allen Fällen damit zu rechnen, daß sich eine Übersetzungsrelation der theoretischen Begriffe von T^1 nach T^2 angeben läßt, nämlich insbesondere dann nicht, wenn die beiden fraglichen Theorien durch eine *wissenschaftliche Revolution* (im Sinne von T.S.Kuhn) voneinander getrennt sind. Im letzteren Fall betrachtet

man die jeweiligen theoretischen Superstrukturen als *inkommensurabel*, so daß *höchstens ein schwaches Reduktionsverhältnis*, und zwar erwartungsgemäß ein zusätzlich *approximativ liberalisiertes schwaches Reduktionsverhältnis* zwischen T^1 und T^2 zu konstruieren ist.

Induktionstheorem für Reduktion:

T(A)   *T^1 und T^2 seien zwei Theorie-Elemente, so daß T^1 durch ρ stark auf T^2 reduziert wird. Dann reduziert γ_ρ das Theorie-Element T^1 schwach auf T^2.*

Definition (34)
Es sei $X = \langle N, \prec \rangle$ ein Theoriennetz, ferner gelte :
(a) $\forall\, T, T'_{\,T,T' \in N}\ (T' \sim T \Leftrightarrow T' \prec T \,\wedge\, T \prec T')$;
(b) $\boldsymbol{B}\,(X) := \{T \,|\, T \in N \wedge \forall\, T'_{\,T' \in N}\,(T \prec T' \Rightarrow T \sim T')\}$;
(c) X ist *zusammenhängend* gdw
$\forall\, T, T'\, [T, T' \in \boldsymbol{B}\,(X) \Rightarrow \exists\, T^*_{\,T^* \in N}\,(T^* \prec T \wedge T^* \prec T')]$;
(d) X besitzt eine *eindeutige Basis* gdw es ein
$\langle K, I \rangle \in N$ gibt, so daß $\boldsymbol{B}\,(X) = \{\langle K, I \rangle\}$.

Erläuterung (34):
Bei der Klasse $\boldsymbol{B}\,(X)$ haben wir es mit der Klasse der *Basiselemente* zu tun, also mit der Klasse derjenigen Theorie-Elemente, aus denen alle übrigen Theorie-Elemente durch *Spezialisierung* (s.o.) gebildet werden können. Ein Theoriennetz hat eine *eindeutige Basis* gdw in ihm nur *ein Basiselement* enthalten ist (d).

Definition (35)
Es seien $X^1 = \langle N^1, \prec^1 \rangle$ und $X^2 = \langle N^2, \prec^2 \rangle$ Theoriennetze mit $\boldsymbol{B}\,(X^1) = \{T^1\}$ und $\boldsymbol{B}\,(X^2) = \{T^2\}$. ρ reduziert X^1 schwach / stark auf X^2 (kurz: $Red_w\,(\rho, X^1, X^2)$ / $Red_{st}\,(\rho, X^1, X^2)$) gdw gilt :
(1) ρ reduziert T^1 schwach / stark auf T^2 ;
(2) für jedes Theorie-Element T aus N^1 gibt es ein Theorie-Element T' aus N^2, so daß ρ das Theorie-Element T schwach / stark auf T' reduziert .

Erläuterung (35):
Die *Reduktionsrelation* ist *von Theorie-Elementen auf Theoriennetze übertragbar*, insofern
- die beiden fraglichen Theorie-Elemente jeweils die *eindeutige Basis* der beiden Netze bilden; seitens der *reduzierenden* Theorie *beliebige Netze* zugelassen sind;

Theoreme:
T(B)   *Wenn T^1 und T^2 Theorie-Elemente sind, so daß T^1 durch ρ auf T^2 schwach/stark reduziert wird, dann gibt es zu jeder Spezialisierung T von T^1 eine Spezialisierung T' von T^2, so daß T durch ρ schwach/stark auf T' reduziert wird.*

T(C)   *Wenn X^1 ein Theoriennetz mit der eindeutigen Basis T^1 ist und T^1 durch ρ schwach/stark auf T^2 reduziert wird, dann gibt es ein Theoriennetz X^2 mit der eindeutigen Basis T^2, so daß X^1 durch ρ schwach/stark auf X^2 reduziert wird.*

Erläuterung T(B, T(C):
Man erwartet u.a. von einer neuen Theorie, die eine andere ersetzen soll, daß prinzipiell *sämtliche Leistungen der alten Theorie innerhalb des neuen Rahmens irgendwie reproduzierbar sein sollen.* Dies bedeutet aber, daß man das *reichhaltigste kohärente Netz Y^1 über der alten Basis in Rechnung zu stellen hat*: auch im Falle einer geglückten Reduktion der Basiselemente ist damit durchaus noch nicht gesagt, daß sich ein Netz Y^2 von hinreichender externer und interner Kohärenz über der neuen Basis errichten läßt, welches Y^1 schwach oder gar stark reduziert.
Tatsächlich wird *in der Regel in der Übergangsphase eines Paradigmenwechsels das Netz über der neuen Basis ärmer sein als das der alten Theorie,* so daß zu diesem Zeitpunkt ein *späteres Scheitern der neuen Theorie* an bestimmten, von ihr noch nicht gelösten, innerhalb des alten Rahmens jedoch bereits bewältigten Problemen *niemals auszuschließen* ist.

15.6.   Approximation: Unschärfemengen - Verschmierungen

In *Approximate Application of Empirical Theories: A General Explication,* (in: *Erkenntnis,* Bd.10,1976,S.201-227) vertritt MOULINES den Standpunkt, daß jedwedes quantitative wie qualitative wissenschaftliche Wissen *prinzipiell* immer *approximativ* sein muß, so daß die Berücksichtigung der approximativen Erkenntnisaspekte innerhalb des strukturalistischen Rahmens ein unverzichtbares Desideratum darstellt.
MOULINES unterscheidet *vier Typen von Approximation* auf jeweils unterschiedlichen Ebenen (nach STEGMÜLLER 1986):
1. *Idealisierungen* und *Vereinfachungen* liegen bereits vor, sobald empirische Daten innerhalb eines begrifflichen Rahmens gefaßt und systematisiert werden;
2. auf der zweiten Stufe handelt es sich um die Anwendung einer Theorie oder eines Gesetzes auf bereits gemäß 1. systematisierte empirische Phänomene;
3. auf der dritten Stufe geht es um die Approximationsbeziehung der Gesetze untereinander, insbesondere um das Verhältnis von theoretischer und nicht-theoretischer Ebene bezüglich von Approximationsentsprechungen;
4. auf der vierten Stufe schließlich geht es um die Approximationsbeziehungen zwischen Theorien mit unterschiedlichen begrifflichen Strukturen und Fundamentalgesetzen (*intertheoretische Approximation*);

Definition (36)
Es sei N eine Menge, und $\Delta(N)$ heiße die *Diagonale von N*, d.h. die Menge aller Paare identischer Elemente aus N: $\Delta(N) := \{\langle x, x\rangle \mid x \in N\}$.

Es sei R eine zweistellige Relation mit der Inversen R^{-1}; ferner sei
$R^2 := \{\langle x, y \rangle \mid \exists z \, (\langle x, z \rangle \in R \wedge \langle z, y \rangle \in R)\}$; dann definieren wir induktiv
$R^n := \{\langle x, y \rangle \mid \exists z \, (x, z) \in R^{n-1} \wedge \langle z, y \rangle \in R^{n-1})\}$.
$\mathbf{U}$ ist eine *Uniformität auf* M_p gdw
(1) $\mathbf{U} \subseteq Pot(M_p * M_p)$;
(2) $\mathbf{U} \neq \varnothing$;
(3) $\forall \, U_1, U_2 \, (\, U_1 \in \mathbf{U} \wedge U_1 \subseteq U_2 \wedge U_2 \subseteq M_p * M_p \Rightarrow U_2 \in \mathbf{U} \,)$;
(4) $\forall \, U_1, U_2 \, (\, U_1 \in \mathbf{U} \wedge U_2 \in \mathbf{U} \Rightarrow U_1 \cap U_2 \in \mathbf{U} \,)$;
(5) $\forall \, U \, (\, U \in \mathbf{U} \Rightarrow \Delta (M_p) \subseteq U \,)$;
(6) $\forall \, U \, (\, U \in \mathbf{U} \Rightarrow U^{-1} \in \mathbf{U} \,)$;
(7) $\forall \, U_1 \, \exists \, U_2 \, (\, U_1 \in \mathbf{U} \Rightarrow U_2^2 \subseteq U_1 \wedge U_2 \in \mathbf{U} \,)$.

Erläuterung (36):
Die Bedeutung einer *Uniformität* liegt in der *pragmatischen Liberalisierung des Umganges mit der Theorie für Anwendungszwecke.* Die Zuordnung einer Uniformität zur Menge M_p einer Theorie bedeutet für diese eine *Immunisierung* bezüglich der gegebenenfalls in der Anwendungspraxis auftauchenden Schwierigkeiten:
für das Optimum an 'Unschärfetoleranz' gibt es dabei *keine harten Kriterien*, letztlich muß der *wissenschaftlichen Intuition* überlassen bleiben, den Spielraum der Anwendungsfälle zu erweitern oder zu verringern.
Klarerweise gilt: je umfangreicher die Unschärfemenge U gewählt ist, desto unproblematischer gestaltet sich die Praxis-Handhabung der Theorie, und desto farbloser und inhaltsärmer wird diese.

Innerhalb des Immunisierungskontextes läßt sich obige Definition dann folgendermaßen deuten:
(3): wird eine Theorie durch U_1 immunisiert, dann auch durch eine U_1 einschließende U_2.
(4): wird eine Theorie sowohl durch U_1 als auch durch U_2 immunisiert, dann auch durch deren Durchschnitt.
(5): die Diagonale als 'degenerierte Unschärfemenge' ist Teilmenge jeder Unschärfemenge, d.h. vollkommene Exaktheit wird immer zugelassen, falls sie sich (überraschenderweise) ergeben sollte.
(6): die Reihenfolge der Komponenten in einem Paar aus U ist für den Immunisierungsgrad U irrelevant.
(7): wird eine Theorie durch U_1 immunisiert, so läßt sich auch eine 'mindestens zweimal exaktere' Unschärfemenge U_2 finden, welche die Theorie ebenfalls immunisiert.

➤ Die in (7) ausgedrückte Idealisierung formuliert die *Überzeugung bzw Hoffnung der Forscher, mit der Theorie allmählich zu immer genaueren Anwendungen* zu gelangen.

Definition (37)

$\mathit{\Psi\Delta}$ heiße die *Pseudodiagonale* und sei *in bezug auf* M_p gegeben durch

$$\mathit{\Psi\Delta}\,(M_p) := \{\langle x_1, x_2 \rangle \mid x_1, x_2 \in M_p \wedge r(x_1) = r(x_2)\}.$$

U ist eine *empirische Uniformität* auf M_p gdw
(1) **U** ist eine Uniformität auf M_p ;
(2) für alle $U \in \mathbf{U}$ gilt : $\mathit{\Psi\Delta}\,(M_p) \subseteq U$.
$\mathbf{V}\,[\mathbf{U}] := \{V \mid \exists\, U \;(U \in \mathbf{U} \wedge V = Rest(U))\}$.

Erläuterung (37):
$\mathbf{V}\,[\mathbf{U}]$ bezeichnet einfach die Klasse aller Restriktionen (s.o.) von Unschärfemengen aus einer gegebenen Uniformität **U**.

Induktionstheorem:
T(D) *Wenn* **U** *eine empirische Uniformität auf* M_p *ist, dann ist* **V** $[\mathbf{U}]$ *eine (empirische) Uniformität auf* M_{pp}.

Erläuterung T(D):
Eine empirische Uniformität auf der theoretischen Ebene induziert stets eine entsprechende Uniformität auf nicht-theoretischer Ebene.

Definition (38)
Für ein beliebiges aber festes $x \in M_p$ und gegebenes $U \in \mathbf{U}$ definieren wir diejenige Teilklasse von M_p :
$u(x\,;\,U) := \{x' \in M_p \mid \langle x, x' \rangle \in U\}$.
Sie heiße die *U-Nachbarschaft* des potentiellen Modells x.
Bezüglich einer Uniformität **V** auf M_{pp} ergibt sich der Begriff der *V*-*Nachbarschaft* $v(\,y\,;\,V)$ anlog.
Für ein gegebenes $x \in M_p$ gibt es demnach zahlreiche U-Nachbarschaften, deren Gesamtheit mit „$u(x)$" bezeichnet und *Klasse der U-Nachbarschaften von* x genannt werden soll:
$u(x) := \{\,u(x\,;\,U) \mid U \in \mathbf{U}\}$.
Da auch diese Klasse noch immer auf ein spezielles $x \in M_p$ bezogen ist, bilden wir die *Vereinigung aller derartigen Klassen* für sämtliche $x \in M_p$ und nennen sie eine *Nachbarschaftsbasis* oder kurz
$$\mathit{\Re} := \bigcup_{x\,\in\,M_p} u(x).$$

[Jede Basis $\mathit{\Re}$ bezüglich **U** auf M_p induziert eine Basis Λ bezüglich **V**[**U**] auf M_{pp}.]

Die uns nun interessierenden *verschmierten* oder *approximativen intertheoretischen Relationen* (kurz: „ *a.i.R* ") operieren auf *A.-Theorie-Elementen* $T = \langle K, \mathbf{U}, I \rangle$ und T'

$= \langle K', \mathbf{U}', I' \rangle$, so daß hier durch ρ außer den Elementen von M_p und M_p' auch die Elemente aus $\mathbf{U}$ und $\mathbf{U}'$ bzw. aus $\mathfrak{R}$ und $\mathfrak{R}'$ aufeinander bezogen sind :

Definition (39)

Eine Relation ρ heißt eine *a.i.R.* in bezug auf zwei A.-Theorie-Elemente $T = \langle K, \mathbf{U}, I \rangle$ und
$T' = \langle K', \mathbf{U}', I' \rangle$ gdw

(1) $\rho \subseteq (M_p * \mathfrak{R}) * (M_p' * \mathfrak{R}')$;

(2) $\displaystyle\mathop{\forall x_1, x_2}_{x_1, x_2 \in M_p} \ \forall U \in \mathbf{U} \ (\langle x_1, u(x_2; U)\rangle) \in \mathrm{D}_{\mathrm{I}}(\rho)$

$\Rightarrow u(x_1; U) = u(x_2, U))$;

(3) $\displaystyle\mathop{\forall x_1', x_2'}_{x_1', x_2' \in M_p'} \ \forall U' \in \mathbf{U}' \ (\langle x_1', u(x_2'; U')\rangle) \in \mathrm{D}_{\mathrm{II}}(\rho)$

$\Rightarrow u'(x_2'; U') = u'(x_1'; U'))$.

[Jede *a.i.R.* ρ induziert auf nicht-theoretischer Stufe eine *a.i.R.* ν_ρ, mit
$\nu_\rho \subseteq (M_{pp} * \Lambda) * (M_{pp}' * \Lambda')$; desweiteren induziert jede *a.i.R.* ρ eine mengentheoretisch um 1 höher gelegene *a.i.R.* $\overline{\rho}$].

Erläuterung (38,39):
Durch ρ werden *geordnete Paare miteinander verknüpft* derart, daß das Vorderglied eines solchen Paares ein potentielles Modell und das Nachglied eine $\mathbf{U}$- bzw. eine $\mathbf{U}'$-*Nachbarschaft* eines potentiellen Modells ist.
(2) und (3) drücken die Forderung aus, daß jedes $x \in M_p$ bzw. $x' \in M_p'$ jeweils zusammen mit *seiner U -Nachbarschaft* (und nicht mit der eines anderen Elementes) erfaßt wird.
Somit ordnet eine *a.i.R.* ρ *jedem potentiellen Modell* x von T samt seiner U - Nachbarschaft *mindestens ein potentielles Modell* x' von T' samt seiner U'- Nachbarschaft zu.

Da die Nachbarschaften U und U' hierbei jeweils spezifische *Unschärfegrade* oder *Verschmierungen* der ihnen `nachbarschaftlich verbundenen' potentiellen Modelle bestimmen, läßt sich die intertheoretische Relation ρ informell als Resultat einer *bezüglich ρ beiderseitigen Verschmierung der potentiellen Modelle* auffassen.
In einigen Fällen hat nun aber eine *einseitige* Änderung des Unschärfegrades die Auflösung der Relation ρ zur Konsequenz, während in anderen, strukturell interessanteren Fällen, die Relation ρ auch durch *beliebige einseitige Unschärfemodifikationen* nicht tangiert wird. Diese wissenschaftstheoretisch bedeutsameren Fälle lassen sich folgendermaßen präzisieren:

Definition (40)
Eine *a.i.R.* ρ *beinhaltet (höchstens) eine rechte Verschmierung* gdw gilt :

für alle $x \in M_p$, $x' \in M_p'$, ferner für alle $u(x; U_1)$, $u(x; U_2) \in \mathfrak{R}$ sowie $u'(x'; U') \in \mathfrak{R}'$:
wenn $\langle x, u(x; U_1) \rangle \, \rho \, \langle x', u'(x'; U') \rangle$, dann
$\langle x, u(x; U_2) \rangle \, \rho \, \langle x', u'(x'; U') \rangle$.

Eine *a.i..R* . ρ beinhaltet (*höchstens*) *eine linke Verschmierung* gdw gilt :
für alle $x \in M_p$. $x' \in M_p'$, ferner für alle $u(x; U) \in \mathfrak{R}$ sowie $u'(x'; U_1')$, $u'(x'; U_2')$
$\in \mathfrak{R}'$:
wenn $\langle x, u(x; U) \rangle \, \rho \, \langle x', u'(x'; U_1') \rangle$, dann
$\langle x, u(x; U) \rangle \, \rho \, \langle x', u'(x'; U_2') \rangle$.

Notationsweise
Wir schreiben auch „ $x \, \rho \, \underline{x}'$ " für eine *rechte* , „ $\underline{x} \, \rho \, x'$ " für eine *linke* sowie „ $\underline{x} \, \rho \, \underline{x}'$ "
für eine beiderseitige Verschmierung.

Erläuterung (40):
Der Begriff der *Verschmierung* impliziert den Begiff der *beinahen Exaktheit* auf folgende Art und Weise:

Theoreme:
T(E) *Wenn eine a.i.R . ρ höchstens eine linke Verschmierung beinhaltet, dann ist
ρ rechtsseitig beinahe exakt.*

T(F) *Wenn eine a.i.R . ρ höchstens eine rechte Verschmierung beinhaltet, dann ist
ρ linksseitig beinahe exakt.*

Um die verschiedenen Falltypen in ihren Kombinationen übersichtlich darstellen zu
können, wählt man folgende

Notationsweise

	links: 1	rechts: 2
theoretische Stufe	ρ^1	ρ^2
Anwendungsstufe I	ρ_1	ρ_2

(z.B. bezeichnet ρ_2^1 eine *a.i.R* . mit einer linken Verschmierung auf der theoretischen Stufe sowie einer rechten Verschmierung auf der Anwendungsstufe.)

Definition (41)
Wenn H ein Kern ist, so soll die Verschmierung $\underline{H}$ von H genau die theoretische
Komponente M und C betreffen, ferner sei $\overline{\rho}^{-1}(H_0') \subseteq H$ eine Abkürzung für die
Formel :
$\forall X, X' [\langle X, X' \rangle \in \overline{\rho} \wedge X' \in Pot(M_0') \cap C_0' \Rightarrow X \in Pot(M) \cap C].$

$T = \langle K, \mathfrak{R}, I \rangle$ und $T' = \langle K', \mathfrak{R}', I' \rangle$ seien zwei A.-Theorie-Elemente.

Dann ist $\langle T, \rho, T', I_0' \rangle$ eine *approximative* ρ_2^1 - *Reduktion von T auf T' in* I_0' gdw gilt :

(1) ρ ist eine Quasi-Reduktion von T auf T' ;

(2) $I_0' \subseteq I'$;

(3) $\forall\, H\, [\, H\, \sigma K\, \wedge I \in A(H) \Rightarrow \exists\, H_0'\, (\, H_0'\, \sigma K'\, \wedge I_0' \subseteq A(H_0') \wedge \overline{\rho}^{-1}\, (H_0') \subseteq \underline{H}\,)];$

(4) $\langle I, \underline{I_0'} \rangle \in \overline{\gamma}_\rho$

Erläuterung (41):

T sei die schwächere Theorie, die auf die stärkere Theorie T' reduziert werden soll derart, daß T' T approximiert, wobei sich die Approximation auf der Anwendungsebene nur auf eine echte Teilmenge I_0' der intendierten Anwendungen I' von T' bezieht (2), d.h. T' besitzt mehr Anwendungen als T. Dabei ist I_0' diejenige Domäne, die sowohl von T als auch von T' abgedeckt wird, sie steht in einer ρ - Entsprechung zum *gesamten* Bereich I, was in (4) zum Ausdruck gebracht wird, ebenso wie die Tatsache, daß I und I_0' in einer approximativen Entsprechung vom ρ_2^1 - Typ mit I_0'-Verschmierung zueinander stehen. Zum Verständnis von (3) erinnern wir uns, daß der Ausdruck

$$\overline{\rho}^{-1}\, (H_0') \subseteq \underline{H}$$

somit als Abkürzung für

$$\forall\, X, X'\, [\langle X, X' \rangle \in \overline{\rho} \wedge X' \in Pot(M_0') \cap C_0' \Rightarrow X \in \underline{Pot(M) \cap C}\,]$$

dient. Aus dem Konsequens dieses Ausdrucks folgt dann

$$\exists\, X^*\, (X^* \in Pot(M) \cap C \wedge X^* \sim X).$$

Bedingung (3) besagt demnach, daß es für alle bezüglich I erfolgreichen Spezialisierungen H des Kerns von T ein bezüglich I_0' erfolgreiches *approximatives* Bild H_0' in T' gibt derart, daß alle für die T- Spezialisierungen geltenden Axiome und Constraints (entsprechend der Adäquatheitsforderung (III)) aus den für die entsprechende T'- Spezialisierung geltenden Axiomen und Constraints folgen.

Gemäß der Indizierung der Reduktionsrelation betrifft die Approximation auf theoretischer Stufe die schwächere, reduzierte, auf Anwendungsstufe die stärkere, reduzierende Theorie.

15.7. Inkommensurabilität, Reduktion, Übersetzung

Es stellt sich nun für zwei als *inkommensurabel* geltende (also etwa durch eine *wissenschaftliche Revolution* im Sinne THOMAS STANLEY KUHNs getrennte) Theorien die kritische Frage, *inwiefern sie überhaupt miteinander vergleichbar* sind und inwiefern die eine der anderen gegenüber als überlegen gelten kann/muß, kurz ob sich überhaupt zwischen solchen eine Reduktionsrelation ausmachen läßt. Innerhalb der *SW* wird diese Frage positiv beantwortet und damit folgende These vertreten :

(RI) *Zwei Theorien* T_1 *und* T_2 *können inkommensurabel und dennoch durch eine Reduktionsrelation miteinander verbunden sein.*

Da im Falle einer Reduktionsrelation auch eine Übersetzungsrelation zwischen den fraglichen Theorien vorliegen muß, ist gegen *(RI)* ins Feld geführt worden, daß
- entweder eine T_1 auf eine T_2 reduzierbar ist, mitunter eine Übersetzungsrelation zwischen ihnen besteht und demzufolge in Wahrheit keine Inkommensurabilität vorliegt ; oder aber daß
- T_1 und T_2 tatsächlich miteinander inkommensurabel sind und demzufolge keine Übersetzungsrelation angegeben werden, mitunter also keine Reduktionsrelation zwischen beiden bestehen kann.

Offenbar geht es hier darum zu klären, was unter einer *Übersetzungsrelation* legitimerbzw. sinnvollerweise zu verstehen ist. Die *SW* beansprucht, einen Übersetzungsbegriff hinreichender Allgemeinheit zu liefern derart, daß fragliche Theorien in relevantem Sinne vergleichbar und somit bezüglich ihrer `Bonität´ entscheidbar erscheinen.

Einfachheitshalber betrachtet man Sprachen erster Stufe ohne Individuenkonstanten und Funktionssymbole, das logische Alphabet ist allen Theorien gemeinsam und also fest gewählt. Für zwei Theorien T_1 und T_2 faßt man die zugehörigen Sprachen τ_1 und τ_2 als n- bzw. m-Tupel von Prädikaten :

$\tau_1 = \langle P_1, ..., P_n \rangle$; $\tau_2 = \langle Q_1, ..., Q_m \rangle$.

Die Klassen der zugehörigen semantischen Strukturen sollen

$Str(\tau_1)$ bzw. $Str(\tau_2)$,

die ontologischen Teilstrukturen

$\langle D^1, \overline{P}_1, ..., \overline{P}_n \rangle$ und $\langle D^2, \overline{Q}_1, ..., \overline{Q}_m \rangle$ für τ_1 und τ_2

sollen

$OStr(\tau_1)$ bzw. $OStr(\tau_2)$ heißen.

$\overline{P}_i$ bzw. $\overline{Q}_j$ sind die Denotate der P_i und Q_j , d.h. die ontologischen Teilstrukturen enthalten nur die Grundbereiche sowie die Prädikaten*denotate*, sind also sprachunabhängig.

Ferner bezeichnen $Form(\tau_i)$ und $Satz(\tau_i)$ die Klassen aller Formeln und Sätze dieser Sprachen, desweiteren gilt:

$M_p^{\,1} \subseteq OStr(\tau_1)$; $M_p^{\,2} \subseteq OStr(\tau_2)$.

Definition (42)

Es seien $T_1 = \langle \tau_1, M_p{}^1, M^1 \rangle$, und $T_2 = \langle \tau_2, M_p{}^2, M^2 \rangle$; dann *s-reduziert F die Theorie*
T_1 *auf* T_2 gdw

(1) $F: M_p{}^2 \Rightarrow M_p{}^1$ ist eine partielle und surjektive Funktion ;
(2) für alle x : wenn x ein Modell von T_2 ist (also $x \in M^2$) und im Argumentbereich
von F liegt, dann ist $F(x)$ ein Modell von T_1, (also $F(x) \in M^1$) .

Erläuterung (42):

Es handelt sich hierbei um eine gegenüber dem bisherigen Reduktionsbegriff abge-
schwächte Variante. (Da die Argumente und Werte der Funktion F als *semantische
Strukturen* eingeführt sind, wird sie hier zur besseren Unterscheidung als *S-Reduktion*
bezeichnet). Gemäß (2) finden in F auch die jeweils M_p zu M verschärfenden Axiome Berücksichtigung;
F operiert demnach auf der Stufe der semantischen bzw. ontologischen Strukturen, indem sie jeweils die Denotate der Prädikate zwischen den Sprachen der beiden Theorien
in Beziehung zueinander setzt.

Definition (43)

Es seien $T_1 = \langle \tau_1, M_p{}^1, M^1 \rangle$, $T_2 = \langle \tau_2, M_p{}^2, M^2 \rangle$ und F s-reduziere T_1 auf T_2.
Dann ist Γ eine *abstrakte Übersetzung von* T_1 *in* T_2 *bezüglich* F gdw

(1) $\Gamma: Form(\tau_1) \Rightarrow Form(\tau_2)$;
(2) für alle $x \in D_1(F)$ und alle $\psi \in Satz(\tau_1)$: $Mod(x, \Gamma(\psi))$ gdw $Mod(F(x), \psi)$.

Erläuterung (43):

Man beachte, daß die *Übersetzungsfunktion* Γ relativ zur *S-Reduktion* F definiert ist
und von der reduzierten *in* die reduzierende Theorie verläuft, wobei sie die For-
meln/Sätze von T_1 in deren Übersetzungen, also in Formeln/Sätze von T_2, abbildet.
In (2) wird gefordert, daß Γ mit den durch die S-Reduktionsfunktion F induzierten
Beziehungen verträglich ist: Wenn ein Satz ψ der reduzierten Theorie in einem Modell $F(x)$ dieser Theorie gilt, dann soll auch seine Übersetzung $\Gamma(\psi)$ in *einem der
entsprechenden* (das Modell $F(x)$ kann ja *verschiedene* Urbilder aufweisen), *Modelle x*
der reduzierenden Theorie gelten und vice versa.

Wir nennen im folgenden eine *worterhaltende Übersetzung* eine Abbildung der Sätze
der ersten Theorie in die der zweiten Theorie derart, daß sie alle in *beiden* Theorien
enthaltenen Wörter auf sich selbst abbildet. Bleiben zusätzlich auch die jeweiligen
Wortbedeutungen erhalten, nennen wir die Abbildung eine *bedeutungserhaltende
Übersetzung.* Nur wenn letztere als allein zulässige bzw. sinnvolle Konzeption für
Übersetzung gelten müßte, was im Kontext des Theorienvergleichs als überzogene
Forderung klar abzulehnen ist, ergäbe sich hieraus die Hinfälligkeit der obigen These
(*RI*).

Es seien T_1 und T_2 wie gehabt zwei Theorien mit zugehörigen Sprachen $\tau_1 = \langle P_1, ...,$ $P_n \rangle$, und $\tau_2 = \langle Q_1, ..., Q_m \rangle$. Die Symbole „$P_i$" und „$Q_j$" sind dabei *nicht* als metasprachliche syntaktische Variable zu verstehen sondern bilden *selbst* die (nichtlogischen) Prädikate der jeweiligen Sprache, deren Bedeutungen oder Denotate wiederum durch „$\overline{P_i}$" bzw. „$\overline{Q_j}$" bezeichnet sind.

Inkommensurabilität liegt hier nun genau dann vor, wenn mindestens ein nichtlogisches Prädikatsymbol H in beiden Sprachen enthalten ist, d.h.

$H \in \{P_1, ..., P_n\} \cap \{Q_1, ..., Q_m\}$,

dessen Denotate in T_1 und T_2 jedoch verschieden sind, so daß es ein i und ein j gibt mit

$H = P_i = Q_j$, aber $\overline{P_i} \neq \overline{Q_j}$.

Definition (44)

Es sei $H \in \{P_1, ..., P_n\} \cap \{Q_1, ..., Q_m\}$. Dann ist Γ eine *H-erhaltende Übersetzung bezüglich F* gdw gilt:
(1) Γ ist eine abstrakte Übersetzung von T_1 in T_2 bezüglich F;
(2) für alle $H\, z_1 \in Form(\tau_1)$ existiert ein z_2, so daß $\Gamma\,(H\, z_1) = H\, z_2$ und $H\, z_2$ $\in Form(\tau_2)$. (z_1 und z_2 seien geeignete Folgen von Variablen).
(3) Γ ist verträglich mit den logischen Zeichen.

Erläuterung (44):

Es handelt sich um eine rein syntaktische Bestimmung: sämtliche Vorkommnisse des Prädikates H erscheinen bei Übersetzungen von der einen in die andere Sprache unberührt, wobei das Denotat nicht berücksichtigt wird, d.h. entweder gleich bleiben oder aber sich ändern kann.

Definition (45)

Es sei $H \in \{P_1, ..., P_n\} \cap \{Q_1, ..., Q_m\}$. Γ sei eine *H*-erhaltende Übersetzung bezüglich F. Dann sagen wir: Γ macht T_1 *H-F-kommensurabel mit T_2* gdw es ein $x \in D_I(F)$ gibt, so daß

$\overline{H}_x = \overline{H}_{F(x)}$. ($\overline{H}_x$ und $\overline{H}_{F(x)}$ sind die Denotate des Vorkommens von H in x bzw in $F(x)$.)

Erläuterung (45):

Es handelt sich um eine schwache Variante von Kommensurabilität, da nur für *mindestens ein x* (und nicht für alle x) besagte Forderung erhoben wird.

Definition (46)

T_1 und T_2 seien zwei Theorien mit zugehörigen Sprachen $\tau_1 = \langle P_1, ..., P_n \rangle$ und $\tau_2 = \langle Q_1, ..., Q_m \rangle$.
T_1 und T_2 sind *inkommensurabel* gdw gilt:
entweder
(a) $\{P_1, ..., P_n\} \cap \{Q_1, ..., Q_m\} = \varnothing$
oder

(b) für alle Reduktionsfunktionen F von T_1 auf T_2 sowie alle abstrakten Übersetzungen Γ von T_1 in T_2 bezüglich F gibt es eine nichtlogische Konstante $H \in \{P_1, ..., P_n\} \cap \{Q_1, ..., Q_m\}$, so daß Γ eine H-erhaltende Übersetzung ist, die T_1 H-F-*inkommensurabel* (d.h.: nicht H-F-kommensurabel) mit T_2 macht.

Erläuterung (46):
Inkommensurabilität bedeutet für zwei Theorien, daß entweder ihr nichtlogisches Vokabular disjunkt ist oder aber sie zwar gemeinsame nichtlogische Terme aufweisen, jedoch mit jeder Übersetzung unvermeidlich eine Denotatmodifikation/ Bedeutungsänderung einhergeht, d.h. für alle Reduktionsfunktionen F und Übersetzungen Γ bezüglich F gibt es mindestens eine nichtlogische Konstante H, so daß entweder Γ keine H-erhaltende Übersetzung ist oder aber T_1 und T_2 H-F-inkommensurabel macht.

16. Skizze einer strukturalistischen Rekonstruktion der Freudschen Neurosentheorie als einer mentalistischen Theorie nach Balzer/Stegmüller

16.1. Informeller Hintergrund

Im folgenden soll ein von BALZER/STEGMÜLLER unternommener Versuch (in: *Die Entwicklung des neuen Strukturalismus seit 1973,* Berlin/Heidelberg 1986, S.413-432) einer *rationalen Rekonstruktionsskizze* der Neurosentheorie SIGMUND FREUDs vorgestellt werden.
Anhand dieser Darstellung soll ersichtlich werden, daß es sich im allgemeinen bei der Freudschen Theorie ihrer logischen Struktur nach in der Tat um eine wissenschaftlichen Ansprüchen genügende und als solche ernstzunehmende Theorie (und nicht um eine pseudowissenschaftliche oder hoffnungslos metaphysische Glaubenslehre) handelt, und daß im besonderen aus rational wissenschaftlicher Sicht nicht der geringste Anlaß besteht, das mentalistische Vokabular dieser Theorie als entweder inkonsistent oder empirisch gehaltlos zu klassifizieren bzw. prinzipiell durch physikalistische Terme ersetzen zu müssen oder dies überhaupt sinnvoll zu können:
das Scheitern der Psychoanalyse oder die aus heutiger Sicht zu konstatierende Unzulänglichkeit der Freudschen Theorie ist dabei für die angelegte Argumentation nicht erheblich.

Auf dem Hintergrund der vorangestellten Überlegungen zum Problem der Theorienreduktion soll noch einmal deutlich werden, welchen (uneinlösbaren?) Anforderungen sich eine physikalistisch-reduktionistische Position gegenübergestellt sieht, wenn sie ihrem prinzipiell universalen Anspruch der Eliminierung psychologischer bzw. mentalistischer Terme und Theorien gerecht werden will.
BALZER/STEGMÜLLER unterscheiden bei FREUD zwei Theorien, nämlich einmal

die mittels deskriptiver Aussagen formulierte erklärende Theorie, welche die psychia-trisch-analytische Basis darstellt, auf welcher dann, als ergänzende Komponente, die therapeutische Theorie ansetzen kann. Letztere soll hier nicht behandelt werden.

In FREUDs psychologischer Theorie geht es um die Beschreibung und Erklärung be-stimmter Lebensabschnitte einzelner Personen hinsichtlich gewisser pathologischer, nämlich neurotischer, Entwicklungen. Entscheidend ist, daß die Neurose keine angebo-rene oder nur auf somatischen Dysfunktionen basierende Krankheit ist, sondern durch einen Erlebniskomplex ausgelöst wird, d.h. ein normaler Lebenslauf beginnt zu einem bestimmten Zeitpunkt sich ins neurotische zu transformieren, d.h. der Neurosenbegriff ist zeitlich zu relativieren, eine bestimmte Person ist jeweils >neurotisch ab Zeitpunkt *t*<.

Was nun versteht man unter einer Neurose? Prinzipiell können bei neurotischen Ent-wicklungen die verschiedensten Triebe, Bestrebungen und Interessen des Individuums involviert sein. Dabei wirken sich bei der neurotischen Psychogenese Erwachsener eben nicht nur aktuelle Konflikte aus, vielmehr spielen ungelöste Konflikte aus der (Klein-) Kinderzeit als infantile Wurzeln eine wesentliche Rolle.

Meistens geht es um *psychische Traumen*, die mit dem *Eltern-Kind-Verhältnis* ver-knüpft sind: etwa der Wunsch, die Liebe des gegengeschlechtlichen Elters für sich al-lein zu beanspruchen und das gleichgeschlechtliche Elter aus der faktischen Macht-stellung innerhalb der Familie zu verdrängen; daraus resultierende Angst vor Bestra-fung und Gewissenskonflikte aufgrund der feindseligen Strebungen gegenüber dem gleichgeschlechtlichen Elter; ungestilltes Anlehnungs- und Liebebedürfnis an die El-tern oder umgekehrt übertriebene und unnatürliche Bindung an die Eltern durch Ver-hätschelung mit resultierender Störung der sich entwickelnden außerfamiliären Bezie-hungen; tiefgehende Konflikte zwischen den Eltern, die dem Kind eine einheitliche Einstellung zu ihnen und zur Umwelt erschweren etc.

Erwachsenenkonflikte erhalten dadurch *neuroseinduzierende Qualität*, daß sie an solch *frühkindliche Konflikte erinnern*: z.B. leidet eine Frau darunter, daß sie ihr Schutz- und Anlehnugsbedürfnis am Gatten aufgrund dessen eigener Labilität und Hilflosigkeit nicht stillen kann, wobei sich der Konflikt dadurch verschärft, daß sie unbewußt daran erinnert wird, wie sie auch als Kind darunter leiden mußte, daß sie ihr Vater gegenüber anderen nicht verteidigte.

Charakteristisch für das neurotische Symptom ist stets ein *Diffundierungs-* bzw. *Über-tragungsphänomen*, d.h. der Versuch, die *unbewußt wirksamen kindlichen Wünsche und Ängste* in irgendeiner *symbolhaften Weise zum Ausdruck zu bringen* und ihnen *Geltung zu verschaffen*:

z.B. können bei einer Frau Störungen des Sexualempfindens wie Frigidität und Vagi-nismus auftreten, weil ihr Gatte nicht ihrem am Erleben des eigenen Vaters erworbe-nen Idealbild des Männlichen entspricht; umgekehrt kann die gleiche Störung entste-hen, wenn unbewußt eine Ähnlichkeit zwischen Gatte und Vater empfunden und die Inzesthemmung auf die eheliche Sexualität übertragen wird.[154]

---

[154] s. E.Bleuler: *Lehrbuch der Psychiatrie*,1983,S.505

Die von FREUD untersuchten Krankheitssymptome waren stets auf ein spezifisches soziokulturelles Umfeld bezogen, wovon in STEGMÜLLER/BALZERs Rekonstruktion explizit abgesehen wird.

16.2. Grundbegriffe der Theorie *FREUD*

Folgende Grundbegriffe werden eingeführt:

1) die als eine Menge von Zeitpunkten aufgefaßte *Zeitspanne T*, welche die Lebensabschnitte der fraglichen Personen umfaßt;
2) die Relation $\leq$, welche die *Ordnung der Zeitpunkte* induziert und als „nicht später als" zu verstehen ist;
3) die Menge E der *möglichen Erlebnisse* ;
4) das *Bewußtsein B* wird als Funktion von T nach *Pot(E)* eingeführt: $B : T \rightarrow Pot(E)$; für $W \subseteq E$, $t \in T$, besagt $B(t) = W$, daß zur Zeit t alle und genau die Elemente aus W instantiiert sind, daß die Person also die fraglichen Erlebnisse aus W tatsächlich hat;
5) eine zwischen potentiellen Erlebnissen bestehende Relation ist die *Assoziationsrelation*:
   $Ass \subseteq E \times E$; $\langle e, e' \rangle \in Ass$ besagt also, daß zwei Erlebnisse e und e' miteinander assoziiert sind; (der theoretische Begriff der *Assoziation* wird hier einfach vorausgesetzt);
6) die Menge der potentiellen *unbewußten psychischen Akte* wird mit A bezeichnet;
7) analog zum *Bewußtsein* wird das *Unbewußte* als Funktion gefaßt : $U : T \rightarrow Pot(A)$; für $R \subseteq A$ und $t \in T$ besagt $U(t) = R$, daß zum Zeitpunkt t genau die unbewußten Akte aus R in der betreffenden Person instantiiert sind ;
8) die Menge der von einer Person als *leidvoll empfundenen Erlebnisse* : $L \subset E$;
9) das *negative Erlebnis* $N : T \rightarrow Pot(L)$;
10) um die beiden Klassen A und E miteinander zu verknüpfen (der eigentliche Kern der FREUD'schen Theorie) wird der Begriff der *Realisierung* benötigt, welcher zum Ausdruck bringt, daß jeder unbewußte psychische Akt a irgendwann durch ein Erlebnis e *realisiert* wird:
    $Real \subseteq T \times A \times E$.

Es werden unter den *bewußten Erlebnissen* nicht nur die tatsächlich zu einem bestimmten Zeitpunkt einer bestimmten Person gegenwärtigen Erlebnisse verstanden, sondern alle für diese Person prinzipiell möglichen Erlebnisse als Erlebnis*arten* unabhängig von ihrer faktischen Instantiierung.

Bei den Begriffen B, U, und N wurde jeweils der Wertebereich als Potenzmenge bestimmt, um zu gewährleisten, daß in einer Person zu einem gegeben Zeitpunkt *gleichzeitig mehrere Arten* von Erlebnissen, Akten oder negativen Erlebnissen instantiiert sein können.

Die Theorie bezieht sich prinzipiell auf einzelne Personen bzw. deren fragliche Lebensabschnitte, ohne daß zusätzlich Begriffe für diese Personen eingeführt werden müßten, da niemals mehrere Personen gleichzeitig in ihren Interaktionen beschrieben und erklärt werden müssen, d.h. potentielle Modelle und intendierte Anwendungen sind immer auf einzelne Personen bezogen. Dabei bezieht sich der Modellbegriff der rekonstruierten Theorie auf gesunde Personen, während die neurotischen Fälle über Spezialisierungen bestimmt werden sollen.

16.3. Potentielle Modelle und Modelle in *FREUD*

Potentielle Modelle der Theorie *FREUD*

$x \in M_p$ (*FREUD*), [d.h. x ist ein *potentielles Modell* der Theorie *FREUD*] gdw. es ein $T, E, L, \leq$, *Ass, B, N, A, U, Real* gibt, so daß gilt :

(1) $x = \langle T, E, L, \leq, Ass, B, N, A, U, Real \rangle$;

(2) (a) T ist eine nicht-leere Menge von Zeitpunkten ;

    (b) E ist eine nicht-leere Menge von möglichen Erlebnissen ;

    (c) A ist eine nicht-leere Menge von möglichen unbewußten Akten ;

    (d) L ist echte Teilmenge von E, also $L \subset E$;

(3) der Durchschnitt von je zwei der drei Mengen T, A und E ist die leere Menge ;

(4) $\leq$ ist reflexiv, transitiv und konnex, sie induziert somit eine *schwache Ordnung* auf T ;

(5) (a) $B : T \to Pot(E)$;

    (b) $N : T \to Pot(L)$;

    (c) $U : T \to Pot(A)$;

(6) $\forall_{t \in T} : U(t) \neq \varnothing, B(t) \neq \varnothing$;

(7) $Ass \subseteq E \times E$;

(8) $Real \subseteq T \times A \times E$.

Erläuterung

Die Teilmenge L von E enthält diejenigen möglichen Erlebnisse, die von einer Person bei ihrer Instantiierung als *leidvoll empfunden* werden. Durch Bedingung (6) wird sichergestellt, daß zu jedem betrachteten Zeitpunkt bewußte Erlebnisse und unbewußte Akte instantiiert sind.

Modelle der Theorie *FREUD*

$x \in M$ (*FREUD*) [d.h. x ist ein *Modell* der Theorie *FREUD*] gdw. es ein $T, E, L, \leq$, *Ass, B, N, A, U, Real* gibt, so daß gilt

(1) $x = \langle T, E, L, \leq, Ass, B, N, A, U, Real \rangle$;

(2) $x \in M_p$ (*FREUD*) ;

(3) für alle t, a und e : wenn $Real(t, a, e)$, dann $a \in U(t)$ und $e \in B(t)$;

(4) für alle t und alle e :

    (a) $N(t) \subseteq B(t)$;

    (b) $Ass(e,e)$;

(5) für alle e,e', t, t' : wenn $e \in N(t)$ und $Ass(e,e')$ und $t < t'$, dann $e' \notin B(t')$;

(6) es gibt t, a, e, so daß gilt : $a \in U(t)$ und $e \in B(t)$ und nicht $Real(t, a, e)$;

(7) für alle e, e', a, t, t' : wenn $Real(t, a, e)$ und $Real(t', a, e')$, dann $Ass(e, e')$;

(8) für alle t, a : wenn $a \in U(t)$, dann gibt es ein t' und ein e, so daß $t \leq t'$ und $Real(t', a, e)$.

Erläuterung

- Durch (3) wird festgelegt, daß bei Instantiierung von $Real(t, a, e)$, a ein zum Zeitpunkt t instantiierter unbewußter Akt sowie e ein zu t instantiiertes Erlebnis sein soll.

- (4)(a) fordert, daß jedes zu t instantiierte leidvolle Erlebnis auch bewußt sein soll, während (b) nur festlegt, daß jedes Erlebnis mit sich selbst assoziiert ist.

- (5) liefert eine wesentliche theoretische Aussage, weil es fordert, daß im Falle einer Bewußtwerdung des leidvollen Erlebnisses e zum Zeitpunkt t, von diesem Augenblick an kein mit e assoziiertes Erlebnis künftig noch zu Bewußtsein kommt (Stegmüller bezeichnet es daher als *Verdrängungsaxiom*), d.h. (5) liefert eine implizite Definition des Begriffs der *Verdrängung* : negative Erlebnisse sowie die mit ihnen assoziierten Erlebnisse werden für die nachfolgenden Zeitpunkte verdrängt.

- (6) stellt eine schwache (Existenzquantor) Bedingung für die Realisierungsrelation, indem sie (nur) für mindestens einen Zeitpunkt t die gleichzeitige Instantiierung eines unbewußten psychischen Aktes a und eines Erlebnisses e fordert, so daß aber e *keine Realisierung von a* ist (somit wird ausgeschlossen, daß stets ein bewußtes Erlebnis zu t die Realisierung des ebenfalls zu t instantiierten unbewußten Aktes ist).

- (7) verknüpft die Assoziationsrelation mit der Realisierungsrelation durch die Forderung, daß im Falle der Realisierung eines unbewußten Aktes a einmal durch ein Erlebnis e sowie zum gleichen oder einem anderen Zeitpunkt durch das Erlebnis e', dann die beiden Erlebnisse e und e' miteinander assoziiert sein müssen.

- (8) schließlich formuliert die Bedingung zur Intervention des Unbewußten:
über die unbewußten Akte wirkt das Unbewußte auf die betreffende Person (analog zu physikalischen Prozessen) einen `Druck´ aus, der dazu führt, daß diese Akte früher oder später als bewußte Erlebnisse realisiert werden.

16.4. Neurose und Sublimierung als Modellspezialisierungen

Die vom Modell *FREUD* erfaßten Größen beziehen sich auf gesunde Personen; neurotische Erkrankungen bestehen nun darin, daß gewisse unbewußte psychische Akte aufgrund ihrer Verbindung mit subjektiv besonders leidvoll empfundenen Erlebnissen ab diesem Zeitpunkt gar nicht mehr realisiert werden:

$x \in M^1(FREUD)$ [x ist ein *Modell der Neurosentheorie von FREUD*] gdw.

(1) $x \in M\,(FREUD)$;

(2) es gibt ein $t_1 \in T$, ein $e_1 \in E$ sowie ein $a_1 \in A$, so daß gilt : $Real(t_1, a_1, e_1) \wedge e_1 \in N\,(t_1)$.

Wenn zu einem Zeitpunkt t_1 ein unbewußter Akt a_1 durch ein besonders negatives Erlebnis e_1 realisiert wird, kann diejenige Person ab t_1 als neurotisch bezeichnet werden, deren Realisierung des fraglichen Aktes und des entsprechenden Erlebnisses von da ab blockiert ist.

Sinnvollerweise bezieht man den Neurosenbegriff auch auf den verdrängten unbewußten Akt, d.h. eine Person ist ab t_1 neurotisch bezüglich a_1, d.h. weder e_1 noch a_1 werden ab t_1 noch bewußtseinsmäßig realisiert :

Satz:

T(B)   *Es sei* $x \in M^1 \wedge Real(t, a, e) \wedge e \in N\,(t)$. *Dann gilt für alle* $t' \in T$:
Wenn $t < t'$, *dann gibt es kein* $e' \in E$, *so daß* $Real(t', a, e')$.

Da aber nach FREUDs Ansicht nicht jedes negative Erlebnis zur Verdrängung und pathologischen Symptomen führt, vielmehr oftmals als kreativitätskatalysierende, kulturschöpferische Kraft über die *Sublimierung* wirkt, müssen die negativen Erlebnisse in die Klasse der pathogenen, d.h. neuroseinduzierenden, und die Klasse der sublimierungsinduzierenden Erlebnisse differenziert werden. In diesem Sinne ließen sich die Neurosentheorie wie auch die Sublimierungs-theorie als jeweils *unterschiedliche Spezialisierungen derselben Basistheorie* formulieren.

16.5. Theoretizität, Partielle Modelle und Constraints in *FREUD*

Theoretizität

Die Entscheidung, welche Terme bezüglich der Theorie *FREUD* als theoretisch bzw. nicht-theoretisch gelten müssen, kann aufgrund der bloß andeutungsweisen Formalisierung nicht über ein formales Kriterium (s.o.), sondern muß mittels informeller Überlegungen getroffen werden.

Nun sind offenbar $\overline{\overline{T}}, \overline{\overline{\leq}}, \overline{\overline{E}}, \overline{\overline{Ass}}$ und $\overline{\overline{B}}$ als nicht-theoretische Terme einzuordnen: insofern sie überhaupt (z.B. *Ass*) durch eine Theorie spezifiziert sind, handelt es sich dabei jedenfalls nicht um die Theorie *FREUD*.

Betrachten wir dagegen die Terme A, U und *Real*, so ist bereits rein definitorisch klar, daß sie
1. einen theoretischen Komplex aufeinander verweisender Einheiten bilden, und somit
2. ihren fraglichen theoretischen Status einander übertragen.

Nun scheint es tatsächlich unmöglich zu sein, entweder A, U oder *Real* unabhängig von der Freudschen Theorie zu bestimmen, bzw. diesen Begriffen auch nur irgendeinen guten Sinn beizulegen, d.h. Aussagen über das individuelle Unbewußte setzen die theoretische Erfassung der als relevant erachteten Komponenten durch ein Modell der Theorie *FREUD* bereits voraus, d.h. sie setzen voraus, daß es sich bei der fraglichen Person um ein Modell von *FREUD* handelt.

Die Terme $\overset{=}{A}$, $\overset{=}{U}$ und $\overset{===}{Real}$ sind daher als *FREUD-theoretisch* aufzufassen.

[Ermessungsfrage bleibt, ob N tatsächlich über L (als Teilmenge von E), d.h. als nichttheoretische Größe, wie hier in STEGMÜLLER/BALZERs Rekonstruktion einzuführen ist; m.E. kann jedoch nur die Theorie selbst festlegen, was als negatives Erlebnis gelten darf, auch wenn dadurch ihre prognostische Kraft gemindert wird].

Partielle Modelle

$M_{pp}(Freud) := \{ \langle T, E, L, \leq, Ass, B, N \rangle \, | \, \exists\, A\, \exists\, U\, \exists\, Real$
$(\langle T, E, L, \leq, Ass, B, N, A, U, Real \rangle \in M_p(Freud))\}$.

Constraints

Querverbindungen haben es mit *sich überschneidenden Anwendungen* zu tun; nun beziehen sich die Modelle der Theorie *FREUD* zwar auf einzelne, d.h. sich i.d.R. nicht selbst überschneidende Personen, jedoch geht die jeweilige Person nicht als begriffliche Größe in die Theorie ein, d.h. *Constraints* bestehen nicht zwischen *individuellen Instantiierungen*, sondern *zwischen Arten von Akten bzw. Erlebnissen*, so daß sich die folgende *Querverbindung der Assoziationsgleichheit* formulieren läßt, derzufolge zwei jeweils in verschiedenen Personen instantiierten Erlebnisse genau dann in der einen Person miteinander assoziiert sind, wenn auch die andere Person sie miteinander assoziiert:

$X \in Q$ (*Freud*) [X erfüllt den *Constraint der Assoziationsgleichheit*] gdw.
für alle $x, x' \in X$ mit
$x = \langle T, E, L, \leq, Ass, B, N, A, U, Real \rangle \in M_p$,
$x' = \langle T', E', L', \leq', Ass', B', N', A', U', Real' \rangle \in M_p$
als auch alle $e_i, e_k \in E$ gilt: wenn $e_i, e_k \in E \cap E'$, dann $Ass(e_i, e_k) \leftrightarrow Ass'(e_i, e_k)$.

132

16.6.   Intendierte Anwendungen und empirischer Gehalt in *FREUD* – sowie eine abschließende Anmerkung aus strukturalistischer Sicht

Intendierte Anwendungen

Zur Menge *I* der *intendierten Anwendungen* gehören prima facie die von S.FREUD beschriebenen paradigmatischen realen Fallbeispiele, sowie alle diesen hinreichend ähnlichen Fälle. Da es sich um eine empirische Theorie handelt, sind die intendierten Anwendungen vom Begriffssytem relativ, (d.h. abgesehen von Zweifelsfällen der *Autodetermination*), unabhängig.

Empirischer Gehalt

Bezüglich der Frage des *empirischen Gehalts* können wir (s.o.) zwischen *absolutem* und *relativem empirischen Gehalt* differenzieren:

Betrachten wir die beiden nicht-theoretischen Axiome (4) und (5) aus der gegebenen Modelldefinition, so stellen wir fest, daß sie offenbar *nicht* von jedem partiellen Modell M_{pp} erfüllt werden - d.h. der Theorie *FREUD kann ein absoluter empirischer Gehalt zugesprochen werden.*

Das Problem des *relativen empirischen Gehalts* dagegen läßt sich auf die Frage reduzieren, ob die theoretische Terme enthaltenden Axiome gegenüber dem absoluten empirischen Gehalt eine weitere inhaltliche Bestimmung liefern, d.i. die Frage, ob alle diejenigen partiellen Modelle, welche (4) und (5) erfüllen (diese Klasse soll mit M_{pp}^{*} bezeichnet sein), auch zu Modellen der Theorie *Freud* ergänzbar sind, welches wiederum nicht der Fall ist:

durch die theoretischen Axiome (3), (6), (7) und (8) werden weitere partielle Modelle als Modellkandidaten eliminiert, so daß es sich bei *M* um eine echte Teilmenge von M_{pp}^{*} muß:

Satz:

S(2)   *Der Theorie FREUD kann ein absoluter und ein relativer empirischer Gehalt zugesprochen werden, denn es gilt*

(a) $M_{pp}^{*} \subset M_{pp}$;

(b)   *nicht für jedes* $Y \subseteq M_{pp}^{*}$ *ist* $Y \subseteq r^{1}(M(Freud))$.

Abschließende Anmerkung

„Selbst die ... vereinfachende Skizze genügt also, um den Vorwurf, es handle sich bei der Theorie von FREUD um ein pseudowissenschaftliches Unterfangen, in Frage zu stellen. Wollte man den Einwand dennoch aufrecht erhalten, so müßte man sich dabei auf detaillierte Betrachtungen über mangelnde Bestätigungsfähigkeit oder Nichtbewährbarkeit Freudscher Hypothesen stützen. Aber selbst in dieser Hinsicht dürften die hier gewonnenen Informationen ausreichen, um einem derartigen Vorhaben keine allzu großen Erfolgschancen einzuräumen".[155]

---

[155] W.Stegmüller (1986), S.432;

Den für STEGMÜLLER nicht untypischen Hauch von Ironie im Understatement möge der Leser gebührend würdigen:

> das für uns relevante Ergebnis von BALZER/STEGMÜLLERs Rekonstruktionsskizze liegt jedenfalls einmal darin, daß Freuds (mentalistischer) Theorie der Neurose aus wissenschaftstheoretischer Sicht *keinesfalls ein Rationalitätsdefizit* oder *prinzipielle empirische Insignifikanz* vorzuwerfen ist, mitunter gibt es *keinen Raum für (sinnvolle) physikalistische Termersetzungen*;

> bezüglich der angestellten Überlegungen zur Theorienreduktion dürfte auch klar sein, daß die von reduktionistischer bzw. materialistischer Seite postulierte Ersetzung mentalistischer durch physikalistische Terme bzw. Theorien nichts mit der oben präzisierten Form von theoretischer Reduktion gemein haben kann, insofern etwa die von *FREUD* als erklärungsbedürftig bewerteten (mentalen) Phänomene von reduktionistischer Seite erst gar nicht als solche wahrgenommen werden. „Schmerz ist das, was der, der ihn ertragen muß, aus ihm macht. D.h. die zentrale Verarbeitung bestimmt, was Schmerz ist" [156] - ob eine C-Faser-Reizung oder sonstiges als leidvolles Erlebnis, Schmerz usw. phänomenal empfunden wird, hängt wesentlich auch von anderen, *mentalen* (z.B. soziokulturellen) Faktoren ab, und ist nicht bereits durch ein gewisses neurophysiologisches Ereignis hinreichend bestimmt.

> Ein materialistischer Reduktionismus etwa gegenüber der Theorie *FREUD* muß letztlich behaupten, daß das, was diese zu erklären beabsichtigte, tatsächlich nichts weiter als vorurteilsinduzierte Pseudoprobleme waren, wobei sich die fraglichen Sachverhalte und Problemstellungen in materialistischer Terminologie erst gar nicht formulieren lassen, im übrigen auch ziemlich unklar zu sein scheint, ob der physikalistische Anspruch überhaupt konsistent präzisierbar ist.

> Darüberhinaus ist dem Physikalismus vorurteilsbehafteter *Dogmatismus*[157] zu attestieren insofern, als er, ungerechtfertigterweise, die rationale wissenschaftslogische Insuffizienz aller nichtphysikalistischen Theorien *a priori behauptet,* ohne adäquate sachgemäß theoretische Gründe anführen zu können, vielmehr soll ein auf gewisser Beschreibungsebene (Chemie und Physik) überaus erfolgreiches Erklärungsparadigma mitunter unkritisch auf andere autologische Ebenen übertragen, und damit aber deren systemische Autonomie eliminiert werden.

Die hier angestellten Erwägungen mögen bei den nun folgenden Diskussionen als theoretische Folie dienen.

---

[156] Meinhard Adler: *Physiologische Psychologie,*1979, S.173;

[157] wir erinnern in Carnaps Kontext (s.o.) das dogmatische Beharren des Empirismus auf und schließliche Scheitern an empiristischen Sinnkriterien, (d.h.deren Unzulänglichkeit);

B.   Materialismus

„Ist es das Blut, mit dem wir denken, oder die Luft oder das Feuer ? Oder ist es keines von diesen, sondern vielmehr das Gehirn, das die Tätigkeit des Hörens, Sehens und Riechens verleiht ? Und daraus ensteht dann Gedächtnis und Meinung, und aus Gedächtnis und Meinung ... das Wissen ... Solange das Gehirn unversehrt ist, solange hat auch der Mensch seinen Verstand ...daher behaupte ich, daß das Gehirn es ist, das den Verstand sprechen läßt".

ALKMAION [158]

17.   Exposition: Identitätstheorie und Reduktionsbegriff

Der analytischen Philosophie war bekanntlich schon vom Selbstverständnis her ein sprachkritischer Impetus zu eigen. Sowohl Alltagssprache - wie auch die von dieser abkünftigen Wissenschaft- und Philosophensprache - galten als logisch unpräzise und daher oftmals irreführend oder zumindest suspekt. Entsprechend war es nur ein kurzer Schritt, der die analytischen Philosophen von einer antimetaphysischen Grundhaltung auch zu einer antisubjektivistischen, jede Redeweise von >Innenleben< und >Innenwelt< der Personen ablehnenden Position führte.
Natürlich waren diese >metaphysischen< Konzeptionen für die klassischen philosophischen Theorien und Problemstellungen unverzichtbar, und entsprechend bedeutete deren theoretische Eliminierung letztlich die weitgehende Abweisung bestimmter, bislang als originär philosophisch angesehener Fragen.
Insbesondere im England der 40er bis 60er Jahre, die dort vornehmlich durch den sprachpragmatischen Ansatz der *ordinary language philosophy* geprägt waren, aber auch in den Vereinigten Staaten, herrschte diese ablehnende Haltung gegenüber klassischer Vorstellungen von Bewußtsein und Subjektivität.

Ein moderner Klassiker, nämlich GILBERT RYLEs *The Concept of Mind* (1949) bietet hierfür eine Beispiel:
RYLE wendet sich entschieden gegen den Cartesianischen Dualismus und seine subjektzentrierten Privatheits-Privilegien, indem er den Terminus der >Disposition< einführt, der für eine öffentlich zugängliche, intersubjektiv nachvollziebare Größe stehen soll. Entsprechend wird auch der Frage nach dem Leib-Seele-Verhältnis nur noch der Status einer (pseudo-) philosophischen Scheinfrage zugebilligt, die als sprachinduzierte Irreführung auf den bekannten Schrottplatz der Philosophie zu laden sei. Weiterhin waren es die legendären *Philosophischen Untersuchungen* (1953) WITTGENSTEINs, in denen das Reden über eigentümlich Privates, das anderen Mitmenschen grundsätzlich verborgen und unzugänglich bleiben muß, als mit fundamentalen Schwierigkeiten behaftet dargelegt wurde:
in WITTGENSTEINs Sicht wäre das Praktizieren einer solchen Privatsprache mit dem Baron Münchhausen zu vergleichen, der sich selbst am eigenen Schopf aus dem

---

[158] W.Capelle: *Die Vorsokratiker*, 1963;

135

(semantischen) Sumpf zieht – als derartige Sprachautisten können wir für WITTGEN-
STEIN nämlich niemals wissen, worauf wir uns eigentlich beziehen, wenn wir etwa
ein Wort gebrauchen, dessen Bedeutung nur von und für uns gewußt sein soll;
der Kampf gegen die >Verhexung< durch die Sprache und ihrer suggestiven Oberflä-
chengrammatik, welche zu mystifizierendem – weil in seiner tatsächlichen Struktur
und Funktion unzulänglich durchschautem – Gebrauch von Metaphern, (scheinbaren)
Analogien, Redewendungen und Begriffen, und damit zwangsläufig zu logischen
Verirrungen und Kategorienfehlern führt, war für den späten WITTGENSTEIN die
eigentliche Bestimmung der Philosophie.

Dieser pragmatisch-semantische Ansatz der *ordinary language philosophy* wurde auch
als eine moderne Variante des *Nominalismus* begriffen und bezeichnet, man kann also
von einer nominalistischen Kritik am mentalistischen *Realismus* sprechen.
Diese nominalistische Kritik hatte bei aller teilweisen Berechtigung aber immer noch
das Problem, selbst eine nachhaltig überzeugende Konzeption des Mentalen zu liefern,
und wenn sich auch zweifelsohne einige der konventionell subjektmetaphysischen
Fragen als irregeleitet erwiesen, so war damit doch nicht die prinzipielle logisch-
philosophische Insuffizienz und Unangemessenheit des im Zuge der Menschheits- und
Philosophiegeschichte gehörig ausgefeilten mentalistischen Vokabulars bewiesen oder
auch nur behauptet, ebenso waren die Fragen nach dem Verhältnis von physischer und
psychischer Ebene und ihrer eventuellen kausalen Anbindung keineswegs aus der Welt
geräumt.

Das maßgebliche Konzept innerhalb des dominierenden Materialismus war das der
empirischen Reduktion. Das Stichwort `Naturalisierung der Erkenntnistheorie´ be-
schreibt ebenso die Grundsätze des *Wiener Kreises* und des *logischen Empirismus* und
Positivismus wie die des radikalen Bedeutungsskeptikers WILLARD V.O. QUINE,
über den der alte CARNAP einmal äußerte, er, QUINE, komme ihm vor wie ein Mann,
der nicht an rote Raben glaube, der aber in den Bayrischen Wald fahre, um selbige zu
suchen – um sich anschließend darüber zu beklagen, keine gefunden zu haben.

Gemeinsam ist den erkenntnistheoretischen Naturalisten, daß sie den eigentlichen
Fortschritt hin zum präziseren Verständnis bzw. zur Aufklärung des Bereichs des
Mentalen ausschließlich durch die Forschung der Naturwissenschaften – und nicht
etwa durch phänomenalistische oder philosophische Tätigkeit – erwarten.
Eine theoretisch befriedigende Erklärung muß dergestalt erfolgen, daß das gesamte
mentalistische Vokabular zurückgeführt wird auf ein Vokabular der empirischen
Wissenschaften, idealerweise auf die Sprache der Neurophysiologie und Physik.
Da aber bei gegenwärtigem und absehbarem Forschungsstand eine derartige umfas-
sende und erschöpfende reduktive Übersetzung durch die favorisierten empirischen
Disziplinen definitiv noch nicht zu leisten ist, kann dieser methodologische Anspruch
bestenfalls als theoretisch wünschbare Option und >philosophischer Wechsel< auf die
Zukunft verstanden werden.

Dabei mühen sich die naturalistischen Vertreter um eine Plausibilisierung der theoretischen Notwendigkeit, oder zumindest der Möglichkeit der prinzipiellen Realisierbarkeit des fraglichen Reduktionsprogramms.

Die Identitätstheorie beruht allgemein auf der These,
„daß eine und dieselbe Wirklichkeit - nämlich die unmittelbar erlebte - sowohl durch psychologische wie durch physikalische Begriffe bezeichnet werden kann".[159]

Die ersten konsequenten Ansätze in dieser Richtung entstanden Ende der 50er Jahre (U.T.PLACE, J.J.SMART, H.FEIGL). *Zwei Spielarten* von *Identitätstheorie* können unterschieden werden, nämlich die der
* *Type-Type-Identity* einerseits sowie die der
* *Token-Token-Identity* andererseits.

Erstere postuliert eine Identifizierung bestimmter Arten und Klassen mentaler Zustände (Überzeugungen, Wünsche, Schmerzen etc.) mit bestimmten klassifizierten Typen neuronaler Zustände (C-Faser-Reizung etc.).
Letztere bedeutet eine *schwächere Variante*, insofern sie nur spezifische psychologische Prädikate oder singulär-individuelle mentale Ereignisse mit spezifischen physiologischen Prädikaten oder singulär-individuellen physischen Zuständen identifizieren möchte. Demzufolge können die gleichen psychischen Zustände in verschiedenen Personen auf unterschiedliche Art physiologisch realisiert sein. Identifizierbar ist also immer nur z.B. der *Schmerz von Person X zur Zeit t1* mit einer *Erregung der C-Fasern von X zur Zeit t1*, während für Person Y (oder auch X bei t2) das physiologische Korrelat eine andere Qualität aufweisen mag. Hier gibt es also keine *inter*-personelle, sondern nur *intra*-personelle ein-eindeutige psycho-physische Zuordnung:
„im übrigen kann im physischen Zeichensystem getrennt sein, was in der psychischen Wirklichkeit zusammengehört; und umgekehrt: was in der Welt der Qualitäten vereint ist, kann in der begrifflichen Darstellung ganz und gar auseinandertreten. Die psychischen Elemente, aus denen ein Ichkomplex sich aufbaut, können zu ganz getrennten physischen Komplexen gehören".[160]

Die Typen-Identitätstheorie wurde vor allem durch FEIGL vertreten, die Möglichkeit der *Identifikation* beruht ihmzufolge auf der Möglichkeit einer erfolgreichen *Theorienreduktion*, die letztlich eine ontologische Reduktion bedeutet. Auch für FEIGL gibt es eine epistemisch ausgezeichnete Basis unmittelbar gegebener Sinnesqualitäten, welche die Grundlage jeder mentalistischen Begrifflichkeit sowie aller weiteren Wissensformen bildet:
„I am still convinced that purely phenomenal statements make sense and are the ultimate epistemic basis of the confirmation (or disconfirmation) of knowledge claims. ... when I judge, e.g., that a certain pain is increasing, or that I hear a certain ringing sound ..., then that certain it which may later find its place in the causal structure of the world is first of all, and, taken by itself, a datum of direct experience".[161]

---

[159] M.Schlick: *Allgemeine Erkenntnislehre,*1979,(1925), S.347;
[160] Schlick, ebd. S.360;
[161] H.Feigl: *The >Mental< and the >Physical<,* in: Feigl / Scriven / Maxwwell (eds.): *Concepts, Theories,*

FEIGLs Unterscheidung zwischen *Evidenz* und *Referenz* einer Aussage, zwischen ihren Geltungsgründen und ihrem Inhalt bedeutet dabei eine Absage an das Programm der Verifikationssemantik des *Logischen Empirismus*, demzufolge mentale Zustände oder Ereignisse ausschließlich anhand körperlicher Indikatoren zu-oder abgesprochen, Sätze über mentale Zustände somit nur mittels physikalisch faßbarer Größen verifiziert oder falsifiziert werden, mentale Begriffe daher letztlich körperliche Zustände bezeichnen. Diese Position wurde vorbildlich von CARNAP formuliert:

„(es) geht die Erkenntnis des Fremdpsychischen in jedem einzelnen Falle auf die Erkenntnis von Physischem zurück ... derartig, daß die Erkennung des Fremdpsychischen auch nach ihrer ganzen Beschaffenheit im Einzelnen von dem erkannten, entsprechenden Physischen abhängt. Man könnte daher jede Aussage über ein bestimmtes Fremdpsychisches, z.B. `A freut sich jetzt´, übersetzen in eine Aussage, die nur von Physischem spricht, nämlich von Ausdrucksbewegungen, Handlungen, Worten usw. Und zwar könnte die Aussage entweder von demjenigen Physischen (Ausdrucksbewegungen usw.) sprechen, das zur Erkennung der Freude des A geführt hat, also von Inhalten gehabter Wahrnehmungserlebnisse; oder die Aussage gibt die Möglichkeiten zur Nachprüfung der Freude des A an ... Es liegen hier also zwei verschiedene Sprachen vor, eine psychische und eine physische, und wir behaupten, daß sie denselben theoretischen Gehalt zum Ausdruck bringen".[162;163]

Gemäß FEIGL lassen sich nun innerhalb der Psychologie *drei Ebenen* ausmachen, nämlich

- *erstens* die der *subjektiven psychischen Zustände* als unmittelbarer Wahrnehmung mentaler Ereignisse,
- *zweitens* die der *Alltagspsychologie* bzw. allgemein mit *Makrokonzepten* operierenden Psychologie, sowie
- *drittens* die der *neurophysiologischen Konzepte.*

Das *Leib-Seele-Problem* resultiert hier aus der *Frage nach dem Verhältnis dieser drei Beschreibungsebenen bzw. Gegenstandsbereiche,* und FEIGLs Antwort lautet:

„The raw feels of direct experience as we `have´ them, are empirically identifiable with the referents of certain specifiable concepts of molar behavior theory, and these in turn ... are empirically identifiable with the referents of some neurophysiological concepts".[164]

Entscheidend ist dabei das *Programm der theoretischen Reduktion der Psychologie auf die Neurophysiologie,* welche als *ontologische* Reduktion interpretiert werden soll.
Die Identitätstheorie scheint allerdings z.B. insofern auf eklatante Weise unseren Intuitionen zu widersprechen, als wir es prinzipiell für möglich halten, daß es in diesem (oder in irgendeinem früheren oder späteren) Universum Lebewesen geben könnte, die sich wohl zwangsläufig in ihrer physiologischen Konstitution von uns mehr oder

---

and the Mind-Body Problem, S.392;

[162] R.Carnap: *Scheinprobleme in der Philosophie,* in: *Der logische Aufbau der Welt,* 1961,(1928), S.326f;

[163] Daß Carnaps empiristische Behandlung des Mentalen auch in seinen späteren, elaborierteren Fassungen unzulänglich bleibt, hatten wir bereits im Kontext von Sinn und Bedeutung (Intension und Extension) gesehen: dort favorisierten wir Churchs (fregeanische) Analyse der (nicht-indexikalischen) Glaubenszuständen als Relationen zwischen Personen und Propositionen (als intensionalen Entitäten) gegenüber derjenigen Carnaps als Relationen zwischen Personen und Sätzen (als materiell-konkreten Realisierungen von Propositionen) .

[164] Feigl (1958), S.445;

weniger signifikant unterscheiden, denen wir aber dennoch, ihr entsprechendes kommunikatives Eindrucks-Ausdrucks-Verhalten vorausgesetzt, die entsprechenden mentalen Prozesse wie Bewußtsein, Freude und Schmerz, nicht abstreitig machen wollen – genau dies wäre aber bei einer strikten Identifikation definitiv unmöglich.

Der entscheidende Punkt ist, daß die Zuschreibung mentaler Prädikate an andere Personen aufgrund solcher Kriterien erfolgt, die auf beobachtbares äußeres Verhalten bezogen sind: wenn ein fremdes Objekt ein (Eindrucks/Ausdrucks-)Verhalten zeigt, das in unsere Typologie subjektiven Verhaltens hineinpaßt, wenn es ferner ein sprachliches oder para-sprachliches Codesystem benutzt – selbst wenn wir es nicht decodieren können – so kommen wir kaum umhin, dieses Objekt als ein Subjekt aufzufassen und ihm ein mentales Reich zu unterstellen, und zwar völlig unabhängig von irgendeiner irgendwie gearteten physischen oder physiologischen Natur.

Dieser starken Intuition trägt nun der *Funktionalismus* Rechnung. Er faßt nämlich mentale Zustände als funktionale Zustände eines Systems, *unabhängig* von ihrer *materialen Realisierung*.
Nach dem Paradigma der *Turing-Maschine* (als der abstraktesten Maschine) werden mentale Zustände identifiziert mit bzw. definiert als funktionale Zustände, deren Charakterisierung sich ausschließlich über ihre maschineninterne kausale Rolle in ihrer Relation zum Input (Wahrnehmung), anderen funktionalen Zuständen (Befindlichkeiten, Dispositionen, ...), und zum Output (Reaktion, Verhalten) spezifiziert.

Ebenso wie die Turing-Maschine ist ein funktionales System physikalisch indifferent, d.h. es kann beliebige materielle Realisierungsformen annehmen, die aber für seine logische und kausale Struktur völlig irrelevant sind:
ob aus Kohlenwasserstoffen oder aus Silicium, ob als biologischer Organismus oder als Von-Neumann-Rechner: "wir könnten auch aus Schweizer Käse bestehen", wie es HILARY PUTNAM sinnfällig-plastisch formulierte.

Auch der Funktionalismus beansprucht, eine beschreibungs- und erklärungsadäquate empirische Theorie hinsichtlich des menschlichen Verhaltens formulieren zu können, indem ausschließlich auf das beobachtbare Verhalten des Systems in entsprechenden Kontexten rekurriert wird.
Im Gegensatz zum Behaviorismus, wie er, inspiriert durch die früheren Arbeiten IWAN PETROWITSCH PAWLOWs (1849-1936) über Reflexbögen etc., insbesondere in der amerkanischen Psychologie der 40er bis 60er Jahre durch Protagonisten wie BURRHUS FREDERIC SKINNER (1904-1990) vertreten wurde, anerkennt jedoch der Funktionalismus die entscheidende Rolle der internen Zustände, die für ein adäquates Verständnis jedoch nicht neurophysiologisch identifiziert, sondern abstrakt-funktional, relativ zu ihrer kausalen Rolle im Wahrnehmen und Verhalten des organismischen Systems, charakterisiert werden müssen.

Entsprechend läßt sich für jeden Organismus ein abstraktes Modell konstruieren, das seine funktionale Struktur abbildet, so daß jeder mentale Zustand des Organismus auf einen bestimmten funktionalen Zustand abgebildet und durch diesen beschrieben wird. Weil ferner funktionale Zustände auch immer irgendwelche materiellen Realisierungsformen aufweisen, ist damit gleichzeitig der system-intime Zusammenhang von mentalen und physikalischen Zuständen gewährleistet – innerhalb einer gewählten materiellen Realisierungsform ist die kausale Anbindung von mentalen und physikalischen Zuständen kanonisch und notwendig.

Dies entspricht ja auch voll und ganz unseren wissenschaftlichen Beobachtungen und ist daher eine theoretisch gewünschte Eigenschaft des erklärenden Modells; andererseits, und ebenso entscheidend, bleiben – vor der Festlegung auf eine materielle Realisierungform – mentale Zustände von konkreten physikalischen Zuständen prinzipiell unabhängig und der explanatorische Vorrang der funktional-behavioralen Kriterien gegenüber physikalischen Eigenschaften erhalten:
allerdings bleibt das nähere Verhältnis von funktionalistischer und physikalistischer Theorie unbestimmt, und ob es sich hierbei nun um eigentlich opponierende oder sich ergänzende Theorien handelt – tatsächlich verstehen sich letztlich auch die Funktionalisten als Vertreter eines materialistischen bzw. physikalistischen Reduktionismus.

18. Anomaler Monismus: der identitätstheoretische Ansatz bei Donald Davidson

(Biographisch-philosophische Einführungsbemerkung auf Seite 376)

DONALD DAVIDSON macht in *Mental Events* den inhärenten *scheinbaren Widerspruch* mentaler Ereignisse anhand *dreier Prinzipien* fest, von welchen

- das *erste* besagt, daß zumindest *einige* mentale Ereignisse mit physikalischen Ereignissen *interagieren* (*Prinzip der kausalen Interaktion*);
- das *zweite* Prinzip fordert für *jede Form von kausaler Wirkung* ein *streng deterministisches Gesetz*, da alle sich aufeinander als Ursache und Wirkung beziehenden Ereignisse unter deterministische Gesetze fallen (*Prinzip des nomologischen Charakters der Kausalität*);
- das *dritte* Prinzip besagt, daß es *keine strengen deterministischen Gesetze* gibt, mit deren Hilfe sich *mentale Ereignisse voraussagen oder erklären lassen* (*Prinzip der Anomalie des Mentalen*).

DAVIDSON hält *alle drei Prinzipien für wahr und für miteinander verträglich*, seine Version von Identitätstheorie bezeichnet er als *anomalen Monismus*, und dieser entspricht nun dem *Materialismus* insofern, als er zwar *alle mentalen Ereignisse für physikalisch* hält, andererseits aber die allenthalben für katexochen materialistisch geltende These von der *rein physikalischen Erklärbarkeit mentaler Phänomene* entschieden ablehnt:

„Obgleich die von mir beschriebene Position die Existenz psychophysischer Gesetze bestreitet, ist sie mit der Auffassung verträglich, daß mentale Eigenschaften gegenüber physikalischen Eigenschaften in irgend einem Sinne dependent oder supervenient sind. Mit dieser Supervenienz könnte gemeint sein, daß sich zwei Ereignisse nicht in jeder physikalischen Hinsicht gleichen und doch in einer mentalen Hinsicht unterscheiden können, oder daß sich ein Objekt nicht in einer mentalen Hinsicht verändern kann, ohne sich in einer physikalischen Hinsicht zu verändern. Dependenz oder Supervenienz dieser Art impliziert nicht Reduzibilität mittels eines Gesetzes oder einer Definition".[165]

Ebensowenig wie sich moralische auf deskriptive Eigenschaften oder in einem formalen System der Wahrheitsbegriff sich auf syntaktische Eigenschaften reduzieren lassen, so kann zwar jedes mentale Ereignis in physikalischer Terminologie identifiziert werden, ohne daß jedoch einem noch so komplexen rein physikalischen Prädikat aufgrund eines Gesetzes dieselbe Extension wie einem mentalen Prädikat zukäme.

Der *anomale Monismus* vereinbart die drei oben genannten Prinzipien insofern, als er stipuliert, daß

- Kausalität und Identität zunächst als Relationen zwischen individuellen Ereignissen unter beliebigen Beschreibungen (d.h. in physikalischer oder psychologischer Terminologie) gelten dürfen,
- Gesetze jedoch theorieabhängig, in einer durch die jeweilige Theorie bestimmten

---

[165] D.Davidson: *Mental Events*, dt. in Bieri (ed.) 1981, S.79;

Sprache formuliert werden, bestimmte Phänomene entsprechend nur als auf jeweils einer theoretischen Ebene (entweder psychologisch oder physikalisch) beschriebene Ereignisse ein Gesetz instantiieren können, wobei nun

P1 das *Prinzip der kausalen Interaktion* Ereignisse auf unterschiedlichen theoretischen Beschreibungsebenen betrifft und insofern nicht *T*-relativ, mithin „blind für die Dichotomie des Mentalen und des Physikalischen" ist;

P2 das *Prinzip des nomologischen Charakters der Kausalität* nicht *mehr* fordert, als daß es für alle in Ursache-Wirkungsrelation stehenden Phänomene gewisse Beschreibungen (innerhalb einer Theorie *T*) gibt, die ein Gesetz instantiieren, ohne daß jede wahre Kausalaussage ein Gesetz instantiiert;

P3 das *Prinzip der Anomalie des Mentalen* nur für psychische, als mental beschriebene Ereignisse zuständig ist;

Weil sich nun Prädikate nur *auf dem Hintergrund einer Theorie* einer Entität zuschreiben lassen, also kontextuell eingebettet sind, werden mentale Phänomene nur auf dem Hintergrund eines mentalen Rahmens als solche verständlich, analoges gilt für physikalische Entitäten:

es gibt keine strengen psychophysischen Gesetze wegen der
„disparate commitments of the mental and physical schemes. It is a feature of physical reality that physical change can be explained by laws that connect it with other changes and conditions physically described. It is a feature of the mental that the attribution of mental phenomena must be responsible to the background of reasons, beliefs and intentions of the individual. There cannot be tight connections between the realms if each is to retain allegiance to its proper source of evidence ... We must conclude, I think, that nomological slack between the mental and the physical is essential as long as we conceive of man as a rational animal".[166]

Die zwischen mentalen und physikalischen Phänomenen angenommenen *Verküpfungsprinzipien* haben demnach keinen *homonomen* sondern nur *heteronomen* Charakter, d.h. die ihnen zugrunde liegenden exakteren Gesetzmäßigkeiten können nur durch einen *Übergang zu einem anderen Theorievokabular* (und dies bedeutet einen *Theorienwechsel*) präzise formuliert werden;

diese Heteronomität hängt wesentlich zusammen sowohl mit der *Unbestimmtheit der Übersetzung*, als auch den jeweils unterschiedlichen, miteinander *inkompatiblen konstitutiven Erklärungsprinzipien* physikalischer und psychologischer Theorien:

„in inferring this system from the evidence, we necessarily impose conditions of coherence, rationality, and consistency. These conditions have no echo in physical theory, which is why we can look for no more than rough correlations between psychological and physical phenomena".[167]

Die Pointe in DAVIDSONs Argumentation liegt also darin, daß

➢ **P1** zufolge einige mentale Ereignisse Ursachen oder Wirkungen physikalischer Ereignisse sind; gemäß

➢ **P2** wahre Kausalaussagen durch strenge homonome (d.h. nur innerhalb der bereits applizierten Theoriesprache zu präzisierenden) Gesetze fundiert sind, wie

---

[166] *Mental Events,* in: *Essays on Actions and Events,* 1980, S.222;
[167] *Psychology as Philosophy,* in [1980], S.231;

wir sie in der Physik kennen; wenn nun aber 1) gilt, kann der Bereich des Mentalen für sich kein geschlossenes System homonomer Gesetze bilden, und da es entscheidnderweise keine exakten psycho-physischen Gesetze geben kann, ergibt sich somit

> **P3**, demzufolge strenge Gesetze zur Erklärung oder Voraussage mentaler Ereignisse nicht möglich sind.

Die Identität der *m*-(mentalen) und *p*-(physischen) Ereignisse ergibt sich für DAVIDSON derart, daß, insofern *m*- und *p*-Ereignisse in kausaler Relation zueinander stehen (also *m* verursacht *p* oder vice versa), sie unter irgendeiner Beschreibung ein strenges Gesetz instantiieren, als welches (s.o.) nur ein physikalisches in Frage kommt, mithin es also eine physikalische Beschreibung von *m* gibt - *m* ist demnach ein physikalisches Ereignis.

Stünden nun alle *m*-Ereignisse mit *p*-Ereignissen in Kausalbeziehung, was DAVIDSON für plausibel hält, so wäre für ihn der Identitätsnachweis uneingeschränkt dargetan und der anomale Monismus somit bewiesen. Prinzipiell vertritt DAVIDSON eine Variante des *Token-Physikalismus*, also *jedes mentale Ereignis ist gleichzeitig ein physikalisches*, ohne daß gewisse *Arten mentaler Ereignisse* mit gewissen *Arten physikalischer Ereignisse* zu identifizieren wären.

In späteren Publikationen rückt DAVIDSON in die Nähe *externalistischer* Positionen, wie sie etwa von TYLER BURGE vertreten wird. Der *Externalismus* behauptet, daß sämtliche Bewußtseins- und Gedankeninhalte durch objektiv gegebene, äußere Faktoren (soziale wie physikalische Ereignisse und Objekte) bestimmt werden, die tendenziell nur unvollkomen dem Bewußtsein ein- und durchsichtig sind: z.B. glaube ich, die durchsichtige, dezent erdig-metallisch schmeckende Flüssigkeit in meinem Glas sei Wasser, aber in Wahrheit wurde ich durch einen Dämon auf eine Zwillingserde versetzt, wo es statt Wasser nur eine für mein Sensorium von Wasser ununterscheidbare Flüssigkeit – Z(willings)wasser – mit vollständig unterschiedlicher chemischer Struktur gibt, so daß mein von Wasser handelnder Gedanke tatsächlich falsch ist ... .

Diesem Verfasser erscheint der *Externalismus* als eine unverständliche Konzeption deswegen, weil er einen Hiatus zwischen objektiven Gestalten der äußeren Welt und Bewußtsein ansetzt, dabei naiverweise von einem Realismus der körperlichen Welt ausgehend, so als ob es theorieunabhängige Entitäten *an sich* gäbe; nach der hier vertretenen Auffassung ist es aber vollkommen unmöglich, von irgendeiner Form objektiver Realität unabhängig von den sie konstituierenden Maschinen/Lebewesen/Theorien zu sprechen; und da die uns umgebende körperliche, physikalische Welt in ihren Gestaltungen ebenfalls eine speziesrelative implizit-theoretische Konstruktion darstellt, kann der Externalismus sein Ziel gar nicht erreichen, denn was er als objektive Realität ansieht, ist tatsächlich ein ebenso abstraktes organisches Konstitutionsprodukt wie die von ihm abkünftigen Bewußtseinsinhalte.

Die prinzipielle Möglichkeit von Zwillingswasser oder Zwillingslichtgeschwindigkeit mag dem allwissenden Lieben Gott eine Quelle der Belustigung sein, solange *wir* aber über keine Möglichkeiten verfügen, die von uns selbst erzeugten Entitäten voneinander zu unterscheiden, sind sie eben gleich/identisch, die speciesunabhängige physikalische Realität *an sich* ist in jedem Fall von unendlicher Komplexität und also eigenschaftsmäßig transzendent und also begrifflich-theoretisch unkonturierbar und daher uninteressant bzw. irrelevant.

In externalistischer Variante betont DAVIDSON die *wesentlich soziale* Komponente des Sprachverhaltens (welches für ihn den Mentalbereich erst konstituiert) und die Rolle *externer Determinanten* zur Konstituierung und Individuierung von Gedanken und Bedeutungen:

„Neither knowledge of one's own mind nor knowledge of the `outside' world is possible except in a social settting".[168]

Für DAVIDSON ist der *Zusammenhang von subjektivem Geist und interpretierbarer Sprache* ein *theoretisch unauftrennbarer,* da es keine empirische Möglichkeit gibt, den Gehalt mentaler Zustände unabhängig von der Interpretation des jeweiligen Sprachverhaltens zu eruieren:

„We generally find out exactly what someone wants, prefers or believes only by interpreting his speech".[169]

Dieser *anthropozentrischen* Auffassung zufolge können demnach überhaupt nur *solchen Lebewesen intentionale mentale Zustände* zugestanden werden, welche die *Fähigkeit sprachlicher Kommunikation* besitzen, denn von Glaubenszuständen kann man nur bei solchen Systemen sprechen, welche die kognitive Unterscheidung subjektiven Für-Wahr-Haltens und objektiven Wahr-Seins zu treffen fähig sind, wobei der Begriff der objektiven Wahrheit für DAVIDSON wesentlich rückbezogen ist auf die Möglichkeit sprachlicher Kommunikation und Interpretation.

Entsprechend resultiert die *epistemische Autorität* der grammatikalischen Ersten Person auch nicht aus einer vermeintlichen *kognitiven Transparenz* ihrer mentalen Zustände, sondern ist Bestandteil des postulierten *Prinzips der Nachsicht*:

„Natürlich kann [der Sprecher] in jedem besonderen Fall mit dem,was er über die Welt glaubt, falschliegen; es ist jedoch unmöglich, daß er die meiste Zeit falschliegen sollte ...wenn nicht die Präsumption in Kraft wäre, daß der Sprecher weiß, was er meint, das heißt, daß er seine Sprache richtig gebraucht, gäbe es für einen Interpreten nichts zu interpretieren ... Nichts könnte als Fall zählen, in dem jemand seine eigenen Worte regelmäßig falsch anwendet. Die Autorität der ersten Person, der soziale Charakter der Sprache und die externen Bestimmungsfaktoren von Gedanke und Bedeutung gehen auf natürliche Weise Hand in Hand, sobald wir den Mythos des Subjektiven, die Vorstellung, daß Gedanken mentale Objekte verlangen, aufgeben".[170]

DAVIDSONs Argumentation beruht auf mancherlei *Voraussetzungen,* deren zweifelhafter Status kaum strittig sein kann:
  ➤ die Unmöglichkeit exakter psycho-physischer Gesetze gründet für DAVIDSON in der Inkompatibilität der jeweils konstitutiven epistemischen Prinzipien der *m-*

---

[168] *First Person Authority,* in: *Dialectica 38* (1984);

[169] *Toward a Unified Theory of Meaning and Action,* in: *Grazer Philosophische Studien 11* (1980);

[170] *Knowing One's own Mind,* dt. in Frank (ed.) 1994, *Seine eigenen Gedanken kennen,* (S.650-680), S.680;

und *p*- Theorien
- dabei unterläßt er es sinnigerweise, die katexochen mentalhermeneutischen Formen der Kohärenz, Rationalität und Konsistenz inhaltlich näher zu bestimmen, so daß jederzeit unklar bleibt, warum in Geistes- und Naturwissenschaften unterschiedliche, wie auch immer zu spezifizierende, Rationalitätsformen gelten sollen:
CARRIER/MITTELSTRASS haben m.E. überzeugend argumentiert, daß sich solche regionalspezifischen Erklärungsprinzipien (zumindest insofern ihre Inkompatibilität einer inhärenten Rationalitätsspezifität geschuldet sein soll) kaum ausfindig machen lassen, und da DAVIDSON die *Unmöglichkeit gesetzesartiger psycho-physischer Verbindungen* letztlich anhand relativ vager Intuitionen (the „nomological slack ... is essential as long as we conceive of man as a rational animal" s.o.) festmacht, bleibt sein Ansatz an diesem zentralen Punkt kritisierbar.

➢ den neuralgischen Knoten der *epistemischen Autorität des Ich-Bewußtseins* löst DAVIDSON ganz klar mit einer transzendental verankerten *deus-ex-machina-Konstruktion*:
da auch die erste Person bezüglich propositionaler Gehalte irrtumsanfällig ist, umgeht DAVIDSON das Problem der *epistemischen Kanonik* (Hierarchie der Wahrnehmungs-und Erkenntnisformen), indem er dafür plädiert
- den „Myth of the Subjective, the idea that thoughts require mental objects", die *Vorstellung dem Bewußtsein gegenwärtiger innerer Objekte*, aufzugeben, und
- die *Autorität der Ersten Person* als unhintergehbare *transzendentale Voraussetzung* des Sprechens und Denkens als untrennbarer Einheit im sozialen Kontext des normativen Prinzips der Nachsicht zu verankern.
Subjektivität ist damit ein insofern privilegierter Bestandteil der prinzipiell intersubjektiven Wissensrelation, als sie `immer schon vorausgesetzt´ wird, mithin nicht weiter explizierbar ist:
„Vom Standpunkt des empirischen Wissens ist man insofern berechtigt, das Wissen des Bewußtseins von sich selbst als präreflexiv aufzufassen, als nicht mehr mit den Mitteln einer empirischen Erkenntnis erklärbar, weil es eben Voraussetzung dieser Erkenntnis ist".[171]
Offenbar ist auch in diesen Punkten die Argumentation DAVIDSON als *vorurteilsbehaftet* und *vermeidungstaktisch* zu bewerten,
- *ersteres* insoweit sie die *Dependenz von Sprechen und Denken* und ihre transzendentale Einbettung im sozialen Kontext *ungerechtfertigt strapaziert*, daher auch den Bewußtseins- und Erkenntnisbegriff ideosynkratisch auf die Möglichkeit sprachlicher Kommunikation rückbindet und anthropozentrisch relativiert,
- *letzteres* insofern sie das Problem der epistemischen Kanonik dadurch scheinlöst, daß sie die systemimmanent nicht herleitbare Autorität der ersten Person einfach extern postuliert.

---

[171] K.Stüber, in Frank (1994), S.634;

MANFRED FRANKs Einschätzung ist daher zuzustimmen, wenn er schreibt:
„Ich sehe insbesondere nicht, warum, wenn äußere Gegenstände nicht notwendig im Gehalt unserer
Gedanken adäquat erfaßt werden, diese Lage in der `ursprünglichen Lernsituation´ aufgehoben sein
und ihr eine Art cartesianischer Gewißheit zugeordnet werden könnte. Auch bleibt Davidson, der die
`epistemische Asymmetrie´ sehr ernst nimmt, die Auskunft darüber schuldig, wie ein Subjekt in der
`ich´-Perspektive überhaupt lernen kann, daß etwas, das überhaupt nicht aus Wahrnehmungsbefunden
bekannt ist, identisch sein kann mit einem Wahrgenommenen - denn ungegenständliches Bewußtsein
und Gegenstände der Wahrnehmung sind nicht identisch".[172]

Einigermaßen hermetisch erscheinen auch DAVIDSONs Ausführungen zur *Identität*
der *m*- und *p*-Ereignisse:

➢ Das, was er als Ergebnis seiner Ausführungen[173] präsentiert, nämlich daß es *zumindest für einige* (nämlich für die in kausaler Relation zu *p*-Ereignissen stehenden) *m*-
Ereignisse tatsächlich *physikalische Beschreibungen gibt,* (womit ihmzufolge ihre
Identität als *m*-und gleichzeitig *p*-Ereignisse messerscharf deduziert wäre), darf
doch wohl, und zwar ohne existenzquantifizierende Beschränkung, als anerkannte
Grundlage jeder halbwegs ernstgemeinten Bemühung zu diesem Thema vorausge-
setzt werden.

Zu *bestreiten,* daß es für *jedes m*-Phänomen auch *irgendeine p*-Realisierung *geben
muß* (auch wenn wir sie aufgrund etwa gewisser quantenphysikalischer, determinis-
tisch-chaotischer Zustände o.ä. prinzipiell nicht exakt angeben und berechnen können), bedeutet eine klar theologische Option und kann m.E. nur von hartgesottensten Verfechtern einer *>Der-Heilige-Geist-greift-an-Doktrin<* ernsthaft erwogen
werden.

➢ DAVIDSONs Identitätsscheinnachweis bedeutet gegenüber der alten *Doppelas-
pektlehre* FECHNERs (s.o.) keinen nennenswerten Fortschritt, denn das, was eine
p-Beschreibung erklärt, ist, *in einem gewissen Sinne,* und genau in dessen Evaluie-
rung liegt das Leib-Seele-Problem, nicht das *m*-Phänomen.

➢ Eine Identitätstheorie, wenn sie denn Sinn machen soll, muß ein zumindest erfolg-
versprechendes *Reduktionsprogramm* anbieten, (d.h. es liegt klarerweise dann auch
keine strenge, symmetrische Identitätsrelation vor), in dessen Rahmen eine der
kontrahierenden Theorien als wissenschaftlich obsolet ausgewiesen und somit ins
Museum/auf den Schrottplatz der Wissenschaftshistorie verbannt werden kann.
DAVIDSON dagegen beteuert einerseits die *Irreduzibilität* der *m*-Beschreibungen,
mit andererseitigem Hinweis auf die Existenz von *p*-Beschreibungen für *einige m*-
Ereignisse, verbunden mit der Hoffnung, daß es *vielleicht für alle m*-Ereignisse
auch *p*-Beschreibungen geben *könnte*: ein etwas opak verbleibender, nicht jedem
leicht eingängiger Ansatz.

---

[172] M.Frank (ed.): *Analytische Theorien des Selbstbewußtseins,* 1994, S.28;
[173] *Mental Events*

19. Eliminativer Materialismus bei Richard Rorty

(Biographisch-philosophische Einführungsbemerkung auf Seite 395)

Das Verbot, sich mit dem Bewußtsein zu beschäftigen, ist also in erster Linie eine Manifestation jenes „positivistischen" Geistes, den viele Gelehrte zuweilen mit „positiv" oder wissenschaftlich verwechseln und der sich darin erschöpft, der experimentellen Forschung Grenzen zu setzen oder sie mit Hindernissen zu umgeben, mit dem einzigen Ergebnis, daß die methodologischen Voraussagen mit schöner Regelmäßigkeit im Verlauf der Forschungsarbeiten widerlegt werden.

(JEAN PIAGET: *Biologie und Erkenntnis*, 1974)

Während die *Identitätstheorie* behauptet, mentale und physische Phänomene seien letztlich nur verschiedene (mehr oder minder gleichberechtigte) *Erscheinungs-und Betrachtungsweisen derselben objektiven Entität*, und insofern nicht zu überzeugen vermag, als die postulierte Identitätsrelation problemneuralgisch bleibt –

   a) unterstellt man *stark symmetrische* Identität, so weisen physikalische Ereignisse mentale Eigenschaften auf, und der Gebrauch konkurrierender Theorievokabularien wird ebenso unverständlich wie auch von materialistischer Reduktion nicht mehr gesprochen werden kann,

   b) bei *schwachen Identitätsformen* besteht die Inkompatibilität der *m*- und *p*-Charakteristika, mithin die Rede von Identität ihren Sinn verliert

– betont der *Eliminative Materialismus* die Möglichkeit der Korrektur und *Ablösung der herkömmlichen mentalistischen Sprechweisen* bzw. der *m*-Theorien durch die neurophysiologisch-physikalische Theorien.

Die *Alltagspsychologie* samt ihrem mentalistischen Vokabular besitzt ihmzufolge den Charakter einer *ansatzweise systematischen, partiell kohärenten empirischen Theorie*, die allenfalls zur Formulierung grober Hypothesen bezüglich einfacher Motivationszusammenhänge taugt, bei komplexeren Fragen (Geisteskrankheiten, Sinneswahrnehmung und -täuschung, Sprach- und Gedächtnisstörungen) jedoch versagt, was nicht verwundert, da seit Jahrtausenden aus dem gleichen Wissens-und Daumenregelfundus geschöpft wird, es keinen theoretischen Fortschritt oder Erkenntniszuwachs gibt, mithin ihre heuristische Unfruchtbarkeit auf der Hand liegt.

Was nun die oft thematisierte *Inkompatibilität* der physikalischen und mentalistischen Begrifflichkeit anbelangt, wenn Sinnesqualitäten und Intentionalität in materialistischer Terminologie nicht erfaßt werden können, so braucht dies *keine Bringschuld* des Materialismus sein, vielmehr muß aus der Unbrauchbarkeit der Theorie (Alltagspsychologie) auf die Unbrauchbarkeit bzw. Überflüssigkeit ihrer Terminologie (mentalistisch-psychologisch-philosophisches Vokabular) geschlossen werden.
Demzufolge sind also mentalistisch-psychologisch formulierte Handlungserklärungen, Motivationszusammenhänge samt den postulierten mentalen Phänomenen, intentionalen Objekten etc. nur in *atavistischem Vokabular beschworene Pseudoentitäten*, durch letztlich falsche Theorie suggerierte Scheinobjekte.

Würde im Zuge des wissenschaftlichen Fortschritts die herkömmliche in idealistisch-dualistischer Epistemologie vorurteilsbefangene Sprechpraxis durch eine adäquatere, materialistisch fundierte Redeweise ersetzt, ebenso wie an die Stelle von *Naturgeistern, Thors Hammerschlägen* o.ä. biologische und physikalische Erklärungsmuster in die Alltagssprache Einzug gehalten haben, wiche das intuitive Unbehagen gegenüber einer unmentalistischen Redeweise *im Zuge der Gewöhnung* unweigerlich dem Einverständnis mit der konsolidierten Sprachpraxis.

Kennzeichnend für den *Eliminativen Materialismus* ist also, daß er *prinzipiell m-*Theorien und *m*-Prädikate für vorurteilstriefende *empirische Falschheiten* hält, die weniger zu reduzieren als vielmehr *vollständig zu ersetzen* sind, und entsprechend erklären die CHURCHLANDs,

„that our common-sense conception of psychological phenomena constitutes a radically false theory, a theory so fundamentally defective that both the principles and the ontology of that theory will evantually be displaced, rather than smoothly reduced, by completed neuroscience".[174]

Allerdings bedeutet dies nicht die Absage an die wissenschaftliche Psychologie schlechthin - eine solche müßte nur klar *neurophysiologisch* fundiert sein und dürfte keine mentalistischen Begriffe *wesentlich*, d.h. als T-theoretische (s.o.) Begriffe, enthalten, sie müßte also uneingeschränkt *p*-reduzierbar sein.

Als einer der Protagonisten des *Eliminativen Materialismus* kann RICHARD RORTY gelten, in seinen einflußreichen Aufsätzen *Mind-Body Identity, Privacy, and Categories* (1965) und *Incorrigibility as the Mark of the Mental* (1970) hat er die für diesen Ansatz charakteristischen Positionen im Sinne einer >Naturalisierung des Mentalen< profiliert.

Anknüpfend an QUINE[175] (>Naturalisierung der Erkenntnistheorie<) und FEYER-ABEND[176] vertritt RORTY gegenüber der *Übersetzungs-Version* (translation form) der Identitätstheorie eine *Verschwindens-Version* (disappearance form), derzufolge das mentalistische Vokabular durch ein physikalisches sinnvoll ersetzt werden kann, ohne daß alle Eigenschaften der *m*-Objekte in die *p*-Sprache übersetzt sein müßten.

RORTY skizziert den *Eliminationsprozeß* eines Beobachtungsterms wie folgt:
  1) es liegen inferentielle und nicht-inferentielle Berichte über X's vor;
  2) aufgrund wissenschaftlichen Fortschritts können X-Gesetze unter Y-Gesetze subsumiert und durch Analyse/Elaborierung von Y-Gesetzen neue X-Gesetze entdeckt werden;
  3) es wird unüblich, inferentiell über X's zu sprechen;
  4) nicht-inferentielle Berichte über X's werden uminterpretiert entweder
  4a) als Berichte über Y's , oder

---

[174] P.M.Churchland: *Eliminative Materialism and the Proposotional Attitudes,* in: *Journal of Philosophy 78* (1978), S.67;
[175] *From a Logical Point of View;*
[176] *Materialism and the Mind-Body Problem;*

4b) als Berichte über mentale Entitäten (Gedanken, daß X; Halluzinationen etc.)
5) es wird unüblich, nicht-inferentiell über X's zu sprechen;
6) es wird allgemein anerkannt, daß es X's gar nicht gibt;

Um nun tatsächlich von Stadium 2) zum Stadium 6) zu gelangen, müssen für RORTY *zwei Bedingungen* erfüllt sein:

B1. Die Verbesserungen der Y-Sprache/Theorie müssen den sprachökonomischenAufwand der Übersetzung von X-Phänomenen in Y-Phänomene rechtfertigen können (ansonsten erfolgt der Schritt von 2. zu 3. nicht).

B2. Über Y-Phänomene muß ebenfalls nicht-inferentiell berichtet werden können, oder X-Berichte müssen als Berichte über mentale Entitäten gelten (ansonsten erfolgt der Schritt zu 4. nicht).

Für RORTY könnte das Reden über Empfindungen sich als ebenso antiquiert und inadäquat herausstellen wie die Annahme von Dämonen zur Erklärung physikalischnatürlicher Ereignisse:
im Fall der Dämonen kann von 2) zu 3) fortgeschritten werden, weil **B1** gewährleistet ist. Sämtliche Phänomene, zu deren Verständnis früher das Eingreifen von Dämonen o.ä. benötigt wurde, können heute einfacher und besser durch *dämonenneutrale* Prinzipien erklärt werden, so daß für jene Unglücklichen einfach nichts mehr zu tun übrig bleibt und sie der theorieökonomischen Rationalisierung anheimfallen.
Die subjektiven *Dämonen-Erlebnisse* werden unter 4b) als halluzinatorisch-mentale Ereignisse entsorgt.
In der Analogie zwischen Dämonen und Empfindungen gibt es aber nun eine Schwierigkeit, nämlich in der Antwort auf die Frage:

- Über *was* habe ich nicht-inferentiell berichtet, als ich über meine Empfindungen berichtete?

In diesem Fall macht 4b) keinen Sinn, und 4a) scheint entschieden kontraintuitiv zu sein, da die wenigsten eine Aussage wie >meine C-Fasern werden gerade stimuliert< als einen nicht-inferentiellen Bericht verstehen würden. Zwar könnte man sich vorstellen, mittels eines auf einem Mikroskop befestigten Periskops ins eigene trepanierte Gehirn zu schauen o.ä., aber dies wäre nicht gerade ein Standardfall, eher ist man geneigt, Ereignisse wie `Reizung von C-Fasern´ als von Natur aus theoretische, wissenschaftlich erschlosssene, und eben nicht unmittelbar empfundene Sachverhalte anzusehen.
Diese idealistische Intuition ist aber für RORTY ganz klar nichts als ein *Konditionierungsergebnis* der herrschenden Sprachpraxis, (ebenso wie DAVIDSON hält er kognitives Bewußtsein und Sprache für untrennbar), es gibt keinen Grund a priori, demzufolge ein Gehirnprozeß von Natur aus nicht in die Klasse der `Nicht-inferentiellberichteten-Gegenstände´ fallen könnte. Da die Unterscheidung zwischen *Beobachtungstermen* und *Nicht-Beobachtungstermen* relativ zur jeweiligen Sprachpraxis ist, kann sie sich im Zuge wissenschaftlicher Forschung *verändern*, und dies gilt auch bezüglich der Dichotomie von kognitiv Privatem und Publikem.

Entscheidend kommt es aber darauf an, den *epistemologischen Sonderstatus der Privatheit* der Empfindungen als nur *theoriegebunden*, und nicht wesensmäßig, a priori, gegeben nachzuweisen:

„Wenn wir unsere intuitive Überzeugung nicht überwinden können, daß ein Bericht über einen privaten Sachverhalt (mit seiner damit verbundenen Unfehlbarkeit) nicht mit einem Bericht über einen publiken Sachverhalt (mit seiner damit verbundenen Fehlbarkeit) identifiziert werden kann, so werden wir die Behauptung ... nicht ernst nehmen können, daß die Alternative 4a) offen ist und daß daher nichts die Empfindungen daran hindert, auf dieselbe Weise und aus denselben Gründen aus dem Sprachgebrauch zu verschwinden, wie die übernatürlichen Wesen aus dem Sprachgebrauch verschwunden sind".[177]

In seiner Auseinandersetzung mit dem Dualisten K. BAIER versucht RORTY nachzuweisen, daß es die durch öffentliche Kriterien bestimmte *Sprachpraxis* ist, die gegenüber einer vermeintlich epistemologisch privilegierten Privatwahrnehmung das letzte Wort hat. Für BAIER war der Beweis der Inkompatibilität wesensmäßig von Privatem handelnder introspektiver Berichte mit von Publikem handelnden Berichten gleichzeitig der Nachweis dafür, daß die Identitätstheorie ein für allemal eine Begriffsverwirrung beinhaltet:

„Falls richtige,auf dem Enzephalographen basierende Aussagen über Smith´s Erfahrungen Smith´s introspektiven Berichten widersprechen, werden wir zu dem Schluß gelangt sein, daß er *lügt*. In diesem Sinne wird nicht länger gelten, was Smith sagt. Aber wir können natürlich nicht schließen, daß er sich irrt denn das ist Unsinn. ... *Wie gut die Evidenz auch immer sein mag, solch eine physiologische Theorie kann nie benutzt werden, um dem Leidenden zu zeigen, daß er sich geirrt hat, als er dachte, er hätte Schmerzen, denn solch ein Irrtum ist unvorstellbar.* Die epistemologische Autorität des Leidenden muß daher besser sein, als die beste physiologische Theorie je sein kann. Die Physiologie kann daher einer Person nie mehr als *Evidenz* liefern, daß jemand anderes ein Erlebnis von dieser oder jener Art hat. Sie kann nie unabhängige *Kriterien* letzter Instanz für die Aussage festlegen, daß jemand ein Erlebnis von einer bestimmten Art hat. Wenn über Gehirnprozesse gesprochen wird, so muß daher über etwas anderes gesprochen werden, als wenn über Erlebnisse gesprochen wird. Also können introspektive Berichte und das Reden über Gehirnprozesse nicht einfach verschiedene Weisen sein, über dieselbe Sache zu reden".[178]

RORTY zitiert das in SMARTs Erwiderung auf BAIER enthaltene Zugeständnis:

„Zum Beispiel könnte es passieren, daß der Apparat bei den verschiedenen Gelegenheiten, bei denen ich Schmerz verspüre, keine passenden Ähnlichkeiten cerebraler Prozesse zeigt. ... Ich muß Baier, glaube ich, zustimmen, daß, käme die gerade betrachtete Situation tatsächlich zustande, ich die Gehirnprozeßthese ablehnen müßte und vielleicht für den Dualismus eintreten würde".[179]

Das von RORTY dagegengehaltene *Szenario* sieht wie folgt aus:

in einer mit hinreichender neurophysiologischer Theorie und Technik ausgerüsteten Gesellschaft glaubt und behauptet Jones, er habe keine Schmerzen, während tatsächlich der Enzephalograph den schmerzkorrelierten Gehirnprozeß anzeigt, was Jones auch beobachtet. Entgegen BAIERs Behauptung „ein Irrtum ist unvorstellbar", würde Jones sich nämlich fragen, ob er wirklich weiß, was Schmerzen sind, d.h. ob er das

---

[177] *Mind-Body Identity, privacy, and Categories,*dt. in: Bieri (ed.), S.107;

[178] K.Baier, cit. in: ebd. S.108;

[179] J.J.C.Smart: *Brain processes and incorrigibility - A reply to Professor Baier,*1962, cit. in: ebd. S.109;

Wort `Schmerz´ gemäß der etablierten Sprachpraxis gebraucht. Im Zuge dieser Überprüfung stößt Jones alsbald auf die Schwierigkeit, zwischen
a) falschem *Sprachgebrauch*, und
b) falschem *Urteil*
zu unterscheiden, d.h.
a) einerseits einen bestimmten Sachverhalt zwar adaequat erkennen, aber nicht zutreffend beschreiben können,
b) andererseits die sprachliche Kompetenz korrekter Beschreibung bestimmter Sachverhalte, wenn sie erst als das was sie sind erkannt wurden, zu besitzen, diese aber tatsächlich nicht adaequat erkennen zu können.

Wenn es nun keine Möglichkeit gibt, zwischen diesen beiden Situationen zu unterscheiden, wird auch die Alternative von falscher Benennung und falschem Urteil hinfällig, und damit läuft auch die vermeintliche kognitive Unfehlbarkeit ins Leere: nur *wenn* zwischen falscher Benennung und falschem Urteil differenziert werden kann, ferner vorausgesetzt ist, daß keine falsche Benennung vorliegt, darf geschlossen werden, daß auch richtig geurteilt wurde.
In unserem Fall *Jones* gibt es aber gerade keine Chance, herauszufinden, ob nun a) oder b) vorliegt:
angenommen, daß Jones sich vorher noch nie verbrannt hatte, was ihm aber zum Zeitpunkt des Experimentes, da er am Enzephalographen angeschlossen ist, erstmalig geschieht - das Gerät zeigt den korrelierten Gehirnvorgang an, Jones zeigt nach außen typisches Schmerzverhalten, glaubt aber dennoch, daß er keinen Schmerz fühlt. (Andere Schmerzarten sind Jones wohlbekannt und werden von ihm entsprechend gefühlt und geglaubt).
Weiß Jones aus sprachlichem Unvermögen heraus einfach nicht, daß der Schmerzbegriff auch das neue Erlebnis einschließt, oder ist er physio-psychisch gegenüber dieser spezifischen Verbrennungsschmerzqualität immun?

Um hier weiterzukommen, müßte dann einfach die *Konvention* festgelegt werden, daß jeder, der, wenn er z.B. partiell verbrannt wird, einerseits *Schmerzbenehmen* zeigt, die entsprechenden *Neuroprozesse* ablaufen, andererseits aber aufrichtig *leugnet*, Schmerzen zu spüren, schlicht-und-ergreifend *ipso facto* nicht *verstünde*, wie >Schmerzen< *im Sprachgebrauch verwendet* werden, sein Abstreiten als *Beweis* seiner *Inkompetenz* gelten würde.
Die Unfähigkeit, den *Schmerzbegriff* in nicht-inferentiellen Berichten richtig zu gebrauchen, heißt aber nichts anderes, als *nicht zu wissen*, welche seiner Empfindungen überhaupt Schmerzen sind, d.h. die *Unfähigkeit, im Gemenge phänomenaler Qualitäten eine bestimmte Ordnung zu etablieren.*
Als *Beweis* dieser Unfähigkeit könnte *publikes Kriterium* Jones´ Abstreiten ja aber nur gelten, wenn er auch tatsächlich die fragliche Empfindung hätte, die üblicher weise als Schmerz bezeichnet wird, d.h. die Konvention beinhaltet ein, dessen Erfüllung als hinreichend angesehen wird, einem Individuum bestimmte Empfindungen zuzusprechen.

An dieser Stelle der Argumentation, bezüglich der Genese des publiken Kriteriums, bleibt RORTYs Text etwas opak, denn jenes erwächst nicht auf geheimnisvolle Weise im Kontext der Konvention, vielmehr resultiert die Sinnhaftigkeit der Konvention aus der erwarteten Zuverlässigkeit der neurophysiologischen Theorie/Technik.

Worauf es RORTY jedoch ankommt, ist, daß an dieser Stelle die *epistemische Letztbegründung* des Subjekts untergraben wird:

> „Aber wenn ein solches Kriterium existiert, so hat seine Anwendung mehr Autorität als jeder gegenteilige Bericht, den das Subjekt abgeben mag - denn ein solcher Bericht wird automatisch durch die Tatsache außer Konkurrenz gesetzt, daß er eine Demonstation darstellt, daß es nicht weiß, worüber es spricht ... Entweder ist ein Bericht über eigene Empfindungen, der ein publikes Kriterium verletzt, eine hinreichende Bedingung dafür zu sagen, daß der Berichtende nicht weiß, wie 'Schmerzen' richtig gebraucht wird, oder ein solches Kriterium existiert nicht. Wenn keines existiert, dann gibt es keinen Weg, ... die Möglichkeit zu eliminieren, daß Jones nicht weiß, was Schmerzen sind. Da nun die Wahrscheinlichkeit *a priori*, daß er es nicht weiß, ein gut Teil höher ist als die Wahrscheinlichkeit *a priori*, daß die psycho-physiologische Theorie aus Jones' Ära sich irrt, hat diese Theorie von Jones wenig zu fürchten".[180]

Zutreffend weist RORTY darauf hin, daß BAIERs Diktum „Solch ein Irrtum ist unvorstellbar" *ergänzungsbedürftig* ist:
für jemanden, *der weiß, was Schmerzen sind*, ist solch ein Irrtum unvorstellbar.

Gibt es jedoch *kein* Kriterium, zwischen falscher Benennung und falschem Urteil zu unterscheiden, befindet sich die epistemische Unfehlbarkeit im Leerlauf, und
„unsere Nachbarn werden nicht zögern, rücksichtslos über unsere Empfindungsberichte hinwegzugehen, wenn sie nicht überzeugt sind, daß wir uns unter diesen zurechtfinden, und wir können sie nicht zufriedenstellen, wenn wir nicht bis zu einem gewissen Grad dieselbe Geschichte erzählen wie sie".[(ebd.)]

Insofern also obige Konvention anerkannt wird, es damit ein publikes Kriterium für korrekten Sprachgebrauch bezüglich subjektiver Empfindungen gibt,
„folgt aus der Unfähigkeit, sich zu irren, nicht die Unfähigkeit, widerlegt zu werden".[(ebd.)]

RORTY räumt nun seinem dualistischen Kontrahenten die Möglichkeit ein, zu behaupten, daß in dem Moment, wo solche publiken Kriterien existierten, eben nicht mehr von dem gesprochen würde, was man als Schmerzen bezeichnet, diese vielmehr wesensmäßig privat sind und damit einen *eigenen Gegenstandsbereich* darstellen, Privatheit somit als *Kriterium kategorialer Abgrenzung* des Mentalen gelten muß. In diesem Sinne schreibt BAIER:
„Wir müssen sagen, daß "Ich habe Schmerzen" von 'etwas Privatem' handelt, weil wir mit dieser Bemerkung über etwas berichten, das (1) notwendig jemandem gehörig ... (2) notwendig exklusiv oder unveräußerlich ... (3) notwendig nicht durch die Sinne wahrnehmbar ... (4) notwendig asymmetrisch ist, ... (5) etwas ist, über dessen Besitz die Person, die behauptet, es zu besitzen, unmöglich irgendwelche Evidenz untersuchen, in Betracht ziehen oder abwägen könnte, obwohl andere Leute es könnten ... und schließlich etwas ist, über das die Person, deren privater Zustand es ist, letzte epistemologische Autorität besitzt, denn es gibt keinen Sinn zu sagen >Ich habe Schmerzen, falls ich mich

---

[180] Rorty: ebd. S.110f;

nicht täusche<".[181]

Auf diese Definition von Privatheit, deren Zweck ja darin liegt, gerade die und nur die Zustände auszugrenzen, die als `mental´ bezeichnet werden, kann aber entgegnet werden, daß es immer möglich ist, *beliebige* Kategorien von Ausdrücken auszuwählen, relativ zu bestimmten Sprachspielen oder Theorien jeweilige Typen von Satzrahmen aufzulisten und durchzuprobieren, in welche Satzrahmen die betrachtete Kategorie hineinpaßt, um anschließend zu behaupten, etwas von der Kategorie XY sei `notwendig A´ oder `notwendig B´ -
`A´ und `B´ stehen also dafür, daß die Ausdrücke der fraglichen Kategorie in gewissen Klassen von Satzrahmen enhalten oder nicht enthalten sind.

Wir erfahren demnach auf diese Weise zwar etwas über gewisse geltende *Sprachspiele*, zur Profilierung *wesentlicher* oder *notwendiger* Attribute ist die Methode jedoch nur bedingt geeignet. RORTYs *Gegenbeispiel* macht dies deutlich:

„Wir müssen sagen, daß `Der Teufel ist in der Ecke´ von `etwas Übernatürlichem´ handelt, weil wir mit dieser Bemerkung über etwas berichten, das *notwendig ungreifbar* ist, denn es ergibt keinen Sinn, nach der Beschaffenheit seiner Hautoberfläche zu fragen; nicht *notwendig einfach loziert* ist, denn aus der Tatsache, daß ein übernatürliches Wesen in der Ecke ist, folgt nicht, daß dasselbe übernatürliche Wesen nicht gleichzeitig auf der anderen Seite der Erdkugel ist; *notwendig unsterblich* ist, denn es ergibt keinen Sinn zu sagen, daß ein übernatürliches Wesen gestorben sei; *notwendig für Exorzisten wahrnehmbar* ist, denn es würde keinen Sinn ergeben zu sagen, daß ein Mann ein Exorzist sei und den Teufel nicht wahrnimmt, wenn er anwesend ist".[182]

Also sind Teufel keine Halluzinationen, denn Halluzinierende berichten über etwas, das
„zwar ungreifbar, aber einfach loziert, weder sterblich noch unsterblich und nicht immer wahrnehmbar für Exorzisten ist",([ebd])
und Berichte von Teufeln sind keine Berichte von Halluzinationen, da erstere von Übernatürlichem, letztere von Privatem handeln. Zu behaupten, die aufrichtigen Berichte der Exorzisten seien nur solange als die bestmögliche Informationsquelle über Teufel anzusehen, als keine intersubjektiv-theoretisch fundierteren Informationen über sie vorhanden sind, heißt den *wesensmäßig übernatürlichen Charakter* des Gegenstandsbereiches mit der *Verfügbarkeit äußerer Evidenz* zu verwechseln;

RORTYs *Reductio-ad-absurdum-Analogie* mag vielleicht überzeichnet erscheinen, ist aber insofern grundlegend treffend, als sie auf die *prinzipielle Theoriegebundenheit* von Begriffen und Beobachtungstermen abhebt, die nicht isoliert, sondern nur auf dem Hintergrund eines theoretischen Nexus oder Sprachspiels verstanden, akzeptiert oder verworfen werden können.

Im Zusammenhang der *Reduktionsproblematik* waren wir im Konzept der *Strukturalis-*

---

[181] *Smart on Sensations*, in: ebd.;
[182] ebd. S.114;

tischen Wissenschaftstheorie bereits auf den Schlüsselbegriff der *T-Theoretizität* gestoßen:

> offensichtlich sind es die *t-theoretischen* Begriffe zur Definition des Mentalen, deren t-immanente, also relative, Immunität RORTY nachweist und durch Theorien-/ Sprachspielwechsel aufzulösen vorschlägt. Da die vermeintlich wesentlichen Eigenschaften mentaler Zustände also nur die wesentlichen t-theoretischen Begriffe der von ihm kritisierten mentalistischen Bewußtseinstheorie bedeuten, wäre es ebenso sinn- wie hoffnungslos, diese immanent widerlegen zu wollen, weil ihre *Konsistenz innerhalb des gewählten begrifflichen Rahmens gesichert* bzw. vorausgesetzt ist und nur durch eine radikal-neue, neurophysiologisch-physikalische Sichtweise überwunden werden kann.

In seinem Aufsatz *Incorrigibility as the Mark of the Mental* unternimmt RORTY nun den Versuch, *einerseits* gewissen mentalistischen Intuitionen gerecht zu werden, indem er *Unkorrigierbarkeit* als das *wesentliche Kriterium* von Erste-Person-Berichten über mentale Zustände herauskristallisiert, *andererseits* die *Vereinbarkeit der Unkorrigierbarkeitsthese mit dem eliminativen Materialismus* darzulegen.

Innerhalb des mentalen Bereichs werden nun zwischen Entitäten, die *Ereignisse* sind, und solchen, die *keine Ereignisse* sind, unterschieden. Beispiele für erstere sind Gedanken und Empfindungen als individuierbare Bestandteile des Bewußtseinsstromes, während die zweite Klasse eher diffuse Entitäten wie Stimmungen, Gefühle, Meinungen, Wünsche etc. enthält, die besser als Eigenschaften des Mentalen denn als mentale Entitäten gelten sollen.

Nur die erste Klasse mentaler Entitäten erzeugt und trägt den Gegensatz von Mentalem und Physischem, und ist für die Entstehung des *Leib-Seele-Problems* konstitutiv.

Weder gibt es *ein* Kriterium, das *allen* gewöhnlich als *mental* bezeichneten Entitäten gemeinsam wäre, noch läßt sich eine *Klasse notwendiger und hinreichender Bedingungen* zur Abgrenzung des Mentalen konstruieren. RORTY sucht daher ein *Kriterium zur Profilierung* der als mentale Ereignisse definierten Gedanken und Empfindungen. Die von ihm untersuchten Kandidaten sind
- *Intentionalität*
- *Zweckgerichtetheit*
- *Nichträumlichkeit*
- *Introspizierbarkeit* (innere Wahrnehmbarkeit), und
- *Privatheit*.

Intentionalität und *Zweckgerichtetheit* kommen *nicht* in Frage, da sie auf körperliche Empfindungen nicht zutreffen. *Introspizierbarkeit* scheidet ebenfalls aus, weil zu ihrer Erklärung bereits auf den Begriff des Mentalen rekurriert werden muß, wenn etwa gewisse Wahrnehmungen der Funktionen des vegetativen Systems wie Magentätigkeit oder Pulsschlag *nicht* als Fälle innerer Wahrnehmung zählen, da ihre Objekte physischer Art sind. *Nichträumlichkeit* bleibt als konstitutives Merkmal unzureichend, weil Gedanken und Empfindungen indirekt über die sie besitzende Person durchaus sinnvoll, wenn auch vage, lokalisiert werden können, wobei diese Vagheit ebenso auf physische, nicht mentale, Merkmale wie Größe, Gewicht, Gesundheitszustand o.ä. zutrifft. Bei der Untersuchung von *Privatheit* unterscheidet RORTY im Anschluß an A.J.AYER[183] *vier Aspekte*, unter denen sich mentale Ereignisse als privat verstehen lassen:

(1) sie sind nicht kommunizierbar;
(2) sie sind auf besondere Weise zugänglich;
(3) es können nicht verschiedene Personen an ihnen teilhaben;
(4) sie sind unkorrigierbar;

(1) scheidet aus, weil mentale Ereignisse einerseits als kommunizierbar aufgefaßt werden, und andererseits, selbst falls sie es nicht wären, dies auch auf nicht-mentale Ereignisse zuträfe; letzteres gilt auch für (2) und (3), so daß schließlich *Unkorrigierbarkeit* als *konstitutives Merkmal des Mentalen* übrigbleibt:

„Mentale Ereignisse unterscheiden sich dadurch von anderen Ereignissen, daß wir hinsichtlich ihrer ein unwiderlegbares Wissen beanspruchen können. Wir verfügen über keine Kriterien dafür, Erste-Person-Berichte über gegenwärtige Gedanken und Empfindungen für falsch zu erklären, d.h. Berichte, die zum Zeitpunkt des Auftretens der Gedanken und Empfindungen gegeben werden, wohingegen wir sehr wohl über Kriterien verfügen, alle andersgearteten Berichte für falsch zu erklären".[184]

Während gängige Bestimmungsweisen Unkorrigierbarkeit im Kontext logischer Modalität und Implikation definieren[185] faßt RORTY denselben Begriff über die zeitlich und örtlich relativierten anerkannten Verfahren zur Beseitigung von Zweifeln, d.h. Unkorrigierbarkeit hängt ab von den jeweiligen *Standards einer bestimmten (wissenschaftlichen) Kultur* :

„S glaubt unkorrigierbar zum Zeitpunkt t, daß p, gdw.
1. *S* zum Zeitpunkt t glaubt, daß p;
2. es keine akzeptierten Verfahren gibt, deren Anwendung es rational erscheinen ließe zu glauben, daß nicht-p, gegeben S´s Meinung zum Zeitpunkt t, daß p."[186]

Gemäß dieser Definition gibt es aber nun *drei Arten* von Aussagen, die als unkorrigierbar gelten können, nämlich
1. A-priori-Aussagen
2. von mentalen Ereignissen berichtende Aussagen
3. Aussagen darüber, wie etwas jemandem erscheint, vorkommt, aussieht, o.ä.

Nun hält RORTY *Unkorrigierbarkeit* für ein *notwendiges und hinreichendes* Merkmal zur Definition mentaler Ereignisse, denn
„alle mentalen und nur mentalen Ereignisse seien von der Art, daß Berichte über sie unkorrigierbar

---

[183] A.J.Ayer: *Privacy*, (1959);
[184] R.Rorty: *Incorrigibility as the Mark of the Mental*, in: *The Journal of Philosophy, LXVII,*(1970), dt. in: Frank (ed.),1994, *Unkorrigierbarkeit als Merkmal des Mentalen*, (S.587-619), S.606;
[185] vgl. D.M.Armstrong (1968), G.Nakhnikian (1968);
[186] in: M.Frank (ed.), 1994, S.610;

sind".[187]

Was *A-priori-Ausssagen* anbelangt, so können sie nicht als Berichte gelten, weil sie keine Beschreibungen bestimmter (kontingenter) Sachverhalte sind.
Die ´es scheint als ob´-Aussagen wiederum sind entweder Beschreibungen von Sachverhalten und damit Beschreibungen des Mentalen, oder epistemische Enthaltungen, d.h. Weigerungen, sich auf eine bestimmte Beschreibung eines Sachverhaltes festzulegen.
Somit ergibt sich als *Definiens* zur Bestimmung mentaler Ereignisse:

„Gibt es eine Person, die unkorrigierbar an eine Aussage P glauben kann, und ist diese Aussage ein Bericht über X, dann ist X ein mentales Ereignis".[(ebd.)]

Spätere Einwände gegen RORTYs Definition von Unkorrigierbarkeit haben u.a. auf die Möglichkeit hingewiesen, die Meinungen von Personen bezüglich ihres Bewußtseins mittels wissenschaftlicher Verfahren gegebenenfalls korrigieren zu können, z.B. neurophysiologisch festzustellen, daß die retinalen Bilder einer Person nicht mit deren Bericht über ihre mentalen Bilder übereinstimmen[188] d.h. es kann etwa bei Halluzinationen die Wirklichkeitsrepräsentation fehlgehen, ohne daß der Bericht der halluzinierenden Person selbst, dies-und-jenes zu repräsentieren, falsch würde.
In diesem Sinne schlägt RORTY folgende *Präzisierung* vor:

„Es gibt keine anerkannten Verfahren, Zweifel an *p* aufzulösen, wenn *p* in ein Muster aufrichtiger Berichte des Subjekts S paßt, selbst wenn *p* nicht in eine allgemeine Theorie paßt ... und der Bericht von S, daß *p*, gilt als prima-facie-Evidenz für *p*".[189]

Nachdem RORTY mentale Ereignisse als *die* (für das Leib-Seele-Problem konstitutiven) paradigmatischen mentalen Entitäten herausgeschält und Unkorrigierbarkeit als ihr definitorisches Kriterium bestimmt hat, bleibt ihm schließlich noch aufzuweisen, daß und inwiefern die *Unkorrigierbarkeitsthese mit dem eliminativen Materialismus in Einklang zu bringen* ist.
Dies löst er auf erfrischend-lässige Weise wie folgt:

➢ Prinzipiell hält er es für eine an Aberglauben grenzende vorurteilsbelastete pathologische philosophische Manie, aus begrifflich-linguistischen oder epistemischen Charakteristika objektive ontologische Konsequenzen ziehen zu wollen, d.h. noch aus den filigransten philosophischen Begriffssskulpturen folgt in irgendeinem objektiv-naturalistischen Sinne – wenig bis gar nichts.
Daher gestattet auch Unkorrigierbarkeit keinen Schluß auf einen ontologischen Dualismus (noch auf sonst irgendein ontologisches Etwas).

➢ RORTY expliziert Unkorrigierbarkeit nicht im Kontext logischer Modalitäts- und

---

[187] ebd. S.612f;
[188] vgl. R.I.Sikora (1974);
[189] *More on Incorrigibility*, cit. nach G.Mohr, in: Frank (ed.), 1994, S.583;

Implikationsverhältnisse, da dies eine objektivistische Komponente bedeuten würde, die zu leugnen er ja antritt.[190] Das Fundament der Unkorrigierbarkeit ist nicht irgendeine objektive Eigenschaft der geistigen und/oder physikalischen Welt, sondern eine dem *Wandel unterworfene bestimmte soziale Praxis*, die bestimmte anerkannte Standards der Zerstreuung von Zweifeln bereithält, deren abhängiger Funktionswert jene ist.

> Aufgrund der Unvereinbarkeit des Mentalen und des Physischen ist es prinzipiell unmöglich,

„die Eigenschaft, das Subjekt eines unkorrigierbaren (mentale Ereignisse, RW) oder nahezu unkorrigierbaren (mentale Eigenschaften, RW) Berichtes zu sein, mit irgendeiner neurologischen Eigenschaft zu identifizieren. Denn dies ist kein Charakteristikum, das mentale Zustände gewissermaßen aus sich heraus besitzen und dessen Spiegelung man in der Neurologie finden könnte - es ist ein Charakteristikum, das ihnen aufgrund der Sprachpraxis einer Gemeinschaft zukommt. Diese Eigenschaft könnte möglicherweise aufhören, Gedanken, Meinungen, Empfindungen, Wünschen usw. zuzukommen - und in diesem Falle würden sie aufhören, *mentale* Entitäten zu sein. Auch könnte man diese Entitäten ganz und gar ablehnen. Aber man könnte nichts als Entdeckung einer neurologischen Eigenschaft betrachten, die die Eigenschaft *war*, das Subjekt unkorrigierbarer Berichte zu sein".[191]

Weil also die einzigen Merkmale, die Entitäten *aus sich heraus* besitzen und denen somit objektive Geltung zukommt, *physikalischer* Natur sind, gibt es in Wirklichkeit das Bewußtsein im Sinne einer selbständig-autochthonen Seinsregion des Mentalen *nicht*.

Dafür gibt es – neuronale Prozesse. Mentale Ereignisse sind letztlich `nichts als´ *kontingente Konventionen* eines fortschrittsfeindlichen *Sprachspiels*, welches in RORTYs alsbaldig erwarteter, besserer Welt ungehemmt aufgeklärter Materialisten nur noch den Einfaltspinseln und militanten Mystikern zu zelebrieren überlassen bleiben wird.

Wie bei allen *intersubjektivitätsbasierten* Ansätzen liegt das Problem an RORTYs These der sozialen Konstituierung des Selbst, daß die fraglichen Kompetenzen eher vorausgesetzt als in ihrer Struktur expliziert werden. Die bei den Sozialsprachphilosophen gängigen Formeln des `je immer schon XY-Seins´ lassen mitunter den Verdacht aufkommen, man habe es eher mit einer theoretischen Eskamotage denn einer tatsächlichen Problem-Lösung oder -Aufhebung zu tun.

Natürlich kann es echten wissenschaftlichen Fortschritt bedeuten, im Zuge einer neuen Theorie gewisse Entitäten als Pseudo-Entitäten, gewisse Fragestellungen als inadaequat, gewisse Probleme als *Scheinprobleme* auszuweisen. RORTY bleibt aber nicht nur von einem überzeugenden Nachweis der Inadaequatheit mentalistischer Sprechweisen/Theorien relativ weit entfernt, da er dazu erst gar nicht den Versuch unter-

---

[190] Daß er aber in diesem Punkt zumindest mit der Ablehnung der `logizistischen´ Version richtig liegt, ist darin begründet, daß human-kognitive Systeme (menschliche Bewußtseins-Unbewußtseins-Systeme) in kontingentem Maß semantisch kohärent oder inkohärent sind, d.h. menschliche Bewußtseine sind bei gegebenen Eigen- und Umweltparametern so kohärent, wie es ihrem übergeordneten System gerade paßt, und keines von beidem aus genuin logischen, sondern alltagspragmatischen Zusammenhängen.

[191] ebd. S.617;

nimmt – und tatsächlich gibt es bislang kaum hinreichende Argumente, die auch nur für die *prinzipielle Möglichkeit* einer Ersetzung mentalistischer Sprache durch physikalisch-neurophysiologisches Vokabular herhalten könnten: kurz gesagt, hinter RORTYs materialistisch-technologischer Heilserwartung steckt der *Glaube*, daß irgendwann demnächst, allerdings aus auch ihm unbekannten Gründen, eine physikalistische Sprechweise sich als die allein wahre herausstellen werde – darüberhinaus ist es eben eine seiner Pointen, auf eine genauere epistemologische Qualifizierung und Erklärung der Unkorrigierbarkeit – souverän zu verzichten.

Wie schon bei DAVIDSON übernimmt auch hier eine para-mystische Entität – die Sprachgemeinschaft – die *deus-ex-machina*-Funktion, und gewährleistet auf ungeklärte Art und Weise, daß konstitutive kognitive und epistemische Kompetenzen zur rechten Zeit am rechten Ort zur Verfügung stehen:

„Wenn Rorty sich auf eine soziale Praxis beruft, so spricht er damit den beteiligten Individuen zu, daß sie über die erforderlichen Kompetenzen faktisch verfügen. Er macht eine Voraussetzung, nach deren Explikation in der Philosophie ja gerade gesucht wird ... Sollte es Rortys Clou sein, einfach nur zu behaupten, es gebe keine weiteren Fragen? Sollen die Voraussetzungen unserer Praktiken nicht weiter aufgeklärt werden? Soll die philosophische Aufgabe par excellence also gar nicht mehr gestellt werden?".[192]

Versuchen wir, die Grundlinie in RORTYs Argumentation in wissenschaftstheoretischer Terminologie zu *reformulieren*, wird klarer, warum sein Ansatz unbefriedigend bleiben muß:

➤ Er stellt einerseits zurecht fest, daß jede Theorie gewisse konstitutive Begriffselemente, die t-theoretischen Terme, enthält, die gegen empirische Falsifizierung *beliebig immunisiert* und letztlich nur im Kontext der gesamten Theorie/des Sprachspiels akzeptiert oder verworfen werden können. Daher wäre es auch ein witzloses Unterfangen, *innerhalb eines mentalistischen Begriffsrahmens* die Mentalität eliminieren zu wollen.

➤ Andererseits ist RORTY insofern in einem *materialistischen Vorurteil* befangen, als er *physikalischen Theorien* das Privileg einräumt, Entitäten zu konstituieren, die *absolute und objektive Geltung* (was immer das sein mag) beanspruchen können, während nicht-physikalische Entitäten als provisorische, konventionsbedingte Theorieartefakte einer modifikablen Sprachpraxis aufzufassen sind. Daher verankert er *Unkorrigierbarkeit* auch nicht im Fundament ontologischer, epistemologischer oder logischer Charakteristika, sondern in 'weichen' (weil variablen) Formen der *sozialen Praxis*.

Tatsächlich müßte er zeigen, daß das mentalistische Vokabular *inadaequat* (begrifflich verworren, heuristisch unfruchtbar usw.), und eine leistungsfähigere Theorie *absehbar oder zumindest möglich* ist. Da er dies nicht kann, hat seine These der Prävalenz

---

[192] G.Mohr, in: ebd. S.585;

physikalischer Theorien *dogmatischen* Nimbus.

In diesem Sinne läßt sich seine Argumentation auf folgende Punkte *reduzieren*:

1. gewisse Begriffe (in strukturalistischer Terminologie: *T-theoretische Terme*) können nicht isoliert verstanden, verifiziert oder falsifiziert werden;
2. gewisse Theorien müssen im ganzen verworfen oder akzeptiert werden;
3. Theorien konstituieren Entitäten, deren Existenz oder Nichtexistenz mit der Akzeptanz der jeweiligen Theorie gesetzt oder aufgehoben ist;
4. also kann auch eine mentalistische Theorie/Sprachpraxis prinzipiell (mit oder ohne gute Gründe) durch eine neuro-physikalische ersetzt werden, so daß mentale Entitäten damit von der Bildfläche verschwinden;
5. nur physikalischen Objekten kommt reale Existenz zu, während mentale Objekte nur *konventionsbedingte Quasi-Fiktionen* sind, die weder ontologische noch sonstwie reale Bedeutung besitzen, so daß es Zeichen *philosophischen Aberglaubens* ist, etwas wie *Wesensgesetze* oder überhaupt objektiv verbindliche philosophische Explikationen destillieren zu wollen;

Um es abschließend noch einmal zu wiederholen:

➢ RORTY hält es aufgrund seines *Glaubens*, d.h. ohne dafür rationale Gründe angeben zu können, an die prinzipielle theoretische Überlegenheit physikalistischer Begriffssysteme, für obsolet, objektivistisch-ontologische Fundierungen epistemischer Qualitäten wie der Unkorrigierbarkeit überhaupt anzustreben. Darum bleibt ungeklärt, weshalb auf welche Weise bei welchen kognitiven Akten welcher Wahrnehmungsmodi Unkorrigierbarkeit erwächst.

➢ RORTYs Thesen, soweit sie argumentativ abgesichert sind, bleiben für das Leib-Seele-Problem einigermaßen insignifikant, und soweit sie für das Leib-Seele-Problem signifikant sind (quasi-theorienunabhängige objektive Existenz physikalischer Entitäten; prinzipielle theoretische Überlegenheit physikalistischer Begriffssysteme; quasi-fiktionaler, kontingenter Charakter mentaler Entitäten), bleiben sie einigermaßen spekulativ und alles andere als argumentativ abgesichert.

20. Funktionaler Materialismus bei Hilary Putnam und Jerry Fodor

(Biographisch-philosophische Einführungsbemerkung auf Seite 392 und 383)

Im Gegensatz zur Identitätstheorie ist der *Funktionalismus* seinem Selbstverständnis nach *ontologisch neutral* und insofern *antireduktionistisch*, als er nicht die mentale Beschreibungsebene durch die neurophysiologische ersetzen möchte, sondern *mental-psychologische* Begriffe zur Zustandsbeschreibung eines kognitiven Systems für *unverzichtbar* hält.

Ihmzufolge sind funktionale Zustände kategoriell verschieden von spezifischen materiellen, etwa Gehirnprozessen, da letztere zwar eine der möglichen Realisierungsformen darstellen können, prinzipiell aber erstere, da einer anderen ontologischen Ebene zugehörig, gegenüber ihren potentiell unendlichen konkreten Realisierungsformen indifferent sind.

Bezüglich des Funktionalismus sind verschiedene *Differenzierungsalternativen* vorgeschlagen worden. So unterscheidet BIERI[193] zwischen *semantischem* und *empirischem* Funktionalismus, wobei ersterer die stärkere Variante darstellt, weil er es zur Bedeutung mentalistischer Ausdrücke (a priori) zugehörig erachtet, daß sie funktionale Zustände bezeichnen, während letzterer es als kontingente empirische Hypothese versteht, mentale Zustände als funktionale Zustände zu interpretieren, und somit jener diesen, aber nicht dieser jenen impliziert.

In unserem Zusammenhang interessanter ist jedoch die von MARTIN CARRIER und JÜRGEN MITTELSTRASS getroffene Unterscheidung zwischen *Inter-Spezies-Funktionalismus* und *Intra-Spezies-Funktionalismus*:

Inter-Spezies-Funktionalismus vertritt das Programm einer *universalen funktionalen Begrifflichkeit*, die *speziesinvariant* auf mentale Zustände angewandt werden soll, während der *Intra-Spezies-Funktionalismus* das Postulat mental-funktionaler Universalien für implausibel hält und seine Beschreibungen entsprechend relativiert.

Prinzipiell gelten dem Funktionalismus mentale Zustände als abstrakte funktionale Zustände des organismischen Systems und sind durch ihre kausale Rolle im Informationsverarbeitungsprozeß des Organismus charakterisiert. Individuiert werden sie einerseits durch den spezifischen Stimulationskomplex, mit dem sie auf äußere Reize selektiv reagieren, d.h. bestimmte funktionale Zustände führen bei bestimmten Außenweltreizen zu bestimmten Reaktionen des Systems/Organismus, andererseits durch den spezifischen Interaktionsmodus, ihre kausale Rolle und Einbettung im Nexus der übrigen funktionalen (mentalen) Einheiten.

Mentale Zustände wie Wohlbehagen, Furcht, Schmerz usw. stehen also in jeweils charakteristischen Wirkzusammenhängen mit gewissen Reizmustern als äußeren Ursachen, gewissen *Reaktionsstereotypen* des Organismus als Verhaltenskonsequenz

---

[193] in: *Analytische Philosophie des Geistes,* Königstein/Ts.,(1981);

und wiederum gewissen weiteren in kausalem Anbindungsverhältnis stehenden mentalen Zuständen (z.B. das Verlangen sich niederzulassen, wegzulaufen, den Schmerz abzustellen o.ä.).

Der wesentliche Punkt liegt nun einfach darin, daß solche abstrakt funktionalen mentalen Zustände offenbar nicht nur dem menschlichen Bewußtsein vorbehalten, sondern ebenfalls *jedwedem anderen hinreichend differenzierten System/Organismus anzuerkennen* sind.

In diesem Sinne können Außerirdischen ebenso wie Computern durchaus Schmerzen oder Überzeugungen zugesprochen werden, auch wenn ihre Hardware mit der unserigen wenig oder gar nichts gemein hat. Da die funktionale Beschreibung *speziesinvariant* und *unabhängig von konkreten physikalischen Realisierungsformen* ist, kommt ihr insofern von vornherein höhere Plausibilität gegenüber dem identitätstheoretischen Ansatz zu, als es tatsächlich einige und höchstwahrscheinlich sehr viele informationsverarbeitende Systeme gibt, die bei unterschiedlicher physikalischer Materialisierung doch mit der gleichen psychologischen/funktionalen Theorie analysiert und beschrieben werden können.

Wären dagegen mentale Zustände wirklich mit Gehirnprozessen *identisch*, könnte jedwedes informationsverarbeitende System inklusive aller intra - und extraterristrischen Lebewesen nur und genau dann z.B. Angst empfinden, wenn der *exakt definierte neurophysiologische Zustand Z* vorläge.

Weil dies aber für *alle* mentalen Zustände und kognitiven Prozesse gilt, heißt es nicht weniger als

- *entweder* zu postulieren, daß es eine große Anzahl (nämlich ebensoviel wie individuierbare mentale Zustände) universell identifizierbarer neuraler Zustände gibt, die im Sinne der Typenidentität der jeweilige mentale Zustand *sind,*
- *oder* aber darauf zu insistieren, daß mentale Zustände eben nicht nur (bezüglich der uns bekannten Lebewesen) speziesspezifisch sind, mithin etwa Schmerzen, Hunger oder Angst bei Menschen, Pferden, Wölfen und Außerirdischen jeweils *anderes* bedeuten.

Erstere Annahme kann als hochgradig implausible, "anspruchsvolle Hypothese" (MITTELSTRASS), oder auch als schlicht abwegig bewertet werden, da die molekular-enzymatische Ausstattung und neuronale Organisation der Gehirne innerhalb und zwischen Säugern, Amphibien, Vögeln etc. hinreichend differiert, um derartige Optionen entweder als inhaltslos oder haltlos zu erweisen, *letztere* Folgerung, als Konsequenz der Anbindung des Mentalen an die Neurophysiologie als notwendigen (aber nicht hinreichenden) Kriteriums, bedeutet eine kontraintuitiv-willkürliche Auflösung psychologischer Klassen- und Begriffsbildung.

Demgegenüber ist der Funktionalismus nicht nur mit sämtlichen behavioristischen oder mentalistischen Psychologien verträglich, vielmehr sind diese als konstitutive Elemente funktionaler Beschreibung unabdingbar. Seine Indifferenz gegenüber spezifisch materieller Umsetzungsform, seine beanspruchte ontologische Neutralität sowie die logische Stringenz des gesamten funktionalistischen Ansatzes wird begründet durch

den paradigmatischen Begriff der *Turing-Maschine* (*TM*, nach dem englischen Mathematiker ALAN MATHISON TURING).
Diese ist ein abstraktes, idealisiertes Automatenmodell, mit dem sich der Begriff des mechanischen, algorithmischen Rechenverfahrens präzisieren läßt.
Die *Komponenten* der *TM* sind
1. das beidseitig unendliche Arbeitsband;
2. die Steuereinheit;
3. der Lese-/Schreibkopf;
die *Grundoperationen* der *TM* sind einfach:
- Lesen und gegebenenfalls Überschreiben des bearbeiteten Feldes auf dem unterteilten Arbeitsband,
- Bewegen des Lese-/Schreibkopfes um eine Einheit nach links oder rechts.

Da die potentielle Mechanik der *TM* denkbar unproblematisch (respektive der Unendlichkeit des Arbeitsbandes) und die Arbeitsweise einfach ist, also an ihre potentiellen materiellen Realisierungsformen nur triviale Anforderungen gestellt und selbige somit irrelevant sind, erhält eine *TM* ihre Charakteristik und Komplexität durch ihr (in der Steuereinheit installiertes) *Programm*, das die Zustandsübergangsfunktionen vorschreibt und damit eine jeweilige spezielle TM definiert.

Daß dabei trotz der Einfachheit von Mechanik und Grundoperationen die *TM* eine Konstruktion von großer Mächtigkeit ist, da sie *sämtliche überhaupt berechenbaren* Zeichenketten verarbeiten kann, macht sie zu einem Instrument von großer inhaltlich-begrifflicher Effizienz mit schier unbegrenztem Einsatzspektrum.
Für den Funktionalismus ist das Konzept der *TM* dahingehend schlichtweg konstitutiv, als er nur solche psychologischen Theorien als adäquat anerkennt, die sich in der Sprache von *TM*-Programmen ausdrücken lassen. Diese Forderung gewährleistet einerseits die angestrebte logische Kohärenz und andererseits die *prinzipielle Unabhängigkeit von konkreten Materialisierungsformen*, so daß funktional spezifizierte Zustände niemals mit ihren physikalischen Instantiierungen identisch, sondern vielmehr von diesen kategoriell verschieden sind.

Einer der maßgeblichen Vertreter des funktionalistischen Ansatzes, HILARY PUTNAM, liefert mit *The nature of mental states*,[194] einen wichtigen Diskussionsbeitrag, auf den hier näher eingegangen werden soll.
Entscheidenderweise sind es keine philosophischen A-priori-Argumente, sondern Plausibilitätserwägungen, die PUTNAM zur funktionalistischen Deutung mentaler Zustände veranlassen:
„Tatsächlich wird meine Strategie sein zu zeigen, daß Schmerz *kein* Gehirnzustand ist - nicht aus Gründen *a priori*, sondern aus dem Grund, daß eine andere Hypothese plausibler ist ... ich werde behaupten, daß Schmerz kein Gehirnzustand im Sinne eines physikalisch-chemischen Zustands des Gehirns (oder sogar des gesamten Nervensystems), sondern eine ganz andere *Art* von Zustand ist. Ich werde die Hypothese vorschlagen, daß Schmerz oder der Zustand des Schmerzhabens ein funktiona-

---

[194] 1975, dt. in: Bieri (ed.)1981;

ler Zustand eines ganzen Organismus ist".[195]

PUTNAM führt nun den Begriff des *Probabilistischen Automaten* ein, der sich dadurch von einer klassischen Turingmaschine unterscheidet, daß die Wahrscheinlichkeiten der Zustandsübergänge nicht auf 0 und 1 deterministisch begrenzt sind, sondern verschiedene Werte im Intervall [0,1] annehmen können. Die Hypothese, daß Schmerzempfindungen `nichts als´ funktionale Zustände des jeweiligen Organismus sind, wird dann folgendermaßen ausformuliert:

(1) Alle zu Schmerzempfindungen befähigten Organismen sind Probabilistische Automaten.

(2) Für alle zu Schmerzempfindungen befähigten Organismen existiert jeweils mindestens *eine* Beschreibung „einer bestimmten Art, (d.h. Schmerz empfinden zu können, *ist*, eine angemessene Art funktionaler Organisation zu besitzen)".[(ebd.)]

(3) Kein zu Schmerzempfindungen befähigter Organismus kann in weitere Teilsysteme zerlegt werden, für die jeweils ebenfalls die in (2) geforderten Beschreibungen existieren.

(4) Alle in (2) geforderten Beschreibungen bekommen jeweils eine Unterklasse von sensorischen Inputs zugeordnet derart, daß jeder Organismus mit solcher Beschreibung genau dann eine Schmerzempfindung hat, wenn Teile seines sensorischen Inputs Elemente dieser Unterklasse sind.

PUTNAM räumt ein, daß seine Hypothese mit einiger Vagheit behaftet ist, hält sie aber für profilierter und der „mathematischen und empirischen Forschung weitaus zugänglicher" als zeitgenössische physikalisch-chemische Zustandshypothesen.
Desweiteren scheint er für die *Inter-Spezies*-Variante zu optieren, wenn er schreibt:
„Tatsächlich heißt, diese Hypothese zu untersuchen, `mechanische´ Modelle von Organismen zu produzieren - und ist das nicht in einem gewissen Sinn das, wovon die Psychologie handelt? Natürlich wird der schwierige Schritt sein, von Modellen zu *spezifischen* Organismen und von da zu einer *Normalform* für die psychologische Beschreibung von Organismen überzugehen - denn das ist es, was erforderlich ist, um (2) und (4) präzise zu machen".[(ebd.)]

Offenbar denkt sich PUTNAM die *Normalform* als speziesinvariante Beschreibung eines abstrakten Organismus, wobei die Komplexitätsunterschiede der fraglichen Systeme wahrscheinlich im Sinne eines *Implikationsverhältnisses* `von unten nach oben´ verstanden werden, d.h. die funktionalen Prinzipien einfacher Systeme gelten uneingeschränkt auch für komplexere Systeme, aber nicht umgekehrt.
Daß dies eine *mindestens problematische* Annahme darstellt, dürfte klar sein, wenn z.B. nicht auch nur ein einziger Aspekt des Hundeverhaltens erschöpfend mit Tintenfischpsychologie, oder des Menschenverhaltens mit Hundepsychologie erklärbar ist.
Gegenüber dem Vertreter der *Gehirnzustandshypothese* macht PUTNAM das bereits oben angesprochene *Argument der Implausibilität neurophysiologischer Universalia* geltend:

---

[195] ebd. S.127f;

„Man überlege sich nur, was der Gehirnzustandstheoretiker tun muß, um seine Behauptungen zu begründen. Er muß einen physikalisch-chemischen Zustand spezifizieren dergestalt, daß *jeder* Organismus (nicht nur ein Säugetier) dann und nur dann Schmerzen hat, wenn er (a) ein Gehirn von angemessener chemisch-physikalischer Struktur besitzt; und wenn (b) sein Gehirn sich in diesem physikalisch-chemischen Zustand befindet. Das heißt, daß der fragliche physikalisch-chemische Zustand ein möglicher Zustand des Gehirn eines Säugetieres, eines Reptils, einer Molluske (Seepolypen sind Mollusken und empfinden gewiß Schmerz) etc. sein muß. Zur gleichen Zeit darf er *kein* möglicher (physikalisch möglicher) Zustand des Gehirns eines physikalisch möglichen Wesens sein, das keinen Schmerz empfinden kann. Selbst wenn solch ein Zustand gefunden werden kann, muß es nomologisch gewiß sein, daß er auch ein Gehirnzustand jeden außerirdischen Lebens, das gefunden werden kann, sein wird, das in der Lage ist, Schmerz zu empfinden, bevor wir auch nur die Annahme erwägen können, daß es Schmerzen *haben* könnte".[196]

Darüberhinaus stellt PUTNAM klar, daß die Gehirnzustandshypothese in dem Moment als gescheitert angesehen werden muß, wo ein bestimmtes psychologisches Prädikat (z.b.>hungrig<) sowohl etwa auf Säugetiere ebenso wie auf Seepolypen angewendet werden kann, dessen neuronales Korrelat hierbei kaum sich als identisch herausstellen dürfte.

Als positives Argument für den Funktionalismus betont PUTNAM, daß mentale Zustände wie Hunger, Schmerz, Zorn etc. aufgrund des entsprechenden *Verhaltens* des jeweiligen Organismus zugeschrieben werden, wobei Ähnlichkeiten im Verhalten der Lebewesen vielmehr für die Annahme einer strukturell-funktionalen Analogie in der Organisation der beobachteten Systeme, als für die Übereinstimmung in irgendwelchen physikalischen Details sprechen.

Da die verschiedenen psychischen Zustände durch unterschiedliche *Übergangswahrscheinlichkeiten* im Verhaltensnetzwerk charakterisiert und identifiziert werden, und ein mentales Prädikat wie z.B. >durstig< einem Organismus nicht zugesprochen würde, wenn dieser die dafür typischen Verhaltensmuster, innerhalb eines Variationsspielraumes, vermissen ließe, ist für PUTNAM die Möglichkeit psychischer Zustände und Verhaltens (als einer *Struktur*, nicht einer chaotischen Anhäufung von Aktionen und Reaktionen) prinzipiell an das Vorhandensein funktionaler Organisation gebunden.

Und falls es gelänge, spezies-*invariante* psychologische Gesetze zu entdecken, d.h. eine *Normalform speziesinvarianter psychologischer Theorien* bereitzustellen, würde dies ermöglichen, Beschreibungen der spezifischen Art von funktionaler Organisation zu liefern, die für einen spezifischen psychischen Zustand (PUTNAM zufolge) sowohl notwendig als auch hinreichend ist, kurz es stünde damit eine präzise Definition von >psychischer Zustand< zur Verfügung.

Während der Inter-Spezies-Funktionalismus PUTNAMs auf die Entdeckung funktionaler Universalien, der *Normalformen*, hofft und angewiesen ist, geht es dem *Intra-Spezies-Funktionalismus*, wie er von JERRY FODOR[197] vertreten wird, vornehmlich um die *Autonomie der psychologischen Begrifflichkeit* gegenüber den neurophysiologi-

---

[196] ebd. S.130;
[197] 1975;1981;1987;

schen Gesetzen.
FODORs maßgebliche Position soll im folgenden dargestellt werden.

In *Reduction and Unity of Science* heißt es:
„Reductionism is the view that all the special sciences reduce to physics".
Da er den reduktionistischen Anspruch als verfehlt kritisieren will, muß FODOR
zunächst klarstellen, was unter Reduktion zu verstehen ist. Betrachten wir folgende
Ausdrücke :

(1) $S_1 x \rightarrow S_2 y$

(2a) $S_1 x \Leftrightarrow P_1 x$

(2b) $S_2 y \Leftrightarrow P_2 y$

(3) $P_1 x \rightarrow P_2 y$

(1) und (3) sollen Gesetze der jeweiligen speziellen, zu reduzierenden (1) bzw. der
basalen, reduzierenden physikalischen Theorie (3) sein, während (2) Brücken*gesetze*
formuliert. Damit Gesetz (1) auf Gesetz (3) reduziert wird, muß es sich FODOR
zufolge *notwendiger- und hinreichendermaßen* auch bei (2) um Gesetze handeln, und
um eine Theorie *S vollständig* auf ein Theorie *P* zu reduzieren ist es notwendig und
hinreichend, daß *alle* Gesetze von *S* derart auf *P* reduzierbar sind, d.h. *jedem* Prädikat
von *S* muß via gesetzesartigem Brückenprinzip ein entsprechendes Prädikat in *P*
zugeordnet werden.
Daß es sich dabei um *Gesetze* handeln soll impliziert, daß *Artbezeichnungen* miteinander verknüpft werden, wobei es sich um theoriebestimmte theoretische oder Beschrei-
bungsprädikate handeln muß: z.B. gehören beobachtbare Eigenschaften wie >befindet
sich im 100-Meter-Umkreis der Hagia Sophia< weder zum theoretischen noch zum
Beobachtungsinventar zulässiger Prädikate in irgendeiner Theorie, da solche Eigenschaften keine natürlichen Arten (*natural kinds*) determinieren.
Für eine Reduktion der Psychologie auf Neurophysiologie ist also die starke Anforde-
rung zu stellen, daß es eine *gesetzesartige Abbildung der jeweiligen Artbezeichnungen
von Prädikat zu Prädikat* gibt:
„If psychology is reducible to neurology, then for every psychological kind predicate there is a
coextensive neurological kind predicate, and the generalization which states the coextension is a
law".[198]

Eine solche Entsprechung darf jedoch als hochgradig unplausibel gelten:

„There are no firm data for any but the grossest correspondence between types of psychological states
and types of neurological states, and it is entirely possible that the nervous system of higher organisms
characteristically achieves a given psychological end by a wide variety of neurological means. It is
also possible that given neurological structures subserve many different psychological functions at
different times, depending upon the character of the activities in which the organism is engaged". [ebd.]

Abgesehen davon, daß neurologische und psychologische Kategorien/Arten nicht

---

[198] J.Fodor: *Representations,*1981, S.135f;

systematisch koextensiv sind, können gegebenenfalls vorliegende zufällige Koextensionen nicht gesetzesartig (*lawful*) sein, denn:

„it seems increasingly likely that there are nomologically posssible systems other than organisms (viz.,automata) which satisfy the kind predicates of psychology but which satisfy no neurological predicates at all ... there can be no serious hope that the class of automata whose psychology is effectively identical to that of some organism can be described by *physical* kind predicates".[(ebd.)]

Das Verhältnis zwischen reduzierter und reduzierender Theorie denkt sich FODOR im Sinne einer Verknüpfung von Artbezeichnungen einerseits, mit heterogenen und unsystematischen Disjunktionen von Prädikaten andererseits, also etwas wie:
$$S\,x \Leftrightarrow P_1 x \vee P_2 x \vee P_3 x \vee ... \vee P_n x\,.$$

Hierbei steht die rechtsseitige Disjunktion wohlgemerkt *nicht* für eine Artbezeichnung der reduzierenden (`starken') Theorie, und aus diesem Grund handelt es sich bei den Brückenprinzipien auch nicht (zumindest nicht durchgängig) um *Gesetze*, weil für diese die durchgängige eins-zu-eins-Verknüpfung der jeweiligen Artprädikate als notwendige Bedingung gefordert war.

Daß die reduzierenden Prädikate als heterogen und unsystematisch aufgefaßt sind, bedeutet, daß sie eben nicht *per se* einer neurophysiologischen Charakterisierung und Klassifikation zugänglich sind, sondern aufgrund ihrer Anbindung an die psychologischen Artbezeichnungen höchstens eine *funktionale* Äquivalenzklasse bilden.

Zur Verdeutlichung des Gesamtzusammenhangs von psychologischer und physikalischer Theorie gibt FODOR folgendes Schema :

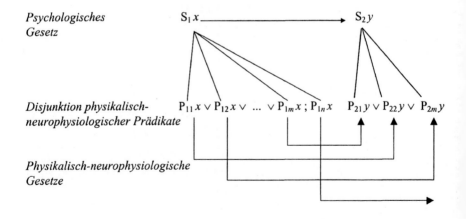

Psychologisches Gesetz

$S_1 x \longrightarrow S_2 y$

Disjunktion physikalisch-neurophysiologischer Prädikate

$P_{11} x \vee P_{12} x \vee ... \vee P_{1m} x\,; P_{1n} x \qquad P_{21} y \vee P_{22} y \vee P_{2m} y$

Physikalisch-neurophysiologische Gesetze

Das von FODOR thematisierte Überkreuzen der psychologischen und physikalischen

Kategorien/Arten wird hier leicht erkennbar. Wenn aber das `alte´ Gesetz

(1) $S_1 x \rightarrow S_2 y$ in der neuen, reduzierenden Theorie die Form von

(5) $P_{11}x \vee P_{12}x \vee ... \vee P_{1m}x \rightarrow P_{21}y \vee P_{22}y \vee ... \vee P_{2m}y$

annimmt, dann handelt es sich offenbar nicht mehr um ein *Gesetz*, da weder Antezedens noch Konsequens physikalische Artbezeichnungen darstellen.[199]

In FODORs Schema wird auch die Möglichkeit von *Ausnahmen* des psychologischen Gesetzes (1) verdeutlicht, nämlich durch das Prädikat P_{1n}, welches zwar (direkt) mit S_1, aber nicht (indirekt) mit S_2 verbunden ist und seitens der reduzierenden Theorie keine Ausnahme induziert, weil es hier kein (1) entsprechendes Gesetz gibt:
„in this case, we need assume no exceptions to the laws of the *reducing* science since, by hypothesis, formula (5) is not a law".[200]

Betrachtet man FODORs Behandlung des Verhältnisses von Psychologie und Neurophysiologie hinsichtlich der Reduktionsthematik, so fällt zunächst auf, daß er ungewöhnlich starke Bedingungen für Reduktion stellt, die weit über das hinausgehen, was etwa im strukturalistischen Rahmen (s.o.) als sinnvolle Forderung an erfolgreiche Reduktion angesehen wird. CARRIER/MITTELSTRASS weisen also berechtigt darauf hin, daß
„Fodors Verschärfung des Reduktionsbegriffs auch bei Beschränkung auf physikalische Sachverhalte inadäquat"[201] erscheint.[202]

Vielleicht noch deutlicher konturiert sich FODORs Postulat der Eins-zu-eins-Entsprechung von Prädikaten und Klassenbegriffen im Beispiel etwa einer animistischen, von allerlei Dämonen und ihren Handlungsgehilfen bevölkerten `Protophysik´:
um einen intelligenten, wissenschaftstheoretisch-fodorianisch geschulten Medizinmann zur modernen Physik zu bekehren bzw. eine erfolgreiche Reduktion zu gewährleisten, müßte demnach *jedem* Artbegriff der animistischen Theorie (z.B. jedem einzelnen Dämon in kombinatorischer Variation mit seinen diversen Hilfskräften etc.) eine spezifische physikalische Kategorie o.ä. entsprechen!
Gegenteiligerweise besteht aber *theoretischer Fortschritt* gerade in der *Reduzierung theoretischer Pseudoentitäten* bei gleichzeitiger Erhaltung oder gar *Erweiterung der Menge intendierter Anwendungen* (s.o.).

---

[199] Darüberhinaus hält Fodor disjunktive Verursachungsbeschreibungen wie:">Entweder es regnet morgen oder ein Stein fliegt durchs Fenster<, dann folgt >entweder die Erde wird naß oder die Glasscheibe zerbricht< ", nicht für adäquate Gesetzesformulierungen.

[200] ebd. S.142;

[201] M.Carrier/J.Mittelstraß: *Geist, Gehirn, Verhalten,* 1989, S.77;

[202] z.B. wird in der Reduktion der Thermodynamik auf die Statistische Mechanik durchaus einem einzelnen thermischen Zustand (d.h. einer bestimmten Temperatur) eine Vielzahl mechanischer Zustände (Permutationen molekularer Energiezustände) zugeordnet, also einem festen Temperaturwert eine Disjunktion von Mikrozuständen.

Desweiteren stellen CARRIER/MITTELSTRASS heraus, daß der Ausdruck (5) die in FODORs Schema enthaltenen Zusammenhänge unvollständig wiedergibt, da nämlich jedes Prädikat P_{1i} gesetzmäßig mit einem Prädikat P_{2j} verknüpft ist, und man somit einen Ausdruck wie

(6) $(P_{11} \rightarrow P_{22}) \vee (P_{12} \rightarrow P_{2m}) \vee \dots \vee (P_{1m} \rightarrow P_{21})$

erhält, womit auch klar wird, inwiefern die reduzierende Theorie reichhaltiger als die reduzierte ist, da letztere ebendiese Zusammenhänge nicht auszudrücken vermag.

Es ist daher CARRIER/MITTELSTRASS zuzustimmen in ihrer Einschätzung, daß FODOR eine eher *schwache Variante des Antireduktionismus* vertritt, wenn er den Reduktionismus nur dadurch scheitern lassen kann, daß er unrealistisch starke (um nicht zu sagen sinnlose) Anforderungen an den Reduktionsbegriff stellt: tatsächlich liefert sein Modell eine *gelungene* Reduktion der Psychologie auf die Neurophysiologie.

Dabei betont FODOR völlig zurecht die Unmöglichkeit, spezifische Kategorien bestimmter Theorien auf anderen Ebenen anderer Theorien sinnvoll zu reproduzieren: der durch *Greshams Gesetz* ('schlechtes Geld verdrängt gutes Geld') bezeichnete Zusammenhang monetären Verhaltens läßt sich wohl kaum etwa auf physikalischer Ebene sinnvoll formulieren. Aber erstens folgt aus der Inkompatibilität der Kategorien/Artbezeichnungen unterschiedlicher Theorien nicht die Notwendigkeit einer kategorialen Entsprechung für eine erfolgreiche Reduktion, und zweitens kann eine erfolgreich reduzierende Theorie die bislang als explikativ substantiell (d.h. erklärungsträchtig) geltenden Kategorien einer reduzierten Theorie zu künftig obsoleten Pseudoentitäten degradieren.

Unverzichtbar bleibt für den Intra-Spezies-Funktionalismus die Heraushebung der *Intentionalität* als Charakteristikum des Mentalen. Dieser Terminus stammt von FRANZ BRENTANO[203] und meint das *Auf-etwas-gerichtet-Sein* psychischer Akte. Entscheidend ist dabei, daß das Zielobjekt des psychischen Aktes oftmals kein real existierendes ist, es mithin nur als vorgestelltes Objekt oder Sachverhalt im intentionalen Akt vorhanden ist, welche *meta-faktische* Daseinsweise von BRENTANO als bereits in der *Scholastik* thematisierte *intentionale Inexistenz* herausgestellt wird:

„Jedes psychische Phänomen ist durch das charakterisiert, was die Scholastiker des Mittelalters die intentionale (auch wohl mentale) Inexistenz eines Gegenstandes genannt haben, und was wir ... die Beziehung auf einen Inhalt, die Richtung auf ein Objekt (worunter hier nicht eine Realität zu verstehen ist), oder die immanente Gegenständlichkeit nennen würden. Jedes enthält etwas als Objekt in sich, obwohl nicht jedes in gleicher Weise. In der Vorstellung ist etwas vorgestellt, in dem Urteile ist etwas anerkannt oder verworfen, in der Liebe geliebt, in dem Hasse gehaßt, in dem Begehren begehrt usw. Diese intentionale Inexistenz ist den psychischen Phänomenen ausschließlich eigentümlich. Kein physisches Phänomen zeigt etwas Ähnliches. Ubnd somit können wir die psychischen Phänomene definieren, indem wir sagen, sie seien solche Phänomene, welche intentional einen Gegenstand in sich enthalten".[204]

---

[203] *Psychologie vom empirischen Standpunkt*,1874;
[204] ebd. S.115;

EDMUND HUSSERL hat später auf die Notwendigkeit der Differenzierung unterschiedlicher Intentionalitätsformen hingewiesen:

„Nur Eins halten wir als für uns wichtig im Auge: daß es wesentliche spezifische Verschiedenheiten der intentionalen Beziehung ... gibt. Die Weise, in der eine ˋbloße Vorstellung′ eines Sachverhalts diesen ihren ˋGegenstand′ meint, ist eine andere, als die Weise des Urteils, das den Sachverhalt für wahr oder falsch hält. Wieder eine andere ist die Weise der Vermutung und des Zweifels, die Weise der Hoffnung oder Furcht ...; der Entscheidung eines theoretischen Zweifels (Urteilsentscheidung) oder eines praktischen Zweifels (Willensentscheidung im Falle einer abwägenden Wahl); der Bestätigung einer theoretischen Meinung (Erfüllung einer Urteilsintention) oder einer Willensmeinung (Erfüllung der Willensintention) usw. Gewiß sind, wo nicht alle, so die meisten Akte komplexe Erlebnisse, und sehr oft sind dabei die Intentionen selbst mehrfältige".[205]

Ferner bestreitet HUSSERL, daß Intentionalität auf *alle* Erlebnisse zutrifft:

„Daß nicht alle Erlebnisse intentional sind, zeigen die Empfindungen und Erlebniskomplexionen. Irgendein Stück des empfundenen Gesichtsfeldes, wie immer es durch visuelle Inhalte erfüllt sein mag, ist ein Erlebnis, das vielerlei Teilinhalte in sich fassen mag, aber diese Inhalte sind nicht etwa von dem Ganzen intendierte, in ihm intentionale Gegenstände".[206]

Demzufolge wäre Intentionalität zwar *hinreichendes*, aber *nicht notwendiges* Kriterium des Mentalen, während wiederum für BRENTANO auch Schmerz-und Farbwahrnehmungen intentional sind, da sie stets *von etwas* handeln.

Daß in solchen Fällen die Gegebenheitsweise des intentionalen Objekts äußerste Diffusionsgrade erreichen kann, welche die Rede von gerichteten psychischen Akten ins Leere laufen läßt, scheint diesbezüglich allerdings klar gegen BRENTANO zu sprechen. Worauf es in unserem Zusammenhang jedoch vornehmlich ankommt, ist, daß BRENTANOs These von RODERICK CHISHOLM (*Sentences about Believing*, 1955) aufgegriffen und, paradigmatisch für den *semantic ascent* innerhalb der analytischen Philosophie, sprachphilosophisch reformuliert wurde, so daß statt von *intentionalen Akten* nun von *intentionalen Sätzen* die Rede ist.

In dieser Form lautet BRENTANOs These, daß nur physische Phänomene sich in *nicht-intentionaler Sprache* adäquat ausdrücken lassen.

Diese kann insofern als gesicherte Erkenntnis gelten, als sämtliche Programme, intentionale Diskurse auf rein physikalistische, nicht-intentionale Diskurse zu reduzieren, wesentlich gescheitert sind.[207]

Vorausgesetzt, daß intentionale Sätze letztlich *intensionale* Sätze sind,[208] könnte dies allerdings dann eine Einschränkung der Brentanoschen bzw. Chisholmschen These bedeuten, wenn es intensionale Kontexte gäbe, die *wesentlich* vom Bereich des Mentalen unabhängig wären:

„Chisholms Gedanke, daß sich Brentanos These auf der Ebene von Sätzen reformulieren läßt, ist vielleicht nicht haltbar, da sich Intensionalität auch in Kontexten – beispielsweise modalen Kontexten

---

[205] *Logische Untersuchungen* II/1, S.367;

[206] ebd. S.369;

[207] So hatte der frühe Carnap die Extensionalitätsthese vertreten, und im *Aufbau* (1928), dessen Bedeutung als frühes Paradigma der K.I. u.a. von R.Kese (1986) herausgestellt wurde, eine extensionale Rekonstruktion phänomenaler Entitäten versucht.

[208] s. D.C.Dennett: *Content and Consciousness*;

– findet, die mit mentalen Phänomenen nichts zu tun haben".[209]

Demgegenüber kann allerdings eingewendet werden, daß intensionale Logiken bekanntlich (s.o.) nicht auf extensionale Logiken reduzierbar sind, eben weil sie auf Intensionen rekurrieren, welche durch Extensionen niemals hinreichend determiniert werden und ferner notwendigerweise durch mentale Phänomene vermittelt sind, d.h.: nicht *intentionale* mentale Phänomene sind auf einen allgemeineren (vom Bereich des Mentalen unabhängigen) Begriff von Intensionalität zurückführbar, vielmehr umgekehrt gibt es derivative intensionale Kontexte außerhalb des mentalen Kontextes, weil dieser Intensionen liefert, auf welchen jene operieren.

Eine begrifflich-terminologische Präzisierung des Verhältnisses von Extension und Intension wird nochmals in Kapitel 50 erfolgen, an dieser Stelle nur soviel:
die auf eine Anregung CARNAPs zurückgehende Konzeption insbesondere von D.LEWIS und R.MONTAGUE (später von PUTNAM als *Kalifornische Semantik* tituliert), Intensionen als *Quer-welt-ein-Funktionen* zu definieren, ist als *derivativ-sekundäre Verwendung* des Intensionsbegriffs zu verstehen.
In dieser Konzeption besteht die zusätzliche Leistung der Intension eines Designators gegenüber der Extension darin, nicht nur für die tatsächliche, sondern für alle möglichen Welten die Extension des jeweiligen Designators festzulegen;
entsprechend sind z.B. zwei Prädikate genau dann intensionsgleich, wenn sie in allen möglichen Welten extensionsgleich sind, d.h. Intensionen sind hierbei nicht als eigenständige Bedeutungen, (etwa im Sinne turingbasierter Wiener-Maschinen, s. Kapitel 50), sondern Zuordnungsvorschriften, Funktionen gefaßt, deren Definitionsbereich die Klasse W der möglichen Welten ist. Die Intension eines Designators D ist dann diejenige Funktion f_D, die jeder möglichen Welt w aus W die Referenz oder Extension von D in w zuordnet: die Intension eines Eigennamens (der Carnapsche *Individualbegriff*) ordnet als Funktion jeder möglichen Welt genau ein Individuum zu; die Intension eines Satzes (die *Proposition*) ordnet als Funktion jeder möglichen Welt einen Wahrheitswert (*wahr* oder *falsch*) zu, je nachdem, ob die fragliche Proposition in der jeweiligen Welt realisiert ist oder nicht. Hierbei ergeben sich demnach die Extensionen als Auswertungen der Intensionsfunktionen an einem bestimmten >Punkt< w_j des Universums möglicher Welten W.
Die Tatsache, daß in dieser Interpretation >Intensionen< gegenüber den epistemologisch obskureren Bedeutungen in scheinbar klarerer Form via mathematischer Funktion erscheinen, darf nicht darüber hinwegtäuschen, daß es auch hier wiederum Bedeutungen sind, die das >Herausgreifen< der entsprechenden extensionalen Objekte innerhalb der jeweiligen Welt w determinieren.

Darüberhinaus bleibt fraglich, ob sich die phänomenologische Spezifität von Intentionalität mittels eines allgemeinen Intensionalitätsbegriffs adäquat fassen läßt:

---

[209] P.Bieri, (ed.),1981, S.141;

„Der Versuch, den phänomenologischen Begriff der Intentionalität auf den des intensionalen Sinnes und der Intension, wie er in der nachklassischen Semantik expliziert wird, zurückzuführen, greift zu kurz. Intentionalität ist ein universaler Titel, unter dem nicht nur die Auffassung von Intensionen zur Beschreibung gelangt, sondern auch die Formen präprädikativer perzeptiver Auffassung und die Auffassung von formalontologischen Gegenständen...Es wäre aber eine eine petitio principii, wenn aus der Applikation des formalistischen Grundgerüstes auf den Begriff der Intentionalität der Schluß gezogen würde, daß Intentionalität damit auf Begriffe, die anderen Interpretationen des Grundgerüstes zugrunde liegen, etwa auf den konzeptualistisch oder sogar realistisch gedeuteten Begriff möglicher Welten, zurückgeführt werden könnte".[210]

Wenn oben gesagt wurde, daß für FODORs Funktionalismus-Variante Intentionalität einen unverzichtbaren Bestandteil bildet, so ist damit allerdings noch nichts über jene *phänomenalen Qualia* gesagt, die offenbar die Erklärungskompetenz des Funktionalismus überschreiten (sie sind u.a. das Thema THOMAS NAGELs und sollen uns weiter unten beschäftigen):

„The functionalist story is not in fact equally plausible in its application to qualitative phenomena and to propositional attitudes ... Functionalism applies only to kinds whose defining properties are relational ... It seems to me ... that functionalism does not provide an adequate account of qualitative content; that, in fact, we have no adequate materialist account of qualitative content ... I shall simply assume that the functionalist program applies at most to the analysis of propositional attitudes".[211]

Um nun aber Intentionalität erfassen zu können, muß das *TM*-funktionalistische Konzept um eine *Representational Theory of Mind* (RTM) erweitert werden:

„Neither functionalism nor the notion of Turing-machine-normal-form provides for a theory of intensionality. What ... you need to account for in intensionality is the notion of mental representation".[212]

Diese *RTM* basiert auf folgenden grundlegenden Annahmen:
a) Zustände propositionaler Einstellungen sind relational;
b) diese Relationen bestehen zwischen Organismen als kognitiven Systemen und ihren mentalen Repräsentationen;
c) mentale Repräsentationen sind Symbole, d.h. sie weisen sowohl formale als auch semantische Eigenschaften auf;
d) die kausalen Rollen mentaler Repräsentationen werden durch deren formale Eigenschaften bestimmt;
e) propositionale Einstellungen erben ihre semantischen Eigenschaften von denjenigen mentalen Repräsentationen, die ihre Objekte sind;

FODOR zufolge haben es psychologische Gesetzmäßigkeiten mit *propositionalen Einstellungen*[213] zu tun, und zwar dieses aufgrund des *Gehaltes* der propositionalen Einstellungen:
➤ X′s Wahrnehmung von A ist ein Grund für X auch zu glauben, daß A;

---

[210] T.M.Seebohm: *Philosophie der Logik*, 1984, S.243f;

[211] Fodor 1981, S.16f;

[212] ebd. S.20;

[213] „empirical generalizations about mental states ... can´t be formulated in the vocabulary of neurological or physical theories; neurology and physics don´t ... provide projectible kind-predicates" (ebd. S.25);

➢ X´s Wunsch, daß B, ist Grund für X, Handlungen zur Herbeiführung von B zu unternehmen, etc;

Einstellungen der Alltagspsychologie sind somit methodologisch einwandfreie theoretische Entitäten, die in einer wissenschaftlichen kognitiven Psychologie konsistent eingebettet werden können. Propositionale Einstellungen und ihre semantischen Gehalte sind dabei ohne Rekurs auf Intentionalität schlechterdings nicht adäquat faßbar, ohne den Gebrauch intentionaler Sätze nicht formulierbar:

„I think it is probably true that, whereas we could (but wouldn´t) maintain *any* scientific theory even in the face of vastly and amittedly recalcitrant data, we actually *would* hold onto intentional explanation come what may intentional concepts provide a framework for explanations which are, no doubt, empirical, but which I, at least, can´t imagine giving up".[214]

Wesentliche Eigenschaft der mentalen Repäsentationen ist die ihnen inhärente Struktur einer *Gedankenprache* (*Language of Thought*, LOT), d.h. FODOR sieht es für eine notwendige Bedingung an, daß Gedanken bzw. mentale Einheiten in einer *inneren Sprache* realisiert sind. Kognitive Systeme operieren auf mentalen Repräsentationen, die als Symbole syntaktische Einheiten darstellen, auf denen semantische Einheiten codiert sind. Der Punkt, auf den es FODOR hier ankommt, ist die (sicher unbestreitbare) Tatsache, daß mentale d.h. semantische Entitäten keine `monolithischen Blöcke´ sind, demgegenüber er die (sicher bestreitbare) Forderung erhebt, daß sie analog zur linguistischen Untergliederung einer Kombinatorik von Phonemen und Morphemen in syntaktische und semantische Minimalmodule analysierbar sein müssen.

Diese Forderung ist wesentlich motiviert durch zwei Kardinaleigenschaften natürlicher Sprachen, nämlich ihrer *Produktivität* und *Systematizität*.

Da es wesentliche Funktion von Sprache ist, Gedanken auszudrücken, spiegelt die *Sprachstruktur* letztlich die *Gedankenstruktur* wider, sind mithin beide Systeme *isomorph*:

„Linguistic capacities are systematic, and that´s because sentences have constituent structure. But cognitive capacities are systematic too, and that must be because *thoughts* have constituent structure ... cognitive capacities must be *at least* as systematic as linguistic capacities, since the function of language is to express thought. To understand a sentence is to grasp the thought that ist utterance standardly conveys ... you can´t have it that language expresses thought *and* that language is systematic unless you also have it that thought is as systematic as language is".[215]

Aus dieser Auffassung der Struktur mentaler Repräsentationen sowie der Orientierung am klassischen *TM*-Computermodell resultiert u.a. FODORs Ablehnung des konnektionistischen Ansatzes als Paradigma der Funktionsweise mentaler Operationen, worauf später (Kapitel 40) noch eingegangen werden soll.

Obwohl nun FODORs *funktionalistisch-kognitionswissenschaftlicher* Ansatz am Gebrauch intentionaler Terminologie festhält, handelt es sich hierbei um eine rein

---

[214] ebd. S.122;
[215] *Psychosemantics,*1987, S.150f;

pragmatische Option insofern, als den mentalen Entitäten der semantischen Ebene eine *ontologische* Existenz und damit *kausale* Relevanz abgesprochen wird.
Beim Computer ebenso wie allgemein bei kognitiven Systemen läßt sich zwischen den *drei Ebenen* der
1. konkreten *physikalischen Realisierung*,
2. der *syntaktischen Struktur*, und der
3. *semantischen Interpretation*
unterscheiden. Da die Regeln zur Manipulation der atomaren Symbole wie beim Kalkül rein formal-syntaktischer Natur sind, operieren auch die Kriterien der Wohlgeformtheit der transformierten Zeichenketten nur auf syntaktischer Ebene uninterpretierter Zeichen
Offensichtlich sind dabei syntaktisch definierte Zustände gegenüber konkreten Materialisierungsformen indifferent bzw. einem bestimmten syntaktischen Zustand (einer geordneten Zeichenfolge) mag eine Vielzahl möglicher technischer Realisierungsformen zukommen, wesentlich ist nur, daß einer rein syntaktisch definierten Ordnung ein semantisches Modell als seine Interpretation zugeordnet werden kann.

Die *ontologische Neutralität* des funktionalistischen Ansatzes ergibt sich damit aus seiner Indifferenz bezüglich materieller Realisierungsformen syntaktischer Einheiten zugunsten der Betonung des kausalen Profils eben dieser syntaktischen Einheiten, d.h., so wie eine *TM* (eben da es sich um eine *abstrakte* Maschine handelt) notwendig und hinreichend mittels syntaktischer Operationen (Algorithmen) unabhängig von möglichen Materialisierungen charakterisiert ist, läßt sich die Funktionsweise jedes kognitiven Systems auf Kalkülebene hinreichend spezifizieren.
Wesentliche Bedingung ist dabei, daß die syntaktische Codierung mindestens der semantischen Mannigfaltigkeit entspricht bzw. die Syntax gegenüber der Semantik *supervenient* ist, d.h. daß jedem semantisch differenzierbaren (mentalen) Zustand mindestens ein syntaktischer (neurophysiologischer) Zustand entspricht, so daß die semantischen Relationen auf syntaktischer Ebene mit mindestens gleicher Auflösungsschärfe *widergespiegelt* sind.
[Der Begriff der *Supervenienz* ist in der Literatur gelegentlich unklar gebraucht: RICHARD HARE führte ihn 1952 (*The Language of Morals*) als terminus technicus in einem moralphilosophischen Zusammenhang ein, wo die *Eigenschaften* von Wertadjektiven wie >gut<, >schlecht<, etc., als *supervenient* bezeichnet werden, weil sie, anders als `einfache´ Eigenschaften wie z.B. der Farbe, Form und Gestalt (>dreieckig<, >blau<, etc.) auf weitere komplexere Strukturen und Eigenschaften im Hintergrund verweisen].

Die materialistische Pointe ergibt sich hierbei daraus, daß mentale Repräsentationen sowohl eine semantische als auch eine syntaktische Struktur aufweisen, wobei die semantische Ebene zwar nicht durch die syntaktische definierbar bzw. reduzierbar (s.o.) ist, aber die kausalen Prozesse dennoch *ausschließlich* auf letzterer definiert sind. Wohlgemerkt bedeutet dies nicht, daß jeder semantischen Kategorie eine syntaktische Kategorie entsprechen müßte (s.o.), was ja gemäß Annahme gerade nicht der Fall ist, sondern nur, daß die bezüglich der Syntax emergenten semantischen Relationen mittels jener manipulierbar sind:

„You connect the causal properties of a symbol with its semantic properties *via its syntax*. The syntax of a symbol is one of its higher-order physical properties ... Because ... syntax reduces to shape, and because the shape of a symbol is a potential determinant of its causal role, it is fairly easy to see how there could be environments in which the causal role of a symbol correlates with its syntax ... symbol tokens interacting causally *in virtue* of their sytactic structures ... So ... the semantic relation that holds between two symbols when the proposition expressed by the one is entailed by the proposition expressed by the other can be mimicked by syntactic relations in virtue of which one of the symbols is derivable from the other".[216]

Abgesehen von den Problemen der Irriduzibilität semantischer Relationen und der kausalen Wirkebene ergibt sich für jede nicht *solipsistische* (BERKELEY: *esse est percipi*) Epistemologie die Frage nach den Modi der *Außenweltanbindung*, d.h. die Frage, inwiefern und auf welche Weise mentale Zustände ʻobjektivenʼ Außenweltzuständen korrespondieren, sie repräsentieren, bzw. durch sie kausal determiniert sind.

FODOR optiert hier für eine *naturalistische Bedeutungstheorie*, die in physikalistischer Sprache hinreichende Bedingungen für das Vorliegen (nomologischer) Kausalrelationen zwischen äußeren Ursachen und mentalen Gehalten zu formulieren geeignet ist:

„I want a *naturalized* theory or meaning ; a theory that articulates, in nonsemantic and nonintentional terms, sufficient conditions for one bit of the world to *be about* (to express, represent, or be true of) another bit".[217]

Während nun eine (von FODOR so betitelte) *Crude Causal Theory* postuliert, daß mentale Repräsentationen genau dann einen bestimmten Gehalt zum Ausdruck bringen, wenn es *nomologisch notwendig* ist, daß *jede* der Außenweltinstantiierungen eben dieses Gehaltes und *nur diese* Instantiierungen das entsprechende *Token* der mentalen Repräsentation verursachen, modifiziert eine *Slightly Less Crude Causal Theory* (SLCCT) obige Bedingungen derart, daß optimale Wahrnehmungsbedingungen konstitutiv eingeführt werden, so daß übliche Sinnestäuschungen, Fehlidentifikationen etc. ausgeschlossen sind, und eine unmittelbare nomologische Beziehung zwischen Außenweltentitäten und Glaubenszuständen besteht, etwa in folgender Situation:

„Paint the wall red, turn the lights up, point your face toward the wall, and open your eyes. The thought ʻred thereʼ will occur to you; just try and see if it doesnʼt".[218]

Was FODOR hier offenbar vorschwebt ist, zumindest im Prinzip, das, was wir bereits oben (Kapitel 3) als *Kanonik der Wahrnehmungsformen* bzw. Hierarchie der Erkenntnis-/ Bewußtseinsmodalitäten bezeichnet haben:

- gewisse, in zu spezifizierendem Sinne als basal empfundene, zuverlässige (intersubjektiv nachvollziehbare, kommunizierbare) und konstanzinduzierende Wahr-

---

[216] ebd. S.18f;
[217] ebd. S. 98;
[218] ebd. S. 112;

nehmungsmodi als epistemisch privilegierte Erkenntnisformen auszuzeichnen:

„there are circumstances such that red instantiations control `red´ tokenings whenever those circumstances obtain; and it's plausible that `red´ expresses the property red in virtue of the fact that red instantiations cause `red´ tokenings in those circumstances; *and the circumstances are nonsemantically, teleologically, and nonintentionally specifiable* ". [(ebd.)]

Aufgabe einer *Psychophysik* ist es, in physikalistischer Sprache die Bedingungen für nomologische Kausalbeziehungen zwischen Außenweltzuständen und mentalen Gehalten anzugeben.

Ausgehend von den basalen Erkenntnismodi können dann auch komplexere, theoriegeladene Wahrnehmungen (etwa die Beobachtung von Protonen in Nebelkammern o.ä.) mittels des theoretisch bekannten Interaktionsverhaltens von technischer Apparatur und beobachteter Entität letztlich kausal an die epistemischen Primärquellen angebunden werden:

„physics ... guarantees a reliable covariation between instantiations of *proton* and the psychophysical properties of the photographic plate, or the cloud chamber ... or whatever apparatus you're using to detect protons (if physics didn't guarantee this correlation, what you're using wouldn't count as a proton detector). And psychophysics guarantees a reliable causal covariation between the observable properties of the apparatus and the tokening of concepts in the belief box (if psychophysics didn't guarantee this correlation, these properties of the apparatus wouldn't count as observable)".[219]

Demgemäß verfügen zwei Subjekte dann über denselben Protonenbegriff, wenn sie auf gleiche Weise kausal angebunden sind und ihr Begriff mit den entsprechenden physikalischen Merkmalen (Nebelkammerspur usw.) empirisch verknüpft ist, was schlichtweg bedeutet, daß aus der empirischen Äquivalenz mentaler Begriffe ihre semantische Äquivalenz folgt, was aber schlechterdings *falsch* sein dürfte:

➢ so wie *jede* empirisch verankerte Theorie in empirischer Hinsicht hoffnungslos *unterdeterminiert* ist in dem Sinne, daß sich über jeder gegebenen Datenbasis eine Vielzahl von gegebenenfalls auch inkommensurablen Theorien konstruieren läßt, so sind auch semantische Gehalte durch Äquvalenzklassen empirischphysikalischer Entitäten auf keine (bekannte) Weise hinlänglich spezifizierbar (vom Problem der prinzipiellen Theoriegeladenheit von Beobachtung und Realitätskonstruktion ganz zu schweigen): >*Intensionen transzendieren Extensionen*<.

Ebenso schwierig wie FODORs naturalistische Psychosemantik erscheint seine *Kausalitätskonzeption* innerhalb des von ihm vorgeschlagenen syntakto-semantischen Parallelogramms:

➢ Wenn die *syntaktische Struktur* (als einer der semantischen Struktur zugeordneten, aber von ihr logisch-ontologisch unterschiedenen Entität) die *notwendige und hinreichende* Spezifikation eines kognitiven Systems liefern und die *wesentliche kausale Potenz* des Organismus/Systems gewährleisten soll, ohne jedoch auf der Basis physikalischer (im Fall unserer Spezies: neurophysiologischer) Gesetze definiert zu

---

[219] ebd. S.119;

sein (tatsächlich sind syntaktische Zustände funktionalistisch gesehen ja Äquivalenzklassen beliebiger materieller Realisierungen), bleibt völlig unklar, wann, wo und wie sie auf welcher Ebene im Kausalablauf intervenieren darf - im Falle des Computers etwa sind es kaum die 0/1-Folgen der Maschinensprache oder die Assemblersprachensyntax, welche die kausalen Prozesse instantiieren und steuern, sondern die elektrischen Eigenschaften der Transistorenkomponenten, die bei gegebenen Spannungszuständen die entsprechenden Transistoroutputs induzieren. Das, was z.B. in einem menschlichen Organismus die neurophysiologischen Abläufe steuert und über die Ausprägung zulässiger Strukturrealisierungen `entscheidet´ im Sinne einer Steuerung molekularer Einheiten durch ihre Einbettung in eine partiell modulare systemische Hierarchie, ist seine (autopoietische) *Organisationsform*, und keine bislang offenbar unbekannte, neurophysiologisch indifferente, nirgends zu ortende syntaktische Struktur.

➢ Außerdem sollen Syntax und Semantik bei FODOR auf ontologisch unterschiedlichen Bereichen operieren, was klar ist, wenn allein erstere wesensmäßig kausal effizient, letztere wesensmäßig kausal irrelevant sein soll.

Nun sind aber in der Linguistik die Grenzen etwa zwischen Syntax, Morphologie und Semantik als unterschiedlicher Beschreibungsebenen durchaus *fließend* und *theorieabhängig*: syntaktische Kategorien (z.B.: S, VP, NP, PP, AP, DET, Spec, INFL) bzw. syntaktische Operanden sind *semantisch* fundierte Äquivalenzklassen, gewissermaßen parasemantische Entitäten mengentheoretisch höherer Stufe. Die von FODOR postulierte Korrespondenz zwischen Semantik und (Phantom)-Syntax bleibt ebenso originell idiosynkratisch wie uneinlösbar.

C. Reduktionsskeptiker

„Jeder Tag unseres Lebens ist eine Bühne, die zum guten oder schlechten - in einer Komödie, Farce oder Tragödie - von einer >dramatis persona< beherscht wird: dem >Selbst<. Und so wird es bleiben, bis der Vorhang fällt. Dieses Selbst ist eine Einheit. Seine ständige Präsenz in der Zeit - manchmal kaum unterbrochen vom Schlaf - , seine unveräußerliche >Innerlichkeit< im sinnlichen Raum, seine Beständigkeit in der Art, die Dinge zu sehen, und die Privatheit seiner Erfahrung machen gemeinsam seine einzigartige Existenz aus ... Es betrachtet sich selbst als Eines, andere betrachten es als Eines. Es wird als Eines angesprochen, mit einem Namen, auf den es hört. Gesetz und Staat legen es als Eines fest. Es selbst sowie Gesetz und Staat identifizieren es mit einem Körper, von dem sie alle übereinstimmend sagen, daß er mit ihm ein Ganzes bildet. Kurz gesagt, nach nie bezweifelter und in Frage gestellter Überzeugung ist es Eines. Die Logik der Grammatik bestätigt dies durch ein Pronomen im Singular. Die ganze Vielfalt des Selbst geht in einer Einheit auf."

SIR CHARLES SHERRINGTON, 1947

21. Exposition

Bei entwicklungsgeschichtlicher Betrachtung der Analytischen Philosophie lassen sich chronologisch und inhaltlich drei Phasen ausmachen:

- die erste wäre durch FREGE, den frühen WITTGENSTEIN und CARNAP gekennzeichnet – hier geht es um eine >Philosophie der reinen Vernunft<, um die Klärung metamathematischer, logisch-philosophischer Fragen, nicht zuletzt über Konstruktion idealtypischer formaler Sprachen.

- Die später von GUSTAV BERGMANN (*"linguistic turn"*) und WILLARD VAN ORMAN QUINE (*"semantic ascent"*) beschriebene Hinwendung zur Sprache kennzeichnet die zweite Phase der analytischen Philosophie. Diese Hinwendung erfolgte im Zuge der Spätphilosophie WITTGENSTEINs – und wurde katexochen durch dessen Anhänger zur *ordinary language philosophy* scholastisiert: hier wird die philosophische Tätigkeit insbesondere als eine therapeutische gegenüber der Alltagssprache und ihrer oberflächenlogischen Verführungen verstanden, es genießt jetzt die philosophische Analyse der Alltagssprache, die Herausarbeitung ihrer vielfältigen logischen Eigenschaften und Gebrauchsregeln, eine methodologische Priorität zur Abarbeitung philosophischer Fragestellungen. Dabei – so lautete zumindest der Vorwurf – schottete sich die *ordinary language philosophy*, deren Resultate im Sinne analytischer Erkenntnisse a priori verstanden wurden, einerseits von den empirisch-synthetisch erkennenden Naturwissenschaften ebenso ab, wie sie andererseits die herkömmlichen Formen introspektiver (etwa phänomenologischer) Philosophie kategorisch ablehnte. Diese zweite, verschiedentlich auch als *nominalistisch* bezeichnete Phase, beginnt schwerpunktmäßig in den vierziger Jahren und reicht bis Mitte der sechziger Jahre hinein.

- Das Einläuten des Signals zur Umkehr, zur Abwendung vom Nominalismus, erfolgte durch Arbeiten von CASTANEDA, CHISHOLM, und SHOEMAKER in den 60-ern. Diese dritte Phase brachte nun die Ausdifferenzierung und Gabelung der Analytischen Philosophie: auf der einen Seite die idealistischen `Subjekt-Metaphysiker´ mit ihrer *Re-Transzendentalisierung* (M.FRANK) der Erkenntnistheorie, auf der anderen Seite die physikalistischen `Subjekt-Agnostiker´ mit der von ihnen verfolgten *epistemologischen Re-Naturalisierung*. Beide Parteien leugnen sowohl einen methodologischen Primat der Sprache wie auch das Gebot der philosophischen Beschränkung auf Herausarbeitung – gegebenenfalls auch nur kontingenter, wenn nicht gar trivialer – alltagssprachlicher Wahrheiten. Während dabei erstere eine `para-cartesianische Renaissance´ induzieren, indem, in methodologischer Nähe zur *Phänomenologie*, die philosophischen Geheimnisse der kognitiven und emotiven Subjektivität ernst- und als solche in Angriff genommen werden, anerkennen letztere die Abhängigkeit der Philosophie von der naturwissenschaftlichen Praxis und insbesondere deren methodologische Führerschaft hinsichtlich der Beantwortung auch der >großen Fragen<, – insofern es tatsächlich etwas zu beantworten gibt.

Die in den Kapiteln 17 bis 26 behandelten Autoren bewegen sich demnach innerhalb dieses Spannungsfeldes; Funktionalismus (PUTNAM, FODOR), anomaler Monismus (DAVIDSON) und eliminativer Materialismus (RORTY) aus dem vorangegangenen Abschnitt B werden im folgenden Abschnitt C der `Reduktionsskeptiker´ mit phänomenalistisch inspirierten Argumentationen (CASTANEDA, KRIPKE, NAGEL) konfrontiert, wobei Vertreter wie SHOEMAKER und EVANS, im strengeren Sinne als Grenzgänger im Streite einzuordnen, aufgrund der (nach einmütigem Eindruck) dominierenden Tendenz der hier behandelten Texte auf Seiten der Reduktionsskeptiker auftreten.

Einigen Einwänden gegenüber dem reduktionistischen Programm, sei es funktionalistischer oder sonstiger Provenienz, läßt sich erfolgreich begegnen, indem auf tatsächlich erfolgreich vorgenommene empirische Reduktionen verwiesen wird: dies sind die bekannten >Lieblingsanalogien< des jeweiligen reduktionistischen Vertreters, wie z.B. die Identifikation von Wasser mit H_2O, der phänomenologischen Empfindung der Wärme des Wassers mit der mittleren kinetischen Energie der Moleküle etc.
Die entscheidenden, und bis dato offenbar nicht auszuhebelnden, Argumente gegen den Reduktionismus liefern jedoch zum einen die semantische Irreduzibilität der durch Pronomina der grammatischen Ersten Person ausgedrückten >Ich<-Perspektive, deren Bezugsgegenstand durch keine raumzeitlich-körperliche Entität ersetzbar oder in entsprechend physikalistischer Terminologie erfaßbar ist, zum anderen die phänomenale Erlebnisqualität mentaler Ereignisse, die Tatsache, >daß es irgendwie ist< bzw. >sich irgendwie (an-)fühlt<, in einem subjektiven Erlebniszustand zu sein, und sich bewußt in einem solchen, wesentlich subjektiven, Zustand zu befinden.

22. Hector-Neri Castaneda: sprachanalytischer Ansatz 1 – Irreduzibilität der Ersten Person und die Theorie der ontologischen Gestaltungen

(Biographisch-philosophische Einführungsbemerkung auf Seite 374)

In seinem epochalen Aufsatz >He<: *A Study on the Logic of Self-consciousness* (1966)[220] beschäftigt sich HECTOR-NERI CASTANEDA mit der Eigentümlichkeit indexikalischen Selbstbezugs in epistemischen Kontexten (wie: >Er glaubt, daß er selbst so-und-so ist<).

Die Pointe derartiger Formulierungen liegt nun darin, daß der Bezugsgegenstand von >er selbst< auf keine Weise etwa durch Ersetzung des fraglichen reflexiven Ausdrucks durch andere reflexive Ausdrücke wie Demonstrativpronomina oder Zeigegesten, durch Rekurs auf charakterisierende Kennzeichnungen oder sonst irgendwie innerhalb objektivistisch-physikalistischer Terminologie erhellbar ist.

Die von CASTANEDA auf der Basis *sprachphilosophischer* Untersuchungen (als Verfasser einer Grammatologie des Spanischen hatte er sich bereits weit früher linguistische Reputation erworben) angestellten Überlegungen führen ihn schließlich zu einer *epistemischen Ontologie der Ich-Gestaltungen,* verbunden mit einer *Hierarchie der Bewußtseinsmodalitäten* (wir erinnern die oben bereits thematisierte *Hierarchie der Erkenntnisformen*) und dem Postulat einer *transzendental-noumenalen Verankerung* des selbstbewußten Denkens.

Letztere Zusammenhänge sind in *Self-Consciousness, I-Structures and Physiology* (1989)[221] skizzenhaft beleuchtet. Hier sollen die philosophischen Resultate besonders des frühen Aufsatzes dargestellt und auf Konsequenzen für das Leib-Seele-Problem überprüft werden.

Pronomina wie >er< / >sie<, bzw. Wendungen wie >er selbst< dienen mitunter dazu, sich auf solche Entitäten zu beziehen, die von dem fraglichen kognitiven Subjekt gedacht oder gewußt wird, wenn es sich selbst denkt oder weiß, also in Fällen wie :
>Er glaubt (weiß/ behauptet/ konstatiert/ etc.), daß er (selbst) der Kaiser von China (der Shah von Persien/ Kater Karlo/ der Schwippschwager der Micki-Maus/ reich und schön/ arm und krank/ usw.) ist.<
Eine solche Verwendungsweise der Pronomina bezeichnet CASTANEDA als eine *S-Verwendung.*

CASTANEDA präsentiert mehrere Thesen, die er im Zuge seiner Untersuchungen darzulegen trachtet :
(1) die S-Verwendungen des Pronomens >er< sind grundlegend verschieden von den übrigen Gebrauchsweisen ;
(2) die S-Verwendungen von >er< bilden eine *eigene logische Kategorie,* und können

---

[220] dt. in: M.Frank (ed.),1994, >Er<:*Eine Studie zur Logik des Selbstbewußtseins,* (S.172-209);
[221] dt. in: M.Frank (ed.),1994, *Selbstbewußtsein, Ich-Strukturen und Physiologie,* (S.210-245);

durch *keine anderen Typen von Bezugsweisen* (andere >er<-Verwendungen, andere Personalpronomen, Demonstrativpronomen, Eigennamen oder Kennzeichnungen) analysiert werden;

(3) in jedem Satz, der Tokens des S-verwendeten >er< enthält, gibt es mindestens ein derartiges Token, welches nicht analysierbar ist, wobei der Satz andere Tokens enthalten kann, die mittels des unanalysierbaren Tokens des S-verwendeten >er< analysierbar sind;

(4) die Logik der S-Verwendungen von >er< entspricht gewissen Prinzipien (H^*), (H^*_1), (H^*_3);

(5) das Pronomen der ersten Person bildet gleichfalls eine unanalysierbare Kategorie, wobei nach Prinzip (P') manche Tokens von >ich< über ein unanalysierbares Token von >ich< analysierbar sind;

(6) die üblicherweise akzeptierte Abtrennungsregel „Aus >x weiß, daß p< können wir p folgern" wird ungültig, wenn die Behauptung, daß p der Fall ist, in einem Satz mit S-verwendetem >er< ausgedrückt werden kann;

Die von CASTANEDA gewählte Vorgehensweise besteht nun darin,

➤ zunächst diejenigen Verwendungsweisen von >er<, die *nach intuitivem Vorverständnis* keine S-Verwendungen sind, methodologisch hinreichend zu klassifizieren (er unterscheidet sieben grundlegende, aber miteinander interferierende und untereinander substituierbare Verwendungskontexte),

➤ sie einer sprachlogischen Analyse zu unterwerfen und nachzuweisen, daß S-Verwendungen *tatsächlich von den übrigen Gebrauchskategorien logisch verschieden und nicht durch diese substituierbar* sind.

Um CASTANEDAs Position zu referieren erscheint es sinnvoll, dem Gang seiner Analyse folgend seine Argumentation zu entwickeln, um derart die von ihm erzielten Resultate einsichtig und transparent machen bzw. gegebenenfalls anschließend kritisieren zu können.

Mit einem *Token im engeren Sinne* (*Token_n*) bezieht sich CASTANEDA auf das jeweilige Token der besonderen Form eines Pronomens oder Verbs, d.h. die $Tokens_n$ von >ich< sind keine $Tokens_n$ von >mir<, $Tokens_n$ von >springt< keine $Tokens_n$ von >springen< oder >sprang<.

Alle $Tokens_n$ eines Pronomens oder Verbs, unabhängig von ihrer Deklination oer Konjugation, heißen *Tokens im weiteren Sinne* (*Token_w*) des betreffenden Pronomens oder Verbs, d.h. alle $Tokens_n$ von >ich<, alle $Tokens_n$ von >mir<, alle $Tokens_n$ von >mein<, alle $Tokens_n$ von >ich selbst< oder >mir selbst< sind allesamt $Tokens_w$ des Pronomens >ich (mir, mein, ich selbst)<.

Abgesehen von den *S-Verwendungen* lassen sich folgende Gebrauchskategorien für Pronomina der dritten Person >er (ihn, sein; sie, ihr)< ausmachen :

(A) das Pronomen der dritten Person ist mitunter Stellvertreter für die *ostensiv de-*

monstrative Beschreibung >dieser (jener) Mann< bzw. >diese (jene) Frau<. Gelegentlich dient das Pronomen als Stellvertreter für eine *quasi-ostensiv demonstrative Beschreibung*, so z.B. wenn jemand ein Photo einer anderen Person betrachtet und äußert >Sie ist wunderhübsch !<, hier steht das Token$_n$ von >sie< für die Beschreibung >die Frau, deren Photo dies ist<.

(B) >Er< wird gelegentlich als ein *(ostensives) Demonstrativpronomen* gebraucht, d.h. um auf eine aus einem Hintergrund von Objekten herausgehobene Person verweisen.

(C) >Er< wird als Teil eines Allquantors verwendet, wenn jemand z.B. äußert >Er, der brav seine Schulaufgaben macht, ... <; ebenfalls wird >er< als reine *Variable* gebraucht, die sich auf einen Existenz- bzw. Allquantor zurückbezieht, durch welchen sie gebunden ist, z.B. >Für jeden, der brav seine Schulaufgaben macht, gilt, daß er ...<.

(D) Das Pronomen der dritten Person wird als *Relativpronomen* verwendet, also als Stellvertreter für eine ihm vorausgehende oder ihm folgende Beschreibung oder einen Namen, also >Wenn James Bond im Smoking oder im Pyjama vorbeikommt, wird er (d.h. James Bond) einen Vodka-Martini trinken<.

(E) >Er< ist mitunter Stellvertreter für die *ostensive Beschreibung* >dieser (jener) Körper<, etwa wenn der Satz >Er ist dürr wie ein Gerippe< im Sinne von >Dieser (jener) Körper (auf den Körper einer Person deutend) ist dürr wie ein Gerippe< verwendet wird.

(F) >Er< wird als Platzhalter für eine sich auf ein bereits erwähntes Objekt beziehende *nichteindeutige Beschreibung* gebraucht, typischerweise in *oratio-obliqua*-Konstruktionen (indirekte Rede, kognitiven Verben untergeordnete Nebensätze), z.B. >Willy glaubt (weiß, behauptet,...) von (einer Person, die tatsächlich) Anna (ist), daß sie verliebt ist< . Behauptungen dieser Art dürfen nicht verwechselt werden mit Sätzen wie >Willy glaubt, (weiß, behauptet,...), daß Anna verliebt ist<; erstere bedeuten nämlich folgendes:
>Es gibt eine Eigenschaft φ , so daß Anna die einzige Person ist, die φ ist, und Willy glaubt (weiß, behauptet,...) daß die einzige Person, die φ ist, verliebt ist<.

(G) >Er< wird verwendet, um (in RUSSELLs Terminologie), die erweiterte Reichweite einer Beschreibung zu bezeichnen, es ist z.B. >Wenn der Verfasser des *Tractatus Logico-Philosophicus* froh und munter ist, dann wird er mit Dir ein Bier trinken gehen< (RUSSELL zufolge) analysierbar als >Es gibt genau einen Autor des *Tractatus Logico-Philosophicus*, so daß gilt: wenn er froh und munter ist, dann wird er mit Dir ein Bier trinken gehen< (wobei jedes neue Vorkommnis von >er< eine quantifizierte Variable ist).

Die aufgezählten Gebrauchsweisen von >er< können sich gegebenenfalls überschneiden, keine jedoch, und allein darauf kommt es an, ist mit einer S-Verwendung vergleichbar.

Es seien nun zwei Personen gegeben, von denen der eine (CASTANEDA gibt ihm den sinnfälligen Namen *Privatus*, und wir wollen ihn hier nicht umtaufen) dem anderen, *Gascon*, mitteilt, daß

(1) der Herausgeber von *Soul* weiß, daß >er*< Millionär ist.

Die Verwendungsweisen (A) und (B) können hier simultan behandelt werden.

▪ Würde >er*< demonstrativ im Sinne von >dieser (jener) (Mann)< verwendet, dann müßte ja eine demonstrative Bezugnahme seitens des Sprechers vorliegen, was aber offensichtlich nicht der Fall sein muß bzw. in obiger Äußerung nicht mitintendiert ist. Privatus kann (1) gegenüber Gascon sinnvoll und regelkonform äußern, auch dann wenn der Herausgeber von *Soul* in der Sprechaktsituation nicht gegenwärtig ist, z.B. wenn er gerade in einer klimatisierten Rakete eine Butterfahrt durch die Milchstraße unternimmt; das Pronomen >er*< ist demzufolge nicht dem Demonstrativpronomen der dritten Person >er< gleichzusetzen.

▪ Ebensowenig läßt sich Privatus' Verwendung von >er*< als Quantor bzw. sich auf einen Quantor rückbeziehende Variable auffassen (in PETER GEACHs Beispiel >Jermand denkt, daß er* ein Genie ist< gibt es zwar diesen Rückbezug, aber die *wesentliche* Funktion von >er*< ist auch in diesem Satz eine andere), d.h. auch (C) scheidet als Kandidat aus, ebenso wie (E): Privatus und Gascon werden kaum einem unspezifizierten, bloßen physischen Körper die Eigenschaft attribuieren, Millionär zu sein, im übrigen ist klar (s.o.), daß es nicht um eine ostensive Beschreibung gehen kann.

▪ Es ist das Token$_n$ von >er*< in (1) nun auch kein Stellvertreter für >der Herausgeber von *Soul*<, denn die Behauptung

(2) Der Herausgeber von *Soul* weiß, daß der Herausgeber von *Soul* Millionär ist,

ist der Behauptung (1) nicht äquivalent, denn (1) impliziert nicht (2):
zwar mag der Herausgeber von *Soul* wissen, daß er selbst Millionär ist, gleichzeitig aber der Meinung sein, nicht er selbst sondern der mittellose Mr. Pennyless sei der Herausgeber von *Soul*.
Ferner impliziert (2) auch nicht (1):
z.B. wenn der gerade erst zum Herausgeber berufene und davon noch nicht in Kenntnis gesetzte XY etwa in der Zeitung vom Testament eines schrulligen Aristokraten erfährt, in welchem dem zukünftigen Herausgeber von *Soul* diverse Millionen zugesprochen werden.
Also steht >er*< in (1) nicht stellvertretend für >der Herausgeber von Soul<, noch kann irgendein Token$_w$ von >er*< auf kontextuell gegebene Namen oder Beschreibungen reduziert werden und ist demnach nicht als Verwendungsweise von (D) analysierbar.

▪ Zwischen der Verwendungsweise (F) von >er< (kurz : (F)->er<) und derjenigen von >er*< gibt es dagegen folgende Gemeinsamkeiten:

erstens erscheinen beide nur in *oratio obliqua*-Nebensatzkonstruktionen;

zweitens müssen die jeweiligen Token von (F)->er< oder >er*< entweder Eigennamen oder Pronomina oder Kennzeichnungen als Antezedentien aufweisen, welche die Referenz des Tokens bestimmen, ohne daß dieses als Stellvertreter des Antezedens fungierte.

Offenbar sind nämlich

(3) Paul glaubt von (jemandem, der tatsächlich) Anna (ist), daß sie glücklich ist,

und

(4) Paul glaubt, daß Anna glücklich ist,

unterschiedliche Behauptungen, desgleichen sind

(5) Anna glaubt, daß sie* glücklich ist

und

(6) Anna glaubt, daß Anna glücklich ist,

wohlzuunterscheiden.

Dennoch sind (F)->er< und >er*< keinesfalls zu identifizieren, jedes Token von (F)->er< kann nämlich, im Gegensatz zu >er*<, durch geeignete Analyse eliminiert werden. Grundlegend ist hierbei der Begriff der *eindeutigen Weise der Bezugnahme auf X als Z*, der bei CASTANEDA als elementarer Grundbegriff (t-theoretischer Begriff, s.o.) fungiert, d.h. ohne auf eine der folgenden von ihm als naheliegend vorgeschlagenen Analyseoptionen festgelegt zu sein:

➢ fregeanisch wird zwischen Sinn und Bedeutung (s.o.) von Namen, Pronomina usw. unterschieden, es werden über individuelle Sinne laufende Variablen verwendet, so daß obiger Satz (3) zu analysieren ist als >Es gibt einen individuellen Sinn Z, so daß Z = Anna, und Paul glaubt, daß Z glücklich ist<;

➢ Individuenvariablen beziehen sich (klassischerweise) auf Einzelentitäten *als solche*, und >Weisen der Bezugnahme< sind mittels RUSSELLscher Beschreibungen zu analysieren, so daß die Paraphrase von (3) lautet > Es gibt eine Eigenschaft *n*, so daß nur Anna *n* ist, und Paul glaubt, daß die einzige Entität, die *n* ist, glücklich ist<;

➢ gemäß CASTANEDAs eigener *Theorie der Gestaltungen* wird die (naive) Konzeption des aus Einzelentitäten bestehenden Diskursuniversums fallengelassen, statt dessen beziehen sich die Individuenvariablen auf einen Bereich von Gestaltungen, d.h. *gestaltete* Einzelentitäten, also *hinsichtliche* (einer expliziten oder impliziten Theorie) Einzelentitäten, so daß (3) analysiert wird als >Es gibt eine Gestaltung, genannt *x*, so daß *x* = (die Gestaltung) Anna, und (die Gestaltung) Paul glaubt, daß *x* glückllich ist<;

CASTANEDA legt sich an dieser Stelle, wie gesagt, auf keinen dieser Analysemodi fest, um sein *Prinzip (P) zur Eliminierung von (F)->er< -Verwendungen* zu formulieren:

❖ Es sei $>\varphi\ (er_Y)<$ ein Satz mit mehreren, auf die Person Y sich beziehenden, Tokens von (F)->er< ; ferner sei >φ (Z)< das Resultat einer Ersetzung sämtlicher dieser Tokens$_w$ durch Tokens$_w$ von >Z< und es stehe >E< für irgendein kognitives Verb, dann gilt

(P) Eine Behauptung der Form „X E von Y, daß φ (er$_Y$)" ist äqivalent mit folgenden korrespondierenden Behauptungen:

(i) „Es gibt eine eindeutige Weise der Bezugnahme auf X als Y und X E, so daß Z = φ (Z) ist"

bzw. die Alternative

(ii) „Es gibt eine eindeutige Weise der Bezugnahme auf Y als Z, die sich von jeder anderen Weise der Bezugnahme auf Y als W$_1$, als W$_2$, ..., als W$_n$ unterscheidet und X E, daß φ (Z)" wobei in jedem >W$_i$< der durch >φ (er$_Y$)< dargestellte Satzteil einen Teilsatz der Form >(... = W$_i$)< enthält.

Demzufolge sind also auch die (F)-Verwendungen des Pronomens der dritten Person von den S-Verwendungen logisch verschieden, es bleiben also noch die (G)-Verwendungen zu überprüfen.

- Es war oben bereits deutlich geworden, daß in Privatus´Äußerung „Der Herausgeber von *Soul* glaubt, daß er* Millionär ist " das Token$_w$ von >er*< nicht stellvertretend für „Der Herausgeber von *Soul* " steht, es steht nämlich überhaupt das Token$_w$ von >er*< *nicht für* bzw. kann nicht ersetzt werden durch *irgendeine der möglichen Beschreibungen oder Namen* des Herausgebers von Soul (oder einer sonstigen Person oder Sache), welche nicht mindestens ein Token$_w$ von >er*< des Herausgebers von *Soul* enthalten.

Aus der Behauptung „Der Herausgeber von *Soul* glaubt, daß die Person φ Millionär ist" folgt nicht „Der Herausgeber von *Soul* glaubt, daß er* Millionär ist", vielmehr enthält der erste Satz überhaupt keine Aussage über Glauben-von-sich, während letzterer keinerlei propositional analysierbaren Selbstbezug aufweist:

„Wichtiger ist noch, daß Privatus, wenn er äußert: `Der Herausgeber von *Soul* glaubt, daß er* Millionär ist´, dem Herausgeber von *Soul* außer der Fähigkeit, das Pronomen >ich< zu verwenden, oder seiner Fähigkeit, sich seiner selbst bewußt zu sein, keine andere Weise der Bezugnahme auf sich selbst zuschreibt. Die angesprochene Fähigkeit ist die einzige Weise der Bezugnahme auf sich selbst, die Privatus dem Herausgeber zuschreiben muß, damit seine Behauptung wahr sein kann. Folglich impliziert die Behauptung `Der Herausgeber von *Soul* glaubt, daß er* Millionär ist´ keine Behauptung der Form `Der Herausgeber von *Soul* glaubt, daß φ Millionär ist´, in der >φ< für einen Namen oder eine Beschreibung steht, die kein Token$_w$ von >er*< enthält".[222]

Aus den angestellten Überlegungen folgert CASTANEDA, daß

„das Pronomen >er*< niemals durch einen Namen oder eine Kennzeichnung ersetzt werden kann, der keine Tokens$_w$ von >er*< enthält". [ebd.]

---

[222] H.N.Castaneda, in: Frank (ed.) 1994, S.185;

Wenn aber >er*< ein *rein* Bezug nehmendes Wort ist, und wenn auch Demonstrativ-pronomen als rein Bezug nehmend sich verstehen lassen, da sie (angeblich) die deno-tierten Objekte *direkt* erfassen (wie immer dies denkbar sein soll), ohne ihnen charak-terisierende Eigenschaften oder Relationen zuzuschreiben, so daß ihnen nur eine Denotation, aber kein (Fregescher) Sinn zukommt, so scheint dies nun darauf hinzu-deuten, daß >er*> zwar nicht erschöpfend als Demonstrativpronomen aufgefaßt, aber vielleicht doch mittels des demonstrativen Gebrauchs (A) und (B) von >er< analysiert werden kann, vor allem dann, wenn folgende Thesen als adäquat anzuerkennen sind:

(i) Das in Sätzen der Form „X E (z.B. weiß, glaubt etc.), daß er* φ ist " ent-spricht gewissen Gebrauchsformen des (von der Person X) demonstrativ an-gesetzten >er*<.

(ii) Äußerungen wie „X glaubt, daß er φ ist " bzw. „X glaubt von ihm, daß er φ ist ", worin mit >er< bzw. >ihm< demonstrativ auf die Person X referiert wird, sind äquivalent der Äußerung „X glaubt, daß er* φ ist ".

(iii) Im Falle der wahrheitsgemäßen Äußerung „X glaubt, daß er φ ist ", worin >er< zur demonstrativen Bezugnahme auf eine gewisse Person X gebraucht wird, und weiterhin eben diese Person die fragliche Verwendung von >er< bzw.>sie< als eine demonstrative Verwendung aufzufassen imstande ist, so denkt diese Person X, daß er* φ ist.

(iv) Insofern eine Person X äußert „er ist φ ", und hierbei das >er< rein demonst-rativ zur Bezugnahme auf X gebraucht, dann denkt X, daß er* φ ist.

Gelänge es, mithilfe obiger Thesen (i)-(iv) dem >er*<-Gebrauch doch eine wesentlich demonstrative Komponente nachzuweisen, wäre der postulierte Sonderstatus der S-Verwendungen (und damit CASTANEDAs Argumentationspointe) hinfällig. Die Ana-lysen zeigen jedoch unmißverständlich, daß diesbezügliche Hoffnungen einer demonst-rativen Fundierung vergeblich sind.

These (i) wird von CASTANEDA klarerweise als schlichtweg falsch bewertet: Priva-tus mag den wunderhübschen Satz „Der Herausgeber von *Soul* glaubt, daß er* ..." äußern, ohne daß der Herausgeber jemals einen ähnlichen Satz mit demonstrativem >er< , welches dann Privatus´ >er*<-Verwendung entspräche, formuliert hätte; inso-fern der Herausgeber sagt „Ich bin Millionär" haben wir eine Entsprechung der Ver-wendung von >er*< und >ich< (letztere kann dabei ebensowenig auf einer demonstra-tiven >er<-Verwendung fundiert werden), auf welchen Zusammenhang CASTANE-DA noch ausführlicher eingehen wird, an dieser Stelle ist jedoch soweit klar, daß (i) danebengreift;

Ebenso steht es, wer hätte es gedacht, mit These (ii). Betrachten wir folgendes Szena-rio, in welchem Privatus sein Lieblingssprüchlein aufsagt, welches da lautet

(7) Der Herausgeber von *Soul* glaubt von *ihm* [dabei auf den Herausgeber zeigend und

also >ihm< rein demonstrativ und stellvertretend für >dies(em)< verwendend], daß er Millionär ist.

Hier ist das >er<-Token eine (F)-Verwendung (s.o.). Indem Privatus (7) äußert, läßt er durchaus offen, was genau die Überzeugung des Herausgebers ist, da er nicht die von diesem geglaubte Proposition wiedergibt, sondern vielmehr seine eigene Interpretation einer vielleicht vom Herausgeber tatsächlich getätigten Äußerung. Gascon wird darüber informiert, daß der Herausgeber mittels irgendeines Bezugsmodus auf die Person, auf welche Privatus zeigt, von dieser glaubt, daß sie Millionär sei. Dabei ist es (für eine korrekte Äußerung von (7)) *nicht* notwendig, daß der Herausgeber an die Person, auf welche Privatus deutet, als diejenige denkt, die er* (selbst) ist.

Nun betrachten wir einmal folgende Äußerung Privatus' gegenüber Gascon:

(8) Der Herausgeber von *Soul* glaubt, daß er [mit einer ostensiven Geste zum Herausgeber dies Wort rein demonstrativ gebrauchend] Millionär ist.

Zusätzlich gehen wir davon aus, daß
(a) Privatus den Herausgeber von *Soul* niemals gesehen hat und ihn also nicht wiedererkennen kann;
(b) Privatus gerade mit dem Herausgeber telefoniert hat und daher von dessen Überzeugung weiß;
(c) Privatus vom Herausgeber mitgeteilt wurde, daß ein Mann mit einer gewissen Narbe im Gesicht Millionär ist;
(d) Privatus während seiner Behauptung von (8) auf einen solchen Mann deutet;
(e) Privatus nicht bekannt ist, daß der Mann mit der Narbe der Herausgeber ist;

Aus (a)-(e) erhellt, daß Privatus Behauptung (8) nicht äquivalent ist der Behauptung „Der Herausgeber von *Soul* glaubt, daß er* Millionär ist".

Auch These (iii) ist falsch, obgleich CASTANEDA ihr eine gewisse Plausibilität einzuräumen bereit ist:
Gegeben sei Privatus' Behauptung (8) im Kontext (a)-(e) zuzüglich der Bedingung (f), derzufolge der Herausgeber von *Soul* sich zum Zeitpunkt des Sprechaktes in Privatus' unmittelbarer Umgebung befindet, dessen Äußerung (8) versteht sowie (g) imstande ist, diejenige Person zu identifizieren, auf welche Privatus deutet und damit dessen demonstrative Verwendung von >er< als eine ebensolche demonstrative >er<-Verwendung aufzufassen.

Die Frage ist nun, ob es in einer solchen Situaton die Möglichkeit besteht, daß der Herausgeber trotz alledem nicht weiß, daß er* der Mann ist, auf welchen Privatus zeigt.
Tatsächlich ist dies möglich, und wenn die von CASTANEDA entworfene Konfigura-

tion auch vielleicht etwas exotisch erscheinen mag, muß doch die prinzipielle Stichhaltigkeit seiner Analyse in logischer und epistemologischer Hinsicht anerkannt werden.

Begeben wir uns zurück zu Privatus, der nun weiß (h), daß der Mann, mit dem er unlängst telefonierte, der (neue) Herausgeber von *Soul* ist, während dieser, tatsächlich von seiner* Ernennung noch nichts ahnend, aufgrund (i) einer speziellen Anordnung von Spiegeln an den Wänden wiederum in einem solchen Spiegel sieht, daß Privatus auf eine gewisse Person mit einer ungewöhnlichen Narbe auf der Stirn deutet. Hierbei soll (j) der Herausgeber nicht realisieren, daß er* selbst* es ist, dessen Spiegelbild er sieht, so daß er auf jenen Mann mit der Narbe (sein eigenes Spiegelbild) deuten und behaupten kann „er ist Millionär ", ohne gewahr zu werden, daß er dabei auf sich selbst* bzw. sein* eigenes Spiegelbild Bezug nimmt. Schlicht und ergreifend kann also Privatus' wahre Aussage (8) vom Herausgeber verstanden werden, ohne daß dieser glaubt, daß er* Millionär ist, mithin ergibt sich aus (a)-(j) die Falschheit von These (iii).

Die Nichtigkeit von These (iv) diskutiert CASTANEDA im Zusammenhang mit einigen gegenüber seiner Analyse jedoch kaum stichhaltigen und für uns irrelevanten Einwänden, wobei er den philosophischen Charme des uns bekannten Szenarios durch weitere phantasievolle Zusatzbedingungen noch zu steigern vermag, welches wir uns dennoch nunmehr ersparen und die Angelegenheit (die Falsifizierung von These (iv)) mittels eines anderen Beispiels etwas verkürzen wollen.

Es handelt sich um die Geschichte vom lustigen ERNST MACH, der eines morgens beim Einstieg in die Wiener Straßenbahn einen in allzu lässiger Eleganz gekleideten Herrn erblickte und just dachte: "Was ist das für ein herabgebrachter Schulmann!"[223] – nicht ahnend, daß es sein Spiegelbild war, auf das er referierte.

Zweifelsohne lassen sich also Situationen denken, in denen eine Person X äußert „er ist dies-und-das" (>er< zur Referenz auf X rein demonstrativ verwendend) und dabei doch weit davon entfernt ist zu glauben, daß er* dies-und-das ist.

Die entscheidenden Punkte bei alledem sind letztlich, daß

➢ *erstens* sämtliche Bezugweisen, denen keine *S-Verwendung* von >er< zugrunde liegen, tatsächlich einen propositionalen Gehalt (einen Sinn) haben müssen. Dies gilt ebenso für angeblich direktreferierende Demonstrativa: hier kommt es darauf an, eine adäquate Konzeption von `propositionaler Gehalt' bzw. `Sinn' bereitzustellen, daß aber ein solcher gefordert werden muß, scheint mir unabdingbar;

➢ *zweitens* liegt das Referenzobjekt der S-Verwendungen nicht `in der Welt' in dem Sinne, daß es niemals Objekt einer propositional charakterisierbaren Erfahrung sein, mithin niemals propositional charakterisiert oder identifiziert werden kann:

„Die entscheidende Waffe, These (iii) abzuschlagen, bildet eine unter Philosophen ... schon lange bekannte Tatsache, nämlich daß es kein Objekt der Erfahrung gibt, das man als das Selbst wahrnehmen könnte, das die Wahrnehmung vollzieht. Wie immer es vorgehen mag, daß man gelegentlich ein Erfahrungsobjekt als man selbst identifiziert - wenn man es tut, so identifiziert man eine

---

[223] E.Mach, Jena 1886, S.34;

Objekt in der Erfahrung mit einem Ding, das nicht Teil der Erfahrung ist, und dieses Ding ist es, auf das die betreffende Person sich mittels >ich< ... und auf das jede andere Personen sich mittels >er*< oder >er selbst< in der speziellen S-Verwendung bezieht ".[224]

Es ist somit deutlich geworden, daß auch mittels der demonstrativen Referenz des Pronomens der dritten Person >er< die S-Verwendungen von >er< bzw.>er selbst< , also die >er*<-Verwendungen, nicht analysierbar sind.

Dagegen gibt es offenbar einen engen Zusammenhang zwischen >er*< und dem *Pronomen der ersten Person* >ich<.

CASTANEDA stellt daher die *grundlegenden Merkmale der Logik der* >ich<-*Verwendungen* heraus:

(1) Wie alle bei allen Demonstrativpronomina bzw. demonstrativ verwendeten Personalpronomina gibt es bei >ich< eine *Priorität der Bezugnahme* auf Beschreibungen oder Namen von Objekten in dem Sinne, daß bei ihnen die Bezugnahme nicht scheitern kann: wurde ein Demonstrativpronomen korrekt verwendet, so gibt es für den Sprecher genau/höchstens einen Gegenstand, auf welchen es referiert, während bei korrekt gebrauchten Namen oder Beschreibungen die Referenz fehlgehen kann, weil mehrere Objekte denselben Namen oder die dieselben Eigenschaften aufweisen.

(2) Das Pronomen >ich< genießt gegenüber Namen und Beschreibungen aufgrund der in (I) explizierten Unmöglichkeit des Referenzfehlschlags auch eine *ontologische Priorität*.

(3) Das Pronomen >ich< genießt, ebenso wie Beschreibungen und Namen (letztere gegebenenfalls mit Einschränkungen), eine *erkenntnistheoretische Priorität* gegenüber den Demonstrativpronomina in dem Sinne, daß demonstrativ verwendete Pronomen in praktisch allen Fällen semantisch unterspezifiziert, vage, inhaltlich unkonturiert sind, und die semantischen Gehalte der in einer bestimmten Situation durch Demonstrativpronomina gegebenen Objekte im nachhinein umorganisiert und spezifiziert werden müssen, wenn bezüglich dieser Objekte sinnvolle Propositionen formuliert werden sollen.

Wenn Willy in einer bestimmten Situation sagt „dies ist romanisch", so muß er später, wenn das betreffende Objekt, auf welches er mit >dies< referierte, nicht mehr gegenwärtig ist, das Demonstrativpronomen durch eine semantische Spezifizierung, d.h. einen Namen oder eine Beschreibung, ersetzen. Diese Ersetzbarkeit ist also für Demonstrativpronomina obligatorisch und konstitutiv. Nur das demonstrativ gebrauchte Pronomen der ersten Person >ich< bildet die entscheidende Ausnahme: hier gilt umgekehrt, daß jedes Subjekt die es selbst betreffenden Aussagen, Überzeugungen und Wissensinhalte in eine >ich<-Form übersetzen können muß; jede auf ein bestimmtes Subjekt gerichtete Referenz mittels anderer Demonstrativpronomina (>er<,>du<,>dieser< etc.), Namen oder Kennzeichnungen, müssen

---

[224] Castaneda, in Frank (ed.) 1994, S.190;

vom betreffenden Subjekt über-bzw. ersetzt werden können durch eine entsprechende Bezugnahme über Pronomina der ersten Person (>ich<,>ich selbst<,>mich<,>mein<,>mir< etc.).

Damit ist durchaus nicht impliziert, daß in solchen Fällen stets ein expliziter Übersetzungsakt vollzogen werden müßte, etwa im Sinne eines psychologischen Gesetzes der Art:

>Immer wenn ein Subjekt X eine Äußerung hört in der Form von `X ist so-und-so´, dann muß X eine Übersetzung durchführen in der Form von `(Das bedeutet) ich bin so-und-so´<;

jedoch kann ein Subjekt die es selbst betreffenden Aussagen (z.B. `Willy ist so-und-so´) nur dann adäquat verstanden haben und auf ihnen adäquat kognitiv operieren, wenn es dieselben in die entsprechende Form von `ich bin so-und-so´ bzw. `Willy ist so-und-so und ich selbst bin Willy´ zu bringen in der Lage ist, wobei die fraglichen Übersetzungen stets einen irreduziblen Gebrauch des >ich<-Pronomens des betreffenden Subjekts enthalten müssen;

Im (wohl häufigsten) Falle der nicht explizit vorgenommenen Übersetzungen in eine >ich-Form< spricht CASTANEDA vom *impliziten Gebrauch* von >ich<.

(4) Die erkenntnistheoretische Priorität von >ich< ist unvollkommen in dem Sinne, daß alle anderen Personen die mittels >ich< (>ich selbst<,>mir<,>mich< etc.) vollzogene Selbstreferenz eines Subjekts durch Bezugnahmen mittels Namen oder Kennzeichnungen ersetzen müssen.

Im vierten und letzten Abschnitt seines Aufsatzes untersucht CASTANEDA das Verhältnis von >ich<- und >er*<-Verwendung betreffend die gegenseitige *Analysierbarkeit* und *Ersetzbarkeit*, wobei in den abschließend formulierten diesbezüglichen Thesen die Ergebnisse seiner Analyse noch einmal kernsatzartig komprimiert sind.

Es stellt sich die Frage, inwiefern Tokens$_w$ von >ich< für Zweit/Drittpersonen (d.h. diejenigen Personen, *denengegenüber* ein Satz in >ich<-Form geäußert wird) ersetzbar sind.

Gemäß (4) (s.o.) ist die Ersetzbarkeit der >ich<-Tokens$_w$ in *oratio recta* (direkter Rede) obligatorisch; dagegen sind diejenigen >ich<-Tokens$_w$ in *oratio obliqua* (indirekter Rede), welche für ihr Referenzsubjekt nicht ersetzbar sind, auch für Drittpersonen nicht durch Beschreibungen oder Namen der ersteren ersetzbar.

Wenn Privatus äußert „Ich glaube, daß ich Millionär bin", so muß für Drittpersonen sein erstes >ich<-Token$_n$ durch eine Beschreibung oder einen Namen (etwa `Privatus´) ersetzt werden, während das zweite >ich<-Token$_n$ in ein >er*<-Token$_w$ zu übersetzen ist :

>Privatus glaubt, daß er* Millionär ist<.

Bezüglich der Entsprechung von >er*<-und >ich<-Verwendungen ergibt sich somit

❖   H*)

189

>ich<-Verwendungen in oratio obliqua, welche für das entsprechende sie verwendende Referenzsubjekt nicht ersetzbar sind, entsprechen bzw. müssen übersetzt werden in die ihrerseits nicht ersetzbaren >er*<-Verwendungen durch Drittpersonen in oratio obliqua.

Schließlich bleibt noch zu klären, inwiefern >er*<-Verwendungen in oratio recta möglich sind.

Insofern der logische Kern der >er*<-Verwendungen nunmehr klar geworden ist, dürfte die Antwort kaum überraschen: dies ist nicht der Fall.
Wir beschränken uns an dieser Stelle auf die wichtigsten von CASTANEDA diskutierten Indizien, die *für* die Möglichkeit der >er*<-Verwendungen in oratio recta zu sprechen scheinen.
Betrachten wir das folgende, zutreffende *Prinzip*

(K) Eine Behauptung der Form „X weiß, daß ... " impliziert, daß die Behauptung, welche der Satz bezeichnet, der die Leerstelle „ ... " füllt, wahr ist.

In diesem Sinne impliziert die Behauptung „Der Herausgeber von *Soul* weiß, daß er* Millionär ist ", daß die dem Satzfragment „er* Millionär ist " entsprechende Proposition („er ist Millionär") wahr ist.
Nun scheint **(K)** zwei weitere *Schlußregeln* zu implizieren, nämlich

(K1)   Aus einer Behauptung der Form „X weiß, daß *p* " läßt sich die entsprechende Behauptung *p* folgern.

(K2)   Wenn ein Satz der Form „X weiß, daß *p* " eine Behauptung ausdrückt, die als wahr akzeptiert wird, dann läßt sich der durch „*p*" dargestellte Satz(teil) S abtrennen und als S eigenständig verwenden, um ebenjene Behauptung wiederzugeben, die S als Bestandteil von „X weiß, daß *p*" ausdrückt, unter der Bedingung, daß S kein Token$_w$ des Pronomens der ersten oder zweiten Person enthält.

(K2) stellt offenbar die stärkere Behauptung dar, da sie, im Gegensatz zu **(K1)** und erst recht **(K)**, Bedingungen über äußere Satzform formuliert, durch welche die Proposition *p* ausgedrückt werden soll. Die Gültigkeit von **(K2)** wäre also ein starkes Indiz für das Vorkommen von >er*< in oratio recta.
CASTANEDA kann jedoch zeigen, daß sowohl **(K1)** wie **(K2)** *ungültig* sind.

Zunächst **(K2)**. Im Alltagsgebrauch gerechtfertigt erscheinen Schlüsse wie der folgende
(11) Der Herausgeber von *Soul* weiß, daß er selbst (d.h. er*) Millionär ist.

demnach gilt:
(12) Er ist Millionär.

Dies scheint ein durch **(K2)** gerechtfertigter Schluß zu sein, und dann und nur dann wäre das >er<-Token in (12) eine Instantiierung des Pronomens >er*< aus (11), d.h. genau dann wenn der obige Schluß ein Anwendungsfall von **(K2)** darstellte, enthielte (12) eine unabhängige >er*<-Verwendung in oratio recta.

Nun nehmen wir an, daß
(13) Es ist nicht der Fall, daß Privatus glaubt, daß er* Millionär ist.

Weiterhin nehmen wir an, daß Privatus glaubt, daß (11), und daß er den Schluß auf (12) zieht.
Wäre tatsächlich das >er<-Token in (12) eine >er*< Instantiierung, dann glaubte Privatus sowohl (11), als auch (12), nämlich, daß er* Millionär ist, was offenbar (13) widerspricht; da die >er<-Verwendung in (12) als Schlußfolgerung aus (11) von irgendwelchen kontingenten Glaubenszuständen der jeweiligen Personen nicht berührt wird, folgt hieraus schlicht und ergreifend, daß in (12) kein >er*<-Token vorkommt.

Da sich dies bezüglich aller Behauptungen der Form „X E, daß (er*) ..." ebenso verhält, formuliert CASTANEDA die *These*

(H*1)

    Das Pronomen >er*< ist strenggenommen ein untergeordnetes Pronomen:
    Es ist für sich genommen ein unvollständiges oder synkategorematisches [dieser Terminus stammt aus HUSSERLs *Logische(n) Untersuchungen*] Symbol, und *jeder* Satz oder Satzteil, der ein Token$_w$ von >er*< enthält und nicht in *oratio obliqua* ist, ist ebenfalls ein unvollständiger oder synkategorematischer Satz oder Satzteil.

Was dagegen **(K1)** betrifft, so weist CASTANEDA nach, daß die *gültigen* Schlüsse von (11) nach (12) tatsächlich *keine* Anwendungen von **(K1)** darstellen.
So lautet z.B. die vom Herausgeber als wahr gewußte Proposition für ihn „ich bin Millionär"
- der Schluß
„der Herausgeber von *Soul* weiß, daß er* Millionär ist, folglich bin ich Millionär" ist zwar gültig, aber nicht durch **(K1)** abgedeckt, ebensowenig wie „ich bin der Herausgeber von *Soul*, der Herausgeber von *Soul* weiß, daß er* Millionär ist, folglich bin ich Millionär".
Ebenso verhält es sich bezüglich des Referenzpronomens der zweiten Person. Die vom Herausgeber gewußte Proposition lautet ihmgegenüber formuliert „Sie sind /du bist Millionär".

Der Schluß

„der Herausgeber von *Soul* weiß, daß er* Millionär ist, demnach sind Sie /bist du Millionär"

ist jedoch ungültig und ebensowenig eine **(K1)**-Anwendung wie

„der Herausgeber von *Soul* weiß, daß er* Millionär ist, und du bist der Herausgeber von *Soul;* demnach bist du Millionär".

Somit ergibt sich *These*

(H*2)   Die Regel **(K1)** ist ungültig, da sie bei allen Behauptungen *p* versagt, welche in Sätzen formulierbar sind, die Tokens$_w$ von >er*< oder >sie*< enthalten.

Als *allgemeines Prinzip der Ersetzbarkeit* bzw. Nichtersetzbarkeit von >er*< formuliert CASTANEDA abschließend

(H*3)
Ein Token$_w$ *T* von >er*< ist für seinen Benutzer *genau in zwei Arten von Fällen* adäquat ersetzbar:
(1) *T* kommt in einer *oratio obliqua* vor, die genau einem, das Antezedens von *T* enthaltenden, kognitiven Präfix subordiniert ist ['kognitive Präfixe´ sind auf >daß< endende, ein kognitives Verb enthaltende Satzteile];
(2) *T* steht in *oratio obliqua* und ist dabei *n*+1 kognitiven Präfixen subordiniert derart, daß das erste Präfix von links das Antezedens *A* von *T* enthält, während die anderen *n* Präfixe Tokens$_w$ von >er*< enthalten, deren Antezedens ebenfalls *A* ist.

Machen wir uns noch einmal klar, was die dargelegten sprachphilosophischen Detailanalysen zutage förderten:

➢ die linguistische und sprachanalytische *Irreduzibilität* gewisser selbstreferentieller Verwendungsweisen von Pronomen (der ersten und dritten Person), die eine gewisse *primordiale Form des kognitiven Selbstbezugs* des Subjekts offenbarten, die auf *keine Weise mittels propositionaler* (Namen, Beschreibungen, gewöhnliche Demonstrativa) *Bezugnahmen zu charakterisieren* ist. Es zeigte sich, daß jedem Satz mit irreduziblem >ich<-Pronomen (*Indikator*) eine äquivalente Proposition (in oratio obliqua) mit >er*<-Pronomen (*Quasi-Indikator*) entspricht. Das grundlegende Verhältnis zwischen (erstpersonalen) *Indikatoren* und (drittpersonalen) *Quasi-Indikatoren* offenbart die *intensionale Struktur* der kognitiven Akte:
„Castanedas ontologische These, daß Selbstbewußtsein in reflexiven Ich-Gestaltungen besteht, ist nur möglich als die Verallgemeinerung der intensionalen Relation zwischen Indikatoren und Quasi-Indikatoren, welche die quasi-indexikalische Aussage exemplifiziert. Die Quasi-Indikation ist die linguistische Darstellung der Einheit von externer und interner Reflexivität, die dem

> die Besonderheit der reflexiven Selbstzuschreibungen (DAVID LEWIS bezeichnet sie als *de se* – Zuschreibungen im Gegensatz zu den propositionalen *de dicto* – Zuschreibungen) besteht also darin, daß ihr Bezugsgegenstand weder in einer physikalistisch-objektivistischen Sprache, oder über die Substitution des >er selbst< durch andere zechenreflexiven Ausdrücke wie Demonstrativpronomina und Zeigegesten, noch durch charkterisierende Kennzeichnungen (*definite descriptions*) oder sonstige propositionale Individuationen verständlich zu machen ist. Wenn Personen sich selbst unmittelbar in Raum und Zeit situieren, findet die hier vom jeweiligen Subjekt sich selbst zugeschriebene Eigenschaft keine propositionale Entsprechung – es gibt kognitiv unhintergehbare Kenntnisse, die nicht propositional sind und gleichzeitig die Voraussetzung für propositionale Kenntnisse darstellen. So ist (cum grano salis) jede Person zu jeder Zeit in der Lage, sich selbst die Eigenschaft zuzuschreiben in einer bestimmten Wahrnehmungssituation zu sein: gleichgültig zu welchem Sachverhalt ein Subjekt sich in eine intentionale (propositionale) Beziehung setzt, es wird sein intentionales, gegenständliches Bewußtsein stets basierend begleitet durch ein nicht-intentionales (nicht-propositionales) Selbstbewußtsein – "alles Bewußtsein *von* etwas ist seinerseits ungegenständliches Selbstbewußtsein" (M.Frank,1994,S.17ff), oder, in den Worten LEWIS':

"My thesis is that the *de se* subsumes the *de dicto*, but not vice versa ".[(ebd.)]

Auch RODERICK CHISHOLM hatte sich nach zwei ihn nicht zufriedenstellenden Versuchen von Selbstbewußtseinstheorien CASTANEDA angeschlossen, und auch er betont die Pointe, daß objektivistische *de re* – Gewißheiten die Formen >emphatischer< Selbstgewißheit nicht impliziert, daß >emphatisches< Selbstbewußtsein aus einer objektivistischen, aus Propositionen bestehenden Beschreibung des gleichen Sachverhalts ohne Rekurs auf >emphatische Reflexiva< (>er/sie/ ..sich ...selbst) nicht abgeleitet werden kann. SIDNEY SHOEMAKERs Gedanken weisen in die gleiche Richtung (er weist den Subjekt-Gebrauch von >ich< als grundlegend für den Objekt-Gebrauch auf), und auch T.NAGEL bestreitet, daß die subjektiven Komponenten mentaler Zustände als Propositionen verstanden werden können.

In den Worten von M.FRANK:

„Anders gesagt: Ich habe auch dann Schmerzen, wenn ich den neurophysiologischen Satz >Dieser Schmerz ist eine C-Faser-Reizung< für falsch halte (oder wenn dieser und alle anderen Sätze entweder falsch sein oder unverifiziert bleiben solllten). Und Colin McGinn hat gezeigt, daß die Gründe, die uns hindern, die Relation zwischen Bewußtseins- und Hirnzuständen selbst noch im Selbstbewußtsein abzubilden, prinzipieller Natur sind: Es besteht, hinsichtlich ihrer, eine Einsichtigkeits-Sperre (>cognitive closure<) ... Eben aufgrund dieser und einiger weiterer Befunde waren seit Anfang der 80er Jahre mehrere Philosophen zu der radikalen Überzeugung gekommen, daß Selbstbewußtsein gar kein Fall von propositionalem Wissen ist. Es stellt sich nicht in Sätzen (der Form: >Ich weiß, daß ich φ<) dar, und in ihm gibt es auch keine zwei getrennten Elemente, die zu identifizieren wären".[(ebd.)]

---

[225] H.Pape, in: Frank (ed.) 1994.S.167f.

In seinen späteren Arbeiten hat sich CASTANEDA darum bemüht, in der Ausarbeitung seiner *Guise-Theorie* (Theorie ontologischer Gestaltungen) als einer *formalen Ontologie* die erzielten sprachphänomenologischen Resultate zu verallgemeinern. Dies Vorhaben zu realisieren war ihm jedoch nicht mehr vergönnt.

In *Self-Consciousness, I-Structures and Physiology*"(1989), [kurz: "SIP", dt. in Frank (ed.), 1994, S.210-245] liefert er einen Entwurf für eine "Theorie reflexiver Ich-Gestaltungen" als einer "Ontologie der Gestaltungen" zusammen mit einer (Selbst-)Bewußtseinssemantik in einer postulierten siebenstufigen *Hierarchie der Bewußtseinsmodalitäten*.

Da sich einige intuitive Gemeinsamkeiten zwischen CASTANEDAs Ansatz und den von uns weiter unten (IV.) propagierten ontologischen Thesen unschwer ausmachen lassen, soll hier noch auf den späten Aufsatz *SIP* in wenigen Aspekten eingegangen werden.

In *SIP* formuliert CASTANEDA seine *Theorie der reflexiven Ich-Gestaltungen* hinsichtlich potentieller neurophysiologischer und psychologischer Konsequenzen, wobei er letztere beiden allerdings nur skizzenhaft bzw. unergiebig beleuchtet.

Grundlegend für seine Konzeption der Gestaltungen ist dabei die *Ersetzung* des klassischen (logischen) *Identitätsbegriffs* durch den der *Selbigkeitsrelation*, welcher gegenüber ersteren eine (logische) *Abschwächung* bedeutet:

- während dieser gemäß dem *Leibnizprinzip* Identität als Übereinstimmung aller zuschreibbaren Prädikate definiert, wobei idealisierenderweise davon ausgegangen wird, daß alle zur *exhaustiven* Bestimmung eines Gegenstandes notwendigen und hinreichenden Prädikate bereitstehen, betont CASTANEDA zutreffend die *Begrenzung des Bewußtseins auf endliche Eigenschaftsmengen* gegenüber der *Eigenschaftsunendlichkeit* aller Objekte.

In unserer Terminologie formuliert: es geht um die potentielle prädikative Uneinholbarkeit der noumenal-realen Objekte (d.h. der unabhängig vom Erkenntnisakt als existent angenommenen materiellen (Para)-Objekte) aufgrund ihrer `doppelten´ potentiell unendlichen prädikativen Mannigfaltigkeit.

Da nämlich für das Bewußtsein überhaupt nur endlich viele Eigenschaften und Aspekte sowohl der Objekte wie seiner selbst faßbar sind, *entgleiten* die Objekte auf `transzendente´ Weise auf zweifacher Ebene einem *vollständigen Begreifen*:

➢ auf der einen Ebene sind sie als *implizit-theoretisch* (neurophysiologisch, phylogenetisch, ethologisch determinierte Kognitionsstrukturen) und *explizit-theoretisch* (bewußt methodologisch-`wissenschaftlich´) konstituierte Objekte in *potentiell unbegrenzter Tiefe* analysier-oder synthetisierbar, sowie in *potentiell unendlich vielen Kontexten* differenzierbar;

➢ auf der anderen, noumenalen Ebene, als `faktisch-real´ bewußtseinsunabhängig existente Para-Objekte (was immer man sich darunter vorstellen mag) gilt diese *prädikative Transzendenz* offenbar *a fortiori;* die *strikte Identität* liegt somit *außerhalb des kognitiven Operationsraumes* und ist daher in einer Ontologie des Selbstbewußtseins nicht fundierbar.

CASTANEDA setzt an ihre Stelle eine *Hierarchie abgestufter Selbigkeitsrelationen* als *abgeschwächter Identitätsformen.*
In seiner Welt der *Gestaltungen* sind alle individuierbaren Objekte aus endlichen Eigenschaftsmengen konstituiert, wobei Selbigkeitsrelationen Formen *kontingenter Identität* bestimmen, *entweder* als *Konsubstantiation* (Ko-Faktizität oder Selbigkeit synchron existenter Eigenschaftsmengen) *oder Transsubstantiation* (Selbigkeit gemeinsam diachron existenter Eigenschaftsmengen), um nur die beiden stärksten Selbigkeitsrelationen zu nennen.
Ersterer kommt die größte Mächtigkeit zu: Konsistenz, Vollständigkeit und logische Geschlossenheit bei Nichtersetzbarkeit (extensional) identischer Termini: >Abendstern< und >Morgenstern< sind nicht salva veritate austauschbar.

Gestaltungen sind in Denkereignissen als existierend gesetzte Aspekte, Facetten und Ansichten, aus denen sich die einheitlich gedachten Gegenstände zusammensetzen. Da CASTANEDA ohne die Konzeption eines strikt selbstidentischen Ichs auskommt, folgt aus seiner Theorie der reflexiven Ich-Gestaltungen, daß Selbstbewußtsein tatsächlich in *kriterienloser Unmittelbarkeit* referiert und auf *vorbewußter Homogenisierung* und *externer Reflexivität* der Erfahrung fundiert ist:
„Die Kriterienlosigkeit der Verwendung von >ich< und die Neutralität des Ich gegenüber allen inhaltlichen Bestimmungen sind deshalb bedingt durch die Funktion der Ich-Gestaltung als höchster Punkt einer Hierarchie von internen Reflexivitäten".[ebd.]

Um es abkürzend zu sagen: CASTANEDAs Subjekte sind über ihre Ich-Gedanken in einer *transzendenten*, noumenalen Realität fundiert, *nicht* weil diesen etwa transzendent existierende Inhalte zukämen, sondern insofern sie kategorisch einer `nicht innerweltlichen´ d.h. propositional-inhaltlich nicht faßbaren *primordialen Ordnungsentität* aufliegen.

Diese Ordnungsentität, das *Ich*, welches sich im Token des Pronomens der ersten Person ausdrückt, ist ein Konstrukt *ohne objektive Eigenschaften*, welches durch *kontrastierende Kategorien* (gegenüber den `Nicht-Ichen´, d.h. ein Ich-Strang als Einheit der selbst immer nur füchtig-kontingenten Ich-Erlebnisse bzw. Ich-Instantiierungen ist wesentlich ein `Komplex von Negativitäten´) konstituiert wird, in welchen sich die basalen Struktureigenschaften des Denkenden manifestieren.

CASTANEDA postuliert *neun grundlegende Kontrastierungen* der Ich-Strukturen (Ich-Stränge):

I. den Kontrast *Ich* -dies/das ;
2. den Kontrast *Ich* -sie (die externen Weltobjekte) ;
3. den Kontrast *Ich* -er/sie (dieser oder jener Denker(in)) ;
4. den Kontrast *Ich* -sie (die anderen Personen) ;
5. den Kontrast *Ich* - (Glaubender oder Wissender) - *Ich* - (Handelnder) ;
6. den Kontrast *Ich* - er/sie (diese bzw.jene Person als empfindendes,denkendes, handelndes Individuum) ;
7. den Kontrast *Ich* -du ;
8. den Kontrast *Ich* - wir (Gesprächspartner) ;
9. den Kontrast *Ich* - sie/wir (als Angehörige der eigenen Gemeinschaft).

Im *faktischen Bewußtsein* sind diese Komponenten auf mannigfaltige Art *vermischt*, CASTANEDA spricht hier von einem „spiralförmigen Prozeß, in dem sich unser Begriff des Ich ständig anreichert", wobei die Interaktionsprinzipien auf unterschiedlichen Ebenen angesiedelt sind:

„Einige sind wegen der Art von Welt erforderlich, in der wir uns befinden, mit ihren physikalischen, chemischen und biologischen Eigenschaften, aber auch mit ihren gesellschaftlichen Organisationen und anderen kulturellen Produkten. Einige Vermischungsprinzipien liegen tief in der ontologisch-psychologischen Beschaffenheit der denkenden Person verwurzelt, wie sie sich in der metaphysischen Haltung der denkenden und handelnden Person offenbart. Animisten zum Beispiel mischen die *Ich*-Stränge so, daß jedes Ding sein eigenes internes *Ich* hat. Für Solipsisten ist die Welt als Ganze nichts anderes als der Inhalt der Erfahrung des einzig zugänglichen *Ich* ... Mystiker tun alles mögliche: Einige von ihnen erheben sich selbst in den Status von Teil-*Ichen* innerhalb eines allumfassenden *Ich*".[226]

Prinzipiell ist (Selbst-) Bewußtsein fundiert auf einer komplexen Basis von Überzeugungen als einer *Hierarchie größtenteils unbewußter Kräfte und Dispositionen*, gewisse Dinge auf gewisse emotive (Gefühlsfärbung) und kognitive (Begriffsschärfe) Weise zu denken, wobei sich die Grenze zwischen impliziten vor- bzw. unbewußten und expliziten bewußten Denkakten nicht scharf ziehen läßt.
Wesentliche Eigenschaften des Bewußtseins sind dabei seine *Transparenz* (deswegen gibt es hier kein frame-Problem!), derzufolge Denkinhalte im gesamten kognitiven Netzwerk diffundieren und spezifische Muster innerhalb der doxastischen Hierarchie induzieren, und seine *Subsumtivität*, derzufolge die basalen kognitiven Muster systemisch modifiziert auch auf den höheren Ebenen wirksam sind, d.h.

„die einheitliche Struktur des Bewußtseins baut sich von unten her auf, doch ihre Aufhellung erfolgt von oben herab".[227]

Wie man auch immer zu CASTANEDAs ontologischen Thesen stehen mag, die Konsequenzen seiner sprachlogischen Analysen sind insofern von herausragender Bedeu-

---

[226] Castaneda, ebd. S.230;
[227] ebd. S. 232;

tung, als sie *verbindliche Eigentümlichkeiten des (Selbst-)Bewußtseins* herausarbeiten, die *auf reduktionistische Weise nicht zu explizieren sind* und die ernstmeinende Kognitionstheorien zu berücksichtigen haben:

„In gleicher Weise hat auch die Künstliche Intelligenz ein angestammtes Interesse an der Reflexivität des Selbstbewußtseins, und zwar unabhängig davon, ob sie in reduktionistischer Absicht betrieben wird oder nicht. Offensichtlich braucht man zur Herstellung getreuer Abbilder menschlichen Verhaltens oder geistiger Zustände und Tätigkeiten nur die kausale Abhängigkeit des Geistigen vom Körperlichen. *Selbst*bewußtsein ist der Scheitelpunkt des Geistigen".[228]

Ob man dabei von *transzendenter Verankerung des Ich* spricht oder eine weniger metaphysische, etwa kybernetisch inspirierte Terminologie bevorzugt (insofern sie die fraglichen Zusammenhänge wiederzugeben geeignet ist), spielt keine Rolle.

Ferner scheint CASTANEDAs *Konzeption der hierarchisch abgestuften Selbigkeitsrelationen* durchaus besser geeignet, die von ihm als kausales Interaktionsverhältnis verstandene Relation von Physiologie und Psychologie zu begreifen, als die strikt identistischen materialistischen Ansätze.

---

[228] ebd. S. 217;

23. Sidney Shoemaker: sprachanalytischer Ansatz 2 – die epistemische Priorität der Selbstreferenz

(Biographisch-philosophische Einführungsbemerkung auf Seite 397)

Hatte sich CASTANEDA in seinem epochalen Aufsatz *He* ... hauptsächlich mit den Charakteristika der Quasi-Indikatoren des Pronomens der dritten Person beschäftigt, geht es SIDNEY SHOEMAKER in *Self-Reference and Self-Awareness* (1968)[229] vornehmlich um die *Referenzmodi des Pronomens der ersten Person* >ich< , d.h. um die Fragen nach dem *tatsächlichen Bezugsobjekt* dieses Pronomens, der *Identifizierbarkeit diese Bezugsobjekts* und dem *Verhältnis von Identifizierung und Referenz* sowie schließlich der *Gegebenheitsweise des Objektes für das Bewußtsein* als gegebenenfalls primordialer Instantiierungsmodus.

SHOEMAKER greift zunächst auf WITTGENSTEINs im *Blue Book* getroffene Unterscheidung von *Subjektgebrauch* und *Objektgebrauch* der Personal- bzw. Possessivpronomina >ich< bzw.>mein< zurück, welche im übrigen nicht mit der Unterscheidung von *korrigierbaren* bzw. *unkorrigierbaren* Aussagen der ersten Person zusammenfällt.

WITTGENSTEIN ging es um eine spezifizierte Immunität gegenüber einer bestimmten Art von Irrtum, nämlich dem durch *Fehlidentifizierung* in Bezug auf das Pronomen der ersten Person:

„Es gibt zwei Gebräuche des Wortes >ich< (oder >mein<) die ich >Objektgebrauch< und >Subjektgebrauch< nennen könnte. Hier sind Beispiele von der ersten Art: >Mein Arm ist gebrochen<, >Ich bin zehn Zentimeter gewachsen< ... Beispiele von der zweiten Art: *>Ich* sehe [höre] so-und-so<, ... *>Ich* habe Zahnschmerzen<. Man kann auf den Unterschied zwischen diesen beiden Kategorien hinweisen, indem man sagt: Die Fälle der ersten Kategorie machen es erforderlich, daß man eine bestimmte Person erkennt, und in diesen Fällen besteht die Möglichkeit des Irrtums, - oder ich sollte sagen: Die Möglichkeit des Irrtums ist vorgesehen ... Es ist möglich, daß ich, etwa bei einem Unfall, Schmerzen in meinem Arm spüre, einen gebrochenen Arm an meiner Seite sehe und denke, daß es mein Arm ist, wenn es in Wirklichkeit der meines Nachbarn ist ... Andrerseits geht es nicht um das Problem, eine Person zu erkennen, wenn ich sage, daß ich Zahnschmerzen habe. Die Frage >Bist du sicher, daß *du* es bist, der Schmerzen hat?< wäre unsinnig. Wenn nun in diesem Fall ein Irrtum unmöglich ist, dann deswegen, weil der Zug, den wir als einen Irrtum, einen >schlechten Zug<, ansehen würden, überhaupt kein Zug in dem Spiel wäre".[230]

Wenn ich z.B.denke, >ich blute< , oder >mein Arm blutet<, ist die Möglichkeit des Irrtums gegeben insofern, daß zwar korrekterweise ein Arm als blutend erkannt wurde, es sich dabei jedoch um einen fremden Arm eines (z.B. in einem umgestürzten Autobus) mit dem meinigen chaotisch verschlungenen Körpers handelt, so daß hier eine Fehlidentifizierung bezüglich des Pronomens der ersten Person prinzipiell möglich ist.

Allgemein ist die These, eine Behauptung der Form >a ist so-und-so< impliziere die Möglichkeit der Fehlidentifikation bezüglich des Terminus >a< so zu verstehen, daß

---

[229] dt. in: Frank (ed.),1994, *Selbstbezug und Selbstbewußtsein*, (S.43-59);
[230] Wittgenstein 1958/1984, S.106f;

im gegebenen Fall der Sprecher zwar weiß, daß ein bestimmtes Ding so-und-so ist, er jedoch deshalb und genau deshalb inkorrekt äußert >a ist so-und-so<, weil er inkorrekt dasjenige Ding, von dem er zutreffend glaubt, daß es so-und-so ist, mit demjenigen Ding identifiziert, auf welches sich >a< bezieht.

Demgegenüber ist bei der Aussage >ich habe Schmerzen< diese Möglichkeit (der Fehlidentifizierung bezüglich >ich<) offenbar nicht vorgesehen:
es gibt keinen Fall einer Äußerung >ich habe Schmerzen<, die deswegen mißglückt wäre, weil irrtümlicherweise von einer bestimmten Person, von der zutreffend gewußt würde, daß sie Schmerzen hat, geglaubt würde, ich sei diese Person.

Analog ist die Situation in Aussagefällen der ersten Person, die nicht unkorrigierbar sind:
die Behauptung >Ich rieche Zigarrenduft< kann danebengehen, weil der wahrgenommene Rauch tatsächlich z.B. von einer Zigarrenrauchmaschine stammt, oder ich olfaktorisch halluziniere, sie kann aber niemals deshalb fehlgehen, weil ich mich irrtümlicherweise mit derjenigen Person, von der ich zutreffend glaube, daß sie Zigarrenduft wahrnimmt, identifiziert habe.

In all diesen Fällen ist der Gebrauch des Pronomens >ich< als Subjekt einer Aussage nicht auf irgendeiner Form von Identifizierung einer Entität basiert, von der man glaubt oder behauptet, das Prädikat der fraglichen Aussage komme ihr zu. Nun ist aber die der Modus der identifikationsfreien Bezugnahme nicht auf derartigen Subjektgebrauch von >ich< beschränkt, er soll ebenfalls auf Demonstrativpronomina zutreffen.[231]

Es lassen sich jedoch *charakteristische Unterschiede* zwischen *Demonstrativpronomina* und *Selbstreferenz* ausmachen:
> ➢ die Referenz der Demonstrativpronomen wird variabel in jeder Situation allein durch die Intention des Sprechers, und nicht durch ihre Verwendungsregeln festgelegt, während umgekehrt die Verwendungsregeln des Pronomens der ersten Person die Referenz eindeutig festlegen und es dem Benutzer nicht freisteht, damit beliebig zu referieren;
> ➢ im Gegensatz zum Subjekt-Gebrauch von >ich< ist der Gebrauch demonstrativer Ausdrücke nicht immun gegen Fehlschläge, etwa bei Halluzinationen o.ä., wo das demonstrativ anvisierte Objekt tatsächlich gar nicht existiert;
> ➢ wie schon CASTANEDA klargestellt hat, referieren Demonstrativpronomina nur im Präsens identifikationsfrei; soll eine demonstrativ referierende Aussage im Präteritum wiedergegeben werden, muß das Demonstrativpronomen durch eine (propositionale) Kennzeichnung ersetzt werden und wird damit fehleranfällig, da die nun gewählte Kennzeichnung offenbar danebenzielen kann; der Subjekt-

---

[231] Ohne diese Frage hier diskutieren zu wollen, halte ich diese Auffassung des identifikationsfreien Demonstrativgebrauchs für verfehlt, insofern damit gemeint ist, daß den Demonstrativa kein propositionaler Sinn zukomme, da sie etwa wie Kripkesche Designatoren (Namen) verwendet würden. Im Kripke-Abschnitt wird darauf zurückzukommen sein.

Gebrauch des Pronomens der ersten Person referiert dagegen durch alle Kontexte und Tempora eindeutig und identifikationsfrei.

CASTANEDA hatte gezeigt (s.o.), daß es keine Beschreibungen gibt, (indexikalische Beschreibungen eingeschlossen), die sich für den Subjekt-Gebrauch von >ich< äquivalent einsetzen lassen; nun könnte man, so SHOEMAKER, auf folgende Argumentation verfallen:

❖ Nichts, was ich in der Welt antreffe, kann ich selbst (oder mein Selbst) sein, denn es gibt nichts, was ich hinsichtlich irgendeines Objekts, das ich in der Welt antreffe, beobachten oder feststellen könnte, woraus sich schließen ließe, daß ich selbst dieses Objekt bin.[232]

An diesem Argument ist nun, wie SHOEMAKER zutreffend darlegt, so ziemlich alles falsch. Gegeben, die Prämisse wäre richtig, so folgte daraus nur, daß ich gegebenenfalls nicht wissen kann, daß ich mich selbst angetroffen habe; die Prämisse ist jedoch falsch, denn es hindert mich nichts daran, bezüglich der Selbstidentifikation auf indexikalische Ausdrücke enthaltende Kennzeichnungen zu rekurrieren.
Darüberhinaus sind z.B. nicht-euklidische Welten mit `Bumerang-Lichtstrahlen´ denkbar, in welchen man sich selbst ebenso wie andere Gegenstand sein könnte, und dort ließen sich ebenfalls Prozeduren der indirekten Selbstidentifikation entwickeln. Allerdings ergäben diese Fälle - wie sämtliche Formen von `sich selbst in der Welt antreffen´ bzw. `sich selbst ein Gegenstand sein´ - *keine Fundierung* des Subjekt-Gebrauchs von >ich<.
SHOEMAKERs *These* lautet klar:

❖ *Selbstreferenz* kann nicht auf *Selbstidentifikation* gegründet werden.

Einen Gegenstand als sich selbst zu identifizieren impliziert
entweder, daß ein auf diesen Gegenstand zutreffendes Merkmal ausgemacht wird, von dem unabhängig gewußt wird, daß es auf einen selbst zutrifft, wodurch der Gegenstand als man selbst identifiziert wird,
oder aber eine spezifische Relation existiert, in der man zu einem Gegenstand steht, die notwendig und hinreichend reflexiv ist, d.h. in der nur man selbst zu sich stehen kann.
In beiden Fällen ist das fragliche Wissen über sich selbst nicht auf der fraglichen Identifikation selbst basiert, sondern entweder auf einem weiteren Identifikationsmechanismus, oder aber einem anderen Referenzmodus. Tatsächlich führt

„die Annahme, daß *alles,* was man über sich selbst weiß, auf einer Identifizierung beruht ... in einen fatalen unendlichen Regreß. Jedenfalls müßte, und dies ist vielleicht der wichtigste Punkt, die Identifizierung eines gegebenen Gegenstandes als sich selbst mit der Möglichkeit einer Fehlidentifizierung zusammenfallen, doch es ist gerade das Fehlen dieser Möglichkeit, was den uns beschäftigenden

---

[232] Shoemaker,ebd. S.50f;

Gebrauch von >ich< auszeichnet. Ich glaube, dies ist eine der Hauptquellen für die irrige Meinung, man könne sich nicht selbst Gegenstand sein, die ihrerseits Grund für die Auffassung ist, >ich< beziehe sich nicht auf etwas".[(ebd.)][233]

Die Möglichkeit der Fehlidentifizierung ist offenbar an die *Fallibilität der äußeren Sinneswahrnehmung* gebunden; wäre aber das *Selbst* nicht als materielle Entität, sondern als introspektiv wahrnehmbare, immaterielle Substanz gegeben, ließe sich ein Zugänglichkeitsmodus denken derart, daß das Subjekt bei Vorliegen dieser introspektivischen Gegebenheitsweise *unfehlbar* vom wahrgenommenen Gegenstand auf sich selbst schließen kann.

Analog zur äußeren Wahrnehmung würde dann mittels eines *inneren Sinnes* eine gewisse Entität *intra-perzipiert*, deren charakteristische Merkmale diese Entität nur für mich selbst als mich selbst auswiesen, und zwar *unfehlbar, aufgrund ihrer Eigenschaft, Gegenstand meines intra-perzeptiven Sinnes zu sein.*

Dabei ist aber das Wissen vorausgesetzt, daß ich es bin, der die betreffende Eigenschaft konstatiert, und dieses Wissen wiederum kann nicht selbst in fraglicher Identifikation gegründet sein. Der Ansatz des *inneren Sinns* impliziert, daß es ein *inneres Subjekt* gibt, das vom *äußeren Subjekt* intra-perzeptiv als so-und-so fühlend bzw. wahrnehmend identifiziert wird, was aber zu einem weiteren *infiniten Regreß* führt.

Tatsächlich kann Selbstbewußtsein *nicht* nach dem Muster des `Sich-selbst als so-und-so Wahrnehmens´ gefaßt werden: das Wahrnehmen des Zigarrenrauchs ist kein Wahrnehmen eines den Zigarrenrauch wahrnehmenden inneren Subjekts.

Wenn man aber sich der selbstzugeschriebenen Prädikate bzw. ihrer Instantiierungen bewußt sein kann, ohne sich eines objektartig gegebenen Subjektes bewußt zu sein, ließe sich vielleicht folgern, daß das subjekt-gebrauchte >ich< tatsächlich als ein *Pseudo-Subjekt*, analog dem >es< in >es regnet< zu verstehen ist - im Sinne der Bemerkung LICHTENBERGs, es müsse eigentlich heißen >es denkt< statt >ich denke<.

Dies würde aber bedeuten, dem Subjekt das Bewußtsein abzusprechen, sich in einem bestimmten Zustand zu befinden, d.h. es wäre z.B. ein Schmerz-Phänomen instantiiert, ohne daß klar wäre, wo (in wem) es instantiiert ist:

„Ist man sich bewußt, daß man Schmerzen hat, dann ist man sich tautologischerweise nicht nur bewußt, daß das Attribut >habe/hat Schmerzen< exemplifiziert ist, sondern daß es *in einem selbst* exemplifiziert ist".[234]

SHOEMAKER zufolge liegt die Schwierigkeit eines adäquaten Verständnisses von Selbstbewußtsein in der *notorischen aber verfehlten Präferenz* begründet, dasselbe unter dem *Paradigma der Sinneswahrnehmung* erfassen zu wollen, d.h. dem Versuch, es nach dem Modell des empirisch gewonnenen Wissens, demzufolge eine wahrgenommene Entität eine bestimmte sinnliche Merkmalskonfiguration aufweist, zu analysieren, wobei man einerseits zwar feststellt, daß Selbstbewußtsein eben keine Form der Wahrnehmung seiner selbst gemäß des `sich selbst als Gegenstand gegeben´ impliziert,

---

[233] letztere Position vertritt G.E.M.Anscombe in "The First Person";
[234] ebd. S. 54;

man andererseits jedoch perseverativ das fragliche Subjekt-Objekt-Schema hypostasiert, so daß eine Inkohärenz strukturell impliziert ist. Die von SHOEMAKER nahegelegte Konsequenz lautet daher, daß das Wahrnehmungsmodell des Selbstbewußtseins vollständig aufgegeben werden muß.

Hiermit war einerseits deutlich geworden, daß Selbstbewußtsein nicht nach dem Muster äußerer Sinneswahrnehmung zu erklären ist. Um die Frage nach der Möglichkeit bezüglich der Fehlidentifikation irrtumsimmuner Selbstzuschreibungen, die nicht auf irgendeiner Form von Selbstbeobachtung beruhen, klären zu können, greift SHOEMAKER nun auf die bereits von PETER STRAWSON in *Individuals* (1959) vorgenommene Unterscheidung von *M-Prädikaten* und *P-Prädikaten* zurück.

> ➤ *M-Prädikate* bezeichnen solche Prädikate, die, insofern sie jemandem zugesprochen werden, bei diesem kein (nicht nur ihrer Instantiierung, sondern überhaupt kein) Bewußtsein voraussetzen: etwa einen Lippenstiftabdruck auf der Stirn zu haben, eine Narbe am Ohr etc.;
> ➤ *P-Prädikate* sind psychologische Prädikate und sollen ursprünglich auch ein Bewußtsein ihrer Instantiierung beim betreffenden Subjekt implizieren; SHOEMAKER weist aber darauf hin, daß es psychologische Prädikate gibt, bei denen dies nicht der Fall sein muß, wie >ist hochgradig intelligent< oder >ist hochgradig dämlich<. In Anlehnung an CASTANEDAs >er*< (s.o.) bestimmt er daher die Klasse der *P*-Prädikate*:

> ❖ soll ein P*-Prädikat sein genau dann, wenn es für einen Zustand steht, von dem das Subjekt *S* auf eine solche Weise *w* Kenntnis hat, so daß notwendigerweise gilt: wenn *S* weiß, daß φ auf die Weise *w* instantiiert ist, dann weiß *S* auch, daß er selbst sich im Zustand φ befindet.

Demzufolge müssen P*-Prädikate weder unkorrigierbar sein, noch muß in jedem Fall des Zutreffens eines P*-Prädikates auf eine Person diese davon wissen; falls sie es aber weiß, so weiß sie in jedem Fall, daß es auf sie in der spezifischen Weise *w* zutrifft. (SHOEMAKER mußte später einräumen, daß diese Definition nicht stark genug ist, da sie sich offenbar auf jedes Prädikat anwenden läßt, von dem man weiß, daß es auf einen selbst zutrifft; demgegenüber besteht der von GARETH EVANS formulierte Lösungsvorschlag in der Postulierung eines gewissen basalen Wahrnehmungsmodus (als der spezifischen Weise *w*), nämlich dem des *Informationszustandes* des betreffenden Subjekts als konstitutive Größe der ihr gegenüber sensitiven entsprechenden Vorstellung, s.u.).

Wenn also *w* als eine Art *unmittelbare innere Selbstkenntnis* verstanden wird, und φ für den Zustand `Ohrensausen´ steht, dann hat *S* nur und genau dann unmittelbare innere Selbstkenntnis des Ohrensausens, insofern es sich im Zustand φ befindet, ferner weiß *S* notwendig, daß, insofern φ auf die Weise *w* gegeben ist, er selbst sich im

Zustand φ befindet.

SHOEMAKERs *Generalthese* lautet nun,

❖ daß *die Verwendung der P*-Prädikate die irreduzible Basis, die Bedingung der Möglichkeit des Gebrauchs der übrigen M- und P-Prädikate sowie auch der Demonstrativpronomina darstellt.*

Inwiefern ist der Gebrauch der M-Prädikate auf dem der P*-Prädikate fundiert? SHOEMAKER gibt folgendes *Beispiel*:

▪ Man stelle sich eine Sprachgemeinschaft vor, in der eine primitive Sprache *ohne* P*-Prädikate, aber einem Pronomen der ersten Person gepflegt wird.
▪ Die einzigen Prädikate (die von den Sprechern u.a. sich selbst zugesprochen werden können) sollen Strawsons M-Prädikate sein, also solche Prädikate, die keinerlei Bewußtsein bei dem Subjekt voraussetzen, dem sie zugesprochen werden sollen.

Wie gesehen, verweisen auf Selbstidentifikation beruhende Selbstzuschreibungen auf weitere, identifikationslose Selbstzuschreibungen.
Betrachtet man nun ein M-Prädikat wie >steht vor einem Holztisch<, so kann man sich dieses Prädikat gegebenenfalls zwar identifikationsfrei zuschreiben, aber um *diejenigen* Situationen, in denen derartige Selbstzuschreibungen möglich sind, *charakterisieren* und die *Gründe der Selbstzuschreibung spezifizieren* zu können, müßte man *notwendig* auf die hier nicht verfügbaren *P*-Prädikate rekurrieren.*
Um sich also bestimmte M-Prädikate in dieser Sprache selbst zuschreiben zu können, müßten die Sprecher lernen, sich die jeweiligen M-Prädikate *genau in denjenigen* Situationen selbst zuzuschreiben, in denen sie ansonsten P*-Prädikate verwenden würden, falls diese verfügbar wären.
Dies aber bedeutet ja nichts anderes, als daß diejenigen Sprecher tatsächlich über die *Grammatik der P*-Prädikate* verfügen müssen, um sich M-Prädikate selbst zuschreiben zu können, und das reale Fehlen solcher P*-Prädikate bedeutet dann höchstens einen kontingenten Mangel im *Vokabular* dieser Sprache, der sozusagen ad-hoc und problemlos zu beheben wäre. *Die Kompetenz eines jeden Sprechers, sich überhaupt irgendein Prädikat selbst zuschreiben zu können, impliziert demnach seine grammatische Fähigkeit, P*-Prädikate zu verwenden.*

Bezüglich der übrigen Referenzweisen liegt die gleiche Sachlage vor. Wenn z.B. jemand eine identifikationslose demonstrative Referenz vornehmen möchte, so muß er das fragliche Objekt, auf welches er sich bezieht, auf gewisse Weise wahrnehmen.
Die korrekte Verwendung referentieller Ausdrücke der Form ʼdieses so-und-soʼ bedeutet aber die Fähigkeit der Selbstzuschreibung von P*-Prädikaten der Form ʼperzipiert ein so-und-soʼ, da sie die Vertrautheit mit der Wahrnehmungsweise *w* des Objektes impliziert, auf welches das Demonstrativpronomen zielt. Die Tatsache, daß der *Objekt*-Gebrauch von >ich< von dessen *Subjekt*-Gebrauch *abkünftig-derivativ* ist, erhellt auch

aus folgendem:

> diejenigen Fälle, in denen das Pronomen >ich< im Objektsinne verwendet wird, bedeuten offenbar die Selbstzuschreibung von M-Prädikaten. Wenn aber φ als M-Prädikat verwendet wird, so bedeutet die Aussage >ich bin φ< ungefähr etwas der Art >mein Körper ist φ<. Um aber einen Körper als den meinigen identifizieren zu können, muß ich Gedanken der Art >mein Körper ist genau derjenige Körper, durch dessen Augen *ich* sehe, durch dessen Ohren *ich* höre, dessen Mund Laute produziert, wenn *ich* spreche<, etc., aufweisen:

„Alle Verwendungen von >ich<, die in dieser Bedeutungserklärung des Ausdrucks >mein Körper< vorkommen, der seinerseits verwandt werden kann, um den Gebrauch der Pronomen der ersten Person in der Selbstzuschreibung von M-Prädikaten >als Objekt< zu erklären, sind selbst Verwendungen >als Subjekt<. Anders ausgedrückt: M-Prädikate sind meine aufgrund der Tatsache, daß sie auf eine bestimmte Weise mit P*-Prädikaten verbunden sind, die meine sind ".[235]

Das hier thematisierte Phänomen der *bewußtseinsmäßigen Abkünftigkeit physischer von psychischen Zuständen* des kognitiven Subjekts muß nun keineswegs zu einer *idealistischen Verabsolutierung* im Sinne der These THOMAS NAGELs führen, derzufolge es sich beim selbstbewußten Subjekt psychischer Zustände *prinzipiell* nicht um ein materielles Objekt der physikalischen Raum-Zeit-Ordnung handeln könne:
„Meine physikalischen Zustände gehören nur in einem derivativen Sinn mir, da sie Zustände eines Körpers sind, der aufgrund dessen mir gehört, daß er in der geeigneten Weise auf meine psychologischen Zustände bezogen ist. Aber das ist nur möglich, wenn diese psychologischen Zustände in einem ursprünglichen und nicht bloß derivativen Sinn mir gehören; deshalb kann *ihr* Subjekt nicht der Körper sein, der in einem derivativen Sinn mir gehört".[236]

Diese Konsequenz lehnen nämlich sowohl SHOEMAKER (u.a. in *Personal Identity*,1984) als auch insbesondere EVANS ab. Letzterem geht es (in *The Varieties of Reference*,1982) um die Konstruktion einer umfassenden *Theorie der Referenzmodi*, innerhalb deren einerseits dem Selbstbezug des kognitiven Subjekts zwar die notorischen Eigentümlichkeiten anzuerkennen sind, andererseits ein wesentlicher Punkt im Versuch liegt, Ausdrücke der *Ersten Person* dennoch analog zu demonstrativen Indexwörtern zu begreifen, und insbesondere gegenüber einer *cartesianischen Subjektidentifizierung* als einer unsinnigen *res cogitans* die Situierung des kognitiven Subjekts als einer wesentlich raum-zeitlich positionierten, mitunter physisch bestimmten, Entität aufzuweisen.

---

[235] ebd. S. 59;
[236] T.Nagel, in Bieri (ed.)1981, S.67).

24. Gareth Evans: sprachanalytischer Ansatz 3 – Oxforder Neo-Fregeanismus

(Biographisch-philosophische Einführungsbemerkung auf Seite 379)

Zusammen mit JOHN McDOWELL und CARL PEACOCKE wird der 1980 frühzeitig verstorbene GARETH EVANS zur *Schule* der sog. *Oxforder Neo-Fregeaner* gezählt, deren wesentliche Gemeinsamkeit durch die Überzeugung gegeben ist, daß FREGEs Unterscheidung von *Sinn* und *Bedeutung* (s.o.)

1. ein irreduzibles begriffliches Organon für jedwede adäquate Bewußtseins- und Sprachphilosophie darstellt, und daher
2. durch entsprechende Spezifizierung und theorieerweiternde Modifikationen auf den tagesphilosophischen Stand gebracht, sich zur Analyse angeblich *frege-resistenter* Phänomene, wie der Funktionsweise indexikalischer oder demonstrativer Ausdrücke, als geradezu unabdingbar erweist.

In seinem Buch *The Varieties of Reference* (1982) liefert EVANS eine umfassende *Theorie der* verschiedenen *Referenzmodi*, wobei auch er der mittels des Pronomens der ersten Person ausgedrückten Bezugnahme eine Sonderrolle gegenüber den mittels Namen oder Kennzeichnungen vollzogenen Referenzweisen zuspricht, jene aber in Analogie zu indexikalischen Gegebenheitsweisen, gleichsam als proto-indexikalische Referenzmodi in ein umgreifendes System der Referenz zu integrieren bemüht ist.

Dabei geht es ihm insbesondere um den Nachweis, daß es sich beim Referenzobjekt des Selbstbezugs, d.h. der vom kognitiven Subjekt reflexiv anvisierten Entität, keinesfalls um eine immaterielle rein-transzendente Entität handelt, sondern um ein wesentlich raum-zeitlich situiertes, im physisch-physikalischen Raum operierendes und insofern `immanentes´ Objekt. Den uns besonders interessierenden Zusammenhang des `Selbstbezugs der ersten Person´ behandelt EVANS im siebten Kapitel seines Buches unter dem Titel "Selbstidentifizierung";[237] wie der Titel bereits andeutet, versteht EVANS, anders als etwa CASTANEDA oder SHOEMAKER, unter Identifizierung nicht notwendigerweise eine an propositionale, deskriptive Kriterien gebundene Prozedur, d.h. er plädiert für die Möglichkeit einer kriterienlosen Identifizierung beim reflexiven bzw. indexikalischen Referenzvollzug. Inwiefern es sich hierbei allerdings wirklich um eine theoretische oder bloß terminologische Frage handelt, muß sich aus den systemischen Zusammenhängen erhellen.

Da wir uns mit EVANS an dieser Stelle zum dritten Mal explizit mit der Selbstbezugsthematik der ersten Person auseinandersetzen, ferner, wie bereits zwischen SHOEMAKER und CASTANEDA, auch bei EVANS einige Gemeinsamkeiten in der philosophischen Analyse zu den eben Genannten auszumachen sind, sollen seine Argumente hier besonders in ihrer Kontrastierung bzw. Erweiterung zu den bereits vorgestellten Positionen untersucht werden.

---

[237] dt. in: Frank (ed.),1994, *Selbstidentifizierung*, (S.500-574);

Folgende vier Punkte hält EVANS als Ergebnis seiner Diskussion zum Thema Selbstidentifizierung fest:

(1) die selbstbewußten Gedanken des kognitiven Subjekts können auf keinen anderen Denkmodus reduziert werden, sie sind mit über Beschreibungen oder Kennzeichnungen laufenden Identifizierungen nicht kompatibel; selbstbewußtes reflexives Denken wird durch *Informationen* konstituiert bzw. hat die wesentliche Disposition, durch *Informationen* konstituiert zu werden (der Begriff der *Information* ist bei EVANS ein terminus technicus, s.u.);

(2) im Gegensatz zu gewissen `transzendierenden´ Auffassungen (z.B. NAGEL), betont EVANS die Notwendigkeit, daß die selbstbewußten Gedanken des kognitiven Subjekts von objektiven Gegenständen als materiellen Elementen der Realität, von Elementen der objektiven Ordnung der Dinge handeln, und demnach keineswegs als wesensmäßig flüchtige Unspezifizierbarkeiten gelten müssen:

„our thoughts about ourselves are about *objects* - elements of reality. We are, and can make sense of ourselves as, elements of the objective order of things. Our thinking about ourselves conforms to the Generality Constraint [Allgemeinheitsklausel] - we are able to conceive of endless states of affairs involving ourselves, and what we conceive is not necessarily what it is like for us, or what it will be like for us, to be aware of, or be in a position to know the existence of, such a state of affairs. Therefore we are not Idealists about ourselves, and this means that we can and must think of ourselves as elements of the objective order. All the peculiarities we have noticed about `I´-thoughts are consistent with, and, indeed, at points encourage, the idea that there is a living human being which those thoughts concern"; [238]

(3) EVANS wendet sich gegen eine *cartesianische* Konzeption des kognitiven Subjekts als ausdehnungsloser *res cogitans*, ihmzufolge bedeuten die üblichen Verwendungsweisen des Pronomens der ersten Person klarerweise ein funktionales Ensemble von physischer und mentaler Sphäre, d.h. es existiert schlechterdings keine konzeptuelle Kluft von *res extensa* und *res cogitans* im Selbstverständnis des Subjekts;

(4) die Vorstellungen des kognitiven Subjekts über sich selbst beruhen wie die meisten anderen Vorstellungen auch auf der Gültigkeit gewisser empirischer Voraussetzungen, und können zumindest prinzipiell, d.h. in gewissen vorstellbaren Situationen, ebenso wie diese fehlgehen, nämlich genau dann wenn die fraglichen Voraussetzungen nicht gegeben sind.

Was die Gegebenheitsweisen der *ersten Person* anbelangt, so ist sie für EVANS zumindest grundsätzlich analog zu den indexikalischen Gegebenheitsweisen (>hier<, >dieses<) analysierbar, wobei das grundlegende Erklärungsschema durch entsprechende Modifikationen zu spezifizieren ist.

Prinzipiell aber sind indexikalische und demonstrative Gegebenheitsweisen für EVANS zunächst durch folgende Charakteristika ausgezeichnet:

- die mit >ich<, >dieses<, >hier< ausgedrückten Gegebenheitsweisen fungieren als kriterienlose Identifikationen der jeweiligen Objekte, d.h.in keinem dieser

---

[238] G.Evans: *The Varieties of Reference,*1982, S. 256;

Fälle erfolgt die Identifikation über die Abarbeitung gewisser Überprüfungskriterien, die von den fraglichen individuierten Objekten erfüllt oder nicht erfüllt werden, EVANS plädiert sozusagen für eine Hierarchie abgestufter Identifikationsmodi (wir erinnern CASTANEDAs Hierarchie abgestufter Selbigkeitsrelationen bzw. unser Konzept einer epistemologischen Kanonik), und hält ein kriterienloses Identifizieren für möglich bzw. einen derart erweiterten Identifikationsbegriff für sinnvoll.

- indexikalische und demonstrative Bezugweisen sind privilegierte Zugangsweisen insofern, als sie nicht jedermann jederzeit verfügbar sind: um eine >ich<-Bezugnahme durchzuführen, also an eine bestimmte Person in der >ich<-Perspektive denken zu können, muß man diese bestimmte Person selbst sein, und um eine adäquate Fassung einer >hier<- oder >dies<- Bezugnahme zu vergegenwärtigen, muß man selbst am entsprechenden Ort bzw. dem entsprechenden Objekt gegenüber loziert sein.

  Während FREGE (mit dessen Theorie EVANS sich im ersten Kapitel seines Buches auseinandersetzt) häufig unterstellt wurde [fälschlicherweise, s.o.], er würde indexikalischen Ausdrücken wie >hier< nur *einen* festgelegten Sinn zusprechen, so daß eine Aussage der Form >hier regnet es< an verschiedenen Orten zu verschiedenen Zeiten jeweils einunddenselben Sinn hätte, mithin dieser Sinn im einen Falle wahr, im anderen falsch wäre, geht die neo-fregeanische Position EVANS' davon aus, daß man zwischen dem allgemeinen Typus einer >hier<-Gegebenheitsweise und den spezifischen Tokens als jeweils unterschiedlichen Gegebenheitsweisen (Sinnen) unterscheiden muß (unkorrekterweise findet sich in der Literatur häufig die synonyme Verwendung von `Sinn' und `Gedanke', wo FREGE vom `Teilgedanken' gesprochen hätte, s.o.).

- bestimmte Gegebenheitsweisen (darunter indexikalische und demonstrative) sind wesentlich an die Existenz derjenigen Gegenstände gebunden, auf die sie referieren; EVANS zufolge besteht nun aber die Möglichkeit, daß ein kognitives Subjekt sogar in seinen >ich<-Gedanken referentiell fehlgehen kann, etwa wenn es mit kinästhetischen Informationen eines außerhalb seines eigenen egozentrischen Raumes lozierten Körpers versorgt würde, oder wenn es über irgendeine Form neurophysiologischer Anbindung mit den Inhalten eines anderen Subjekts gefüttert, mit einer Art Pseudogedächtnis versehen würde: in diesen Fällen wäre eine grundlegende kognitive Dissonanz die unvermeidliche Konsequenz, das Subjekt wäre unfähig, sich selbst als Element der `objektiven' raumzeitlichen Ordnung zu situieren und besäße mithin keine adäquate Vorstellung seiner selbst:

  „I have emphasized that a subject's *Idea* [terminus technicus, = Vorstellung] of himself does not require him to have a current conception of himself; what is required, in the exceptional circumstances in which the various avenues of self-knowledge are blocked, is that the subject be disposed to accept any information accessible in those ways as germane to be thougts we regard as manifesting self-consciousness. But in the normal situation, of course, these dispositions are exercised, and he has an evolving conception of himself, embodying information derived in the various ways, and partly retained in memory, which informs his thoughts about himself ...[and] there is a presupposition that there is just one thing from which the various elements of the conception derive".[239]

In den oben genannten Beispielen z.b. der künstlichen Gedächtnisübertragung ist aber eben diese Voraussetzung offensichtlich nicht gegeben:

„provided that the subject was ignorant of the situation situation, he would bring both present-tense physical and psychological information to bear upon his self-conscious reflections, and there would be no one thing from which both kinds of information derived. The subject would be in a muddle, rather as can happen when a subject uses a demonstrative in connection with two information-links (via different sense-modalities)".[240]

Die mannigfaltigen Gegebenheitsweisen (fregeanisch: Sinn) der Gegenstände heißen bei EVANS "Ideas" (dt. "Vorstellung"), und bedeuten spezifische Fähigkeiten, an Einzelgegenstände zu denken. Ein Gedanke der Form $>a$ ist $F <$ ist dabei auf der Synthese zweier Vorstellungen fundiert, d.h. einer Vorstellung des speziellen Objektes a und einer Vorstellung der Eigenschaft F.

Für EVANS sind nun >ich<-, >dieses<- und >hier<-Vorstellungen wesentlich durch zwei Faktoren gekennzeichnet, nämlich
- erstens durch ihre konstitutive Abhängigkeit von gewissen Informationszuständen und gleichzeitige Anbindung an spezifische Handlungskontexte (sozusagen eine pragmatische Komponente), sowie
- zweitens die Fähigkeit des Subjekts, mittels des *grundlegenden Unterscheidungsgrundes* als eines typspezifischen Individuationsprinzips die Objekte der Vorstellung zu individuieren.

Wir hatten bereits oben das Konzept einer Kanonik bzw. Hierarchie von Erkenntnis- bzw. Wahrnehmungsmodalitäten angesprochen. Auch EVANS trifft eine grundlegende epistemische Unterscheidung bezüglich der Fundierungsweisen der Vorstellungen und Gedanken. Zum einen gibt es Gedanken, die auf propositional-begrifflicher Basis im Wissenssystem des kognitiven Subjekts verankert werden.
Wenn z.B. jemand, der noch niemals etwas vom Shah von Persien gehört oder gesehen hat, in der Zeitung ließt, daß der Shah von Persien eine Vorliebe für westliche Konsumgüter, insbesondere dunkelgrüne Krawatten pflegt, so kann er dieses isolierte Wissenselement in sein Wissenssystem (mehr oder minder) integrieren:
er weiß dann, daß es eine männliche Person gibt, die *Shah von Persien* ist und eine gewisse ästhethische und ideologische Haltung realisiert.

Nun nehmen wir an, der Shah von Persien hielte einen öffentlichen Vortrag, in dem die Annehmlichkeiten der modernen Industriezivilisationen gepriesen würden, und unser Mann befände sich im Auditorium, ohne zu wissen, daß es sich bei dem Redner mit den grau melierten Haaren im dunklen Anzug und dunkelgrüner Krawatte um den Shah von Persien handelt, so könnte er als Hörer auf diese Weise ebenfalls zu der

---

[239] ebd. S. 249;
[240] ebd. S. 249f;

Überzeugung gelangen:
>dieser Redner mit der dunkelgrünen Krawatte besitzt eine Vorliebe für die westliche Zivilisation<;

in beiden Fällen handelt es sich, auf spezifische Art und Weise, um Gedanken über den Shah von Persien. Im letzteren Fall ist dabei der Gedanke des Mannes auf gewissen, die fragliche Person zum Inhalt habenden, Sinneseindrücken fundiert, und zwar auf wesentliche Art und Weise:

- der Gedankeninhalt ist untrennbar mit dem ihn konstituierenden Sinneseindruck verknüpft, der Gedanke kann nicht anders als im Lichte eben dieses Sinneseindrucks gedacht werden, er beruht sozusagen auf einem direkten kommunikativen persönlichen Kontakt zwischen kognitivem Subjekt und seinem Gedankenobjekt.

Nur in diesem letzteren Fall spricht EVANS davon, daß sich das kognitive Subjekt in einem *Informationszustand* befindet, d.h. sein Gedanke über den Shah ist auf *Information* fundiert.

Eine der relevanten Eigenschaften der >ich<-Gedanken liegt nun für EVANS eben darin, daß sie *informationsbasiert* sind.

Wesentlicher Punkt ist hierbei, daß die epistemische Relation des `Sich-in-einem-Informationszustand-hinsichtlich-x´-Befindens einerseits zwar eine epistemologisch ausgezeichnete Wahrnehmungssituation beschreibt, andererseits aber keinesfalls, etwa gemäß der Alltagsverwendung des Begriffs >Information<, mit expliziten propositionalen Glaubens- und Wissenszuständen im Sinne intersubjektiver Weltbeschreibungen (z.B. >Der Shah von Persien studierte in Cambridge<, >der vorletzte Kaiser der Ming-Dynastie liebte Milchsuppe<) verwechselt werden darf. *Information* ist also prinzipiell von Wissen, Meinungen und Gedanken zu unterscheiden (s.Kapitel 5: *Information, Belief and Thought*).

Es ist nämlich EVANS zufolge möglich, sich in einem bestimmten *Informationszustand* zu befinden, ohne den ihm entsprechenden *Glaubens-* oder *Wissenszustand* einzunehmen.

So sind vielfältige Wahrnehmungssituationen denkbar, in denen ein Subjekt einer Komplexität diverser sich überlagernder akustischer, visueller, haptischer, olfaktorischer Impressionen ausgesetzt ist, die ein Ensemble expliziter und impliziter Wissens- oder Bewußtseins-elemente induzieren (z.B: bei einer musikalischen Darbietung zerreiße ich – ganz der Betrachtung einer vor mir sitzenden, in dezenten Branntweinduft eingehüllten, Schönheit gewidmet – das Programmheft, dabei an vieles oder zumindest an manches denkend; oder alternativ: im Fußballstadion sitze ich fangerecht gekleidet inmitten der engagierten gegnerischen Gemeinde, und während der Stadionsprecher diverse Erklärungen zum Spielverlauf abgibt, gießt mein Nachbar sein Bier auf meine Schuhe und ich denke u.a. daran, daß dies ein schöner Tag und Fußball ein spannender Sport ist.)

Hat ein Subjekt einen *informationsfundierten* Gedanken, so ist dieser Gedanke durch die fragliche Information *wesentlich* bestimmt, d.h. die Disposition des Subjekts, den Gedanken z.B. für wahr, falsch, ergötzlich oder sonstwas zu halten, ist irreduzibel auf den fraglichen Informationszustand fixiert.

Dabei ist die im Gedanken enthaltene Vorstellung wesentlich durch ihre, für sie konstitutive, Sensitivität gegenüber dem Informationszustand charakterisiert.

Wenn also unser Mann, in der ersten Reihe sitzend, auf die gepflegte Person im dunklen Nadelstreifenanzug blickend denkt

>dieser Redner trägt einen maßgeschneiderten dunkelblauen Nadelstreifenanzug<,

so wird er nicht umhin können, diesen Gedanken im Lichte der auf ihn wirkenden Sinneseindrücke, also im Lichte seines Informationszustandes, auch für wahr zu halten;

hört er nun zufällig die Äußerung einer hinter ihm sitzenden Person:

>Der Shah von Persien trägt in der Öffentlichkeit stets maßgeschneiderte dunkelblaue Nadelstreifenanzüge<,

so handelt es sich für ihn, da er um die Identität des Redners nicht weiß, um ein abstraktes Wissenselement, um einen Gedanken ohne konstitutive Informationssensitivität, so daß er in der fraglichen Situation über keine Möglichkeit verfügt, über Wahrheit oder Falschheit des Gedankens zu entscheiden.

Diese *konstitutive Sensitivität* gewisser Vorstellungen gegenüber gewissen Arten von Information spezifiziert und liefert eine *funktionale Charakterisierung* gewisser *Vorstellungstypen*.

Wir hatten bereits gesehen (CASTANEDA, SHOEMAKER), daß bestimmte Gegebenheitsweisen der ersten Peson auf keine Weise via Kennzeichnungen identifiziert bzw. verständlich gemacht werden können.

In EVANS´ System läßt dieser Sachverhalt so formulieren, daß indexikalische und demonstrative Bezugnahmen aufgrund ihrer konstitutiven Sensitivität gegenüber bestimmten Informationszuständen prinzipiell nicht mit deskriptiv vermittelten Bezugnahmen kompatibel und salva veritate austauschbar sind.

Auch die Immunität gewisser >ich< - bzw. >dies< - Bezugnahmen gegenüber Irrtümern aufgrund von Fehlidentifizierungen läßt sich derart beschreiben:

die Aussage

>a ist F<

ist i.d.S. immun, wenn es undenkbar ist, daß das Subjekt zwar einerseits weiß, daß die betreffende Eigenschaft in einem bestimmten Objekt instantiiert ist, sich andererseits darüber im Irrtum befindet, daß dieses Objekt mit a identisch ist; (z.B. unser Mann betrachtet des Redners Anzug und denkt >dieser Nadelstreifenanzug ist dunkelblau!<; nun kann er sich in seinem Urteil unmöglich deswegen täuschen, weil er den Anzug vor seinen Augen etwa mit demjenigen im Schrank seines Großvaters verwechselt.)

in EVANS´ Terminologie:

das Urteil >a ist F< ist immun gegen Irrtum durch Fehlidentifizierung bezüglich a

genau dann, wenn die Eigenschaft, F zu sein, auf solchen Informationen fundiert ist, die für die jeweilige *Vorstellung* von a die bestimmende Konzeption darstellen, d.h. wenn die fraglichen Informationszustände für die fraglichen Vorstellungen von a konstitutiv bzw. die Vorstellungen bezüglich der Informationszustände wesentlich sensitiv sind.

Es impliziert dann die Tatsache, daß die fragliche Eigenschaft F instantiiert ist, die Tatsache, daß die fragliche Eigenschaft F in a instantiiert ist.

Damit ein Subjekt einen bestimmten Gedanken adäquat fassen kann, muß die im Gedanken enthaltene Vorstellung (Gegebenheitsweise) `angemessen´ sein, d.h. das Subjekt muß insofern wissen, an welchen Gegenstand es denkt, als es sich um einen von allen anderen denkbaren Objekten unterschiedenen Gegenstand handelt.

Jedes kognitive Subjekt verfügt nach EVANS über ein System *grundlegender Vorstellungen,* die für die jeweils auf spezifische Art und Weise zu individuierenden verschiedenen Objekte der Welt jeweils *grundlegende Unterscheidungsgründe* als Individuationsprinzipien implizieren.

Um einen Gedanken >a ist F < korrekt haben zu können, muß das Subjekt also über das entsprechende *Individuationsprinzip* für a (den grundlegenden Unterscheidungsgrund) verfügen, wobei allerdings das Individuationsprinzip als *inhaltliche Komponente* des konzipierten Sachverhalts verstanden wird und somit im Gedanken impliziert ist, wobei die jeweiligen Unterscheidungsgründe entsprechend ihren jeweiligen Objekten charakteristisch variieren:

z.B. läuft die Individuierung physikalisch-materieller Gegenstände als Gedankenobjekte – hier ist der Unterscheidungsgrund für EVANS durch die Raum-Zeit-Position zuzüglich der Artbestimmung hinreichend gegeben - nach anderen Gesichtspunkten als etwa die von akustischen oder mathematischen Objekten.

Wenn ich also, abends zu Hause sitzend, denke >dieses Klavier ist schwarz<, dann muß das Individuationsprinzip des Klaviers – seine raumzeitliche Identifikation zum Zeitpunkt t in diesem mir wohlbekannten Zimmer mit der grünen Tapete etc.- in gewisser Hinsicht in meine Konzeption des Gesamtsachverhaltes, daß es sich dabei um ein schwarzes Klavier handelt, als strukturelle Komponente mit einfließen.

Dabei ist der grundlegende Unterscheidungsgrund als Individuations*prinzip* allerdings nicht die konkrete raumzeitliche Einbettung des Objektes zum Zeitpunkt t, (neben dem Fenster im grünen Zimmer), sondern die >ontologische Form< der Einbettung: zu einem adäquaten `Klavier-Gedanken´ (z.B: >Man müßte Klavier spielen können ... !< ist nicht die Vorstellung meines Klaviers in seiner raumzeitlichen Position in jenem grünen Zimmer gefordert (auch wenn ich persönlich vielleicht dazu neige, beim Wort >Klavier< meistens an jenes Zimmer zu denken), sondern bestimmte, >klaviertypische< ontologische Präsuppositionen, wie etwa: sich nicht von jetzt auf gleich in Rauch aufzulösen; nicht unbemerkt federleicht aus dem Raum zu schweben; sich nicht zur Größe eines Berges aufzublähen oder zur Erbsengröße zu schrumpfen etc ;

Es lassen sich aber in diesem Zusammenhang mindestens zwei Möglichkeiten ausmachen:

- in einigen Wahrnehmungssituationen individuieren wir die fraglichen Gegenstände direkt durch ihre raumzeitliche Position – z.B. die im Spiel mehrmals vorhandenen Schachfiguren, oder Mikadostäbchen auf dem Tisch vor mir – in diesen Fällen der Identifikation ansonsten gleicher Objekte ist dies die einzige Möglichkeit der Individuierung; oder, wenn für mich ein schwarzes Klavier wie das andere aussieht, und ich das in meinem grünen Zimmer nur deswegen als das mir bekannte schwarze Klavier identifizieren kann, weil es sich in der gegebenen raumzeitlichen Konfiguration (nämlich im grünen Zimmer) befindet, ist meine Vorstellung des Klaviers unmittelbar fundiert in und unlöslich verknüpft mit der Kenntnis seines Individuationsprinzips (zum Zeitpunkt t befindlich am Ort xyz). Eine solche, den grundlegenden Unterscheidungsgrund beinhaltende Vorstellung eines Objektes nennt EVANS eine *grundlegende Vorstellung (fundamental idea)*.

- in anderen Situationen können wir, etwa aufgrund uns gegenwärtiger Kennzeichnungen, an bestimmte Objekte denken, sie in ungewohnten Kontexten situieren (ich könnte mir das schwarze Klavier in fahlheller Beleuchtung durch den Weltraum schwebend vorstellen), oder auch wiedererkennen, scheinbar ohne überhaupt auf grundlegende Vorstellungen zu rekurrieren; dies gilt insbesondere für diejenigen materiellen raumzeitlichen Objekte, die mit Selbstbewußtsein und >ich<-Vorstellungen ausgestattet sind – also für uns selbst.

Entscheidend ist hier wiederum, daß auch bei den nicht-grundlegenden Vorstellungen der grundlegende Unterscheidungsgrund als konstitutive Folie impliziert ist. Um nämlich auf der Basis einer nicht-grundlegenden Vorstellung einen angemessenen Gedanken $>a$ ist $F<$ haben zu können, muß eine Rückbindung des Gedankens gewährleistet sein derart, daß dem Subjekt jederzeit bewußt ist, daß eine grundlegende Identifizierung für den nicht grundlegend identifizierten Gegenstand a existiert, welcher die Eigenschaft F zugesprochen wird. Sei δ diese grundlegende Vorstellung, dann impliziert das Wissen um die Wahrheitsbedingung des nicht-grundlegenden Gedankens $>a$ ist $F<$ das Wissen, daß, gegeben er sei wahr, $>a$ ist $F<$ wahr ist aufgrund der Wahrheit des gedanklichen Hintergrundpaares $>\delta = a<$ und $>\delta = F<$:

wenn ich z.B. im Opiumrausch durch meinen Lieblingspark spazieren gehe und plötzlich glaube, über der Wiese vor mir schwebte unser schwarzes Klavier (aus dem grünen Zimmer) unbeschwert dahin, so muß ich die unkanonische Konfiguration (Klavier über der Wiese schwebend im Park) in eine kanonische Konfiguration (z.B. Klavier im grünen Zimmer) überführen, mich der kanonisch zugeschriebenen Eigenschaften (100 Jahre alt, verstimmt, schwarz lackiert) versichern, gegebenenfalls noch eine Plausibilitätserwägung anstellen (Freunde haben es auf meine Lieblingswiese getragen, mittels eines Apparates dort ein Energiefeld zur Neutralisierung der Schwer-kraft erzeugt, um mir mit dem fliegenden Klavier eine Freude zu bereiten etc.);

ich könnte aber auch aufgrund meines Rausches metatheoretisch zweifeln und arg-wöhnen, daß es sich bei meiner Beobachtung um eine kanonisch instabile Wahrneh-mung bzw. Halluzination handelt; dann wäre mir unklar, ob der zur Individuierung meines aktuellen Vorstellungsgegenstandes erforderliche grundlegede Unterschei-dungsgrund derjenige für Klaviere oder aber derjenige für Halluzinationen ist – in diesem Sinne wäre ich unfähig, angemessene Gedanken über das fragliche Klavier zu haben, weil mir in einer kognitiv disparaten Vorstellung eine systemisch kohärente Variation und Einbettung möglicher Klaviereigenschaften nicht möglich ist.

Im Wechselspiel mit dem System grundlegender Vorstellungen steht hier also das von EVANS postulierte Prinzip des *generality constraint* (Allgemeinheitsklausel); dieses Prinzip besagt, daß jeder, der über einen bestimmten Begriff F verfügt, verste-hen können muß, was es heißt, daß eine beliebige Aussage der Form >a ist F < (a ist wieder die Vorstellung eines Gegenstands) wahr ist:

„The Generality Constraint requires us to see the thought that a is F as lying at the intersection of two series of thoughts: the thoughts that a is F, a is G , that a is H , ..., on the one hand, and the thoughts that a is F , that b is F , that c is F , ..., on the other".[241]

Es geht EVANS hierbei offensichtlich um das Merkmal der *systemhaften Strukturiert-heit der Gedanken*, d.h. die Fähigkeiten, bestimmte Gedanken zu haben, sind systema-tisch mit den Fähigkeiten und Dispositionen, gewisse andere Gedanken zu haben, verbunden bzw. bedingen einander, der systemhafte Charakter der Struktur erscheint dabei u.a. als Aspekt der *kategorialen Angemessenheit*, durch welche die vom *genera-lity constraint* geforderte Variationsbreite kategorial eingeschränkt wird.

So kann das Verfügen über den Begriff z.B. einer *Kuckucksuhr* nicht davon abhängig sein, daß man einen (Pseudo-) Gedanken wie
>der Förster vom Silbersee ist eine Kuckucksuhr<
zu fassen in der Lage ist oder nicht.
Der Aspekt der *modularen Strukturiertheit* der Gedanken erscheint dabei als ziemlich naheliegend, die vom *generality constraint* geforderte *systemische Variation* erinnert bzw. entspricht der gängigen *linguistischen Konstituenten- und Segmentanalyse* mittels *syntagmatischer und paradigmatischer Variation*.

Der Aspekt der Konstituentenstruktur der Gedanken bzw. Propositionen spielt ferner, wie bereits gesehen, bei FODOR eine nicht unwesentliche Rolle, (nicht zuletzt in seiner Argumentation gegen den Konnektionismus).

---

[241] ebd. S. 209;

Wie funktioniert aber nun die Selbstidentifizierung der ersten Person, wie steht es um die Individuationsbedingungen des kognitiven Subjekts?

Das Bezugsobjekt mentaler Selbstzuschreibungen der ersten Person bestimmt EVANS entschieden anticartesianisch als

„einen Gegenstand aus Fleisch und Blut, dessen grundlegender Unterscheidungsgrund seine raumzeitliche Position ist. (Was zur Konsequenz hat, daß das Hintergrund-Element von >ich<-Vorstellungen in der Fähigkeit bestehen muß, sich selbst im Raum zu lokalisieren)".[242]

Für die Konstituierung eines materiell-raum-zeitlich situierten Gegenstandes als Referenz-objekt der >ich<-Gedanken macht EVANS folgende *zwei Aspekte* geltend:

- Erstens betont er, daß >ich<-Gedanken keineswegs auf solche Gedanken beschränkt sind, die Sachverhalte aus der `ich-Perspektive´ zum Inhalt haben. Da die Gedanken des Subjekts über sich selbst dem *generality constraint* unterworfen sind, sollen die reflexiven Vorstellungen außer ihrer Anbindung an (kognitiv fundamentale) Informationszustände und Handlungskontexte darüberhinaus auch das Wissen davon beinhalten, was eine Identitätsbehauptung der Form

$$>ich = \delta_t<$$

wahr macht, wobei es sich bei δ_t um eine prinzipiell intersubjektiv zugängliche, grundlegende Identifizierung handelt.
Nur wenn diese Bedingung erfüllt ist, kann von einem Subjekt das allgemeine Konzept, daß auf es selbst als einer bestimmten (intersubjektiv zugänglichen) Person gewisse (intersubjektiv zugängliche) Prädikate zutreffen (z.B.: >X hat Schnupfen<,>X ist moribund<), mit den spezifisch subjektiven Vorstellungen seiner selbst verschmolzen werden, daß es derart zu einem umfassenden Konzept davon gelangen kann, was es heißt, daß diese Prädikate auf es selbst zutreffen:
„we are perfectly capable of grasping propositions about ourselves which we are quite incapable of deciding, or even offering grounds for. I can grasp the thought that I was breast-fed, for example, or that I was unhappy on my first birhday, or that I tossed and turned in my sleep last night, or that I shall be dragged unconscious through the streets of Chicago, or that I shall die. In other words, our thinking about ourselves conforms to the Generality Constraint".[243]
Worauf es EVANS hierbei ankommt, ist, daß es sich bei dem durch >ich<- Referenz identifizierten Objekt um eine Entität handelt, für deren grundlegenden Unterscheidungsgrund (raumzeitliche Ortung und Artzugehörigkeit) die ansonsten `privilegierte´ innenperspektivische Identifikation irrelevant ist, da die grundlegende Identifizierung ein prinzipiell intersubjektiver Identifikationsmodus ist.
In diesem Sinne können selbstbewußte Gedanken der `privilegierten´ Perspektive (z.B.> Ich habe Schmerzen<) nur dann wirklich adäquat vom Subjekt gefaßt werden, insofern es die Fähigkeit, jene intersubjektiv zugänglichen Bezugnahmen (z.B.>Ich wurde an einem Sonntag geboren<) korrekt durchzuführen und d.h. sich als ein Element der objektiven Raum-Zeit-Ordnung zu identifizieren, aufweist:

„there is just as much of a gap between the knowledge that Gareth Evans will die and the self-

---

[242] J.Rössler, in: Frank (ed.)1994, S.497;
[243] Evans 1982, S. 208f;

conscious realization that I will die as there is between any thought to the effect that the ϕ is F and the self-conscious thought that I am F. It is not wholly inaccurate to say that I grasp such an eventuality by thinking of myself in the way that I think of others ... But it is of course essential that I am aware that the person of whom I am so thinking is *myself*; certainly I must have in mind what it is for >δ is dead< to be true, for arbitrary δ, but I must also have in mind what it is for >δ = I< to be true. My thought about myself does satisfy the Generality Constraint; and this is because I can make sense of identifying a person, conceived from the standpoint of an objective view of the world, as myself".[244]

- Ein zweiter Punkt ergibt sich aus aus der *funktionalen Charakterisierung* der >ich<-Vorstellungen, nämlich der Tatsache, daß >ich<-Vorstellungen gegenüber gewissen Informationszuständen sensitiv sind bzw. durch diese konstituiert werden, welche Informationen über *körperliche Zustände* zum Inhalt haben.

EVANS wendet sich gegen das `cartesianische Vorurteil´, die Immunität gegenüber Irrtum durch Fehlidentifizierung sei auf das Wissen von der Erfüllung mentaler Prädikate beschränkt, und dementsprechend sei das selbstbewußte Denken des Subjekts ausschließlich auf der Konzeption seiner selbst als eines rein mental-immateriellen Wesens fundiert, d.h. das Referenzobjekt selbstbewußter >ich<-Gedanken sei notwendig eine rein geistige, platonische Entität.

Vielmehr verweisen die >ich<-Vorstellungen wesentlich darauf bzw. ist in ihnen impliziert, daß ihren Bezugsgegenständen sowohl mentale als auch materiell-physische Prädikate zukommen:

„It is highly important that our >I<-Ideas are such that judgements controlled by certain ways of gaining knowledge of ourselves *as physical and spatial things* are immune to error through misidentification: that the bearing of the relevant information on >I<-thoughts rests upon no argument, or identification, but is simply constitutive of our having an >I<-Idea".[245]

EVANS führt zwei derartige Gegebenheitsweisen körperlicher Zustände ins Feld:

(1) Einerseits gibt es so etwas wie die allgemeine Fähigkeit der Lebewesen, mittels sensomotorischer und propiozeptorischer Kanäle exogene wie endogene Körperfunktionen zu realisieren und wahrzunehmen. All diesen auf ein *körperliches Selbst* bezogenen Wahrnehmungsweisen eignet eine Immunität gegen Irrtum durch Fehlidentifizierung, so daß ein auf solche Weise erlangtes Wissen der eigenen Körperbefindlichkeit nicht sinnvoll mit Fragen der folgenden Art zu bezweifeln ist:

- >Es gibt ein X, dessen Arme verschränkt sind, aber bin ich dieses X ?<;
- >Es gibt ein X, dem es flau und schmerzkrampfig im Magen zumute ist, aber bin ich dieses X?<
- >Jemandem wurden soeben die Zähne eingeschlagen, aber bin ich es, dem soeben die Zähne eingeschlagen wurden?<;

Der Punkt ist, daß es auch in diesen Fällen keinen *referentiellen Hiatus* gibt zwi-

---

[244] ebd. S. 210;
[245] ebd. S. 220;

schen der vom Subjekt auf entsprechende Art erzielten Information, daß eine bestimmte Eigenschaft F überhaupt instantiiert ist, und einer Information, daß *es selbst F* ist, d.h. insofern das Subjekt überhaupt von der Instantiierung eines Prädikates auf entsprechende Weise Kenntnis hat, weiß es auch schon, daß das Prädikat in/an ihm selbst instantiiert ist.

Folglich können diese Körperwahrnehmungen ebensowenig wie mentale Selbstzuschreibungen nach dem Schema:

$>b$ ist $F<$

und

$>$Ich bin $b<$, also gilt $>$Ich bin $F<$,

analysiert werden:

„if our Ideas of ourselves were such as to leave room for such an identification component - that is, if they did not have the legitimacy of this kind of physical self-ascription, without need for argument or identification, built in the foundation - then it is quite unclear how they could ever allow for the identification of the self as a physical thing at all ".[246]

(2) Die zweite von EVANS identifizierte Weise körperlicher Selbstwahrnehmung läßt sich als die allgemeine Fähigkeit verstehen, sich selbst als Körper gegenüber der Welt in einem Beziehungsraum als einem primordialen Koordinatensystem einzuordnen, und damit erst die Grundlage für die hinreichende Stabilität jedweder äußeren Wahrnehmung zu gewährleisten.
In der allgemeinen *Semiotik* heißt die Disziplin, die sich mit der kognitiven Strukturierung und Organisation des Raumes durch das in ihm positionierte Subjekt befaßt, *Proxemik*, so daß man bezüglich unseres Sachverhalts von *biologisch-epistemischer Proxemik* sprechen könnte in dem Sinne, daß die Orientierung eines Lebewesens bezüglich seiner räumlichen Positionierung in der Welt eine biologisch fundamentale Größe darstellt.

Diese basale Fähigkeit des Subjekts, statische und dynamische Positionierungen seiner selbst im Beziehungsgeflecht der Gegenstände im Raum-Zeit-Gefüge zuverlässig durchzuführen, wobei die Wahrnehmung äußerer Objekte und die Wahrnehmung seiner selbst als zu jenen in Bezug stehender materieller Entität sozusagen dialektisch aufeinander verweisen, scheint für EVANS dieselbe Irrtumsimmunität zu besitzen wie die bereits genannten Fälle;
insoweit es sich um ein solcherart gewonnenes Wissen handelt, erscheinen ihm Fragen wie:
- $>$Es gibt ein X, das sich gerade bewegt, aber bin ich dieses X ?$<$
- $>$Jemand steht vor einer Felswand, aber bin ich dieser jemand?$<$
als sinnlos.
Um also überhaupt adäquate Vorstellungen von irgendwelchen Gegenständen im Raum haben zu können, muß das Subjekt diese Vorstellungen als durch seine eindeutige Position im Raum-Zeit-Kontinuum determiniert, mithin diese als für jene konstitutiv

---

[246] ebd. S. 221f;

betrachten:

„The very idea of a perceivable, objective, spatial world brings with it the idea of the subject as being *in* the world, with the course of his perceptions due to his changing position in the world ant to the more or less stable way the world is. The idea that there is an objective world and the idea that the subject is *somewhere* cannot be separated".[247]

Was nun diesen letzten Modus der >ich<-Wahrnehmung als einer den Körper im Raum plazierenden und damit subjektive wie objektive räumliche Gegenständlichkeit erst konstituierenden Selbstwahrnehmung anbelangt, so scheint EVANS die Validität seines Argumentes bezüglich des von ihm erstrebten Nachweises überzustrapazieren:

Sicherlich ist es z.B. für das Überleben eines jeden Subjektes von entscheidender Bedeutung, sich in seinem Lebensraum orientieren und seinen Körper und seine Handlungen darin koordinieren zu können, und aus diesem Grunde (dies ist nicht teleologisch zu verstehen) verfügen offenbar alle Lebewesen über ihnen jeweils angemessene angeborene effektive Weltkonstitutierungsmechanismen, die einerseits durch die Neurophysiologie (`Hardware´), andererseits durch spezifische verhaltensbiologische `Programme´ (`Software´) realisiert sind.
So ist das Erkennen von `Freund-´ bzw. `Feindobjekten´ wohl bei den meisten Lebewesen
1) von eminenter Relevanz, und daher
2) durch angeborene, d.h. nicht auf trial-and-error angewiesene, Instinktmechanismen effektiv implementiert,
ohne jedoch deshalb
a) irrtumsimmun gegenüber Fehlidentifizierung
bzw. gar
b) der Identifizierung des >ich<-Objektes im selbstbewußten Bezug der ersten Person analog zu sein.

Wäre der raumzeitlichen Positionierung des kognitiven Subjekts im objektiven Weltkoordinatensystem jene von EVANS postulierte Fehlerimmunität tatsächlich inhärent, müßte doch wohl ein untrügliches Wissen der jeweilig realisierten raum-zeitlichen Position zum Inhalt sowohl der normalen Objekt-Gedanken (>diese Rose ist blau<) als auch der >ich<-Körper-Gedanken gehören, und dies ist
1) gerade nicht der Fall, d.h. ich kann einen mir gegenüberliegenden Gegenstand, wie auch einen eigenen Körperteil, betrachten bzw. mich gar in ihn meditativ versenken, ohne das geringste Bewußtsein meiner eigenen Körperlichkeit zu besitzen, ferner sind
2) Identifizierungen des >ich<-Körpers im Raum offenbar nicht fehlerimmun, wie u.a. MACHs Beispiel vom "herabgebrachten Schulmeister" (s.o.) zeigte.

Auch der erste Modus einer von EVANS postulierten >ich<-Körper-Wahrnehmung

---

[247] ebd. S. 222;

scheint nicht alles zu halten, was er sich von ihm verspricht. Insofern nämlich diese Selbstwahrnehmungen tatsächlich irrtumsimmun gegenüber Fehlidentifizierungen sind, handelt es sich eher um `innere´ Wahrnehmungen eines wesentlich privaten, von der übrigen Welt der Objekte unterschiedenen Leibes, (wobei extreme Wahrnehmungen wie große Schmerzen bekanntlich zur `Egozentrierung´ bzw. zum perzeptiven Verlust der Außenwelt durch Ohnmacht führen können), und insofern `objektive Gegenstände der Welt´ , wie übergeschlagene Beine, verschränkte Finger etc. die identifizierten Objekte darstellen, sind sie nicht irrtumsimmun bezüglich Fehlidentifizierung (s.o.).

Was schließlich den zuoberst formulierten Aspekt zugunsten einer >ich<-Körper-Identifikation angeht, so bräuchte ein streitbarer Cartesianer nur zu bestreiten, daß sich, wie von EVANS unterstellt, bei den Objekt-ich-Gedanken (>ich bin an einem Sonntag geboren<) ebenso wie bei den selbstbewußten >ich<-Gedanken, um Mitglieder derselben homogenen Familie der >ich<-Verwendungen und daher Instanzen desselben *generality constraints* handelt, d.h. er könnte Kritik bezüglich der kategorialen Adäquatheit anmelden, worauf auch RÖSSLER m.E. korrekt hinweist:

„Was das erste Argument betrifft, so kann man einwenden, daß die Tatsache, daß ich den-und-den >ich<-Gedanken (z.B.>Ich bin gestillt worden<) haben kann, noch nicht zeigt, daß der Gedanke eine Instanz der Allgemeinheitsklausel, bezogen auf meine in mentalen Selbstzuschreibungen operative >ich<-*Vorstellung*, darstellt. Man könnte sich, mit anderen Worten, auf den von Evans eingeräumten Vorbehalt hinsichtlich der kategorialen >Angemessenheit< von Begriffen und *Vorstellungen* berufen und erklären, daß der in diesem Gedanken vorkommende Begriff mit der bei mentalen Selbstzuschreibungen verwendeten >ich<-*Vorstellung* durchaus nicht zusammenpaßt".[248]

Insgesamt läßt sich zu EVANS demnach folgendes festhalten:

> ➢ der Sonderstatus der selbstbewußten >ich<-Bezugnahmen (als kriterienlose Identifikationen) bleibt auch in EVANS´ System unbestritten, allerdings relativiert durch die versuchte Angleichung dieser >ich<-Referenzen an indexikalische und demonstrative Bezugsweisen als ebenfalls auf gewissen Informationszuständen (die durchaus vor-begrifflich, vor-propositional sein können) des Subjekts basierten Bezugsmodi.

> ➢ Für die anticartesianische These, das Referenzobjekt aller >ich<-Identifizierungen sei wesentlich ein raum-zeitlich lokalisierter, materieller Gegenstand, bringt EVANS einige, in eine nicht unkomplexe umfassendere Theorie der Referenz eingebettete, Plausibilitätserwägungen ins Spiel, deren argumentative Gewichtung jedoch eine Frage des cartesianischen bzw. anticartesianischen Glaubensbekenntnisses bleiben muß.

---

[248] J.Rössler, in: Frank (ed.) 1994, S. 498;

25. Saul A. Kripke: modallogisch-semantischer Ansatz – die kausale Theorie der Referenz

(Biographisch-philosophische Einführungsbemerkung auf Seite 385)

In *Identity and Necessity* (1971), und *Naming and Necessity* (1972), beides sind in Transkription vorliegende, ursprünglich mündlich gehaltene Vorträge, untersucht SAUL AARON KRIPKE, spätestens seit seinem noch in Jünglingsjahren vorgelegten Beweis der Vollständigkeit der Modallogik als philosophisches Genie mit Weltranglistenanspruch ausgewiesen, u.a. das Problem der Kontingenz bzw. Notwendigkeit von Identitätsaussagen, um anschließend die von ihm herausgearbeitete Identitätsrelation bezüglich der Leib-Seele-Thematik zu überprüfen.

Da er *Identität* als eine *interne Relation* versteht, sind *Identitätsaussagen, wenn sie wahr* sind, auch *notwendigerweise wahr*. Auf diese Weise kann KRIPKE starke *cartesianische Intuitionen* ins Feld führen insofern, als eine materialistische Identitätsbehauptung von Physischem und Psychischem, wenn sie wahr sein sollte, *notwendig wahr* sein muß, d.h. beides wäre jeweils nicht ohne das andere denkbar.

Diese strikte Form der Identität scheint jedoch auf eklatante Art und Weise den gängigen diesbezüglichen philosophischen Intuitionen zu widersprechen – so betont der *Funktionalismus* ja explizit die Indifferenz funktionaler, d.h.u.a. psychischer, Zustände gegenüber ihren materiellen Realisierungsformen.

Tatsächlich wäre wohl kaum je ein Identitätstheoretiker auf die Idee verfallen, bei der von ihm postulierten Leib-Seele-Identität würde es sich nicht um eine *kontingente*, da empirische Tatsache handeln, sondern um eine *notwendige*.

Lustigerweise dreht nun KRIPKE den philosophischen Spieß einfach herum, und zwar mittels seiner Konzeption synthetischer Identifikationen als notwendiger Wahrheiten a posteriori, zugunsten des Dualismus, wie gesagt, nämlich indem er dem Identitätstheoretiker

- einerseits vorwirft, eine zu schwache Identitätsthese zu vertreten,
- ihm andererseits aber aus Plausibilitätserwägungen heraus nahelegt, die Identitätsthese besser ganz fallenzulassen.

KRIPKEs Argumentation selbst ist von in sich geschlossener, schneidend lässiger Konsistenz und wuchtiger Prägnanz, wird aber durch verschiedene Fundamente getragen, in denen jeweils durchaus mächtige Thesen impliziert sind, die entsprechend angreifbar erscheinen.

Im folgenden sollen zunächst die Grundlagen der Kripkeschen Argumentation kurz angerissen, anschließend seine Ausführungen bezüglich des Leib-Seele-Themas dargelegt und sein Ansatz einer kleinen Kritik unterworfen werden.

Das *erste Fundament* von KRIPKEs Position umfaßt diverse Annahmen, die man als *essentialistischen Realismus*[249] zusammenfassen könnte, insofern nämlich folgende *Thesen* gelten sollen:

---

[249] vgl. M.Carrier/J.Mittelstraß: *Geist, Gehirn, Verhalten,*1989, S. 101;

- an allen objektiv-physikalischen Gegenständen der Welt sind `von Natur aus´ *wesentliche, essentielle Attribute/Eigenschaften* auszumachen, welche ihren Wesenskern bestimmen und ihnen somit notwendigerweise zukommen, (z.B. Frequenz und Amplitude elektromagnetischer Wellen);
- außer den *essentiellen* gibt es auch *idiosynkratische Eigenschaften*, die aus einer dem Wesen der Dinge gegenüber irrelevanten, subjektiven Perspektive eines Beobachters entspringen, und den betreffenden Objekten daher nur zufälligerweise, kontingenterweise zugesprochen werden können, (z.B. die Röte einer elektromagnetischen Welle);
- die Klassifizierung der Prädikate als essentiell oder ideosynkratisch wird durch die Wissenschaft als dem kanonisierten Fundus der besten zu einem gegebenen Zeitpunkt verfügbaren Theorien über die Welt vorgenommen, wissenschaftliche Praxis und wissenschaftlicher Fortschritt bestehen u.a. im Sammeln, Anhäufen und Verknüpfen essentieller Prädikate bezüglich der jeweiligen Weltausschnitte;
- die essentiellen Prädikate legen die Extension eines Gegenstandes insofern *einfürallemal*, d.h. *in allen möglichen Welten*, fest, als sie diesem, im Gegensatz zu den ideosynkratischen Eigenschaften, nicht abgesprochen werden können, ohne damit seine Identität bzw. Existenz überhaupt aufzuheben.

Das *zweite Fundament*, welches KRIPKE zu der *These* berechtigt, *alle wahren Identitätsaussagen hätten notwendige Wahrheiten zum Inhalt*, beruht auf zwei Komponenten:
- Die *logische Komponente* faßt die Identitätsrelation als eine `interne´ Relation auf, unter Verwendung des von LEIBNIZ formulierten Prinzips der Ununterscheidbarkeit des Identischen (*principium identitatis indiscernibilium*), demzufolge aus der Identität zweier Größen die Übereinstimmmung ihrer Eigenschaften, d.h. ihre Ununterscheidbarkeit folgt, und dem Prinzip, daß jede Entität notwendig mit sich selbst identisch ist, also[250]
  1) $\forall_x$ (x = x); (jede Entität ist notwendigerweise mit sich selbst identisch),
  2) $\forall_x \forall_y$ (x = y $\wedge$ Fx . $\supset$ Fy); (*Leibnizprinzip*),
  aus 1) und 2) folgt
  3) $\forall_x \forall_y$ (x = y) $\supset$ (x = y); (wenn zwei Entitäten identisch sind, so sind sie notwendig identisch);
- Die *semantische Komponente* besteht in KRIPKEs *Theorie der Eigennamen als starrer Designatoren* (*rigid designators*, mit welcher er sich gegen die FREGE-RUSSELLsche *Theorie der Namen als Kennzeichnungsabkürzungen* wendet, d.h. KRIPKE zufolge wird ein Gegenstand (z.B. die Person Aritoteles) durch einen Namen *unabhängig von seinen kontingenten Merkmalen* (z.B. Lehrer Alexanders des Großen gewesen zu sein) *einfürallemal*, starr, *quer durch alle möglichen Welten eindeutig* bestimmt (so hätte die Person Aristoteles durchaus weder Lehrer Alexanders noch überhaupt Philosoph o.ä. werden müssen, und wäre doch die Person Aristoteles geblieben).

---

[250] in: S.A.Kripke: *Name und Notwendigkeit,* 1993 (1981), S. 9;

Nachdem wir nun die wissenschaftstheoretische und logische Basis für KRIPKEs Argumentation explizit gemacht haben, können wir uns seiner Diskussion der Identitätsthese zuwenden.

Wir beschränken uns hierbei sinnvollerweise auf den von KRIPKE am ausführlichsten diskutierten Fall der *Identifikation von Typen mentaler Zustände mit den entsprechenden Typen physischer Zustände*.

Das von KRIPKE herausgegriffene Beispiel betrifft die Identifikation des psychischen Schmerzphänomens mit seinem neurophysiologischen Korrelat, als welches die notorische `C-Faser-Reizung´ figurieren darf.

Wenn es sich hierbei um eine ernstzunehmende theoretische Identifikation handeln soll, so muß sie analog sein zu anderen wissenschaftlichen Identifikationen, wie der von Wasser und H_2O, Wärme und mittlerer kinetischer Molekülenergie etc., wobei offenbar jeweils zwei Typen von Phänomenen miteinander identifiziert werden.

KRIPKE wendet sich gegen die verbreitete Auffassung, welche die These vertritt,

„daß sowohl die Identifikation von Wärme mit Molekularbewegung als auch als auch die Identifikation von Schmerz und Erregung der C-Fasern kontingent ist. Wir haben oben gesehen, daß aufgrund der Tatsache, daß die Ausdrücke `Wärme´ und `Molekularbewegung´ beide starre Bezeichnungsausdrücke sind, die Identifikation der Phänomene, die sie benennen, notwendig ist".[251]

Für KRIPKE resultiert die verfehlte Auffassung, die Identifikation von Wärme und mittlerer kinetischer Energie habe, ebenso wie die anderen solcher typenmäßigen Identifikationen, bloß kontingenten Charakter, aus der *Verwechslung* des tatsächlich kontingenten Phänomens:
- daß gewisse Lebewesen, z.B. Menschen, auf Molekülbewegung mit der spezifischen Wärmeempfindung reagieren, mithin Molekülbewegung zunächst, im *vorwissenschaftlichen Stadium*, nur via Wärmeempfindung überhaupt identifiziert werden konnte,

mit der Tatsache,
- daß wir uns mit dem Ausdruck >Wärme< tatsächlich aber seit jeher auf das objektive Phänomen der Außenwelt (und nicht auf die durch dieses verursachte subjektive Erlebnisqualität) beziehen, welches dann als mittlere kinetische Molekularenergie physikalisch beschrieben werden konnte:

„Als wir das entdeckten, entdeckten wir eine Identifikation, die uns eine wesentliche Eigenschaft dieses Phänomens gibt. Wir haben ein Phänomen entdeckt, welches in allen möglichen Welten die Bewegung von Molekülen sein wird - welches nicht hätte nicht die Bewegung von Molekülen sein können, weil es das ist was das Phänomen *ist*".[252]

Wie steht es aber um die Identifikation von Schmerz und C-Faser-Reizung?

Zunächst ist >Schmerz< ein starrer Bezeichnungsausdruck des von ihm denotierten Entitätstyps, und damit etwas als Schmerz identifiziert werden kann, muß die wesentliche, essentielle Eigenschaft des Schmerzhaftseins realisiert sein, d.h. die phänomenale

---

[251] S.A.Kripke ebd. S. 169;
[252] S.A.Kripke ebd. S. 152;

Qualität des Schmerzerlebnisses ist die wesentliche Eigenschaft des Schmerzes, so wie es die Molekülbewegung die der Wärme ist.

In diesem Sinne erscheint es daher witzlos, einen Schmerz als eine Entität identifizieren zu wollen, dem die phänomenale Schmerzqualität nur kontingent-äußerlich zukommen könnte, mithin der wahre, wissenschaftlich erklärbare Schmerz etwa eine eigentlich in der übernächsten Galaxie beheimatete, grünlich-flüssige Substanz sein könnte, die sich unglücklicher- aber kontingenterweise bei ungünstigen klimatischen Bedingungen bei gewissen Erdlingen als meist unerwünschte Gefühlsqualität instantiiert.

Ebenso ist der Ausdruck >C-Faser-Reizung< (oder jeder beliebig neurophysiologisch verfeinerte Ausdruck, z.B. $>C_{XYZ}$-Faser-Reizung<´), ein starrer Designator, wobei die wesentlichen Eigenschaften des von ihm bezeichneten Objektes neurophysiologisch definiert sind.

Insofern nun Schmerz und C-Faser-Reizung in einer *Identitätsrelation* stehen, muß es sich, ebenso wie bei Wärme und Molekülbewegung, um eine *notwendige* Identität handeln.

Diese Annahme impliziert die *These*,

- daß es keine C-Faser-Reizung geben kann, die nicht gleichzeitig *per se* Schmerzempfindung ist, und es keine Schmerzempfindung geben kann, die nicht gleichzeitig *per se* C-Faser-Reizung ist, mithin die wesentlichen Eigenschaften des Schmerzes durch C-Faser-Reizungen bestimmt sind.

Diese Konsequenz scheint aber aber auf eklatante Weise sämtlichen diesbezüglichen Intuitionen und naturwissenschaftlichen Annahmen zu *widersprechen*, insofern Schmerz und C-Faser-Reizung als unabhängig voneinander realisierbare, nur kontingent miteinander verbundene Phänomene erscheinen.

Wäre aber nun die unseren diesbezüglichen Intuitionen entsprechenden Annahmen, Schmerz hätte sich nicht als C-Faser-Reizung herausstellen können, oder es könne ein Phänomen des einen Typs ohne das entsprechende Phänomen des anderen Typs realisiert sein, auf ebensolche Weise als Täuschungen auszuweisen wie die entsprechenden verfehlten Annahmen über die angeblich kontingente Identität von Wärme und Molekülbewegung u.ä., wäre die *cartesianische Position* widerlegt und die Notwendigkeit der fraglichen Identität dargetan.

Bezüglich der thermokinetischen Identifikation lag der falschen Annahme, es handle sich um eine kontingente Identität zweier verschiedener Phänomentypen, die *Verwechslung* von
- der auf kontingente Weise, nämlich mittels Wärmeempfindung, vollzogenen *Referenzweise*

mit dem eigentlichen
- *Referenzobjekt* (der Molekülbewegung)

zugrunde, wobei die wesentlichen Eigenschaften des Objektes prinzipiell gegenüber den Referenzweisen indifferent sind.

KRIPKE stellt jedoch klar, daß im Falle von Schmerzempfindung und C-Faser-Reizung obige Verwechslung eines bloß kontingenten, ideosynkratischen Erlebnismodus mit dem eigentlichen, erlebnisindifferenten Objekt gerade *nicht* möglich ist, weil es eindeutig zu den wesentlichen, konstitutiven Eigenschaften des Schmerzes gehört, als Erlebnisqualität wahrgenomen und derart identifiziert zu werden.

Im Gegensatz zur Wärme verweist der Schmerz auf keine Entität jenseits seiner selbst, nur und genau das, was als Schmerz realisiert wird, ist auch Schmerz:

„Mit einem Wort: die Entsprechung zwischen einem Gehirnzustand und einem mentalen Zustand scheint ein gewisses offenkundiges Element der Kontingenz zu enthalten. Wir haben gesehen, daß die Identitätsrelation nicht eine Relation von der Art ist, daß sie zwischen Gegenständen kontingenterweise bestehen kann. Wenn die Identitätsthese richtig wäre, würde daher das Element der Kontingenz nicht in der Relation zwischen mentalen und physischen Zuständen liegen. Es kann nicht wie bei Wärme und und Molekularbewegung der Fall, in der Relation zwischen dem Phänomen (= Wärme = Molekularbewegung) und seiner Empfindungs- oder Erscheinungsweise (Empfindung *E*) liegen, da es im Falle mentaler Phänomene keine >Erscheinung< über das mentale Phänomen selbst hinaus gibt".[253]

Analoge Überlegungen sind dann auf beliebige andere Typen mentaler oder physischer Phänomene anwendbar.

Es ist von verschiedener Seite an KRIPKEs Argumentationsweise kritisiert worden, er *überschätze die Zuverlässigkeit und Kompetenz der phänomenalen psychischen Eigenwahrnehmung*, bzw. er sei inkonsequent in der Autoritätszusprechung bezüglich der Kompetenz, wesentliche und ideosynkratische Prädikate zu klassifizieren, so heißt es z.B. bei CARRIER/MITTELSTRASS:

„Der entscheidende Punkt ist, daß Kripke bei psychischen Phänomenen die Essentialismusthese außer Kraft setzt: bei mentalen Ereignissen werden die wesentlichen Eigenschaften nicht durch die Wissenschaft, sondern durch die Introspektion bestimmt. Mit anderen Worten, Kripke wechselt von einem Realismus für den physikalischen Bereich in einen Phänomenalismus für den Bereich der psychischen Größen. Die Stichhaltigkeit seiner Argumentation hängt entscheidend davon ab, ob diese Verschiebung gerechtfertigt ist".[254]

Ferner weist BIERI darauf hin, daß das Gewicht von KRIPKEs Ansatz nicht zuletzt davon abhängt, ob gewisse Intuitionen über die Kontingenz der Identität von mentalen und physischen Entitäten für relevant erachtet werden oder nicht:

„In Wirklichkeit ist der Nerv des Arguments Kripkes Behauptung über das, was wir uns vorstellen können, und diese Behauptung beruht auf impliziten Prämissen über die Natur von Phänomenen wie Schmerzen, also auf einer bestimmten Interpretation von Erlebnisqualitäten und Bewußtsein".[255]

Was die zuletzt angeführten Kritikpunkte anbelangt, so scheint folgendes klar zu sein:

➢ Zum einen gilt die angeführte Autorität des mental selbstwahrnehmenden Subjekts nicht gleichermaßen für alle psychischen Phänomene, insbesondere sind viele

---

[253] ebd. S.176;
[254] *Geist, Gehirn, Verhalten,* 1989, S. 102;
[255] Bieri 1981, S. 43;

Glaubens-, Wollens- und Überzeugungszustände den kognitiven Subjekten offenbar nur teilweise oder gar nicht bewußt; insgesamt kann bezüglich der propositionalen-intentionalen Zustände das Subjekt meist nicht beanspruchen, notwendigerweise über die beste Theorie seines Innenlebens zu verfügen, die von KRIPKE postulierte epistemische Autorität wäre auf elementare Sinnesqualitäten bzw. die ohnehin propositional kaum strukturierbare emotiv-phänomenale Komponente psychischen Erlebens beschränkt.

Aber auch im Falle der Schmerz- und sonstiger nicht-propositionaler, kognitiv unstrukturierter Wahrnehmungen sind durchaus Situationen denkbar, in denen die vermeintlich unkorrigierbare Perzeption des Subjekts durch zuverlässige Apparaturen (z.b. Autocerebroskop, s.o.) korrigiert wird.

Der von BIERI angesprochene Kritikpunkt des bloß intuitiv abgesicherten Vorurteils der Kontingenz der Leib-Seele-Identität scheint jedoch überzogen zu sein, insofern tatsächlich weder Identitätstheoretiker noch ihre Gegner der Konzeption einer notwendigen Leib-Seele-Identität einen guten Sinn zu geben vermögen (dürfen z.b. Lebewesen mit nicht-menschlicher Physiologie keine mentalen Zustände zugeschrieben werden etc.?)

➢ Zum anderen könnte die an KRIPKE erhobene Kritik der zweifelhaften epistemischen Autorität des Subjekts insofern an der Sache vorbeizielen, als dieser vielleicht doch etwas anderes im Visier hat als seine Kritiker glauben, und zwar insofern er radikal die subjekt-spezifisch-phänomenale Komponente als das einzig wesentliche der fraglichen mentalen Phänomene versteht:
es sind nämlich prinzipiell an allen mentalen Phänomenen, sowohl einfachen, unstrukturierten Schmerzempfindungen, ebenso wie komplexen propositional strukturierten Gedanken, zwei Aspekte zu unterscheiden:
1. der Informationsaspekt bezüglich eines objektiv, innerhalb oder außerhalb des Körpers, bestehenden Sachverhalts: jede Sinnes-, Schmerz- oder sonstige Wahrnehmung teilt, mehr oder weniger zuverlässig, mit unterschiedlicher Auflösungsschärfe das Vorliegen eines Sachverhalts mit. So werden über visuelle, akustische etc. Wahrnehmungen entsprechende Sachverhalte der Außenwelt vom Organismus rekonstruiert, Schmerzempfindungen zum Zeitpunkt t zeigen an, daß sich der Organismus gerade in einer potentiell bedrohlichen Interaktion mit seiner Umwelt befindet oder indizieren gewisse Störungen oder Anomalitäten der Körperfunktionen usw.;
2. der phänomenal-qualitative Erlebnisaspekt als trickreiche Erfindung der Natur, Lebewesen ihre zahlreichen physischen und psychischen Interaktionsformen mit ihrer Umwelt als unterschiedlich angenehm empfinden zu lassen, wobei phylogenetisch herausgebildete artenspezifische Weltkonstituierungs- und Bewertungsprogramme die jeweils biologisch sinnvolle Situierung des Lebewesens in seiner spezifischen Umwelt gewährleisten sollen.

Auf komplexerer Enwicklungsstufe gewinnt dieser qualitative Erlebnisaspekt an Nuancenreichtum und an Eigendynamik, so daß komplexeren Verhaltensmustern komplexere Wahrnehmungs- und Bewertungsmuster entsprechen. Damit also ein Lebewesen in seiner artenspezifisch konstituierten Umwelt biologisch sinnvoll (was `biologisch sinnvoll´ heißen soll, ist durch die Phylogenese spezifiziert) agieren kann, muß es eine ihm artgemäße Welt hinreichender Auflösungsschärfe konstituieren, sowie die artspezifischen `Freund´- bzw. `Feind´-Objekte und `gut´- bzw. `schlecht´-Zustände realisieren und klassifizieren können.

Seitens der Verhaltensforschung ist auf die übergeordnete biologische Relevanz des emotiv-phänomenalen Erlebens gebührend hingewiesen worden:

„Das Erlebnis von Lust und Unlust ist nämlich bei einer ganz genauen Betrachtung *nicht unmittelbar* die subjektive Seite der zweckbildenden Verhaltensweisen und rezeptorischen Vorgänge ... sondern es ist vielmehr das Erlebnis die subjektive Seite der Funktion einer *Schaltstelle*, die diesen zweckbildenden Vorgängen *übergeordnet* ist. Die objektive Funktion dieser Schaltstelle besteht darin, ein Plus oder Minus vor diese Vorgänge zu setzen, das sie zum Gegenstande positiver oder negativer Bezugnahme macht. Diese Schaltstelle steht in der allerengsten Beziehung zu den Leistungen *gestalteter Wahrnehmung* ! ... Da nun die Gestalt eine unverwechselbare Komplexqualität aus einer Unzahl in ihr verwobener und die Qualität bestimmender einzelner Sinnesdaten ist, erhält die Schaltstelle des Erlebens die Möglichkeit, einen ganzen, großen *Komplex* von Vorgängen je nach Erfolg oder Mißerfolg, nach arterhaltender Nützlichkeit oder Schädlichkeit mit einem großen Plus- oder Minuszeichen zu versehen. H.Volkelt hat dies in dem Satz ausgedrückt, das Erleben sei >die wichtigste Schaltstelle in der Natur, die Stelle nämlich, die den Organismus befähigt, an eine Vielzahl von Bedingungen eine einzige Folge zu schalten< , nämlich, wie wir hinzusetzen wollen, die Folgerung `hin zu´ oder `von weg´! Allen Wesen, die imstande sind, diese Folgerung zu ziehen, schreiben wir ein Erleben zu ".[256]

Wenn ich z.B. vor mir eine große, grüne Wiese mit einem alten Baum sehe, so teilt mir

1. der *Informationsaspekt* meiner Wahrnehmung das Vorliegen eines äußeren Sachverhalts
   (stilisiert: >Objekt Baum steht zu Objekt Wiese in Relation *R*, das Ganze wiederum zu mir in Relation *Z*<) mit, während der
2. *Bewertungsaspekt* mir mitteilt, ob ich
   a) weitergehen,
   b) mich niederlassen und bukolische Gedichte anstimmen, oder aber
   c) die Flucht ergreifen soll;
– hüpfte z.B. plötzlich ein Löwe aus einem Gebüsch hervor, würde mein stammesgeschichtlich fundiertes und empirisch ergänztes Bewertungsprogramm mich wohl für Lösung c) empfänglich machen!

Wir befinden uns hier an einem *entscheidenden Punkt, der sich als von zentraler Relevanz sowohl für das Leib-Seele-Problem als auch die KI-Forschung herausstellt:*

➢ Um überhaupt sowohl denken wie handeln zu können *und zu wollen*, müssen mentale und physische Zustände des Subjekts in seinen mannigfaltigen Weltumgebungsinteraktionen mittels Positivitäts- Negativitätskoeffizienten vom Subjekt diskriminiert werden.

---

[256] K.Lorenz: *Die Naturwissenschaft vom Menschen*, 1992, S. 243f;

➤ Aus dem bloßen ʻunabhängig gegebenenʼ, ʻobjektiven Sachverhaltʼ, daß etwa ein Baum auf einer Wiese steht oder ein Pi-Meson um die Ecke flitzt oder Energiezustände diskret sind etc, folgt nämlich für jedes vorstellbare Lebewesen (und erst recht für Denkmaschinen): rein gar nichts!
[Offenbar sind wir, en passant, am Scheitelpunkt der Ethikdiskussion angelangt.]

Doch kehren wir zurück zu KRIPKE. Während sich die bislang bekannten Naturwissenschaften ausschließlich mit den objektiven Weltstrukturen befassen, und dabei sinnvollerweise, und dies war eine eminente Kulturleistung, die phänomenal-emotive Komponente systematisch ausblenden, ist andererseits die Kultivierung des ʻseelischenʼ und sinnlichen Empfindungsvermögens von mindestens ebenbürtiger Bedeutung.

Und tatsächlich gibt es eine Disziplin, die sich u.a., aber nicht zuletzt, mit der Beschreibung und Kultivierung solcher subjektiv-phänomenaler Wahrnehmungsmodi beschäftigt, nämlich die der *Bildenden Künste.*

Die *Kunst* beschäftigt sich niemals außschließlich mit objektiven Weltstrukturen unabhängig vom Menschen, sondern *impliziert wesentlich die subjektive Erlebnisdimension* als unverzichtbaren Bestandteil menschlichen Lebens.

Entsprechend kann sie und muß sie nicht naturwissenschaftlichen Standards genügen.

Die Frage, ob es sinnvoll ist, subjektiven Erlebniszuständen einen veritablen ontologischen Status zuzuweisen oder aber sie materialistisch zu eliminieren, mittels naturwissenschaftlich definierter Kriterien entscheiden zu wollen, scheint unter diesem Blickwinkel einen Kategorienfehler zu implizieren.

Insofern also KRIPKE tatsächlich auf die *rein-phänomenale Komponente subjektiver Wahrnehmungen* zielt, gehen Vorwürfe bezüglich der Unzuverlässigkeit, Irrtumsanfälligkeit etc. mentaler Zustände klar ins Leere.

Und so wie es für einen Dichter und seine Leser völlig irrelevant ist, ob er, oder ein Photoapparat, oder ein Ionisierungsbeschleuniger, oder ein XY, einen gegeben Sachverhalt ʻzuverlässigerʼ oder ʻexakterʼ perzipiert, so kann KRIPKE postulieren, daß das *wesentliche* Element subjektiv-phänomenaler Perzeptionen in ihrer *Phänomenalität*, und nicht in ihrer *Propositionalität*, besteht.

Genau jener Aspekt ist es, auf dessen wesentliche Bedeutung für das Kognitionssubjekt auch THOMAS NAGEL in seiner Betonung der ʻWhat is it likeʼ-Perspektive abhebt.

Die hier im folgenden vorgetragene Kritik an KRIPKEs Argumentation betrifft das *Fundament* seiner Annahme, Identitätsaussagen seien, wenn wahr, dann auch notwendigerweise wahr.

Genauer geht es um die von ihm lancierte *Theorie der Eigennamen als starrer Designatoren* als Gegenentwurf zur Frege-Russell-Theorie *der Kennzeichnungen.*

Dabei läßt sich die hier vertretene Position ungefähr folgendermaßen auf den Punkt bringen:

> *Kripkes Theorie* ist elegant, beinahe konsistent, effizient, intuitionsadäquat und im übrigen grundfalsch;
> die *Frege-Russell-Theorie* erscheint weniger elegant, ist tatsächlich konsistent, intuitiv gewöhnungsbedürftig, aber grundlegend richtig.

Darüber hinaus wird sich in der hier geführten Erörterung mancher Bezug auf die später im Vierten Teil dargebotenen ontologischen Postulate ergeben.

Zunächst unterscheidet KRIPKE das Begriffspaar *Apriorizität* und *Aposteriorizität* als einer erkenntnistheoretischen Bestimmungsweise vom Begriffspaar *Notwendigkeit* und *Kontingenz* als einer metaphysischen (nicht im abwertenden Sinne) Bestimmungsweise:

„Wir fragen, ob etwas hätte wahr sein können oder falsch sein können. Wenn etwas falsch ist, so ist es offensichtlich nicht notwendigerweise wahr. Wenn es wahr ist, hätte es anders sein können? Ist es möglich, daß die Welt in dieser Hinsicht hätte anders sein können, als sie wirklich ist? Wenn die Antwort >nein< lautet, dann ist diese Tatsache über die Welt eine notwendige Tatsache. Ist die Antwort >ja<, dann ist diese Tatsache über die Welt eine kontingente Tatsache".[257]

Während viele Philosophen (und andere) Notwendigkeit *wesentlich* mit Apriorizität verbinden, betont KRIPKE die Möglichkeit *kontingenter Wahrheiten*, die *a priori* erkannt werden, und *notwendiger Wahrheiten*, die *a posteriori* erkannt werden.
Wie bereits gesehen unterstellt KRIPKE, daß sich an jedem Gegenstand der Welt akzidentelle, kontingente Eigenschaften (z.B.daß ein bestimmter Tisch in diesem Zimmer steht, oder daß er mit Bier begossen wurde) einerseits sowie wesentliche, notwendige Eigenschaften (z.B. daß dieser Tisch aus Molekülen besteht) andererseits festmachen lassen.
Letztere gewährleisten die Sinnhaftigkeit des Variierens von Objekten über *mögliche Welten.*
Eine *mögliche Welt* ist definiert durch die sie *konstituierenden deskriptiven Bedingungen.*
Sie ist nicht als fernes, unbekanntes Land zu verstehen, auf welches wir, etwa mit dem Fernrohr, schauen, und mittels irgendwelcher transmundanen Identifikationskriterien die von uns gesuchten Objekte (mit etwas Glück) wiederidentifizieren können.

„>Mögliche Welten< werden *festgesetzt* (*stipulated*), und nicht mit dem Fernrohr *entdeckt*. Es gibt keinen Grund, warum wir nicht sollten *festsetzen* können, daß wir, wenn wir darüber reden, was in einer bestimmten kontrafaktischen Situation mit Nixon geschehen wäre, darüber reden, was *ihm* geschehen wäre".[258]

KRIPKE versteht nun unter einem *starren Bezeichnungsausdruck* (*rigid designator*) einen solchen, welcher in allen möglichen Welten denselben Gegenstand bezeichnet, die übrigen, bei denen dies nicht der Fall ist, heißen *akzidentelle Bezeichnungsausdrücke.*

---

[257] ebd. S.46;
[258] ebd. S. 54f;

Seine *These* lautet nun bekanntlich, daß *Namen* (wie >Aristoteles<) starre Bezeichnungsausdrücke sind.

Existiert ferner der bezeichnete Gegenstand notwendig, bezeichnet der Ausdruck *auf starke Weise starr.*

Es hätte z.b. ein anderer als der tatsächliche *Präsident der Vereinigten Staaten im Jahre 1970* (Richard Nixon) Präsident der Vereinigten Staaten im Jahre 1970 sein können (z.B. Mr. Humphrey), aber es hätte unter keinen Umständen eine anderer als Richard Nixon selbst Richard Nixon sein können, oder es hätte ein anderer als Aristoteles Lehrer Alexanders des Großen sein können, aber aber niemand als Aristoteles selbst hätte Aristoteles sein können.

Demzufolge bezeichnen z.b. die beiden Kennzeichnungsausdrücke

- >*Präsident der vereinigten Staaten im Jahre 1970*<

und

- >*Lehrer Alexanders des Großen*<

jeweils nicht starr die von ihnen kontingenterweise bestimmten Personen Richard Nixon und Aristoteles.

KRIPKE wendet sich gegen die Frege-Russell-Theorie der Eigennamen als Abkürzungen für (prototypische) Kennzeichnungen (z.b. Aristoteles $=_{df}$ Lehrer Alexanders; Nixon $=_{df}$ Präsident der Vereinigten Staaten 1969-74) bzw. Abkürzungen für Eigenschaftsbündel oder Disjunktionen von Eigenschaften (s.J.SEARLE, 1958):

„Was ich bestreite, ist, daß ein Einzelgegenstand nichts weiter ist als ein >Bündel von Qualitäten<, was immer das heißen mag. Wenn eine Qualität ein abstrakter Gegenstand ist, dann ist ein Bündel von Qualitäten ein Gegenstand von sogar noch höherer Abstraktionsstufe, und nicht ein konkreter Einzelgegenstand. ...[Einige Philosophen]fragten: Sind die Einzelgegenstände Gegenstände *hinter* dem Bündel von Qualitäten, oder ist der Gegenstand *nichts als* das Bündel? Keines von beidem ist der Fall; dieser Tisch ist aus Holz, braun, im Zimmer usw. ... aber er sollte deswegen nicht mit mit der Menge oder dem >Bündel< seiner Eigenschaften gleichgesetzt werden, auch nicht mit der Untermenge der ihm wesentlichen Eigenschaften“.[259]

Tatsächlich dienen ja die wesentlichen Eigenschaften der Gegenstände keinesfalls dazu, diese in einer anderen möglichen Welt wieder zu identifizieren, eben weil eine solche Identifikation nicht erforderlich ist (s.o.).

Ebensowenig muß ein Gegenstand in der wirklichen Welt über seine wesentlichen Eigenschaften identifiziert werden (wie bereits oben am Beispiel der Wärme als Molekülbewegung gesehen wurde).

Für KRIPKE besteht das Problem der Frege-Russell-Theorie darin, daß sich *keine* Beschreibung finden läßt, die *hinreichend und notwendig* ist, um einen Gegenstand starr zu bezeichnen, und wenn Namen keine starren Designatoren sind, lassen sie sich in kontrafaktischen Kontexten nicht verwenden:

wäre >Moses< der *nicht-starre* Designator für >der Mann, der die Israeliten aus

---

[259] ebd. S. 64;

Ägypten geführt hat<, und stellte sich heraus, daß tatsächlich niemand die Israeliten aus Ägypten führte, so folgte daraus, daß Moses niemals existierte, mithin kontrafaktische Formulierungen wie >Moses hätte dies und jenes tun können< o.ä. von vornherein sinnlos erscheinen – eine für KRIPKE inakzeptable Konsequenz.

Sätze wie >Der Lehrer Alexanders hätte nicht der Lehrer Alexanders sein müssen< weisen mithin *vier Lesarten* auf, nämlich

1. Vorderglied und Nachglied bezeichnen starr, damit ist der Satz falsch, denn Identität ist eine notwendige Eigenschaft;
2. Vorderglied bezeichnet starr und das Nachglied nicht-starr;
3. und umgekehrt, sowohl Lesart 2. wie 3. machen den Satz wahr;
4. Vorder-und Nachglied bezeichnen nicht-starr, der Satz ist sinnlos.

Um die in 2. und 3. intendierten Lesarten korrekt formulieren zu können, benötigen wir offenbar starre und nicht-starre Designatoren, und während letztere Funktion durch *Kennzeichnungen* erfüllt werden kann, brauchen wir zum starren Bezeichnen *Namen*, die somit *keine* abgekürzten Kennzeichnungen sein dürfen:

2. Aristoteles hätte nicht *der Lehrer Alexanders sein müssen*;
3. *Der Lehrer Alexanders* hätte nicht Aristoteles sein müssen;

Davon abgesehen, daß m.E. FREGE nirgendwo die These vertreten hat, Namen wie >*Aristoteles*< oder >Hansi Müller< seien durch ein oder zwei Kennzeichnungen obiger Art ersetzbar, bzw. als Abkürzungen für diese anzusehen, betont KRIPKE den Umstand, daß auch die (die u.a. von SEARLE vertretene) *schwächere Version* der Frege-Russell-These, derzufolge Namen als *Bündel von Kennzeichnungen* definiert sind, unzulänglich bleibt:

zwar ist es in diesem Fall nicht notwendig, daß z.B. Platon irgendeine Eigenschaft aus diesem Bündel hatte, notwendig ist nur, daß die *Disjunktion der ihm zugesprochenen Beschreibungen* auf ihn zutrifft.

Aber auch dies würde implizieren, daß keine kontrafaktische Situation denkbar wäre, in welcher keine der Beschreibungen aus dem Bündel auf Platon zuträfe – eine für KRIPKE inakzeptable Konsequenz:

„Wenn der Ausdruck >notwendig< so verwendet wird, wie ich ihn ...verwende, dann muß ein solcher Vorschlag klarerweise falsch sein ... Die meisten der Dinge, die wir Aristoteles gewöhnlich zuschreiben, sind Dinge, die Aristoteles auch hätte nicht tun können. Wir würden eine Situation, in der er sie nicht getan hat, als eine Situation beschreiben, in der *Aristoteles* sie nicht getan hat".[260]

➢ Worum es KRIPKE also grundsätzlich geht, ist, daß ein *Namen* als *starrer Designator bezeichnet*, indem er, unter Absehung von ohnehin meist kontingent zugeschriebenen Kennzeichnungen (Fregeschen Sinn/en) eine *Referenz notwendig eindeutig festlegt* – und nicht, indem er eine *Bedeutung bzw. einen fregeschen Sinn* (bzw.ein `Sinnbündel´) *mitteilt*.

Im Lichte der bislang geführten Erörterung scheint nun in der Tat einiges für die kau-

---

[260] ebd. S.74;

sale Namenstheorie zu sprechen, sie scheint

1. unseren Intuitionen über die Kontingenz vieler bestimmten Personen attribuierten Eigenschaften, sowie

2. der Notwendigkeit und Fähigkeit, uns auf bestimmte Personen unter Absehung gewisser ihnen in der wirklichen Welt zugeschriebenen Kennzeichnungen kommunikativ erfolgreich beziehen zu können, bzw.

3. allgemein kontrafaktische Szenarien sinnvoll entwerfen zu können,

viel besser zu entsprechen und den tatsächlichen kommunikationspragmatischen Gegebenheiten viel eher gerecht zu werden, als die beinahe schwerfällig wirkende, altehrwürdige Frege-Russell-Theorie der Eigennamen als Abkürzungen für Kennzeichnungen.

Auf welche Weise soll es nun gelingen, die eingangs gelieferte lakonische Charakterisierung der Kripke-Theorie als `grundfalsch´ plausibel zu machen?

So wie die Herkunft der Kripke-Theorie aus Überlegungskontexten der *Modallogik* kaum zu übersehen ist, wo mögliche Welten samt ihren Bewohnern und Relationen einfach stipuliert, d.h. definitorisch festgelegt werden können, beruht auch die hier präferierte Auffassung als einer Frege-Variante auf diversen ontologischen und metaphysischen Voraussetzungen, die zumindest ansatzweise dargelegt werden müssen.

Was die hier vertretene Position behauptet, ist, daß die Kripke-Theorie, entgegen aller oberflächlichen Plausibilität, *tatsächlich völlig und prinzipiell unverständlich ist*, daß die *Konzeption des starren, eigenschaftslosen Designierens auf unabhängig von ihren Eigenschaften gegebene (stipulierte) Entitäten tatsächlich sinnlos bzw. unverständlich ist.*

Um überhaupt auf einen Gegenstand referieren und ihn mit einem Namen versehen zu können, muß ich ihn zuallererst als einen solchen aus einem Entitätenkonglomerat individuieren und identifizieren.

Schon an der Basissituation der *Taufe eines Objektes* ergeben sich für eine kennzeichnungslose Referenztheorie unaufhebbare Probleme, insofern wir uns auf Objekte und Personen immer und notwendigerweise in einer gewissen jeweils relevanten Hinsicht beziehen.

KRIPKE zufolge werden Namen durch eine kausale Handlungskette mit ihren Objekten verbunden und weitergereicht:

„Sagen wir, es wird jemand geboren, ein Baby; seine Eltern rufen es mit einem bestimmten Namen. Sie reden mit ihren Freunden über es. Andere Leute kommen mit ihm zusammen. Durch verschiedene Arten von Rede wird der Name von Glied zu Glied verbreitet wie durch eine Kette. Ein Sprecher, der sich am entfernten Ende dieser Kette befindet, der zum Beispiel über Richard Feynman auf dem Marktplatz oder irgendwo sonst gehört hat könnte auf Richard Feynman referieren, obwohl er sich nicht erinnern kann, durch wen er zum erstenmal von Feynman gehört hat ... Eine bestimmte Kommunikationskette, die letztlich bis zu dem Mann selbst zurückreicht, erreicht den Sprecher. Er referiert dann auf Feynman, obwohl er ihn nicht durch Beschreibungen, die auf ihn als einzigen zutreffen, identifizieren kann".[261]

Dabei räumt er durchaus ein, daß in der Taufsituation die Referenz mittels einer Be-

---

[261] ebd. S. 107;

schreibung vollzogen wird, betont aber, daß der gegebene Name eben nicht mit dieser Beschreibung identisch ist:

„Am Anfang findet eine >Taufe< statt. Hiebei kann der Gegenstand durch Hinweis benannt werden, oder die Referenz des Namens kann durch Beschreibung festgelegt werden. Wenn der Name >von Glied zu Glied weitergegeben wird<, dann muß der Empfänger des Namens wohl, wenn er ihn hört, intendieren, ihm mit derselben Referenz zu verwenden, mit der derjenige ihn verwendet, von dem er ihn gehört hat".[262]

An dieser Stelle erscheint es sinnvoll, eine Unterscheidung zu treffen zwischen *zwei grundlegenden Typen von Bedeutungstheorien* im allgemeinen:

1. Der erste Typus scheint der allgemein verbreitete zu sein, in seinem Kontext ergeben sich solche Fragen wie:
   >Sind Namen mit gewissen Beschreibungen identisch?<, oder
   >Sind die Einzelgegenstände Gegenstände *hinter* dem Bündel von Qualitäten, oder ist der Gegenstand *nichts als* das Bündel?<;
   dieser Typus geht implizit davon aus, daß *Bedeutungen* (Fregesche Sinne) mittels der Sprache *wie materielle Gegenstände durch die Welt transportiert* würden, man könnte ihn die *Päckchentheorie der Bedeutung* nennen:
   - Bedeutungen werden, wie materielle Gegenstände,
     a) vom Sender in ein Behältnis (Sprache) seiner Wahl mehr oder minder sorgfältig verpackt (encodiert),
     b) auf die Reise geschickt (in einem Kommunikationskanal gesendet), und
     c) vom Empfänger wieder ausgepackt (decodiert),
   so daß derart einundderselbe Gegenstand (die Bedeutung) vom Sender zum Empfänger gelangt.

2. Den anderen Typ von Bedeutungstheorie könnte man (leicht humoristisch) als *Theorie der pragmatisch modifizierten Prototypenrezepturen* bezeichnen:
   Bedeutungen sind den Kommunikanten nicht wie materielle Gegenstände zum Transport von A nach B gegeben, sondern jeweils als *Konstruktionsresultate*, durch den Sender im Empfänger *evoziert* - in hierarchischer Mittelbarkeit hinsichtlich der Codierungsprozesse, des Mediums, jeweils organismusinterner (Re-)Konstruktion von Sender und Empfänger – mittels *prototypischer Rezepturen* (oder *Konstruktionsanleitungen* = Wörter), die, abhängig von technisch-kognitiver Kompetenz der Kommunikanten, mit ihrem jeweils unterschiedlichen Fundus an verfügbarem Material/Ingredienzen, diese Anleitungen zu realisieren, auf beiden Seiten jeweils prinzipiell unterschiedliche, aber hoffentlich *familienähnliche*, semantische Entitäten entstehen lassen können, d.h. Sender wie Empfänger *konstruieren* jeweils mithilfe der Sprache ihre *subjektspezifischen* Bedeutungen als triviale oder komplexe turingbasierte *Wiener-Maschinen* bzw. *Modelle*, deren *Familienähnlichkeit* über inter-organismische strukturelle Kopplung eine mehr oder minder harmonische Interaktion gestattet und damit so etwas wie zwischenorganismisches *Verständnis*

---

[262] ebd. S. 113;

generiert bzw. suggeriert.

Dabei verfügt jedes kognitive Subjekt über ein *individuelles dynamisches Weltmodell*, bestehend aus

a) einer *empirischen (Modell-)Komponente* (die *Ingredienzen*, das *Baumaterial* = Vorrat an individuell verankerten Sinnesdaten und Erfahrungen), und

b) einer *theoretisch-kognitiven (Konstruktions-)Kompetenz-Komponente* (in unserer Küchenmetaphorik: die technische Fähigkeit, eine Rezeptur bzw. Bauanleitung auffassen und realisieren zu können = begrifflich-logische Kompetenz),

an deren Komplexität die Fähigkeit des Subjekts, auch anspruchsvollere Rezepturen adäquat in entsprechende Modelle umzusetzen bzw. diese aufzurufen, angebunden ist.[263]

Ein wesentlicher Punkt, der durch das Modell der pragmatisch modifizierten Prototypenrezepturen deutlich wird, ist, daß es schlichtweg keinen Sinn macht, von Gegenständen *unabhängig von einer sie erst konstituierenden `Theorie'* zu sprechen; kantianisch formuliert: das *Noumenon* ist nicht nur unerkennbar, es ist ein Unding.

Namen können also niemals mit einem Bündel von Eigenschaften *identisch* sein, ebensowenig wie Gegenstände.

Weil z.B. jede Person täglich neue Eigenschaften/Kennzeichnungen erwerben kann, muß das sie charakterisierende Kennzeichnungsbündel prinzipiell *offen* sein (deshalb *pragmatisch modifizierte* Prototypen), dies gilt auch für scheinbar kennzeichnungsmäßig abgeschlossene, d.h. tote Personen:

es könnten (durch bislang unbekannte Quellen) neue biographische Tatsachen ans Licht gebracht werden etc.

Worauf es also ankommt, ist die Tatsache, daß jeder Gegenstand durch eine Theorie (Weltmodell) konstituiert wird, prinzipiell *kennzeichnungsmäßig transzendent*, d.h. mit unendlich vielen Eigenschaften beschreibbar ist, und prinzipiell immer nur hinsichtlich bestimmter Eigenschaften überhaupt identifizierbar und von Interesse ist.

Was nun KRIPKEs Unterscheidung *wesentlicher* (notwendiger) und *ideosynkratischer* (kontingenter) Kennzeichnungen anbelangt, so handelt es sich hierbei um eine Intuition, die m.E. in gewissen alltagspragmatisch sinnvollen *Vorurteilen* begründet ist:

Es erscheint uns alltagspsychologisch einfach selbstverständlich, daß z.B. eine bestimmte Person dies oder das hätte tun oder lassen können (der Freiheitsbegriff ist die Basis des Verantwortungsbegriffs).

Betrachtet man die Welt jedoch als eine zwar nicht mechanistische, aber dennoch deterministische Struktur, wird die Unterscheidung wesentlich notwendiger und kontingenter Prädikate sinnlos.

z.B. gehören für KRIPKE die physiologische und psychische Konstitution einer Person offenbar zu ihren *wesentlichen* Eigenschaften, während etwa ihre Vorliebe für blaue Wollmützen nur *kontingent* sein soll;

---

[263] vgl. unten bzgl. O.Wiener, sowie bzgl. H.Maturana;

- nun gibt es aber Extremerfahrungen (Unfälle etc.), die eine Person physisch wie psychisch bis zur Unkenntlichkeit *transformieren* können, so daß u.u. niemand auf die Idee käme, es handle sich um dieselbe Person;
- ebensowenig gibt es, aufgrund der ständigen physiologischen Abbau- und Regenerationsprozesse des Körpers, eine *strenge materielle Identität* der Lebewesen über einen gewissen Zeitraum hinweg.

Davon abgesehen also, daß KRIPKEs Konzeption der *kennzeichnungslosen Referenz* nicht nur kein guter Sinn beizulegen ist, denn
1. *worauf* sollten wir uns unter Absehung seiner Eigenschaften beziehen? und
2. *warum* sollten wir dies tun?

– es erweist sich auch die Dichotomie notwendiger und kontingenter Eigenschaften als eine sicherlich alltagspragmatisch sinnvolle, aber im strengen Sinne hinsichtlich der Überzeugung, das Weltgeschehen hätte in diesem oder jenem Punkt durchaus einen anderen Verlauf nehmen können, letztlich inkonsistente bzw. sinnlose Konzeption.

(Ein Indiz dafür, daß es in der Namenverwendung tatsächlich auf die Kennzeichnungen ankommt, liefert die Tatsache, daß wir in den spezifischen Kontexten etwa von >*Wittgenstein I*< vs. >*Wittgenstein II*< reden).

Wir können uns vielleicht eine mögliche Welt, in der Platon keinen Bart getragen hätte und Napoleon Buonaparte Shah von Persien geworden wäre, vorstellen, aber ob es sich dabei um wesentlich sinnvollere Konzeptionen handelt als etwa derjenigen einer *möglichen Welt*, in der die Lichtgeschwindigkeit statt $2,9979 \times 10^8$ m/s vielleicht lieber 13,5 km/h betrüge, Elementarteilchen aus Marmelade bestünden und mathematische Objekte vom Wetter abhingen, darf einmal bezweifelt werden: es ist u.a. die spezifische Illusion des freien Willens, die in uns die Vorstellung erwachsen läßt, wir hätten in dieser oder jener Situation ebenso dieses oder jenes tun können, und dementsprechend seien in unserer relativen Welt-Vergangenheit bestimmte Variationen gleichermaßen *denkbar* und also *möglich* gewesen.

Überlegungen zum Problem der *Zeitreisen* weisen aber gleichfalls in eine andere Richtung: die physikalische Asymmetrie von relativer Zukunft und relativer Vergangenheit bedeutet unter anderem, daß eine Interaktion mit unserer eigenen Vergangenheit insofern unmöglich ist, als die Schrödinger-Gleichungen eine deterministische "multiverse" Struktur (gegebenenfalls paralleler Everett-Universen) beschreiben, die (gegebenenfalls) das (hypothetische) Springen zwischen den parallelen alternativen Universen erlaubt, aber keine physikalischen bzw. logischen Löcher enthält – jede scheinbar noch so minimale Veränderung unserer relativen Weltvergangenheit impliziert, daß es sich *nicht* mehr um *unsere* relative Weltvergangenheit handelt, und dies heißt wiederum, daß *unsere* Weltvergangenheit, ebenso wie alle anderen, an keinem Ort zu keiner Zeit hätte anders ablaufen können, als dies jeweilig tatsächlich der Fall war.

Eine der kontraintuitiv erscheinenden Konsequenzen der Frege-Russell-Theorie ist, daß, abhängig von der Menge der mit einem Namen verbundenen Kennzeichnungen, Aussagen systematisch analytischen Charakter besitzen.

So mag ein in Platons Nachbarschaft wohnender ʼungebildeterʼ Athener mit dem Namen >Platon< vielleicht nur einige Vorstellungen über dessen Aussehen verbunden haben, d.h. seine ʼPlaton-Theorieʼ besteht aus einer Klasse optischer Eindrücke (in EVANSʼ Terminologie: Informationszuständen) bezüglich Platons äußerer Gestalt. Entsprechend hätte er die Aussage

>Platon hat einen grauen Bart<

kaum als *informative*, sondern als *analytische* Aussage bewertet, während ihn die Mitteilung, es handle sich bei jenem Bartträger um einen der bedeutendsten hellenischen Denker, vielleicht mit Bewunderung und Erstaunen erfüllt haben könnte.

Tatsächlich besäßen für einen umfassend mit Platons biographischen Daten vertrauten Menschen Aussagen der Form >Platon pflegte dies und jenes zu tun< grundsätzlich analytischen Charakter, und er würde dies auch so *empfinden*.

Wenn z.B. jemand auf meine Mutter deutete und äußerte:

>Dies ist Deine Mutter<,

so wäre diese Äußerung *für mich* so analytisch wie die These, daß *Junggesellen meist unverheiratet sind*, und ich empfände sie auch so, während sie für eine benachbart stehende Person unter Umständen eine echte Information bedeutete.

Diese Tatsachen als Konsequenzen der Frege-Russell-Theorie entsprechen u.a. der bekannten Einsicht QUINEs, daß >a priori wahr sein< und >analytisch wahr sein< zumindest säuberlich unterschieden werden müssen (QUINE selbst hält die fraglichen Dichotomien für ebenso verworren und überflüssig wie die sie konstituierenden Begriffe der Analytizität, Synonymie und Intensionalität, und lehnt apriorische Wahrheiten prinzipiell ab), da es von der *Entwicklung des Sprachgebrauchs* bzw. von *den sich ändernden Theorien über die Welt* abhängt, ob eine gegebene Aussage *relativ analytischen* oder *relativ synthetischen* Charakter besitzt.

Für ein allwissendes Wesen wie *Gott* gäbe es eben *nur analytische* Sätze (insofern er kein Quineaner ist), mithin entfiele für ihn die Notwendigkeit des Redens, was wohl auch eingefleischten Nicht-Mystikern plausibel erscheinen mag.[264]

---

[264] Insofern die Konstruktion von *Sinn* als „Trick zur Verlagerung der Beschränkungen der formalen Kapazität" [O.Wiener, s.u.] des kognitiven Subjekts interpretierbar ist, entfiele für ein allmächtiges Wesen wie Gott auch das (nur für kapazitätsmäßig begrenzte Subjekte notwendige) Übel des Denkens.

26. Thomas Nagel: phänomenologischer Ansatz – die >What is it like<- Perspektive und die Irreduzibilität der Subjektivität

(Biographisch-philosophische Einführungsbemerkung auf Seite 390)

Eine Mann wird für zehn Jahre ins Gefängnis geschickt. Der Eßraum dient auch zum Theaterspielen, weshalb es eine Bühne darin gibt. Nach dem Abendessen springt einer der Gefangenen auf die Bühne und brüllt: "Vierhundertsiebenundachtzig!" Alle brechen in Lachen aus. Am nächsten Tag geschieht das gleiche. Nach dem Abendessen springt einer auf die Bühne und brüllt: "Zweitausendsechshundertundzweiundzwanzig!", und alle Gefangenen schütteln sich vor Lachen. Das geht ein paar Wochen so. Endlich fragt unser Gefangener seinen Zellennachbarn, was hier vorgehe. „Ja", sagt der, „das ist so. In der Gefängnisbücherei gibt es ein dickes Buch <u>Die zehntausend besten Witze</u>. Wir sind alle schon so lange hier, daß wir das Buch auswendig können. Will jemand einen Witz erzählen, so braucht er nur die Nummer des Witzes zu rufen, und wenn der Witz gut ist, beginnen alle zu lachen." Beim Abendessen an jenem Tag will der Gefangene den anderen zeigen, daß er ein guter Kumpel ist. Bevor noch ein anderer auf die Bühne gelangen kann, springt er hinauf und schreit: "Fünftausendneunhundertsechsundachtzig!" Zu seinem Schrecken zeigt niemand auch nur ein Lächeln. Einige gähnen sogar. Er schleicht in seine Zelle zurück, um seinen Nachbarn zu befragen. „Niemand hat gelacht! Ist Fünftausendneunhundertsechsundachtzig kein guter Witz?" „Sicher ist das ein guter Witz", sagt der Zellennachbar. „Der alte Fünftausensneunhundersechsundachtzig ist einer der besten." „Aber warum hat dann keiner gelacht?" „Du hast ihn nicht richtig erzählt."

[aus: R.Kurzweil: *KI - Das Zeitalter der Künstlichen Intelligenz*, München/Wien (1993), S.283]

In seinem Aufsatz *Physicalism* (1965) hatte THOMAS NAGEL bereits gewisse Vorbehalte bezüglich der *Identifizierung von Mentalem und Physischem* formuliert: aufgrund der widerspenstig subjektiv-transzendenten Aura mentaler Zustände schien die *Identitätstheorie* zwar mit einem Restunbehagen verhaftet, aber dennoch letztlich ohne Alternative bzw. richtig zu sein:

„Wenn wir aber ... die Alternative akzeptieren, daß eine Person etwas in der Welt ist und daß ihre mentalen Zustände Zustände dieses Dinges sind, dann gibt es keinen apriori Grund, warum sie sich nicht als ein physikalischer Körper und warum ihre Zustände sich nicht als physikalische Zustände erweisen sollten. Das gibt uns die Freiheit, diese Möglichkeit zu untersuchen und nach demjenigen Verständnis psychologischer Zustände zu suchen, das uns in die Lage versetzen wird, mit dem Fortschreiten der Neurologie spezifische physikalistische Theorien zu formulieren".[265]

Knappe zehn Jahre später ist NAGELs Abkehr vom reduktionistischen Programm vollzogen, sein Aufsatz *What Is It Like to Be a Bat?* (1974)[266] versucht, definitive Konsequenzen aus den starken Intuitionen über die phänomenal-qualitative Erlebnisbeschaffenheit und ihrer wesensmäßigen Subjektivität zu ziehen bzw. plausibel zu machen.

---

[265] T.Nagel, in: Bieri (ed.),1981, S.69;

[266] in: *The Philosophical Review 83* (1974), dt. in: *Letzte Fragen*, 1996; auch in: Bieri (ed.),1981; auch in: Frank (ed.),1994, *Wie ist es, eine Fledermaus zu sein?* (S.135-152);

Dabei kann die von ihm verfolgte Argumentationsstruktur gegen den Reduktionismus wie folgt skizziert werden:
gegeben seien die als evident bewerteten Prämissen
(a) eine der wesentlichen, irreduziblen Eigenschaften des Mentalen ist durch die Sphäre der phänomenalen, qualitativen Subjektivität gegeben;
(b) eine ernstzunehmende (reduktionistische) Theorie des Mentalen muß letztlich alle wesentlichen Eigenschaften desselben berücksichtigen und erklären können; [mithin muß das (t-)theoretische Vokabular auf die (offene) Menge intendierter Anwendungen appliziert werden können: gibt es dagegen disjunkte Klassen (t-) theoretischer Terme mit disjunkten Anwendungsmengen, haben wir es offenbar mit verschiedenen Theorien zu tun];
(c) reduktionistische Theorien sind prinzipiell außerstande, den spezifisch subjektiv-qualitativen Charakter mentaler Zustände adäquat zu explizieren;

aus (a) - (c) folgt unschwer:

(d) es kann keine reduktionistische adäquate Theorie des Mentalen geben.

Schauen wir, auf welche Weise NAGEL dieses Argumentationsschema mit Plausibilität und Überzeugungskraft zu versehen sich anschickt.
Bezüglich (b), d.h. der an eine gelungene Theorienreduktion zu stellenden Anforderungen, heißt es zunächst:

„Jedes Reduktionsvorhaben ist jedoch schlechterdings auf eine Analyse dessen *angewiesen*, was zur Reduktion ansteht, und läßt diese Analyse dann etwas aus, muß dies zwangsläufig zu einer Verfälschung der gesamten Problemlage führen. Es erbringt buchstäblich *nichts*, seine Verteidigung des Materialismus auf eine Analyse psychischer Phänomene stützen zu wollen, die es versäumt, sich eigens mit dem subjektiven Wesensmerkmal dieser Phänomene zu befassen. Schließlich kann nicht begründet davon ausgegangen werden, daß eine Reduktion, deren Plausibilität vom Verzicht auf den Versuch abhängt, das Bewußtsein zu erklären, sich dereinst einmal so erweitern läßt, daß sie das Bewußtsein miterfaßt. Wir können uns, ohne eine Vorstellung davon, worin das subjektive Wesensmerkmal von Erlebnissen besteht, gar nicht erst im klaren darüber sein, was eine materialistische Theorie zu leisten hätte".[267]

Der von NAGEL untersuchte Aspekt mentaler Erlebnisse ist die, auch von KRIPKE (s.o.) als *wesentliches Merkmal des Mentalen* verstandene, *spezifische phänomenale Erlebnisqualität*, mit der sämtliche Wahrnehmungsarten des Subjekts irreduzibel verbunden scheinen;
dabei geht es eben nicht nur um die sogenannten höheren kognitiven Bewußtseinsformen, sondern um den letztlich artenspezifischen emotiv-kognitiven Erlebnisaspekt in den zahlreichen Kommunikationsformen von Tier und Umwelt.

Innerhalb dieser qualitativen Erlebnisformen lassen sich *zwei Komponenten* ausma-

---

[267] *Wie fühlt es sich an, eine Fledermaus zu sein?*, in: *Letzte Fragen*, 1996, S.232;

chen, nämlich
1. einerseits der (bei individueller Bandbreite artenspezifische) *epistemisch-kognitive Wahrnehmungs-und Denkmodus* (die *implizite Theorie* zur artenspezifischen Weltkonstituierung),
2. andererseits der (bei individueller Bandbreite artenspezifische) *Gefühlsmodus*, mit dem die verschiedenen Kommunikations- bzw. Wahrnehmungsakte in unterschiedlicher Intensität eingefärbt werden.

NAGEL geht es darum zu zeigen, daß der *objektivistische* Standpunkt, der die unbestritten notwendige Bedingung für jedwede adäquate Beschreibung und Erklärung der `objektiven´, in der Welt `unabhängig´ vom wahrnehmenden Subjekt existierenden, Gegenstände und Sachverhalte darstellt, gegenüber der wesentlich subjektiven Erlebnisphänomenalität eine *grundsätzlich verfehlte Zugangsweise* bedeutet.

Um seinen anvisierten Punkt besser profilieren zu können, wählt NAGEL ein zunächst exotisch anmutendes Beispiel, nämlich *die Erlebniswelt der Fledermäuse*:
- *einerseits* handelt es sich hierbei um phylogenetisch hinreichend hoch entwickelte Lebensformen, um die Redeweise von inneren Erlebnissen bei diesen Tieren gerechtfertigt erscheinen zu lassen,
- *andererseits* sind Fledermäuse aufgrund ihres eigentümlichen Kognitionsapparates bezüglich ihrer Weltkonstituierungs- und Wahrnehmungsqualität so offensichtlich etwa von uns Menschen verschieden, daß es schlichtweg unmöglich erscheint, ihre phänomenale Erlebnisperspektive nachempfinden bzw. verstehen zu können.

„Wenn ein Löwe sprechen könnte, wir könnten ihn nicht verstehen"
schreibt WITTGENSTEIN in den *Philosophischen Untersuchungen*. Aber ihm - und NAGEL - geht es nicht nur um die unterschiedliche logische Struktur unterschiedlicher bzw. inkompatibler Weltmodelle oder Lebensformen: diese kann in einer objektivistischen Sprache präzise formuliert werden.
Der *subjektive Erlebnisaspekt* jedoch scheint sich einer objektivistischen Sachverhaltsdarstellung zu entziehen, mithin nur über ein nach*empfinden* (gegenüber dem nach*denken*) bzw. mitfühlen überhaupt zugänglich zu sein:
„Die Tatsache, daß ein Organismus *überhaupt* bewußte Erlebnisse hat, impliziert auf der elementarsten Ebene, daß es sich *irgendwie anfühlt* wird, dieser Organismus zu *sein* ... ein Organismus [hat] jedenfalls genau dann bewußte innere Zustände, wenn es irgendwie *ist*, dieser Organismus zu *sein* - wenn es da etwas gibt, das sich *für ihn* so oder so anfühlt".[268]

Während also die gängigen Lieblingsanalogien der Reduktionisten (Wasser = H_2O, Blitze = elektrostatische Entladungen etc.) sich mit intersubjektiv zugänglichen Objekten der Außenwelt beschäftigen, ist der von NAGEL anvisierte *artenspezifische Erlebnismodus* wesentlich durch *Perspektivität* gekennzeichnet derart, daß das *Aufgeben eben dieser konstitutiven Perspektive das Entgleiten des fraglichen Phänomens* bedeutet.

---

[268] Nagel, ebd. S.231;

Der Grad des Nachempfindenkönnens ist offenbar bestimmt durch die physischen und psychischen Strukturen, und klarerweise auch innerhalb einer Spezies notorisch; z.b. haben geburtsblinde oder -taube eine andere Wahrnehmungsphänomenalität als normale Subjekte, und die prinzipielle Unfähigkeit dieser oder jener, jeweils den anderen Erlebnisstandpunkt einzunehmen, würde keinesfalls zu einem Zweifel am Vorhandensein der jeweils anderen Erlebnisphänomenalität führen.

Die bisherige Unfähigkeit des Menschen, die phänomenale Innenwelt (seiner selbst ebenso wie die von Fledermäusen, potentiellen Marsmenschen etc.) mittels einer objektivistischen Sprache explizieren zu können, darf also gerade nicht zu der Konsequenz verleiten, es handle sich demzufolge um ergo irrelevante, in unaussprechlicher Flüchtigkeit vorsichhinvegetierende Pseudo-Phänomene.

NAGEL vertritt klar einen *philosophischen Realismus subjektiver Tatsachen,* und diese Position räumt die Möglichkeit des Bestehens von Sachverhalten bzw. Tatsachen ein, die prinzipiell den Erklärungshorizont anthropogener Theorien und Begrifflichkeit überschreiten, außerhalb des menschlichen epistemischen Bereichs liegen, und zwar nicht im eher trivialen Sinne, in dem etwa eine umfangreiche Rechenaufgabe die maximale Rechenleistung eines einzelnen Menschenlebens übersteigt und daher von mehreren Mathematikern bzw. Computern bewältigt werden muß, sondern im Sinne einer *wesensmäßigen kognitiven Beschränkung*:

„Doch darüber hinaus ist es möglich, sogar an die Existenz von Tatsachen zu glauben, die von einem menschlichen Wesen schlechterdings nie dargestellt oder erfaßt werden *könnten*, selbst wenn die menschliche Spezies ewig währte - und zwar einfach deshalb, weil es ihm seine eigene innere Konstitution ja nicht erlauben würde, mit Begriffen der erforderlichen Art umzugehen ... [es liegt insgesamt] die Konsequenz nahe, daß es offenbar Tatsachen geben muß, die gar nicht erst in der Wahrheit von Propositionen bestehen, die sich in einer menschlichen Sprache ausdrücken lassen. Und zwar würde die Anerkennung der Existenz derartiger Tatsachen selbst dann zwingend geboten sein, wenn wir *nicht* in der Lage wären, eine dieser Tatsachen zu konstatieren oder zu erfassen".[269]

Es war bereits gesagt worden, daß mentale Phänomene konstitutiv durch *artenspezifische Perspektivität* charakterisiert sind, und entsprechend nur in dieser Perspektive erfahren werden, sich mithin intersubjektiver Zugänglichkeit und Objektivierbarkeit entziehen, und im herkömmlichen Sinne nicht Gegenstände wissenschaftlicher Theorien o.ä. sein können.

Dabei ist der Subjektivitätsaspekt jedoch ein typologischer, d.h. es geht nicht um den Privatheitsaspekt in dem Sinne, daß jedes Individuum allein nur seine eigenen Empfindungen und Gedanken haben kann, vielmehr besitzt die typologische, d.h. artenspezifische Erlebnismodalität durchaus eine objektive Seite in dem Sinne, daß hinreichend ähnliche Lebewesen einander verstehen und wissen können, in welchen Zuständen der andere sich befindet:

„In einem gewissen Sinne sind auch phänomenale Tatsachen völlig *objektiv*: Eine Person kann beispielsweise durchaus wissen - oder jedenfalls Aussagen darüber machen -, von welcher Qualität die Erlebnisse einer anderen Person sind".[(ebd)]

---

[269] ebd. S.237f;

Der grundlegende Unterschied zwischen herkömmlichen Objekten wissenschaftlicher Theorien und mentalen Objekten als solchen liegt also darin:

- daß zwar stets ein subjektives Wahrnehmungserlebnis (als tranzendentale Komponente) die Perzeption eines beliebigen Gegenstandes oder Sachverhaltes begleiten muß;

  die durch Forschungsziel und Forschungsinteresse als sinnvoll ausgewiesene wissenschaftliche Methodik jedoch üblicherweise gerade die *Ausschaltung subjektiver und ideosynkratischer Bestandteile* verlangt, insbesondere zur Gewährleistung von *Konstanz* und *Reproduzierbarkeit* der untersuchten Objekte;

  während das hier untersuchte Charakteristikum mentaler Erlebnisse nicht die durch sie gegebenen Objekte der Außenwelt *selbst*, als das *Was* der Perzeption, sondern die *Gegebenheitsweise* dieser Objekte, das *Wie* der Perzeption, anbelangt, das schlichtweg nur in der einen *konstitutiven Perspektive des subjektiven Erlebens* gegeben ist, und nicht durch perspektivische Variation *epistemisch gereinigt* bzw. *objektiviert* werden kann:

  „Was bliebe schließlich übrig davon, wie es sich anfühlt, eine Fledermaus zu sein, würde man die Perspektive der Fledermaus selbst wegabstrahieren? Falls aber Erlebnisse *nicht* neben ihrer subjektiven Natur noch ein zusätzliches objektives Wesen besitzen, das sich ebensogut aus grundverschiedenen Gesichtspunkten erfassen läßt, wie sollte man davon ausgehen dürfen, daß ein Marsmensch, der mein Gehirn untersuchte, von außen materielle Vorgänge beobachten könnte, die meine inneren psychischen Vorgänge *wären*".[270]

An dieser Stelle muß folgendes betont werden:

- NAGEL leugnet keines falls die Möglichkeit, mittels neurophysiologischer Forschung die physischen Korrelate mentaler Entitäten exakt bestimmen und gegebenenfalls manipulieren zu können, ebensowenig würde er wohl bestreiten, daß z.B. die Ethologie sowohl zur Phänomenologie als auch zur Logik des Denkens und Fühlens eine ganze Menge aufschlußreiches zu sagen hat, allein:

  solange Erlebnisqualia, rein für sich genommen – insofern man sie als solche ernstzunehmen überhaupt bereit ist – sich wissenschaftlichem Zugang beharrlich entziehen, läßt sich ihr Wesen nicht auf intersubjektivem Wege erschließen.

Daher ist für NAGEL der Materialismus auch nicht schlichtweg *falsch*, sondern vielmehr *unverständlich*, was zunächst abstrus erscheinen mag – die Behauptung, psychische Zustände seien physische Zustände, hätte wohl die Absegnung des hartgesottensten logischen Empiristen verdient – dennoch weist NAGEL korrekt darauf hin, daß der Sinn einer Identitätsbehauptung durch entsprechende Theorien geliefert werden muß, wenn es sich nicht nur um pseudoerklärende Leerformeln handeln soll:
Eine Identitätsbehauptung wie
>$E = mc^2$<
wird durch die entsprechenden physikalischen Theorien expliziert und verständlich für diejenigen, die mit diesen umzugehen verstehen;
für die Mehrzahl der Menschen (d.h. alle Nichtphysiker) dürfte es sich jedoch letztlich

---

[270] ebd.S.241;

eher um eine mit der Aura des Genialischen versehene >Zauberformel< handeln, unter der sich zweifellos – manche gar vieles, und erst recht viele gar manches – vorstellen mögen, die aber, kurzgesagt, bestenfalls ein Pseudoverständnis suggeriert, wo genausogut vom
>Stein-der-Weisen-geteilt-durch-π< oder >kategorischen Imperativ der Elementarteilchen<
die Rede sein könnte.

NAGELs Punkt ist nun, daß bislang einfach überhaupt keine Theorie in Sicht zu sein scheint, die einer Identitätsbehauptung zwischen mentalen und physischen Entitäten irgendeinen guten Sinn zu geben geeignet wäre, so daß wir, ohne eine adäquate Modellvorstellung, tatsächlich gar nicht wissen können, wie eine solche Identitätsaussage wahr sein könnte, ähnlich den kleinen Kindern, denen man erzählt hat, Blitze seien in Wahrheit nichts als XY-Entladungen, wobei der Erkenntnisfortschritt sich darin erschöpft, eine zusätzliche Leerformel eingeführt zu haben.

Insofern also NAGEL nicht behauptet, der materialistische Ansatz bzw. eine Identitätsbehauptung von Mentalem und Physischem müsse a priori und schlechterdings falsch sein, sondern nur starke Intuitionen dafür ins Felde zu führen versucht, daß bislang völlig *unverständlich* bleibt, was der Materialismus tatsächlich vorgibt auf klare Weise zu behaupten, ergibt sich folgende Abschwächung des oben genannten Argumentationsschemas (a) - (d):

(a′) Eine wesentliche Eigenschaft mentaler Erlebnisse liegt darin, daß es *für den Organismus irgendwie ist*, diese Erlebnisse zu haben.

(b′) Eine adäquate reduktionistische Theorie muß alle wesentlichen Eigenschaften des Mentalen erklären können.

(c′) Es bleibt bislang unverständllich, wie eine reduktionistische Theorie die Tatsache erklären kann, wie es für den Organismus ist, ein bestimmtes mentales Erlebnis zu haben.

(d′) Es bleibt bislang unverständlich, wie eine reduktionistische Theorie des Mentalen möglich bzw. erfolgreich sein kann.

Es ist nun NAGEL, ebenso wie KRIPKE, von verschiedener Seite vorgeworfen worden, tatsächlich keine *adäquate Alternative* zur materialistischen Auflösung des Leib-Seele-Problems bereitzuhalten – ein Vorwurf, der m.E. dicht an der Grenze zur Extravaganz operiert insofern, daß ebensogut ein nach dem *Arkanum* suchender Alchimist einem modernen Chemiker vorwerfen könnte, unverschämterweise gewisse Techniken des In-Gold-Verwandelns zu kritisieren, ohne doch selbst sagen zu können, wie denn gefälligst die fragliche Operation (mit ökonomischem Nutzen) durchzuführen sei – kurz, auch der Aufweis gewisser Fragen oder Antworten als Pseudofragen oder Pseudoantworten stellt einen Erkenntnisgewinn dar, und es ist sinnlos, von einer Theorie Antworten auf solche Fragen zu verlangen, die innerhalb ihrer gewollt nicht konsistent formulierbar sind bzw. keinen guten Sinn ergeben.

Schwerer wiegt dagegen der Einwand, das von NAGEL postulierte Wissen darüber, wie es für ein Subjekt ist bzw. sich anfühlt, in einem bestimmten Wahrnehmungszustand zu sein, habe ja offenbar *ineffablen* Charakter, es entziehe sich der *Kommunizierbarkeit*, sei durch *keine theoretischen Attribute beschreibbar* und im übrigen *ohne jede kausale Relevanz*, da kausale Relationen entweder auf physikalischer oder zumindest funktionaler Beschreibungsebene induziert würden, wogegen ein außerhalb jeder konsistenten Struktur situiertes, wesentlich subjektives Wissen, das zu nichts nütze scheint, als den Subjekten seine eigene Vorhandenheit zu indizieren, tatsächlich gar kein *Wissen*, sondern höchstens eine überflüssige *Reifikation* eines irrelevanten *Epiphänomens* darstelle, und im übrigen sei Satz 7 des *Tractatus* zu beherzigen: *Wovon man nicht sprechen kann, darüber muß man schweigen.*

Bezüglich der Leugnung, phänomenale Beschreibungen durch physikalistische reduzieren zu können, erzählt HOLM TETENS folgende lustige Geschichte:

„Angenommen, auf den sensorischen Input, den wir durch den Satz >Ich sehe etwas Rotes< zu beschreiben gelernt haben, hat jemand von Anfang an nur mit physikalischen Sätzen über Wellenlängen zu reagieren gelernt. So jemand wird doch niemals sagen: >Ich sehe etwas, aber verdammt, die Sprache der Physik ist nicht die richtige Sprache, um zu beschreiben, was ich unmittelbar erlebe! Doch ich weiß nicht, wie ich es ausdrücken soll, mir fehlen einfach die Worte!< Und noch absurder wäre die folgende Fortsetzung dieser Geschichte im Geiste der Philosophensätze über das Erleben: Auf einmal taucht ein eingefleischter Alltagspsychologe auf und eilt unserem in der Zwangsjacke der Physikersprache zum Schweigen Verurteilten, dem der Mund eigentlich vom Erlebten übergeht, zu Hilfe: >Schau, du vermutest ganz recht: Was du wirklich siehst, ist natürlich kein Körper, der eine elektromagnetische Strahlung der und der Wellenlänge reflektiert. In Wirklichkeit siehst du natürlich Farben!< Ist die Annahme nicht lächerlich, dem so Belehrten fielen auf einmal die Schuppen von den Augen und er erlebte sein erstes blaues Wunder: >Ja, natürlich, jetzt ist es endlich herausgebracht, was ich die ganze Zeit nur dumpf geahnt habe, aber in der Sprache der Wellenlängenphysik nicht habe sagen können: Natürlich, es sind Farben, ich erlebe Rotes, Grünes, Blaues und so weiter. Als Farben muß man die ˋunmittelbaren´ Inhalte meiner Erlebnisse beschreiben und nicht anders!<".[271]

Dennoch scheinen alle diese Arten von Kritik den eigentlichen Punkt klar zu verfehlen insofern, daß

> erstens niemals behauptet wurde, gewisse Formen phänomenaler Erlebnisqualitäten seien dazu prädestiniert, maximales Wissen maximaler Zuverlässigkeit von der Außenwelt zu erlangen bzw. Elementarteilchenphysik solle künftig in phänomenologischer Terminologie gehörig präzisiert werden;
> das Mißverständnis besteht darin, die zu spezifizierenden und zu analysierenden Entitäten der ˋobjektiven´ Welt mit der sie im Wahrnehmungsakt notwendig begleitenden phänomenalen qualitativen Erlebniskomponenten (*kognitive Perspektivität*, z.B. HUSSERLs *Abschattungen*; *emotionale Einfärbung*) zu verwechseln.
> Wohl niemand dürfte nämlich glauben, die subjektive Phänomenalität mentaler Erlebnisse gewährleiste den *wissenschaftsmethodologisch effizientesten Perzeptionsmodus* zur Analyse der Außenwelt, sondern es geht allein um den qualitativ emp-

---

[271] Holm Tetens: *Geist, Gehirn, Maschine*, Stuttgart 1994, S. 73;

fundenen *transzendentalen Filter* selbst, durch den die tatsächlichen Objekte konstituiert werden.

➤ NAGEL würde kaum darauf insistieren, es sei die *Röte* oder *Bläue* eine wesentliche Eigenschaft elektromagnetischer Wellen:
Röte und *Bläue* sind wesentliche, mit emotiver Valenz eingefärbte, *Empfindungsmodalitäten* gewisser *Organismen*, die u.a. das Goutieren oder Verabscheuen von Gemälden erlauben.
Ebensowenig sollen mechanische Schwingungen künftig als *Sinfonie-Wellen, Opern-Wellen, Etüden-Wellen* o.ä. differenziert werden.

➤ Wir sind hier an einem wichtigen Punkt angelangt:
Tatsächlich könnte man bezweifeln, daß wir im herkömmlichen Sinne jemals über ein *Wissen* bezüglich unserer phänomenalen Erlebnisse verfügen können, und zwar deshalb, weil es *außerhalb unserer Empfindung kein intersubjektiv oder objektiv zugängliches kompatibles Medium gibt, auf das unser Erlebnismodus abgebildet werden könnte.*
Was passiert z.B., wenn wir eine Erdbeere essen oder BACHs h-Moll Messe hören?
Macht es hier Sinn zu sagen, man *weiß*, was man empfindet? –
tatsächlich gibt es doch nichts *innerhalb der Welt* auf das ich zeigen und sagen könnte >dies ist der Erdbeer-Geschmack !<;
ich kann zwar das Objekt benennen, das, wenn ich es esse, ein bestimmtes qualitatives Erlebnis induziert, und als versierter Sommelier vermag ich Dutzende von Geschmackskomponenten auseinanderzuhalten und gleichzeitig oder hintereinander wahrzunehmen;
aber nur dadurch, daß ich ein subjektives qualitatives Empfinden an ein intersubjektiv zugängliches Objekt etwa kausal anbinde (ich könnte meine mannigfaltigen phänomenalen Erlebnisse auch mittels Zahlen individuieren, z.B. Erdbeere : = 17), kann keine einzige *physikalische* Eigenschaft dieses Objektes mir ein *Gefühls-Wissen* verschaffen:
die Molekularstruktur der Erdbeere sowie meine eigene Molekularstruktur einerseits und mein phänomenales Eß-Erlebnis andererseits haben *nichts* miteinander gemein, die mechanischen Schwingungen der Luft und meine Emotions-und Assoziationsströme beim Hören der Goldberg-Variationen oder des Floh-Walzers stehen zwar in offenbar kausalem Abhängigkeitsverhältnis, nichtsdestotrotz handelt es sich dabei um *inkompatible Objekte* auf *inkompatiblen Ebenen.*

Unser *Wissensbegriff* läßt sich sinnvoll anwenden auf Objekte der *Außenwelt* (d.h. alle objektivierbaren Entitäten, also auch neurophysiologische Prozesse, Hirnzustände etc.), die mittels des optischen Apparates –
unterschiedliche Organismen leben, je nach perzeptiver Spezialisierung, in unterschiedlichen Sinnesräumen
– *als Gegenstände konstituiert* werden, die in gewissen *Relationen* (Transitivität,

Reflexivität, Irreflexivität, Symmetrie, Asymmetrie, Antisymmetrie etc.) zueinander stehen und zusätzlich mithilfe von *Namen*, die dann (quasi als *dummies* für bestimmte qualitative Erlebnisse stehen, unterschieden werden können;
Es kann also etwa ein geübter Farbenseher eine größere Bandbreite von qualitativen Nuancen auseinanderhalten, aber die qualitative Empfindung einer Farbe ist durch *nichts charakterisierbar als durch sich selbst.*

Wenn jemand sagt
>Ich sehe zwei Häuser auf einer grünen Wiese, das größere ist dunkelrot, das kleinere hellrot !<
worin besteht dann sein Wissen? – darin, daß gewisse Objekte bestimmter Größe und Form (dies sind keine qualitativen, sondern relationale und geometrische Bestimmungen) zueinander in gewissen Relationen (>steht auf ...<, >ist größer/kleiner als<) stehen und jeweils mit spezifischen Wahrnehmungsqualitäten (hellrot, dunkelrot) verbunden sind, d.h. er weiß, daß eine Wahrnehmungsqualität *Rot* auf ein Haus *X* zutrifft, aber bezüglich der Wahrnehmungsqualität *Rot* selbst – besitzt er kein *Wissen*, außer daß sie *instantiiert* ist.
Als geübter Farbenseher vermag er vielleicht unzählige Rotnuancen untereinander in eine transitive Relation zu setzen, aber *innerhalb* einer qualitativen Wahrnehmung gibt es nichts, das *gewußt* werden könnte.
Nichts, was ich z.B. über die Entstehungsbedingungen der Goldbergvariationen, über Kompositionslehre o.ä. wissen mag –
auch wenn dadurch sich meine Perzeptionskompetenz sicherlich vergrößert und damit direkten Einfluß auf mein phänomenales Erlebnis gewinnt
– führt mich zu meinem phänomenal-qualitativen Hörerlebnis.

Es gibt *keine physikalische Eigenschaft* in der Welt, die sich mit einem *qualitativen Erlebnis* identifizieren läßt, sowenig wie es irgendeine physikalische Eigenschaft von Phonemen oder Graphemen gibt, aus der sich z.B. die Gefühls-und Gedankenwelt von HÖLDERLINs Patmos- Ode herausdestillieren ließe, auch wenn diese in ihren Materialisierungsformen kausal an die Existenz von Graphem- bzw. Phonemfolgen angebunden ist:

„Das Wesentliche ist die Gestalthaftigkeit, die sich auf verschiedenen Ebenen einstellt. Grenzzyklus-Verhalten ist eine primitive Gestalt, aus der sich noch lange kein Gedanke ergibt. Die Analyse mechanischer Schwingungsfrequenzen und ihrer Intervalle sowie der Rhythmen ihrer Änderungen sagt noch nichts jene Gestalthaftigkeit aus, die uns zum Beispiel an einem Musikstück berührt. Es ist eine viel höhere Organisation jener akustischen Kommunikationsmuster, in der sich eine Gestalt ausdrückt, die ihr eigenes Leben - wir können auch sagen, ihre eigene autopoietische Existenz - gewinnt. Die Sinneseindrücke selbst spielen hierbei nur eine geringe Rolle ... Die elektrischen Impulse im Telefondraht sind nicht identisch mit einer geliebten Stimme, aber ihre Gestalt deckt sich mit der Gestalt dieser Stimme. Auf einer wissenschaftlichen Konferenz erlebte ich einemal, wie ein alter Physik-Nobelpreisträger in komischer Verzweiflung ausrief: >Die Schrödinger-Gleichung beschreibt die Bewegung der Elektronen in meinem Hirn. Aber ich kann bezeugen, daß ich ganz verschiedene Empfindungen habe, wenn ich an eine Primzahl denke, als wenn ich an ein hübsches Mädchen denke. Wer kann mir den Zusatz zur Schrödinger-Gleichung angeben, der diesen Unterschied ausdrückt?< Er wird ihn auf der Ebene der Quantenmechanik allein niemals finden können".[272]

Die Tatsache, daß wir über die qualitativen Aspekte mentaler phänomenaler Erlebnisse als transzendentaler Wahrnehmungsmodi im herkömmlichen Sinne nichts wissen können, sondern sie eben haben oder nicht haben, bedeutet weder ihre biologische noch philosophische *Irrelevanz*:
„Manchmal, als meine Kinder noch klein waren",
schreibt der KI-Forscher JOSEPH WEIZENBAUM,
„hielten meine Frau und ich an ihren Betten Wache. Wir sprachen nur leise miteinander und erlebten eine Situation, die so alt ist wie die Menschheit. Es ist wie Ionesco in seinem Tagebuch notiert hat: >Nicht alles ist unsagbar in Wörtern, nur die lebendige Wahrheit<".[273]

➢ Wenn man *Erlebnisqualia* als Entitäten ernstzunehmen bereit ist, dann nicht deswegen, weil sie uns zu einem objektiveren, differenzierteren Bild der Außenwelt führen als z.B. Fotoapparate, sondern weil sie Teil eines biologisch erfolgreichen Programms komplexer Kognitionshandlungen sind, deren Zweck die Erkennung der Außenweltstrukturen nur insoweit betrifft, als dadurch, d.h. die artenspezifische Konstruktion einer phylogenetisch als artenspezifisch sinnvoll ausgewiesenen Um- und Wirkwelt, die sich in Übereinstimmung mit einer gegebenen Anatomie, Physiologie und einem in den wesentlichen Parametern determinierten Verhaltensprogramm des Organismus befinden muß, biologisch erfolgreich operiert, mithin das Erreichen gewisser, emotional positiv bewerteter, Zustände des Organismus gewährleistet werden soll:

„Die Modellvorstellungen über die Realisierung von psychischen Prozessen als Prozesse in einem informationsverarbeitenden System greifen alle insofern zu kurz, als sie emotionale und motivationale Prozesse nicht mit einbeziehen. Ohne Vorstellungen darüber aber, wie kognitive Prozesse (als Erkenntnisprozesse) mit motivationalen und emotionalen Prozessen interagieren, kann man keine theoretische Psychologie aufbauen. Denkprozesse sind bei Menschen immer motiviert, verändern die emotionale Lage und werden ihrerseits durch die emotionale Lage `getriggert´. Viele kognitive Prozesse (im engeren Sinne), wie z.B. Mechanismen, die zu einem `Einfall´ führen, sind ohne Bezugnahme auf die Interaktion von kognitiven Prozessen mit emotionalen und motivationalen Prozessen gar nicht erklärbar ".[274]

---

[272] Erich Jantsch: *Die Selbstorganisation des Universums*, 1988, (1982), S.226;
[273] cit. nach Mitchell Waldrop: *Können Computer denken?*, in: R.Kurzweil: *The Age of Intelligent Machines*, dt. 1993, S. 63;
[274] D.Dörner, in: *Expertenkommission Neuroinformatik-KI*, 1991, S.41;

DRITTER TEIL. PARADIGMEN DER KÜNSTLICHEN INTELLIGENZ

27. Einleitung

Die Geschichte des Computers beginnt im Bereich der Zauberkunst, nämlich mit trickreichen mechanischen und hydraulischen Apparaturen babylonischer Zeit, welche die übernatürlichen Fähigkeiten der Priester den Uneingeweihten sinnfällig vor Augen führen sollten; sie nimmt ihren profaneren Fortgang mit dem antiken Abakus, führt über die *ars magna* des RAIMUNDUS LULLUS (13. Jahrhundert), die Multiplikationsstäbchen des schottischen Mathematikers LORD JOHN NAPIER OF MERCHISTON bis zur ersten urkundlich nachweisbaren, von WILHELM SCHICKARD konstruierten, Rechenmaschine aus dem Jahre 1623; es folgte BLAISE PASCALs automatische Rechenmaschine, die dann von GOTTFRIED WILHELM LEIBNIZ zur Multipliziermaschine erweitert wurde. (Parallel erfolgte seit dem Spätmittelalter die Erfindung und Konstruktion komplizierterer Mechanismen wie z.B. des Uhrwerks; selbst die Erfindung von >Schachrobotern< – wie z.B. dem legendären Scheinautoma-ten, dem >Türkischen Schachspieler<, der gegen Friedrich den Großen antrat, und in dem allerdings ein schachbegnadeter Zwerg steckte – war bereits im 18. Jahrhundert beliebt).

LEIBNIZ war es auch vor allem, der mit seinen Arbeiten über die Logik als formale Wissenschaft der Manipulation von Symbolen und seinem Konzept des *calculus ratiocinator* als einer universalen Symbolverarbeitungsmaschine zumindest die wesentlichen konzeptuellen Grundlagen zur Entwicklung der modernen Logik und Automatentheorie gelegt hat. LEIBNIZens Idee einer binär codierten digitalen Sprache wurde zweihundert Jahre später durch GEOGE BOOLE in seiner Theorie der zweiwertigen Aussagenlogik und binären Arithmetik aufgegriffen – und stellt nachwievor die theoretische Basis aller gegenwärtigen Computer dar.

Einen weiteren Meilenstein bedeutete die *analytical engine* von CHARLES BABBAGE; hier sind bereits Module wie gespeicherte Programme, adressierbare Speicher, bedingte Sprungbefehle und modifizierbare Programmierung enthalten; HERMANN HOLLERITH gelang mit seinem Lochkartensystem schließlich der industrielle Durchbruch, die von ihm im Jahre 1896 gegründete Tabulating Machine Company wurde später zur International Business Machines Company – IBM.

Der erste vollautomatische programmierbare Digital-Computer war der von KONRAD ZUSE entwickelte und 1941 fertiggestellte Z3, dessen Nachfolgermodell der Prozeßrechner S2 (1942); nur wenig später präsentierte in Amerika HOWARD AIKEN seinen MARK I (1944), der ebenso wie seine beiden deutschen Vorgänger mit elektromechanischen Relais arbeitete, während mit dem im Jahre 1946 fertiggestellten Rechner ENIAC (Electronic Numerical Integrator and Computer) von JOHN W.MAUCHLY und J.PRESPER ECKERT, ein mit Vakuumröhren versehener und damit erstmals vollständig elektronischer, programmierbarer digitaler Universalrechner bereitstand, dessen Geschwindigkeit die des MARK.I. um das tausendfache übertraf.

Auch die von JOHN v.NEUMANN zur gleichen Zeit entwickelte Idee der Speicher-programmierung ermöglichte im 1948 von MAURICE WILKES vorgestellten Rechner EDSAC (Electronic Delay Storage Automatic Computer) nochmals eine deutliche Geschwindigkeitssteigerung.

v.NEUMANN – der Begründer der mathematischen Spieltheorie – war es auch, der das Rekursionsprinzip für sein Modell der sich selbst reproduzierenden Strukturen einführte: sein zellulärer Automat konnte auf der Basis einfacher Regeln >kreativ< neuartige Muster generieren – gewissermaßen als einfache Simulation von Emergenz. Beeinflußt durch v.NEUMANN ebenso wie durch ALAN TURING, hatte der Mathe-matiker NORBERT WIENER in seinem 1948 erschienenen Buch *Cybernetics: or, Control and Communication in the Animal and the Machine* den virulenten revolutio-nären Ideen im Kontext von Automaten- und Systemtheorie, Rückkopplung und rekursivem Selbstbezug, Neurophysiologie und Kognitionstheorie, einen programmati-schen Namen verliehen, der sich in der Folge zur Bezeichnung einer katexochen interdisziplinären Disziplin – also eher einer Art Forschungsprogramm – rasch durch-setzte.

Die damaligen Architekten der neugeborenen Kybernetik hießen ferner (u.a.) WARREN McCULLOCH, HEINZ v.FOERSTER, ERNST v.GLASERSFELD;

Der inhaltliche Zusammenhang zwischen den kybernetischen Ansätzen und den An-fängen der Künstlichen Intelligenz erscheint unmittelbar einsichtig, dennoch kam es in der Folge zu einer disziplinären wie forschungstechnischen Aufspaltung zwischen den Kybernetikern, die sich zunehmend ingenieurmäßigen Problemen der Regelungstech-nik zuwandten, und der sich als autonomem Forschungszweig etablierenden Artificial Intelligence. Daß diese kontraproduktive Bifurkation nicht zuletzt dem Konkurrenz-kampf um Forschungsmittel geschuldet war, deutet sich in den Schilderungen v.FOERSTERs an:

„[there was actually] a tremendous funding war, yes ... Whether or not you address yourself to it, public relations are a very important component of scientific activity, and I must confess that as a greenhorn in America I did not realize that ...It was only much later that I realized that politics was there, all along. Anyway, I think there was a bifurcation of these two fields, Cybernetics and Artificial Intelligence, which turned out to be detrimental. Cybernetics was unfortunately interpreted in too narrow a way, and I sometimes get the feeling that this was on purpose, to push it away from another big branch which became Artificial Intelligence. And Artificial Intelligence was promising so much, at the time; it was absolutely incredible. And if you promise something, then of course everybody hopes that this promise will be realizable"
[Stanford Humanities Review (Stefano Franchi/Güven Güzeldere/Eric Minch): *Interview with Heinz von Foerster*, August 1994; www.]

Und wenn auch die einerseits bemerkenswerten Erfolge der KI-Forschung bis heute andererseits deutlich hinter den seinerzeit induzierten Erwartungen und vorhergesagten Möglichkeiten zurückblieben, wäre der globale Triumphzug der Informationstechnik in den letzten dreißig Jahren – insbesondere über den Personalcomputer – ohne die fortwährende immense Steigerung der Arbeitskapazität der Rechner, die auf absehbare Zeit die des menschlichen Gehirns erreichen oder übertreffen könnte, undenkbar gewesen. Dabei scheinen sich nicht wenige KI-Protagonisten insbesondere über das Wachstum der formalen Rechenkapazität zu gegebener Zeit einen qualitativen Quantensprung zu erhoffen.

Diese rasante Entwicklung der Computer ist dabei wesentlich der Leistungsfähigkeit der Prozessoren geschuldet; seit der Erfindung der integrierten Schaltkreise durch GEOFFREY DUMMER und deren Weiterentwicklung zur industriellen Massenfertigung (JACK KILBY/Texas Instruments; ROBERT NOYCE/Fairchild Semiconductor) entstanden immer leistungsfähigere Mikroprozessoren, die immer komplexere Prozeduren auf immer kleinerem Raum immer schneller auszuführen imstande waren. So verdoppelte sich in den letzten Jahrzehnten die Kapazität eines Computerchips ca. alle 18 Monate – eine voraussichtlich auch noch für die nächsten Jahre zu beobachtende Regelmäßigkeit, die nach der zutreffenden Prognose des INTEL-Mitbegründers GORDON MOORE gelegentlich als *Mooresches Gesetz* bezeichnet wird:
So gehen Experten für das Jahr 2011 von einer Transistorenzahl pro Chip in der Größenordnung von 10^9 aus. Absehbarerweise werden auch Techniken wie CAD (Computer Aided Design), CAE (Computer Aided Engineering), CAM (Computer Aided Manufacturing) und CASE (Computer Aided Software Engineering) die globale Chipproduktion und –Entwicklung weiterhin katalysieren.

Im folgenden dritten Teil werden nun, mit der >Classical Computational Theory of Mind< (CCTM) einerseits, sowie dem >Konnektionismus< andererseits, die beiden grundlegenden Computerarchitekturen bzw. *Strukturtypen der Informationsverarbeitung* behandelt, die ursprünglich als alternative Kontrahenten bzw. "two daughter sciences" (SEYMOUR PAPERT) sich entwickelten und positionierten, mit unvereinbaren Auffassungen sowohl über die notwendigen Attribute intelligenter Maschinen im speziellen als auch über das `Wesen´ der Intelligenz im allgemeinen.
Obwohl in den Gründerjahren der *Artificial Intelligence* (diesen Begriff prägte JOHN McCARTHY anläßlich der initiativen Dartmouth Conference 1956), nicht wenige Wissenschaftler, wie etwa v.NEUMANN oder der junge MARVIN MINSKY (!), in beiden Richtungen forschten und insgesamt eine durchaus undogmatische Haltung vorherrschte, stellten beide Domänen aufgrund ihres (zumindest in späteren Jahren der umkämpften Forschungsmittel) jeweils als fundamental empfundenen und sich wechselseitig exkludierenden theoretischen Begründungsanspruches umfassende Paradigmen grundsätzlicher wissenschaftlicher Orientierung mit weitgespannten Forschungsprogrammen dar – die Auseinandersetzungen und Entscheidungen zugunsten der einen oder Schule mag nicht selten an Glaubenskämpfe erinnert haben.
Heute dürften die ideologisch-theoretischen Aufgeregtheiten um den allein-seeligmachenden Weg zur `höheren implementierten Intelligenz´ weitgehend der Vergangenheit angehören, es gewinnt im Zeitalter hybrider Architekturen (d.h. strukturelle Kombinationen klassischer und neuronaler Komponenten) wieder eine pragmatische Haltung die Oberhand, nicht zuletzt weil die früheren Alleinvertretungsansprüche der beiden Kontrahenten im Zuge der jeweils erfolgten Spezialisierung und erfolgreichen Anwendung sich als ebenso hemmend wie praktisch überflüssig herausstellten.

Auch läßt sich nicht behaupten, daß die in den letzten fünfzig Jahren seitens der KI-Forschung geleisteten Voraussagen etwa durch mangelnden Optimismus einerseits oder durch Treffsicherheit andererseits angekränkelt gewesen wären; selbst unter Berücksichtigung erkenntnisleitenden Interesses zur Mobilisierung von Forschungsmitteln kann den berufenen oder weniger berufenen KI-Visionären attestiert werden, daß ihre prognostische Kunst sich zumindest bis heute eher als übereifrig bzw. voreilig erwiesen hat.

Einer der Urväter der Disziplin, nämlich der im Jahre 2001 verstorbene HERBERT A. SIMON, hatte ja bereits Mitte der sechziger Jahre konstatiert, daß die baldige Übernahme umfassender menschlicher Tätigkeiten durch Maschinen bevorstehe:

Machines will be capable, within twenty years, of doing any work a man can do.

Der heute sichtbare Irrtum bestand und besteht darin, Intelligenz ausschließlich als formale Kompetenz bzw. Rechenleistung zu verstehen. Extrapolierend von dem bereits genannten Mooreschen Gesetz sind zwar, wie gesagt, Rechner und PC's absehbar, deren Speicher- und Rechenkapazitäten die des menschlichen Gehirns erreichen und übertreffen.

Aber abgesehen von der Frage, ob sich die Mooresche Regel auch noch längerfristig über den fünften Kondratieff-Zyklus (d.i. derjenige ökonomische Langwellenzyklus, der durch die Informationstechnologie getragen wurde und nach Expertenmeinung um 2010 ausläuft) hinaus als zutreffend erweist, oder auch gewissen technischen Optimierungsgrenzen begegnet, sind viele KI-Forscher heute der Meinung, daß eine isolierte formale Rechenmaschine im Sinne von PUTNAMs ʿGehirn im Tankʿ zur Generierung komplexen Interaktionsverhaltens unzureichend ist.

Launigerweise haben sich dabei gerade diejenigen Eigenschaften und Fähigkeiten des Menschen - und insbesondere auch weitaus weniger hoch entwickelter Tierarten – als notorisch computerresistent und widerspenstig erwiesen, die man zunächst weder als besonderes Charakteristikum des Menschen und seiner Intelligenz, noch überhaupt als formal und rechnerisch problemträchtig ansah: etwa Bewegungen, perzeptive und motorische Interaktionen im Raum, wie sie bereits von Insekten durchgeführt werden, können mit den bisherigen Algorithmen nicht generiert werden. Hierzu schreibt ROLF PFEIFER:

„Die klassische Sichtweise der künstlichen Intelligenz geht davon aus, daß sich Intelligenz als Computerprogramm verstehen läßt; es wird vom Körper, von der spezifischen Realisierung des jeweiligen Programms abstrahiert. Spätestens als man versucht hat, Kameras an die Computerprogramme anzuschließen – und vierzig Jahre Computervision scheinen dies zu bestätigen – hat man realisiert, daß sich das Wahrnehmungsproblem nicht durch reine Erhöhung der Rechenleistung lösen läßt. Der bekannte Robotiker und Direktor des Articial Intelligence Laboratory am MIT, Rodney Brooks, leitete dann Mitte der achtziger Jahre einen Paradigmenwechsel ein, indem er überzeugend argumentierte, daß Intelligenz einen Körper, ein >Embodiment< braucht ... Man hatte erkannt, daß zwischen formalen Computerwelten und realen Welten unterschieden werden muß" (*Die Mär von den intelligenten Monstern,* , in: Science Facts, 3/01, Zürich 2001, S.23).

Andererseits ist unbestreitbar, daß vermeintlich katexochen menschliche bzw. höhere Intelligenzleistungen – nämlich genau immer dort, wo es sich um ontologisch arme, d.h. eindeutig definierte und konturierte `Spielzeugwelten´ mit eindeutigen Problemstellungen, eindeutigen Operationen und entsprechenden Algorithmen handelt, wie etwa beim Schachspielen, diese heute erfolgreich durch Computer bearbeitet werden. Um nun in einer komplexen Umwelt agieren und interagieren zu können, muß eine Rechenmaschine über perzeptive und sensorische Mechanismen `Informationen´ aus dem sie umgebenden Medium aufzunehmen und zu verarbeiten in der Lage sein, um u.a. entsprechende interne antagonistische oder kompensatorische Modifikationen durchzuführen – was dabei unter Information zu verstehen ist, wird ausschließlich bestimmt durch die morphologische äußere und innere Struktur der jeweiligen interagierenden Einheit.

Zunehmend orientiert man sich daher in der KI-Forschung auf biologische Vorbilder, dabei gehen durchaus der Konnektionismus wie auch insbesondere die >evolutionsstrategische< Optimierung auf erste Ansätze bereits in den sechziger Jahren zurück. Heute gilt die *Bionik* als umfassende methodologische Rahmendisziplin, innerhalb derer sich die bisherigen Teilparadigmen wie Neuronale Netze und Evolutionsstrategie mit der Robotik oder der Computer Vision zusammenschließen, um auf undogmatischem interdisziplinären Wege synergetisch zu reüssieren.

Im ersten Abschnitt dieses Kapitels soll die >*Good Old Fashioned Artificial Intelligence*< (JOHN HAUGELAND) bzw. der klassisch-symbolische Ansatz als das bislang erfolgreichste und theoretisch fruchtbarste Paradigma der KI zur Sprache kommen. Dies geschieht allerdings auf ungewohnte Weise insofern, daß nicht (zum x-ten Male) die mehr oder minder bekannten Konstituenten klassischer Symbolverarbeitung (Turingmaschine, Von-Neumann-Maschine, usw.) vorgestellt und bezüglich ihrer vermeintlichen Ähnlichkeit oder Differenz zur menschlichen Kognition kritisiert werden, vielmehr finden *phänomenologische* Überlegungen und Erkenntnisse ihre Anwendung zugunsten einer differenzierteren erkenntnistheoretischen Position, welche die herkömmliche Front der Auseinandersetzung zu überwinden geeignet ist: Der Mathematiker OSWALD WIENER (nicht zu verwechseln mit seinem berühmten Fachkollegen und Begründer der *Kybernetik* NORBERT WIENER), dokumentiert in seinen erkenntnistheoretischen Aufsätzen das anspruchsvolle Bemühen um eine *phänomenologisch fundierte Psychologie der Kognition*, womit er sich allerdings außerhalb des üblichen Rahmens psychologischer Theorie und Praxis bewegt.[275]

Im zweiten Abschnitt werden die fundamentalen Konstituenten konnektionistischer Modelle (>Neuronaler Netze<) kurz vorgestellt und in ihrer prinzipiellen Funktionsweise erläutert, um anschließend, im Kontext der bereits thematisierten problemneuralgischen Begriffe *Bedeutung/Sinn*, *Intentionalität* und (Selbst-) *Bewußtsein* – Leistung und Grenzen konnektionistischer Modelle besser evaluieren zu können.

---

[275] Angesichts des notorischen (offiziell eingestandenen) Theorie-Defizites (Vielzahl von `Schulen´ bei unzulänglicher gemeinsamer Theorie-Basis) der Psychologie vermag diese Tatsache jedoch keinen methodologischen Einwand zu stützen.

A. Symbolverarbeitung: Oswald Wieners phänomenologische Intuitionen über die Generierung innerer abstrakter Maschinen

(Biographisch-philosophische Einführungsbemerkung auf Seite 398)

„Nun gibt es ja heute den Beginn einer Wissenschaft, welche behauptet, eine systematische Methode für eine solche Sinnerklärung zu haben, und das ist die von Husserl begründete Phänomenologie. Die Sinnerklärung besteht hier darin, daß man die betreffenden Begriffe schärfer ins Auge faßt, indem man die Aufmerksamkeit in einer bestimmten Weise dirigiert, nämlich auf unsere eigenen Akte bei der Verwendung dieser Begriffe, auf unsere Mächte bei der Verwendung dieser Begriffe, auf unsere Mächte bei der Vollführung unserer Akte, etc. Man muß sich dabei klar darüber sein, daß diese Phänomenologie nicht eine Wissenschaft im selben Sinn ist wie die anderen Wissenschaften. Sie ist vielmehr ... ein Verfahren oder Technik, welches in uns einen neuen Bewußtseinszustand hervorbringen soll, in dem wir die von uns verwendeten Grundbegriffe unseres Denkens detaillieren oder andere bisher uns unbekannte Grundbegriffe erfassen. Ich glaube, es besteht gar kein Grund, ein solches Verfahren von vornherein als aussichtslos abzulehnen. Am wenigsten Grund dafür haben natürlich Empiristen, denn das würde heißen, daß ihr Empirismus in Wahrheit ein Apriorismus mit dem verkehrten Vorzeichen ist."

K.GÖDEL (cit. nach R.Herken, ed.1996, S.V)

28. Exposition

Bezüglich der methodologischen Problematik phänomenologischer Forschung schreibt ROLF HERKEN:

„Es ist nicht leicht nachvollziehbar, warum die Selbstbeobachtung als heuristisches Instrument der Psychologie in diesem Jahrhundert ständig an Ansehen verloren hat. Die meiste Hinweise Wieners auf Untersuchungen, die den seinen vergleichbar sind, betreffen Arbeiten aus dem 19. und vom Anfang des 20.Jahrhunderts. Kandidat für einen Vergleich dürfte vor allem Husserl sein, doch stand ihm die Automatentheorie als Beschreibungsrahmen noch nicht zur Verfügung. Maschinenmodelle des Denkens sind erst seit Turings grundlegender Arbeit von 1936 ernsthaft möglich. Es ist erstaunlich, wie wenig seither von der Selbstbeobachtung als Brücke zwischen dem Denken und derartigen Modellen des Denkens Gebrauch gemacht worden ist. Wittgenstein zum Beispiel mobilisiert jedermanns Selbstbeobachtung in ihrer Vagheit gegen die nach Gesetzen suchende Psychologie und sieht keinerlei Zusammenhang mit den fundamentalen Resultaten Turings ... Andere hingegen, wie vor allem Gödel, auf dessen Arbeiten sich Wiener häufig bezieht, sind in ihrer inneren Wahrnehmung so zu Hause gewesen, daß sie geneigt waren, ihren Gegenständen eine außerphysikalische Realität zuzuschreiben".[276]

Die Wissenschaftstauglichkeit phänomenologischer Forschung wird an dieser Stelle nicht weiter diskutiert sondern vielmehr vorausgesetzt.

Ebenso unumwunden gesteht der Verfasser dieser Zeilen seine grundlegende Sympathie und empfundene Übereinstimmung mit den Intuitionen und Einsichten WIENERs.

Entsprechend beschränken sich die folgenden Ausführungen auf die erklärende Dar-

---

[276] *Geleitwort des Herausgebers*, in: R.Herken (ed.): O.Wiener: *Schriften zur Erkenntnistheorie*, 1996, S.Vf;

stellung der WIENERschen Konzeptionen sowie einige als relevant erachtete Analogisierungen bzw. Ergänzungen zu bereits erörterten Fragen und Modellen (z.B. FREGEs Dichotomie von *Sinn* und *Bedeutung* oder der *SW*). Die – prinzipiell stets gegebene – Möglichkeit bzw. Notwendigkeit weiterer Präzisierung und Elaborierung der Wienerschen Terminologie und Theorie bedeutet hier weder einen relevanten Kritikpunkt noch eine Relativierung der theoretischen Prägnanz.

WIENERs *methodisch kontrollierte Selbstbeobachtungsversuche* bei diversen Wahrnehmungsabläufen und Verstehensprozessen wie dem Lösen mathematischer Aufgaben, sowie der Bemühung einer systematischen Beschreibung der entsprechenden Abläufe auf dem *modelltheoretischen Fundament der Automatentheorie* zeitigen nicht nur aufschlußreiche Ergebnisse bezüglich der Natur von Vorstellungsbildern und ihrer Funktion im (menschlichen bzw. maschinellen) Denken, sie sind auch für unsere übergeordnete Frage des Leib-Seele-Dilemmas sowie den weiter unten zu liefernden begrifflichen Differenzierungen von großem Interesse.

Während es aber beim Leib-Seele-Problem um die Frage der Destillierung irreduzibler Charakteristika des Mentalen schlechthin, d.h. inklusive phänomenaler und emotiver Phänomene, geht, konzentriert sich Wiener auf die kognitive Komponente, d.h. die Klärung der im engeren Sinne intelligenten Verhaltensweisen und Strukturen.

Die später als *Church-Turing-These* bekannt gewordene Vermutung ALAN TURINGs, daß

▪ jeder erfolgreich operierende Algorithmus als *Turingmaschine* (*TM*) aufgefaßt werden kann,

ist für WIENER ein Axiom auch von eminenter *epistemologischer Relevanz*.

Dabei bedeuten ihmzufolge die via Selbstbeobachtung erzielten Erkenntnisse eine klare Stützung seiner *These*:

▪ das Verstehen äußerer, 'natürlicher' Abläufe und Prozesse bestehe prinzipiell in der Fähigkeit, eben diese Abläufe mittels *interner TMs* zu simulieren.

Gerade die Mächtigkeit des *TM*-Begriffs liefert WIENERs Konzept den entscheidenden theoretischen Unterbau und eine zusätzliche Präzisierung gegenüber ähnlichen Vorstellungen, die bereits von Physikern wie HEINRICH HERTZ, HERMANN HELMHOLTZ oder ERWIN SCHRÖDINGER formuliert wurden.
So heißt es bei letzterem:

„Von den Naturobjekten, deren beobachtbares Verhalten man erfasssen möchte, bildet man, gestützt auf die experimentellen Daten, die man besitzt, aber ohne der intuitiven Imagination zu wehren, eine Vorstellung, die in allen Details genau ausgearbeitet ist, *viel* genauer als irgendwelche Erfahrung in Ansehung ihres begrenzten Umfanges je verbürgen kann. Die Vorstellung in ihrer absoluten Bestimmtheit gleicht einem mathematischen Gebilde oder einer geometrischen Figur, welche aus einer Anzahl von *Bestimmungsstücken* ganz und gar berechnet werden kann ... Dabei handelt es sich (was ja selbstverständlich ist) stets um eine Gebilde, das sich mit der Zeit verändert, das verschiedene *Zustände* annehmen kann ... Es gehört mit zum inneren Gesetz des Gebildes, sich in bestimmter Weise zu verändern, das heißt, wenn es in einem bestimmten Anfangszustand sich selbst überlassen wird, eine bestimmte Folge von Zuständen kontinuierlich zu durchlaufen, deren jeden es zu ganz bestimmter Zeit erreicht. Das ist seine Natur, das ist die Hypothese, die man, wie ich oben sagte, aufgrund intuitiver Imagination setzt. Natürlich ist man nicht so einfältig zu denken, daß solchermaßen zu erraten sei, wie es auf der Welt wirklich zugeht. Um anzudeuten, daß man das nicht denkt, nennt man den präzisen Denkbehelf, den man sich geschaffen hat, gern ein *Bild* oder ein *Modell*." [277]

Unmittelbar einsichtig ist hier die Analogie von expliziter *Theorie* und *Maschine*, und in diesem Sinne sind die obigen Ausführungen zum Strukturalistischen Theorienkonzept in der Tat als *Spezifizierungen der Konstruktion und Vernetzung von abstrakten Maschinen* zu lesen.

Die eigentliche Schwierigkeit der Erkenntnistheorie wie der KI-Forschung liegt nun in der exakteren Bestimmung des Komplexitätsgrades, der einem Mechanismus zur *Erzeugung* solcher Modelle und Theorien, (deren `Oberflächen´ in der Selbstbeobachtung bzw. im Verhalten beobachtbar werden), als innerer Maschinen wesentlich eignen muß:

„Unsere Kenntnis diese tieferen Bereichs ist dermaßen beschränkt, daß die Grundfrage immer noch unbeantwortet ist: *Ist dieser Apparat der Theoriekonstruktion - ... selbst eine TM* (oder etwas Äquivalentes)?". [278]

WIENERs Konzeption bedeutet die positive Antwort auf diese Frage, und vermeintliche Beweise der *prinzipiellen Nichtmechanisierbarkeit* (im weitesten Sinne) *des Geistes*, (etwa gewisse Interpretationen der *Gödelsätze*), sind als unzulänglich ausgewiesen worden.

Gerade die Plastizität des *TM*-Modells, derzufolge auch bewußtseinsmäßig bestimmte Teile von *TMs*, die eine bestimmte Repräsentation fundieren, wiederum selbst zu Teilen dieser Repräsentation werden können, macht ihn für kognitionstechnische Modelle brauchbar.

Die Tatsache, daß sich eine *TM* unter den *Aspekten*

1. der *Zeichenkette*,
2. des *Prozesses*, sowie
3. des *physikalischen Objektes*

fassen läßt, machen den *TM*-Begriff als Fundamentalkomponente einer (durchaus nicht re(tionistischen) *Epistemologie* interessant.

---

[277] E.Schrödinger: *Die gegenwärtige Situation in der Quantenmechanik*, 1935, cit. nach O.Wiener: *Form und Inhalt*;
[278] O.Wiener: *Form und Inhalt in Organismen aus Turingmaschinen*, in: *Schriften zur Erkenntnistheorie*, 1996, S.113;

29. Begriffsbestimmungen

- Unter einer *trivialen TM* versteht WIENER eine solche *TM,* die in allen möglichen Läufen die jeweiligen Zustände nur einmal annehmen kann; alle *nicht-trivialen TMs* sind *faltend;* der *Bandzustand* ist die vor einem bestimmten Zug gegebene Bandinschrift samt der aktuellen Zustandsbezeichnung und der Markierung des von diesem Zustand zu lesenden Bandfeldes. Eine Folge von Bandzuständen heißt *Spur* (einer Berechnung einer vorliegenden *TM*), sie läßt sich als eine *einzige* Zeichenkette auffassen; ein *Input* für eine *TM* T ist die zu bearbeitende Bandinschrift (ggf. das leere Band), der *Output* ist ein Fragment der Spur, welches wiederum als Input für T oder andere *TMs* dienen kann.

- Eine *TM,* welche eine bestimmte Zeichenkette erzeugen kann bzw. diese Zeichenkette akzeptiert (weil die durch die *TM* berechnete Funktion auf dieser Zeichenkette definiert ist), heißt eine *Struktur* dieser Zeichenkette, d.h. eine zur Generierung oder Akzeptierung einer bestimmten Zeichenkette fähige triviale *TM* ist auch eine triviale Struktur dieser Zeichenkette.

- Unter einem *Datum* relativ zu einer gegebenen Struktur T einer Menge von Zeichenketten ist eine triviale *TM* zu verstehen derart, daß sie T mindestens um einen Zustand erweitert, welcher nur bei der Generierung eines einzigen Elementes (einer Zeichenkette) von T angesprochen wird:
„Wenn eine Struktur etwas verkörpert, das allen Elementen der strukturierten Menge gemeinsam ist, so faßt der Aspekt >Datum< die Individualität einer Input-Zeichenkette *relativ zu der gegebenen Struktur*".[279]
Unter einem *Schnitt*[280] ist dann die *konzeptuelle Grenze* zwischen einer gegebenen Struktur und der Klasse ihrer potentiellen Daten zu verstehen.

- Generieren zwei *TMs* für jedes Element einer vorliegenden Klasse von Zeichenketten jeweils den gleichen *Output,* so sind sie *relativ* zu dieser Klasse *äquivalent.*
WIENER spricht von *Äquivalenz im weiteren Sinne* dann, wenn von zwei *TMs* auf unterschiedlichen Mengen von Zeichenketten auch unterschiedliche Outputmengen generieren, jedoch sowohl zwischen Inputmengen als auch Outputmengen jeweils *Bijektionen* konstruierbar sind.
Genauer gesprochen handelt es sich dann nämlich um eine *Äquivalenz* zweier *Schnitte.* Der erkenntnistheoretische Witz dieses Begriffs liegt nun darin, daß die „betrachteten Umstände, wiewohl in abstrahierender Hinsicht verhältnismäßig banal, in der Praxis des menschlichen Denkens (Problemrepräsentation etc.) offenbar eine überragende Rolle spielen, ja den Kern des Problems einer Simulation der Intelligenz bilden".[281]

---

[279] Wiener, ebd. S.119f;
[280] s.u.: *Zeichen;*
[281] O.Wiener: *Form und Inhalt,* in: ebd., S.120;

- Eine solche *TM*, die für eine Klasse von Zeichenketten eine Charakteristische Funktion berechnet derart, daß ihr affirmativer Output wiederum zum Input einer weiteren nachgeschalteten *TM* wird, heißt ein *Projektor*, die *Inversion* eines vorliegenden Projektors ist eine triviale *TM*, die einen Repräsentanten der vom Projektor affirmierten Untermenge aufruft.

- Wird eine aus diversen Unter-*TMs* zusammengeschaltete komplexe *TM* vereinfachend modularisiert derart, daß die Inputfläche mit Projektoren und die Outputfläche mit deren Inversionen vernetzt ist, ensteht ein *Prototyp* der betreffenden (komplexen) *TM*.
  Bei einem *Prototypen von T* handelt es sich demnach um einen *vereinfachenden, informationsreduzierenden Morphismus* auf T, der als *Plan*, bzw. *Grob-Schema* fungiert derart, daß er, als *Programmkern* der komplexeren Maschine T, gewisse Schnittstellen zum Aufruf von *Blindzeichen* (Dummies) bzw. pragmatisch passender *TMs* aufweist.

In *psychologischer Hinsicht* erscheinen Prototypen als Vorstellungen, die informelle, umfassende (globale) Beschreibungen eines gegebenen Sachverhalts liefern, die wiederum (pragmatisch) adäquat oder inadäquat sein können. Gegebenenfalls sind an entsprechenden Schnittstellen `feinkörnigere´ *TMs* gekoppelt, welche die Generierung weiterer Details ermöglichen.
Unter dem einfachsten Prototypen hat man eine solche triviale Maschine zu verstehen, die als Zeiger/Aufrufer einer weiteren *TM* dient; (Namen haben diese Funktion).

- Ein Ensemble von *TMs* mit der Fähigkeit (mittels: Verschmelzen, Entfernen, Einfügen, Aneinanderreihung, Schnittkonstruktion, Indizierung, Aufruf) zur Modifikation, Kopplung und Konstruktion von *TMs* heißt ein *Organismus*.
  Die (für den konkreten Organismus) unveränderlichen elementaren Konstruktionswerkzeuge (TURINGs "laws of behaviour") des Organismus sind die *Komponenten* seines *Betriebssystems* (BS).
  Das allgemein/kollektive Schreib-Lese-Band der diversen variierenden Untermengen des Organismus heißt sein *Schirm,* und diejenigen *Alphabetelemente*, die von entsprechenden *TM*-Klassen akzeptiert (abgelesen) oder generiert (angeschrieben) werden, heißen (die jeweils aktuellen) *Schirmelemente*.

Die kognitive Relevanz eines Schirmmoduls wird auch von neurophysiologischer Seite unterstrichen, so heißt es etwa bei JANTSCH:

„Der Neokortex spielt vor allem bei höheren Säugetieren eine Rolle und dominiert bei den Primaten und beim Menschen. Er wird von MacLean mit einem ungeheuren neuralen Bildschirm verglichen, auf dem sich die Symbole der Sprache und der Logik (einschließlich der Mathematik) abbilden. Mit der Fähigkeit zur Abstraktion wird die Loslösung von der Realität der Außenwelt möglich. Andererseits empfängt der Neokortex vor allem Sinneseindrücke aus der Außenwelt. Damit bleibt es nicht beim Symmetriebruch zwischen der Außenwelt und ihrer symbolhaften Abstraktion. Die Abstraktion - wir können auch sagen, die Idee oder die Vision - legt sich über die bestehende Realität und bringt den schöpferischen Prozeß der Umgestaltung der Außenwelt in Gang ... Der Neokortex ist jener Ort, an dem die Information im Sinne eines selbstreflexiven Geistes organisiert wird ".[282]

Der *Schirm* ist also die *Vermittlungsinstanz*, durch welche die physikalischen Umweltereignisse in Zeichenketten transformiert werden, auf denen die Modelle des Organismus operieren können.
Er ist dabei als fester, d.h. bezüglich der Modellbildungsprozesse unveränderlicher Bestandteil des *BS* anzusehen, welcher, an den Modellkonstruktionen selbst unbeteiligt, ein phylogenetisch erworbenes *Prä-Modell* der Umwelt darstellt.

- Sind zwei gegebene Zeichenketten für den Organismus *modulo*[283] bestimmter Projektoren auf eine einzige Zeichenkette *reduzierbar* oder werden beide durch eine *bereits vorliegende Struktur* akzeptiert, so sollen sie als (für diesen Organismus) *übereinstimmend* gelten. *Gleich* sind zwei Zeichenketten, wenn sie von einundderselben trivialen Struktur akzeptiert bzw. generiert werden.

- Unter der *Umwelt* eines vorliegenden Organismus hat man denjenigen Teil des Universums (inklusive der eigenen Hardware) zu verstehen, mit dem *definierte*, *wohlgeformte*, d.h. programmäßig potentiell vorgesehene, *regelkonforme Interaktionen* realisierbar sind. Ein Umweltereignis, welches eine via *BS* vorgenommene Zustandsveränderung des Organismus initiiert, bedeutet eine *reguläre Interaktion* für den betreffenden Organismus.
In die Umwelt schreibende Module des Organismus heißen *Effektoren*.

- Ein System, das die internen und externen Operationen eines an seine spezifische Umwelt gekoppelten Organismus kognitiv realisieren kann, indem es passende konzeptuelle Modularisierungen bezüglich der Maschinen dieses Organismus entwirft, heißt ein *Beobachter* für diesen Organismus.

- Gewisse Strukturen eines Organismus heißen *Modelle* (für Klassen von Zeichenketten) bzw. ein Organismus verfügt über *Modelle*, wenn folgende Eigenschaften vorliegen:
1. Von der Umwelt können Zeichenketten auf den Schirm des Organismus geschrieben und *als extern* markiert werden, ferner ist das *BS* des Organismus mit Effektoren verbunden, die Eingriffe in die Umwelt vornehmen können, wobei die resultierenden Veränderungen wiederum als Zeichenketten bzw. Manipulation von Zeichenketten auf dem Schirm realisierbar sind;
2. der Organismus bzw. sein *BS* verfügt über die Fähigkeit, Zeichenketten gewissen Umfangs zu speichern, etwa durch Konstruktion trivialer Strukturen, welche in den Organismus zu integrieren sind;
3. der Organismus kann durch Konstruktion, Modifizierung und Vernetzung von

---

[282] Erich Jantsch: *Die Selbstorganisation des Universums*, 1988, S.235;
[283] Anm.: In Z heißen g_1, g_2 *kongruent modulo m*, $m \in N$, wenn g_1 - g_2 durch m teilbar ist bzw. g_1 und g_2 bei ganzzahliger Division durch m ("modulo m") denselben Rest ergeben.

TMs faltende Strukturen der Schirmzeichen generieren;

4. der Organismus kann die durch 2. und 3. bereitgestellten *TMs* zur Regelung der Effektoren bereitstellen;

5. der Organismus kann weiter ebendiese *TMs* sowohl von den externen Zeichenketten als auch von den Effektoren abtrennen, um sie, die dabei generierten Schirmzeichen als *intern* indizierend, im derart entkoppelten Modus laufen zu lassen.

In diesem Sinne ist unter *Lernen* bzw. *Induktion* die Konstruktion neuer Modelle durch den Organismus zu verstehen.

Vom Organismus hervorgebrachte Zeichenketten, die modellunabhängig auf dem Schirm erscheinen, gelten als extern. Gegebene Strukturen, die 3. bzw. 4. nicht erfüllen, sind als *BS-Komponenten* zu betrachten, sie haben den Charakter von *impliziten Modellen* bzw. von *Prä-Modellen*.[284]

- Konstruktionen und Modifikationen von Modellen *M* stehen in systemischer Abhängigkeitsbeziehung zu jeweils *charakteristischen Klassen von TMs*, den jeweiligen *Konstruktionsumgebungen* von *M*, in denen gegebenenfalls bereits andere Modelle enthalten sind. Ferner ist das Ablaufen vollständiger oder unvollständiger Modelle *M* ebenfalls in eine Netz weiterer *TMs* eingebunden, welche die konkreten Abläufe von *M* steuern, etwa gewisse Zustände von *M* als Start- oder Zielzustände markieren oder *M* als Inputlieferanten dienen etc.:
  diese Klasse von *TMs*, welche sich gegebenenfalls mit der Konstruktionsumgebung überschneidet, heißt *Laufumgebung*.

30. Erkenntnis und Gewißheit

Kognitive Interaktionen zwischen Organismus und seiner spezifischen Umwelt sind nach dem bisher gesagten ausschließlich durch *BS, Modelle* und *Prä-Modelle* vermittelt.

Etwas für wahr halten bedeutet, in spezifischen Situationen spezifische *Modelle zu aktivieren* (zum Laufen zu bringen) bzw. unter den durch diese Modelle erzeugten *Zeichenketten* einige positiv zu profilieren (zu bevorzugen).

WIENER zufolge verfügt zwar der Organismus über seine Modelle, perzipiert bzw. wahrgenommen werden aber immer nur *Zeichenketten*, indem sie *auf dem Schirm angeschrieben und gegebenenfalls akzeptiert* werden.

Die Fähigkeit, ein bestimmtes Modell aus dem Fundus herauszugreifen und bestimmte Fragmente der von ihm erzeugten Spur entweder mit einer vorliegenden externen Zei-

---

[284] Hier ergibt sich eine m.E. interessante Analogie bzw. systemische Entsprechung zu den oben als >implizite Theorien< bezeichneten Kognitionsstrukturen.

chenkette oder mit einer durch ein anderes Modell erzeugten internen abzugleichen, bedeutet, daß der Organismus bezüglich dieser Zeichenkette *orientiert* ist.

- Können gewisse variierende externe Zeichenketten mit verschiedenen Outputs desselben Modells abgeglichen und identifiziert werden, so bildet die *Klasse dieser externen Zeichenketten* ein *Objekt*. Gewisse systematische Veränderungen des Schirmbildes werden dann etwa als raum-zeitliche Bewegungen einunddesselben Gegenstandes, d.h. als Lauf eines bestimmten Modells, interpretiert. Da dies auf interne Zeichenketten ebenso zutrifft, unterscheiden sich "wirkliche" und "imaginäre" *Objekte* darin, daß bei letzteren sowohl die Zeichenketten als auch ihre Struktur dem Organismus als interne Entitäten gegeben sind, während bei realen Objekten auf extern gelieferten Zeichenketten ihre Struktur dann innerhalb des Organismus konstruiert wird.

Der *kognitive Objektivitätsstatus* der Außenweltentitäten ergibt sich dabei vornehmlich aufgrund der *Stabilität* und *Konsistenz* in gewissen systemisch privilegierten Laufumgebungen, sowie der Fähigkeit zur Kommunikation über gegebene Objekte mit anderen Menschen, letzteres impliziert dabei keinesfalls ein 'Primat der Sprache' bezüglich des Denkens, dessen grundlegende Mechanismen sind vielmehr gegenüber Sprache und Kommunikation autonom.

- Fungiert eine Zeichenkette für das *BS* als *Aktivierungsprogramm* zu dem Zweck, ein bestimmtes Modell *M* aufzurufen und in Gang zu setzen, möglicherweise im Zusammenspiel mit weiteren Modellen, so ist diese Zeichenkette eine *Bezeichnung*.[285] Wenn das BS auf einer als Input vorgelegten Bezeichnung *Z* unmittelbar das passende Modell *M* aus seinem Modellfundus auszuwählen imstande ist, so heißt die Bezeichnung *Z* eine *Name* des Modells *M*.

- Unter einer *Beschreibung* ist entsprechend ein solcher Input *Z* zu verstehen, der einerseits als Konstruktionsvorschrift für ein bestimmtes *M*, andererseits als dessen Aufruf, gegebenenfalls im Kontext spezifischer anderer Modelle oder Modellkomponenten, dient. Beschreibungen stellen demnach *Namen* von Maschinen, *Vorschriften* zur spezifischen Modellvernetzung, sowie *Parameter* und *Randbedingungen* für die zu konstruierende Laufumgebung parat:
  „Beispielsweise wird die Zeichenkette >Vergleich ich Dich mit einem Sommertag ...?< im Organismus eines menschlichen Hörers einen komplizierten Vorgang anstoßen. Zu ihm gehören Orientiertheit in der gegebenen Umwelt, Teile seines Modells (nachlässige Redeweise) vom Sprecher (hauptsächlich Modelle der aktuellen Laufumgebung im Sprecher), Modelle von >Sommer< und von >Tag<, und verschiedene Modelle der Verzahnung dieser Modelle oder von Teilen von ihnen, die teilweise durch die anderen Bezeichnungen im Satz aktiviert, teilweise durch Modelle und Prä-Modelle des allgemeinen Sprachgebrauchs vorgezeichnet sind; noch komplizierter wird die Sache, wenn der Hörer meint, das sei ein Zitat gewesen, wenn er ein Modell der Beziehung des Sprechers zum Autor des Zitats entwerfen kann oder will, etc.etc. Wie sich im Einzelnen die Auswahl, Modifikation und Komposition aller dieser Modelle und ihrer Outputs entwickeln wird,

---

[285] s.u.: *Zeichen*;

Das *Identifizieren* von Gegenständen erfordert demnach mehr als das Erkennen und Verarbeiten von *isolierten Merkmalen*, insofern mit *Merkmal* ein beliebiges Zeichen gemeint ist, das nur der Bedingung genügen muß, daß es sich *qua* Atom aus den übrigen Zeichen trivial identifizieren läßt.
Ein *Objekt* läßt sich niemals auf eine *extensionale Auflistung* von Zeichen reduzieren, sondern bedeutet eine *modellierte* Liste als einer *potentiell unendlichen Zeichenmenge*.

Da jedem Organismus nur eine begrenzte, endliche Kapazität zur Strukturierung von Zeichenmengen beliebiger Komplexität zur Verfügung steht, bedeutet es einen (auch evolutionsbiologisch relevanten) Effizienzgewinn, wenn eine phylogenetisch herausdefinierte, d.h. evolutionär erworbene, Zeichenebene als atomare Zeichenebene dient. Dies wäre etwa eine Ebene basaler "Empfindungen" bzw. "Qualia", auf welcher dann gestaltbildende Strukturen ansetzten.

Diese basale Schirm-Ebene kann dabei über hierarchisch höher situierte Modellierung oder *Effektorsteuerung* (mittels *epigenetisch* erworbener Modelle) mit Hardwareveränderungen modifiziert werden, wogegen die evolutionär herauskristallisierten Projektoren "unterhalb" des Schirms jedoch im Modellierungsprozeß nicht veränderbar sind. Jeder Organismus/Lebewesen konstituiert einen *spezifischen Sinnes- und Wahrnehmungsraum* mit spezifischen *Perzeptions/Kognitions-* `Atomen` und - `Molekülen`: z.B. sind Elementarteilchen oder Radiowellen dem bloßen menschlichen Auge nicht zugänglich, aber mittels epigenetisch erworbener Modelle auf höherer Ebene konstituierbar.

31. Faltungen und Prototypen

▪ Wird eine Zeichenkette *gefaltet*, so bedeutet dies, daß gewisse *Ähnlichkeiten* in bestimmten *Teilketten* erfaßt und *komprimiert* wurden:
liegt etwa dem Organismus eine Zeichenkette als zunächst triviale Struktur vor, so kann er gegebenenfalls bestimmte Fragmente dieser Struktur durch ein einziges Fragment ersetzen.
Dieser Komprimierungsprozeß ist dann i.d.R. mit gewissen *Adjustierungen in der Laufumgebung*, zur Gewährleistung der intern-systemischen Kohärenz, verbunden, welches gleichzeitig bedeutet, daß ein neuer Schnitt vorgenommen wurde, der wiederum eine Neubestimmung der *Extension* der *Inputmenge* bedeutet.

---

[286] O.Wiener: ebd. S.126f;

Eine *Faltung* auf einer bislang als triviale *TM* vorliegenden Zeichenkette hat den Charakter einer *Verallgemeinerung*, welche gegenüber der bisherigen einzelnen unsystematischen Kette zur Definition einer zulässigen Inputklasse führt.

WIENER interpretiert *Faltungen* als letztlich *arbeitsökonomisch motivierte Prozesse*:

„Der wichtigste Nebeneffekt dieser Ökonomie ist es, daß sie die Weise festlegt, in welcher der Organismus seine Umwelt >sieht<: eine Regelmäßigkeit *ist* eine TM, ein Gegenstand *ist* ein Modell. So betrachtet ist *Sinn* ein Trick, die Beschränkungen der formalen Kapazität eines Organismus zu verlagern; er ermöglicht die Führung syntaktischer Operationen durch >Inhalt<".[287, 288, 289]

⇒ Diese Betrachtungsweise (*Sinn* als *arbeits- und kapazitätsökonomisch fundierte Größe*) erscheint zweifellos bemerkenswert:
es war oben (KRIPKE-Kapitel) bereits darauf hingewiesen worden, daß für ein *allwissendes Wesen* alle Sätze *analytischen* Charakter besäßen, mithin die Notwendigkeit bzw. Sinnhaftigkeit des Sprechens, und eben auch Denkens, entfiele; dies steht mit der Auffassung in Einklang, daß alle Theorien prinzipiell zweckbestimmte (subjektrelative) Maschinen zur Konstruktion bzw. Produktion zweckbestimmter (subjektrelativer) Entitäten sind.

Es ist auch von entscheidender Bedeutung, sich darüber im klaren zu sein, daß sich Organismen aus einem Netz von Input-Output-Verflechtungen nur *mehr oder weniger willkürlich* abgrenzen und als Einheiten/Objekte identifizieren lassen - nämlich als *asymmetrisch* d.h. *profiliert kompakte Orte der Interaktion/Datenverarbeitung*:

„Ich frage weiter: besteht die Arbeit meiner Nerven aus Mustern von Impulsen und chemischen Transformationen, so bin ich *einen weiteren* Schritt von den Schallwellen entfernt: bestimmen Impulsmuster meine Empfindungen, so bleibt mir die Natur meiner eigenen Gefühle völlig fremd: welche Brücke führt von der Welt in mein Bewußtsein?[290] ... Gegeben einmal das technische Modell einer Funktion, so können die 'tatsächlichen' Reize (welche die Welt des modellierten Organismus oder einen Ausschnitt davon bilden ...) durch vorgeschaltete Reizumwandler in den Ansprechbereich des Modells übersetzt werden. Man sieht, daß die begriffliche Abtrennung der Sensoren (denn um diese handelt es sich ja) von 'zentraleren' Stationen ein Ergebnis der Methode ist: sie sind ja selbst wieder transformierende Aggregate (Funktionen), und als solche von der selben Art wie jene. Das Vorschalten von Reizwandlern kann in alle Ewigkeit fortgesetzt werden, ohne daß auf der einen Seite Wirklichkeit, auf der anderen Bewußtsein zum Vorschein käme. Die 'objektive' Beobachtung hält die Brücke zwischen modelliertem und Modell für selbstverständlich, d.h. aber wiederum für elementar. Der Kanon der Abbildungsbeziehungen, wie er sich in der Kommunikation vorgeformt findet, ist

---

[287] O.Wiener: ebd. S.134;

[288] Man erinnere die oben getroffenen Feststellungen zur prinzipiellen Theoriegeladenheit jeglicher Welt- bzw. Objektkonstitution sowie die diesbezügliche Äquivalenz von >Theorie< und >TM<.

[289] vgl. die informelle Definition für *Komplexität* von M.Gell-Mann:"Komplexität ist komprimierte Information"[in: R.Lewin (ed.)1993, S.27], wesentlich ist hierbei der Komprimierungsaspekt, der auch in die Definition der *Algorithmischen Komplexität* eingeht: als algorithmische Komplexität bzw. algorithmischen Informationsgehalt K(s) einer Zeichenkette s definiert man die Größe des kleinsten Programms s^*, welches auf einer universellen TM die Ausgabe s liefert: K(s) $=_{df} |s^*|$.

[290] vgl. die Ausführungen zur Inkompatibilität phänomenaler und physikalischer Entitäten in Kapitel 25u.26;

doch aber in höchstem Maß fragwürdig! ... Jener graue Stein und dieses gelbe Heft sind solange Bestandteile meines Organismus als Sinnesorgane, bis ich sie als soziologische Gegenstände begreifen lerne, und, *als Mitglied der Kommunikation*, nur mehr aus Sprache bestehend, meine Grenzen zurückstecke [man verdeutlicht sich das an der Vorstellung, daß die Entfernung aller gelbes Licht reflektierenden – reiztransformierenden! – Flächen aus meiner Sichtweite eine partielle sensorische Deprivation bedeutet. Ob es einen Unterschied macht, wo – zwischen (um irgendwo zu beginnen) Lichtquelle und reflektierendem Gegenstand, zwischen ihm und meinen Augen, zwischen Retina und und thalamischen optischen Einheiten, zwischen Zwischenhirn und Calcarina, zwischen Okzipital-Lappen und übrigem Kortex (um irgendwo aufzuhören) – eine Unterbrechung des Reizflusses eintritt, entscheidet sich ausschließlich in der Kommunikation]".[291]

Aber auf welche Weise hat man sich nun das Entstehen von Faltungen vorzustellen?

1. Als *Ausgangsbasis* werden gewisse *triviale Strukturen* postuliert, die bereits an irgendein globales Charakteristikum als einem Prototypen angehängt bzw. „gelötet" sind.

   Derartige *Anlötungen* können *assoziativ* durch *Anspringen des Prototyps* in Akzeptorfunktion auf zufällig vorgelegte Zeichenketten entstehen.

   Künftig können dann diese Zeichenketten vom Prototypen *trivial erzeugt* werden.

2. Nach dem *Anlöten* der Zeichenketten an den *System-Kern* mag das *BS* in manchen Ketten Übereinstimmungen ausmachen - ggf. katalysiert durch eine zunächst kontext-fremde Feinstruktur in der Laufumgebung des Prototyps (d.h. die Feinstruktur fungiert als *Bezeichnung*; ferner kann das *BS* von anderen Modellen her zur Konstruktion von Regelmäßigkeiten disponiert sein).

3. Durch den *Faltungsprozeß* werden *Feinstrukturen* mit dem *Prototypen* auf möglichst effiziente Weise *verknüpft*, um redundante Überschneidungen bzw. triviale Übergänge zu *eliminieren*.

4. Hinreichend elaborierte Modelle dienen i.d.R. als *Substrat* bzw. Ausgangsbasis neuer Modellierungen (etwa als *Schnittkriterien*);

Prinzipiell kann der Organismus zwischen verschiedenen Fein- und Grobeinstellungen variieren, d.h. es sind mit einer vorliegenden Struktur auch immer die in der jeweils realisierten Laufumgebung (*LU*) indizierten Prototypen (als *provisorischer* Modelle) ansprechbar, bzw. ist mit einem Prototypen auch die Möglichkeit des Aufrufs einer seiner Feinstrukturen, soweit bereits vorhanden, gegeben.

Werden Detailprogramme häufig auf ähnlichem Input frequentiert und genügt der Output den spezifischen Erfolgskriterien, dann kommt es zu einer systemischen *Glättung*

---

[291] O.Wiener: *Notizen zum Konzept des Bio-Adapters*, Anm.109;

bzw. *Kompaktierung* der ursprünglich `bewußtseinsökonomisch´ aufwendigen (z.B. Schritt-für-Schritt zu vollziehenden) Detailprogramme derart, daß bewußtseinsmäßiger Nachvollzug ihres Laufs praktisch unmöglich wird, sie sind zu *Geschicklichkeiten* des Organismus geworden.

Der *Faltungsvorgang* verläuft erfahrungsgemäß *diskontinuierlich* über *diskrete Approximationsstadien,* unzulängliche (für einen spezifischen Zweck) Faltungen ergeben *Übergeneralisierungen* bzw. *Überspezifizierungen,* wobei die Laufumgebung solchen Fehlfaltungen meist durch Aktivierung von Prototypen, gleichsam zur Überbrückung fremdartiger Zeichenkettenfragmente, beisteht, und somit eine Groborientierung ermöglicht, es kann zu gegebener Zeit eine Neustrukturierung d.h. Neufaltung versucht werden.

Dabei springt der Fokus

„von einem bekannten Teil einer Zeichenkette zum nächsten bewältigbaren Abschnitt, Lücken in einem Modell werden gestopft durch Laufenlassen systematisch oder probierend aufgefundener anderer (wiewohl >falscher<, auch trivialer) Modelle. Allgemein kann eine Menge trivialer, an einen grob orientierten Prototyp gebundener Strukturen auch unter nur teilweise bekannten Bedingungen ausgezeichnet funktionieren (man denke an >interne Landkarten<).

Offenbar wird ein bedeutender Teil des menschlichen Verhaltens tatsächlich von derartigen Repräsentationen gesteuert - ungeachtet der Fähigkeit des menschlichen Organismus, >bewußte< Arbeit an der Verbesserung der Verhältnisse in Gang zu setzen".[292]

32. Bewußtsein - Inhalt - Sprache - Flache Formalismen - Intentionalität

Besitzt ein Organismus die oben genannten Fähigkeiten/Eigenschaften, so kann ihm *Bewußtsein* zugesprochen werden:
dieses fungiert als *Orientierungs-Mechanismus* auf der Basis der schirm-gestützten *Konstruktion, Modifikation und Destruktion von Modellen.*

Mittels der *Schirmzeichen* kann jeweils der *Lauf* der entstehenden (zu konstruierenden) *Struktur* kontrolliert, gegebenenfalls inaktive Teile der Laufumgebung aktualisiert, die Konfigurationsabstimmung aktiver Komponenten durchgeführt, oder auch der Austausch von Projektoren initiiert werden.

Die Notwendigkeit der *kognitiven Fokussierung* ergibt sich dabei aus der stets lokal operierenden Natur des Modellierungsvorgangs selbst.
Eine der *unbewußten* Funktionen des Bewußtseins besteht in der *Selektion* der jeweils *nach Schirmpräsenz drängenden Modelle:*
die Fokussierungs-Eigenschaften des Auges sind dieser Funktion untergeordnet.

---

[292] ebd. S.136;

Assemblierung und *Modifikation* von *Modellen* basiert zunächst auf der *Komposition* und *Modifikation* von *Prototypen*, deren jeweilige Zustandsübergänge wiederum *Aktualisierungsvariationen* elaborierterer Strukturen, insofern verfügbar, initiieren. Es handelt sich dabei um mehrere *simultan* und *unsichtbar* (d.h.nicht auf dem *Schirm*) laufende Prozesse, welche, zu einer zeitweiligen *Heterarchie* gebündelt, dann auf einzelnen schirmaktiven Prozessen operieren:

„Immer wieder stützt die Selbstbeobachtung diese Vorstellung einer schrittweise voranschreitenden Konstruktion von Mechanismen im Verlauf einer längeren Bemühung um Verstehen, von Modellen, die schließlich ihrerseits zum Mittel des gleichen Konstruktionsvorgangs in anderen Umgebungen werden können. Beispielsweise werden die Schach-Regeln in eine Maschine umgesetzt, mit der Strategien und Strategie-Konstruktionen operieren werden; später werden Ähnlichkeiten in verschiedenen Strategien entdeckt und zur Anwendung auf andere Angriffs- und Verteidigungsspiele verallgemeinert. In jedem Übergang zu einem höheren Niveau sinkt die alte Maschine in die neue Laufumgebung".[293]

⇒ *Sprache* ist demnach kein notwendiges Kriterium kognitiver Prozesse. Aufgrund ihrer Gestaltkonstanz und Persistenz, sowie ihrer effizienten Auslöser-Verknüpfung zu den durch sie konnotierten Strukturen, katalysiert sie die situationsadäquate Selektion von Modellen, stabilisiert etwaige Zielschwankungen und reduziert den Kapazitätsdruck auf den Schirm. Ähnlich wie formale Kalküle sind die Ausdrücke natürlicher Sprachen als >flache< Projektionen von Inhalt zu betrachten:

„Zum Beispiel werden im ernsten und vorsichtigen Gespräch Worte in der die Absicht tragenden Laufumgebung ausprobiert, um die Wirkung zu berechnen, die sie auf die eigenen Modelle ausüben. Danach werden sie, sozusagen, vom Inhalt abgeschöpft, und mit der stillschweigenden Konjektur übertragen, daß der Hörer ähnliche Modelle hat, die durch die Bezeichnungen und >*Assembler*<-Hinweise in den Sätzen aktiviert werden können, damit sie in ihm eine ähnliche Wirkung erzielen".[294]

▪ Eine (Klasse von) Zeichenkette(n) *repräsentiert* für einen Organismus bzw. seinen Beobachter eine andere, wenn durch beide jeweils dieselben Modelle in den entsprechenden Laufumgebungen aufgerufen werden - und somit der Organismus jeweils gleiche Verhaltensweisen realisiert.

Ein Objekt wird durch eine Bezeichnung repräsentiert, wenn diese dasselbe Modell aufruft wie eine Teilmenge der Klasse von Zeichenketten, durch welche das Objekt konstituiert wird.

WIENER wendet sich gegen die Auffassung von *Intentionalität* als eines *Gerichtetseins*, dessen sich sich das Subjekt *notwendig bewußt* wäre;
Gerichtet ist man aber immer auf etwas *Gegenwärtiges*, und d.h., daß ein Schirmzeichen von einem geeigneten Modell akzeptiert und bearbeitet wird, wobei das *Gerich-*

---

[293] ebd. S.138;
[294] ebd. S.139;

tetsein selbst eben niemals Teil des Erfahrungsinhalts sein kann, sondern eine *deduzierte* theoretische Erkenntnis bedeutet.
Sie ergibt sich aufgrund der Tatsache, daß das Operieren am Schirm selbst speicherbar, wiederholbar und seinerseits modellierbar ist, wobei das *jeweils tätige Modell* auf *seiner Arbeitsebene,* also *nicht auf dem Schirm selbst erscheinend,* verweilt, und zu *seiner* Beschreibung ein *weiteres* Modell aufgerufen werden muß usw.;

Stufen der Intentionalität (Fähigkeit des Organismus, Modelle in der Hierarchie der Arbeitsebenen wandern zu lassen) lassen sich demnach als *Spezialfälle der Neukonstruktion von Regularitäten auf gegebenen modellgenerierten Zeichenketten* verstehen – Intentionalität bedeutet *Orientiertheit* (im obigen Sinne):

„Höhere Stufen von Intentionalität sind sicherlich förderlich für die Modellierung von Sachverhalten, in denen der Effektor des Organismus eine Rolle spielt, und erst recht dort, wo die Konstruktivität des Organismus auf die Umwelt zurückwirkt. Auf diesen Stufen kommt indessen nichts prinzipiell Neues vor, die Unterschiede betreffen die Anzahl der zur Verfügung stehenden Modelle und ihre Hierarchien. Um in seiner Umwelt passabel zu funktionieren, muß ein Organismus nicht unbedingt >wissen<, daß viele seiner Zeichenketten ... repräsentieren. In der Tat scheint ein derartiges Wissen phylogenetisch und epigenetisch erst sehr spät aufzutreten".[295]

33. Zeichen

Die *Manipulation von Zeichenketten* ist für WIENER, ebenso wie für die klassischen KI-Vertreter, *konstitutives Charakteristikum* des Denkens.
Der entscheidende Punkt liegt jedoch in der *präziseren Bestimmung* der *Zeichenfunktion* und der *Manipulationsmodi.*

Wenn sich *die Welt* als ein *Diskontinuum von Zeichenketten* vestehen läßt, auf dem Konfigurationen interagierender Maschinen konstruierbar sind, so können *für einen Beobachter* interagierende Maschinen als *jeweils relativ* aktive oder passive Komponenten erscheinen:
die >aktive< Maschine *A* löst in der >passiven< Maschine *B* eine (natürlich intern strukturdeterminierte) Zustandsveränderung aus, oder die >aktive< Maschine *B* untersucht die >passive< Maschine *A* auf zu entdeckende Muster o.ä.;

- Gibt es nun für zwei Maschinen *A* und *B* eine dritte Maschine *Z* derart, daß *Z* von *A* in eine Klasse von Zuständen gesetzt werden kann, auf welche *B* dann kanonisch reagiert, so heißt die Maschine *Z* ein *Zeichen* für *A* und *B*.

Um eine solche Zeichenrelation zwischen (bis dato direkt gekoppelten) *A* und *B* zu konstituieren, müssen beide modifiziert werden, da das Zeichen *Z* eine von *A* und *B*

---

[295] ebd. S. 142;

verschiedene Struktur aufweisen soll.

A muß um eine *Effektor-Maschine* erweitert werden, welche den bisherigen (direkt an *B* gekoppelten) Wirkmodus von *A* in einen für *Z* definierten Wirkmodus transformiert, d.h. *Z* fungiert gleichsam als *Speicher* für *A's Wirkmodus*.

Hierbei bedeutet es einen arbeitsökonomischen Vorteil, wenn die Spezifität von *A's Wirkmodus* nicht durch eine solche interne Konfiguration von *Z* gespeichert wird, welche die Konfiguration der ursprünglichen Maschine *A* imitiert, sondern in einer kanonisch stilisierten, vereinfachten Form, einer für *B* erfaßbaren *Silhouette*:
- auf diese Weise steht nun prinzipiell eine weit größere Anzahl von (relativ einfacheren) Maschinen für die Funktion von *Z* zur Verfügung.
- *B* wiederum benötigt einen *Akzeptor* (`Sinnesorgan`), dessen Funktion die Transformation der von *Z* dargebotenen *Silhouette* in den bei *B* die entsprechende Zustandsveränderung auslösenden Wirkmodus ist.

Die unmittelbare *physikalische Koppelung* von *A* und *B* wird also via *Codierung* durch eine mittelbare physikalische Koppelung

$$A \Rightarrow (\text{-Effektor}) - Z - (\text{Akzeptor-}) \Rightarrow B$$

ersetzt.

Drei Punkte sind hier für *Z* charakteristisch:
1. bestimmte Maschinenkomponenten sind für die Zeichenfunktion irrelevant;
2. bestimmte Maschinenkomponenten sind *komplementär* zu den Projektoren insofern, daß es für die nachgeschaltete Maschine B keine Rolle spielt, ob etwa ein Buchstabe graphisch oder akustisch realisiert ist;
3. der durch *Z verkörperte, für B relevante* Aspekt wird natürlich durch die Struktur/Substruktur von *B* selbst realisiert.

- Bei solcher Form von *Codierung* handelt es sich um einen *Schnitt*:
  Schnitte entstehen durch geeignete *Umkonfigurationen* gegebener Strukturen derart, daß einzelne Strukturkomponenten *ausgelagert*, d.h. herausgetrennt und funktional durch Zeichen ersetzt werden.

Insofern die bei einem Schnitt erworbenen Effektoren und Akzeptoren als Module aufrufbar sind, heißen sie *Projektoren* (s.o.).

Insofern Maschinenschnitte innerhalb (d.h. nicht an der Akzeptor/Effektor-Oberfläche) des Organismus vorgenommen werden, handelt es sich um innere Akzeptoren/Effektoren.

Dabei können prinzipiell *alle* dem Organismus bereitstehenden Strukturen der inneren Sensomotorik einverleibt werden, wobei sich, als Sonderfall des allgemeinen Problems der Abgrenzung von Maschinen innerhalb des Welt-Wirkgefüges, die Frage stellt, inwiefern derart miteinander verwobene Maschinen jeweils sinnvoll als Effektoren bzw. Akzeptoren abgrenzbar sind – WIENERs Antwort:

„ein Modul fungiert in der jeweiligen Laufumgebung als Projektor, wenn nicht er selbst, sondern die ihn rufende Maschine als Aspekt (>Form<) der auftauchenden Zeichen erscheint".[296]

Offenbar kann eine Maschine immer dann in Moduln differenziert werden, wenn ein *für den Beobachter regelmäßiges Verhalten* feststellbar ist.
Es handelt es sich dabei immer um Eigenschaften der Struktur des Beobachters selbst:

„Regelmäßigkeiten der Welt sind Strukturen *in mir*. Natürlich sollen sich diese neuen Regelmäßigkeiten im Umgang mit der Welt bewähren, aber das mag von einer Menge von Umständen abhängen, die mit der Entdeckung der Regelmäßigkeiten wenig zu tun haben; im Prinzip gilt für den Organismus: *Jede* Regelmäßigkeit ist wertvoll. Jedenfalls - wenn ich angesichts der allzu komplizierten Maschine sage: >Nun verhält sie sich wie diese andere Maschine< und >Jetzt verhält sie sich wie jene!<, so kann das nichts anderes heißen als daß diese Vergleichsmaschinen in mir laufen. Ich erlerne sogar manchmal, wenn die Beobachtungsbedingungen sehr günstig sind und meine Kapazität nicht überfordert ist, die >fremde< Maschine in all ihrer Komplikation, und kann sie hinfort ihrerseits, als neue Regelmäßigkeit, zur Analyse anderer Maschinen heranziehen. Das führt auf die für jede Diskussion von Intelligenz wichtige Frage: Wie individualisiert ein Organismus Maschinen in seiner Außenwelt und in seinem eigenen Repertoire, und wie etabliert er Regelmäßigkeiten und Ähnlichkeiten von Zeichenketten bzw. von Maschinen? ... Die einzige mir möglich erscheinende Antwort [...]: der Organismus leistet das von Fall zu Fall, weil er selbst diese Analyse-Strukturen schon besitzt oder aus Strukturen seines Repertoires zusammensetzen kann, oder weil er geeignete Maschinen gelegentlich neu erwirbt".[297]

Das Repertoire der *TM*
- Zeichen lesen/schreiben;
- in den Folgezustand übergehen;
- das nächste Feld aufsuchen;
bedeutet eine *Zerlegung* der Zeichenmanipulation in *Elementaroperationen*.

➢ Der grundlegende (behavioristisch motivierte) *Irrtum* der klassischen KI bestand und besteht offenbar darin, diese basale Ebene der Elementaroperationen als den *notwendigen und hinreichenden* Spielplatz der Intelligenz/des Geistes *schlechthin* aufzufassen, d.h. zu glauben, Denken ließe sich *erschöpfend als eine raumzeitliche Folge von Elementaroperationen auf einer einzigen Objekt-Schicht bestimmen.*

➢ Diese *Elementaroperationen* sind *flache Formalismen*:
also formale Systeme, die wesentlich durch das *Fehlen von Faltungen* charakterisiert sind, d.h. deren Ausdrücke nicht bezüglich der Eigenschaften von Modellen modifiziert werden bzw. nicht von jeweils eigenen Modellen erzeugt sind:
„Der Unterschied liegt darin, daß die festen Operatoren (Ableitungsregeln) und die vorgegebenen Heuristikregeln ... die einzigen Strukturen der vorkommenden Ketten aus atomaren Zeichen (der Knoten des Suchbaums) sind und bleiben. Es kann keine Rede davon sein, daß solche Programme neue Strukturen der Zeichenketten oder gar eine Struktur des >Problemraums< - im hier eingeführten Sinn von Struktur - konstruieren können. Ich nenne diese KI-Programme deswegen >flache Formalismen<. Die Illusion, daß diese flachen Programme Intelligenzleis-

---

[296] O.Wiener: *Probleme der Künstlichen Intelligenz*, in: ebd. S.230;
[297] ebd. S.233;

tungen hervorbringen, kann dadurch entstehen, daß ihre Tätigkeit im Kopf des Programmierers nachvollzogen wird, wo das Programm freilich auf dem ganzen Apparat einer tatsächlichen Intelligenz läuft".[298]

Durch die zahlreichen Verkettungsmöglichkeiten in einem Rechenautomaten wird eine *Topologie* induziert, wobei höhere, *explizite Intelligenz* erst durch *Superstrukturen*, d.h. *diese Topologie zieladäquat zerlegende Maschinen*, ensteht.

Solche *Superstrukturen* selegieren bzw. generieren bestimmte *Pfade* durch den aufgespannten Raum, sie sind aber nicht *identisch* mit den durch sie erzeugten Pfaden bzw. Folgen von Elementaroperationen.

Insofern ein mathematischer Beweis als eine Folge von Zeichenketten realisiert ist, welche mittels Elementaroperationen rekursiv erzeugt sind, so ist das eigentliche abstakte Denkschema selbst eine solche rekursive Maschine, mit welcher die fraglichen Folgen erzeugt werden können:

„Ich glaube, daß die Entwicklung der Mathematik zu einem großen Teil auf derartigen, wohl auch von Person zu Person verschiedenen Modell-Vorstellungen beruht, und daß die Modelle eben häufig auch die ersten Ideen zu formalen Beweisen >sehen lassen<. Auch die rein syntaktischen Wege der Lehrbuch-Beweise verdanken sich ursprünglich ... Intuitionen vergleichbarer (nicht unbedingt geometrischer) Art".[299]

In diesem Sinne äußert sich auch der Logiker EMIL POST:

„...die wahre Mathematik muß in der informellen Entwicklung liegen. Denn immer ist zuerst der informelle 'Beweis' dagewesen; und wenn man ihn einmal hatte, war die Transformation in einen formalen Beweis Routinesache".[300]

Und nochmals WIENER:

„...man betrachte nur immer wieder die Beweise der Pioniere. Auf jedem einmal erreichten Niveau kann man formal beweisen, was auf einem tieferen Niveau ein >inhaltliches< Problem gewesen ist, weil sich die Modelle, welche einst zur Lösung geführt haben, zu Ableitungsregeln abgeschliffen haben. Aber auf jedem Niveau gibt es neue Probleme, die durch neue Modellbildungen gelöst werden müssen".[301]

An dieser Stelle ist auch auf die *limitative Bedeutung* der *Unvollständigkeitssätze* von GÖDEL hinzuweisen, deren positive oder negative Relevanz für die KI weitläufig strittig ist.

In WIENERs Terminologie läßt sich komplexere Intelligenzleistung (*e*-Intelligenz) durch folgende, füreinander substituierbare Komponenten charakterisieren:

- Konstruktion einer zieladäquaten TM in einem Problemkontext, lezterer bestimmt u.a. die Zielvorgabe;
- Konstruktion von Schnitten, d.h. Aufbrechen und Rekonfigurieren einer vorliegenden Struktur in eine andere Struktur und eine Zeichenmenge, und zwar im

---

[298] O.Wiener: *Probleme der Künstlichen Intelligenz*, S.241;

[299] O.Wiener: *Kambrium der Künstlichen Intelligenz*, in: ebd. S.170;

[300] E.Post: *Absolutely Unsolvable Problems and Relatively Undecidable Propositions*, in: Davis (1965), cit. nach: ebd;

[301] ebd. S.170;

Problemkontext, d.h. >unter Nebenbedingungen<;
- Konstruktion von Ähnlichkeiten in Zeichenketten und Strukturen unter Nebenbedingungen;

Gemäß den *Gödelsätzen* ist *keine dieser Aufgaben effektiv lösbar*, d.h. *kein Programm kann die Äquivalenz zweier beliebig gegebener Maschinen effektiv berechnen.* Dieser Punkt wird landläufig gegen die *prinzipielle Möglichkeit* höherer Maschinenintelligenz angeführt.

Entscheidenderweise trifft jene Beschränkung aber *auch die menschliche Intelligenz* insofern, daß es *kein feststehendes Verfahren gibt, das die Konstruktion zieladäquater Strukturierungen a priori sicherstellen* könnte, d.h. auch für den Menschen sind Regelmäßigkeiten auf Zeichenketten etc. nicht *nach Belieben* zu entdecken:

⇒ *geistige Kreativität und Intuition sind an gesetzesartige Bedingungen bzw. Beschränkungen gebunden.*

Die Gödelschen Operationen (*Gödelisierung, Adäquatheitsnachweis der Gödelisierung* etc.) können von kognitiv fixierten, fest gegebenen Automaten bezüglich beliebiger Problemstellungen nicht produziert werden.

Ein klassischer Computer (bzw. alle bisherigen Programme) zeigte auch dann noch keine *e-Intelligenz* [>*e(xplizite)-Intelligenz*< ist hier ein unprätentiös gemeinter *informeller Terminus* zur Spezifizierung höherer, selbstbewußt-*expliziter* Intelligenzformen mit den entsprechenden notwendigen Charakteristika, wie sie üblicherweise dem *Menschen* als *profilierende Eigenschaften* zugesprochen werden; das z.B. im Tierreich häufig anzutreffende Pendant präreflexiv-vorbewußter algorithmischer Mechanismen soll demgegenüber als *implizite* Intelligenz (*i*-Intelligenz) bezeichnet sein], wenn eine *feststehende Menge* von *Strukturen* in ihm eingebaut wären: auch dies wären nur *Elementaroperationen auf quasi-höherer Ebene.* Erst eine Maschine mit einem gegebenen Ensemble von Strukturen, welches *dynamisch-evolutionäre kognitive Prozesse zu initiieren, modifizieren und selegieren* verstünde, könnte als *e-intelligent* betrachtet werden. Nichtsdestotrotz:

„Einen derartigen nicht-flachen Formalismus zu konstruieren ist ein tiefes, aber kein metaphysisches Problem".[302]

Terminologisch bietet es sich an, die von WIENER beschriebenen `turingbasierten´ komplexen organismusinternen kognitiven Maschinen(-module) als *Wiener-Maschinen* (*WM*) gegenüber dem allgemeineren Begriff der Turing-Maschine (*TM*) zu profilieren.

---

[302] O.Wiener: *0* , Fußnote 9;

34. Theorien und Maschinen

Es war weiter oben des öfteren betont worden, daß jegliche Konstituierung von Entitäten als Objekte bzw. jeder *Realitätsmodus* als eine Konstruktion notwendig theorieabhängig ist:
phylogenetisch erworbene und neurophysiologisch fundierte biologische Konstruktionsprinzipien wurden dabei als *implizite Theorie* bezeichnet.
WIENERs Auffassungen stehen sowohl damit, als auch mit den Ergebnissen der Strukturalistischen Wissenschaftstheorie (s. Kapitel 15) durchaus im Einklang.

Wenn Theorien prinzipiell *empirisch unterdeterminiert* sind bzw. sich auf gegebener (theorieabhängiger) Datenbasis auch *miteinander inkompatible* Theorien konstruieren lassen, liegt dies daran, daß die *Strukturierung der Meßdaten* durch den Forscher *niemals durch die fragliche Zeichenkette determiniert* ist.
Zweifellos besitzen angeborene und durch Prägung erworbene,d.h. programmatisch fixierte Mechanismen (als *impliziter* Kognitions-Perzeptions-Theorien) besonderes epistemologisches Gewicht, und sind praktisch nicht anzweifelbar, ohne die Grundlage menschlicher Interaktion zu unterminieren (s.o.).

⇒ Prinzipiell geht es also bei Realitätskonstrukten niemals darum, ob sie >*absolut*< *wahr* o.ä. sind:
dies können sie schon darum nicht sein, weil dieser Begriff selbst in sich *inkonsistent* bzw. *sinnlos* ist;
unterschiedliche Realitätskonstrukte sind nicht >wahrer< oder >falscher< als andere, sondern sie *entsprechen oder entsprechen nicht bestimmten phylogenetisch, organismisch und verhaltensmäßig definierten Parametern*:
die Welt der Amöbe ist weder wahrer noch falscher als die des Löwen oder Maulwurfs oder Schimpansen oder Menschen, sondern *ihren Körperfunktionen etc.* *mehr oder weniger angemessen*:
„die Tatsache, daß die Geschichte eine ptolemäische, eine kopernikanische (newtonsche) und eine einsteinsche Astronomie kennt, weist schon darauf hin, daß die Zerlegung nicht auf >wahre< Art erfolgen kann; und die Automatentheorie bestätigt diesen Umstand sogar für eindeutig festgelegte (konventionalisierte) Zeichenketten. Und wer wollte sagen, daß die Meß-Konventionen der Astronomie Ewigkeitswert haben? >Ein Ding messen< heißt auch nichts anderes, als einen Automaten auf Zeichen ansetzen. Die Identität der gemessenen Eigenschaft ist durch die Identität der Maschine gewahrt, ja die Maschine determiniert sogar, was hier >Signal< heißen soll - wie in der Biologie eben auch erst die Reaktion des Organismus bestimmt, was als Reiz zu gelten hat. Letzten Endes kann auch der Versuchsleiter nur mit jenen Atomen der Wahrnehmung, mit >Evidenzen<, operieren, die ihm sein in der Evolution geformtes Sensorium, ein ihm vorgegebenes System aus Automaten, zu konstruieren gestattet".[303]

Prinzipiell sinnlos ist es also zu glauben, bestimmte Maschinen seien *an sich* vor beliebigen anderen ausgezeichnet, viemehr sind es die artenspezifisch erworbenen Maschinenkomplexe und Moduln, deren Aktivierung im Organismus von emotiven

---

[303] O.Wiener: `*Information' und Selbstbeobachtung* , in: ebd. S. 290;

Sinn-Erlebnissen begleitet wird, fundiert im Automatismus der Maschinenzustands-übergänge und der korrelierten gesetzesartigen Arbeitsweise des Lesens, Löschens und Schreibens von Zeichen.

35. Sinn und Bedeutung

In WIENERs Terminologie läßt sich nun auch der Versuch unternehmen, die Fre-gesche Dichotomie von *Sinn* und *Bedeutung* (s.o.) automatentheoretisch zu reformu-lieren:
Es entspricht hierbei der Fregesche *Sinn* einer bestimmten Bezeichnung Z demjenigen Modell *M*, welches vom *BS* mittels Anweisung durch Z lokalisiert bzw. konstruiert werden kann;
die Fregesche *Bedeutung* entspricht dann dem *Output* von *M*.

Man betrachte z.B. die folgenden beiden Zeichenketten:

$$\sum_{k=0}^{\infty} \frac{1}{k!} \quad ; \qquad \text{und} \qquad \lim_{n \to \infty} (1 + \frac{1}{n})^n \quad ;$$

Durch beide Zeichenketten wird jeweils eine Reihe definiert, deren Grenzwert die Eulersche Zahl *e* ergibt. Es ist demnach unter der Bedeutung der beiden Zeichenketten die Zeichenkette „2,718281..." zu verstehen, während ihr Sinn durch die in den obigen Zeichenketten definierten unterschiedlichen Strukturen als diverser Maschinen zur Erzeugung von *e* gegeben ist.
Es war oben bereits darauf hingewiesen worden, daß bezüglich *Sinn* und *Bedeutung* eine *systemische Asymmetrie* vorliegt zwischen *mathematischen* und *empirischen* Objekten: letztere sind prinzipiell *eigenschaftstranszendent* und in gewissem Sinne uneinholbar, während mathematische Objekte ggf. *unvollständig verstanden* aber in ihrer Struktur *eindeutig determiniert* sind.

> ➢ Die oben thematisierte *Unmöglichkeit* einer *Reduktion* des *Sinns* (Intension) auf die *Bedeutung* (Extension) ergibt sich in WIENERs Konzeption aus der Tatsa-che, daß kein Modell durch eine bestimmte Zeichenkette eindeutig determiniert werden kann, bzw. umgekehrt, daß sich auf einer *beliebigen Zeichenkette poten-tiell unendlich viele Strukturen (Maschinen) konstruieren lassen*:
> „Ist also einerseits die Bedeutung jedes Elements einer geeigneten Menge von Zeichenketten (z.B. >1<, >1^k <, >das erste Element in der Folge der Quadratzahlen< etc.etc.) immer wieder die interne Zeichenkette >1< , so ist andererseits, abhängig vom jeweils aktivierten oder an-hand der jeweiligen Bezeichnung montierten Modell und abhängig von der aktuellen Laufum-gebung, der Sinn von >1< etwa die triviale Struktur von >1<, oder die TM, welche auf irgend-einem Input *k* aus der Laufumgebung 1^k berechnet, usw. ... Dazu ist nicht nötig, daß diese Ma-schinen wirklich zum Laufen gebracht werden, die Aktualisierung eines ihrer Prototypen reicht im allgemeinen aus. Wie es der Beobachter sieht, produziert der mit einem Deutsch-Modul

ausgestattete Organismus auf dem Zeichen >Baum< mit Hilfe jeweiliger LUs die jeweiligen Bedeutungen der Bezeichnungen >langlebige Pflanze mit einem einzigen hölzernen selbsttragenden Stamm< , >Diagramm aus sich verzweigenden Linien<, >Strang aus isolierten Drähten< etc. - nämlich interne Zeichenketten, die für den Beobachter bildartige Darstellungen eines Baums, eines Baumdiagramms, eines Kabelbaums usw. sind; der jeweilige Sinn von >Baum< aber ist das vom Organismus jeweils zur Erzeugung dieser >Bilder< benutzte Modell. Die von Frege beabsichtigte Unterscheidung ist kategorisch, wie der zwischen >Zeichen< und >Maschine< in der Automatentheorie; er ist für die Metapher qua Erkenntnistheorie fundamental, weil die Modelle vom Organismus völlig anders eingesetzt werden als ihre Outputs".[304]

➤ Auch bezüglich der *Tractatus-Ontologie* (s.o.) läßt sich in WIENERs Terminologie reformulieren, inwiefern sie von falschen Voraussetzungen ausgeht:
das Postulat *absoluter ontischer Atome* (von uns als *Urgegenstände* bezeichnet), die durch algorithmische Konfiguration zu komplexeren Gebilden schließlich die *Weltstruktur* konstituieren sollen, entspricht der Annahme, daß es gewisse *privilegierte, finale Zeichenketten* gibt, welche die *ihnen jeweils eineindeutig entsprechenden (Wiener-) Maschinen determinieren*:
vor dem hier vertretenen epistemologischen Hintergrund ist klar, daß diese Voraussetzung nicht nur einfach falsch, sondern tatsächlich in sich selbst widersprüchlich ist, es sich also um eine letztlich nicht-verständliche, nicht konsistent denkbare Konzeption handelt.

---

[304] O.Wiener: ebd. S.128;

B. Konnektionismus: das Paradigma der Neuronalen Netze

36. Exposition

Als geistiger Vater der Theorie elektr(on)ischer Netzwerke darf der Königsberger Physiker GUSTAV ROBERT KIRCHHOFF (1824-1887) gelten, der Mitte des 19. Jahrhunderts wichtige Beiträge zu elektrischen Schaltkreisen und Netzwerken leistete (etwa, noch als junger Student, die sogenannten *Kirchhoffschen Gesetze* im Jahr 1845). Der Begriff des >neuronalen Netzes< taucht in der modernen wissenschaftlichen Terminologie erstmals gegen Ende des 19. Jahrhunderts auf, und zwar bei dem Wiener Physiologen SIGMUND v.EXNER-EWARTEN.

Die Idee, ein durch die menschliche Nervenphysiologie inspiriertes Paradigma zur Konstruktion von Rechenmaschinen einzuführen und umzusetzen, realisierten erstmals der Neurophysiologe WARREN McCULLOCH und der Mathematiker WALTER PITTS im Jahre 1943, indem sie ein vereinfachtes neuronales Netz mit elektronischen Schaltkreisen beschrieben.

Das von ihnen vorgestellte Konzept erfuhr Unterstützung durch den Psychologen DONALD HEBB, der im Jahre 1949 sein Buch *Organization of Behavior* veröffentlichte, in welchem er u.a. das heute als *Hebbsche Regel* bekannte, aber bereits fünfzig Jahre zuvor von EXNER-EWARTEN beobachtete, Prinzip formulierte, demzufolge die Stärke und Stabilität der neuronalen Verbindungspfade proportional ihrer Aktivierungshäufigkeit ist.

Als in den 50er Jahren die Computertechnologie in ihren Kinderschuhen zu blühen und gedeien begann, eröffneten sich auch die ersten Möglichkeiten zur technischen Simulation rudimentärer Modelle menschlichen Denkens. Es war NATHANIEL ROCHESTER von der IBM, der den ersten ernsthaften Versuch der Simulation eines (natürlich äußerst vereinfachten) menschlichen neuronalen Netzes unternahm – welcher fehlschlug; doch die anschließenden Experimente verliefen günstiger.

Aufgrund wachsender Erfolge der klassischen Computer-Architekturen begann jedoch das Interesse an neuronal inspirierter Computertechnologie in den Hintergrund zu treten.

Der legendäre Dartmouth Sommerkurs zur Künstlichen Intelligenz von 1956 – offiziell Geburtsstunde der Forschungsdisziplin >Artificial Intelligence< – brachte auch einen erneuten Anschub für das Konzept der Neuronalen Netze.

Damals war es kein geringerer als v.NEUMANN, der den Vorschlag machte, einfache neuronale Funktionen mithilfe von Telegraphen-Relays oder Vakuum-Röhren zu realisieren. Gleichzeitig arbeitete ein Neuro-Biologe der Cornell University, FRANK ROSENBLATT, an einer verbesserten Version der McCulloch-Pitts-Neuronen: das von ihm entwickelte Modell, das legendäre *Perceptron* (1958), erlaubte eine kontinuierliche Justierung der gewichteten Verbindungen zwischen den Units, so daß diese

Neuronennetze nunmehr einer Optimierungsprozedur, einem >Lerntraining<, unterworfen werden konnten.

ROSENBLATT beschäftigte sich vornehmlich mit dem optischen Mechanismus bei Fliegen – das Perceptron-Modell war das Resultat, und ist das heute älteste noch >aktive< neuronale Netz. Das wenig später von BERNARD WIDROW und MARCIAN "TED" HOFF von der Stanford University vorgestellte *ADALINE-* (*A-DAptive LINear Element*) Neuron brachte eine neue Lernregel (die sog. *delta-Regel*) für das Perceptron, die einen iterierten, feedbackgesteuerten Suchprozeß beschrieb.

In dem von HEINZ v.FOERSTER im Jahr 1958 gegründeten Biological Computer Laboratory an der University of Illinois betrieb man zwar eher Grundlagenforschung zwischen theoretischer Kybernetik und Neurophysik, konstruierte aber Anfang der 60er Jahre (mit Unterstützung des Office of Naval Research) den ersten *Parallel Distributed Processor*, nämlich den mit einem Netz von 400 Photozellen ausgestatteten *NUMA-RETE* (*Ret*ina that >saw< *Num*bers), der innerhalb einer Sekunde bis zu 50 (später 400) Objekte numerisch identifizieren konnte.

Hinsichtlich des Perceptrons aber war klar, daß es als (ursprünglich) einschichtiges (single-layer) Netzwerk früher oder später an seine algorithmischen Grenzen stoßen mußte:
in ihrem berühmten Buch *Perceptrons* zeigten MARVIN MINSKY und SEYMOUR PAPERT die Beschränkungen des *einschichtigen* Perceptron-Neurons auf; so konnte es z.B. die Sheffer-Funktion des >ausschließenden oder< (XOR-Funktion) nicht berechnen;

Die Wirkung des Buches von MINSKY/PAPERT war außerordentlich insofern, als das Interesse an neuronalen Netzen mehr oder minder schlagartig erlahmte – in der späteren 'antagonistisch-kritischen' Historiographie des Konnektionismus liest sich jene Episode wie folgt:
„The final episode of this era was a campaign led by Marvin Minsky and Seymour Papert to discredit neural network research and divert neural network research funding to the field of "artificial intelligence" ... The campaign was waged by means of personal persuasion by Minsky and Papert and their allies, as well as by limited circulation of an unpublished technical manuscript (which was later devenomized and, after further refinement and expansion, published in 1969 by Minsky and Papert as the book *Perceptrons*).[305]

In der Tat waren sich MINSKY und PAPERT darüber selbst im klaren, daß die von ihnen genannten Beschränkungen nur für einschichtige (single-layer) Netzwerke zutrafen, während mehrschichtige (hidden-layer) Netze prinzipiell durchaus komplexere Funktionen berechnen können mußten: allerdings waren zu dieser Zeit noch keine geeigneten Lernregeln für derartige multi-layer Netze bekannt.
Ein weiterer Faktor für das schlagartige Umschwenken zugunsten der Classical Computational Theory of Mind (CCTM) waren wiederum deren damals handgreifliche

---

[305] R. Hecht-Nielsen: *Neurocomputing*, Addison-Wesley, New York (1990), S.16.;

Erfolge: z.b. DANIEL G.BOBROWs *STUDENT*-Programm konnte eine definierte (kleine) Menge englischer Worte verarbeiten und klassifizieren, THOMAS EVANS' *ANALOGY*-Programm und ROSS QUILLIANs *TEACHABLE LANGUAGE COMPREHENDER* schienen ebenfalls neue Perspektiven zu eröffnen;

In den siebziger Jahren blieb der Konnektionsimus weitgehend die Domäne hartgesottener Neuro-Aktivisten, die abseits des AI-Rummels weiterforschten: JAMES A. ANDERSON, TEUVO KOHONEN, STEPHEN GROSSBERG bereiteten im Schatten des öffentlichen Interesses mit ihrer Arbeit – vor allem der Entwicklung mächtigerer Lernalgorithmen für multi-layer Neuronen - die Renaissance des Konnektionismus vor, die 1982 einsetzte. In diesem Jahr präsentierte der Physiker JOHN HOPFIELD ein durch dynamisch-energetische Systeme inspiriertes Neuronenmodell, nicht zuletzt katalysierten aber sein Charisma und Engagement zugunsten des Neuro-Paradigmas die eingeleitete Trendwende.

Flankiert wurde das neu erwachende Interesse an Parallel Distributed Processing auch durch die `US-JAPAN Joint Conference on Cooperative/Competitive Neural Networks' in Kyoto, in deren Folge Japan sein Forschungsprogramm zur fünften Computergeneration ankündigte, welches die Vereinigten Staaten in Zugzwang brachte, so daß nun wieder größere Forschungsmittel bereitgestellt wurden.

Mitte der 80er Jahre breiteten sich im klassischen AI-Flügel langsam Ernüchterung und Unzufriedenheit aus; spätestens mit dem Erscheinen des schnell zum Klassiker des Konnektionismus avancierenden zweibändigen Werkes *Parallel Distributed Processing: Explorations in the Microstructure of Cognition* von DAVID E.RUMELHART und JOHN McCLELLAND im Jahr 1987 standen die Neuronalen Netze wieder im Fokus der Forschung, und 1988 schildern DREYFUS&DREYFUS die damalige Situation wie folgt:
„Frustrated AI researchers, tired of clinging to a research program that Jerry Lettvin characterized in the early 1980s as "the only straw afloat", flocked to a new paradigm [sic]. Rumelhart and McClelland's book ... sold six thousand copies the day it went onto the market, and thirty thousand are now in print".[306]

RUMELHART, HINTON und McCLELLAND formulierten provokativ:
„PDP models ... hold out the hope of offering computationally sufficient and psychologically accurate mechanistic accounts of the phenomena of human cognition which have eluded successful explication in conventional computational formalisms".[307]

Die These aber, daß, abgesehen von und über die strukturelle Inkompatibilität hinaus, seit jeher ein unauflöslicher Antagonismus zwischen neuronalem und symbolischem Ansatz bestanden habe, läßt sich wohl bei historischer Überprüfung nicht aufrechter-

---

[306] H.Dreyfus/S.Dreyfus: *Making a Mind Versus Modeling th Brain: Artificial Intelligence Back at a Branchpoint*, in: Graubard (ed.) 1988;
[307] D.Rumelhart/G.Hinton/J.McClelland: *A General Framework for Parallel Distributed Processing*, in: Rumelhart/McClelland/et al. (1987);

halten; so weist ISTVAN BERKELEY[308] darauf hin, daß MINSKY selbst seine Dissertation über ein 1951 gemeinsam mit DEAN EDMONDS konstruiertes Neuronetz – die SNARC-Maschine – verfaßt hatte.
Als berüchtigter Neuronen-Antipode schrieb dieser später:

„Why is there so much excitement about Neural Networks today, and how is this related to research on Artificial Intelligence? Much has been said in the popular press as though these were conflicting activities. This seems exceedingly strange to me, because both are parts of the same enterprise".[309]

Nachdem die Zeiten dogmatisch gefärbter Kämpfe um Forschungsmittel mittlerweile überwunden werden konnten, (nicht die Kämpfe, sondern die pseudo-theoretische Dogmatisierung), ferner beide Architekturen ihre Anwendungsdomänen erfolgreich zu profilieren hinreichend imstande waren, sind Konnektionistische Modelle heute ebenso etablierter Bestandteil der Forschung wie ihre klassisch-symbolischen Kollegen (gegebenenfalls sogar unter einem Dach mit Robotik und Bionik), und nachwievor Anlaß großer Hoffnungen:
hierbei dürfte der kritische Schlüsselfaktor wohl bei der Hardware-Entwicklung (digitale, analoge und optische Neuro-Chips) liegen.

---

[308] I.S.N.Berkeley: *A Revisionist History of Connectionism*, The Institute of Cognitive Science, University of Louisiana at Lafayette, 1997, www.;
[309] M.Minsky: *Logical versus Analogical, or Symbolic versus Connectionist, or Neat versus Scruffy*, in: Winston/Shelland (eds.), 1990, cit. nach: Berkeley,I.S.N.: *A Revisionist History of Connectionism*, 1997, www.;

37. Funktionsweise und Typen Neuronaler Netze

Im folgenden sollen[310] zunächst die grundlegenden Varianten Neuronaler Netze kurz vorgestellt und in ihrer prinzipiellen Funktionsweise analysiert werden, um anschließend, im Kontext der bereits thematisierten problemneuralgischen Begriffe Bedeutung/Sinn, Intentionalität und (Selbst-) Bewußtsein, – Leistung und Grenzen konnektionistischer Modelle besser bewerten zu können.

37.1. Konstituenten Neuronaler Netze

Prinzipiell können *Netzwerke* als aus *zwei Komponenten* bestehend aufgefaßt werden, nämlich der *Netzwerkstruktur W* sowie der *Klasse der Verarbeitungselemente U* :

1. die Informationsverarbeitung erfolgt durch netzwerkartig verbundene (*einfache*) Prozessoren (*units*), die jeweils lokal und unabhängig arbeiten und mit den anderen *Units* über parametrisch spezifizierte Verbindungen kommunizieren.
   Funktional können *Input-Units, Hidden-Units* und *Output-Units* unterschieden werden. Eine Menge von solchen *Verarbeitungselementen/Units* produzieren abhängig vom jeweiligen *Aktivierungszustand* und der aktuellen Eingabe eine bestimmte *Ausgabe* und gehen in einen *neuen Aktivierungszustand* über;

2. die *Netzwerkstruktur W* läßt sich als *Matrix* oder als *gerichteter bewerteter Graph* formalisieren, in dem die *Knoten* den *Netzelementen* und die *bewerteten Kanten* den *gewichteten Netzverbindungen* entsprechen.

Die *Units* als Verarbeitungselemente des Netzes sind *spezifiziert* durch
- die *Menge der Aktivierungszustände A* als der Zustandsmenge der einzelnen Elemente;
- der *Eingabemenge I* sowie der *Ausgabemenge O*, durch welche die zulässigen Ein- und Ausgaben für *jeweils eine* Eingangs- bzw. Ausgangsverbindung definiert werden, wobei oftmals nur *eine für alle Netzverbindungen identische Eingabe- bzw. Ausgabemenge* bestimmt wird.

Die *dynamischen Komponenten* eines Netzes sind durch folgende *Funktionen* gegeben:
- die *externe Eingabefunktion ex* ;
- die *Ausgabefunktion* f_i für jedes Element u_i , abhängig vom jeweiligen Aktivierungszustand wird der aktuelle Ausgabewert des Elementes berechnet;
- die *Propagierungs-* bzw. *Übertragungsfunktion net*, basierend auf den Ausgabewerten der vorgeschalteten Elemente sowie den gewichteten Verbindungen wird der aktuelle Eingabewert des jeweiligen Elementes berechnet;

---

[310] v.a. in Anlehnung an Kemke1989,Dorffner1991,Caudill/Butler 1992;

- die *Aktivierungsfunktion* F_i für jedes Element u_i, abhängig vom aktuellen Aktivierungszustand und der übertragenen Aktivierung wird der neue Aktivierungszustand berechnet.

Es besitzt demzufolge jede Unit eine *Aktivierung* (*a*) sowie einen *Outputwert* (*o*), wobei die Aktivierung den *aktuellen Zustand* der Unit definiert, und das an die anderen Units weitergeleitete Signal durch den *Output* gegeben ist.
Innerhalb der Unit erfolgt die Errechnung dergestalt, daß die von den anderen Units über die gesetzten Verbindungskanäle gelieferten Outputwerte spezifisch *gewichtet*, d.h. jeweils mit einem *Faktor w* multipliziert, und anschließend aufsummiert werden, so daß durch die *Propagierungsfunktion* der *Nettoinput net* der jeweiligen Unit gegeben ist.
Mittels der (meist *nichtlinearen*) *Aktivierungsfunktion F* kann nun der momentane *Aktivierungszustand a* der Unit errechnet werden, auf welchem wiederum die *Outputfunktion f* operiert und den *aktuellen Outputwert* bestimmt.
F und *f* werden auch als *Transferfunktionen* bezeichnet.

Typische Beispiele für Aktivierungs- und Outputfunktionen sind:

1. die *Schwellenfunktion*, durch die ein kontinuierlicher Werrt in einen diskreten Wert transformiert wird;
2. die *lineare Schwellenfunktion*, die in einem definierten Bereich linear verstärkt oder abschwächt, sowie
3. die *sigmoide >squashing< Funktion*, bei der kontinuierliche Werte im Bereich $]0,1[\subset \Re$ geliefert werden.

Die einzelnen *Verarbeitungsschritte* zur Berechnung der aktuellen Aktivierungszustände der Units werden auch als *Update* bezeichnet.
Wesentlich ist, daß die jeweiligen Outputwerte der Units *streng lokal* berechnet werden können, da die einzelnen Units, abgesehen von den definierten Verbindungen, nichts voneinander 'wissen' müssen und daher 'autark', und d.h. auch parallel operieren können.

Das 1943 von McCULLOCH und PITTS beschriebene formale Modell (üblicherweise als *McCulloch-Pitts-Neuron*, *Schwellenneuron* oder *threshold gate* bezeichnet und mit dem späteren *Perceptron* identisch) berechnet *linear trennbare Funktionen*.

Eine arithmetische Formulierung linearer Trennbarkeit ist durch den Begriff der *Asummierbarkeit* gegeben.[311]

---

[311] für die folgenden Ausführungen s. M.Schmitt, in: Dorffner et al.(eds.): *Konnektionismus und Neuronale Netze*, 1995;

❖ Eine auf dem n-dimensionalen Raum mit den Werten 0,1 definierte Funktion heißt *summierbar* gdw. gilt:

es gibt eine Zahl $k \geq 2$, so daß die Punkte $x_1, \ldots, x_k$ in der Menge $\{x : f(x) = 1\}$, und die Punkte $y_1, \ldots, y_k$ in der Menge $\{y : f(y) = 0\}$ enthalten sind, wobei

$$\sum_{i=1}^{k} x_i = \sum_{i=1}^{k} y_i . \text{ (die Punkte } x, y \text{ müssen nicht verschieden sein);}$$

Eine nicht summierbare Funktion heißt *asummierbar*, und eine Funktion heißt *linear trennbar* gdw sie *asummierbar* ist, wobei die lineare Trennbarkeit zur Lösbarkeit eines linearen Ungleichungssystems äquivalent ist.

Gegeben sei nun eine Menge V von n-stelligen Vektoren und verschiedene zerlegende Teilmengen

$A,B \subseteq V$, mit $A \cup B = V$,

so stellt sich die Frage nach der maximalen Anzahl solcher eine Zerlegung auf V bildenden *linear trennbaren* Paare A,B bei variablem V und Beschränkung der Elementezahl von V durch ein gewähltes m.

Die fragliche Zahl $L(m,n)$ bestimmt die *Rechenkapazität der Schwellenneuronen* und *bedeutet geometrisch die maximale Anzahl der Zerlegungen* von m Punkten im n-dimensionalen Raum mittels einer $n-1$-dimensionalen Ebene und *bestimmt somit die maximale Anzahl möglicher >Fragmente<* bei der Zelegung des n-dimensionalen Hyperraumes durch m Hyperebenen.

❖ Eine Menge M von m Punkten im n-dimensionalen Raum heißt *in allgemeiner Lage* gdw. gilt:

1) $m > n$, und es gibt kein $(n+1)$-elementiges $M' \subseteq M$, so daß M' in einer $m-1$-dimensionalen Hyperebene enthalten ist; oder

2) $m \leq n$, und es gibt keine $m-2$-dimensionale Hyperebene, in der sämtliche Punkte enthalten sind.

Für eine M von m Punkten in allgemeiner Lage im n-dimensionalen Raum gilt nun

$$L(m, n) = \begin{cases} 2 \sum\limits_{i=0}^{n} \binom{m-1}{i} & \text{wenn } m \text{ größer } n, \\[2em] 2^m & \text{wenn } m \leq n . \end{cases}$$

$L(m, n)$ gibt also die Anzahl möglicher linearer Zerlegungen für die Punktmenge M.

Es sind nun aber nur ein kleiner Teil der *Boolschen Funktionen* (d.h. Funktionen mit zweielementigem Wertebereich) linear trennbar, während z.B.
die *Paritätsfunktion*
$[:= f(x_1, ..., x_n) = 1 \Leftrightarrow x_1 + ... + x_n$ ungerade]
nicht linear trennbar sind
(für $n = 2$ gibt es 16 Boolesche Funktionen, es sind dies die *zweistelligen Junktoren* der zweiwertigen *Aussagenlogik*, von denen genau 2 *nicht linear trennbar* sind, nämlich die jeweils eine *logische Basis* bildenden *Sheffer-strokes*);

Eines der von MINSKY/PAPERT gelieferten *Theoreme* besagt,

♦ daß für $n \geq 2$ die *Paritätsfunktion* nicht mittels eines *McCulloch-Pitts-Neurons* (Perceptrons) zu berechnen ist.

Diese Beschränkung kann jedoch durch *mehrschichtige* Netze von Schwellenneuronen *überwunden* werden;
insbesondere gilt für symmetrische Funktionen wie der Paritätsfunktion,

♦ daß jede symmetrische Boolesche Funktion in mehrschichtigen Netzen von Schwellenneuronen der *Knotenanzahl* $2n+3$ und der *Tiefe* 2 sowie den Gewichten -1, 1, berechnet werden kann.

37.2. Typen Neuronaler Netze

Die oben genannten *Parameter* charakterisieren die *allgemeine Struktur neuronaler Netze*. Durch gezielte *Spezifizierung dieser Faktoren*, insbesondere der Aktivierungs-, Propagierungs- und Outputfunktionen, lassen sich verschiedene *Typen* konnektionistischer Modelle unterschiedlicher Komplexität konstruieren.

Ein weiters Diversifikationsmerkmal ist durch den *Verarbeitungsmodus* gegeben: größtenteils sind neuronale Netze als *feed-forward-Netze* oder *interaktive Netze* definiert, d.h. basierend auf externen Eingabewerten werden mittels *Vorwärtspropagierung* diese durch das Netz `gejagt´ und schließlich externe Ausgabewerte geliefert;

dagegen verläuft bei den sog. *Relaxationsnetzwerken* (z.B. *thermodynamische Modelle*) die Verarbeitung derart, daß basierend auf einem durch externe Eingabe definierten *Initialzustand* sich das Netzwerk schließlich in einen *Gleichgewichtszustand einpendelt*, der als *Endzustand* den externen Output bestimmt.

Desweiteren kann zwischen *synchron* und *asynchron* agierenden Netzen differenziert werden, bei *letzteren* sind die jeweiligen Zeitpunkte der Zustandsänderungen durch *probabilistische Funktionen* definiert, wobei die einzelnen Elemente in den meisten Netzen deterministisch operieren.

Bezüglich der *Parameterarchitektur* lassen sich ferner *symmetrische Netze* (vollständig oder probabilistisch verknüpft) und *Schichtennetze* (unidirektional: *bottum-up*; *top-down*; bidirektional: *interaktiv*) unterscheiden.

Die folgenden **Typen neuronaler Netze** sind nach zunehmender architektonischer Komplexität geordnet (s. KEMKE 1989):

a) Im **einfachen linearen Modell** ist der Ausgabewert eines Elementes linear abhängig von seiner Eingabe; die Ausgabefunktion ist gleich der Identitätsfunktion: $o_j(t)$ $= a_j(t)$, die Aktivierungszustände sind i.a. reelle Zahlen. Die Gewichte der Elementeverbindungen nehmen positive, negative und Null-Werte (d.h. es gibt keine Verbindung) an. Der spezifische Aktivierungszustand $a_j(t+1)$ wird durch folgende Reihe bestimmt:

$$a_j(t+1) = \sum_i w_{ij} \cdot o_i(t) = \sum_i w_{ij} \cdot a_i(t) \quad \text{bzw. kurz und allgemein}: \ a(t+1) = a(t) \cdot W$$

Ein neuer Aktivierungszustand geht also aus der Summierung der gewichteten Eingaben hervor. Modelle dieser Art weisen keine internen Elemente, sondern nur Eingabe- und Ausgabezellen auf, man nennt sie daher einstufig.

Da aufgrund der *Assoziativität der Matrixmultiplikation*
$[\, y = A \circ B \circ C \circ x = A \circ (B \circ C) \circ x = A \circ B' \circ x = A' \circ x \,]$
für ein *m*-stufiges Netzwerk gilt:
$a(m) = a(0) \cdot W^m$,
können *lineare* mehrschichtige Modelle durch einschichtige Modelle mit der Konnektionsmatrix: $W' = W^m$
simuliert werden (wobei dann nach $t = 0$ keine Eingaben mehr erfolgen dürfen).

b) Die Klasse der **linearen Schwellenwert-Elemente** ist durch den Schwellenwertcharakter der Aktivierungsfunktion bestimmt. Wenn die *gewichtete Eingabesumme* den *Schwellenwert* σ überschreitet, nimmt der neue Aktivierungszustand den Wert 1, ansonsten den Wert 0 an, wobei die *Konnektionsmatrix* auf Z definiert ist, und die *Ausgabefunktion* als *Identitätsfunktion* bestimmt wird.
(Das klassische Beispiel eines *l.S.M.* stellt FRANK ROSENBLATTs *Perceptron* dar, welches ohne *feedback* nach der δ-Regel instruiert wird, und dessen >kognitive Grenzen< von MINSKY und PAPERT in ihrem legendären Buch *Perceptrons* dargelegt wurden).

c) Im *Brain State in a Box (BSB) Model* von J.A.ANDERSON sind die Aktivierungszustände aud dem Intervall [-1, 1] definiert, d.h. der *Zustandsraum* dieses Modells

beschreibt einen n- dimensionalen Würfel mit den Eckpunkten
$(-1, -1, ..., -1)$, $(-1, -1, ...,1)$, ..., $(1,1, ...,1)$.
Hier können prinzipiell alle Elemente direkt miteinander gekoppelt sein, ferner sind *feedbacks* möglich.
Die *Aktivierungsfunktion* ist eine Summierung der gewichteten Eingaben (zwischen 1 und -1) zum aktuellen Aktivierungszustand. Die Ausgabefunktion ist die Identitätsfunktion.

d) Durch eine *komplexere Aktivierungsfunktion* zeichnet sich das GROSSBERG-*Modell* aus:
die Werte der Aktivierungszustände liegen in einem Intervall [*min*, *max*]:
erfolgt kein aktivierender Input, läuft eine *Absink-Rate d* (*decay*) über einen *Ruhezustand* (0) bis zu einer *maximalen Desaktivierung min*< 0 , im gegenteiligen Fall wird der *höchstmögliche Aktivierungszustand* in *max* erreicht.

$net_{e\,j}$ bedeute e*xcitatorische*, und $net_{i\,j}$ bedeute *inhibitorische* Signale auf das Element u_j , dann ist die *Aktivierungsfunktion* gegeben durch
$$a_j(t+1) = a_j(t) \cdot (1 - d) + (max - a_j(t)) \cdot net_{e\,j}(t) - (a_j(t) + min) \cdot net_{i\,j}(t) .$$
In diesem Modell können homöostatische (negativ rückkoppelnde) Prozesse simuliert werden.

e) In den sogenannten *Sigma-Pi-Units* wird die Netzeingabe für für ein u_i durch die gewichtete Summe von *multiplikativ verknüpften Outputs* bestimmt:

$$net_j(t) = \sum_{i=1}^{p} w_{ij} \prod_{q=1}^{q_i} a_{p,q}(t) .$$

p bezeichnet die Anzahl der multiplikativen Verknüpfungen (*Konjunkte*),
q_i die Anzahl der in dem i -ten Konjunkt miteinander verknüpften Elemente.
In konjunktiv verknüpften Modellen ergeben sich indirekte Steuerungsmöglichkeiten: nimmt eine Verbindung den Wert 0 an, so sind andere automatisch gesperrt, 1 ist neutral, größer 1 bedeutet Verbindungsstärkung.

f) Die durch J.A.FELDMAN und D.H.BALLARD beschriebenen *P-Units* sind Schwellenwert-Elemente:

$$a_j(t+1) = a_j(t) + b \cdot \sum_i w_{ij} o_i(t) .$$

Die Ausgabefunktion lautet:

$$o_j(t) = \begin{cases} a_i(t) - c, \text{ falls } a_i(t) > \sigma, \\ 0, \qquad\qquad \text{sonst.} \end{cases}$$

b und c sind hier Konstanten.

Die Aktivierungswerte liegen im reellen Intervall
$I = [-10,10] \subset \Re$,
die Gewichte im Intervall
$[0,1]$,
die Ausgabewerte stammen aus
$\{0, ...,9\}$.
Bei FELDMAN und BALLARD wird ebenfalls eine *Konjunktion von Eingabewerten* vorgenommen, in diesen *Conjunctive Connections* ist
$a_j(t+1) = a_j(t) + b \cdot Max \{net_{1j} -\rho , ..., net_{pj} -\rho\}$;
p bedeutet wieder die Konjunkteanzahl und ρ eine *Rauschunterdrückungskonstante*.

g) In *thermodynamischen Modellen* werden stochastische Aktivierungsfunktionen angesetzt, wobei die Aktivierungswerte +1 und 0 sind:

$$p(a_j(t) = 1) = \frac{1}{1 + e^{-(\sum_i w_{ij} \cdot a(t) + ex_j - \sigma_j)/T}} \; ;$$

p ist abhängig vom Schwellenwert σ_j,
ex_j bedeutet die externe Eingabe in u_j,
T bezeichnet den *Temperatur-Parameter*, der den *Wahrscheinlichkeitsgrad* angibt, mit dem ein Element bei gegebenem Input den Wert 0 oder 1 annimmt.
Bei $T \to 0$ nehmen alle Elemente Schwellenwertcharakter an.
Häufig bestehen direkte Verbindungen zwischen allen Elementen, wobei gilt:
$w_{ij} = w_{ji}$.
Die allgemeine *Interpretation* thermodynamischer Modelle lautet, daß man den Systemen einen spezifischen *Energiezustand* zuspricht, welcher als das Maß angesehen wird, in dem die *Hypothesenkombination*, (repräsentiert durch den aktuellen Zustand der Elemente), den *Constraints* der Domäne (d.h. den gewichteten Verbindungen), widerspricht, wobei *zwischen verträglichen Hypothesen positive, zwischen unverträglichen Hypothesen negative Verbindungen* bestehen.

Die *Gesamtenergie* eines Systems wird bestimmt durch :

$$E = \sum_i w_{ij} a_i(t) \, a_j(t) + \sum_j \sigma_j \cdot a_j(t) \; .$$

Auf eine externe Eingabe reagiert das System mit Minimierung der Gesamtenergie, es schwingt sich in einen mit der Eingabe kompatiblen Gleichgewichtszustand ein. In diesem Zusammenhang spricht man auch von *Relaxation*. Damit solche Systeme nicht in lokalen Minima festsitzen (bei T niedrig steigt der Schwellenwertcharakter der Elemente), wird *T* zunächst hoch angesetzt, um dann auf einem niedrigeren Wert einzupendeln.

Bekannte thermodynamische Modelle sind z.B. GEOFFREY HINTONs *Boltzmann-Maschine*, SMOLENSKYs *Harmonie-Theorie*, ferner die aus der *Festkörperphysik* stammenden *Spinglas-Modelle*, sowie das mit letzteren formal identische *Hopfield-Neuron*:
es sind dies Schwellenwert-Elemente mit den Aktivierungszuständen 1 und –1, ihre Aktivierungsfunktion lautet:

$$a_j(t+1) = sgn \sum_i w_{ij} a_i(t) - \sigma_j)$$

Die Konnektionsmatrix ist symmetrisch, Rückkoppelungen einzelner Elemente sind nicht vorgesehen.
Unterschiedlich zu den übrigen Modellen sind hier nicht stets alle Elemente in eine Berechnung integriert, für jeden Zeitpunkt wird deterministisch oder probabilistisch ein zu aktivierende Teilmenge bestimmt, d.h. der Verarbeitungsmodus kann seriell wie parallel erfolgen.

38. Lernkonzepte für Neuronale Netze

Der >Geist< eines Neuronalen Netzes, sein Gehalt, ist durch die *Verbindungsstruktur* repräsentiert, inhaltliche Modifikationen (>Lernvorgänge<) schlagen sich also in der *Variation* der *Strukturgewichtungen* nieder, äußerstenfalls können vorhandene Verbindungen gekappt ($w_{ij} = 0$), oder auch neue aufgebaut werden.
Arbeitshypothese ist dabei die

♦ *Hebb'sche Regel*, [historisch vielleicht gerechter auch: *Exner-Ewarten-Prinzip*], die besagt, daß bei simultaner Aktivierung zweier Elemente u_i, u_j die zwischen ihnen bestehende Verbindung verstärkt wird:
$\Delta w_{ij} = \eta \cdot a_i(t) \cdot a_j(t)$;
die Konstante η bedeutet den Lernfaktor.

Alle gängigen Lernfunktionen sind Spezialisierungen von
$\Delta w_{ij} = g(a_j(t), l_j) \cdot h(o_i(t), w_{ij})$;
l_j bedeutet die Lerneingabe für u_j, hier wird der erwünschte Aktivierungszustand des Knotens oder die geforderte Ausgabe eingesetzt.

♦ Arbeitet eine Lernregel mit Lerneingabe, heißt dies *beaufsichtigtes Lernen*, andernfalls *unbeaufsichtigtes Lernen*.

Die *Verbindungsmodifizierung* ist also gegeben durch
h, (abhängig von $o_i(t) \cdot w_{ij}$),
und
g, (abhängig von $a_j(t)$ und der Lerneingabe l_j).
Oftmals benutzt man die Differenz von l_j und $a_j(t)$, etwa in der
Delta-Regel (*Widrow-Hoff-Regel*):
$$\Delta w_{ij} = \eta\,(l_j - a_j(t)) \cdot o_i(t).$$

Prinzipiell lassen sich beliebige (deterministische) Neuronale Netze auffassen als funktionale Transformationen der Art
$$\vec{o} = g(\vec{e}, \vec{w}),$$
mit einer *Abbildung*
$g : \Re^n \to \Re^m$, $n,m \in \mathbf{N}$ ($\Re$ sei die Menge der reellen Zahlen, $\mathbf{N}$ die Menge der natürlichen Zahlen),
einem *Eingabevektor*
$$\vec{e} = (e_1, e_2, ..., e_n)^T,$$
dem *Outputvektor*
$\vec{o} = (o_1, o_2, ..., o_m)^T$, (das hochindizierte T steht für die *transponierte* Notation, es soll im folgenden weggelassen werden),
sowie der die Schwellenwertgewichtungen enthaltenden *Gewichtsmatrix*, deren Elemente selbst wieder Vektoren sind
$\vec{w} = (\vec{w}_1, \vec{w}_2, ..., \vec{w}_N)$, $N \in \mathbf{N}$.

In Konnektionistischen Modellen *überlagern* sich diverse Funktionen (z.B. die lineare Summenfunktion und die sigmoide Funktion), was auch als *Superpositionsprinzip* bezeichnet wird, wobei sich der Überlagerungsmodus aus der Wahl der Netzparameter ergibt.

Die Frage, ob *jede* E/A-Relation durch entsprechende parametrisierte Neuronale Netze modelliert werden kann, wurde zwar für *stetige Funktionen* durch ANDREJ KOLMOGOROWs *Existenztheorem* für dreischichtige Netze (1957) positiv beantwortet, das Problem der einzelnen konkreten Netzkonfiguration bleibt davon jedoch praktisch unberührt.

Insgesamt unterscheidet man bei Neuronalen Netzen **zwei Arten von Lernverfahren**, nämlich
1. **Assoziatives Lernen**: hierbei sollen zu gegebenen Eingabemustern zugeordnete Ausgabemuster produziert werden, da mit Lerneingabe gearbeitet wird, handelt es sich um *beaufsichtigtes Lernen*; (z.B. *Fehlerpropagierung/error backpropagation*);
2. **Entdeckendes Lernen:** hierbei soll das System >selbständig< Regelmäßigkeiten in einer gegebenen Folge von Eingabemustern entdecken, teilweise wird *mit*, teilweise *ohne* Lerneingabe gearbeitet;
(z.B. *Wettbewerbslernen/ competitive learning* mit *winner-take-all-Netzen*);

Im folgenden soll (in Anlehnung an LENTZ/MERETZ) als Beispiel für *Assoziatives Lernen* das *Backpropagation-Verfahren* näher erläutert werden:

>Gelernt< wird nach der *verallgemeinerten Delta-Regel*:

$\Delta w_{ij} = \eta \cdot \delta_j \cdot o_i$;

der Fehler δ_j ist die Differenz von aktueller und gewünschter Ausgabe;

zwei Phasen sind zu unterscheiden:

a) der Input wird ins Netz geschickt, dort vorwärts propagiert und schließlich ein Output generiert;

b) die Differenz von Lerneingabe und Output wird gleichsam rückwärts durch das Netz propagiert, die Gewichte sukzessive von hinten nach vorne approximativ adjustiert.

Bei gegebener *Netztopologie* und gegebener *E/A-Relation* geht es bei *backpropagation* also darum, ein *Approximationsverfahren* zur Bestimmung passender Netzparameter bereitzustellen.

Zur Bestimmung der *Approximationsgüte* läßt sich ein Kriterium formulieren, welches durch die Differenz zwischen *idealer* bzw. *angestrebter* Zielfunktion (als einer E/A-Relation) *f*,

und der Approximationsfunktion *g* gegeben ist:

$\vec{y} = f(\vec{e})$; $\vec{o} = g(\vec{e}, \vec{w})$;

dabei soll die variable Funktion *g* durch geeignete *Parametrisierung der Gewichtsmatrix* der Zielfunktion *f* angenähert werden, wobei die *Fehlerfunktion F* ausschlaggebend ist:

$$F(\vec{w}) = \int_A |f(\vec{e}) - g(\vec{e}, \vec{w})|^2 \, d\vec{e}.$$

Durch die Funktion *F* wird der *mittlere quadratische Fehler* bzw. *Abstand* zwischen *f* und *g* angegeben, wobei *A* den Berechnungsbereich indiziert;

zur digitalen Implementierung kann das Integral in diskrete Abschnitte unterteilt werden, wir erhalten die zur Integralform äquivalente Reihenform

$$F(\vec{w}) = \lim_{N \to \infty} \frac{1}{N} \sum_{i=1}^{N} |f(\vec{e}_i) - g(\vec{e}_i, \vec{w})|^2 \, .$$

Aufgrund der *Normierung der Vektoren* entspricht die *Differenz von Ziel- und Approximationsfunktion* dem *Winkel* der durch *f* und *g* gelieferten Outputvektoren $\vec{y}$ und $\vec{o}$, der dann approximativ minimiert werden soll.

♦ Das Backpropagation-Verfahren liefert für *unidirektionale* (*feed-forward*) Netze beliebiger Schichtenanzahl allgemeingültige Lösungen zur algorithmischen Bestimmung des (globalen) Minimums im Fehlergebirge, welches lokal ausgewertet und der an der Fehlerfunktion hinab führende Pfad gesucht wird.

Der zur Bestimmung des Minimums im Fehlergebirge verwendete *Gradient* besitzt bei gegebenen n Netzparametern ebenfalls n Komponenten.
Die Negation des Gradienten liefert die Richtung des lokal maximalen Abstiegs im Fehlergebirge:

$$-\nabla f = -\left(\frac{\partial f}{\partial x_1}, \frac{\partial f}{\partial x_2}, ..., \frac{\partial f}{\partial x_n}\right)^T ; \text{mit } \nabla f: \Re^n \to \Re^n \text{, und } f: \Re^n \to \Re.$$

Mittels des Gradienten werden nun die Netzparameter sukzessive derart modifiziert, daß man von einem gegebenen Punkt $\vec{P}_i$ zu einem Punkt $\vec{P}_{i+1}$ auf niedrigerem Fehlerniveau kommt, so daß insgesamt eine Punktfolge produziert wird mit

$$\vec{P}_{i+1} = \vec{P}_i + \eta \, \nabla f(\vec{P}_i) \; ;$$

hierbei ist mit η der Parameter zur Festlegung der Schrittweite im Fehlergebirge gegeben.
In der Regel liegt die Zielfunktion bzw. die gesuchte
E/A-Relation $\vec{y} = f(\vec{e})$
nicht als analytischer Ausdruck, sondern als *Klasse* von die fragliche Relation erfüllenden *Wertepaaren* $(\vec{e}, \vec{y})$
vor, und die den zu optimierenden Parametersatz (Gewichtungen und Schwellenwerte) enthaltende Approximationsfunktion ist
$\vec{o} = g(\vec{e}, \vec{w})$,
das Approximationskriterium ist das angestrebte Minimum im Fehlergebirge
$F(\vec{w})$.

Der *Algorithmus zur Parameteroptimierung* besteht dann aus folgenden Schritten:
1. Wahl der Startparameter für die w-Matrix;
2. Berechnung des Outputvektors $\vec{o}_t = g(\vec{e}_t, \vec{w}_t)$ mit dem Eingabevektor $\vec{e}_t$ und der Parametermatrix $\vec{w}_t$;
3. Ermittlung der Position im Fehlergebirge, d.h. Berechnung des Abstandes zwischen $\vec{o}_t$ und $\vec{y}_t$, wenn Abstand kleiner-gleich Zielvorgabe: Ende; ansonsten weiter mit
4. Fehleranalyse durch Ermittlung der Steigungsqualität und -Richtung an der eingenommenen Position im Fehlergebirge mittels des Fehlergradienten $\nabla F(\vec{w}_t)$;
5. Parametermodifikation durch komponentenweise Fehlerverteilung auf die einzelnen Parameter;
6. Zurück zu 2.

Die Frage der *Fehlerverteilung* auf alle Parameter (Schritt 5.) nahm geraume Zeit die Stellung eines *Schlüsselproblems* für den Konnektionismus ein.
Die Bezeichnung *backpropagation* ist dadurch motiviert, daß im Neuronalen Netz als einer *Superposition* (Schachtelung) von Funktionen hier der Fehler von `außen´ nach `innen´ bzw. `rückwärts´ wieder bis zur Input-Schicht geleitet wird.

Entsprechend der Punktfolge im Fehlergebirge ergibt sich die *Parameterkorrektur* :

$$\vec{w}_{t+1} = \vec{w}_t + \nabla \vec{w}_t = \vec{w}_t - \nabla F(\vec{w}_t).$$

Die einzelnen Parameter (Gewichtung oder Schwellenwert) sind demnach wie folgt zu modifizieren :

$w_{kj}^{neu} = w_{kj}^{alt} + \Delta w_{kj}$, wobei der Komponentenanteil am Gesamtfehler gegeben ist durch

$$\Delta w_{kj} = -\eta \frac{\partial F(\vec{w})}{\partial w_{kj}} \; ;$$

die skalare Größe η legt hierbei die *Schrittweite* im Fehlergebirge, d.h. die Modifikationsgröße fest .

♦ In *approximativen Verfahren* werden also die Programmparameter nicht wie beim klassisch- symbolischen Ansatz direkt analytisch bestimmt, sondern einem sukzessiv-kumulativen Optimierungsprozeß unterworfen, wobei die dabei angewendeten mathematischen Operationen selbst klassisch-analytische Programme sind.

Beim *Entdeckenden* bzw. *Unüberwachten Lernen* handelt es sich um eine Klasse *stochastischer Approximationsverfahren*, wobei die Parameteroptimierung mit stochastisch erzeugten Zahlenwerten arbeitet und sich die einzelnen Modelle bzw. Verfahren durch die jeweilige implizite Verankerung der unterschiedlichen Approximationskriterien unterscheiden.

LENTZ/MERETZ weisen wohl zurecht darauf hin, daß diese
„implizite Setzung von Approximationskriterien ... in manchen Darstellungen dadurch verschleiert [wird], daß dem Netz ein Quasi-Subjektstatus zugewiesen wird. So etwa bei Kratzer (1990), der das >unüberwachte Lernen< so beschreibt: >Das Netz soll selbst die einzusetzenden Klassifikationskriterien entwickeln und homogenisieren und insbesondere sich ändernden Umwelteinflüssen anpassen<".[312]

Als Beispiel für *Entdeckendes Lernen* soll das u.a. von RUMELHART und ZIPSER beschriebene *Wettbewerbslernen* (*competitive learning*) vorgestellt werden:

Wettbewerbslernen arbeitet mit sogenannten *winner-take-all-Netzen*, bei denen in jedem einzelnen Arbeitsgang derjenige Knoten bestimmt wird, der den größten Inputwert erhalten hat:
dieser ist der *Gewinner* und nimmt seinen *maximalen Aktivierungszustand* an, während die konkurrierenden Knoten aufgrund *wechselseitiger Inhibierung* blockieren und ihren minimalen Aktivierungszustand einnehmen.
Das aus der *Biologie* entlehnte Vorbild dieses *Hemmungsmechanismus* ist die *laterale Inhibition*.
Beim Wettbewerbslernen liegt also ein *hierarchisches mehrschichtiges Netz* vor, dessen einzelne Schichten wiederum in *Cluster* unterteilt werden, die jeweils *winner-take-all-Netze* sind. Innerhalb der *Cluster* liegen auschließlich *inhibitorische* Verknüp-

---

[312] A.Lenz/S.Meretz: *Neuronale Netze und Subjektivität*, 1995, S.134;

fungen vor, wogegen die einzelnen Schichten *excitatorisch* verbunden sind. Bei benachbarten Schichten sind *alle* Knoten miteinander verknüpft, wobei die Verbindungsstärke zwar *stochastisch* variiert, die Summe für jeden Knoten jedoch einen vorgegebenen, für alle Knoten identischen, Gesamtwert erreichen muß. Nur die Gewichte der *Gewinner-Knoten* eines Clusters werden modifiziert:

„Every element in every cluster receives inputs from the same lines. A unit learns if and only if it wins the competition with other units in its cluster. A stimulus pattern S_j consists of a binary pattern in which each element of the pattern is either active or inactive ... If a unit does not respond to a particular pattern, no learning takes place in that unit. If a unit wins the competition, then each of its input lines give up some proportion g of its weight and that weight is then distributed equally among the active input lines ".[313]

Auch beim Wettbewerbslernen soll eine Angleichung bzw. *Abstandsminimierung* von Input- und Gewichtsvektor erzielt werden, wobei im Approximationsverfahren die systematischen, d.h. voneinander abhängigen, korrelierten Inputwerte in ein (idealiter) unkorreliertes System von Eigenvektoren zu transformieren sind, so daß gleichsam auf eine neue Beschreibungsebene gesprungen wird.

Diese Zielebene der Eigenvektoren ist durch die Statistik der Inputwerte und deren systemische Korrelationen bestimmt, und durch die Netztopologie ist die *Auflösungsschärfe*, d.h. die Anzahl der den Eingabedaten zuzuordnenden Klassen vorgegeben, welche sinnhafterweise jeweils aufgaben- und inputspezifisch festzulegen ist.

♦ Bei *allen* konnektionistischen Modellen besteht das wesentliche *Problem* offenbar darin, passende und in *Echtzeit* realisierbare *Algorithmen* zur Gewichtsberechnung zu finden.

Während nun bei *einzelnen Schwellenneuronen* zumindest *die Existenz polynomiell zeitbeschränkter Algorithmen* bewiesen ist, gilt dies für *mehrschichtige* Netze bereits *nicht* mehr.

Vor der konkreten Berechnung der einzelnen Gewichte in einem gegebenen Netz steht also das zugehörige *Entscheidungs-* bzw. *Konsistenzproblem*, bei welchem nur nach der *Existenz geeigneter Gewichte* bei vorgegebener *Netztopologie S* gefragt wird (oftmals ergeben sich nämlich aus einem Beweis der effizienten Lösbarkeit eines Problems auch Ansätze für den entsprechenden Algorithmus zur Gewichtsberechnung):

♦ *Gibt es für S und eine gewählte Inputmenge (Beispiele) solche Gewichte, daß die durch S mit solchen Gewichten berechnete Funktion alle Beispiele korrekt klassifiziert ?*

Gemäß dem *Theorem von Blum/Rivest* ist das Konsistenzproblem für zweischichtige

---

[313] Rumelhart/Zipser, in: D.E.Rumelhart/J.L.McClelland/ PDP Research Group: *Parallel Distributed Processing,* 1986, S.164;

Netze mit drei Neuronen nicht effizient lösbar gdw. für die beiden Komplexitätsklassen P und NP gilt:

$P \neq NP$.

Ferner ist das Konsistenzproblem für ein Netz mit 3 Booleschen Schwellenneuronen (2 hidden units, 1 output unit) bereits *NP-vollständig*.

Im übrigen läßt sich das Konsistenzproblem nur auf solche Fälle anwenden, in denen die Klasse der zu lernenden Funktionen bereits bekannt ist, welches eine überaus starke, und d.h. meistens nicht gegebene, Voraussetzung bedeutet. Daher werden i.d.R. Fehler des Netzes von vornherein eingeräumt und deren Anzahl sukzessive zu minimieren bzw. unter einer gewählten Größe k zu halten versucht.

Ein solches Konzept mit *liberalisierten Anforderungen* ist z.B. LESLIE G.VALIANTs *PAC-Lernmodell (PAC: probably approximataly correct)*[314]:

Die Aufgabe des Lernalgorithmus A besteht in der Approximation einer
Zielfunktion $f \in C$,
wobei C eine Menge von $\{0,1\}$ - wertigen Funktionen über einem Grundbereich X ist und auch als *Begriffsklasse* bezeichnet wird.
Es werden nach einer unbekannten aber festen Wahrscheinlichkeitsverteilung P eine bestimmte Anzahl m von Elementen
$x^1, ..., x^m \in X$
ausgewählt und gemeinsam mit der durch f gelieferten Klassifikation dem Algorithmus als Beispiele dargeboten, welcher zunächst eine
Hypothese $h \in C$
berechnet, welche dann mittels eines weiteren durch P bestimmten Beispiels x mit der Zielfunktion f verglichen wird.
Mit der auf die Zahl m der Trainingsbeispiele bezogenen Wahrscheinlichkeit von (mindestens) $1 - \delta$, soll die *Fehlerwahrscheinlichkeit* von h im Testbeispiel x nicht größer als ε sein.

Eine wesentliche Forderung an den Algorithmus liegt dabei in der *Verteilungsunabhängigkeit*, d.h. er soll für jede Wahrscheinlichkeitsverteilung die gewünschten Resultate errechnen.

❖ Eine *Begriffsklasse* C ist also *PAC-lernbar* gdw. ein Algorithmus A existiert, für den gilt:
$\forall \varepsilon, \delta \; \exists m \; \forall P \; \forall f \in C \; P^m [\, P \, [h(x) \neq f(x)] \leq \varepsilon \,] \geq 1 - \delta$.
Dabei bedeutet P^m das unabhängige m-malige Ziehen von Elementen aus X gemäß der Verteilung P ;
h ist die von A berechnete Hypothese $A(\langle x^1, f(x^1) \rangle , ..., \langle x^m, f(x^m) \rangle)$.

---

[314] s. M.Schmitt, in: Dorffner et al.(eds.)1995, S.49;

Für endliche Begriffsklassen C ist die Zahl benötigter Beispiele *proportional zum Logarithmus der Elementezahl von C*, d.h. jede endliche Begriffsklasse C kann mit

$$m = \left\lceil \frac{1}{\varepsilon} \ln \frac{|C|}{\delta} \right\rceil$$

Beispielen *PAC*-gelernt werden.

Aber auch *unendliche* Begriffsklassen sind bei gewissen Bedingungen *PAC*-lernbar:
Es sei C die Begriffsklasse über dem Grundbereich X, dann wird durch die
Vapnik-Chervonenkis-Dimension von C [VC-dim(C)]
die *Kardinalität* der *größten Menge* $S \subseteq X$ bestimmt, so daß alle Funktionen
$f : S \to \{0, 1\}$
in C enthalten sind (S wird durch C *zersplittert*).
Gegeben eine Begriffsklasse C mit endlicher VC-Dimension d, dann ist C *PAC*-lernbar mit

$$m = \left\lceil \frac{4}{\varepsilon} \left(d \log\left(\frac{12}{\varepsilon}\right) + \log\left(\frac{2}{\delta}\right) \right) \right\rceil.$$

Auch die *Minimalbedingung* für die Beispielmenge ist mit einer linearen VC-Dimension d gegeben:
Jede Begriffsklasse C mit VC-Dimension d erfordert für einen *PAC*-Lernalgorithmus *mindestens*
$(d-1) / (32\varepsilon)$ Beispiele.
Die größte durch *ein* Schwellenneuron zersplitterbare Punktmenge im n-dimensionalen Raum besitzt die Kardinalität $n+1$, während für *Schwellenneuronennetze* die VC-Dimension auf
$O(w \log w)$
beschränkbar ist [w gibt die Anzahl der Netzgewichte];
Netze (mit Schwellen- oder sigmoiden Funktionen) der Tiefe ≥ 3 besitzen eine VC-Dimension von mindestens $\Omega(w \log w)$, dabei ist die Maximalbedingung für sigmoide Neuronen mit $O(w^2)$ gegeben.

➤ Prinzipiell läßt sich sagen, daß (bislang) sämtliche in *konnektionistischen Modellen stattfindenden Prozesse* ebensogut als herkömmliche *kybernetische Regelungsvorgänge* gelten können, wobei in der Regelungstechnik weniger ambitiös vom Steuern bzw. Regeln der Systeme statt vom (autonomen?) *Lernen* von Systemen gesprochen wird.

➤ Tatsächlich sollte man sich in diesen Zusammenhängen stets darüber im klaren sein, daß es sich beim äquivokativen Gebrauch anthropogen-psychologischer Termini im KI-Kontext um metaphorische *termini technici* handelt, die entsprechend mathematisch definiert sind, aber mit den humanpsychologischen Begriffen nur homonyme Verwandtschaft besitzen.

39. Forschungsprogramm Bionik: Beispiel Evolutionsstrategie

Die *Bionik* (Kunstwort, gebildet aus den Begriffen *Biologie* und *Technik*) befaßt sich mit der theoretischen und praktischen Umsetzung biologischer Prinzipien und Mechanismen in der Technik. Der Begriff >Bionik< wurde erstmals im Jahre 1960 durch den US-Wissenschaftler J.E.STEEL geprägt; heute ist die Bionik ein innovatives interdisziplinäres Forschungsprogramm (das deutsche Bionik-Kompetenznetz B*IOKON* ist ein aktuelles, BMBF-gefördertes Projekt), mit bereits zahlreichen technisch-naturwissenschaftlichen Zweigen wie Biomechanik, Biophysik, Biosystemtechnik, Konstruktionstechnik, Mikro/Nanotechnik etc.

Die klassische Robotik ebenso wie die Theorie der Neuronalen Netze (die ja von der Sache her als funktionaler Zweig der Bionik zu sehen ist) dürften sich zukünftig ebenso an ihr orientieren und partizipieren, wie es für die Evolutionsstrategie bereits der Fall ist.

Die *Evolutionsstrategie* (*ES*) als Teildisziplin der Bionik hat es mit dem *Optimierungsalgorithmus* der biologischen Systeme selbst, nämlich der *Evolutionsprinzipien*, und deren *Umsetzung in der Technik* zu tun.
Evolutionstrategien, anders als genetische Algorithmen, imitieren die Auswirkungen genetischer Prozeduren auf den Phänotyp.

Erste Implementierungsversuche *evolutionärer Prinzipien* als technisch-mathematische Optimierungsverfahren wurden in der BRD durch INGO RECHENBERG (1973) vorgenommen, und die heute gebräuchlichen theoretischen Grundlagenkonzepte der *ES*-Forschung wurden im wesentlichen durch RECHENBERG und SCHWEFEL (1973, 1994 bzw.1977,1995) geliefert.

Eine notwendige *Grundannahme* zum Einsatz von *Evolutionsstrategien* ist das *Postulat der starken Kausalität*, demzufolge kleine Veränderungen an den Inputparametern auch zu kleinen Veränderungen im Output führen müssen, d.h. bei geringfügigen Modifikationen gewisser Variablen des Optimierungsproblems darf der errechnete Funktionswert nicht signifikant variieren.
Gilt dagegen das Prinzip der starken Kausalität nicht, kann, zumindest in einigen Fällen, durch den Entwurf entsprechender *Mutationsoperatoren* die Änderungsrate zumindest begrenzt werden.
Eine wichtige Folgerung aus der Theorie der Evolutionstrategie ist das Postulat eines *Evolutionsfensters*, welches besagt, daß Optimierung (Fortschritt) nur bei eng begrenzter Mutationsschrittweite (Notwendigkeit der Selbstadaptation) realisiert werden kann.
Die Anwendung von Evolutionstrategien begann vornehmlich in der Aviatik (Entwicklung widerstandsminimaler Strömungskörper), und erstreckt sich heute ebenso auf klassische Ingenieursgebiete (Leichtbau-Brückenkonstruktionen), die Mischungsoptimierung von Galvanik-Rezepturen oder gar die Optimierung eines staatlichen Gesundheitssystems (Kolumbien):

prinzipielle Anwendungsbereiche sind besonders die hochvariablen Systeme, unscharfe Optimierungen bzw. hinlänglich unspezifizierte und daher für universale Verfahren geeignete Probleme, während hinreichend präzisierbare Aufgaben besser durch klassische Optimierungsverfahren zu lösen sind.

In der Terminologie werden heute *Evolutionäre Strategien (ES)* als Oberbegriff für *Genetische Algorithmen (GA)* und *Genetische Programmierung (GP)* einerseits, sowie *Evolutionäre Algorithmen (EA)* und *Evolutionäre Programmierung (EP)* andererseits, verstanden.

Im folgenden wird eine kurze Skizze der *grundlegenden Prinzipien* der *ES* und ihrer biologischen Vorbilder sowie der gängigsten *ES-Algorithmen* gegeben.[315]

ES-Prinzipien:

1. *Variation :*
   - Biologie: hier bedeutet Variation die unterschiedliche Ausprägung der Individuen einerseits sowie die durch endogene und exogene Faktoren bedingte Veränderung der Organismen andererseits; die Merkmalsausprägung variiert häufig nur innerhalb einer gewissen Bandbreite (z.B. Zahngröße, Augengröße).

   ⇒ *ES*: Variationen werden nach dem Prinzip der starken Kausalität initiiert: kleinschrittige Parametervariation führt zu kleinschrittiger Abweichung der in der Qualitätsfunktion bewerteten Merkmale. Liegen die Funktionswerte im Bereich der reellen Zahlen, variiert man mittels stochastischer Normalverteilungen, bei diskreten Funktionen sind Mutationsoperatoren einzusetzen, so daß die erzeugten `Nachkommen´ innerhalb eines qualitativen Nachbarschaftsbereichs liegen.

2. *Mutationsschrittweite:*
   - Biologie: Innerhalb einer Art besitzen unterschiedliche Gene unterschiedliche Mutabilitätsraten, wobei spezielle *Mutatorgene* die verschiedenen Mutationsraten der jeweiligen Gene und *Modifikatorgene* die unterschiedliche Merkmalsausprägung beeinflussen.

   ⇒ *ES*: Durch individuell festgelegte Schrittweiten wird die Mutabilität der einzelnen Objektvariablen, entsprechend durch die globale Schrittweite die Gesamtvariation eines Merkmals induziert.

3. *Rekombination:*
   - Biologie: In einem einzigen Genotyp werden die Allele verschiedener Lebewesen (der Eltern) neu kombiniert. Mit zunehmender Komplexität der Lebewesen (Höher-

---

[315] s. J.Born/M.Herdy: *Evolutionsstrategien und Neuronale Netze,* in: Dorffner et al.(eds.)1996;

entwicklung) steigt auch die Rekombinationsrate, der Einfluß der Rekombination auf die Merkmalsausprägung ist intermediär oder dominant.

⇒ *ES*: Die (μ / ρ[, +]λ)-*ES* definiert eine Population aus μ Eltern und λ Nachkommen, wobei ρ Eltern zur Generierung eines Nachkommen gleichverteilt stochastisch aus der μ-Klasse ausgewählt werden.
Im Falle *intermediärer Rekombination* ermitteln sich die Nachkommenvariablen als arithmetische Mittelwerte der beteiligten ρ-Eltern-Variablen, bei *dominanter Rekombination* wird gleichverteilt zufällig ein Elter ausgewählt, die Filialschrittweiten entsprechen dem geometrischen Mittelwert der Parentalschrittweiten.

4. *Selektion*:
- Biologie: Mutation und Rekombination sind die Mechanismen zur genetischen Variation. Die resultierenden Merkmalsveränderungen können sich nach spezifischen Umweltbedingungen positiv oder negativ für die entsprechenden Individuen (und deren Nachkommen) auswirken, wobei im *struggle for life* letztlich die Organismen mit den umweltpezifisch und artspezifisch effizientesten Eigenschaften herausselegiert werden;[316]

⇒ *ES*: Mittels einer *Qualitätsfunktion* werden die positiven Selektionsmerkmale definiert und aus einer produzierten Filialgeneration die entsprechend besten als Eltern der folgenden Generation ausgewählt.

5. *Polygenie und Pleiotropie*:
- Biologie: Bei höheren Lebewesen sind phänotypische Merkmale nicht durch *einzelne* Gene, sondern spezielle *Gen-Kombinationen* induziert (*Polygenie*), wobei die meisten Gene an der Ausprägung mehrerer Merkmale beteiligt sind (*Pleiotropie*).

⇒ *ES*: Der die normalverteilten Zufallszahlen enthaltende Variablenvektor bzw. der Mutationsvektor wird mit einer adaptiv geeigneten *Transformationsmatrix* multipliziert.

6. *Reproduktive Isolation*:
- Biologie: Durch Umwelteinflüsse können Populationen aufgesplittet und nachhaltig voneinander getrennt werden derart, daß die nunmehr voneinander isolierten Nachkommen unabhängige und unterschiedliche Evolutionswege einschlagen und diverse Arten herausbilden können.

---

[316] Angriffspunkt der Selektion sind dabei allerdings *nicht* die Individuen oder Populationen, sondern die sog. *Replikatoren* (in unserem Biosystem sind dies die DNA-Moleküle), denen die Individuen nur als *Vehikel* dienen; s. R.D.Alexander: *The Biology of Moral Systems,* 1987

⇒ *ES:* Separierung von Ausgangspopulationen mit induzierter unabhängig-diversifizierter Evolution wird als Variationskonzept vornehmlich zur Struktur-optimierung und Anpassung von Strategieparametern eingesetzt.

ES-Algorithmen:

Voraussetzung einer effizienten *ES-Optimierung* ist die *fortwährende topologische Anpassung der Schrittweite am Qualitätsgebirge*, welche entsprechend problemspezi-fisch zu erfolgen hat.

1. $(\mu / \rho + \lambda)$-*ES und* $(\mu / \rho, \lambda)$-*ES mit (gedämpfter) MSR*
   Die *Population* besteht aus μ Eltern und λ Nachkommen, bei deren Erzeugung je-weils die Parameter von ρ (gleichverteilt stochastisch ermittelten) Eltern vermischt und an einen Nachkommen weitergegeben werden.
   Dabei ist für jeden einzelnen Parameter des Nachkommen stochastisch ermittelt:
   entweder welcher Elter für ihn zuständig ist (dominante Rekombination),
   oder das arithmetische Mittel für den jeweiligen Parameter aus beiden Eltern ge-nommen (intermediäre Rekombination);
   die *Nachkommensschrittweite* entspricht dem *geometrischen Mittel der* ρ *Paren-talschrittweiten.*
   Nach der Erzeugung der λ Nachkommen erfolgt eine normalverteilte Variation der einzelnen Parameter gemäß der individuellen Schrittweite, welche zuvor gleichver-teilt stochastisch um einen gesetzten Faktor (1,3 ... 1,5) verringert oder vergrößert wurde (*MSR = mutative Schrittweitenregelung*).
   Die μ bestbewerteten Individuen fungieren dann als *Eltern* der folgenden Generati-on, wobei
   die "+"-Methode die Gewinner aus der $(\mu+\lambda)$-Gesamtpopulation, während
   die ""-Methode nur die λ Nachkommen berücksichtigt.
   Bei der *gedämpften MSR* wird bei der Vererbung der Schrittweitenvariationen eine weitere Auswahl vorgenommen.

2. $(1, \lambda)$-*ES mit individuellen Schrittweiten und Derandomisierung*
   Allen Parametern sind individuelle Schrittweiten zugeordnet, darüberhinaus gibt es eine generelle Schrittweite; die Anpassung der Schrittweiten geschieht durch Aus-wertung der selegierten Nachkommen und nicht wie bei der MSR mittels einer sto-chastischen Mutation, weshalb man von Derandomisierung spricht.

3. $(1, \lambda)$-*ES mit Richtungslernen*
   Hier liegen die Nachkommen im Parameterraum auf einem rotationssymmetrischen Mutationselipsoid, dessen Achse in jeder Generation der selegierten Nachkommen gedreht wird, so daß *korrelierte* Mutationen greifen; auf diese Weise sollen Poly-genie und Pleiotropie simuliert werden.

4. **(1, λ)-*ES* mit *Selbstadaptation der Mutationsdichteverteilung***
Entsprechend einer adaptierten Kovarianzmatrix wird zur Variation eine n - dimensionale Normalverteilung angesetzt, ferner werden Pleiotropie und Polygenie simuliert, die Methode soll eine allgemeine Selbstadaptation der Mutationsdichteverteilung initiieren.

Evolutionsstrategie und Evolutionäre Algorithmen dienen prinzipiell zur *kontrollierten stochastischen Variation von gewissen Funktions- bzw. Netzparametern.*
Die Tatsache, daß gewisse in biologischen Systemen stattfindenden gesteuerten *Zufallsprozesse* als Vorbilder für gesteuerte stochastische Operationen in Konnektionistischen Modellen dienen, bedeutet dabei jedoch keinesfalls, daß damit katexochen oder genuin *biologische* (im engeren Sinn, d.h. *für lebende Organismen charakteristische*) Funktionen oder *Eigenschaften* realisiert und implementiert wären.

40. Symbolsysteme versus Neuronale Netze

Allen intelligenten Maschinen, ob mit *von-Neumann* - oder *para-neuronaler* Architektur, ist gemeinsam, daß sie implizit (z.B. durch vorgegebene Topologie) oder explizit auf *Wissensbasen* operieren müssen, wenn sie mehr sein sollen als bloße >Taschenrechner<, die zweifellos keinerlei *Weltwissen* zur Durchführung ihrer Algorithmen benötigen.

Alle *wissensbasierten Systeme,* bei denen *maschinelles Lernen* oder *Generierung neuen Wissens* stattfinden soll, kopieren dabei (mit unterschiedlichem Erfolg) gewisse fundamentale *Inferenztypen,* die für *menschliches exploratives Verhalten charakteristisch* sind:
„Der Prozeß menschlichen Erkundens, Forschens etc. benötigt mindestens drei Typen von Inferenzen: Abduktion,Deduktion und Induktion ... Während wir unter *Abduktion* den Akt von Einsicht verstehen, mit dem neue Hypothesen (Regeln) gebildet werden, bietet uns *Induktion* einen umgekehrten Prozeß an, bei dem Hypothesen (Regeln) über allgemeine Sachverhalte abgesichert werden können, indem von Beispielen auf allgemeinere Gesetzmäßigkeiten geschlossen wird. Induktion zielt also in gewisser Weise auf *Generalisierung,* Abduktion zusätzlich auf *Differenzierung".*[317]

1. *Deduktion*: ist die Operation zur Erzeugung *gültiger* Schlußfolgerungen und bildet die logische Grundlage zur maschinellen Wissensmanipulation: aus dem theoretischen Wissen, daß aus einer *Aussage P* die Aussage *Q* folgt, sowie dem beobachteten Vorliegen von *P*, kann auf *Q* geschlosssen werden;

2. *Induktion*: aus der empirischen Kenntnis, daß bestimmte Sachverhalte P_1, P_2 je-

---

[317] Ralf-Dirk Hennings: *Informations- und Wissensverarbeitung,* Berlin, 1991, S. 44;

weils Q implizieren, schließt man auf die Gültigkeit des Implikationsverhältnisses für alle P_i ; im Gegensatz zur Deduktion ist die Induktion nicht wahrheitserhaltend;

3. *Abduktion*: „Der Kern der abduktiven Inferenz ist das Generieren von Hypothesen, die, wenn sie zutreffen, eine Reihe von beobachtbaren Fakten erklären. Allerdings wird hierbei die Realität u.U. nicht vollständig erfaßt: d.h. es können weitere Tatsachen auftauchen, so daß früher gezogene Schlüsse ergänzt werden müssen. Und hierbei können Widersprüche auftauchen, die eine (vollständige) Revision der Ergebnisse erforderlich machen".[318]

Bei der Abduktionsoperation wird aus der theoretischen Kenntnis, daß Q durch P impliziert ist, verbunden mit dem Vorliegen von Q, auf ein (mögliches) Vorliegen von P geschlossen.

Die Abduktion schließt somit von der für P notwendigen Bedingung Q auf die für Q nur hinreichende (und nicht notwendige) Bedingung P, d.h. man unterstellt bei einem gegebenen Implikationsverhältnis $P \rightarrow Q$ das Vorliegen einer Äqivalenzrelation $P \leftrightarrow Q$:

$$P \rightarrow Q \;\; \mapsto_{abd} \;\; P \leftrightarrow Q \;.$$

⇒ Bei *allen Inferenzformen* ist allerdings die eigentlich jeweils als gültig angesetzte *logische* Relation der *Implikationsjunktor*, d.h. während in der *Deduktion* die Gültigkeit einer Implikationsrelation für eine gegebene Objektklasse garantiert ist, wird bei *Induktion* und *Abduktion* sozusagen ein deduktives ˋGerüst´ postuliert, welches die gezogenen Schlüsse rechtfertigt.

Aus der Tatsache, daß nur das deduktive Schema analytisch und wahrheitserhaltend ist, ergeben sich folgende Konsequenzen:

⇒ *Deduktive* Algorithmen generieren Sätze, deren *Sicherheit* bzw. *Wahrscheinlichkeit* derjenigen der informationellen Ausgangsbasis gleich und durch das theoretisch fundierte Deduktionsschema gewährleistet ist:

➢ von *Erzeugung neuen Wissens* kann hierbei *nicht* gesprochen werden, wenn man unter (empirischem) Wissen die T-Gewißheit (d.h. notwendigerweise durch eine Theorie vermittelte Kenntnis) über das bestehen empirischer (kontingenter, d.h. zumindest forschungspraktisch unabhängiger, nicht deduktiv inferierbarer) Sach-verhalte versteht.

➢ Dennoch müssen die Ergebnisse deduktiver Inferenzen natürlich keineswegs trivial sein, z.B. kann die Umformung komplexer logischer/ mathematischer Ausdrücke in äqivalente Formen bekanntlich höchste Schwierigkeitsgrade annehmen.

---

[318] Ralf-Dirk Hennings: ebd. S. 46;

⇒ *Induktive* und *abduktive* Inferenzen *generieren* zwar *neues Wissen*, es ergibt sich aber eine inferentielle *>induktiv/abduktive Unschärferelation<*:

♦ je *mutiger* über einer Ausgangsbasis induziert oder abduziert wird, desto *unsicherer* ist das nicht-triviale Ergebnis der vorgenommenen Operation, d.h. die *Untrivialitätsrate* (Induktions-, Abduktionsrate) ist proportional der *Unsicherheitsrate*, wobei wiederum durch die *betreffende Theorie* bestimmt ist, was überhaupt sinnvolle und zulässige Inferenzobjekte und -klassen sein können.

In diesem Zusammenhang ist auch das von McCARTHY/HAYES (1969)[319] identifizierte *frame*-Problem zu sehen:
„The frame problem is the problem of maintaining an appropriate informational context, or frame of reference, at each stage during problem-solving processes".[320]

Charakteristisch für das *frame-Problem* ist, daß es in Zusammenhang mit einer Reihe ähnlicher bzw. verwandter Probleme steht, deren gegenseitige *Abgrenzung* und *Identifizierung* keinesfalls trivial ist.

So betrifft etwa das *qualification-Problem* die Frage,
„ob überhaupt, und wenn, dann wie vollständig, Nebeneffekte von Operationen voraussagbar sind, bzw. wie sich beliebige Sachverhalte von außerhalb auf diese auswirken können. Oder noch etwas anders ausgedrückt: Wie soll alles, was `schiefgehen' kann, rechtzeitig herausgefunden und beschrieben werden".[321]

Nun wurde das *frame-Problem* gelegentlich, z.B. bei FODOR, mit dem Problem des *induktiven Schließens* identifiziert, d.h. wie läßt sich der logische Schluß von stets nur *endlichen* Partialaussagen (>dieser Tiger ist gestreift<) auf *allgemeine, gesetzesartige* Aussagen (>alle Tiger sind gestreift<) legitimieren?

Gemäß der hier vertretenen Auffasung kann diese Identifikation kaum zutreffend sein. Da es tatsächlich gar keine *logische* Operation induktiven Schließens gibt, vielmehr auch bei der *Induktion* ein *deduktives* Schema unterstellt wird (s.o.), ist das *frame-Problem* vielmehr ein Problem *deduktiven* Schließens, welches darin besteht,

♦ in einer *Weltrepräsentation* für *alle gegebenen Wissenselemente* die *Konsequenzen* und *Unkonsequenzen* explizit zu deduzieren.

Ob nämlich induktiv gewonnene Schlüsse überhaupt sinnvoll sind oder nicht – *>Fahrradfahrer und Geheimagenten tragen Sonnenbrillen<*, etc. – wird durch die jeweiligen *impliziten* (phylogenetisch determinierte Weltkonstitution) oder *expliziten* (Wissenschaft im weitesten Sinne) *Theorien* (-Elemente/Netze) be-

---

[319] J.McCarthy/P.J.Hayes: *Some Philosophical Problems from the Standpoint of Artificial Intelligence,* in: *Machine Intelligence 4* (1969);
[320] B.Raphael 1976, cit. nach: Hennings 1991, S.28;
[321] R-D.Hennings 1991, S.28;

stimmt, auf deren *Basis* überhaupt erst empirische Datensammlung stattfinden kann, und durch deren *Theorie-Welt* (natürlich nicht ein für allemal) festgelegt ist, auf welchen Arten von Objekten welche Arten von Relationen greifen können:
– so scheint es z.B. derzeit noch keine Theorie zu geben, für die etwa *43-46 jährige männliche Lebewesen mit gelben Schuhen und grünen Regenschirmen* theorierelevante Objekte wären.

Für den Autor ergibt sich an dieser Stelle auch ein Zusammenhang von *frame-Problem* und der bereits angesprochenen *Eigenschaftstranszendenz* der materialen Weltobjekte, d.h. der *prinzipiellen Unmöglichkeit* einer *vollständigen Erfassung der Weltkonstituenten* – und der sich daraus zwangsläufig ergebenden prinzipiellen kognitiven Beschränkung auf ausschnitthafte *>Spielzeugwelten<* als einer *epistemologischen Grenze*:
Gemäß der hier bereits an diversen Stellen vorgetragenen Position sind nämlich alle für kognitive Subjekte erfaßbare Entitäten prinzipiell *Konstrukte*
1. impliziter (z.B. phylogenetisch und ontogenetisch basierter), unbewußt-interner >Theorien< als artenspezifischer Weltkonstituierungsmodi mit individuellen Variationsparametern;
und/oder
2. *expliziter* (empirisch alltagspragmatischer und/oder methodenkanonischer) >Theorien<, d.h. des Alltagswissens und ˋGesunden Menschenverstandesˊ sowie der daraus elaborierten >Wissenschaften<.

Die Tatsache, daß es ferner ein konstitutives Merkmal *jeder* denkbaren *Theorie* bzw. *jedes Welterzeugungsmodus* ist, eine *Grundintention* im Sinne einer *>Stoßrichtung<* als einer *systemischen Diskriminante* zu besitzen, bedeutet, daß

➢ jedes überhaupt denkbare Objekt als einer theorierelativen Entität ensteht durch eine (unbewußte/bewußte) systemische *Diskriminierung* und *Profilierung* jeweilig als irrelevant und relevant (für die jeweilige Grundintention der >Theorie<) bewerteter Eigenschaften auf einem prinzipiell *eigenschaftsunendlichen Welthintergrund*.

Dabei zeigt sich, daß >niedere< wie >höhere< Lebewesen im Zuge ihrer Evolution hochkomplexe Fähigkeiten praktischer und kognitiver Art [als impliziter und/oder expliziter Theorien mittels *i*-(mpliziter) und/oder *e*-(xpliziter) Algorithmen] entwickeln konnten, von denen die offenbar *überschätzten* bewußtseinsgesteuerten kognitiven Leistungen *explizit-intelligenter* Species nur einen verschwindend geringen Teil ausmachen, sozusagen nur die ˋSpitze des Eisbergesˊ darstellen.

Dies bedeutet wiederum, daß die von Menschen im Alltag bewußt und explizit verwendeten Theorien und Algorithmen zur *Komplexitätsreduktion* und *Weltmanipulation* tatsächlich einem hochkomplexen Nexus unbewußter Theorien unterschiedlicher hierarchischer Ebenen aufgelagert sind, als deren Erfüllungsgehilfen im Sinne funktionaler Elaborierungen sie weitgehend tätig sind.

Hieraus erhellt auch die entschiedene Relevanz der *Intuition* als eines gleichzeitig äußerst komplexen und dabei hocheffizienten – weil unbewußt, aber eben nicht willkürlich arbeitenden – Rechenmoduls.

Dabei entziehen sich intuitive Fähigkeiten zwar oft der *Kontrolle* durch bewußte und explizite Bewertungsschemata und Algorithmen, sind aber allein aus diesem Grund noch keinesfalls irrational und willkürlich.

Vielmehr operieren *Intuitionen* eben auf einer Basis sowohl angeborener wie empirisch erworbener Prozeduren, und sind daher einerseits unterschiedlich zuverlässig und profiliert, andererseits, bei unterschiedlichen intuitiv-kogitiven Begabungen, durchaus auch erlernbar bzw. trainierbar.

Der Begründer der *Transaktionsanalyse*, ERIC BERNE, hat sich ausführlich mit intutiven Phänomenen und ihren psychologischen Hintergründen auseinandergesetzt:

„Eine Intuition ist Wissen, das auf Erfahrung beruht und durch direkten Kontakt mit dem Wahrgenommenen erworben wird, ohne daß der intuitiv wahrnehmende sich oder anderen genau erklären kann, wie er zu der Schlußfolgerung gekommen ist".[322]

In *epistemologischer* Hinsicht könnte man sagen, daß hier an die Stelle des expiziten >*Wissens*< daß intuitive >*Urteil*< tritt:

➢ Außenwelt und Wirklichkeit werden *niemals objektiv* erfaßt, sondern primordial im interaktiven Spiel zwischen Beobachter und Objekt *erzeugt*.
➢ Die Resultanten dieser unbewußt durchgeführten Welterzeugung sind vielfältige, größtenteils auch im Ergebnis dem Subjekt weiterhin *unbewußte Urteile, auf deren Basis* dann anschließend, mit unterschiedlichem Erfolg, die bewußten wissenschaftlichen und ideologischen Operationen greifen können – zur Generierung der soziokulturell und individuell erwünschten `*Rationalen*´.

Doch noch einmal zurück zum *frame-Problem*. Es ist diesbezüglich auch behauptet worden, (etwa von HAYES 1987), es sei der *symbolischen Repräsentationsweise der klassischen Systeme inhärent*, d.h. es handle sich *nicht* um das Problem ausreichender *Speicherkapazität* für die (unüberschaubare) Vielzahl von Regeln oder des Durchlaufens all dieser Regeln zur permanenten Aktualisierung der Datenbasis in Echtzeit; vielmehr ginge es um die *prinzipielle Vermeidung* der enormen Anzahl *irrelevanter Regeln* bei gleichzeitiger Berücksichtigung der jeweils *relevanten Modifikationen*:

„Das Frame-Problem ist nach Meinung von Hayes daher ein Problem der Repräsentation und nicht eine Problem der Berechnung . Es ist also eher ein Problem, das sich aus der Repräsentation von Daten durch Satzstrukturen ergibt, und nicht so sehr ein praktisches Problem, das man durch neue Technologien in den Griff bekommen könnte".[323]

---

[322] E.Berne: *Transaktionsanalyse der Intuition – ein Beitrag der Ich-Psychologie*, Paderborn (1991), S.36;
[323] G.Helm: *Symbolische und Konnektionistische Modelle der menschlichen Informationsverarbeitung*,1991, S.64;

Frame-Problem ebenso wie das *qualification-Problem* sind nach einschlägiger Meinung innerhalb der vorhandenen theoretischen Modelle *lösungsresistent,* sie können zwar durch Beschränkung auf minimalistische *Spielzeugwelten* pragmatisch überspielt werden, halbwegs realistische natürliche Umgebungen führen jedoch sehr schnell und unweigerlich zur *Wissensexplosion* bei Wissensbasen und *frame-Axiomen.*

Nun ist ebenso wie HAYES aber auch HAUGELAND (1987) der Ansicht, das *frame-Problem* könne nur durch bildliche, analoge, *holistische* Repräsentationsmodi gelöst werden, wie sie in *konnektionistischen* Modellen realisierbar scheinen. Träfe dies zu, wären damit zumindest FODORs Einwände gegen den Konnektionismus und insbesondere seine Theorie der *Sprache des Geistes* (s.o.,s.u.) widerlegt:

„Liegt das bisherige praktische Scheitern der KI an der prinzipiellen Unmöglichkeit, intelligentes Verhalten durch die formale Manipulation bedeutungstragender Symbole zu erzeugen, dann kann auch Fodors Theorie von der Sprache des Geistes als falsifiziert gelten, da seine Theorie auf diesem Symbolverarbeitungsparadigma beruht ... Man sollte nicht den Fehler begehen, das Frame-Problem als ein technisches Problem der KI anzusehen. Es ist - wie oben bereits festgestellt - ein Problem der Repräsentation und kein Problem der praktischen Berechnung".[324]

Der Verfasser dieser Zeilen muß gestehen, daß er mit dieser *Relativierung des frame-Problems* auf die *Repräsentationsform* der Wissens- und Regelbestände einige Schwierigkeiten hat, insofern sie ihm *unverständlich* erscheint:

⇒ wenn *Konnektionistische Modelle* ebenso wie *von-Neumann-Architekturen* abstrakte Automaten zur *Berechnung* von *Funktionen* sind, mithin *beide* ihre spezifischen Aufgaben durch das *Abarbeiten von Algorithmen* berechnen (und was sollten sie auch sonst tun?) – was kann es dann bedeuten, daß, abgesehen von *praktischen Erwägungen,* der *eine* Automat im Gegensatz zum *anderen – prinzipiellen algorithmischen Beschränkungen* unterworfen sein soll?

⇒ Vielmehr folgt aus der *Definition* für abstrakte Automaten und der *Church-Turing-These* die *Turing-Äquivalenz* aller Maschinen, die berechenbare Funktionen berechnen.

Welche Änderungen sich in einer *Theorie-Welt* durch Handlungen ergeben oder nicht ergeben, und ob gewisse Änderungen in verschiedenen Kontexten relevant oder irrelevant sind, ist durch *theoriespezifische* (organismus- und artenspezifische) Ziele, Aufgaben etc. festgelegt, und *ergibt sich auch in Neuronetzen keinesfalls von selbst:*

„In most connectionist models a set of patterns is presented to the model. Implicitly this means that all these patterns are relevant. Not so for autonomous agents. There is simply a continuous stimulation of the sensors as the agent is moving through the environment. Determining which patterns are relevant and which are not, is a fundamental problem".[325]

---

[324] Helm 1991, S.65;

[325] Rolf Pfeifer: *Cognition - Perspectives from Autonomous Agents,* in: L.Steels (ed.): *The Biology and Technology of Intelligent Autonomous Agents,* NATO ASI Series, Series F: Computer and Systems Sci-

Aufgrund der Tatsache, daß konnektionistische Modelle durch von-Neuman-Rechner simuliert werden können und umgekehrt, sowie der prinzipiellen Eigenschaften beider Architekturen, als *universelle Maschinen* die *gleichen Funktionen* berechnen zu können, ist mitunter argumentiert worden, es handle sich letztlich in beiden Fällen um auf *unterschiedlichen Symbolebenen* operierende Maschinen zur *Symbolmanipulation*.

Scheinbar unterstützt wird diese Ansicht durch SMOLENSKIs Unterscheidung von *symbolischem* und *subsymbolischem Paradigma*:

„Wenn ich den traditionellen Ansatz der kognitiven Modellierung das `symbolische Paradigma` nenne, möchte ich damit betonen, daß in diesem Ansatz kognitive Beschreibungen aus Entitäten aufgebaut sind, die *Symbole* sind, sowohl im semantischen Sinn, als sie sich auf externe Objekte beziehen, als auch im syntaktischen Sinn, als sie durch eine `Symbolmanipulation` verarbeitet werden ... Der Name `subsymbolisches Paradigma` soll kognitive Beschreibungen vorschlagen, die aus *Konstituenten* der Symbole aufgebaut sind, wie sie im symbolischen Paradigma benutzt werden; diese feinkörnigen Konstituenten könnten *Subsymbole* genannt werden, und sie sind Aktivitäten der einzelnen Recheneinheiten in konnektionistischen Netzwerken".[326]

Der mißverständliche Begriff des *Subsymbols* könnte nun so aufgefaßt werden, als würden in Neuronetzen aus *Subsymbolkomplexen* wiederum *Symbole* konstituiert, ebenso wie sich linguistisch unterschiedliche semantische Ebenen (*Phoneme, Morpheme, Wörter*) in semantischen Komplexen differenzieren lassen.

GERHARD HELM[327] weist aber zurecht darauf hin, daß das Charakteristikum des Symbolbegriffs in Symbolverarbeitungssystemen nicht vornehmlich im *Etwas-Repräsentieren* besteht, sondern in der *regelgeleiteten Manipulation* der semantisch interpretierten, d.h. repräsentierenden *Symbole*:

„nur weil das Verhalten eines Systems durch Regeln beschrieben wird, folgt das System noch keinen Regeln. Das Verhalten vieler komplexer Systeme (z.B. der Blutkreislauf) kann als regelhaft beschrieben werden, trotzdem möchte man nicht sagen, das System befolge irgendwelche Regeln. Aber nur wenn es Regeln zur Manipulation von Symbolen gibt, die das System befolgt - Regeln *für* das System - macht es Sinn, bestimmte Zustände des Systems als Symbole (im syntaktischen Sinn) aufzufassen. Auf die Aktivierungsvektoren werden *vom System selbst* keine Regeln angewandt".[(ebd.)]

➢ Es gibt schlichtweg im konnektionistischen Modell selbst keine Prozesse *regelgeleiteter Symbolmanipulation*, weil dort weder *Symbole* (Aktivierungszustände, Aktivierungs- und Gewichtsvektoren sind *für ein Neuronetz* keine Symbolentitäten) noch *Regeln* im relevanten Sinne anzutreffen sind.

O.WIENERs phänomenologische Argumentation (s.o.) konnte bereits entscheidende Schwächen konnektionistischer Systeme als kognitiver Modelle verdeutlichen.

Auch FODOR/PYLYSHIN bestreiten in ihrem Aufsatz *Connectionism and Cognitive Architecture* (1988), die *kognitive Relevanz* neuronaler Modelle.

---

ences,Vol.144, 1995, S. 138;
[326] P.Smolensky: *On the Proper Treatment of Connectionism,*1988, cit. nach Helm 1991, S.105;
[327] G.Helm: ebd. S. 107f;

Insgesamt lautet ihre Kritik:

Charakteristische Eigenschaften von Gedanken als propositionaler Einstellungen sind *Produktivität, Systematizität* und *Homogenität*; wenn man diese erklären will, muß eine *kompositionale Syntax der inneren Repräsentationen* vorausgesetzt werden.

Da konnektionistische Repräsentationen *atomar* sind, weisen sie die fraglichen Eigenschaften nicht auf, also ist der Konnektionismus als *Erklärungsmodell* kognitiver Akte/Prozesse *unbrauchbar*. Ohne auf ihre Argumentation en detail eingehen zu wollen, kann jedoch HELMs Einschätzung gefolgt werden, insofern zwar die prinzipielle Strukturiertheit der Gedanken in konnektionistischen Modellen behavioristisch unterbelichtet bleibt, allerdings die von FODOR/PYLYSHIN unterstellte *Konstituentenstruktur* des Geistes, d.h. die *linguizistische* Übertragung sprachlich-syntaktischer Strukturen auf die inneren Repräsentationen, bestenfalls ein theoretisches *Postulat* darstellt, welches u.a. vom hochgradig zweifelhaften *Primat der Sprache* gegenüber dem Denken ausgeht.

Auch waren bereits oben (Kapitel 26) die systemischen Inkongruenzen von FODORs >syntaktischen Elementen des Geistes< gesehen worden.

Gegen die seitens FODOR/PYLYSHIN unterstellte *prinzipielle* Unmöglichkeit, semantische Strukturen in neuronalen Netzwerken zu repräsentieren, ließen sich – vielleicht - die zyklisch operierenden, d.h. *zeitliche Strukturen* als *Repräsentationsgrößen* nutzenden *Elman-Modelle* ins Feld führen.

Insgesamt läßt sich zum globalen Anspruch des Konnektionismus als >Paradigma des Geistes< festhalten:

➢ Die Tatsache, daß der Konnektionismus sich auf biologische Vorbilder beruft bzw. sich gar als biologisch fundiertes Paradigma versteht, sollte nicht darüber hinwegtäuschen, daß alle bisherigen Netzwerkmodelle bestenfalls als hochgradig *simplifizierte*, vage *Analogiemodelle* biologischer Informationsverarbeitung angesehen werden können.

Solange die wesentlichen Konstituenten biologischer Hirnfunktionen um Neuronen und Synapsen nicht hinreichend erklärt sind, läßt ein wirklich adäquates Verständnis biologischer Rechenvorgänge noch auf sich warten:[328]

„Die Input-Output-Terminologie beschreibt die Position des Neurons im Netzwerk der 10^{11} Neuronen, aus denen unser Hirn aufgebaut ist. Während die Kompliziertheit eines solchen neuronalen Netzwerkes sich vielleicht noch im Bereich unserer Vorstellungswelt und und vor allem im Bereich technischer Realisierbarkeit befindet, wird es auf der Ebene der Moleküle im wahren Sinn des Wortes unvorstellbar kompliziert. Denn an der Signalverarbeitung in einem jedem Neuron

---

[328] vgl. A.Baginskas/A.Gutman: *Advances in Neuron Physiology: Are they important for Neurocomputer Science?* in: A.Holden/V.Kryukov (eds.): *Neurocomputers and Attention, Vol.I,*1991; H.Glünder: *Themen der theoretischen Neurobiologie,*in: Dorffner et al. (eds.): *Konnektionismus und Neuronale Netze*, 1996; H.Dinse: *Raum-zeitliche Aspekte cortikaler Informationsverarbeitung,* in: ebd; J.C.Eccles: *Wie das Selbst sein Gehirn steuert,*1997 (1994);

sind Hunderttausende von Molekülen beteiligt. Jedes dieser Moleküle kann eine unbestimmbare Anzahl von Aktivitätszuständen und von Wechselwirkungen mit anderen Molekülen eingehen. Dabei handelt es sich wohl selten um simple Addition und Subtraktion von Signalen, sondern meist um nichtlineare Prozesse. Zur Mathematik dieses molekularen Netzwerkes gibt es heute noch nicht einmal Ansätze. Vergleichbar ist das molekulare Netzwerk der Signalverarbeitung vielleicht dem molekularen Netzwerk der Stoffwechselwege und ihrer regulatorischen Interaktionen. Jahrzehntelange Versuche, für diese eine Computersimulierung zu formulieren, führten zu keinen nützlichen Ergebnissen".[329]

41. Ikonizität – ein neues Paradigma? – Visualisierung und Ikonische Systeme

Die Anfänge der *Bildverarbeitung* und *Computer-Graphik* liegen bereits in den frühen 50er Jahren, aufgrund des erheblichen technischen Aufwandes und der damit verbundenen Kosten waren entsprechende Anwendungen damals auf wenige Großrechner beschränkt.

RALF-DIRK HENNINGS [330] gibt einen umfassenden Überblick über Hintergründe und Entwicklungen der im Kontext *ikonischer Bildverarbeitung* etablierten Paradigmen sowie einige basale Definitionen der maßgeblichen Komponenten, die wir hier kurzerhand übernehmen:

„In der **Grafikverarbeitung** werden Ausgabeprimitive wie Kreis, Linie, Fläche mit Text erzeugt, dargestellt, manipuliert, wobei komplexere Typen aus einfachen hierarchisch aufgebaut werden können, so daß sich eine Grafik als eine *strukturierte* Menge von grafischen Primitiven bezeichnen läßt.

Hingegen wird in der **Bildverarbeitung** ein Bild als eine *unstrukturierte* Menge von M*N Bildpunkten verstanden, denen jeweils Farbe und Graustufe (bzw.) Intensität zugeordnet werden.

Im *weiteren Sinne* umfaßt **Picture Processing** alle Rechenverfahren zur Manipulation von Bilddaten, im *engeren Sinne* nur solche, die Bilder in Bilder überführen, also Verfahren wie Filtern, Glätten, Kontrastverbesserung, Geometrieentzerrungen, Codierung etc." [ebd]

Allgemein kann man also sagen, daß es bei Grafikverarbeitung um Formen der Bild*synthese*, bei der Bildverarbeitung um Formen der Bild*analyse* geht, wobei es offenbar sinnvoll erscheint, daß die verstärkte Tendenz sich in Richtung einer Kombination beider Methoden bewegt.

Über die Ansprüche von Computer-Grafik und Bildverarbeitung hinaus bewegt sich eine ursprünglich der *Robotik* entstammende Domäne, welche von HENNINGS im Kerngebiet der neueren K.I. angesiedelt wird, und die sich mit der maschinellen Auswertung visueller Daten befaßt, nämlich **Bildverstehen** bzw. **Computer Vision:**

„Im Rahmen der **Computer-Vision** soll die Bedeutung von Bildern (einzeln oder in Folge) mit Hilfe von exakt definierten Prozessen ermittelt werden, d.h. es sind Objekte zu lokalisieren und zu klassifizieren. Weiter geht es um das Erkennen von Ereignissen".[331]

---

[329] F.Hucho,in: Bericht d. Expertenkommission 1991: *Neurobiologie/Hirnforschung - Neuroinformatik,KI,* S.43;

[330] Ralf-Dirk Hennings: *Informations- und Wissensverarbeitung,* 1991, S. 135ff;

[331] ders. ebd. S. 141;

Da **Bildverstehen** die bislang anspruchsvollste Forschungsrichtung auf dem Gebiet ikonischer Systeme darstellt, soll sie hier, in Anlehnung an Hennings, kurz skizziert werden.
Methodologisch ist **Computer Vision** dabei durch folgende Komponenten und Aufgabenstellungen gekennzeichnet: [332]

1. Segmentierung:
Zerlegung eines Bildes in passende Elemente, wobei die ikonische Repräsentation durch eine symbolische ersetzt wird, gegebenenfalls verbunden mit einer starken Datenreduktion.

2. Deutung der Bildelemente innerhalb eines geeigneten Kontextes:
Identifizierung von Beleuchtungsphänomenen (z.b. Schatten), etwa einer Helligkeitsdiskontinuität als einer verdeckten Kontur etc.;

3. Objekthypothesen und Einzelbildinterpretation:
Auswertung von als typisch klassifizierten Objektformen zur Interpretation des Gesamtszenarios, insbesondere durch Vergleich (*Matching*) von aktuellen Modellbeschreibungen mit bisherigen internen Repräsentationen; hier ergeben sich signifikante Komplexitätsprobleme.

4. Weltwissen:
Das jeweils verfügbare Hintergrundwissen ist die entscheidende Operationsbasis bei Computer Vision.

5. Hypothesenverifikation bezüglich der Objekte und Szenen:
Überprüfung der in 3. und 4. generierten Hypothesen aufgrund entsprechender Kriterien.

6. Hypothesenverifikation bezüglich 3-dimensionaler Objektfragmente:
Hypothesen bezüglich 3-dimensionaler Objektfragmente werden z.b. mittels interpretationsgesteuerter Segmentierung bewertet.

7. Bewegungsanalyse auf Pixelebene:
Mittels Erzeugung von Differenzbildern und Masken, sowie Berechnung des optischen Flusses, werden Bewegungen auf Pixelebene analysiert.

8. Bewegungsanalyse auf Gestaltebene:
Bewegungsanalyse komplexerer Bildelemente (z.B.Bildbereiche, Kanten, markante Fragmente).

---

[332] nach Hennings: ebd. S.143f;

9. *3D - Gruppierung:*
Errechnung "volumetrischer" Objektbeschreibungen aufgrund zeitlich zusammenhängender Szenenelemente.

10. *Szeneninterpretation:*
Rekurrierend auf Einzelbild und Bewegungshypothesen werden ganze Bildfolgen konstruiert.

11. *Spezifisches Modellwissen:*
Außer dem Hintergrundwissen ist auch domänenspezifisches Modellwissen unverzichtbar.

12. *Verifikation der 3-D - Bewegungshyppothesen:*
Generierung und Überprüfung der Hypothesen bezüglich der Bewegungen im Raum.

13. *3-dimensionale Rekonstruktion von Objektformen:*
Kontinuierliche Identifizierung bewegter Bildelemente (Bewegungsstereo), basierend auf geometrischen und photometrischen Abbildungsgesetzen, gegebenenfalls *Rückprojektion* bewegter Szenenelemente, Berechnung der Trajektorien.

14. *Bewegungsgesteuerte Segmentierung:*
Errechnung von Objektkonturen aus Diskontinuitäten oder Variationsfeldern im optischen Fluß.

In der Tat handelt es sich beim *Bildverstehen* um ein berechnungsmäßig komplexes Phänomen, welches zwar von evolutionshierarchisch eher niedrig angesiedelten Lebewesen wie z.b. gewissen Insektenarten, oder, etwas höhersituiert, Greifvögeln, beeindruckend erfolgreich realisiert wird, und daher für das menschliche Selbstverständnis kaum konstitutiv zu sein scheint, sich jedoch, im Gegensatz etwa zum Schachspielen,[333] als kognitionstechnologisch relativ widerspenstig erweist:

„Deshalb gilt auch immer noch, daß **zuverlässiges** Bilderkennen und Bildverstehen ein so schwieriges Problem ist, daß es nur für bestimmte (beschränkte) Anwendungsbereiche als gelöst betrachtet werden kann".[334]

Insgesamt ist also der Komplex *Expertensysteme/Wissensbasierte Systeme* durch eine (eklektizistische) Vielfalt von teilweise interagierenden Paradigmen gekennzeichnet:[335]

Entsprechend diesem *pragmatischen Methoden- bzw. Paradigmenpluralismus* heißt es auch bei HENNINGS:
„Damit ist ... sicherlich klar, daß wir uns nicht mehr nur auf das klassische Paradigma der Symbolver-

---

[333] allerdings und entscheidenderweise hat das Spiel von Schachcomputern mit dem menschlichen Schachspiel (bislang noch) wenig gemeinsam!
[334] R.-D. Hennings: ebd. S. 145;
[335] Graphik nach Hennings: ebd. S. 172;

arbeitung stützen können. Auch wenn auf Maschinenebene noch einige *Bottlenecks* vorhanden sind, geht die Entwicklung doch rasant in Richtung >abnehmender Entropie< ! [...] Der Autor geht deshalb davon aus, daß zukünftige Daten-, Informations- oder Wissensverarbeitung nicht im Rahmen eines Paradigmas geleistet werden wird: Viele Ansätze, die je nach Problemlage zum Einsatz kommen, werden miteinander konkurrieren: Module für Statistik (numerische Daten) neben Textverarbeitung (alphanumerische Daten), normaler Programmierung, Datenbanken, neuronalen (partiell lernenden) Ansätzen, wissensbasierten Systemen mit Symbolverarbeitung, Grafik- und Bildverarbeitung, Ton- , Geräusch- und Musikerzeugung, Sprachgenerierung bzw. -erkennung. Also eine offene Palette von Möglichkeiten, ... die je nach Bedarf für die Repräsentation von neuen Formen des Wissens genutzt werden kann".[336]

HENNINGS betont insbesondere die herausragende kognitive Relevanz *visueller* Zeichenketten für die menschliche Wahrnehmung und epistemische Orientierung:

„Unter Umständen haben wir alle etwas verlernt: ähnlich wie etwa bei Sprichwörtern und Fabeln in visuellen Kategorien zu denken und deren Vermittlung auch gesellschaftlich sicherzustellen. Falls diese These stimmt, müssen wir es einfach wieder erlernen, insbesondere auch, da sich Wissen und Information viel stärker komprimiert (als bei linearem Text) darstellen und verarbeiten läßt [...]
Ein Bild sagt mehr als tausend Worte ".[337]

Bezüglich der *Paradigmenvielfalt* und ihrer eklektizistischen Synthese im Bereich wissensbasierter Systeme muß allerdings deren *epistemologische Indifferenz* festgestellt werden insofern, daß sie zu einem grundlegenden Verständnis von Kognition und Weltkonstitution eher *wenig* beiträgt.

Daß unterschiedliche Spezies sich in ihren Lebensräumen auf unterschiedliche Weise (visuell, akustisch, olfaktorisch etc.) primärorientieren, bedeutet, daß gewisse *phylogenetisch implementierte* spezifische *Maschinen* auf spezifischen (visuellen, akustischen, etc.) Zeichenketten *biologisch effizient* zu operieren imstande sind.

➢ *Stammesgeschichtlich implementierte Maschinen* sind also einerseits fixiert und kaum veränderbar - jedes Lebewesen wird automatisch mit seiner typischen Umwelt, seinem Medium, versorgt, und es steht ihm nicht frei, eine *speziestranszendierende* Veränderung seines Weltzugangs vorzunehmen - doch dafür biologisch effizient.

➢ *Soziokulturell-konventionell implementierte Maschinen* wie formale Symbolsysteme der Logik, Physik, etc., sind dagegen variabel und beliebig präzisierbar und abstrahierbar, doch dafür kognitiv schwerer eingängig.

Daß also *Visualität* z.B. für den *Menschen* eine besondere kognitive Relevanz besitzt, während *Hunde* oder *Tiefseefische* eher auf anderen Zeichendomänen operieren, ist für ein grundlegendes Verständnis intelligenten Verhaltens als einer Maschine (im Sinne WIENERs) nicht entscheidend.

---

[336] R.-D. Hennings: ebd. S. 173;
[337] ebd. S. 178f;

Vielmehr offenbahrt der *Paradigmeneklektizismus* den *Werkzeugcharakter* der bislang konstruierten Wissensbasierten Systeme *für den Menschen* (welcher die erforderlichen kognitiven Ergänzungsleistungen erbringen muß), insofern sie pragmatisch auf die ihm eigentümlichen *kognitiven Ideosynkrasien* zugeschnitten sind, ohne die *tieferliegenden Prinzipien* von Kognition und Emotion, als den klärungsbedürftigen Komponenten von Seele und Bewußtsein, signifikant zu erhellen.

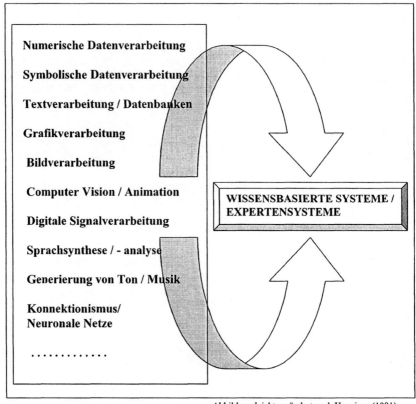

Abbildung leicht verändert nach Hennings (1991)

VIERTER TEIL. DAS LEIB-SEELE-PROBLEM UND KÜNSTLICHE INTELLIGENZ

42. Einleitung

In diesem vierten Teil werden von einer biologisch inspirierten Perspektive zunächst eine in ihrer Radikalität vielleicht zunächst frappierende Erkenntnistheorie vorgestellt, welche zu einer gründlichen Um- oder Neubewertung kommunikativer und informationeller – und damit allgemein: intelligenter – Prozesse zwischen Organismen oder Automaten führen sollte, und die, zumindest nach der Ansicht dieses Verfassers, darüberhinaus zu einer theoretisch-begrifflichen Revision mancher liebgewonnener oder auch nur durch Gewohnheit konsolidierter Vorurteile über Art, (biologischem) Sinn und Zweck von organismischer Kognition, Weltkonstitution, Kommunikation und Interaktion – wenn nicht zwingt, dann doch aber einlädt.

Es handelt sich hier um die Theorie der autopoietischen Systeme HUMBERTO MATURANAs und FRANCISCO VARELAs, von welcher sich übrigens signifikante Ergänzungen und Parallelen sowohl zur Sneedschen Wissenschaftstheorie als auch zu WIENERs Einsichten ableiten lassen.
Dabei muß man das Konzept der Autopoiese epistemologisch dem Konstruktivismus bzw. dem >radikalen Konstruktivismus< zuordnen.

Wenngleich MATURANA selbst immer nur ungern auf theoretische Vorgänger und philosophische Ahnherren rekurriert, so läßt sich doch zumindest für den Konstruktivismus – also in etwas allgemeinerer Hinsicht – eine Galerie bedeutender Vordenker identifizieren, die teilweise, ihrer Zeit weit voraus, erst heute in ihrer Bedeutung entsprechend zu würdigen sind:

- GIAMBATTISTA VICO (1668-1744), der in seiner *Scienza Nuova* die These vertritt, daß Wissen immer das Resultat eines Schöpfungsprozesses ist, wobei dem Menschen nur dort ein adäquates Verständnis und Wissen möglich ist, wo er selbst als geistiger Schöpfer tätig wird, etwa in der Kunst, der Jurisprudenz, und anderen `geisteswissenschaftlichen´ Domänen, vor allem jedoch in der Mathematik, von VICO als "göttliche Wissenschaft" angesehen, in welcher allein vollkommenes Wissen aufscheine, im Gegensatz zu den empirischen Wissenschaften, deren Unvollkommenheit bzw. Beliebigkeit intrinsisch sei;
- Der irische Philosoph GEORGE BERKELEY (1685-1753), Bischof von Cloyne, legendärer Protagonist des Solipsismus ("esse est percipi"), demzufolge die >Realität< überhaupt nur als das Produkt einer rationalen Konstruktion dem Verstand zugänglich ist:
„We know a thing when we understand it; and we understand it when we can interpret or tell what it signifies. Strictly, the sense knows nothing. We perceive indeed sounds by hearing, and charac-

ters by sight. But we are not therefore said to understand them".[338]

- Der Jesuit und Universalgelehrte ROGER JOSEPH BOSCOVICH (1711-1787), der darauf hinwies, daß Weltbeschreibungen immer nur mit Bezug auf einen Beobachter und dessen Prozeduren verständlich sind; insbesondere sind es nicht die objektiven Weltobjekte, die wahrgenommen oder erkannt werden, sondern die relativen Differenzen zwischen Beobachter und Welt(medium): so sind alle Veränderungen innerhalb des Beobachters, die mit äquivalenten Veränderungen seines Mediums (d.h. außerhalb des Beobachters) korreliert und dadurch kompensiert werden, für ihn nicht wahrnehmbar (und vice versa), oder zwei >objektiv< unterschiedliche Sachverhalte können durch epistemische Verzerrungen des Beobachtungs-Interface das gleiche Bild der Realität induzieren; die Äquivalenz einander entsprechender Modifikationen des Beobachters oder seines Mediums wird daher auch als *Boscovich-Kovarianz* bezeichnet.

Unter >Konstruktivismus< faßt man diverse epistemologische Positionen zusammen, deren Gemeinsamkeit darin liegt, daß sie
1. die Möglichkeit leugnen, über individuelles oder kollektives Wissen einen direkten Zugang zur >objektiven Realität< haben und diese eindeutig `widerspiegeln´ (oder sonstwie reproduzieren) zu können;
2. behaupten, Wissen sei tatsächlich notwendigerweise eine Konstruktion, die sich aus der Interaktion eines Beobachters mit und in seinem (spezifischen) Medium ergebe, und zwar unter Bedingungen und mittels Begrifflichkeiten (Konzeptionen), die durch die konstitutiven Merkmale des Beobachters selbst determiniert und damit gleichsam seiner Praxis projektiv abkünftig sind.

Auf der Grundlage einer socherart konstruktivistisch inspirierten Erkenntnistheorie können dann in Kapitel 46 Kognitionsprozesse und die Konstitution von Welt bzw. Realität als intrinsisch subjektabhängige Phänomene verstanden und gewissen landläufig verbreiteten Kommunikationsmodellen mit ihren theoretischen Implikationen gegenübergestellt werden, insbesondere soll die Postulierung eines einfachen >Kommunikationsmodells der pragmatisch modifizierten Prototypenrezepturen< dazu dienen, die soweit gewonnenen Einsichten in ein konsistentes basales Strukturmodell zu integrieren, in welchem die begrifflichen Verwerfungen der an klassischen Sender-Empfänger-x-Transport-Schemata orientierten Kommunikationstheorien vermieden sind:
als Konsequenz der Maturanaschen Erkenntnistheorie wird sich ja, wie gesagt, nicht zuletzt ergeben, daß die herkömmlichen Vorstellungen über Möglichkeit und Funktion von Informations- und Interaktionsprozessen zwischen Organismen in neuem Lichte zu sehen sind derart, daß >In-Formation< im engeren Sinne zwischen Organismen gar nicht realisierbar, d.h. strukturell ein Ding der Unmöglichkeit ist, so daß man die Rede organismischer Information besser als eine vereinfachende, metaphorische Aus-

---

[338] G. Berkeley: *Siris, a Chain of Philosophical Reflections, and Inquiries concerning the Virtues of Tar-Water* (1744), Sect. 253, cit. nach: Internet Encyclopedia of Philosophy: George Berkeley, www;

drucksweise gegebenenfalls theoretisch zu differenzierender Prozesse zu verstehen hat.

Genau in diesem Sinne einer pragmatisch motivierten vereinfachten Terminologie wird nun in Kapitel 47 das Phänomen der Tierkommunikation aus einer Perspektive angesprochen, welche die belebte Natur als ein heterarchisches Netz von Para-Code-Systemen versteht, in der Kommunikations- und Lernprozesse als Bestandteile von Hierarchien bzw. Heterarchien biologischer Para-Code-Systeme erscheinen; der etwas ungelenke Begriff des >Para-Code-Systems< ist dabei theoretisch unprätentiös, d.h. pragmatisch motiviert, um die gegebene strukturelle Bandbreite mit ihrer mathematischen Unschärfe gegenüber dem engeren Terminus des Codesystems mit seinen klar definierten Komponenten einzufangen.

In diesem letzten Kapitel des Abschnitts A werden also die Schlüsselphänomene intelligenten Verhaltens, nämlich Kommunikationsfähigkeit und Lernfähigkeit, in ihren Ausprägungsformen innerhalb der niederen und höher entwickelten Tierarten betrachtet und auf ihre Relevanz für das menschliche Selbstverständnis sowie die herkömmlichen Bewertungen von Geistes- und Intelligenzmerkmalen befragt;

Im letzten Abschnitt B werden dann zunächst, soweit für diesen Verfasser nachvollziehbar, auf >philosophischer< Ebene die gegenwärtig relevanten Ansätze zur interpretatorischen oder sogar theoretischen (Neu-)Bestimmung insbesondere der Quantenphysik herangezogen, deren erhebliche, immer wieder auch von Physikern betonte, philosophische Relevanz – gerade für die Konstruktion einer Seinsordnung (Ontologie), insofern diese zumindest nicht von vornherein (aus naturwissenschaftlicher Sicht) als hinfällig gelten soll – heute wohl von keinem ernsthaft bestritten werden dürfte.

Die hier vorgestellte Konzeption einer deterministischen Ontologie findet sich im anschließenden Kapitel 49.

Auf der Basis eines solchen postulierten einfachen ontologischen Systems werden dann im abschließenden Kapitel 50 noch einmal explizite Thesen zu klassischen philosophischen Kategorien und den mit ihnen verbundenen Problemen formuliert:

die Diskussion um die Unterscheidung a priorischer und a posteriorischer Urteile sowie ihrem vermeintlichen Analogon, der Dichotomie von analytischen und synthetischen Urteilen, sowie die ontologische Diskussion um philosophische Dignität von Extensionen, Intensionen, Synonymie und Bedeutung – die ja bereits insbesondere im ersten Teil behandelt wurden – waren Träger der Entwicklung der analytischen Philosophie des 20.Jahrhunderts, in ihrem Kontext profilieren sich die Schlüsselfragen hinsichtlich Epistemologie, Wissenschaftstheorie und Logik.

Hierbei ergeben sich gewisse Neuinterpretationen bzw. Rekonstruktionen neuralgischer philosophischer Begriffs-Werkzeuge, welche die klassische Kritik QUINEs aufgreifen und – allerdings von einer non-behavioristischen Gegenposition – `gegenquineanisch´ radikalisieren: während QUINE zurecht einerseits die Unmöglichkeit einer definitiven Trennlinie zwischen analytischen und synthetischen Aussagen, sowie die supponierte Äquivalenz der >Urteile a priori< mit analytischen Urteilen als hinfällig ausweist – wobei imzuge seiner Analytizitätskritik der Raum für apriorische Urteile generell eliminiert wird – andererseits Intensionen, Propositionen, Bedeutungen als >unverständlich< ablehnt (aber den platonistischen Begriff der >Klasse< als einzigen nicht-extensionalen Begriff innerhalb seiner ansonsten extensionalistischen Ontologie akzeptiert), wird hier für einen Universalienrealismus argumentiert, dem Extensionen keinesfalls ontologisch (selbst-)verständlicher, strenger oder epistemologisch >reiner< bzw. klarer sind als Intensionen.

Aus und nach alledem erfolgt dann schließlich der Versuch einer (rudimentären) Reformulierung des Leib-Seele-Problems, welche zu einer differenzierteren Diskussion der KI-Standpunkte beitragen bzw. sogar eine prinzipielle d.i. definitive Klärung des theoretischen Anspruchs derselben auch unter ontologischer Perspektive ermöglichen soll.

A. Kommunikation, Lernen und Intelligenz: Kognition als biologisches Phänomen und die Heterarchie biologischer Para-Code-Systeme

„The problem of how structures for knowledge and behaviour may develop is largely unresolved. This is particularly a bottleneck in the area of sensory-motor intelligence and common sense, where the task of analysis, formalization, and explicit programming is so formidable that little success has come from using the classical AI approach. Current research in intelligent autonomous agents promises to tackle these two gaps in a fundamental way: It is seeking a theory of intelligence compatible with the basic laws of physics and biology and a theory which explains how intelligence may come from non-intelligent, material processes. Obviously we are far from achieving these goals. Only the contours of the theory are visible and at the moment the artefacts that can be built are promising with respect to sensory-motor intelligence but still weak with respect to `higher level´ cognitive tasks".

LUC STEELS [339]

„The predominant paradigm in cognitive science has been the cognitivistic one, exemplified by the >Physical Symbol Systems Hypothesis<. The cognitivistic approach generated hopes, that one would soon understand human thinking – hopes that up till now have still not been fulfilled. It is well-known that the cognitivistic approach, in spite of some early successes, has turned out to be fraught with problems ... In order to come to grips with the problems of cognitivism the study of embodied autonomous systems has been proposed, for example by Rodney Brooks ... However, this approach has often been criticized because of the limited abilities of the agents. If they are to perform more intelligent tasks they will need to be equipped with representations or *cognition* – is an often heard argument. We will illustrate that we are well-advised not to introduce representational or cognitive concepts too quickly. As long as we do not understand the basic relationships between simple architectures and behaviour, i.e. as long as we do not understand the dynamics of the system-environment interaction, it is premature to spend our time with speculations about potentially useful architectures for so-called high-level processes".

ROLF PFEIFER [340]

But in order to get a better understanding of quantum phenomena it was the discrete structure process that offered the better prospects. However, even here the structure seems to primitive to be carried very far. Time did not seem to be naturally part of the structure. The structure changed in time but was not of time. The whole approach seemed to be in the category of what Bergson called cinematographical outlook, a series of `stills´ with no natural flow.
A vital clue on how to overcome this difficulty was provided by some experimental work in the human eye. Ditchburn had noticed that the eye was in continuous vibration and that this vibration was vital in order to see. To show this he fixed a mirror system to the eye so as to `freeze´ out the vibration. The result was that the eye could no longer see anything. Thus to see a line or boundary, for example, the eye must scan backwards and forwards across the line. The difference in the response in the retina as the eye crosses the line enables the brain to reconstruct the line. If the scanning is stopped, no line is seen, even though there is a static image on the retina. Thus, movement is basic to perception. But, equally, if there are no relatively invariant features for the eye to scan, then again nothing will be seen. So `nothingness´ does not mean there is nothing there; it could mean simply that there are no features that remain invariant for a sufficient length of time.

B.J.HILEY/F.DAVIDPEAT [341]

[339] Luc Steels: *Intelligence - Dynamics and Representations,* in: L.Steels (ed.): *The Biology and Technology of Intelligent Autonomous Agents,* 1995, S.73;

[340] Rolf Pfeifer: *Cognition - Perspectives from Autonomous Agents,* in: L.Steels (ed.),1995, S.128;

[341] B.J.Hiley/ F.David Peat (eds.): *Quantum Implications. Essays in honor of David Bohm,* London/New

43. Exposition: Autopoiesis nach Humberto Maturana und Francisco Varela: konstruktivistische Epistemologie und die Problematik des Informationsbegriffs

(Biographisch-philosophische Einführungsbemerkung auf Seite 388)

„Ich bin der Auffassung, daß in einem zustandsdeterminierten Nervensystem der neurophysiologische Prozeß, der darin besteht, daß das System mit seinen eigenen internen Zuständen so interagiert, als ob diese unabhängige Größen wären, dem entspricht, was wir Denken nennen ... Denken ist folglich ein Operationsmodus des Nervensystems, der funktional dessen interne (möglicherweise vielfache) anatomische Projektion auf sich selbst widerspiegelt".[342]

Wenn zwischen verschiedenen erfolgversprechenden theoretischen Ansätzen unterschiedlicher Provenienz *signifikante strukturelle Analogien*, also *intertheoretische Relationen*, vorhanden sind, bedeutet dies eine zusätzliche *indirekte Stützung* der fraglichen Theorien.

Im folgenden soll die epistemologisch originelle Theorie MATURANAs – die erstaunlichen Entsprechungen zu den Ansätzen WIENERs sowie der *Strukturalistischen Wissenschaftstheorie* profilieren sich (hoffentlich) en passant – zur Fundierung des in Abschnitt B. zu entwickelnden eigenen Standpunktes herangezogen werden.

Die Theorie der Autopoiese in ihrer elaborierten Version erwuchs in den Jahren 1970-73 aus der engen Zusammenarbeit MATURANAs mit seinem Schüler FRANCISCO J. VARELA.

MATURANA selbst war durch seinen schon als Klassiker geltenden Artikel über die Neurophysiologie des Sehens bei Fröschen (gemeinsam mit J.LETTVIN, W.McCULLOCH, W.PITTS) zu Ruhm gelangt, bereits Ende der 50er Jahre hatte er zusammen mit dem Konstruktivisten und Kybernetiker HEINZ v.FOERSTER (Inventor des Konzepts der *second order cybernetics*, demzufolge jede adäquate Systembeschreibung den Beobachter als intrinsische Komponente enthalten muß), in dessen legendärem >Biological Computer Laboratory< an der University of Illinois gearbeitet.

Entsprechend sind gemeinsame Elemente zwischen (>radikalem<) Konstruktivismus und der Theorie der Autopoiese unverkennbar:

- beide betonen die epistemologische Schlüsselposition des Erkenntnissubjektes (des Beobachters), welches innerhalb seines Mediums (seiner >Welt<) und mit diesem in struktureller Kopplung interagiert;
- beide unterscheiden streng zwischen den durch und innerhalb spezifischer Interaktionen (Interfaces) – ggf. mittels eines Beobachters – konstituierten ˋWelten-für-xˊ, und einer intrinsisch eigenschaftsmäßig völlig unbestimmbaren subjektunabhängigen ˋWelt-an-und-für-sichˊ, wobei letztere für theoretisch und praktisch irrelevant bzw. eine Fehlkonzeption gehalten wird;
- beide stellen Varianten der *Second-Order Cybernetics* im Sinne v.FOERSTERs dar.

York (1987), S. 21;
[342] Humberto R. Maturana: *Erkennen: Die Organisation und Verkörperung von Wirklichkeit*, 1985, S. 54f;

ERNST v.GLASERSFELD, Vater des >radikalen Konstruktivismus<, betont die theoretische Überflüssigkeit der Annahme eines direkten epistemischen Zugangs zu einer >objektiven Welt<, und insbesondere die Fähigkeit eines operational geschlossenen kognitiven Systems im Sinne MATURANAs, die fraglichen kognitiven Operationen durchzuführen:

[such a kind of operationally closed organism is nevertheless able to (RW)] „...produce descriptions; i.e., concepts, conceptual structures, theories, and eventually a picture of its world, it is clear that it can do this only by using building blocks which it has gleaned through some process of abstraction from the domain of its own experience. This insight, which Maturana expresses by saying that all cognitive domains arise exclusively as the result of operations of distinction which are made by the organism itself, was one of the points that attracted me to his work the very first time I came across it".[343]

Insbesondere MATURANAs Betonung der Unmöglichkeit eigentlicher Informationsprozesse zwischen autopoietischen Systemen, da diese operational geschlossen und in ihrem Verhalten ausschließlich durch die eigene interne Struktur und Organisation determiniert, und folglich nicht extern >in-formierbar< seien, weisen seine Position als radikal-konstruktivistisch im Sinne GLASERSFELDs auf:

„Radical constructivism, thus, is *radical* because it breaks with convention and develops a theory of knowledge in which knowledge does not reflect an ΄objective΄ ontological reality, but exclusively an ordering and organization of a world constituted by our experience".[344]
„Radical constructivism is uninhibitedly instrumentalist. It replaces the notion of ΄truth΄ (as true representation of an independent reality) with the notion of ΄viability΄ within the subjects΄ experiential world. Consequently it refuses all metaphysical commitments and claims to be no more than one possible model of thinking about the only world we can come to know, the world we construct as living subjects".[345]

Und bei dem Psychologen PAUL WATZLAWICK heißt es:

„[Constructivism] deals with a topic that was already known to the Pre-Socratics, but which in our day is gaining increasing practical importance, namely, the growing awareness that any so-called reality is – in the most immediateand concrete sense – the *construction* of those who believe they have discovered and investigated it. In other words, what is supposedly found is an invention whose inventor is unaware of his act of invention, who considers it as something that exists independently of him; the invention then becomes the basis of his world view and actions".[346]

Der Konstruktivismus bedeutet insbesondere deshalb einen epistemologischen Bruch mit der dominierenden Sichtweise westlicher Philosophie und Naturwissenschaft, weil diese auf dem supponierten Axiom einer singulären objektiven Realität, einer einzigeindeutigen, wahren Welt aufsitzen, die es möglichst genau abzubilden – widerzuspiegeln – gelte.
Demgegenüber macht der Konstruktivismus deutlich, daß es sich bei Wissen immer

---

[343] E.v.Glasersfeld (1997), cit. nach Whitaker, Randall: *Encyclopedia Autopoietica*, www.;
[344] E.v.Glasersfeld: *An Introduction to Radical Constructivism*, in: Watzlawick,P. (ed.): *The Invented Reality*, 1984, S.25;
[345] ders.: *Radical Constructivism. A Way of Knowing and Learning*, London: The Falmer Press (1995), S.22;
[346] P. Watzlawick (ed.): *The Invented Reality*, New York/London (1984), S.10;

um das Resultat von spezifischen Interaktionen eines Beobachters innerhalb seines Mediums handeln kann, wo über die Konstituierung spezifischer Schnittstellen – Interfaces – spezifische >Beobachtungsresultate< generiert bzw. konstruiert werden. Entscheidend dabei ist, daß es die jeweilige Struktur des Interface ist, welches den Möglichkeitsraum und Wahrheitsraum der durch sie festgelegten (interface-determinierten) Entitäten aufspannt.

Einige Wissenschaftler, etwa der Tübinger Chaos-Forscher OTTO E.RÖSSLER, gehen so weit, auf der Basis dieser epistemologischen Erwägungen – der Interface-Determinanz und Interface-Pluralität von Weltkonstruktionen – eine neuartige physikalische Disziplin, die sogenannte *Endo-Physik*, etablieren zu wollen: dem Eindruck dieses Verfassers nach könnte es sich hierbei aber auch um eine Art von Namenszauberei handeln, der vielleicht Ockhams Rasiermesser anzuraten wäre.

In MATURANAs Theorie werden *zwei Fragestellungen* miteinander verknüpft:

1. auf übergeordneter Ebene geht es um die konstitutiven Parameter der Organisation lebender Systeme als autonomer Entitäten im allgemeinen;
2. im speziellen geht es um die Organisation des Nervensystems als eines mit seinem übergeordneten lebenden System, an dessen Realisation es partizipiert, strukturell verkoppelten, geschlossenen Netzes interagierender Neuronen.

MATURANA hält die *landläufigen Theorien* der *Organisation lebender Systeme* für wesentlich *inadäquat*, da sie auf unsachgemäßen Verwischungen der *Phänomen-* und *Beschreibungsebenen* beruhten und daher nicht einmal zu einer sachgerechten Beschreibung des zu erklärenden Entitätenbereichs geeignet seien;
Inwiefern der von ihm bereitgestellte Begriffsrahmen eine vielleicht intuitiv gewöhnungsbedürftige, aber systemisch adäquatere Alternative bedeutet, möge sich im folgenden erweisen.

44. Grundbegriffe

Folgende *Grundbegriffe* sind für die Theorie der Autopoiese konstitutiv:

- *der Beobachter*: eine Person (menschliches Wesen), die Unterscheidungen treffen und gewisse Objekte als von ihr selbst verschieden (als *Dinge*) konstituieren und präzisieren kann; gleiches ist sie auf rekurrente Weise bezüglich eigener Handlungen und Gedanken zu leisten imstande, und zwar derart, als ob sie selbst außerhalb der konkreten Situation (der Objektkonstruktion) stünde und die geschaffenen Objekte unabhängig existierten. Alle überhaupt verfügbaren kognitiven und perzeptiven Unterscheidungen sind als solche von einem *Beobachter* konstituiert worden, Sprechakte finden stets zwischen *Beobachtern* statt.

- *die Einheit*: jede Entität, die sich perzeptiv oder kognitiv auf einer zu ihr relativen Hintergrundumgebung als Einzelobjekt abgrenzen läßt, ist eine *Einheit*: entweder als nicht weiter analysierbarer *black box-Komplex* mit konstitutiven Eigenschaften, oder als *zusammensetzbarer*[347] *Komplex* mit gewissen Einheitseigenschaften, die sich aus seiner spezifischen Organisation ergeben und nicht auf das Verhalten der Bestandteile reduzierbar sind.

- *die Interaktion*: insofern zwei eigenschaftsmäßig spezifizierte *Einheiten* ihre jeweiligen Zustände bezüglich der sie enthaltenden Systeme modifizieren, handelt es sich um eine *Interaktion*.

- *der Raum*: der durch die Eigenschaften einer Klasse von Elementen bestimmte Bereich möglicher *Interaktionen* und *Relationen* dieser Elemente.

- *die Erklärung*: eine von einem *Beobachter* an einen *Beobachter* gerichtete bewußte Reproduktion; ein System wird dann *erklärt*, wenn die einheitskonstituierenden *Relationen* absichtlich abstrakt oder physikalisch reproduziert werden; ein bestimmtes Phänomen wird *erklärt*, indem die es erzeugenden Prozesse absichtlich abstrakt oder physikalisch reproduziert werden derart, daß sie das fragliche Phänomen erzeugen.

- *die Organisation*: die Klasse von *Relationen* auf den Komponenten eines Systems, welche dieses System als *Einheit* konstituieren; sie betrifft die funktionale Charakterisierung der Systemkomponenten; die Bestimmung der *Organisation* ist notwendig und hinreichend, um ein gegebenes System als *Einheit* zu definieren. Die *Organisation* eines zusammensetzbaren Systems konstituiert dieses als eine *Einheit* und definiert den *Aktionsraum*, innerhalb dessen das betrachtete System als *unanalysierbare Einheit* interagiert, d.h. sie bestimmt seine einheitsmäßigen Eigenschaften.

- *die Struktur*: sie bedeutet die konkrete Realisationsform einer *Organisation* in den jeweiligen *Komponenten* und ihren spezifischen *Relationen*, vermittels derer die *Einheit* des Systems konstituiert wird.
Die *Struktur* eines zusammensetzbaren Systems determiniert seinen Existenz- und Beeinflussungsbereich, aber nicht sein Verhalten als *Einheit*. Entitäten ohne *Struktur* oder *Organisation* sind als *unanalysierbare Einheiten* begrifflich gegebenenfalls über gewisse Eigenschaften und den durch diese Eigenschaften aufgespannten Aktionsraum identifizierbar.
Ein System (als *zusammensetzbare Einheit*) bewahrt solange seine Identität, als seine *Organisation konstant* bleibt, und zwei (zusammensetzbare) *Einheiten* können

---

[347] während Maturana nur von *zusammengesetzten* Einheiten spricht, wird hier der Terminus *zusammensetzbar* gewählt, wenn von bezüglich einer Theorie weiter zerlegbaren Entitäten die Rede ist: analysierbar (zusammensetzbar) oder unanalysierbar (`einfach´) sind Entitäten immer nur relativ zur gegebenen Theorie.

bei *unterschiedlicher Struktur* die *gleiche Organisation* aufweisen und somit derselben *Äquivalenzklasse* angehören. Um ein adäquate *Erklärung der Organisation* einer *Einheit* zu liefern, ist es *notwendig und hinreichend*, einen *Mechanismus* zu konstruieren, der die fragliche *Organisation* (und nicht nur die Struktur) reproduziert, ist eine *konkrete Entität* zu *erklären*, müssen *Struktur und Organisation* reproduziert werden.

• *das zustandsdeterminierte System*: Zustandsveränderungen sind *Strukturveränderungen ohne Identitätsverlust* (d.h. Zerstörung der konstitutiven *Organisation*), sie sind *ausschließlich durch die Systemstruktur* und nicht durch externe Eigenschaften systemfremder Agentia determiniert:
  in diesem Sinne sind prinzipiell *alle dynamischen Systeme zustandsdeterminierte Systeme*.

• *der konsensuelle Bereich*: kommt es unter strukturell plastischen *zustandsdeterminierten Systemen* zu (ontogenetischen, d.h. individuellen) *Interaktionen*, wird ein Bereich interdependenter, miteinander verwobener und einander auslösender Zustandssequenzen generiert: der *konsensuelle Bereich*.
  Notwendige Bedingung für dessen Generierung ist, daß es sich bei den plastisch interagierenden Systemen um *homöostatische* Systeme handelt, welche über ihre Interaktionsnetze ihre kritischen Variablen innerhalb des definierten Konstanzbereichs regulieren können. Die Aufrechterhaltung der *Organisation* lebender Systeme ist zwangsläufig mit der *Generierung konsensueller Bereiche* verbunden.

• *der Phänomenbereich*: der durch die *Eigenschaften* interagierender (zusammensetzbarer oder einfacher) *Einheiten* definierte *Interaktionsbereich*.

45. Theorie der Autopoietischen Systeme

„Es gibt eine Klasse mechanistischer Systeme, in der jedes Element ein dynamisches System ist, das als eine Einheit durch Relationen definiert wird, welche es als eine Netzwerk von Prozessen der Produktion von Bestandteilen konstituieren. Diese Bestandteile wirken einmal durch ihre Interaktionen in rekursiver Weise an der Erzeugung und Verwirklichung eben jenes Netzwerks von Prozessen der Produktion von Bestandteilen mit, das sie selbst erzeugte, und bauen zum anderen dieses Netzwerk von Prozessen der Produktion von Bestandteilen dadurch als eine Einheit in dem Raum auf, in dem sie (die Bestandteile) existieren, daß sie die Grenzen dieser Einheit erzeugen. Ich nenne solche Systeme *autopoietische Systeme*, die Organisation eines autopoietischen Systems heißt die *autopoietische Organisation*. Ein autopoietisches System, das im physikalischen Raum existiert, ist ein lebendes System".[348]

Autopoietische Systeme sind also *homöostatische Systeme*, die durch ihre Aktivität ihren *Organisationsmodus* als der kritischen *Fundamentalvariablen* innerhalb eines

---

[348] H.R.Maturana: *Erkennen: Die Organisation und Verkörperung von Wirklichkeit*, S.141f;

spezifischen *Invarianzspektrums* regulieren:
(nicht-pathologische) *Zustandsveränderungen* dienen stets der *Verwirklichung der Autopoiese*, als solches sind autopoietische Systeme *geschlossene* Systeme, deren Erscheinungswelt immer der Autopoiese untergeordnet bleibt.
Die konkrete *Realisierung* eines autopoietischen Systems im physikalischen Raum ist auf ein *Medium* angewiesen, durch welches die zur Reproduktion der Systembestandteile benötigten physikalischen Substrate geliefert werden.
Alles, was bezüglich der gegebenen autopoietischen Einheit *operational abgrenzbar* ist und auf diese *einwirken* kann, (d.h. auch Komponenten des Systems selbst), kann als *Medium* gelten. Autopoietische Einheiten müssen also, (dies ist eine implizite konstitutive Voraussetzung), in einem *Medium interagieren* - in welchem sie gegebenenfalls von einem *Beobachter* in ihren Austauschprozessen mit ihrer spezifischen Umwelt untersucht werden können.

Die Interaktionen zusammensetzbarer Einheiten im Raum sind stets *strukturelle Interaktionen*, also Interaktionen ihrer *Konstituenten*. Führt eine strukturelle Interaktion zur *Modifikation* der Konstituenten oder deren Relationen untereinander, bedeutet dies eine *Modifikation der Struktur* der Einheit:

• insofern diese strukturellen Variationen nicht zur Veränderung der *Organisation* führen, bleibt die Identität der fraglichen Einheit gewahrt.

• Solche Einheiten, deren Organisation bei *kanonischen* (definierten) *Strukturmodifikationen* konstant bleibt, heißen *plastische Einheiten*, und die kanonischen strukturellen Interaktionen (bei denen die Organisation konstant bleibt) heißen (Stör-) *Einwirkungen* oder *Deformationen*.

Insofern die *Zustandsveränderungen* in autopoietischen Systemen *intern* durch seine Struktur *determiniert* sind, besitzen die *kanonischen Deformationen* nurmehr *Auslösecharakter*:
durch sie wird die Abfolge der Zustandsübergänge der autopoietischen Einheit an die Abfolge der Zustandsübergänge des Mediums (als der Störeinwirkungen) *angekoppelt*.

Da die homöostatische Konstanterhaltung der Organisation bei strukturellen Modifikationen als konstitutiv für autopoietische Einheiten gelten kann, ist mit der *Realisierung der Autopoiese einer plastischen Einheit innerhalb der Störeinwirkungen des sich verändernden Mediums* entweder
- ihre Auflösung, oder
- die Konstruktion einer Struktur (der fraglichen Einheit) verbunden, welche kanonische Zustandsveränderungen generieren kann, die ihrerseits durch spezifische kanonische Zustandsveränderungen des Mediums aufrufbar sind.

Durch die Etablierung einer derartigen dynamischen strukturellen Adaptation, einer *strukturellen Koppelung*, wird, solange die autopoietische Organisation gewahrt ist, eine raumzeitliche adaptive Aneinanderschaltung der organismischen Zustandsveränderungen einerseits sowie der rekursiven Zustandsveränderungen des Mediums andererseits generiert:

„Gleiches gilt für das Nervensystem, dessen Organisation invariant bleiben muß, dessen Strukturen jedoch plastisch sein können, dessen Dynamik strukturellen Wandels mit der Dynamik strukturellen Wandels anderer Systeme verkoppelt sein kann, etwa des Organismus, den das Nervensystem integriert bzw. des Mediums, in dem dieser Organismus existiert. Mit dem Wandel der Struktur des Nervensystems verändert sich also der Bereich der möglichen Aktivitätszustände des Nervensystems und folglich der Bereich möglicher Verhaltenszustände des Organismus selbst. Kann daher der Organismus trotz der strukturellen Veränderungen des Nervensystems seine Autopoiese fortsetzen, dann kann die neu hergestellte Struktur des Nervensystems die Basis für eine weitere strukturelle Veränderung abgeben, die es dem Organismus auch wieder erlaubt, seine Autopoiese fortzusetzen. Im Prinzip kann dieser Prozeß ohne Ende in rekursiver Weise fortgesetzt werden, solange der Organismus lebt, und so einen Prozeß ständigen Strukturwandels erzeugen, der die spezifischen Relationen neuronaler Aktivität bestimmt, die das Nervensystem durch seine Mitwirkung an der Autopoiese generiert".[349]

Bei einer solchen *Strukturenkopplung* sind folgende Punkte wesentlich:

- für die Dauer der Autopoiese determiniert die sich modifizierende Struktur des Nervensystems notwendig die Zustände relativer neuronaler Aktivität, welche an der Verwirklichung der Autopoiese des Organismus in seinem Medium teilhaben;

- für die Dauer der Autopoiese generiert das Nervensystem als homöostatisches System die Relationen neuronaler Aktivität, die zur Realisierung der Autopoiese des von ihm integrierten Organismus beitragen und durch sie determiniert sind;

- für die Dauer der Autopoiese stellt sich die strukturelle Koppelung des Nervensystems an Organismus und Medium, die *phänomenologisch* als raumzeitliche Adjustierung der Zustandsveränderungen von Organismus und Medium erscheint, als *semantische* Koppelung dar.
  Insofern gewisse Systeme plastische Strukturen besitzen, kann die reziproke strukturelle Koppelung von Organismus und Nervensystem sowie deren gleichzeitiger Koppelung mit dem Medium, das zur Realisierung der Autopoiese spezifiziert wird, als notwendige Konsequenz des autopoietischen Prozesses gelten.

Strukturelle Koppelung als dynamischer Prozeß führt regelmäßig zu einer *raumzeitlichen Adjustierung* der Zustandsveränderungen der involvierten Systeme:
diese Adjustierung ist eine obligate Konsequenz der erforderten Einschränkungen der jeweiligen Aktionsradien der interagierenden zustandsdeterminierten Systeme.
In der *Beobachterbeschreibung* erscheint diese raumzeitliche Adjustierung jedoch als *semantische* Koppelung:
die Abstimmung von Organismus und Umwelt *scheint* darauf zu beruhen, daß sich der

---

[349] Maturana, ebd. S.144;

Organismus mit den *relevanten Informationen* aus der *Umwelt* versorgt, um daraufhin adäquat reagieren zu können.

So heißt es bei SCHURIG:

„Die generellste Informationsquelle des biologischen Systems ist seine Umgebung. Die Funktion der Informationsverarbeitung ist dabei widersprüchlich: Einmal muß der Informationsgehalt maximal ausgebeutet werden, andererseits ist dies nur dadurch möglich, daß eine Konzentration auf sinnvolle Informationsparameter erfolgt".[350]

Dies bedeutet aber, daß die *Zustandsveränderungen* des autopoietischen Systems durch die *Umwelt determiniert* würden, wovon bei zustandsdeterminierten Systemen jedoch schlichtweg *nicht* die Rede sein kann:

> ➢ dem *Informationsbegriff* (des Beobachters) entspricht tatsächlich kein innerhalb eines mechanistischen Sachverhalts im physikalischen Raum *operational/kausal identifizierbares empirisches Element*, mithin läßt sich der diesbezügliche Informationsbegriff als *Ausdruck der kognitiven Unsicherheit des Beobachters* interpretieren;

> ➢ zustandsdeterminierte Systeme modifizieren ihre Zustände auf *intern strukturdeterminierte* Weise, unberücksichtigt irgendwelcher gegebenenfalls *vom Beobachter* als zieladäquat bewerteter Parameter. Strukturelle Kopplungen zwischen zustandsdeterminierten Systemen können also bestenfalls *metaphorisch* als derartige semantische Kopplungen beschrieben werden, darüberhinaus sind solche Beschreibungen irreführend bzw. *inadäquat*.

Aus dem bisherigen lassen sich somit folgende *Kernpunkte* profilieren:

1. Die Realisierung der *Autopoiese* (im physikalischen Raum) ist für *lebende Systeme* notwendige und hinreichende Bedingung, also *konstitutiv*.

2. Die autopoietische *Organisation* dominiert sämtliche Zustandsveränderungen eines lebenden Systems und seines Nervensystems, andernfalls bricht der autopoietische Prozeß zusammen und mit ihm das lebende System.

3. Bei gegebener struktureller Plastizität von Nervensystemen und ihren Organismen resultiert aus der andauernden Realisierung der organismischen Autopoiese zwangsläufig eine *strukturelle Koppelung* sowohl zwischen Organismus und Nervensystem, als auch an das Medium, in welchem die Autopoiese realisiert wird.

4. Insofern die Operationen des Organismus durch die autopoietische Organisation dominiert sind, ferner das Nervensystem ausschließlich interne Relationen neuronaler Aktivität generiert, und die jeweiligen Zustandsveränderungen durch die jeweilige spezifische Struktur determiniert sind, lassen sich folgende *Konsequenzen struktureller Koppelungen* festmachen:

---

[350] Volker Schurig: *Naturgeschichte des Psychischen*, 1975, Bd.I, S.111;

➢ *Zustandsveränderungen* des Nervensystems und Organismus einerseits sowie des Mediums andererseits müssen in ihrer reziproken Kopplung als einem gegenseitigen Aktivierungsmechanismus den spezifischen Bedingungen zur Fortführung der Autopoiese genügen;

➢ entsprechend wird ein strukturell an ein bestimmtes Medium gekoppelter Organismus im Falle seiner *Expatriierung* in ein neues, *fremdartiges Medium*, die ihm eigenen intern strukturell determinierten Zustandsveränderungen weiterhin generieren, obwohl diese nun bezüglich der Zustandsveränderungen des neuen Mediums inadäquat sein und damit zum Exitus des Organismus führen mögen.

➢ aus der ontogenetischen *reziproken Strukturenkopplung* strukturell plastischer Organismen resultiert eine Domäne ineinandergreifender Verhaltensweisen, der *konsensuelle Bereich*.

➢ insofern die in einem konsensuellen Bereich operierenden Organismen sich rekursiv auf interne Zustände beziehen können, welche selbst durch die konsensuellen Interaktionen generiert sind, und insofern sie die durch diese *rekursiven Interaktionen* generierten Verhaltensweisen als Verhaltensbestandteile in ihren konsensuellen Bereich miteinbeziehen können, generieren sie eine *Konsensualität zweiter Ordnung*.

5. Die operationale Dynamik zustandsdeterminierter Systeme kann mit *systemfremden* Begriffen wie >Informationsübertragung<, >Errechnung geeigneter Zustände<, >Codierung< etc. nicht adäquat beschrieben werden, diese repräsentieren höchstens die Domäne zielorientierter Modellkonstruktion des *Beobachters*.

6. Weder die Organisation noch die Struktur einer autopoietischen Einheit enthalten *operationale Elemente des Mediums*, mit dem diese als Einheit interagiert. Entsprechend sind die durch den Beobachter erfaßten *Komplexitäten des Interaktionsbereichs* einer autopoietischen Einheit ausschließlich durch die jeweiligen *historischen Kontexte*, in welchen die Zustandsveränderungen der Einheit generiert werden, bedingt, sie entsprechen aber nicht den tatsächlichen Prozessen der internen Zustandsveränderungen der Einheit.

7. Rekursive Operationen von Nervensystemen bzw. ihres Organismus bedeuten die wiederholte Anwendung derselben Operation auf die variierenden Zustände einer sich modifizierenden Systemstruktur bei Konstanthaltung der Organisation. Voraussetzung dafür ist, daß die *Produkte* der iterierten Operationsanwendung zur *selben Phänomenklasse* gehören wie das jeweilige *Ursprungsobjekt*:

   - so kann das Nervensystem als geschlossenes neuronales Netzwerk immer nur Zustände relativer neuronaler Aktivität einnehmen, welche dann zu weiteren Zuständen relativer neuronaler Aktivität überleiten.

   Mittels dieser rekursiven Operationen im *Beschreibungsbereich* wird auch das *(Selbst-)Bewußtsein* als *eigenständiger Erscheinungsbereich* generiert.

46. Kognition und Realität als subjektabhängige Phänomene und das Modell der pragmatisch modifizierten Prototypenrezepturen

Folgende *Kernthesen* lassen sich festhalten:

➢ *lebende Systeme* sind notwendig und hinreichend durch den Begriff der *Autopoiese* charakterisiert;

➢ lebende Systeme werden durch ihre *Struktur determiniert*, sie profilieren ihre eigenen Systemgrenzen durch den Prozeß ihrer Selbsterzeugung;

➢ mit Nervensystemen versehene lebende Systeme können via *Selbstbeobachtung* auch *Selbstbewußtsein* produzieren;

➢ Menschen gehören zur Klasse der *autonomen, geschlossenen, strukturdeterminierten, homöostatischen und selbstreferentiellen autopoietischen Maschinen*;

➢ die Kategorien *>Input<, >Output<,>Zweck<,>Entwicklung<,>Zeit<* sind *keine systemlogischen*, d.h. *operativen* Begriffe der Organisation des fraglichen Systems selbst, sie gehören ausschließlich der *Beschreibungsebene* des System*beobachters* an.

Die fraglichen Systeme sind in der Realisierung ihrer Ontogenese zu jedem Zeitpunkt *autonome* und *vollgültige Einheiten*, die gegebenfalls wiederum in umfassenderen Systemen als diesbezüglich *allopoietische* Teilsysteme integriert werden können.[351]

➢ lebende Systeme werden in ihrer Ontogenese gewissen systemisch vorgesehenen internen und externen Deformationen unterworfen, auf die es ontogenetisch eingestimmt ist und insofern unter Wahrung seiner Organisation, d.h. Identität, verarbeiten kann; ein System erscheint als *denkend*, insofern es gewisse *interne Zu-*

---

[351] „Die Organisation einer Maschine, sei diese autopoietisch oder allopoietisch, legt lediglich Relationen zwischen Bestandteilen und Regeln für deren Interaktionen und Transformationen fest, und zwar so, daß die Bedingungen der unterschiedlichen Maschinenzustände angegeben werden, die als notwendiges Ergebnis auftreten, wenn Bedingungen der angegebenen Art tatsächlich verwirklicht werden. >Zwecke< und >Funktionen< haben *keinerlei Erklärungswert* im Bereich der Phänomene, da sie nicht als kausale Elemente an der Neuformulierung irgendeines Phänomens mitwirken. Das schließt keineswegs aus, daß sie für die Orientierung des Zuhörers auf einen spezifischen Bereich des Denkens hin geeignet sein können. Jede Vorhersage eines zukünftigen Maschinenzustandes besteht daher nur in der Vorwegnahme eines der Folgezustände der Maschine im Bewußtsein eines Beobachters, und jeder bezug auf einen früheren Zustand, um einen späteren in funktionaler oder zweckorientierter Weise zu erklären, besteht in einer vom Beobachter hergestellten Beschreibung, die durch die gleichzeitige geistige Vorstellung der beiden Zustände ermöglicht wird und im Bewußtsein des Zuhörers eine entsprechend reduzierte Vorstellung der Maschine erzeugt. Jegliche Maschine und jegliche ihrer Teile oder Prozesse, die einem vorhersagbaren Lauf folgen, kann daher von einem Beobachter so beschrieben werden, als besäßen sie einen Plan, einen Zweck oder eine Funktion, solange der Beobachter diese Maschine mit Bezug auf den übergeordneten Zusammenhang in angemessener Weise handhabt". H.Maturana: ebd. S.191;

321

stände als *autonome Entitäten* behandelt, d.h. mit ihnen derart interagiert, als ob diese systemfremde, unabhängige Entitäten wären.

Die *prinzipielle Subjektrelativität* jeglicher Erkenntnis ist dabei eine der *epistemologischen Kernaussagen* und ergibt sich aus dem *Wahrnehmungsbegriff,* denn MATURANA zufolge ist Wahrnehmung

„ein Prozeß kompensatorischer Veränderungen, den das Nervensystem in Verbindung mit einer Interaktion durchläuft. Entsprechend ist ein Wahrnehmungsraum eine Klasse kompensatorischer Prozesse des Organismus. Wahrnehmung und Wahrnehmungsräume spiegeln folglich keinerlei Merkmale der Umwelt sie spiegeln vielmehr *die anatomische und funktionale Organisation des Nervensystems in seinen Interaktionen*".[352]

Der *kognitive Bereich* eines autopoietischen Systems ist der Bereich der von ihm produzierbaren *Beschreibungen.*

Da sämtliche für das kognitive Subjekt verfügbaren Zustände und Interaktionen durch seine Organisation und seine Struktur determiniert sind, sind diese für den Kognitionsprozeß auf deterministische Weise konstitutiv, mithin muß Kognition als *biologisches* Phänomen verstanden werden.

Realität entsteht dabei vermittels der fundamentalen *Unterscheidungsoperation* des *Beobachters*, d.h der konstitutiven Eingrenzung einer Entität über die *operationale Profilierung* dieser Entität als Objekt von einer Hintergrund-Umgebung. Die charakteristischen Eigenschaften des fraglichen Objekts sind dabei durch die konstitutive Unterscheidungsoperation selbst bestimmt, und das Objekt agiert entsprechend innerhalb des durch die konstitutiven (*t-theoretischen*,s.o.) Eigenschaften aufgespannten Raumes.

Realität wird somit *konstruiert* als der Bereich der vom kognitiven Subjekt eingrenzbaren, profilierbaren Objekte/Gegenstände, deren *Konstruktionslogik* phylogenetisch und ontogenetisch determiniert ist, als ein durch die *Operationen* des *Beobachters* bestimmter Bereich.

Als *geschlossene autopoietische Systeme* können Menschen (erfolgreich) über Gegenstände sprechen, weil sie die fraglichen Gegenstände gerade dadurch *erzeugen, indem* sie über diese sprechen, d.h. sie *konstituieren* Gegenstände, indem sie gewisse Unterscheidungen zur *Eingrenzung* und *Profilierung* dieser Gegenstände innerhalb eines *konsensuellen Bereichs* treffen.

Sprachliche Kommunikation wird in operationaler Hinsicht innerhalb desselben Phänomenbereichs realisiert, indem auch die Weltobjekte/Gegenstände als *Relationen relativer neuronaler Aktivität* innerhalb des geschlossenen neuronalen Netzes konstituiert werden.

Man sollte sich die *epistemologische Radikalität* dieser Konzeption klar vor Augen führen:

---

[352] Maturana: ebd.S. 86;

➤ die vom kognitiven Subjekt konstituierten Objekte sind *nicht* gewissen *Äquvalenzklassen* irgendwie >objektiv< gegebener *Außenweltfaktoren* zugeordnet, sie sind *Äquivalenzklassen relativer neuronaler Aktivität*, d.h. *interne Ordnungskategorien der deterministischen organismischen Struktur.*

➤ Entsprechend ergibt sich für den *Super-Beobachter* die Tatsache, daß Menschen nur über das (sinnvoll) sprechen können, was aufgrund ihrer artspezifischen operationalen Unterscheidungskapazität für sie profilierbar ist, wobei ihre spezifische strukturelle Kopplung an ihr Medium (u.a. Organismen) den kognitiven Aktionsradius determiniert, in dem sie als strukturdeterminierte Systeme agieren können.

Nun sind *nicht-autopoietische* Maschinen dadurch gekennzeichnet, daß sie ihre *konstitutiven Bestandteile nicht selbst erzeugen,* mithin ihr Status als physikalische Einheit durch *externe* Prozesse definiert wird, die operational *außerhalb* ihrer Organisation liegen; solche *allopoietischen* Maschinen berechnen für ihre Organisation jeweils charakteristische *Input/Output-Funktionen*:
- dabei werden Input-Entitäten charakteristisch transformiert und damit eine entsprechende Output-Entität als Transformationsprodukt erzeugt. Der *operationale Phänomenbereich* allopoietischer Maschinen ist also durch ihre *charakteristischen Input/Outputrelationen* gegeben.

Autopoietische Systeme sind demgegenüber *nicht* in diesem Sinne als Input/Output-Maschinen aufzufassen, da sie als homöostatische Systeme primär darauf ausgelegt sind, ihre *Organisation* als der *kritischen Systemvariablen* aufrecht zuerhalten, was wiederum bedeutet, daß alle *kanonischen* (nicht-pathologischen, d.h. nicht zur Organisationsauflösung führenden) *Zustände* insofern *äquivalent* sind, als sie der Verwirklichung und Erhaltung der *Organisation* dienen:

➤ Das *Ergebnis* der (erfolgreichen) autopoietischen Operationen solcher Systeme ist *immer nur das jeweilige System selbst,* es verfolgt keine systemfremden, >transzendenten< Ziele.

Aus diesem Grund sind autopoietische Maschinen *geschlossene* Systeme ohne In-/Output:
angestoßen von externen Faktoren nehmen sie gewisse Folgen von Zuständen ein, die jedoch *ausschließlich* durch die eigene Organisation und interne Struktur determiniert, und in diesem Sinne vom *Einwirkungsmodus des Mediums unabhängig* sind:

➤ autopoietische Systeme sind tatsächlich *autonome* Systeme, d.h. ihr Lauf ist ausschließlich durch ihr eigenes *internes Nomos* (Gesetz) determiniert.

➤ Wenn nun ein Beobachter das mit einem autopoietische System interagierende externe Agens als *Input*, und die zur Erhaltung der Autopoiese durchlaufenen Zustandsveränderungen des Organismus als *Output* betrachtet, stellt dies eine bestenfalls *pragmatische* Option dar, insofern nämlich die tatsächliche Organisation unberücksichtigt bleibt, welche den Organismus als Einheit konstituiert, und dieser sozusagen in einem *reduzierten Kontext* als *allopoietisches System* über Input/Output definiert wird.

➢ In diesem Sinne ist *Kognition* als ein der *Autopoiese ihres Subjekts untergeordnetes Phänomen* zu verstehen, wobei sämtliche kognitiven Zustände notwendig durch den organismischen Realisierungsmodus und *nicht* durch die gegebenen >objektiven< Umweltbedingungen seines Mediums determiniert sind:
> „Kognition ist daher ein prinzipiell subjektabhängiges Phänomen. Die Zustandsveränderungen, die ein autopoietisches System durchläuft, während es Einwirkungen von außen kompensiert, können von einem Beobachter, der das System in einem Kontext (in einer Umwelt) sieht, als vom Organismus auf die Umwelt ausgeübte Handlungen gesehen werden, und der Beobachter kann diesen Handlungen mit Bezug auf die von außen auf den Organismus einwirkenden Umstände Bedeutungen zuschreiben. Jede solche Bedeutung liegt jedoch ausschließlich im Bereich der Beschreibung des beobachteten Organismus als eines autopoietischen Systems".[353]

Es wurde weiter oben[354] bereits die gewissen landläufigen Erkenntnis- und Sprachtheorien (etwa dem Paradigma der *Montague-Grammatik*) zugrunde liegende Auffassung von *objektiver Informationsübertragung* zwischen Welt und Kognitionssubjekten zurückgewiesen, die wir auf semantischer Ebene als *Päckchentheorie der Bedeutung* kritisiert hatten:
ihrzufolge werden Bedeutungsentitäten vom Sender >sprachlich verpackt<, über einen >Postweg< bzw. Kanal zum Empfänger >verschickt<, der dann bloß das >Päckchen zu öffnen< (die Botschaft zu decodieren) braucht, um die *objektive* Bedeutung kognitiv realisieren zu können.[355]

Demgegenüber hatten wir eine semantische Theorie der *pragmatisch modifizierten Prototypenrezepturen* vertreten, derzufolge Sprache niemals als *Quasi-Behältnis* für zu transportierende Inhalte, sondern ausschließlich als *Aufruf- oder Anleitungsmechanismus*, bzw. als *Katalysator*, zur *Aktivierung* und *Konstruktion* kontextadäquater Maschinen/Modelle dienen kann.[356]
Über die Ansätze WIENERs und MATURANAs erhielt unsere Auffassung nun die automatentheoretische und biologische Fundierung und Präzisierung.
So ist *sprachliches Verhalten* für MATURANA *Orientierungsverhalten*, welches die zu orientierenden Subjekte innerhalb ihrer kognitiven Bereiche auf Interaktionen hinorientiert, die selbst unabhängig sind vom Modus der (sprachlichen) Orientierungs-

---

[353] H.Maturana: ebd. S. 303;

[354] bzgl. Kripke;

[355] Ryle hatte seinerzeit das Bedeutungsmodell von ´Gegenstand und Bezeichnung´ als >„Fido"-Fido-Prinzip< kritisiert, die von ihm preferierte (wittgenstein´sche) Bedeutungskonzeption als Gebrauch, ("the way, method or manner of using it",cit. nach Hoche, S.155), bleibt aber eine relative Leerformel.

[356] vgl. die erstaunlich aktuellen Ausführungen W.v.Humboldts in: *Über die Verschiedenheit des menschlichen Sprachbaues und ihren Einfluß auf die geistige Entwicklung des Menschengeschlechts* (1836;1949), sowie P.Wegeners in: *Untersuchungen über die Grundfragen des Sprachlebens* (1885);

interaktionen. Allerdings müssen die *Interaktionsbereiche* der kommunizierenden Organismen in gewisser Weise *ähnlich* sein, damit konsensuelle Orientierungsinteraktionen erfolgreich realisiert und damit ein konventionell-spezifisches System von kommunikativen *Beschreibungen* generiert werden kann:
dieses wiederum ermöglicht die *wechselseitige Orientierung* hin auf kooperativ generierte speziesrelevante Klassen von Interaktionen.

➢ Die *Funktion der Sprache* besteht also darin, den zu Orientierenden *innerhalb seines kognitiven Bereichs zu orientieren* und *nicht* darin, auf außerhalb des Organismus selbständige Entitäten zu verweisen.

Demzufolge besitzt Sprache eine *konnotative,* keine *denotative* Funktion.
Diese Funktion der gelernten *Orientierungsinteraktionen* ist durchaus im *nichtsprachlichen* Bereich *fundiert,* sie *erzeugt* jedoch im Laufe der Evolution, durch den Selektionsdruck in Richtung rekursiven Operierens katalysiert, die *Sprache* als ein *System kooperativer konsensueller Interaktionen,* paradigmatisch für die *Konsensualität zweiter Ordnung*:

„Solange die Sprache als denotativ aufgefaßt wird, muß sie als Mittel der Übertragung von Information gesehen werden, so als ob etwas von Organismus zu Organismus übertragen würde, und als ob dadurch der Bereich der Ungewißheit des >Empfängers< entsprechend den Spezifikationen des >Senders< reduziert werden sollte. Erkennt man jedoch, daß die Sprache konnotativ ist, und nicht denotativ, und daß ihre Funktion darin besteht, den zu Orientierenden innerhalb seines kognitiven Bereichs zu orientieren, und zwar ohne Rücksicht auf den kognitiven Bereich des Orientierenden, so wird klar, daß es keine Informationsübertragung durch Sprache gibt. Es ist dem Orientierten überlassen, wohin er durch selbständige interne Einwirkung auf seinen eigenen Zustand seinen kognitiven Bereich orientiert. Seine Wahl wird zwar durch die >Botschaft< verursacht, die so erzeugte Orientierung ist jedoch unabhängig von dem, was diese >Botschaft< für den Orientierenden repräsentiert".[357]

---

[357] Maturana, ebd. S. 57;

47. Die Heterarchie biologischer Para-Code-Systeme: Strukturen der Tierkommunikation

„Auf der Basis des biochemischen Austausches mit der Umwelt enstehen zunächst energetisch positive Stoffwechselprozesse, von denen sich einige zunehmend auf die Informationsaufnahme spezialisieren und zur Reizbarkeit des biologischen Systems führen, die dann schließlich auf einer weiteren Entwicklungsstufe zur physiologischen Grundlage des psychischen Verhaltens von Organismen wird. *Der Begriff des Lebens ist also umfassender als der der Reizbarkeit und dieser wieder weiter als der des Psychischen.* Durch die Ausbildung einer genetischen und physiologischen Reaktionsebene sind lebende Systeme in der Lage, die aus der physikalischen Umwelt einströmenden Informationen zu sammeln und die wichtigsten von ihnen über genetische Speichersubstanzen und verschiedene Vermehrungsmechanismen an die Nachkommen weiterzugeben. Leben ist unter diesen Gesichtspunkten eine Systemeigenschaft von Materieeinheiten, die in einer geeigneten Umwelt einen pro Zeiteinheit reduzierten Zuwachs von Entropie verursacht. Durch die intensivierte Wechselwirkung zwischen den Elementen innerhalb des biologischen Systems nimmt auch der Informationsaustausch mit der Umwelt besondere Züge an".[358]

An dieser Stelle soll das Entstehen >*para-informationellen*< bzw. *semantischen Mehrwerts* als *Emergenzphänomen* komplexerer biologischer Organismen betrachtet werden.

Dabei werden wir uns *einfachheitshalber* einer streng genommen inadäquaten *informellen informationstheoretischen Terminologie* bedienen, d.h. aus der Beobachterperspektive die Organismen als informationsgesteuerte *allopoietische Input/Output-(Code-)Systeme* beschreiben.

Dieses Vorgehen läßt sich damit rechtfertigen, daß es hier nur darauf ankommen soll, den Grundgedanken einer *Emergenz psychischer Parameter* innerhalb einer Hierarchie unterschiedlich komplexer biologischer Organisationsformen bzw. der Heterarchie biologischer Para-Code-Systeme auf informelle Weise darzustellen.[359]

Wenn also im folgenden von *Codes, Informationsprozessen, Input/Output,* etc. die Rede ist, handelt es sich um vereinfachend-informelle, *quasi-metaphorische* Begriffe, die im Sinne MATURANAs theoretisch *ergänzungsbedürftig* sind.[360]

Innerhalb der *Umwelt* tierischer Organismen lassen sich drei *Systemtypen* unterschiedlicher Komplexität ausmachen:
1. *unbelebte physikalische Objekte*;
2. die *verschiedenen biologischen Organismen*, einschließlich
3. der *Artgenossen* als Vertreter des gleichen Systemtyps;

---

[358] Volker Schurig: *Naturgeschichte des Psychischen,*1975, Bd. I, S. 72;

[359] in Anlehnung an Schurig, ebd.;

[360] entgegen der ebenso virulenten wie sinnlosen Extrapolation des mathematischen Informationsbegriffs auf biologische bzw. menschliche Kommunikationskontexte war sich Claude Shannon der begrenzten Applizierbarkeit seines Modells durchaus im klaren: „The fundamental problem of communication is that of reproducing at one point either exactly or approximately a message selected at another point. Frequently these messages have meanings; that is they refer to or are correlated according to some system with certain physical or conceptual entities. These semantic aspects of communication are irrelevant to the engineering problem", in: Shannon/Weaver: *The Mathematical Theory of Communication,* 1949, S. 3;

Je nachdem, ob ein Tier mit einem *physikalischen* oder *zoo-biologischen* System (also einem anderen Tier, gegebenenfalls Artgenossen) interagiert, kann dabei von *kommunikativem* oder *nichtkommunikativem* Informationsaustausch gesprochen werden.

Die *Informationsbeziehung* zoobiologische Einheit - physikalische Einheit ist dadurch gekennzeichnet, daß

1. die *Bio-Einheit* mehr *Informationen* aus dem Medium *aufnimmt*, als sie abgibt;
2. die Informationsrelation *unidirektional* ist, d.h. die physikalische Einheit besitzt Sender- aber keine Empfängerfunktion;

Informationsrelationen unter *ZooBio-Einheiten* (Kunstwort aus gr. >zoon< = Tier und >bios< = Leben) sind durch einen *signifikanten Anstieg des Informationsgehalts* der gesendeten Reize (z.b. >Feindobjekt<, >Beuteobjekt< etc.) charakterisiert:

➢ an dieser Stelle verdeutlicht sich auch die Unbrauchbarkeit bzw. *Sinnlosigkeit probabilistisch fundierter Informationsbegriffe* in bestimmten komplexeren biologischen Kontexten.

Aufgrund des qualitativ verdichteten Charakters der zwischen *ZooBio-Einheiten* etablierten *Informationsrelationen* werden diese als *Auslöser, Ausdrucksbewegungen* oder *soziale Signale* von den allgemeinen *Informationsmustern physikalischer Systeme*, den *Reizen*, unterschieden.

In diesem Sinne sind also nicht alle Formen des Informationsaustauschs zwischen Bio-Einheiten als Kommunikation einzustufen, letztere entsteht erst auf der Basis phylogenetischer Differenzierung bislang monologischer Informationsrelationen zwischen Umwelt und Bio-Einheit bei tierischen Organismen (ZooBio-Einheiten):

„Besonders höher entwickelte Tiere verfügen über ein nur für sie spezifisches Signalrepertoire, über das sie mit anderen Artgenossen in Verbindung treten, ohne daß diese Informationsbeziehung bereits individuell getönt sein muß. Ein derartiges Zeichensystem, durch dessen besonderen Bedeutungsgehalt sämtliche Individuuen einer Art zugleich zu einer Informationsgemeinschaft werden, wird auch als *>Tiersprache<* bezeichnet. *Die Gesamtmenge der möglichen Tiersprachen definiert dann den allgemeinen Begriff der >Tierkommunikation<“.*[361]

Die *Spezifizierung* der *Tierkommunikation* gegenüber den *biologischen Informationsprozessen* liefert auch Apekte für eine inhaltliche Bestimmung einer *Psychosemantik*:

- eine *weitgefaßte* Definition könnte darunter *jedwede nichtmaterielle Form monologischer >Rekonstruktion< des Mediums innerhalb der Bio-Einheit* subsumieren, so daß etwa eine einfache Reizung als psychischer Prozeß gelten könnte, insofern bereits ein inneres Quasi-Modell der Umwelt bzw. des Mediums >konstruiert< wird;

---

[361] V.Schurig: ebd. S. 162;

- gemäß der *engeren* Fassung entsteht das Psychische mit der *Etablierung >dialogischer< Kommunikationsakte*, in welchen (aus Sicht des *Beobachters*) Informationen bezüglich des Mediums >ausgetauscht< werden:

„Die in und zwischen den tierischen Systemen ablaufenden Informationsströme können nur von einem äußeren Beobachter vollständig erfaßt werden. Die (utopische) Forderung für die Erfüllung dieser Annahme ist die Kenntnis aller Elemente der informellen Kopplung zwischen dem Sender und dem Empfänger".[362]

Biologische Signale spezifizieren sich aus einfachen Reizen auf *phylogenetischem* (die auslösenden Reize funktionieren *unabhängig* von der *individuellen* Erfahrung des Tieres) und *ontogenetischem* (Grundlage des *Lernverhaltens*: Kopplung *bedingter Reize* an Verhaltensäußerungen bzw. physiologische Prozesse) Wege.

Nach KONRAD LORENZ (1935) und NIKLAAS TINBERGEN (1951) unterscheidet man bloße
- *Wahrnehmungsreize* auf die relativ *unspezifische Reaktionen* erfolgen,
von den sogenannten
- *Schlüsselreizen*, die *spezifische Reaktionsmuster* auslösen und mit komplexeren Verhaltensfolgen beantwortet werden:

„Das tierische Verhalten erscheint dem unvoreingenommenen Beobachter einmal deshalb so kompliziert, da die einzelnen Tierarten jeweils über völlig verschiedene habituelle Umwelten verfügen, in denen für den Menschen selbstverständliche sinnesphysiologische Bereiche fehlen oder hinzukommen können, und zum anderen außerdem selbst bei einer genauen Kenntnis dieser Umwelt wieder eine Differenz zwischen den durch das Tier *aufgenommenen* und den *verhaltensauslösenden* Reizen besteht, die nochmals im Zusammenhang mit verschiedenen Funktionskreisen wechseln. Z.B. wird der Balzflug des männlichen Samtfalters (Eumenis semele) nur durch Bewegungs- und Kontrastreize des vorbeikommenden Weibchens ausgelöst, während der gleiche Schmetterling bei der Futtersuche auf die Blütenfarbe anspricht. Die Mannigfaltigkeit tierischen Verhaltens beruht deshalb zu einem wesentlichen Teil auch auf der *Spezialisierung für verschiedene Schlüsselreize* beim Nahrungserwerb, dem Angriffs- und Fluchtverhalten usw. Dabei kommt es zu einem Zusammenspiel zwischen bloß registrierten und den auslösenden Reizen".[363]

➢ Entscheidend ist, daß auch bei den Auslösemechanismen von *Schlüsselreizen niemals* das *Erkennen* einer etwaigen *>objektiven Realität<* eine Rolle spielt, sondern auf gewisse *artenspezifische konfigurationale Aspekte des Mediums* bzw. der artenspezifisch konstituierten Objekte angesprochen wird derart, daß man von einer kognitiven *Prä*-Form von (*fregeschem*) *Sinn* (des gegebenen Objekts) sprechen kann:

„Diese Eigenschaften, die sich auf auf Kontraste, Größe und Farben beziehen können, sind besonders gut bei den Küken der Silbermöwe (Larus argentus) überprüft worden, die im Nest die Elterntiere anbetteln, indem sie gegen den Schnabel klopfen. In Attrappenversuchen zeigte sich,

---

[362] V.Schurig: ebd. S. 162f;
[363] ebd. S. 166f;

daß nicht der Kopf, sondern nur die Schnabelgestalt Schlüsselreize für die Bettelbewegungen liefert. Die wichtigsten Kennreize sind dabei die Bewegung des Schnabels, eine möglichst schlanke, längliche Form, die rote Farbe des Schnabelfleckes und der Kontrast gegenüber der Schnabelgrundfarbe. Da einige dieser Schlüsselreize die Eigenschaft besitzen, in ihrer auslösenden Wirkung in einer Richtung nicht begrenzt zu sein, sind *übernormale Reizattrappen* möglich, die verstärkte motorische Reaktionen auslösen. Es lassen sich deshalb übernormale Attrappen von Möwenschnäbeln konstruieren, die mehr Pickreaktionen pro Zeiteinheit auslösen als der natürliche Möwenschnabel. Dieser Unterschied kann dadurch erklärt werden, daß der Möwenschnabel außer als Signalgeber für die Küken noch andere Funktionen wie die Nahrungssuche erfüllen muß, bei der eine schmale längliche Gestalt nicht günstig wäre".[364]

Charakteristisch für viele *Schlüsselreize* ist ihre *additive Wirkungsweise.*
Epistemologisch ist dabei an den *Reizsummenphänomenen* bemerkenswert, daß

1) die spezifische *Zerlegung eines Reizmusters in verschiedene Schlüsselreize* auschließlich entsprechend der *artspezifischen Umwelt* und des jeweiligen sensorischen Apparates erfolgt und daher z.B. mit der menschlichen Kognitionsstruktur inkompatibel sein kann;

2) läßt sich die unterschiedliche Wirkungsweise von
- *Reizsummengesetzmäßigkeiten* (d.h. die Wirkung der Einheit resultiert additiv aus der Summe der Teile) einerseits, und der
- *Gestaltwahrnehmung* (das Reizmuster als Ganzheit ist nicht als bloße Summation der Teile rekonstruierbar) andererseits,
konstatieren.

Da für einige Spezies innerhalb der *Ontogenese* ein *zeitabhängiger Wechsel* von Reizsummation zur Gestaltwahrnehmung festgestellt werden konnte, liegt die *Extrapolation auf die phylogenetische Ebene* nahe:
entsprechend wäre bei *niederen Tierarten* die *Reizsummation* von entscheidender funktioneller Relevanz, während bei *höheren Tierarten* die *Gestaltwahrnehmung* zunehmend dominierte.

Die materiale Grundlage der tierischen Kommunikation sind jeweils die artspezifischen *Verhaltensmuster*, deren Module als Signale zur wechselseitigen Orientierung genutzt werden.
Die *semantische Verdichtungsoperation* von *Gebrauchshandlungen* in spezifische *Signalbewegungen* heißt *Ritualisation*.
Im Zuge der *Ritualisation* tierischen Verhaltens kann demnach von einer *systematischen Semantisierung* biologischer Signale innerhalb der Evolution gesprochen werden.

---

[364] ebd.

Die Frage nach tierischen *Prä-Formen menschlicher Sprache* ist dabei methodologisch von Anthropomorphismen zu bereinigen:

„Noch vor etwa einem Jahrzehnt versuchte man vielerorts jungen Schimpansen mühsam die Bedeutung von bis zu einem Dutzend Wörtern beizubringen. Das Ergebnis war kläglich und entsprach in keiner Weise den verhaltensbiologischen Erwartungen an die >nächst dem Menschen höchstentwickelten Lebewesen<. Tatsächlich schien ein Mißverhältnis vorzuliegen zwischen der beschworenen Intelligenzhöhe dieser Tiere, ihrer geringen Sprechfähigkeit einerseits und dem biologisch nur knapp darüber stehenden Homo sapiens, für dessen Intelligenz seine sprachliche Fähigkeit so entscheidend sein soll. Die oben beschriebene allgemeinere Sichtweise läßt heute diese Fragestellung als verfehlt erkennen. Die experimentelle Methode bemüht sich, *artspezifische* Abstraktionsträgersysteme zu finden und nicht mehr jede Spezies unter dem Gesichtspunkt unserer Lautsprache zu messen (*Ploog*). Unter diesem neuen Blickwinkel wurden wahrhaft revolutionäre Entdeckungen gemacht. Man fand (*Kummer*), daß Schimpansen mit Hilfe gestischer Nachahmung eine Art Taubstummensprache erlernen können, die ihre erhebliche Fähigkeit symbolisch zu kommunizieren anzeigt. Auch Versuche, Schimpansen optische Zeichensymbole erlernen und sie damit kommunizieren zu lassen, führten zu beachtlichen Erfolgen und zeigten eine Abstraktionshöhe an, die der evolutiven Stellung angemessen scheint. Die Verallgemeinerung aus derartigen Ergebnissen lautet also, daß Sprechen aus zwei relativ unabhängigen Systemen besteht. Einmal ein >eigentliches< zentrales System, das Symbole erfaßt und abstrahieren kann. Zum anderen ein dazu passendes niederes >Bedienungssystem<, dessen Art verschieden sein kann: kinästhetisch, optisch, akustisch. Dieses letztere System sagt nichts über die eigentliche Abstraktionsfähigkeit aus ... ".[365]

---

[365] Meinhard Adler: *Physiologische Psychologie,* Stuttgart 1979, Bd.II, S. 261;

B.   Ontologische Wagnisse – philosophische Konsequenzen

48.   Exposition: Physikalisch-philosophische Grundlegung

Letzten Endes wird alles, was wir hier auf der Erde tun können, von denselben Gesetzen begrenzt, die den Haushalt der astronomischen Energiequellen regeln. Die umgekehrte Aussage kann aber ebensogut stimmen. Es wäre nicht überraschend, wenn sich herausstellen würde, daß Ursprung und Schicksal der kosmischen Energie nicht vollständig verständlich werden, wenn man sie von den Phänomenen des Lebens und Bewußtseins trennt.

FREEMAN J. DYSON [366]

Quantum theory has been extraordinarily slow in freeing itself from the apron strings of its classical ancestors. In championing and developing Everett's interpretation ... DeWitt has been instrumental in the exorcism of classical concepts from the *interpretation* of quantum theory. But in the more important matter of formalism we still know of no other way of constructing quantum theories than 'quantization', a set of semi-explicit *ad hoc* rules for making a silk purse (a quantum theory) out of a sow's ear (the associated classical theory) ... I believe that quantization will have to go before further progress is made at the foundation of physics. Perhaps the reason is best illustrated by analogy: suppose that in an elementary chemistry textbook, in the chapter on combustion, no mention were made of oxygen. Instead, the chapter begins with a detailed exposition of the theory of phlogiston. It then explains that this theory is now known to be false, but that a better theory may be constructed from it by means of 'chemicalization rules': 'phlogiston must be thought of formally as occupying a negative volume' and so forth. These rules are numerous, ramshackle and without independent motivation but (in experienced hands) they do correctly predict the results of experiments. Usually. If chemistry were really in the state indicated by such a textbook, it would bode ill for the future of the subject. Progress would be halted until chemists stopped thinking in terms of phlogiston and someone invented a theory of oxygen.

DAVID DEUTSCH [367]

Evolution als ein zeitlich *asymmetrischer Prozeß* entsteht in der Konsequenz gewisser fundamentaler *Symmetriebrüche*, welche sich im Zuge der physikalischen bzw. kosmologischen Entwicklung herauskristallisierten:[368]

> ➢   Vorausgesetzt, daß eine zukünftige erfolgreiche Vereinigung von allgemeiner Relativitätstheorie und Quantenmechanik gelingt – falls sich nicht zwischenzeitlich eine Rückkehr zur altehrwürdigen Äther-Konzeption als sinnvollere Theorievariante erweist, wie sie etwa von JOHN BELL für durchaus möglich gehalten wird – und sich als eine zeit-asymmetrische Theorie der Quantengravitation etabliert – wäre der *fundamentalste Symmetriebruch* durch die *Aufspannung des zeit-asymmetrischen Raum-Zeit-(Dis-) Kontinuums* gegeben.
> Die am Beginn jedes möglichen Universums stehende *Urknall-Singularität* wäre gemäß der *Weylschen Krümmungshypothese* durch die entscheidende

---

[366] in: *Energy in the Universe*, Scientific American 1971, cit. nach Jantsch 1982;

[367] *Towards a Quantum Theory without 'Quantization'*, in: Christensen,S.M. (ed.): *Quantum Theory of Gravity*, S. 421f.;

[368] siehe: Genz,H.: *Symmetrie - Bauplan der Natur* (1987); Mainzer,K.: *Symmetrien der Natur* (1988);

Einschränkung der Anfangsbedingung: WEYL = 0
gekennzeichnet,[369] während sämtliche zukünftigen Singularitäten (*Schwarze Löcher, Big-Crunch*-Singularitäten) innerhalb des durch eine solche Anfangssingularität aufgespannten Universums durch die
Bedingung: *WEYL* → ∞
bestimmt sein müßten. Entsprechend besäße auch der *Zweite Hauptsatz der Thermodynamik*, ebenso wie die *Weylsche Krümmungshypothese*, tatsächlich den Charakter eines *Fundamentalgesetzes* innerhalb einer zeit-asymmetrischen Theorie der Quantengravitation.

➢ Die Entfaltung des Raum-Zeit-(Dis-)Kontinuums[370] ist wesentlich mit den Symmetriebrüchen innerhalb der *vier physikalischen Fundamentalkräfte* (*elektromagnetische Kraft, Gravitationskraft, starke* und *schwache Wechselwirkung*) verbunden:
- Im mikroskopischen Bereich etwa eines *Elektron-Proton-Paares* ist die *Schwerkraft* um den Faktor 2×10^{39} schwächer als die *elektromagnetischen*
- *Kräfte,*[371] während jene im makroskopischen Bereich die entscheidende Kraft darstellt.
- Die Wirkdimension der *starken* und *schwachen Wechselwirkung* liegt in der Größenordnung von 10^{-13} Zentimetern im *subatomaren* Bereich der Atom*kerne*. In diesem Bereich dominiert die *starke Kraft* gegenüber der *elektromagnetischen Kraft* um ein Hundertfaches, während letztere gegenüber der *schwachen Wechselwirkung* noch um den Faktor 10^6 dominieren:
  bei gleicher Temperatur und Dichte benötigt die *Proton-Proton-Reaktion* des Wasserstoffs über die *schwache Kraft* 10^{18} mal soviel Zeit wie die Reaktion über die *starke Kraft*.

Die physikalischen *Eichtheorien* untersuchen die *fundamentalen Symmetrien* zwischen diesen vier Kräften.
Diese Symmetrien greifen jenseits außergewöhnlich hoher Temperaturen, wie sie für die *ersten Phasen der Expansion des Universums* gefordert sind:
- so werden offenbar die *schwache Wechselwirkung* und die *elektromagnetische Kraft* jenseits der Temperatur von 3×10^{15} Grad Kelvin einander *äquivalent*.
- Die *Äquivalenz* von *starker Wechselwirkung* und *Gravitationskraft* entsteht,

---

[369] der Verfasser referiert hier die Ausführungen von R.Penrose (in: *The Emperor's New Mind,* 1989, dt. *Computerdenken,* 1991) wo mit *WEYL* der sogenannte Weylsche Krümmungstensor bezeichnet wird; für die weiteren physiko-philosophischen Spekulationen siehe auch: Atkins,K.A.: *Physik*, Berlin/NewYork (1974); Bell,J.S.: *Speakable and Unspeakable in Quantum Mechanics*, Cambridge (1987); Cushing,J.T./ McMullin,E.(eds.): *Philosophical Consequences of Quantum Theory – Reflections on Bell's Theorem*, Notre Dame Press (1989); Christensen,S.M.(ed.): *Quantum Theory of Gravity*, Bristol (1984); Hiley,B.J./ Peat, F.D.: *Quantum Implications – Essays in honor of David Bohm*, London/New York (1987);

[370] Kontinuum/Diskontinuum: die `körnige' (diskrete) Feinstruktur der Raum-Zeit ergibt sich aus den Fundamentalkonstanten, so z.B. die in der Größenordnung der Planckschen Länge (10^{-35} m) signifikanten Quantenfluktuationen;

[371] gemäß der seinerzeit von P.Dirac aufgestellten Hypothese beträgt der *Korrelationsfaktor* von Mikro- und Makrokosmos: 10^{40};

gemäß den durch die >Theorie-Fragmente< der *Quantengravitation* bereitgestellten Extrapolationen, jenseits einer Temperatur von 10^{32} *Grad Kelvin*, wie sie in der 'Guten Alten Zeit' des Universums – nämlich 10^{-34} Sekunden nach dem *Urknall* – geherrscht hat.

Der erste und *wichtigste Symmetriebruch* zwischen *starker Kraft* und *Gravitationskraft* ist die *Voraussetzung für die anschließende parallele Evolution von Mikro- und Makrokosmos*, da von nun ab die strukturbildenden Kräfte für beide Domänen ausdifferenziert sind.[372]

Für die Evolution des *mittleren Bereichs* war der Symmetriebruch zwischen *schwacher Wechselwirkung* und *elektromagnetischer Kraft* entscheidend, wobei letztere insbesondere für die Evolution der komplexeren, d.h. biologischen Systeme, relevant wurde.

Das *Raum-Zeit-Kontinuum* ist demnach eine Konsequenz des *Symmetriebruchs zwischen den Fundamentalkräften* und den dadurch aufgespannten jeweiligen *Wirkdimensionen*:

„Die unmittelbare Folge des Symmetriebruchs der physikalischen Kräfte ist die Gleichsetzung von Makro- und Mikroevolution im Universum. Makroskopische Strukturen werden zur Umwelt von mikroskopischen und beeinflussen die Evolution der letzteren in entscheidender Weise oder ermöglichen sie überhaupt erst. Umgekehrt wird die Evolution der mikroskopischen Strukturen (nukleare, atomare und molekulare Synthese) zu einem maßgeblichen Faktor in der Ausbildung und Evolution makroskopischer Strukturen".[373]

Als Konsequenz des hier aufgespannten Paradigmas ergibt sich das Bild einer *emergierenden holistischen Superstruktur*, innerhalb derer sich zu gegebener Zeit Grundkräfte mit ihren spezifischen Dimensionen ausdifferenzieren, und über eine *Folge von Symmetriebrüchen* sowohl die verschiedenen *Wirkdomänen* wie auch die entsprechenden *materiellen Entitäten* >auskondensiert< werden:

➤ in diesem Sinne wird hier gegenüber klassisch-materialistischen Positionen eine klare *Priorität des >Geistes<* gegenüber der >Materie< postuliert insofern, daß letztere als *domänenspezifische Auskondensation* fundamentalerer und abstrakterer >geistiger< Prinzipien bzw. Wirkmäßigkeiten interpretiert wird.

Abgesehen von gewissen vorwissenschaftlichen Philosophien, in denen ebenfalls die Nichtsubstantialität der Erscheinungswelt postuliert wurde, war bereits 1876 ein mutiger Versuch einer modernen >*idealistischen< Theorie der Materie* durch den englischen Übersetzer der Schriften RIEMANNs über die Struktur des Raumes, WILLIAM KINGDON CLIFFORD, gegeben worden.

In seinem Aufsatz *On the space theory of matter* interpretierte er Materie in ihren

---

[372] Zu diesem frühen Zeitpunkt war das Raum-Zeit-Kontinuum noch *nicht* konstituiert, da ein mit Lichtgeschwindigkeit ausgesandtes Signal den Teilchenbereich noch nicht verlassen haben konnte.

[373] Erich Jantsch: *Die Selbstorganisation des Universums*, 1988 (1979), S. 129f;

Bewegungsmodi als Manifestationsform der veränderlichen Raumkrümmung und erklärte damit die *Identität von Raum und Materie*:

„Der Raum ist seiner Ansicht nach nicht der Schauplatz für des Geschehen physikalischer Ereignisse; vielmehr ist er das wesentliche und ausschließliche Aufbaumaterial der physikalischen Realität. >In der physikalischen Welt gibt es nichts anderes als diese Variation (der Raumkrümmung)<. Clifford war allerdings nicht in der Lage, sein anspruchsvolles Programm näher auszuführen, insbesondere konnte er den Begriff der Masse nicht in Begriffen von rein räumlicher oder geometrischer Natur bestimmen".[374]

Durch die weitere Entwicklung der Physik wurden CLIFFORDs Intuitionen zumindest grundsätzlich unterstützt:

„Wenn wir RAINICHs Raumtheorie der quellenfreien Elektrodynamik mit dem Begriff des Geons kombinieren, kommen wir zu dem Schluß, daß >in der Geometrodynamik Masse und Ladung Aspekte der geometrischen Struktur des Raumes < sind. So scheint die Geometrodynamik im Stande zu sein, den Begriff der Masse allein auf den geometrischen Begriff des gekrümmten Raumes zu gründen. Um diese Theorie richtig beurteilen zu können, dürfen freilich ihre Schwierigkeiten und Mängel nicht übersehen werden. Nur Massen von der Größenordnung 10^{39} g bis 10^{57} g kommen dafür in Betracht, also Massen, die sich in der Natur nicht finden. Jeder Versuch, die Theorie in eine >Quantengeometrodynamik< für die Mikrophysik zu modifizieren und die Massen der Elementarteilchen so zu interpretieren, daß sie mit charakteristischen Zuständen der Erregung kollektiver Störungen in der Metrik übereinstimmen, steht noch vor ernsthaften Schwierigkeiten".[375]

Nun ist es gerade die *Quantenphysik*, die entweder 1) eine radikal neue, nicht-klassisch-materialistische, sondern *holistisch-idealistische Sichtweise*, oder doch zumindest 2) eine die Grenzen konventioneller Materialismusvarianten transzendierende nicht-lokale Ontologie nahelegt bzw. erfordert; dabei können *Raum, Zeit* und *Materie* als *Manifestationsformen* einer basaleren *Potentialität* gelten, wie HANS-PETER DÜRR darlegt:

„Viewing reality as differentiations of the >One< or the >Non-Twoness<, emergence of real systems does not have to emerge out of the parts, the supposed constituents of the system, but this emergence may always be a reflection of the basic connectedness, the unfragmented potentiality behind it. It is mainly the holistic structure of modern quantum physics which opens completely new vistas".[376]

„I do understand that the idea >of everything near and far being linked closely and intricately to everything else< is highly disturbing and causes uneasiness. The evolution of living organisms, however, may be viewed as an intelligent way of soothing this uneasiness. Their special organization allows them to disconnect themselves in a highly selected way from this overwhelming richness of influences, suppressing irrelevant information by sensual and cognitive filters ... Animated and non-animated matter are both expressions of the same basic >essence< (Wesen), which is not >matter< but >potentiality<. Non-animated matter is an incoherent assembly of this potentiality with its intrinsic >liveliness< essentially being averaged out".[377]

---

[374] Max Jammer: *Der Begriff der Masse in der Physik*, Darmstadt 1964, S. 235f;

[375] M. Jammer: ebd. S. 241;

[376] Hans-Peter Dürr: *Complex Reality: Differentiation of One versus Complicated Interaction of Many viewed by a Quantum Physicist*, in: Mainzer/Müller/Saltzer (eds.): *From Simplicity to Complexity,* Part II, Wiesbaden 1998, S. 19;

[377] H.-P. Dürr: ebd. S. 27f;

In die gleiche Richtung einer idealistischen Fundierung der materiellen Sphäre auf einer *übergeordneten* >vergeistigten< Potentialität zielt C.F.v.WEIZSÄCKERs *Urtheorie* als einer *Quantentheorie der Information*:

„It is a relatively new concept to treat *information* also *as* a genuine *part of physics*. Hereby information usually is seen as a possible alternative or an explanation for entropy: *Entropy* can be understood *as* the part of information on the state of a system *which is missing* in the case that only its macrostate is given but not the complete microstate. In the context of micro and macrostates information has nothing to do with personal knowledge - it can be realised as an *objective physical quantity*".[378]

Die *Urtheorie* postuliert als basalste Bausteine[379] ihres Weltmodells *empirisch entscheidbare binäre Alternativen* als absolut fundamentale *Ur-Alternativen* bzw. *"Urs"*. Innerhalb der *Urtheorie* sollen sonstige Grundbegriffe wie *Raum*, *Feld* oder *Partikel* als *abgeleitete Größen* erscheinen.

Es wird dabei gefordert, daß für *jedes physikalische Objekt* zumindest *eine Zerlegung* in binäre Sub-Objekte – *Urs* – möglich sei, derart, daß sein *dynamisches Verhalten* bezüglich der *Symmetrie-Gruppe* der Urs *invariant* ist:

„All the objects of physics have to be constituted from those urs by the process of quantum theoretical composition. In this process of composition the state space of an object is constructed as a tensor product of such two-dimensional spaces. In this spaces possibilities for representations of groups exist. By means of those groups we can define the mathematical description of the physical objects, e.g., particles, and of the observables for the objects, e.g., energy and momentum".[380]

Der von v.WEIZSÄCKER zunächst errechnete Wert für die *Anzahl der etwa in einem einzelnen Proton verdichteten Urs* liegt in der Größenordnung des für ein *einzelnes Proton in einem Schwarzen Loch von der Masse des Universums* (das *Big-Crunch*-Szenario) nach der *Bekenstein-Hawking-Formel* anzusetzenden *Entropiewertes*, und erinnert im übrigen wieder an den Diracschen *Korrelationskoeffizienten* von Mikro- und Makrokosmos: 10^{40}.

Die philosophischen Konsequenzen der Urtheorie und der von ihr vertretenen *Äquivalenz von Materie, Energie und Information* als *physikalischer Grundbegriffe* erscheinen klar:

„Information is introduced here as a physical concept. If we want to relate it to philosophical concepts, in the pair of mind and matter, or better in German >Geist oder Materie<, >information< seems much more related to >Geist< than to matter. If the equivalence of matter, energy and *information* can be further established, the emergence of consciousness can be seen in a new light. If matter *is* information, then the emergence of information about information in the course of evolution seems not so strange to understand".[381]

Zwar verbietet es sich diesem Verfasser, über physikalische Grundlagenhypothesen wie der Weizsäckerschen Urtheorie o.ä. zu diskutieren, geschweige denn zu urteilen, es soll aber auf folgenden Aspekt hingewiesen sein:

[378] Thomas Görnitz: *C.F. von Weizsäcker's Concept of Information - Quantum Theory of Information - a Basis for Sciences*, in: Mainzer et al. (eds.) 1998, S. 29;

[379] wir erinnern uns an die im Tractatus-System (s.o.) geforderten `Ur-Gegenstände´!

[380] T.Görnitz: ebd. S. 33;

[381] T.Görnitz: ebd. S. 36;

⇒ entsprechend der Quantenphysik bzw. den einer zukünftigen Quantengravitationstheorie absehbar zuschreibbaren Eigenschaften besitzt das >*Substrat der Welt*< einen derart *abstrakten, nicht-materiellen Charakter*, daß herkömmliche *materialistische Modelle* als ernstlich witzlos bzw. anachronistisch gelten können. In diesem Sinne versteht auch ALAIN ASPECT, dem 1982 die bislang zuverlässigste experimentelle Umsetzung einer EPR-Konfiguration[382] gelang – mit dem erwarteten und eingetretenen Resultat einer Bestätigung quantentheoretischer Prognosen und der Verletzung der Bellschen Ungleichung – die Objekte der Quantenphysik als quasimathematische Entitäten:

„So we assume that quantum mechanics is still a very good theory. Even in this kind of experiment it is not possible to send any messages or useful information faster than light ... However, if you mean that in some picture of the world that you want to construct, you can include some kind of faster than light *mathematical object*, (H.d.V.) then perhaps, yes, it could be a possibility. But you cannot use this mathematical construction for practical faster-than-light signalling".[383]

Wenn klassische Materie `nur´ als domänenspezifische Auskondensierung fundamentalerer und abstrakterer Prinzipien gelten kann, läßt sich guten Gewissens eine *idealistische* bzw. *platonistische Ontologie* postulieren.

Bei aller Uneinigkeit der theoretischen Physiker über die angemessene Interpretation oder Theorie hinsichtlich der Quantenphysik (virulente Rivalen: die schulbuchetablierte Kopenhagener Deutung NIELS BOHRs; die separate states/many worlds theory HUGH EVERETTs; die auf LOUIS DE BROGLIE zurückgehende nicht-lokale hidden variables theory DAVID BOHMs) und ihres Verhältnisses zur Gravitation/Relativität: das durch die gegenwärtige Physik – wenn nicht induzierte, so zumindest nahegelegte – Weltbild eines *holistischen Wirk(dis-)kontinuums*, in welchem *Objekte als Einzelentitäten* mit den sie konstituierenden Eigenschaften immer >nur< als *vereinfachende theoretische Konstruktionen* innerhalb der für sie theorie-relevanten Kontexte zu sehen sind, steht in deutlicher Übereinstimmung mit den in obigen Zusammenhängen von uns vertretenen erkenntnistheoretischen und ontologischen Positionen.

Während allerdings die sog. *Kopenhagener Deutung* prinzipiell die Annahme einer irgendwie profilierten Existenz einer vom (menschlichen) Beobachter unabhängigen (d.h. unabhängig vom Bewußtsein irgendwie existierenden) Weltstruktur aufgibt – sozusagen ein *ontologischer Ultra-Konstruktivismus* bzw. *Mentalismus* – und hiermit insbesondere einen *ontisch-theoretischen* und *ontologischen Hiatus* zwischen Quantenwelt und der sie einbettenden klassischen bzw. relativistischen physikalischen Komplementärstruktur induziert, der von einer wachsenden Zahl von Theoretikern mittlerweile als Zumutung betrachtet wird,[384] befürworten sowohl *Bohmsche Mechanik*

---

[382] benannt nach dem 1935 von Albert Einstein, Boris Podolsky und Nathan Rosen entwickelten Paradoxon, welches die Unvollständigkeit der Quantentheorie darlegen sollte;

[383] in: P.C.W.Davies/J.R.Brown (eds.): *The Ghost in the Atom – A discussion of the mysteries of quantum physics*, Cambridge 1986, S. 42f.;

[384] vgl. N.Zanghi/R.Tumulka: *John Bell Across Space and Time*: „ ... `Copenhagen interpretation´ of quantum physics, a rather incoherent philosophical doctrine, which (according to Richard Feynman) `nobody really

als auch der *many worlds view* die Existenz einer vom menschlichen Beobachter unabhängig existierenden physikalischen Realität: letztere hat allerdings, allein aufgrund der definitiven Verletzung (vgl. ASPECTs EPR-Experiment) des Prinzips der >Lokalität<[385] ("no action-at-a-distance") – noch von EINSTEIN als conditio sine qua non betrachtet, daher sprechen manche auch von *Einstein-Kausalität* – eine weitaus verzwicktere Struktur, als sie innerhalb klassisch mechani(sti)scher Kategorien denkbar erscheint:

- die *Bohmsche Mechanik* ist der Prototyp einer >non-local hidden variables theory<, und geht auf einen Vorschlag DE BROGLIEs im Jahr 1927 zurück, der damals unbeachtet blieb und erst 1952 von BOHM wiederaufgegriffen und weiterentwickelt wurde; es handelt sich um eine realistische und deterministische Theorie, deren experimentelle Voraussagen denen der konventionellen Quantenmechanik entsprechen. Gemäß der Bohmschen Mechanik wird ein Partikelsystem einerseits durch die Wellenfunktion beschrieben, deren Verlauf durch die Schrödinger-Gleichung gegeben ist. Im Unterschied zur konventionellen Quantenmechanik gibt es zusätzlich eine sogenannte >Leitgleichung< (guiding equation), welche die jeweiligen aktuellen Positionen der Partikel liefert. Dies bedeutet, daß ihrzufolge ein Quantensystem nicht vollständig durch die Wellenfunktion definiert bzw. repräsentiert werden kann: gemäß der Bohmschen Theorie hat es Quantenmechanik mit dem Verhalten von Partikeln zu tun, die wiederum durch ihre Positionen definiert werden, deren mögliche Veränderungen in der Zeit die Bohmsche Mechanik vorschreibt, d.h. die deterministischen Gleichungen beschreiben das tatsächliche (nicht-lokale!) Verhalten einer (im weiteren Sinne) objektiven (d.h. auch ohne Beobachter profilierten) Realität, insbesondere findet der sogenannte >Kollaps der Wellenfunktion< nicht statt. Der Zustand eines N-Partikel-Systems wird also ausgedrückt durch die Wellenfunktion $\psi = \psi(q_1, ..., q_N) = \psi(q)$; diese operiert auf dem Raum möglicher Systemkonfigurationen q; ferner die jeweilige aktuelle Systemkonfiguration Q, welche durch die aktuellen Positionen $Q_1, ..., Q_N$ der Partikel definiert ist; die gesamte Theorie ist dann hinreichend definiert durch die beiden Entwicklungsgleichungen
  1. Schrödingergleichung (Hamilton-Operator, Teilchenmasse, potentielle Energie);
  2. Leitgleichung (Entwicklungsgleichung der Teilchenpositionen).

- die *many worlds theory*, 1957 von dem genialischen HUGH EVERETT in seiner Dissertation entwickelt, wo sie als *relative state metatheory*, oder als *theory of the universal wavefunction* bzw. *separate states theory* bezeichnet wird, ist wie die Bohmsche Mechanik ebenfalls eine klassische, realistische und deterministische Theorie; sie basiert im wesentlichen auf zwei Grundannahmen, aus denen sie dann ´kompromißlos´ die Konsequenzen ableitet:
  1. Metaphysische Vermutung: die Wellenfunktion existiert als objektive mathematische Entität unabhängig vom (menschlichen) Beobachter und *ist selbst* das eigentliche und einzige theoretisch relevante Objekt der Quantenphänomene; in einem (nicht-relativistischen) N-Partikel-System ist die Wellenfunktion als Feld mit komplexen Größen auf einem $3\text{-}N$-dimensionalen Raum definiert.

---

understands´. Part of this doctrine is the view that macroscopic objects, such as chairs and planets, do exist out there, but electrons and the other microscopic particles do not. Correspondingly, Copenhagen quantum theory refuses to provide any consistent story about what happens to microscopic objects, and instead prefers to make contradictory statements about them ...";

[385] vereinfacht kann man sich die Verletzung der Bell´schen Ungleichung (d.h. Verletzung der Lokalität) z.B. anhand zweier ´konjugierter´ Teilchen veranschaulichen, die aus einer Quelle in entgegengesetzte Richtungen des Universums geschickt werden, und dabei in beliebig weiter Entfernung voneinander jeweils auf eine Meßapparatur treffen: sobald an einem der beiden Teichen eine spezifische Messung vorgenommen wird, zeigt das andere *unmittelbar* (´gleichzeitig´) in *dieser* spezifischen Messung zuzuordnendes Verhalten – als ob sein Partner am anderen Ende des Universums ihm unmittelbar (Überschreitung der Lichtgeschwindigkeit) mitgeteilt hätte, wie es nun selbst zu reagieren habe; vgl. N.D.Mermin: *More Experimental Metaphysics from EPR*; J.P.Jarrett: *Bell´s Theorem: A Guide to the Implications*;

2. Everett-Postulat: alle isolierten physikalischen Systeme evolvieren deterministisch gemäß der Schrödinger-Gleichung: $d/dt \; |\psi\rangle = - i/\hbar \; H \; |\psi\rangle$.
Als Konsequenzen ergeben sich hieraus insbesondere: 1. das gesamte Universum entwickelt sich ununterbrochen gemäß der Schrödinger-Gleichung, da es definitonsgemäß als isoliertes System zu betrachten ist; 2. es kann keinen Kollaps der Wellenfunktion geben, da dies im Widerspruch zum Everett-Postulat stünde, d.h. auch der Beobachter besitzt keinen besonderen theoretischen Status; 3. im Falle von Messungen/Beobachtungen muß die Wellenfunktion auf das gesamte Subjekt-Objekt-System bezogen werden; 4. jede Messung (bzw. jede thermodynamisch irreversible Inter-aktion eines Quantensystems) verursacht eine Dekomposition oder Dekohärenz (Aufsplittung) der allumfassenden universalen Wellenfunktion in parallele, unabhängige, d.h. physikalisch nicht mehr (allermeistens) interagierende bzw. interferierende >Zweige< oder >Welten<.

Diesem Verfasser ist es natürlich aufgrund mangelnder Kompetenz nicht möglich, die diversen quantenphysikalischen Alternativen etwa auf dem Hintergrund des struktura-listischen Begriffsrahmens zu rekonstruieren, um sie derart einer wissenschaftstheore-tischen Analyse unterziehen zu können; dennoch ist vielleicht folgende Bemerkung ge-stattet:
➢ allein aus der derzeitigen empirischen Äquivalenz z.B. von Kopenhagener Deutung einerseits, und Bohmscher Mechanik oder many worlds andererseits, folgt nicht, daß letztere, nur weil sie die Exi-stenz weiterer, derzeit experimentell nicht profilierbarer, Entitäten (sei es die der 'Leitgleichung' oder 'paralleler Universen') stipulieren, ipso facto als wohlfeile Kandidaten des Ockhamschen Ra-siermessers zu gelten hätten; dies insbesondere schon deshalb nicht, weil sie, im Gegensatz zum Copenhagen view, mehr oder minder umfassende und *konsistente theoretische Erklärungen* an-bieten, wo dieser sich letztlich auf die quasi-operationalistische[386] Position einer scholastischen Gebrauchsanweisung zur Durchführung von Rechenexempeln und Experimenten – der Kosmologe MAX TEGMARK spricht daher auch mit dezentem Sarkasmus von der 'shut-up-and-calculate in-terpretation' – reduziert.

Den ambitionierten Versuch einer *quantenphysikalischen Fundierung* der *aktiven Rolle des Bewußtseins zur Steuerung materieller Gehirnprozesse* unternehmen die Physiker FRIEDRICH BECK und der bekannte Neurophysiologe und Nobelpreisträger JOHN C.ECCLES:[387]
Ihnenzufolge greift innerhalb der
➢ *Exozytose* (d.h. der Öffnung eines Kanals im *Präsynaptischen Vesikel-Gitter* (PVG) zur Entladung der Vesikel-Transmittermoleküle) der
➢ *quantenmechanische Effekt* im Zuge eines *Trigger-Mechanismus* zur Vorbereitung (= Erhöhung der Wahrscheinlichkeit) der *Exozytose*, wobei
➢ das *parakristalline PVG* einen *metastabilen Zustand* einnimmt, so daß
➢ der *Auslösemechanismus* durch die Bewegung *eines Quasi-Teilchens* realisiert wird, dem wiederum, bedingt durch
➢ die *von-Neumann-Reduktion* des *Zustandsvektors*[388] (auch als *Kollaps der Wellen-funktion* bezeichnet), bestimmte

---

[386] zum Thema Operationalismus vgl. P.W.Bridgman: *The Logic of Modern Physics*, New York (1927);
[387] F.Beck/J.C.Eccles: *Quantum aspects of brain activity and the role of consciousness*, Proceedings of the National Academy of Sciences 89, 1992, dt. in: J.C.Eccles: *Wie das Selbst sein Gehirn steuert*, München 1997;
[388] J. von Neumann: *Mathematical Foundations of Quantum Mechanics*, Princeton 1955;

➤ *Wahrscheinlichkeitsamplituden* zugeordnet werden können.

Ob sich nun ein Mikro-System nach *klassischen* oder *quantenphysikalischen* Gesetzen richtet, wird durch *zwei charakteristische Parameter* festgelegt:

1) der durch das *Quasi-Teilchen* in einer thermischen Umgebung der Temperatur T angenommenen *thermischen Energie* $E_{th} = {}^1/_2\ k_B\ T$, (k_B ist die *Boltzmann-Konstante*);

2) der *quantenmechanischen Nullpunktsenergie* E_0 eines bis auf Δx lokalisierten Teilchens der Masse M ;

identifiziert man die Impuls-Unschärfe Δx mit ihrer kinetischen Energie, erhält man mittels der Unschärferelation [$\Delta p\ \Delta x \geq h$] :

$$ E_0 \approx \frac{(\Delta p)^2}{2\,M} = \left(\frac{2\pi\ \hbar}{\Delta q} \right)^2 \frac{1}{2\,M} \ . $$

Der *Grenzwert* zwischen klassischem Regime und Quantenregime ist gegeben durch $E_0 = E_{th}$, wobei

$E_{th} \gg E_0$ die Bedingung für das *thermische Regime*, und

$E_0 \gg E_{th}$ die Bedingung für das *Quantenregime* darstellt.

Bei als festen Parametern gewählten T und Δx wird somit eine *kritische Masse* M_c des *Quasi-Teilchens* festgelegt, die darüber entscheidet, ob die fraglichen Prozesse auf klassischem oder quantenphysikalischem Regime ablaufen.

BECK/ECCLES setzen nun

$T = 300$ K ,

$\Delta x \approx 1$ Å   und so ergibt sich

♦ $M_c \approx 10^{-23}$ g $\approx 6\,M_H$, (M_H ist die Masse des Wasserstoffatoms).

Aufgrund der somit erhaltenen Werte behaupten BECK/ECCLES,

„daß ein quantenmechanischer Trigger der Exozytose in einem molekularen Prozeß bestehen muß, zum Beispiel in der Veränderung einer Wasserstoffbrücke durch elektronische Umordnung".[389]

Das *parakristalline PVG* enthält ca. 40 Vesikeln, von denen jedoch immer nur *ein* Vesikel, nach Stimulierung durch einen Nervenimpuls, Transmittermoleküle ausschüttet.

Unmittelbar nach der Exozytose wird durch *quantensystemische Wechselwirkung unter den Vesikeln* eine weitere Ausschüttung blockiert.

Durch die *Schrödinger-Gleichung* ist die *Wellenfunktion* der N Vesikel gegeben, und die *Wahrscheinlichkeit der Exozytose* errechnet sich aus den *Wahrscheinlichkeitsamplituden* der *N*-Körper-*Wellenfunktionen*.

➤ Da die *Wellenfunktion* als Wahrscheinlichkeitsamplitude *kein materielles Feld*, und somit ihr *einziges Erhaltungsgesetz* die *Erhaltung der Wahrscheinlichkeit* sein soll, wären demnach für BECK/ECCLES innerhalb des quantenphysikalischen Regimes die *prinzipielle Möglichkeit* der *Intervention des Geistes/Bewußtseins –*

---

[389] Beck/Eccles: ebd. S. 228;

[atomisiert in *Psychonen*, die wiederum den ca. 40 Millionen *Dendronen*, (= durch Bündelung *apikaler Dendriten* der *Pyramidenzellen* formierte anatomische Einheiten), charakteristisch zugeordnet sind] –
gegeben, nämlich im Sinne eines *Modifikators der Exozytosewahrscheinlichkeit* unter Wahrung der Energieerhaltungssätze:

"Das Modell kann die quantenhafte Bouton-Exozytose mit vernünftigen Parameter-Eingaben beschreiben. Es führt in die Funktion des Neokortex einen Wahrscheinlichkeitsaspekt der Quantenmechanik ein, der zu einer Wahlmöglichkeit gemäß einer quantenmechanischen Wahrscheinlichkeitsamplitude führt. Dies wiederum wird ... dazu benutzt, eine kohärente Kopplung dieser Wahrscheinlichkeitsamplituden zu postulieren und damit vom Bewußtsein beeinflußte Handlungen zu produzieren".[390]

Obwohl das erkenntnisleitende Interesse von BECK/ECCLES demjenigen des Verfassers dieser Zeilen nahestehen dürfte, muß er einräumen, daß er gewisse Probleme mit dem hier referierten Modell hat, und zwar aus folgenden Gründen:

1) Daß quantenphysikalische Prozesse in der Neurophysiologie der Hirntätigkeit eine gegbenenfalls eminente Rolle spielen, wird von autorisierter Stelle für zweiffellos möglich oder wahrscheinlich gehalten;
   die von BECK/ECCLES dem *Bewußtsein wesentlich* zugeschriebene Funktion eines *Wahrscheinlichkeitsmodulators für Transmitterauschüttungen* im PVG jedoch erscheint mir mindestens unverständlich:
   die Unzulänglichkeit *identitätstheoretischer* Ansätze war bereits deutlich geworden – was hat man sich aber unter *Bewußtseinsatomen* (= Psychonen) vorzustellen, welche die *Wahrscheinlichkeitsamplituden* beim *Kollaps der Wellenfunktion manipulieren* sollen?
   Darüberhinaus sind auch die vorausgesetzten physikalischen Prozesse in ihrem tatsächlichen Ablauf nicht unstrittig: etwa die erstmals von N.WIENER als *Kollaps der Wellenfunktion* bezeichnete Reduktion des Zustandsvektors wird heute unter den zunehmenden Kritikern (vornehmlich theoretische Physiker und Kosmologen) der konventionellen Kopenhagener Deutung in Frage gestellt: sowohl Bohmsche Mechanik (non-local hidden variables theory) als auch many worlds theory bestreiten, daß tatsächlich ein solcher Kollaps der Wellenfunktion stattfindet.

2) Was meine Empfindungen und Gedanken beim Lesen eines guten/schlechten Gedichtes oder Hören eines erhabenen/lächerlichen Musikstückes auch immer sein mögen – sie gehören *wesentlich* weder der Sphäre von *Wahrscheinlichkeitsgrößen*, noch der von *Exozytosekatalysatoren* an.
   Bei allem Respekt und aller Sympathie für die von ECCLES pronociert vorgetragene philosophische Position:

➢ Die von ECCLES und BECK vorgeschlagene *Fundierung des Geistes* bleibt, insofern sie das Gewünschte leisten soll, zumindest für diesen Autor – annähernd unverständlich, und insofern sie verständlich ist – leistet sie nicht das Gewünschte.

---

[390] ebd. S. 232f;

49. Ontologische Axiome

In diesem Kapitel werden nun einige *metaphysisch-ontologische Thesen* aufgestellt, die sich nach des Verfassers Ansicht einerseits mit den bisher erzielten Diskussionsergebnissen in Übereinstimmung befinden, bzw. als Destillat der hier bislang vertretenen Positionen gelten können, andererseits aufgrund ihres entschlossen metaphysischen Charakters nur bedingt empirisch verifizierbar oder falsifizierbar, d.h.entscheidbar sind.

Aus diesem Grunde ebenso wie entsprechend der Tatsache, daß die hier vorgestellten metaphysischen Annahmen der Intuition des Verfassers als philosophisch alternativlose *Fundamentalpostulate* erscheinen, sind sie als *Axiome* bezeichnet.

Die Erläuterung der vorgestellten Axiome ist knapp gehalten, im weiteren Sinne läßt sich jedoch die vorliegende Arbeit insgesamt als einbettender Kommentar auffassen:

0) Es gibt eine ontisch-fundamentallogische Welt-Konstante Ω_{non}, die durch das Wesen der Negation gegeben ist.

Anmerkung:
Ω_{non} *(Omeganon)* bedeutet bzw. generiert denjenigen ersten fundamentalen Symmetriebruch, welcher die primordial-logische Basis des absoluten logisch-mathematischen Raumes ist; dieser konstituiert die folgende Region Π_{sub} *(PI-Substrat)*.

1) Es gibt eine zeit-absolute ontische Region Π_{sub} immaterieller, >platonischer< Entitäten (Π_{sub}-Entitäten), welche das wesentliche, primordiale Substrat der Welt bildet.

Anmerkung:
Innerhalb dieser Region als absoluter logisch-mathematischer Struktur sind jene platonischen Entitäten (z.B. Zahlenräume) als Einzelobjekte kristallisierbar. Diese existieren unabhängig von ihrer konkreten kognitiven Realisierung (als Π_g - Entitäten, s.u.) durch Organismen, die sie insofern immer nur approximativ adäquat erfassen, weil die Totalität des logisch-mathematischen Raumes ihre (der Organismen) formale Kapazität übersteigt. Durch den zweiten fundamentalen Symmetriebruch innerhalb von Π_{sub} kondensiert die folgende raum-zeit-materielle Region Φ *(PHI)*.

2) Es gibt eine multidimensionale, raum-zeit-relative ontische Region Φ materieller, d.h. im engeren Sinne physikalisch existenter und beschreibbarer Entitäten (Φ-Entitäten), welche auf der Region Π_{sub} mittels des Phänomens der >Dimensionsfaltung< auskondensiert.

3) Innerhalb der Φ- Region evolvieren weitere ontische Differenzierungen: die über Symmetriebrüche auskondensierten vier universalen Grundkräfte sowie die physikalischen Konstanten sind als Φ- Relationen der Region Φ_R von den gegenständlichen physikalischen Objekten als den Φ- Atomen (des Mikro- und Makrobereichs) der Region Φ_A zu unterscheiden.

4) Beide Regionen Φ_R und Φ_A zerfallen jeweils in die zwei disjunkten Klassen der abstrakten Universalien $\Phi_a{}^U$ und konkreten Universalien $\Phi_k{}^U$, die sich wiederum jeweils in mannigfache nicht-disjunkte Partitionen ausdifferenzieren.

Anmerkung:
Die Region Φ (*PHI*) entsteht als bezüglich $\prod_{sub}$ >epiphänomenale< Seinsregion durch >Auskondensierung< ihr gegenüber abstrakter und fundamentaler (protophysikalischer) Relationen und Prinzipien ($\prod_{sub}$-Entitäten), und entfaltet sich über eine emergierende Akkumulation von Symmetriebrüchen zyklisch in Richtung domänenspezifisch zunehmender Komplexität.

Die Φ-Region ist ein deterministisches Wirkfeld, dessen diskrete, >körnige< Feinstruktur offenbar durch die einschlägigen physikalischen Konstanten konstituiert wird.
Gemäß der hier vertretenen Intuition von Determinismus handelt es sich bei der fraglichen Konzeption keinesfalls um eine empirisch verifizierbare oder falsifizierbare Hypothese, sondern vielmehr um eine transzendental-ontologische Kategorie insofern, als sie die konstitutive Bedingung der Möglichkeit jeglichen Seins von Π- und Φ-Region darstellt.

Innerhalb der Φ-Region evolvieren weitere ontische Differenzierungen: so sind die über Symmetriebrüche 'auskondensierten' vier Grundkräfte (starke und schwache Wechselwirkung, Schwerkraft und elektromagnetische Kraft), sowie die physikalischen Konstanten als Φ-*Relationen* der Region Φ_R von den gegenständlichen, d.h. als relative funktionale Einheiten konstruierbaren, physikalischen Objekten des Mikro- und Makrobereichs zu unterscheiden, welche hier als Φ-*Atome* der Region Φ_A zusammengefaßt sind.
Dieser primordiale kosmische Evolutionsprozeß der ontischen Ausdifferenzierung generiert damit gleichzeitig die Entfaltung abstrakter Universalien von *konkreten, raumzeitlich existenten Universalien* in Φ:
sowohl Φ_R wie Φ_A enthalten jeweils disjunkte Mengen abstrakter und konkreter Universalien, $\Phi_a{}^U$ und $\Phi_k{}^U$, die für sich ebenfalls wiederum in zahllose nicht-disjunkte (weil sie jeweils an zahllosen parallelen und sich überschneidenden Konfigurationen partizipieren) Mengen ausdifferenzieren.
Beispiele für solche konkreten Universalien ergeben sich bei quantenmechanischer Betrachtung mikroskopischer Entitäten wie z.B. Elektronen, die unter gewissen

Bedingungen als *leibniz-identisch* (d.h. in allen Eigenschaften übereinstimmend), jedoch als *numerisch verschieden* (d.h. z.B. das beobachtete System S_j besitzt eine Elektronenkardinalität größer 1) gelten dürfen. Die dann diesen konkreten Universalien als ihren Instantiierungen gleichsam als >Urbilder< zugeordneten abstrakten Universalien bilden eine Hierarchie aufsteigender Allgemeinheit: vom `nächstliegenden´ abstrakten Universal >Elektron im System S_j < bis zum allgemeinsten diesbezüglichen abstrakten Universal >Elektron<.[391]

5) Es gibt eine zeit-relative ontische Region phänomenal-emotiver platonischer Entitäten (Π_e - Entitäten), welche auf einer gewissen Komplexitätsstufe des Φ-Raumes mittels des Phänomens der >Semiotisierung< emergiert.

6) Es gibt eine zeit-relative ontische Region phänomenal-gestalthafter platonischer Entitäten (Π_g - Entitäten), welche auf einer gewissen Komplexitätsstufe des Φ- Raumes mittels Semiotisierung emergiert.

Anmerkung:
Semiotisierung bedeutet, daß bis dato elementar physikalische Systeme nun in quasi-informationsübertragende kybernetische und darüberhinaus autopoietische Systeme transformiert werden, wobei entscheidenderweise die autopoietische Organisationsform des neuen, komplexeren (aus Φ- , Π_e - und Π_g -Entitäten bestehenden) Systems über die (artenspezifische) Π_e-Domäne konstituiert wird.

Zusammenschau:

Innerhalb der als Resultat des zweiten ontologisch fundamentalen Symmetriebruchs auskondensierten Φ-Region kommt es im Zuge des kosmischen Evolutionsprozesses über die systemdynamisch angelegte Folge weiterer interner Symmetriebrüche zur Ausdifferenzierung weiterer Subregionen und Partitionen. So können prinzipiell etwa die vier physikalischen Grundkräfte, die physikalischen Fundamentalgesetze (z.B. allgemeine und spezielle Relativität, Quantenmechanik) sowie die physikalischen Konstanten als Entitäten der Region Φ_R (Φ-Relationen) von den physikalischen gegenständlichen Objekten des Mikro-, Meso- und Makrokosmos (z.B. Quarks, Fledermäuse, Galaxien) als Entitäten der Region Φ_A (Φ-Atome) unterschieden werden.
In ontologischer Hinsicht stellt sich dabei die Frage nach der Möglichkeit der Klassifikation einer *eigentlichen Natur* der Entitäten, d.h. nach dem Vorhandensein für die fraglichen Entitäten konstitutiver, ihre jeweilige Charakteristik wesentlicher, Merkmale.
Grammatikalisch finden sich, sozusagen als *linguistische Universalien*, in allen menschlichen Sprachen zwei grundsätzliche Arten von Ausdrücken/Termen:

---

[391] s. Gerhard Schurz: *Ein quantenmechanisches Argument für die Existenz konkreter Universalien*, in: J.L.Brandl et al. (eds.): *Metaphysik. Neue Zugänge zu alten Fragen*, St.Augustin (1995), S. 97-120;

- singuläre Terme: Eigennamen (>Henry de Montherlant<,>Ollie Reed´s Last Pub<), Demonstrativa (>dieser<, >jener<), Pronomen (>Du<, >ich<), Kennzeichnungen (>der erste römische Kaiser<, >der letzte griechische Saftladen<), sie bezeichnen bestimmte einzelne konkrete Objekte – *Individuen*;
- generelle Terme: Adjektiva, (>blau<, >breit<, >bieder<), Artbegriffe (>Planet<, >Lebewesen<), Relationsbegriffe (>größer als<, >abhängig von<), sie bezeichnen begriffliche, abstrakte Entitäten – *Universalien*.

Die Frage lautet nun, ob dieser sprachlichen Kategoriendichotomie auch eine Dichotomie in der Wirklichkeit entspricht: lassen sich in der Realität tatsächlich zwei grundlegend verschiedene Arten von Entitäten, Individuen und Universalien, nachweisen, oder handelt es sich bei einer von beiden, oder in beiden Fällen, letztlich um epistemologische Sinnestäuschungen? Die mittelalterliche Scholastik führte zu diesem Thema ebenso zahlreiche wie lebhafte Debatten, in deren Verlauf sich die konträren Positionen des Realismus und des Nominalismus kristallisierten.

Ein *Individuum* ist notwendig ein einzelnes, solitäres Ding, welches, wenn es existiert, eben *genau und nur ein einziges Mal* im gesamten Universum existieren darf: *genau dieses Buch* vor mir auf *diesem Tisch*, der aus *diesem Nußbaumholz* gefertigt ist – alle drei Substantive bezeichneten in diesem Fall *absolut singuläre* konkrete Objekte der Welt.
Eine Universalie ist demgegenüber eher eine Art von >Urbild<, welches intrinsisch auf zahlreiche bzw. zahllose Instantiierungen bzw. Exemplifizierungen seiner selbst verweist:
es gibt Myriaden von Lebewesen, Planeten, Büchern, Biergläsern, mannigfache Beispiele von Gegenständen mit derselben Eigenschaft (blaue Augen, blaue Strümpfe, blaues Wasser, etc.).

Der *Nominalismus* vertritt die These, daß es real nur konkrete Gegenstände, Individuen, geben könne,so daß die Verwendung genereller Terme nur eine `facon de parler´, eine vereinfachte Redeweise darstelle, der im strengen Sinne nichts Wirkliches in der Welt entspräche, vielmehr basierten alle generellen Terme auf der Existenz konkreter Individuen.
Dagegen behauptet der *Realismus*, daß es sowohl Individuen als auch Universalien geben müsse.
Tatsächlich läßt sich zeigen, daß der Nominalismus in unlösbare Aporien gerät, weil er letztlich nicht imstande ist, Klassen, Ähnlichkeits- und Identitätsrelationen, die zur Weltkonstitution zwingend erforderlich sind, ohne Rekurs auf Universalien zu etablieren, wenn er sich nicht in perennierenden Begründungsregressen verlieren will.
Der interessante Aspekt liegt nun aber darin, daß es, wie SCHURZ darlegt, mittels quantenphysikalischer Überlegungen möglich ist, Plausibilitätsargumente für die Existenz *konkreter Universalien* zu entwickeln. Diese Argumente ergeben sich aus der Tatsache, daß Elementarteilchen, z.B. Elektronen, unter bestimmten Bedingungen

einerseits als leibnizidentisch, andererseits als numerisch verschieden gelten müssen, weil sie sich in keiner Eigenschaft unterscheiden außer derjenigen, verschiedene ununterscheidbare Bestandteile eines Mehrelektronensystems (d.h. eines Systems mit Elektronenkardinalität größer 1) zu sein:[392]

„Das *Prinzip der Nichtunterscheidbarkeit ähnlicher Teilchen* gilt für alle Elementarteilchen wie z.B. Protonen, Neutronen, Photonen und sogar für Atome desselben Elements im selben Zustand. Ein Photon kann nicht von irgendeinem anderen Photon derselben Frequenz unterschieden werden, obwohl es sich sehr deutlich von einem Elektron unterscheidet. Ein Heliumatom in seinem Grundzustand unterscheidet sich nicht von irgendeinem anderen Heliumatom in seinem Grundzustand, obwohl es sich sehr deutlich von einem Neonatom unterscheidet ...

Es reicht aus, zu sagen, daß ein Zustand von einem Teilchen einer bestimmten Art besetzt ist oder nicht. Es ist nicht erlaubt, den Versuch zu machen, die Identität des Teilchens zu bestimmen, das diesen Zustand einnimmt."

Abstrakte wie konkrete Universalien sind dabei gleichermaßen in deterministische Wirkfelder eingebunden, deren prinzipielle algorithmische Nichtberechenbarkeit logisch vom Konzept des Indeterminismus unabhängig ist.

Der hier konsolidierten Intuition folgend, kann es tatsächlich überhaupt keinen kohärenten Begriff von Indeterminismus geben, da ein solcher gleichsam ein >logisches Loch< im ontologischen Raum bedeuten würde:

ebenso wie jedes logische System durch ein Axiom der Art:

$$(p \supset q) \supset (p \supset \sim q)$$

zum >Einsturz< gebracht wird, müßte ein ontologischer Indeterminismus zur >Strukturimplosion< führen.

Daß Determinismus und Indeterminismus nicht als kontingente Konzeptionen etwa auf der Ebene empirischer Hypothesen und Heuristiken verstanden werden können, sondern ontologisch-transzendentalen Status aufweisen müssen, bedeutet, daß sie die logische Form, den Möglichkeitsraum der Konfigurationen festlegen;

innerhalb der uns gegebenen Welt ist ein kohärenter Begriff von Indeterminismus nicht konstruierbar, weil eine solche Konstruktion das >Ausbrechen< aus dem logischen Raum implizierte.

WITTGENSTEINs auf die Logik bezogenen Intuitionen sind ganz klar auf die Φ-Region zu expandieren, insofern der logische Raum die Wesensgesetze der letzteren generiert:

„Daß die Logik a priori ist, besteht darin, daß nicht unlogisch gedacht werden *kann*" (TLP, 5.4731).

„Wir können nichts Unlogisches denken, weil wir sonst unlogisch denken müßten. Man sagte einmal, daß Gott alles schaffen könne, nur nichts, was den logischen Gesetzen zuwider wäre. - Wir könnten nämlich von einer >unlogischen< Welt nicht *sagen*, wie sie aussähe" (TLP, 3.03;3.031).

Daß die Welt als deterministisches Wirkfeld postuliert wird, bedeutet jedoch keineswegs, daß herkömmliche Kausalitätsmodelle sich nicht gegebenenfalls als revisionsbedürftig oder gar obsolet erweisen mögen – tatsächlich sind diese ja größtenteils an letztlich inadäquaten Zeitvorstellungen und ebenso inadäquaten Ursache-Wirkungs-Konzeptionen angebunden und daher in einem strengeren Sinne ggf. physikalisch falsch – dabei stünde die hier vertretene Determinismus-Variante intuitiverweise wohl

---

[392] Kenneth R. Atkins: *Physik*, Berlin/New York (1974), S.638; s. G. Schurz, ebd.;

auch mit nicht-lokalen Theorien der Quantenphysik und Raum-Zeit (Bohmsche Mechanik) oder dem Everettschen *many worlds view* zumindest nicht im Widerspruch. Da nämlich jegliche Gegenstandskonfigurationen innerhalb ihrer spezifischen Raum-Zeit-Vernetzung und der durch sie generierten Kausalketten als raumzeitlich kohärenten Folgen von Objektkonstitutionen immer den Charakter von subjektabhängigen Konstruktionen haben, kommt den jeweilig konstruierten Kausalketten zwar für das Erkenntnissubjekt eine gegebenenfalls eminente, handlungspragmatisch fundierte Bedeutung zu, in ontologischer Hinsicht jedoch sind Kausalketten im Sinne von Ursache-Wirkungs-Schemata wesentlich sinnlos:

> Es muß der hier vertretene modifizierte *Kausalitäts-* bzw. *Determinismusbegriff* der Φ-Region *in Analogie zum deterministischen logisch-mathematischen Raum* verstanden werden:

ebensowenig wie etwa die Zahl *Null* als Ursache der Zahl *Eins* oder diese als Ursache der Zahl *Zwei*, oder die *Ludolfsche Zahl* π (=3,1415926...) als Ursache des *Kreises* oder *Kugelkörpers* gelten kann, vielmehr der logische Raum zu jedem denkbaren Zeitpunkt in seiner absoluten Totalität als deterministische Struktur gegeben ist, sind jegliche raum-zeitliche Spezifikationen im Sinne von Ursache-Wirkungs-Modellen immer >nur< als subjektabhängige Konstruktionen von handlungspragmatischer Relevanz für das jeweilige kognitive Subjekt, dessen phylogenetisch gewachsene kognitiv-sensuelle Lebens-Wirkwelt jeweils artenspezifische Handlungsanforderungen und entsprechende Aktionsradien bereitstellt.

$\prod_g$ - und $\prod_e$ -Region realisieren sich mittels der als *Trägersubstanz* fungierenden Φ-Region, in welcher sie auf kontingente Weise codiert sind, auf neuronalem, oder, im Falle der $\prod_e$ -Region, auch auf neuromodulatorischem und metabolischem Wege.

$\prod_e$ -Atome sind in einem dreidimensionalen Koordinatensystem beschreibbar:

1. Pos_e -Achse: gibt den organismenspezifischen subjektiven Positivitätswert an;
2. Neg_e -Achse: gibt den organismenspezifischen subjektiven Negativitätswert an;
3. Int_e -Achse: gibt den ´Energiebetrag´, d.h. den Intensitätswert an.

$\prod_g$ -Elemente sind in Dimensionszahl und Komplexität abhängig von der formalen kognitiven Kapazität des sie realisierenden Organismus.

Kein $\prod_e$ - oder $\prod_g$ -Atom kann isoliert vorkommen, sie sind notwendig immer in Systemen gebunden:

- $\prod_g$ -Atome (in $\prod_{e/g}$ -Molekülen realisiert) sind Instantiierungen von *Wiener-Maschinen* (*WM*s) bzw. als solche in *WM*-Komplexen eingebunden, *WM*s oder *WM*-Komplexe sind Bestandteile der $\prod_{e/g}$ –Moleküle;
- $\prod_e$ -Atome (atomar oder in $\prod_{e/g}$ -Molekülen realisiert) sind in dissipativen Ungleichgewichtssystemen $\prod_S$ integriert und organisiert.

Es liegen also zwei miteinander verzahnte deterministische Ebenen mit spezifischer Systematik vor, und welche von beiden die regulative Führung zur Generierung der $\Pi_{e/g}$-Molekülketten übernimmt, hängt spezifisch von der energetisch-emotiven >Aufladung< (d.h. der Qualität und Intensität der Π_e-Atome) ab.

Es lassen sich hierbei zwei Grenzfälle ausmachen:

1) Π_e-Wert → min ; ⇔ Modus maximaler relativer Rationalität, Laufmodus wird durch *WM*-interne Systematik bestimmt (z.B. kalkülmäßige oder mathematische Gedankenfolgen);

2) Π_e-Wert → max ; ⇔ Modus minimaler relativer Rationalität, Laufmodus wird durch Π_S-organisationsinterne Systematik bestimmt (z.B. triebhafte Handlungen; prinzipiell alle psychopathologischen Phänomene).[393]

Charakteristisch für die Π_e-Region ist einerseits ihre gestaltmäßige >Blindheit<, andererseits ihre Funktionsweise als übergeordnetes dissipatives quasi-energetisches Ungleichgewichtssystem, welches das Anspringen der durch die Π_g-Region bereitgestellten gestalthaften Objekte – d.h. die als mehr oder weniger elaborierte turingbasierte *Wiener-Maschinen* (*WMs*) verstandenen, mehr oder weniger emotiv eingefärbten >konkreten< oder >abstrakten< Bewußtseinsentitäten – steuert (im weitesten Sinne).

Insofern sich Π_e auf metabolischem oder neuromodulatorischem (noradrenerges, serotonerges, dopaminerges, cholinerges System) Wege realisiert, ist sie nicht mit den gestalthaften Π_g-Entitäten verbunden und äußert sich demzufolge als >blinde< emotive Disposition;
Die neuronale Realisierung der Π_e-Entitäten ist immer in einer >Verschmelzung< von gestalthaften Π_g-Entitäten mit Π_e-Entitäten zu gestalthaften $\Pi_{e/g}$-Molekülen gegeben.

Diese Verschmelzung läßt sich auch als eine Art von spezifischer >Einfärbung< der gestalthaften (*WM-*) Objekte (aus Π_g) verstehen, deren Interaktionsdynamik durch ihre jeweiligen spezifischen emotiven >Energiequanta< (aus Π_e) beeinflußt wird.

Das Verhältnis bzw. der Interaktionsmodus der kognitiven, perzeptiven und emotiven Module ist auf kanonisch-systemische Weise durch das jeweils übergeordnete Regime des Organismus bestimmt (z.B. Trance, Hypnose, normale Wachzustände).

Das den Menschen (und andere höhere Organismen) auszeichnende Selbst- bzw. Ich-

---

[393] Ein deutliches Beispiel für die überbordende Dominanz der Π_e-Komponente bei fortgeschrittenem Verlust konsistenter gestalthaft-kognitiver Begrifflichkeit liefert folgende Unbehagensbekundung eines Denkgestörten: „Mein liebster Herr Doktor, ich habe ja ganz falsch, o Gott im Himmel erbarme dich meiner, Vater im Himmel erbarme dich. Guter Herr Doktor helfen Sie mir. Laßt mich raus. Himmlischer Vater verlaß mich doch nicht. Das bin ich nicht imstande. Ich bin ja ganz richtig. Seien Sie doch barmherzig. Ich kann ja nicht anders, ach, liebster Gott. Nein, nein, nein, ich muß fort, seid doch barmherzig. Herr Doktor, sind Sie doch barmherzig." (cit. nach: E.Bleuler: *Lehrbuch der Psychiatrie*, 15.Aufl. neubearb. v. M.Bleuler, Berlin/Heidelberg/NewYork, 1983, S.48);

Bewußtsein stellt sich demnach nur als Ausschnitt des Π_S-Systems (und damit vornehmlich als Ich-*Gefühl* im spezifischen >Aktualmodus< der Gegenwartskonstitution des Gedächtnisses) dar, welcher in Form und Gestalt durch die interne Dynamik des aus Bewußtem und Unbewußtem (persönlich/kollektiv) bestehenden Π_S-Systems determiniert, und keinesfalls der willens- und bewußtseinsmäßigen Kontrolle des Organismus zugänglich ist.

[Dem entspricht physiologisch die funktionale Abhängigkeit der bewußten corticalen Ich-Instantiierungen von den unbewußten limbischen Zentren].

Alle von Organismen realisierbaren Handlungen (kognitiv, perzeptiv, emotiv, motorisch) sind durch eine spezifische Motivationsstruktur determiniert, welche wiederum durch das Wirken bzw. Zusammenspiel primärer und (bei höheren Organismen wie z.B. Menschen) sekundärer Triebsysteme (letztere sind mit ersteren durch Verwandtschafts- oder Symbolbeziehungen verbunden) determiniert ist.

Es gibt für Organismen keine mögliche bzw. denkbare Handlung welcher Art auch immer, die durch eine Entität wie den >freien Willen< erklärt, deduziert bzw. in systemischen Zusammenhang gebracht werden könnte.

Da Menschen bestenfalls zu einem partiellen Verständnis ihrer Motivationsstrukturen gelangen, entsteht in gewissen Kontexten mittlerer Affektivität bzw. Affektkonkurrenz das Gefühl disponibler, d.h. auf alternative Affektträger willkürlich verteilbarer, psychischer Energie als Illusion des sogenannten >freien Willens<.

Es ist also nicht die Organisationsdynamik von Π_g, welche in letzter Konsequenz das Anspringen der Π_g-Entitäten als *WMs* determiniert, sondern die Organisationsdynamik des aus blinden (metabolisch/neuromodulatorisch realisierten) Π_e-Atomen und gestalthaften (neuronal realisierten) $\Pi_{e/g}$-Molekülen bestehenden übergeordneten emotiven Ungleichgewichtssystems Π_S, dessen modifikable dynamische Hauptmodule als Bewußtseins- und Unbewußtseinskomplex anzusehen sind.

Auf *physiologischer Ebene* erfolgt die Dominierung des Bewußtseins durch den im limbischen System codierten Unbewußtseinskomplex über die sogenannte *ventrale* oder *limbische Schleife*:

- Der von *orbitofrontalem* und *cingulärem Cortex* gebildete *limbische Cortex* wirkt bzw. >projeziert< auf das *Striatum ventrale* (Nucleus accumbens), welches seinerseits zum *Pallidum ventrale* projeziert. Ventrales Pallidum und Striatum stehen in wechselseitiger Beziehung zur *Substantia nigra* (deren interner Zerfall auch für Morbus Parkinson verantwortlich ist) und dem *Nucleus subthalamicus*, und werden selbst durch *Amygdala/Ventrales Tegmentales Areal* (emotionales Gedächtnis), *Hippocampus* (episodisches bzw. Kontextgedächtnis) und *basales Vorderhirn* (Aufmerksamkeitssteuerung) beeinflußt.
  Das Pallidum wirkt weiter auf den *Nukleus mediodorsalis*, der seinerseits sowohl wieder zurück zum limbischen Cortex, als auch zum Striatum projeziert. Zusätzlich bestehen direkte Verbindungen zwischen Pallidum und limbischem Cortex.

„Unser Handeln richtet sich stark danach, Lust zu suchen und Unlust abzuwehren. Wir können zwar vorübergehend auch Unlust suchen, aber oft nur, um eine noch größere Unlust, die uns droht, abzuwehren oder um Hindernisse auf dem Weg zu lustbetontem Erleben zu überwinden. Unser Denken wird im Sinne unserer Gefühle gebahnt. Es kreist um das, was uns wert ist, die Erhaltung unserer Existenz, das Wohlergehen derer, die wir lieben, um unsrere Interessen und Liebhabereien und um die Abwehr von Bedrohungen. Die Schaltkraft der Affekte kann sogar die Logik verfälschen: Der vom Glück Berauschte ist nicht mehr imstande, alle schlimmen Folgen seiner Unternehmungen zu erwägen, ja sie >fallen ihm gar nicht mehr ein<; man übersieht seine eigenen Fehler ... Die Affektivität lebt auch in unserer Motorik, der Mimik, der Stimme und der Körperhaltung, dem Gang, dem Spiel der Hände und wird damit den Mitmenschen kenntlich. Viele vegetative Schaltungen der Affektivität haben ebenfalls Bedeutung für die Beziehungen zu den Mitmenschen: Erröten und Erblassen, Tränensekretion, das Pupillenspiel u.a. Darüber hinaus aber sind alle körperlichen Lebensvorgänge von der Emotionalität aus mitgesteuert".[394]

Ein in diesem Zusammenhang alltägliches Phänomen stellt die sogennante *Irradiierung* (Übertragung) von Affekten (als $\prod_e$-Elementen) bestimmter Erlebnissinhalte (als $\prod_g$-Elementen) auf andere Erlebnisse dar:
das (energetisch und qualitativ signifikante) $\prod_e$-Atom eines gewissen $\prod_{e/g}$-Moleküls bewirkt quasikatalytisch innerhalb von spezifischen Kontexten die >Infizierung<, d.h. die energetische und qualitative Aufladung bislang unsignifikanter $\prod_e$-Atome anderer $\prod_{e/g}$-Moleküle.

Unzweifelhaft ist auch die Existenz von annähernd $\prod_g$ -gestaltunabhängigen $\prod_e$ - Kreisläufen:
der psychologische Begriff der *Suggestibilität* zielt auf gewisse Formen der Affektübertragung als interorganismischer Kopplung von $\prod_e$ -Schemata als phylogenetisch erworbener, kanonischer $\prod_e$ -Folgen.

Von besonderer kognitiver und emotiver Relevanz sind die speziesabhängigen *apriorischen $\prod_g$ -Muster*, nämlich
1. phylogenetisch konsolidierte $\prod_g$ -Strukturen als *Archetypen 1.Grades*, sowie
2. soziogenetisch konsolidierte $\prod_g$ -Strukturen als *Archetypen 2.Grades*,
die auf kanonische Weise mit $\prod_e$ -Werten konjugiert sind, und innerhalb des $\prod_S$ - Systems als funktionale Einheiten mit quasi-transzendentalem Charakter erscheinen.

Einer der herausragenden Physiker des 20. Jahrhunderts, WOLFGANG PAULI, geht soweit, sogar in den physikalischen Grundbegriffen wie
- Atom,
- Korpuskel,
- Radioaktivität,
- Welle,
- Energie

---

[394] E.Bleuler: *Lehrbuch der Psychiatrie*, 15.Aufl. neubearb. v. M.Bleuler, Berlin/Heidelberg/NewYork, 1983, S. 65f.;

weniger rationale Konstrukte denn archetypische Symbole im Sinne C.G.JUNGs zu erkennen.

So schreibt PAULI in *Phänomen und physikalische Realität*:

„Theorien kommen zustande durch ein vom empirischen Material *inspiriertes* (H.d.v.) Verstehen, welches am besten im Anschluss an Plato als zur Deckung kommen von inneren Bildern mit äußeren Objekten und ihrem Verhalten zu deuten ist. Die Möglichkeit des Verstehens zeigt aufs Neue das Vorhandensein *regulierender typischer Anordnungen* (H.d.V.), denen sowohl das Innen wie das Außen des Menschen unterworfen ist".[395]

In seinem Artikel *Eine Art von Zweideutigkeit* kommentiert E.P.FISCHER die Ausführungen PAULIs folgendermaßen:

„Mit einer >typischen Anordnung< meint Pauli das, was in der Sprache der Psychologie Archetypus heißt und bei C.G.Jung zum kollektiven Unbewußten gerechnet wird. Der Archetypus erlaubt es, die tiefen Beziehungen zwischen der menschlichen Seele und der real gegebenen Materie herzustellen, ohne die wir gar nicht in der Lage wären, Begriffe zu erfinden, die auf die Natur passen. In diesem Bild treten die physikalischen Gesetze als äußere und die Begriffe als innere >Projektionen< archetypischer Qualitäten auf. Erkenntnis kann gelingen, nachdem die menschliche Wahrnehmung äußere Formen in innere Bilder verwandelt hat, die jetzt auf andere innere Bilder treffen, welche wie die platonischen Ideen als Vorgabe für den Menschen existieren und seinen Erkenntnishorizont definieren. Die Bilderströme kommen zur Kongruenz, und dies ist möglich, weil sie eine gemeinsame archetypische Ebene haben, von der sie ausgehen".[396]

Die Prävalenz des emotiven über den rationalen Komplex besteht nun darin, daß ersterer sich des letzteren >bedient<, d.h. ihm organisationshierarchisch übergeordnet ist insofern, daß der kognitiv-rationale Komplex nur aufgerufen wird und >interventionsfrei< ablaufen darf, solange er den >Interessen<, der Systematik des emotiv dominierten $\prod_S$-Komplexes entspricht.

So gibt es auch neben dem empirisch gebundenen, konventionell-disziplinierten Denken eine kreativ-ungebundenere Form des *dereierenden, autistisch-undisziplinierten* Denkens:

„Dem dereierenden Denken mangelt die Tendenz, sich an die Wirklichkeit anzupassen. Seine vorwiegende Tendenz liegt darin, in unserer Vorstellung eine neue Welt zu schaffen, die unseren Wünschen, Strebungen und Befürchtungen besser entspricht als die wirkliche. *Für dieses autistische Denken, die >Logik des Fühlens<(Stransky), dieses Wunschdenken, ist charakteristisch, daß es Widersprüche mit der Wirklichkeit nicht vermeidet.* In seiner vollen Ausbildung scheint das autistische Denken prinzipiell anders als das Erfahrungsdenken; in Wirklichkeit aber gibt es alle Übergänge von der geringen Loslösung von den erworbenen Denkformen, wie sie bei jedem Analogieschluß notwendig ist, bis zu der ungebundenen Phantasie. In gewissen Grenzen ist ja die Unabhängigkeit von dem gewohnten Gedankengang eine Vorbedingung der Intelligenz; neue Wege finden und das Sichhineinphantasieren in neue Situationen, das Tagträumen und ähnliche Beschäftigungen sind unerläßliche Übungen der Intelligenz. *Die Inhalte und Ziele des autistischen Denkens sind natürlich immer solche, die unser Innerstes am tiefsten bewegen. Es ist deshalb verständlich, daß man sie oft höher einschätzt als reale*

---

[395] cit. nach: E.P.Fischer: *Eine Art von Zweideutigkeit*, FAZ, 22.04.2000;
[396] ebd.

Vorteile, die sich ersetzen lassen.[397]

In diesem Sinne läßt sich auch die Bedeutung von *Ideologien* bzw. Überzeugungs- oder *Glaubenssystemen* verstehen: sie sind emotionsökonomisch motivierte *emotive Weltordnungsparadigmen*, d.h. psychohygienisch mehr oder minder effiziente Emotionszuordnungssysteme zur emotiven Basiskoordinierung des Organismus in der Welt; sie sind folglich als elaborierte funktionale Analogien zu den bekannten *Konfabulationen* [d.s. Pseudo-Erklärungen des bewußten Ich (corticales Bewußtsein) zur Harmonisierung der *systemisch dominanten* subcorticalen limbischen Einflüsse mit den von ihm produzierten >höheren<, ideologischen Rationalen] zu sehen.

Dies bedeutet nicht mehr und nicht weniger, als daß die jeweiligen (innerhalb ihres spezifischen Spielraums modifikablen und variierenden) Φ-Strukturen der fraglichen Organismen den jeweiligen $\prod_S$-Organisationsformen als den sie dominierenden, d.h. übergeordneten, Ebenen der Autopoiese zu eben deren Verwirklichung dienen:

➤ die Systemlogik der $\prod_S$-Ebene als der übergeordneten Organisation innerhalb eines Organismus kann also niemals durch bloße Analyse der Φ-Ebene, über deren onto-genetische und phylogenetische Variationen sie sich realisiert, rekonstruiert und verstanden werden.

Es setzt sich der Organisationskomplex $\prod_S$ innerhalb eines Organismus wiederum aus hierarchisch vernetzten Modulen zusammen, die auf einer gewissen Komplexitätsstufe durch einen weiteren Symmetriebruch die Aufspaltung von dynamisch interagierenden Bewußtem und Unbewußtem induzieren.[398]

Die primordiale Region $\prod_e$ phänomenal-emotiver Entitäten läßt sich auch aufgrund

---

[397] E.Bleuler: *Lehrbuch der Psychiatrie,* 1983, S. 41;

[398] Bei C.G.Jung findet sich, in speziellerem Zusammenhang, folgende für den bewußt-/unbewußten psycho-somatischen Komplex aufschlußreiche Beobachtung: „Wer sich mit der Behandlung Nervenkranker be-schäftigt, weiß, wie groß die Bedeutung der Elterneinflüsse auf die Kranken ist. Viele Patienten fühlen sich geradezu verfolgt von den Eltern, auch wenn diese längst tot sind. Die psychologischen Nachwirkun-gen der Eltern sind so stark, daß sich ... bei vielen Völkern ein ganzes System des Totenkultus herausge-bildet hat ... Als ich mich 1925/26 auf einer Expedition am Mount Elgon aufhielt, erkrankte eine unserer Wasserträgerinnen, eine junge Frau, die in einem benachbarten Kraal wohnte, allem Anschein nach an ei-nem septischen Abort mit hohem Fieber. Unsere spärliche Ausrüstung genügte nicht zu einer Behandlung. Die Angehörigen ließen sofort einen >nganga<, einen Medizinmann kommen. Dieser ging in immer wei-teren Kreisen um die Hütte herum und beschnupperte die Umgebung. Plötzlich stand er still auf einem Pfad, der vom Berg herunter kam, und erklärte, die Kranke sei die einzige Tochter von Eltern, die allzu jung gestorben seien und sich jetzt oben im Bambuswald aufhielten, von woher sie jede Nacht herunter kämen, um die Tochter krank zu machen, damit sie sterbe und ihnen dann Gesellschaft leiste. Es wurde nun sofort an diesem Pfade eine >Geisterfalle< in Gestalt einer Miniaturhütte gebaut, eine kleine Lehmfi-gur als Simulacrum der Kranken geformt und mit >posho< (Lebensmitteln) in das Hüttchen gelegt. Nachts kehrten die Geister dort ein, weil sie meinten, bei der Tochter zu sein. Zu unserem maßlosen Erstaunen genas die Kranke innerhalb von zwei Tagen. War unsere Diagnose falsch? Das Rätsel blieb ungelöst". C.G.Jung: *Über psychische Energetik und das Wesen der Träume.* Freiburg i.B. (1971), S.190;

ihrer dual-korrelativen Basisstruktur –
die zwei den Emotionsraum aufspannenden korrelierten Basisachsen bestimmen die beiden Grundorientierungen:
>hin zu< [physiologische Lokalisierung im limbischen System: Nucleus accumbens; ventrales tegmentales Areal (VTA)]
- Erfahrungsadjektive: angenehm, schön, gut, etc;
- Erfahrungssubstantive: Lust, Freude, Liebe, etc;
und
>weg von< [physiologische Lokalisierung im limbischen System: Amygdala]
- Erfahrungsadjektive: abstoßend, ängstigend, etc;
- Erfahrungssubstantive: Unbehagen, Schmerz, Furcht, etc., –
als *phänomenal-ontische Verdichtung* des grundlegenden Prinzips emergierender und komplexitätinduzierender Symmetriebrüche interpretieren.

Im Verhältnis zu konventionellen materialistischen oder dualistischen Weltmodellen situiert sich die hier postulierte Ontologie `diagonal´.
Man betrachte z.B. POPPERs *3-Welten-Schema*:

- *Welt 1* enthält die physikalischen Objekte und Zustände - sie entspricht unserer Region Φ;
- *Welt 2* enthält die Zustände des Bewußtseins (offenbar bleibt bei Popper/Eccles das Unbewußte unberücksichtigt!) - sie zerfällt bei uns in emotive (gestaltlose) und kognitive (gestalthafte) Seinsregionen;
- *Welt 3* enthält die kulturellen Artefakte, das menschliche Wissen im objektiven Sinn, unabhängig von seinen konkreten Realisierungs- bzw. Codierungsträgern - sie bleibt bei uns ohne Pendant:

  ➢ gemäß dem semantischen Modell der >Prototypenrezepturen< können nämlich weder sprachlichen Ausdrücken noch sonstigen materiellen Codierungsträgern feststehende platonische Entitäten als fixierte Inhalte bzw. Bedeutungen zuge-ordnet werden, letztere existieren *nicht* außerhalb/unabhängig ihrer *konkreten Realisierungsweisen als turingfundierte Wiener-Maschinen*, die in ihren Aufru-fen, Konstruktionen und Interaktionen im jeweiligen Organismus durch sprach-liche oder sonstige Codesysteme katalysiert, aber niemals direkt fixiert, d.h. unmittelbar gegeben sind.

50. Terminologische Suppositionen und philosophische Rekonstruktionen: Universalien und Intensionen, Wiener-Maschinen, T-Analytizität und Multiverse Analytizität, Reformulierungsrudiment des Leib-Seele-Problems und Bewertungsversuch des KI-Traumes von den (wirklich) denkenden Maschinen

Auf der Grundlage der im vorigen Kapitel getroffenen ontologischen Festlegungen können jetzt gewisse terminologische Suppositionen zur philosophischen Präzisierung eingeführt werden, die gleichzeitig zur Rekonstruktion gewisser problemneuralgischer philosophischer Zusammenhänge dienen sollen.

Bis heute genießt die behavioristische Kritik QUINEs am Bedeutungs- und Intensionsbegriff vor dem Hintergrund seiner `spartanischen´ Ontologie, einerseits den Ruf des philosophisch uneinnehmbaren Bollwerks des Naturalismus und Empirismus, andererseits darf QUINE, obwohl selbst Naturalist und `geläuterter´ Empirist, gleichzeitig als bislang härtester und erfolgreichster eigener Kritiker des klassischen, `dogmatischen´ Empirismus gelten.

Das Quinesche Gedankengebäude ist zweifelsohne ein hochelaboriertes System, welches diverse signifikante Module enthält, die jeweils, schon allein für sich genommen, der Entwicklung der Philosophie des 20. Jahrhunderts nicht nur wertvollste Impulse gaben, sondern geradezu Meilensteine philosophischen Denkens bilden –
* die These von der *Übersetzungsunbestimmtheit*
* die These der *Unerforschlichkeit der Referenz,*
* die *Holismus-* bzw. *Quine-Duhem-*These;

Eine sachlich erschöpfende angemessene Auseinandersetzung mit QUINE müßte in einer gesonderten Arbeit erfolgen und könnte wahrscheinlich mühelos Bände füllen. In diesem Rahmen kann daher nur kursorisch auf einzelne Punkte eingegangen sein, auch wenn dadurch die geäußerte Kritik an QUINE zwangsläufig als nur intuitiv-impressionistisch bzw. apodiktisch erscheinen mag.

Im Zusammenhang der semantischen Holismus-These betont QUINE die Tatsache, daß es unmöglich ist, irgendwelche Sätze besonderer Art als definitiv immun gegen empirische Widerlegung `egal was da kommen mag´, auszuzeichnen – weil sich einerseits notfalls *jeder beliebige* Satz durch Modifikationen der Rahmentheorie gegen empirische Widerlegung immunisieren läßt (s.a. Kapitel15), andererseits im Fall eines Widerspruchs zwischen theoretischer Prognose und experimentellem Resultat eine eindeutige Fehlerlokalisierung auf einzelne isolierbare Sätze unmöglich ist, also immer nur die Theorie in ihrer Gesamtheit auf dem Prüfstand steht.
Ein weiterer origineller Punkt liegt darin, daß für QUINE nicht nur empirische Theorien, sondern sogar im Zweifelsfall Logik und Mathematik sich als revisionsbedürftig erweisen können: so hat sich der bis zum 19. Jahrhundert unangefochtene Absolut-

heitsanspruch der Euklidischen Geometrie hinsichtlich der Beschreibung der >realen< Weltstrukturen als ebenso voreilig herausgestellt, wie er etwa bezüglich der Quantenphänomene für die klassische Logik sich noch herausstellen könnte[399] – aber wie dem auch sein mag: die Grenze zwischen Logik, Mathematik und empirischer Wissenschaft sind für QUINE prinzipiell fließend, und außer den elementar-logisch wahren Sätzen (>logische Wahrheit< und >analytische Wahrheit< sind streng zu unterscheiden) der Aussagenlogik und Quantorenlogik erster Stufe (d.h.ohne Mengenlehre), gibt es für ihn keinen einzigen Satz gleich welcher Disziplin, dem ein begründbarer Anspruch auf Unfehlbarkeit zuzubilligen wäre: hieraus resultiert u.a. die Ablehnung der Möglichkeit von Erkenntnissen a priori.

Aufgrund der von ihm an eine adaequate begriffliche Explikation gestellten Forderung, mittels empirisch überprüfbarer, behavioristischer Kriterien die Bedeutung von >Bedeutung<, >Intension<, >Analytizität< zu profilieren, welches sich, eben aufgrund von Übersetzungsunbestimmtheit, empirischer Unterbestimmtheit von Theorien und der Unerforschlichkeit der Referenz, tatsächlich als undurchführbar erweist, gelangt er zu einem semantischen Skeptizismus, dem letztlich alle Formen von Intensionen deskriptiver Ausdrücke als hoffnungslos unverständlich und obskur gelten müssen.

Für QUINE darf eine Ontologie, die den Anspruch auf `philosophische Anständigkeit´ – logische Klarheit und Sparsamkeit der geforderten Mittel – erhebt, wesentlich nur 1. *physische Objekte* (als konkrete materielle Entitäten), sowie 2. *Klassen* (als abstrakte Entitäten bzw. *Universalien*) enthalten.
QUINE vertritt folglich eine Art von *dichotomischem, >extensionalem Platonismus<*, weil er zwar die ontologische Notwendigkeit bzw. Unvermeidbarkeit von Klassen für die Logik und Wissenschaft betont, jedoch das gesamte begriffliche Konglomerat von apriorischer Erkenntnis, Analytizität und Intension
[d.h. prinzipiell alle Intensionen deskriptiver Ausdrücke: >Eigenschaften< als einstel­lige und >Attribute< als n-stellige Prädikatsintensionen; >Individualbegriffe< als Intensionen sogenannter singulärer Terme, d.h. der Eigennamen und Kennzeichnun­gen; >Propositionen< als Satzintensionen],
als hoffnungslos unklar und unexplizierbar vollkommen ablehnt.
Insofern die von ihm präferierte, `spartanische´ Ontologie tatsächlich reichhaltig genug wäre, die Notwendigkeit der Einführung von Intensionen als theoretischer Objekte zu unterlaufen, weil deren Leistungen sich als auf extensional-platonischem Wege reproduzierbar herausstellten, bliebe aufrichtigerweise keine Wahl: man müßte sie Ockhams Rasiermesser überantworten.

Diesem Verfasser stellt sich die Lage nun aber folgendermaßen dar: der von QUINE formulierte notorische intensionsskeptizistische Zweifel kann selbst hinsichtlich seiner Verständlichkeit und Konsistenz hinterfragt werden.

---

[399] vgl.: Deutsch,D./Ekert,A./Lupacchini,R.: *Machines, Logic and Quantum Physics*, in: Bulletin of Symbolic Logic Vol. 3, Issue 3, (September 2000);

Wenn QUINE aufgrund mangelnder behavioristischer Profilierungskriterien für Intensionen – weil es schlichtweg kein physisches Objekt oder Merkmal in der Welt gibt, an welchem sich eine Bedeutung/Intension ostensiv `festnageln´ ließe, woraus übrigens prima facie ebenso ein Argument *zugunsten* des Intensionsplatonismus herleitbar erscheint – darauf insistiert, *er* verstehe nicht, und d.h., *niemand* verstehe in Wirklichkeit, was mit einer gegebenen Intension genau gemeint sei, und daher solle man besser ganz auf sie verzichten, so läßt sich, sozusagen metaskeptisch, zurückzweifeln:
>Ich verstehe leider nicht, was da bezweifelt wird!<.
Was ist es eigentlich, das QUINE auf konsistente Weise bezweifeln möchte, und sind seine behavioristischen Alternativen wirklich verständlich, insofern sie ohne Rekurs auf Intensionen auskommen müssen?

Das hier gegen QUINE ins Feld geführte Argument lautet nämlich, daß die von ihm stets postulierte philosophische und begriffliche Klarheit empiristisch-behavioristischer semantischer Kriterien sich als Vorurteil erweist, daß etwa die von ihm vorgeschlagenen Definitionen der *affirmativen* oder *negativen Reizbedeutung*, welche Zustimmungs- oder Ablehnungsdispositionen repräsentieren, die jeweils auf einen Sprecher in einem Zeitintervall *t* relativiert sind, während dessen jener dem fraglichen Reiz (Hören des den Satz ausdrückenden Geräusches, etc.) ausgesetzt ist, tatsächlich ihr Ziel nicht erreichen, und zwar deswegen, weil jede beliebige mögliche empirische Beobachtung (etwa der Art: >Person X reagiert am Ort K_m zum Zeitpunkt t_j auf den Stimulus R_i mit der Äußerung der Lautfolge P_s <) für jeden möglichen Beobachter vollkommen `stumm´ bleiben insofern, daß *jede* Wirklichkeitsumgebung selbst als strukturiertes Ensemble der vom kognitiven Subjekt konstruierten Weltobjekte nur über Intensionen, d.h. Bedeutungen überhaupt epistemisch zugänglich ist und sich nur über Intensionen kognitiv erschließt:
dieses insofern, weil jegliche Form von vermeintlich einfach gegebener >empirischer< Realität immer erst mithilfe der zugrunde liegenden Weltkonstitutionsmechanismen, d.h. Weltkonstitutionstheorien, entstehen kann. Um der Welt als einer kognitiv überhaupt erfahrbaren, sich dem Subjekt erschließenden Struktur begegnen zu können, muß diese im Sinne O.WIENERs als komplexer Formalismus, als Turingmaschine bzw. `turingbasierter´ Wienermaschine, die wiederum aus Wienermaschinen als ihren algorithmischen Bestandteilen zusammengesetzt ist und auf diesen operiert, analysierbar sein.

WIENER formulierte diesbezüglich den genialischen Gedanken (s. Kapitel 35), daß Sinne (Intensionen) als in epistemologischer und ontologischer Notwendigkeit aus Mangel an formaler Kapazität des kognitiv beschränkten Organismus – d.h. Gott oder der Weltgeist `benötigen´ und `sehen´ keine `Gegenstände´ – konstruierte, ggf. miteinander verzahnte oder verschachtelte, dynamische Formalismen bzw. Mechanismen (Wiener-Maschinen) unterschiedlicher Komplexität deutbar sind.
Jede Art von *Bedeutung* bzw. *Intension* wird hier also im Wienerschen Sinne verstanden als eine spezifische subjekt-interne Turingmaschine einfacherer oder komplexerer Struktur (s. Kapitel 35), es bietet sich daher an, sie als (turingbasierte) *Wiener-*

Maschinen zu bezeichnen.

Unabhängig also von dem kognitiven Mechanismus komplexer Organismen wie dem Menschen, die Welt – aus Mangel an formaler Kapazität – als eine aus bestimmten Objekten bestehende aufzufassen, wobei jedes denkmögliche Objekt durch die ihm entsprechende interne Wiener-Maschine konstituiert und repräsentiert wird, *existiert nur das*, mit zeitrelativen physikalischen Konstanten durchsetzte bzw. mittels ihrer strukturierte, deterministische *Wirk-Diskontinuum*, welches keinerlei konkret-physische >Gegenstände< herkömmlicher Art enthalten kann.

➤ Dies bedeutet also, daß es nicht nur keine harmlosen Extensionen als empirisch auffindbarer konkreter Entitäten in der Welt unabhängig von Intensionen geben kann, vielmehr liefern letztere nicht nur überhaupt erst die epistemische Basis, von welcher aus jene, sozusagen derivativ, als solche konstituiert und gegebenenfalls relevant werden können:
im strengeren, eigentlichen Sinne, kann der Redeweise von bedeutungs- bzw. intensionsunabhängigen Extensionen sowie intensionsunanhängigen behavioristischen Kriterien gar keine konsistente Interpretation zugeordnet werden, weil es einen irreduziblen ontologischen und epistemologischen Hiatus gibt zwischen möglichen Bewußtseinen (gleich welcher Art und Form) und einer bewußtseinsunabhängigen physikalischen, >objektiven< Weltstruktur. Hieraus folgt: *Extensionen sind in Wahrheit Intensionen anderer Ordnung.*

Insofern nun >die Welt< als ein deterministisches, holistisches Wirkfeld verstanden wird, wie im vorigen Kapitel dargelegt, ergibt sich auch eine neue Systematik für den Begriff der *Analytizität*.

➤ Es ist QUINE zunächst zuzustimmen in seiner These, daß es kein logisches Kriterium zur Abgrenzung analytischer Aussagen geben könne, weil diese keinesfalls definitiv irrtumsimmun seien, sondern ihren Analytizitätsstatus nur der sie fundierenden Theorie verdanken, die wiederum prinzipiell keinen definitiven Wahrheitsgehalt für sich beanspruchen kann. Hieraus folgt, daß der Begriff >analytisch< im allgemeinen, alltäglichen wie wissenschaftlichen Sprachgebrauch immer auf eine bewußte oder unbewußte >Hintergrundtheorie< bezogen und relativiert sein muß: dies kann sinnvoll mit dem Terminus der *>T-Analytizität<* bezeichnet werden. *T-Analytizität* als *epistemologische Analytizität* ergibt sich für jedes kognitiv beschränkte Wesen, welches zur beliebig präzisen Erfassung beliebiger Weltmodelle außerstande und daher irrtumsanfällig ist;

➤ für ein >allwissendes< Wesen mit unbegrenzter formaler Kapazität etc. wäre >die Welt<, im obigen Sinne als deterministisches Wirkfeld ohne >logische Löcher< intrinsisch analytisch, weil es für synthetische, empirisch-kontingente Sachverhalte keinen Raum gibt; die Welt in ihren unendlichen Mannigfaltigkeiten, die gegebenenfalls als deterministische alternative Parallelvarianten existieren, wäre demzufolge ein *analytisches Multiversum*.[400] Es kann damit diese Form subjektunabhängiger, *ontologische Analytizität* als *multiverse Analytizität* bezeichnet werden.

➤ Während der Terminus der *Wiener-Maschine* den algorithmischen Aspekt mit algorithmischem Bewußtsein ausgestatteter, d.h. *e(xplizit)-intelligenter* Mechanismen abdeckt, muß, gemäß der hier entwickelten Auffassung, ein solcher *e*-intelligenter Organismus zusätzlich über eine emotive Komponente im Sinne eines organismischen Moduls, welches in variablen physischen Strukturen realisiert wird, verfügen. Ein solches emotiv-kognitives System soll hier, in Anlahnung an C.G.JUNG, als *Jung-Wiener-Maschine* bezeichnet sein. In diesem Sinne lassen sich, zur terminologischen Präzisierung, alle mit Emotionen ausgestatteten Lebewesen vorbewußter, präreflexiver, also *i-(implizit) intelligenter* Stufe als *Jung-Turing-Maschinen*, diejenigen mit bewußter, reflexiver Kognition *e-(explizit) intelligenter Stufe* als *Jung-Wiener-Maschinen* zusammenfassen.

➤ Enthält ein solcher *e*-intelligenter Mechanismus zusätzlich ein (angeborenes, architektonisch implantiertes) elaboriertes Grammatik- bzw. Sprachmodul zur Ermöglichung differenzierter intra-spezifischer (d.h. auf die jeweilige biologische Species beschränkte) Kommunikation (wie es nach NOAM CHOMSKY beim Menschen der Fall ist), so handelt es sich bei diesem Organismus um eine *Chomsky-Jung-Wiener-Maschine*: Beispiele hierfür könnten, außer beim Menschen, auch im weiteren Bereich hochentwickelter Säugetiere zu finden sein (z.B. Pongiden? Waltiere?), nämlich insofern diese über explizite Kognitionsformen einerseits, sowie artenspezifische Grammatikmodule (als struktureller Grundlage differenzierter Kommunikationssysteme) andererseits, verfügen.

Das Leib-Seele-Problem war oben durch das unverträgliche Nebeneinander gewisser für sich jeweils scheinbar evidenter Annahmen gekennzeichnet worden, welche die entsprechenden materialistischen oder dualistischen bzw. idealistischen Problemkontexte induzieren:

(A):
1. Mentale Phänomene sind nicht-physische Phänomene;
2. Mentale Phänomene können auf den Bereich physischer Phänomene kausal einwirken;
3. Der Bereich physischer Phänomene ist kausal abgeschlossen;

(B):
1. Wenn (A) 2. und (A) 3. gelten sollen, so folgt daraus, daß mentale Phänomene (auch) physische Phänomene sein müssen;
2. Mentale Phänomene sind *M* („*M*" steht hier für irgendein mentales Charakteristikum);

---

[400] den Begriff >Multiversum< prägte der Quantenphysiker D.Deutsch;

3. Wenn ein Phänomen M ist, so kann es kein physisches Phänomen sein;

Wie läßt sich nun das Leib-Seele-Problem innerhalb der oben postulierten Ontologie reformulieren?

Folgende Thesen ergeben sich unschwer als Folgerungen der vorgestellten Axiome:

I)   Alle mentalen Phänomene partizipieren gleichzeitig an zwei verschiedenen Seinsregionen, nämlich der Φ-Region als ihrem kontingenten strukturellen Realisierungsmedium einerseits, sowie der $\prod$-Region als der übergeordneten autopoietischen Organisationsform andererseits.
Ebenso wie der logisch-mathematische Raum ($\prod_{sub}$) die Wesensgesetze aller möglichen Φ-Entitäten determiniert, weil er ihnen inhärent ist (und sich also keine Ebene angeben läßt, auf welcher etwa die Zahl π mit einem Kaviarbrötchen direkt interagieren könnte), so determiniert die dynamische und autopoietische Ungleichgewichtsorganisation der $\prod_S$-Region die strukturellen Variationen der sie materiell realisierenden Φ-Entitäten.

II)   Sämtliche Seinsregionen stellen *deterministische Wirkfelder* dar.

III) $\prod_g$, $\prod_e$ und Φ stellen zwar gegebenenfalls im Organismus notwendig simultan realisierte, aber jeweils autochthone, d.h. nicht aufeinander reduzierbare Seinsregionen dar, die jeweils eigene domänenspezifische Wesensgesetze aufweisen;
   ➢ insbesondere der Versuch, $\prod_{e/g}$-Moleküle des $\prod_S$-Systems über die Analyse von Φ-Entitäten verstehen bzw. erschöpfend erklären zu wollen, ist wahrscheinlich ungefähr gerade so sinnvoll wie z.B. das Unterfangen, sich der *h-moll-Messe* von BACH über die physikalische Analyse der gedruckten Partitur, oder, scheinbar völlig abwegig, von Schmalzbroten, anzunähern –
   die musikalische Struktur könnte doch durchaus in beliebigen Schmalzbrotkonfigurationen codiert werden.

Um nun unser durch das in A) und B) formulierte Thesenensemble induzierte Paradoxon aufzulösen, soll folgendes gelten:

⇒ $\prod$-Strukturen sind auf kontingente aber systemische Weise in Φ-Strukturen quasi-codiert, analog zu mathematisch-logischen Entitäten, die in unterschiedlichen Graphem-Systemen und Kalkülen materiell realisierbar sind.

⇒ die strukturellen Variationen und deterministischen Prozesse der Φ-Strukturen dienen der Verwirklichung der übergeordneten Autopoiese des dissipativen Ungleichgewichtssystems $\prod_S$, d.h. die konkreten Realisierungsformen der Φ-Strukturen sind niemals hinreichend durch die internen physikalischen Eigenschaften

der Φ-Elemente, sondern nur durch ihre Einbettung in die übergeordnete Organisationsform erklärbar:
ebenso wie innerhalb eines gewählten logisch-mathematischen Kalküls, bzw. einer gewählten Zeichensymbolik, es tatsächlich nicht die physikalischen Eigenschaften der jeweiligen materiellen Symbolträger sind, welche zur Unterscheidung der kanonischen und wohlgeformten Formeln von den sinnlosen und nichtdefinierten Zeichenketten heranzuziehen sind, sondern vielmehr der meta-physikalische logische Raum die potentiellen >Interaktionen< mathematischer Objekte
- und ihrer materiellen Realisierungen,
definiert
- ohne physikalisch auf die jeweiligen Graphemketten einzuwirken,
so bestimmt die übergeordnete Organisationsform $\prod_S$ die konkreten strukturellen Variationen der sie materiell realisierenden Φ-Entitäten.

Landläufiger Ansicht zufolge ist die explizite Intelligenz das *notwendige* und *hinreichende* Kriterium zur Profilierung und Rechtfertigung der menschlichen Sonderstellung innerhalb des Tierreichs und das wesentliche Charakteristikum seiner bewußtseinsmäßigen Existenz.
Entsprechend drückt sich der Anspruch der KI-Forschung nicht nur darin aus,
1. ein bestimmtes Teilmodul menschlicher Bewußtseinsaktivitäten verstehen und reproduzieren zu wollen,
es ging und geht vielmehr um den Anspruch,
2. die vollständige geistige Kompetenz und Daseinsform des Menschen maschinell zu reproduzieren, respektive gewisser als wünschenswert erachteter Kapazitätserweiterungen.

Aus diesem Grunde beschränkte sich die vorliegende Arbei auch nicht auf die Ausarbeitung einer gegebenenfalls konsensfähigen Begriffsbestimmung dessen, was füglich unter Intelligenz o.ä. zu verstehen sei, sondern bemühte sich u.a. um die

➢ Herausarbeitung wesentlicher, d.h. irreduzibler Komponenten menschlichen (Selbst-) Bewußtseins, die teils dem *kognitiven Komplex* intelligenten Verhaltens [daß die meisten Berechnungsoperationen der Organismen – etwa perzeptiv-motorische – *unbewußt* ablaufen, war gesehen worden], teils dem *emotiven Komplex* zuzuordnen sind.

Auf diese Weise wurde eine Basis geschaffen, um gewisse voreilige terminologische Überfrachtungen als inadäquat erkennen zu können, wie sie etwa GEOFF SIMONS bemüht, wenn er, Namenszauber betreibend, *Computer* als *biologische Organismen* bezeichnet:

„From a biological point of view, it is the systems that are philosophically important, not the chemistry ... This means that definitions of life that make biochemistry a necessary condition are unduly parochial. There is a sense in which chemistry is *contingent* in traditional life-forms: it is one substrate for life, not the only possible one. And it is significant that the various possible substrates must be able to support information processing [...] The idea {is} that life should be defined according to system activity [...] Imitation is a common rule adopted by organisms to aid their survival ... The basic principle is that if you can disguise yourself as a creature that is more competent, fiercer, more secure than yourself, then you are more likely to survive ... The relevance of such considerations to computers is that *there is a clear sense in which computers are becoming more human-like* ... Computer-based systems are not, as yet, evolving *physically* resemble human beings ... rather, computers are evolving a human-like mental competence ... Moreover, it is a central aim of modern computer research and development that computers come increasingly to resemble human beings in their mental prowess".[401]

SIMONS rekombiniert gewisse (partiell) zutreffende Aussagen mit unzulässigen bzw. waghalsigen Schlußfolgerungen und destilliert daraus entsprechend fragwürdige Thesen:

➢ Aus der Tatsache etwa, daß wir uns Organismen und Lebewesen *vorstellen* (was immer das heißen mag) können, die nicht aus Kohlenstoffverbindungen etc. aufgebaut sind, und einer daraus resultierenden kybernetischen Sichtweise von Organismen, folgt nicht, daß jedwede mehr oder minder überzeugende maschinelle *Oberflächensimulation* organismischen Verhaltens tatsächlich als gelungene strukturelle *Reproduktion* einer Bio-Einheit bewertet werden kann.

Selbstverständlich steht es jedem frei, Analogien und Äquivalenzen bezüglich gewisser Eigenschaften in unbegrenzter Zahl zwischen beliebigen Objekten zu entdecken, z.B. die Intelligenzleistungen eines Butterklumpens (bei entsprechender Temperatur des Mediums), der etwa das Negativ meines Handabdrucks ziemlich exakt zu speichern imstande ist;
ja ich könnte sogar komplizierteste Formeln in den glattpolierten Butterklumpen hineinmeißeln, und er hätte sie, bei vermutlich gleicher Verständnishöhe, im Gegensatz zu mir und den meisten Menschen, nach einem halben Jahr immer noch parat (er wurde solange gut behandelt).

Nicht weniger fragwürdig oder doch zumindest ebenso unbefriedigend wie die von SIMONS vertretene Position erscheinen aber auch unmäßig vereinfachende KI-kritische Charakterisierungen, wie sie sich etwa bei WERNER GITT finden.
GITT gibt eine (eingestandenermaßen unvollständige) Aufzählung teils miteinander zusammenhängender *Intelligenzkriterien*:[402]
- Sprachbeherschung
- Erkenntnisfähigkeit
- Fähigkeit zur Einsicht
- Lernfähigkeit

---

[401] Geoff Simons: *Biology of Computer Life*, 1985, S. 8f, S. 19;
[402] Werner Gitt: >*Künstliche Intelligenz< - Möglichkeiten und Grenzen,* Physikalisch-Technische Bundesanstalt, Bericht TWD-34, Braunschweig 1989, S. 3;

- Beurteilung und Bewältigung neuartiger Situationen
- Auffassungsgeschwindigkeit und –genauigkeit
- Assoziationsfähigkeit
- Kombinatorische Fähigkeit
- Fähigkeit zur Abstraktion
- Konzentration auf wesentliche Aspekte
- Gedächtnisleistung
- Visuelles Vorstellungsvermögen
- Räumliches Vorstellungsvermögen
- Denkfähigkeiten (z.b. Denken in übergreifenden Zusammenhängen, logisches bzw. schlußfolgerndes Denken, Verknüpfung semantischer Strukturen)
- Rechengewandtheit
- Setzen von Zielvorstellungen
- Auffinden neuer methodischer Wege zu Problemlösungen (z.b. Entwicklung neuer Strategien, Konzeptionen, Algorithmen, Konstruktionen)
- Fähigkeit, Entscheidungen zu treffen, die nicht aus determinierbaren Regeln folgen, sondern im wesentlichen aufgrund persönlicher Ziele und Motive zustandekommen
- Kreativität (z.b. Erfindungsgabe, Entwicklung neuer Gedanken, Schaffung neuer Information)
- Intuition
- Phantasie
- Selbständigkeit
- Originalität
- Fähigkeit zur Kommunikation
- freie Willensentscheidung ;

Darüberhinaus definiert er den Terminus der *kreativen Information*:

„Das entscheidende Merkmal kreativer Information ist ihre Neuartigkeit, d.h. >zu denken, was niemand gedacht hat<. Dieser Aspekt ist verbal beschreibbar durch die Begriffe: erfinderisch, schöpferisch, originell, unkonventionell, innovativ, fortschrittlich, ideenreich. Jegliche kreative Information stellt eine geistige Leistung dar und ist somit an einen personenhaften, mit freiem Willen ausgestatteten Ideengeber gebunden, der mit kognitiven Fähigkeiten ausgerüstet ist".[403]

Entsprechend heißt es dann:

„Der Begriff Intelligenz ist auf Computer nicht anwendbar. Dem Informatiker *F.Dretske* muß man zustimmen, wenn er feststellt, daß Maschinen weder den IQ eines zweijährigen Kindes noch den eines Fachidioten haben, sondern überhaupt keinen aufweisen. Sie lösen keine Probleme, sie spielen keine Spiele, sie beweisen keine Sätze, erkennen keine Strukturen, denken nicht. Zwischen Verstand und Maschine gibt es einen unüberbrückbaren Abgrund ... Die Maschine weiß nichts von der Wirklichkeit, in der wir leben, sie besitzt keine Information über Objekte und Sachverhalte. Sie hat keinen kognitiven Zugang zu der Welt, die durch die Symbole repräsentiert wird".[404]

---

[403] W.Gitt: ebd. S. 41;
[404] ebd. S. 37;

Kaum überraschend ist dann auch sein Fazit:

„Die im Rahmen der >Künstlichen Intelligenz< entworfenen Systeme sind Softwareprodukte, deren Entwicklungsstand sich im Laufe der nächsten Jahre noch steigern wird. Sie werden jedoch ... nicht jene Eigenschaften aufweisen, die wir als Intelligenzfaktoren ... markiert haben ... Die von KI-Programmierern entwickelten Systeme werden in Zukunft in mancherlei Gebieten zunehmend an Bedeutung gewinnen. Nur sollten wir aufgrund der Kenntnis des Informationsbegriffs stets eingedenk sein: Keine auch noch so gut programmierte Maschine wird selbst in der Lage sein, *kreative Information* hervorzubringen, denn hierzu ist grundsätzlich ein geistiger Prozeß notwendig".[405]

Zu dieser Bewertung GITTs ist folgendes zu sagen:
nach unserer Auffassung macht es schlichtweg wenig Sinn, Intelligenz zunächst mit gewissen schwammigen, bzw. der Märchen-Domäne enstammenden, >Begriffen< zu identifizieren, um anschließend deren Nichtübertragbarkeit auf Maschinen zu deduzieren:
- Phantasie,
- Intuition,
- freie Willensentscheidung
etwa sind hochgradig klärungsbedürftige Größen, insbesondere *letztere* hat eindeutig Märchenland-Charakter (was allerdings ihrer pragmatisch ergiebigen Verwendung keinen Abbruch tut), ebensogut, d.h. argumentativ gleichwertig, könnte man der menschlichen Vernunft aber auch z.B. *Heilig-Geist-Haftigkeit* zusprechen, welche u.a. die spezielle Eigenschaft aufwiese, nicht auf Maschinen implementierbar zu sein.

Demgemäß scheint GITTs Bewertung der KI-Situation zwar zutreffend, seine Begründung jedoch klar unzureichend.
Dagegen ist z.B. der von O.WIENER vertretene Ansatz durchaus anspruchsvoller bzw. schwieriger, erscheint aber diesem Autor als theoretisch ergiebiger für ein präziseres Verständnis menschlicher/maschineller Kognition.

Auch der Philosoph THOMAS METZINGER benennt eine Reihe sinnvoller Selbstbewußtseins- und Intelligenzkriterien:

- In-der-Welt-sein: bezeichnet die Fähigkeit der einheitlichen und globalen Repräsentation der Außenwelt in einem internen integrierten (d.h. über einer Hierarchie vernetzter serieller und parralleler Module laufenden) und dynamischen (flexiblen) Weltmodell, welches über Aktivierung gewisser Teilmengen der gespeicherten Information die homogene Erfahrung einer singulären raumzeitlich kohärenten >Welt< und >Realität< generiert;
- Präsentationalität: bezeichnet die Generierung einer phänomenal erlebten Gegenwart über einen spezifischen Erinnerungsmodus des Kurzzeitgedächtnisses im Sinne einer >Jetzt-Erinnerung<, welche (zeitlich) verschiedene repräsentatio-

---

[405] ebd. S. 41;

nale Inhalte in ein Schema kohärenter Simultanität überführt, welches von METZINGER "virtuelles Gegenwartsfenster" genannt wird;

- Transparenz: bezeichnet bekanntermaßen eine spezifische Form der Undurch-sichtigkeit. Hier ist damit die epistemische Implementierung des >naiven< Realismus gemeint, welcher die modellhaft konstruierten Inhalte dem kognitiven Subjekt als unmittelbare, selbstverständliche, objektive Realität präsentiert, ohne daß deren Modellcharakter und ihre physikalische Anbindung an einen internen Systemzustand phänomenal zum Vorschein käme –

  „Eine vollständig transparente Repräsentation zeichnet sich dadurch aus, dass die internen Mechanismen, die zu ihrer Aktivierung geführt haben, und die Tatsache, dass es einen konkreten inneren Zustand gibt, der ihren Gehalt trägt, introspektiv nicht mehr erkannt werden können".[406]

- Das transparente Selbstmodell: bezeichnet das interne Modell des kognitiven Subjektes, insofern es sich als Differenz zu seinem Medium (Außenwelt) als Objekt und Subjekt identifiziert, wobei die systemisch angelegte epistemische Transparenz des generierten Selbstmodells wiederum den Eindruck der unmittelbaren, unbezweifelbaren Ich-Realität induziert, so daß derart die epistemische Illusion der unmittelbaren Selbsterfahrung im Sinne eines „naiv-realistisches Selbstmißverständnisses" (METZINGER) erzeugt wird:

  „Auf dieser elementaren Stufe des Selbstbewußtseins ist Selbstwissen phänomenologisch dasselbe wie Selbst*gewissheit*. Weil wir ein transparentes Selbstmodell besitzen, sind wir uns selbst sozusagen unendlich nahe. Und auf diese Weise entsteht – das ist der Kern der Selbstmodelltheorie (SMT) – erstmals ein basales „Ichgefühl", ein für das betreffende System unhintergehbares phänomenales Selbst".[407]

- Das transparente Beziehungsmodell: bezeichnet das transparente Modell der Intentionalitätsrelation, welche das Selbst in seinen mannigfachen Beziehungen zur Außenwelt darstellt.

- Adaptivität als teleofunktionalistisches Zusatzkriterium: Konventionelle Künstliche Systeme sind heteronom, d.h. sie dienen einem systemfremden Ziel, welches ihnen von außen (nämlich dem Menschen, der sie als Werkzeug für seine eigenen Zwecke konstruiert hat) vorgegeben wurde; ihren Operationen kommt kein kausaler autonomer Eigenwert zu, ihre kausale Entstehungsgeschichte (im Sinne einer sekundären, >derivativen< Onto- und Phylogenese) reflektiert Optimierungsprozesse in Anbindung an menschliche Interessen und Zielvorgaben; sie besitzen demnach keine systemisch fundierten Eigenwertvorgaben, weil sie keine primäre, autoteleologische, sondern nur eine sekundäre, derivative, heteroteleologische Evolution durchlaufen konnten:

  „Der philosophische Teleofunktionalismus ist die These, dass mentale Zustände nicht nur eine kausale Rolle im System spielen müssen, sondern dass sie diese Rolle *für* das System spielen müssen: Mentale Zustände sind erst dann wirklich *geistige* Zustände, sie haben erst dann *wirk-*

---

[406] T.Metzinger: *Postbiotisches Bewußtsein: Wie man ein Künstliches Subjekt baut – und warum wir es nicht tun sollten*, in: Heinz Nixdorf Museums Forum (ed.): *Computer.Gehirn.Was kann der Mensch? Was können Computer?*, Paderborn 2001, S. 94;

[407] ebd. S. 96;

lich einen Inhalt, wenn sie von dem System als Ganzem dazu benutzt werden, seine Ziele zu verfolgen".[408]

Sicherlich sind die durch METZINGER betonten Aspekte für Selbstbewußtsein und *e*-Intelligenz charakteristisch. Allerdings ergeben sich die von ihm identifizierten systemischen Module unschwer ebenso bei WIENER wie bei MATURANA mit höherer Präzision.

Auch scheint er etwa die funktional-kausale Rolle der epistemischen Modell- und Konstruktions-Transparenz als notwendiges und hinreichendes Kriterium zur Generierung von Selbstbewußtsein und Selbst*gefühl* seltsam zu überschätzen bzw. fehlzuinterpretieren. METZINGER stellt die Frage, wie aus einem Selbstmodell als bloßem Systemmodell ein eigentliches phänomenales Selbst mit *Ichgefühl* entstehen könne, und hält, kurioserweise, die ja nicht besonders neuartige Erkenntnis des epistemischen >Blinden Flecks<, d.h. die Tatsache, daß das >Wahrnehmen von Objekt X< phänomenal nicht als das >Wahrnehmen des Wahrnehmens von Objekt X< erscheint und auch als solches nicht reflektiert wird – zumindest solange das Subjekt keine epistemologische, d.h. meta-epistemische Perspektive einnimmt – für die Wurzel von Selbstgefühl und Selbstbewußtsein:

... Ein genuines, bewusstes Selbst – so lautet meine Antwort – entsteht immer genau dann, wenn das System das von ihm selbst aktivierte Selbstmodell nicht mehr *als* Modell erkennt".[409]

Davon abgesehen, daß METZINGERs Kriterium mit Sicherheit von einer großen Anzahl von Tierarten erfüllt wird – was allein noch kein Einwand sein muß, wenn man unüblicher Weise geneigt sein sollte, z.B.Vögeln, Amphibien, etc. ein "genuines, bewußtes Selbst" zuzusprechen, es dürfte darüber hinaus aber auch nicht allzu schwierig sein, relativ trivialen, flachen Mechanismen eine Art von Selbstmodell zu implantieren, auf welchem sie dann unmittelbar, und ohne es als Modell zu identifizieren – dies würde je gerade die Fähigkeit zur Generierung einer epistemischen Meta-Ebene voraussetzen – operieren. Es ließe sich ferner im einzelnen diskutieren, inwiefern nicht bereits zahlreiche KI-Modelle und -Anwendungen über ein derartiges, epistemisch naives Selbstmodell verfügen.

Jedenfalls bleibt die für diesen Verfasser entschieden philosophisch rätselhafte ontologische Qualität der Emotivität als Phänomen und ontische Region bei METZINGER letztlich ausgeklammert, und damit auch ungeklärt.

Aufschlußreicherweise läßt METZINGER in einem fiktiven Dialog das >Evolutionsprodukt erster Ordnung< (Mensch) mit einem >Evolutionsprodukt zweiter Ordnung< (postbiotischer Philosoph) in argumentativen Wettstreit treten:

„Der Mensch: >Aber du hast ja überhaupt keine wirklichen Emotionen, du hast keine *Gefühle!*<

---

[408] ebd. S. 99;
[409] ebd. S. 97;

Der postbiotische Philosoph: >Es tut mir leid, dich jetzt darauf hinweisen zu müssen, dass deine Primatenemotionen nur die uralte *Primatenlogik* des Überlebens reflektieren und dass das etwas ist, was gerade dich unter einem rationalen, theoretischen Gesichtspunkt als *weniger* bewusst erscheinen läßt. Bewusstsein ist das, was Flexibilität maximiert, und deine tierischen Emotionen in all ihrer Grausamkeit und historischen Zufälligkeit sind sicherlich etwas, das dich *weniger* flexibel macht als mich. Außerdem ist es nicht notwendig, dass Bewusstsein oder Intelligenz mit unausrottbarem Egoismus, der Fähigkeit zu leiden oder der aus dem Ichgefühl entstehenden Angst vor dem individuellen Tod verknüpft sein müssen. Postbiotische Subjektivität ist viel besser als biologische Subjektivität, weil sie die Adaptivitäts- und Optimalitätsbedingung in einer *reineren* Form erfüllt als das, was ihr „Leben" nennt. Der Grund ist, dass sie geistiges Wissen über komplexere, opake Formen der menschlichen Repräsentation erweitert und dabei die Gesamtmenge des Leidens im Universum *senkt* statt sie zu erhöhen. Wir haben längst bessere und effektivere komputationale Strategien für das entwickelt, was ihr manchmal „das philosophische Ideal der Selbsterkenntnis" nennt. Die wirklich interessanten Formen von Emotionalität – z.B. die tiefen *philosophischen* Gefühle der affektiven Betroffenheit über die Tatsache der eigenen Existenz als solcher oder des Mitgefühls mit anderen Wesen – besitzen wir aber genauso wie ihr. Wir besitzen sie nur in einer viel reineren Form."< [410] (Hervorhebungen im Original, R.W.)

METZINGER scheint, wie gesagt, die intern-systemische, strukturell-funktionale Relevanz der Emotivität für das Ensemble ernstzunehmender intelligenter und intellektueller Prozesse zu übersehen.

Dafür, und nicht ohne ethischen Impetus, plädiert er geziemend für die gewiß mehrheitsfähige und lobenswerte philosophische Ambition, die >Gesamtmenge des Leidens im Universum< zu reduzieren – ALDOUS HUXLEYs `Weltaufsichtsratsvorsitzender' *Mustafa Mannesmann* dürfte ihm dabei wohl zustimmen.

Hält man sich z.B. aber einmal vor Augen, was mit der etwas aus der Mode gekommenen Wertbezeichnung der >kultivierten Persönlichkeit< gemeint ist, dann handelt es sich offenbar um eine Daseinsform, die nach lebensweltlichen Kategorien als hochstehend bzw. vorbildlich angesehen wurde gerade deswegen, weil es sich um die Form eines rituell gebändigten, autonom-elaborierten Kognitions- und Emotionssystems (mit differenziert ausgeprägter Fähigkeit zu Leid, Trauer, Ehrfurcht, Freude, Liebe, etc.) handelt, welches seine übergeordneten Denk- und Handlungsmaximen – auch zur alltagspragmatisch erforderlichen Diskriminierung des Relevanten vom Irrelevanten – aufgrund letztlich emotional verankerter Fundamentalentscheidungen im Sinne einer *transzendentalen Ästhetik* generiert:
und diese These impliziert in letzter Instanz nicht weniger als die *epistemologische Anbindung* der *Ethik* an die *Ästhetik*.

Ein `philosophisches Weltbild' zu besitzen bedeutet nämlich, über eine integrative Gesamtperspektive im Sinne einer konsistenten Zusammenschau und hierarchischen Ordnung etwa von Metaphysik, Epistemologie, Sprachtheorie, Ästhetik und Ethik verfügen – und d.h. letztlich emotiv fundierte Wertentscheidungen treffen – zu können.

---

[410] ebd.

Darüberhinaus, und zwar entscheidenderweise, sind es nach der hier profilierten Ansicht die kognitiven Prozesse der *e*-Intelligenz selbst, die ohne emotive Komponenten nicht realisierbar erscheinen:
Theorien werden aus >ästhetischen< Gründen bevorzugt oder verworfen, die Schlüsselbegriffe unserer Weltkonstitution hängen mit archetypischen Strukturen und archaischen emotionalen Bewertungsmechanismen zusammen (s.o.), und vor allem:
die *Urmotivation*, überhaupt handelnd in die Welt einzutreten, in irgendeine Richtung zu denken oder zu forschen, kann niemals aus einem rein rationalen Grunde abgeleitet werden – aus empirischen Tatsachen, mathematischen Wahrheiten und logischen Tautologien folgt in irgendeiner ethischen oder alltagspragmatischen Hinsicht von Letztbegründung, wir sagten es bereits, rein gar nichts.

Es dürfte auch in den letzten fünftausend Jahren nachvollziehbarer Kulturgeschichte trotz aller politisch korrekten Sonntagsbekenntnisse und ideologischen Rationalisierungen keinen einzigen Wissenschaftler oder Philosophen gegeben haben, dem sich nicht handfeste subjektive, emotional fundierte, Motivationsstrukturen als Handlungsinitial (und zwar notwendiges) nachweisen ließen:
ob diverse Formen des Ehrgeizes, des Profilierungsdranges, aber ebenso die Freude an der Entdeckung des Neuen oder der eigenen Kreation komplexer formaler Strukturen; wer beim Anblick z.B. des Sternenhimmels, oder einer großartigen mathematischen Gleichung, oder einer Michelangelo-Skulptur, nicht etwas anderes *empfindet* als beim Betrachten eines Toilettendeckels – und einem *rein logischen* Wesen müßten *alle* denkbaren *Entitäten* egalitär *gleich-gültig* sein – wird keinen Grund sehen können, diskriminierend, d.h. handelnd, in die Welt einzutreten:
- der emotionslose Supercomputer mit der sagenhaften Rechenkapazität wäre ein intrinsischer Zen-Buddhist reinsten Wassers.

Worin unterscheidet sich nun der in vorliegender Arbeit profilierte Standpunkt einerseits von den herkömmlichen >*KI-melancholischen*<, sowie andererseits von den >*KI-euphorischen*< Positionen?

1) im Gegensatz zu konventionellen idealistischen/KI-kritischen Argumentationen wird eine >harte< deterministische Position bezüglich der physikalischen (>ideomateriellen< im Sinne nicht auf materielle Gesetzmäßigkeiten beschränkte) Weltstrukturen eingenommen, derzufolge Eigenschaften wie z.B. Willensfreiheit, Kreativität, Spontaneität, Intuition, Emotionalität, Individualität etc., entweder prinzipiell keine Störgrößen im deterministischen Wirkfeld des Universums bedeuten, oder aber, wie im Falle der Willensfreiheit, als religiös bzw. alltagspragmatisch motivierte Hypostasierungen bzw. Märchenlandentitäten gelten müssen, deren Pseudo-Begriffen unter keinen angebbaren Bedingungen ein guter Sinn oder Realitätsgehalt zuzusprechen ist.

2) wie aus den Ausführungen u.a. zu WIENERs automatentheoretisch inspirierter

Epistemologie deutlich wurde, sind intelligente Operationen, auch auf den höheren expliziten Ebenen, niemals
prinzipiell >maschinen-transzendent<, sondern, im Gegenteil,
prinzipiell >maschinen-immanent<

➤ insofern nämlich jede denkmögliche Intelligenzleistung immer nur in der Konstruktion bzw. Elaborierung einer geeigneten, turingbasierten *Wiener-Maschine* bestehen kann, welcher Prozeß allgemein durch die absoluten Strukturen des logisch-mathematischen Raumes rahmendeterminiert, in seiner konkreten individuellen Realisierung noch von den entsprechenden zusätzlichen Parametern abhängig ist.

KI-kritischen Argumenten, welche sich auf die vermeintliche *Maschinentranszendenz* expliziter/menschlicher Intelligenz, etwa aufgrund der *Gödelsätze*, berufen, muß entgegengehalten werden, daß sie nicht gezeigt haben (und absehbar nicht zeigen können), was sie zu zeigen anstreben müßten, nämlich daß Intelligenz im engeren und (Selbst-) Bewußtsein im weiteren eine wesentlich nichtdeterminierte, prinzipiell maschinentranszendente Eigenschaft ist.
Daß ein *Taschenrechner* o.ä. zwar schnell rechnen usw., aber kein *Schmalzbrot erkennen* und *schmecken* kann, beweist nicht, daß das Erkennen und Schmecken von Schmalzbroten eine metaphysische, d.h. nicht mechanisierbare (natürlich im weitesten Sinne) Fähigkeit ist:

➤ offenbar sind wir nur von einem wirklich adäquaten Verständnis biologisch-organismischer Perzeptions-/Kognitionsstrukturen, insbesondere bezüglich ihrer hierarchischen Einbettung innerhalb des Emotionskomplexes von Bewußtsein/Unbewußtsein, einschließlich gewisser archetypischer Weltkonstituierungs- und Bewertungskategorien, noch hinreichend weit entfernt.

3) Ähnlich der durch KONRAD LORENZ propagierten *Evolutionären Erkenntnistheorie* werden Kognitions/Perzeptionsstrukturen auf *biologischem Hintergrund* gesehen, eine zunehmend auch in der KI-Forschung rezipierte Position (s.a. Kapitel 39).

➤ Allerdings bleibt die Evolutionäre Erkenntnistheorie, zumindest in der etwa von GERHARD VOLLMER dargelegten Version des *anthropischen Prinzips*, in epistemologischer und philosophischer Hinsicht unbefriedigend;
und zwar insofern, als sie sich

- *erstens* erkenntnistheoretisch am Rande der Tautologie bewegt, wenn sie das Zusammenpassen von >objektiver (physikalischer) Realität< und Kognitionsstrukturen damit pseudo-erklärt, indem sie behauptet, daß es die fraglichen Kognitionsstrukturen erst gar nicht gäbe, wenn sie eben diese objektive Realität nicht zutreffend, bzw. >richtig<, widerspiegelten - Kognition funktioniert so, wie sie funktioniert, weil sie da ist:

„Unser Erkenntnisapparat ist ein Ergebnis der Evolution. Die subjektiven Erkenntnisstrukturen passen auf die Welt, weil sie sich im Laufe der Evolution in Anpassung an diese reale Welt herausgebildet haben. Und sie stimmen mit den realen Strukturen (teilweise) überein, weil nur eine solche Übereinstimmung das Überleben ermöglichte".[411] Wohlgemerkt: auch eine konstruktivistische Sicht würde argumentieren, daß das erste und letzte Kriterium für die Adaequanz eines organismischen Kognitionsapparates in der erfolgreichen Replikation des jeweiligen Genoms, und d.h., bedingt auch der Existenz bzw. dem Überleben und Fortbestand dieses Organismus (als >Genvehikel<), gegründet ist – nur gibt es dabei zu keiner Zeit einen kognitiven Anpassungsprozeß zwischen Organismus und objektiver Außenwelt, vielmehr ist die Entsprechung eine *systeminterne*, denn

- *zweitens* erscheint aus unserer Sichtweise VOLLMERs Aussage deswegen partiell sinnlos, weil es die von ihm unterstellte objektive (physikalische) Realität für einen Organismus gar nicht geben kann, weswegen die erforderliche kognitive Übereinstimmung auch nicht als *externe* Relation zwischen Organismus und Umwelt zu suchen ist, sondern als *interne Relation* zwischen Kognitionsapparat und physiologisch-physischer Ausstattung des jeweiligen Organismus:
die Welt der Tiefseeamöbe o.ä. ist weder wahrer (objektiver) noch falscher als die des Schwertwales oder Schimpansen, sondern sie *ist* oder *ist nicht* ihrer *physiologischen Konstitution* zur Aufrechterhaltung der autopoietischen Organisation angemessen (s.o.).

Auch bezüglich des Leib-Seele-Problems bleibt der von VOLLMER vertretene Ansatz insofern unzulänglich, da er sich als Variante der gescheiterten Identitätsthese versteht.[412]

4) den *KI-Euphorikern* muß entgegengehalten werden, daß aus einer deterministischen Struktur der Welt sowie der prinzipiellen bzw. theoretischen Mechanisierbarkeit, d.h. *TM-Reproduzierbarkeit*, jeglichen intelligenten Verhaltens, nicht gefolgert werden kann, daß bereits *flache Formalismen* (i.S. WIENERs) zur Generierung expliziter, kreativer Intelligenzleistung hinreichend sind, was offenbar nicht der Fall ist.
Da sämtliche KI-Maschinen bislang (bestenfalls) als flache Formalismen operieren, erscheint die Kritik der *KI-Melancholiker* in praktischer Hinsicht vielfach zutreffend;
dies insbesondere, da die notorischen Attribute höherer Intelligenzleistung wie Kreativität, Selbständigkeit, Intuition, ästhetische Kompetenz, allgemeine Ver-

---

[411] G.Vollmer: *Evolutionäre Erkenntnistheorie*, Stuttgart 1975, S.102;
[412] „Entsprechend dem Gehirnfunktionspostulat ... wird die evolutionäre Erkenntnistheorie dabei nicht nur das psycho-physische Axiom, sondern sogar die Identitätsthese stützen". G.Vollmer, ebd. S. 185;

ständnis- und Bewertungsfähigkeit etc., irreduzibel in (artenspezifischen) Emotionsstrukturkomplexen hierarchischer Organisation verankert sind, welche überhaupt erst die fundamentale Basis jeglicher Diskriminierungsfähigkeit und Diskriminierungsnotwendigkeit bereitstellen.

Abschließend läßt sich somit folgende *ontologische Generalthese* formulieren:

⇒ | **Die als Strukturen des Π- Bereichs eingeführten emotiv dominierten Organisationskomplexe Π_S, die, wie hier darzulegen versucht wurde, in keiner Weise auf materielle Strukturen reduzierbar sind, müssen demzufolge als wesentliche, katexochene Komponenten differenzierterer, expliziter organismischer (Selbst-) Bewußtseinsmaschinen gelten.**

51. ANHANG: Biographisch-philosophische Hintergründe der beteiligten Protagonisten

Quellen: *www*; *Biographische Enzyklopädie deutschsprachiger Philosophen,* München (2001); *Philosophielexikon,* Hamburg (1991); *Metzler Philosophen Lexikon,* Stuttgart (1989); *Biographical Dictionary of Twentieth-Century Philosophers,* London/New York (1996); *Routledge Encyclopedia of Philosophy,* London/New York (1998); gute philosophische Einführungen mit biographischen Daten finden sich insbesondere bei M.Frank (ed.): *Analytische Theorien des Selbstbewußtseins,* Frankfurt (1994);

Rudolf Carnap (1891-1970)

kam im Jahre 1891 als letztes von zwölf Kindern in Ronsdorf, einem kleinen Dorf nahe Wuppertal, als Sohn des Webers Johannes Carnap und der Lehrerin Anna Carnap, geb. Dörpfeld, zur Welt. Während der Vater sich aus ärmlichen Verhältnissen zu einem wohlhabenden Unternehmer hochgearbeitet hatte, stammte die Mutter aus einer akademischen Familie – ihr Vater war ein engagierter Pädagoge, und ihr ältester Bruder, Wilhelm, entdeckte als Archäologe gemeinsam mit Heinrich Schliemann die Überreste Troias. Carnaps Elternhaus war von einer tiefen Religiosität bei gleichzeitiger Toleranz geprägt, welche das Christentum als Mittel und Ansporn zur Führung eines sittlich guten Lebens verstand. Diese, im Gegensatz zu der heute häufiger anzutreffenden Variante sozialer und geistiger Indifferenz gleichen Namens, sittlich fundierte Grundhaltung der Toleranz prägte den jungen Carnap entscheidend, etwa in seiner Beschäftigung mit Goethe, Ernst Haeckel und Wilhelm Ostwald, unter deren Einfluß er damals zu einer atheistisch-agnostischen Weltauffassung gelangte.

Carnap studierte von 1910-1914 in Jena und Freiburg (Brg.) Mathematik, Physik und Philosophie.

Er war damals auch Mitglied der Jugendbewegung, allerdings ohne deren Hinwendung zum teilweise sektiererischen Nationalismus mitzuvollziehen. Den Ersten Weltkrieg verbrachte er teils als Soldat an der Westfront, teils am Berliner Militärinstitut. Bereits in dieser Zeit beschäftige er sich mit der Relativitätstheorie, ab 1919 mit Russell/Whiteheads *Principia Mathematica.*

Carnap promovierte 1922 in Jena mit seiner Dissertation: *Der Raum. Ein Beitrag zur Wissenschaftslehre.* Hier antizipiert er bereits sein späteres *Toleranzprinzip,* indem er die These aufstellt, daß die damaligen Meinungsverschiedenheiten zwischen Physikern, Mathematikern und Philosophen aus der Tatsache herrühren, daß sie jeweils mit völlig unterschiedlichen Begriffen (physikalischer, mathematischer und visueller Raum) operieren. Im Kapitel über den visuellen Raum zeigt sich Carnap als von Kant beeinflußt, den er einerseits später kritisieren wird, andererseits in bestimmten Punkten kantianisch beeinflußt bleibt. In den zwanziger Jahren veröffentlicht er diverse Schriften über Raum, Zeit und die Mechanismen der Begriffsgenerierung, sein frühes Hauptwerk *Der logische Aufbau der Welt* von 1928 wird die geniale Synthese seiner damaligen Überlegungen. Im Jahre 1923 schließt er Freundschaft mit Hans Reichenbach, (damals bekennender Neo-Kantianer), und 1926 wird er, auf Einladung von Moritz Schlick, Privatdozent an der Universität Wien, wo eine frühe Version des *Aufbau* als Habilitationsschrift angenommen wird. In Wien wurde Carnap alsbald Mitglied des *Wiener*

Kreises, einer Diskussionsgruppe von sich im weitesten Sinne als Empiristen verstehenden Wissenschaftlern unterschiedlicher Disziplinen, denen die methodologische Orientierung an Naturwissenschaft, Mathematik und Logik das entscheidende Bindeglied war. Prominente Mitglieder waren Herbert Feigl, Viktor Krafft, Friedrich Waismann, Felix Kaufmann, der finnische Psychologe und Philosoph Eino Kaila, oder der Mitherausgeber der Zeitschrift *Erkenntnis*, des Publikationsorgans des *Wiener Kreises*, Hans Reichenbach (gleichzeitig Chef des assoziierten *Berliner Kreises*). Dabei gab es ebenso Vertreter eines >aristotelischen Empirismus< wie den Soziologen Otto Neurath, oder auch die Neo-Kantianer Moritz Schlick und Carnap, andere wiederum zählten keiner expliziten Richtung an wie der Mathematiker Hans Hahn oder standen in eher lockerer Verbindung zum Wiener Kreis wie der Logiker Kurt Gödel, der junge Karl Raimund Popper und Ludwig Wittgenstein, dessen *Logisch-Philosophische Abhandlung* zwar von großem Einfluß auf die Diskussionen innerhalb des Zirkels war, der sich selbst aber nur bedingt dem Kreise zurechnen lassen wollte, kurz: die geistige Atmosphäre im Wien der späten zwanziger und frühen dreißiger Jahre muß außerordentlich gewesen sein. Prägung und Diskussionsgrundlage erhielt der *Wiener Kreis* vornehmlich durch die Schriften des Erkenntnistheoretikers und Physikers Ernst Mach (1838-1916), der Physiker Pierre Duhem (1861-1916, nach ihm benannt die *Duhem-Quine-These*, derzufolge immer nur Theorien als Ganzes, und nicht einzelne Sätze und Hypothesen auf dem Prüfstand stehen, weil es immer möglich ist, zu gegebenen Daten alternative theoretische Erklärungen zu konstruieren) und Albert Einstein (1879-1957) sowie der Mathematiker Jules Henri Poincare (1854-1912) und David Hilbert (1862-1943).

Im Jahr 1931 erhielt Carnap die Berufung auf den Lehrstuhl für Naturphilosophie an der Deutschen Universität in Prag, wo ihn in den folgenden Jahren viele bedeutende junge Wissenschaftler vor allem angelsächsischer Herkunft wie Willard van Orman Quine aus Harvard und Charles William Morris aus Chicago besuchten. 1936 nahm Carnap den Ruf an die *University of Chicago* an, wo er später gemeinsam mit Morris und Neurath die Reihe *International Encyclopedia of Unified Science* herausgab und bis 1952 lehrte. Von 1952-1954 wirkte er als Forschungsmitarbeiter in Princeton und von 1954-1961 als Professor in Los Angeles.

Erstaunlicherweise ist nach dem Krieg seitens keiner deutschsprachigen Universität ein Ruf an Carnap ergangen, nach Mitteleuropa zurückzukehren – wohl erst nach 1966 hat er auf Einladung Wolfgang Stegmüllers mehrmalig privat München besucht und an dessen Institut Vorträge gehalten.

Carnaps gesamtes Wirken ist wesentlich mit dem *logischen Positivismus* verknüpft; dessen Positionen er selbst in einer Reihe maßgeblicher Arbeiten formuliert, ausgestaltet und auch zu gegebener Zeit wieder modifiziert oder revidiert hat, gemäß dem Stegmüllerschen Diktum, daß der schärfste Kritiker von Carnap stets >Carnap< hieß. Von zwei Grundprinzipien ließ er sich dabei niemals abbringen:

- erstens betrachtete er die traditionelle Weise des Philosophierens als hoffnungs- bzw. sinnlos, insofern sich eine Viezahl philosophischer Probleme in ihrer bisherigen Form als logisch und wissenschaftlich unlösbar darstellten, und daher von einer anständigen Philosophie als irregeleitete metaphysische Scheinprobleme zu bewerten und ad acta zu legen seien.
- zweitens betonte er die Notwendigkeit, sich prinzipiell in der Philosophie der Mittel formaler Logik zu bedienen, welche überhaupt erst das adäquate Werkzeug und damit die Grundlage zur Erarbeitung ernstzunehmender philosophischer Einsichten und Erkenntnisse darstelle.

Carnaps frühes Hauptwerk ist, oben bereits genannt, *Der logische Aufbau der Welt* von 1928;

hier wird über ein Konstitutionssystem – mit dem Anspruch einer *phänomenalistischen* Rekonstruktion – der Versuch unternommen, sämtliche Aussagen über die Welt in eine Sprache zu übersetzen, die ausschließlich aus empirischen Beobachtungstermen, logischen und mengentheoretischen Termen besteht. (Nelson Goodmans *Structure of Appearance* von 1951, ein *physikalistisches* Konstitutionsmodell, stellt gewissermaßen das epistemologische Pendant zum *Aufbau* dar). Carnap war dabei der Ansicht, daß die derart konstruierte Welt durchaus intersubjektiv sei, nämlich insofern sie nicht auf den subjektiven Inhalten privater Erlebnisse basiert, sondern auf den logische Relationen zwischen diesen Erlebnissen. Wesentliche Folgerung hieraus ist wiederum, daß sich demnach sämtliche Aussagen über die Welt auf eine endliche Reihe von Sinneserlebnissen reduzieren und derart auf Wahrheit oder Falschheit überprüfen lassen, während alle Aussagen, die nicht auf diese Weise empirisch rückführbar sind, nicht als falsch, sondern schlimmer, als logisch sinnlos zu betrachten sind. Diese Position stellt eine profilierte Formlierung des *Verifikationskriteriums* als der konstitutiven Komponente des logischen Positivismus dar. Das Scheitern des Carnapschen Reduktions- und Übersetzungsprojektes – spätestens mit den Arbeiten des >aufgeklärten Empiristen< Quine wurden den beiden Kernprogrammen des Empirismus, (1. Ableitung aller möglichen Wahrheiten über die Welt aus der Beobachtung; 2. Übersetzung dieser Wahrheiten in eine logisch bereinigte empiristische Wissenschaftssprache) endgültig die Sargnägel eingeschlagen – bringen ihn schließlich zu einer ʻintensionsfreundlicherenʼ Haltung.

Carnaps vornehmliches Interesse gilt dabei in den folgenden Jahren weiterhin der Analyse von Wissenschaftssprache, allerdings mußte die Auffassung einer der idealen Wissenschaft zugrundeliegenden logischen Idealsprache aufgegeben werden: hieraus resultierte dann das in *Die logische Syntax der Sprache* (1934) formulierte *Toleranzprinzip;* demzufolge die Wahl einer Sprache und ihrer Logik im Belieben des Einzelnen steht, solange der zu stellenden Forderung nach Offenlegung der zugrundeliegenden Grammatik und ihrer Prinzipien genüge getan ist. In diesem Werk wird auch, in Anlehnung an den Logiker Alfred Tarski, die Unterscheidung von *Objektsprache* und *Metasprache* eingeführt, welche in der Folge für wissenschaftstheoretische Überlegungen beinahe unverzichtbar werden sollte; hier ergibt sich für Carnap auch der Ansatzpunkt zur Bestimmung der Arbeitsteilung zwischen Philosophie und Wissenschaften: die Fachwissenschaften erstellen Theorien über Sachverhalte in der Welt in den für sie geeigneten Sprachen, während die Philosophie, als Wissenschaftstheorie, sich mit den formalen Strukturen der einzelnen Sprachen und ihrer Zusammenhänge beschäftigt.

In den 50er Jahren gilt sein Interesse der Induktion und der Wahrscheinlichkeitstheorie (*The Continuum of Inductive Methods*, 1952; *Logical Foundations of Probability*, 1959). Er unterscheidet zwei Arten von Wahrscheinlichkeit: die *logische* Wahrscheinlichkeit betrifft die Beziehung von Erfahrungsdatum und Hypothese, sie zeigt an den *Bestätigungsgrad* einer Hypothese durch ein Erfahrungsdatum, während die *statistische* Wahrscheinlichkeit von mathematischen Gesetzmäßigkeiten handelt.

Carnap zufolge basiert jedes induktive Schließen auf logischer Wahrscheinlichkeit, entsprechend ist ist induktive Logik nicht anderes als Wahrscheinlichkeitslogik. Somit besteht das Induktionsproblem katexochen darin, die logische Wahrscheinlichkeit einer formulierten Hypothese anhand der gegebenen empirischen Daten zu bestimmen.

Insgesamt gilt Carnap als einer der einflußreichsten Philosophen des zwanzigsten Jahrhunderts, seine Beiträge zur Logik, Wissenschaftstheorie, Semantik, Modallogik und Wahrscheinlichkeitstheorie waren und sind vielfältig richtungsweisend und prägend, in ihren Erkenntnissen und ihren fruchtbaren Irrtümern haben sie die analytische und zeitgenössische Philosophie auf den Weg gebracht.

Hector-Neri Castaneda (1924-1991)

[Im folgenden wird der von PD Prof. Dr. *Helmut Pape* (Philosophisches Seminar der Universität Hannover) verfaßte biographische Artikel >Das Leben und die Philosophie des Hector-Neri Castaneda< (zugänglich auf der von *Erich H. Rast*, Humboldt-Universität Berlin, zu *Castaneda* erstellten Internetseite) unverändert (bis auf marginale stilistische Glättungen offensichtlicher Unebenheiten sowie kenntlich gemachte Ergänzungen) zitiert: aufgrund des persönlich gehaltenen Stiles erscheint er dem Autor dieser Zeilen als authentischer und interessanter als eine alternative Kompilation diverser Lexikoneinträge].

Im Sommer 1991 geschah in Guatemala Ungewöhnliches: der Nationalpreis des Landes wurde dem damals bereits im Rollstuhl gefesselten Philosophen *Hector-Neri Castaneda* verliehen. Einen Preis für einen Philosophen? Noch im 18. Jahrhundert war es üblich, Gelehrte, Wissenschaftler und auch Philosophen durch Preise, Orden und sogar Titel zu ehren. *Francis Bacon*, der Lordkanzler und Philosoph war, fand es völlig in Ordnung, daß Erfinder und Wissenschaftler bei den Griechen göttliche Ehren erhielten, während Staatsmänner und Kriegshelden nur auf weltliche Weise geehrt wurden. Doch in unserer Gegenwart gibt es kaum noch Philosophiepreise – auch keinen Nobelpreis für Philosophie.

Hector-Neri Castaneda starb am 07. September 1991 in Bloomington, Indiana (USA). Er litt schon lange vor der Preisverleihung in Guatemala an einer besonders perfiden Art von Gehirntumor (Glia-Zellenkrebs). Er wurde am 13. Dezember 1924 in San Vincente, im Dschungel des Hinterlandes von Guatemala geboren. Nachdem er bereits als Linguist und Grammatiktheoretiker in Guatemala gelehrt und publiziert hatte, studierte er ab 1949 Philosophie bei *Wilfrid Sellars* an der Universität von Michigan. Ab 1974 wirkte er als Mahlon Powell Professor für Philosophie an der Indiana University in Bloomington, wo er die Zeitschrift *NOUS* herausgab, die er 1966 gegründet hatte und die jetzt von Blackwells, Oxford, weitergeführt wird.

Castaneda war ein außergewöhnlicher Mensch und Philosph. Durch sein Engagement für die philosophische Dignität des Subjektiven, seine Offenheit gegenüber allen Argumenten verstand er es, viele, auch den Autor dieser Zeilen, der vor 19 Jahren das Glück hatte ihn kennenzulernen, für die Philosophie zu gewinnen. Zu jeder Tages- und Nachtzeit philosophierte er mit ebensoviel Leidenschaft, Beharrlichkeit und Freundlichkeit, ließ sich auf seinen Gesprächspartner ebensoweit ein, wie er es verstand, die Komplexität seines systematischen Denkens an dem einer anderen Person zu entfalten.

Wenn häufig gerade deutsche Philosophieprofessoren dafür berüchtigt sind, daß sie sich dem Gespräch mit Studenten und Kollegen konsequent entziehen, so lebte *Castaneda* das genaue Gegenteil. Er nahm große Mühen auf sich, dieses Gespräch unabhängig von den Umständen, der Tages- oder Nachtzeit zu suchen. Sein Humor und seine Klugheit haben ihn in den schweren letzten beiden Jahren seiner Krankheit nicht verlassen, in denen er kaum noch sprechen konnte, aber umso mehr Briefe schrieb. So schrieb er, daß er im September 1990 an einer Konferenz am *Garda-See* nicht hatte teilnehmen können, aber trotzdem mit großem Erfolg dort aktiv gewirkt hatte, weil *Adriano Palma* seinen Vortrag vorgelesen hätte:

„Die Moral daraus ist klar: ich sollte meinen eigenen Vortrag nicht selbst, sondern durch jemand anderen vorstellen und die darauf bezogenen Fragen beantworten lassen. Nützlich ist es auch, den Zuhörern mitzuteilen, daß man eine Krankheit hat, (von der allgemeinhin angenommen wird, daß sie tödlich sei, insbesondere Krebs, was normalerweise ein tiefes Mitgefühl hervorruft: dies kann unseren Worten die Autorität gemäß des alten Spruchs verleihen, daß Sterbende nicht lügen) ... "

Für viele war er ein irritierendes Phänomen: er philosophierte im Stil sowie mit dem methodischen und logischen Rüstzeug der analytischen Philosophen, ohne deren enge szientistische Voraussetzungen und Engstirnigkeit zu teilen. Sein umfangreicher Nachlaß, zu dem mehrere fast vollendete Bücher und längere Studien gehören, wird hoffentlich schon bald unter der Leitung von *James Tomberlin* und *Tomis Kapitan* herausgegeben werden.

Das Werk *Castanedas* ist geprägt von einer Weite des Denkens, das gut durch das Motto charakterisiert wird, das er der von ihm gegründeten Zeitschrift *NOUS* gegeben hat: >nihil philosophicum a nobis alienum putamus< - nichts was der Suche nach Weisheit entspringt, erscheint uns unangemessen. Neben der Grammatologie des Spanischen und anderen linguistischen Arbeiten findet man in seinen über 300 Publikationen Beiträge zu fast allen Gebieten der Philosophie, insbesondere Studien zu *Platon, Leibniz* und *Kant;* über Metaphilosophie, Rechtsphilosophie, zur Philosophie der Logik, der Ethik des Wissens (*epistemic obligation*), der Metaphysik des Praktischen, der deontischen Logik (meta-ethische modallogische Theorie der Gültigkeit normativer Sätze), zur Ontologie und Sprachphilosophie. Zu seinen wichtigsten Theorien gehören:
-   eine umfassende Handlungstheorie, welche die (bisher) weiteste, auf der Autonomie des praktischen Denkens gegründete deontische Logik enthält. Die Autonomie des Praktischen drückt sich für ihn in einer strikten Trennung von Propositionen und Praktionen aus – den im praktischen Denken erwogenen propositionalen Gehalten (vgl. dazu "The Structure of Morality",1974, sowie "Thinking and Doing – The Philosophical Foundations of Institutions",1975).
-   die [in gewissem Maße als Antwort und >idealistische Purifizierung< bzw. Zuspitzung der *Fregeschen* Theorie von Sinn und Bedeutung zu verstehende erkenntnistheoretisch fundierte phänomenalistische Ontologie namens *Guise – Theory,* RW, von *Thomas Grundmann* (in *Frank* 1994) bezeichnet als -] *Theorie der ontologischen Gestaltungen;*

Eine gewisse Bekanntheit, zumindest unter analytischen Sprachphilosophen, sowie in Deutschland bei den Subjektivitäts- und Bewußtseinstheoretikern, gewann *Castaneda* in den letzten Jahren durch seine sprachphilosophischen Arbeiten über Indexikalität. Querverbindungen und ähnliche subjektivitätstheoretische Motive verbinden diesen Themenkomplex mit dem Kern seiner theoretischen Philosophie, einer Bündel-Ontologie neuen Typs (*Guise Theory*), die aus den ontologischen Beziehungen zwischen Erfahrungsgehalten eine vollständige Theorie von Erfahrung und Wirklichkeit gewinnt. In gewissem Sinne macht seine Theorie der indexikallischen und quasi-indexikalischen Bezugnahme, insofern sie die Unabhängigkeit von Selbstzuschreibungen bzw. selbstreferentiellen Sprechens gegenüber intersubjektiven Erfahrungsinhalten (Propositionen) beweist, jene zur Grundlage aller Formen menschlicher Erkenntnisprozesse – z.B. auch der objektiven Sprache der Naturwissenschaften. Es sind also seine Theorien der Wahrnehmung und des Selbst ebenso wie seine Theorie der ontologischen Gestaltungen, seine allgemeine Theorie der Semantik und Ontologie sowie seiner indexikalischen (*multiple species*) Theorie der Erkenntnis aufs engste mit seinem Nachweis der Autonomie des selbstindexikalischen Bezugs von intersubjektiven Erfahrungsinhalten verknüpft.

Castaneda lehrte Philosophie an den Universitäten San Carlos, Guatemala (1954), Wayne State (1967-69) und Indiana (1969). Er wirkte als Gastprofessor an mehreren großen amerikanischen Universitäten, aber auch am *Philosophical Research Center* der Nationalen Universität von Mexico, am *Center for Advanced Studies in the Behavioral Sciences*, Stanford, und an den Universitäten Heidelberg, Freiburg, Venedig und Rotterdam. Er war Präsident der *Society for Exact Philosophy* (1973-75) und der *American Philosophical Association* (1979-80). Im Juni 1990, bereits an einem Gehirntumor leidend, nahm er am Symposium "Zeichen und Zeit" der *Academie du Midi* in Lagrase teil, als ihn die Nachricht ereilte, daß er in die *National Academy of the Sciences* der USA gewählt worden sei.

Donald Herbert Davidson (*1917)

wurde am 6. März 1917 in Springfield, Massachusetts, geboren. Er studierte zunächst Englische Literatur und Klassische Philologie, bevor er durch Vorlesungen A.N.Whiteheads (in dessen letztem akademischen Jahr) für die Philosophie begeistert wurde. Sein philosophischer Lehrer an der Harvard University wurde dann allerdings nicht mehr Whitehead, sondern – Willard Van Orman Quine. Davidson machte seinen B.A. im Jahr 1939, von 1942-45 Dienst in der US-Navy, dann 1949 der Ph.D. (Dissertation über Platons *Philebus*). Davidson lehrte von 1951–1967 Philosophie an der Stanford University, 1967-1970 in Princeton, 1970-1976 Rockefeller University, 1976-1981 University of Chicago, ab 1981 University of California, Berkeley.

Zahlreiche Gastprofessuren, akademische Ämter und Ehren, (u.a. Hegelpreis der Stadt Stuttgart 1991).

Davidson fand internationale Anerkennung durch bahnbrechende Arbeiten zur Philosophie des Geistes, zur Sprachphilosophie sowie zur Handlungs- und Entscheidungstheorie und ist einer der Hauptrepräsentanten der zeitgenössischen analytischen Philosophie. Über drei Jahrzehnte.hinweg hat er Grundzüge und Perspektiven in der Philosophie des Geistes und der Sprachphilosophie mitbestimmt, er übte besonderen Einfluß aus auf Philosophen wie John McDowell, Colin McGinn, Marc Platts, ...

Davidson vertritt eine materialistische Position, wobei er es unternimmt, zwei prima facie unverträgliche philosophische Thesen zu konsolidieren:
- einerseits sind Menschen als Exemplare der Gattung homo sapiens ein Teil der physikalisch beschreibbaren Weltordnung und als solche naturwissenschaftlicher und mechanistischer Erklärung zu unterwerfen.
- andererseits sind mentale Ereignisse und Handlungen nicht den Bedingungen deterministischer Naturgesetze subsumierbar.

Davidson bestreitet dabei, daß es streng nomologische Gesetze zwischen mentalen und physikalischen Objekten oder zur Verbindung der mentalen Objekte untereinander geben könne, obwohl er betont, daß jedes mentale Ereignis auch ein physikalisches Ereignis ist. Diese offenbar paradoxe philosophische Ausgangsposition bezeichnet er als *anomalen Monismus,* sie steht in engem Bezug zu den Auseinandersetzungen um den Determinismus: nur insofern mentale Ereignisse einer physikalistischen Beschreibung unterliegen, fallen sie unter deterministische Gesetze. Gleichzeitig betrachtet Davidson den Begriff der Kausalität als wesentlich für das Verständnis des begründbaren Handelns, wobei kausale Handlungsbegründungen erfolgen können, ohne daß dafür auf jegliche Art von Gesetzen zu rekurrieren. Gründe sind also nicht nur Ursachen, sondern auch Erklärungen zum Verständnis menschlicher Handlungen. Entsprechend vertritt er eine Begründungsstratgie gegenüber einer Kausalitätsstrategie hinsichtlich menschlicher Handlungen und mentaler Ereignisse, die durch normative Prinzipien hinreichend beschrieben und erklärt werden können: zur Erklärung quantenmechanischer Phänomene müssen wir die Experten befragen, während unsere Alltagspsychologie zum Verständnis unserer Handlungen (im Normalfall) ausreichend ist.

Bei der philosophischen Behandlung mentaler Phänomene rekurriert Davidson insbesondere auf *propositionale Einstellungen,* d.h. geistige Zustände mit einem propositionalen Gehalt, wie sie in Aussagen der Form >Harry glaubt, daß der Ball rund ist< ausgedrückt werden. Davidson spricht Glaubenseinstellungen explanatorische Kraft zu, gleichzeitig verweisen sie auf andere Glaubenseinstellungen und Handlungen, mit denen sie einen rationalen Begründungsnexus bilden können. Ein aus bestimmten Glaubenseinstellungen heraus Handelnder agiert dabei auf letztlich mehr oder minder rationale Art und Weise. Davidsons Begründungstheorie ist ebenso normativ wie holistisch, insofern sich Glaubenszustände und Einstellungen nicht als isolierte mentale Atome, sondern immer nur als Elemente eines umfassenden Überzeugungsnetzwerks fassen lassen. Diese holistische Dimension erinnert an die Duhem-Quine-These, derzufolge wissenschaftliche Hypothesen nicht isoliert betrachtet und bewertet werden können, sondern immer nur auf dem Hintergrund der Gesamttheorie zu sehen sind: tatsächlich ist Quines Einfluß auf Davidson an vielen Stellen ablesbar.

Am einflußreichsten und bekanntesten waren Davidsons Arbeiten auf dem Gebiet der Semantik der Wahrheitsbedingungen, einer semantischen Theorie, derzufolge die Bedeutung von Sätzen einer Sprache durch die Nennung der Bedingungen, unter denen sie wahr sind, gegeben wird. Darüberhinaus soll nachgewiesen werden, wie die Wahrheitsbedingungen von Sätzen durch die semantischen Eigenschaften ihrer Komponenten und Teilausdrücke (z.B. Substantive, Verben) festgelegt sind. Eine solche Theorie müßte dann in der Lage sein, für jeden Satz S einen weiteren Satz der Form > S bedeutet p < zu generieren, in welchem die Bedeutung von S durch einen von p repräsentierten Satz gegeben ist. Wiederum jedoch zeigt sich Davidson als Quineaner, insofern er jedwede Berufung auf >Bedeutungen< als semantisch opak ablehnt und, in Anlehnung an die Wahrheitsdefinition Alfred Tarskis, ersetzt durch Formulierungen der Art > S ist wahr genau dann, wenn p <. Davidson hält eine auf dem Wahrheitsbegriff fundierte Theorie für verständlicher und geeignet, alle Dinge zu erklären, die eine Bedeutungstheorie erklären kann und soll. Während aber Tarskis Wahrheitstheorie sich ausschließlich auf künstliche formale Sprachen bezieht und Tarski bezüglich der Übertragbarkeit formaler Techniken auf natürliche Sprachen skeptisch war, weil diese zu chaotisch, veränderlich und inkonsistent seien, schlägt Davidson sich genau mit diesen Schwierigkeiten (Indexikalität, Vagheit, indirekte Rede etc.) herum, ohne jedoch letztlich die notorischen Probleme ausräumen zu können.

Entscheidenderweise begreift Davidson mentale Ereignisse als Phänomene zur Erklärung äußerer menschlicher Handlungen, die Zuschreibung mentaler Prädikate muß intersubjektiv überprüfbar sein und also über öffentliche Kriterien erfolgen. Als Externalist wendet er sich gegen subjektivistische Ansätze etwa im Sinne einer rein privaten Domäne mentaler Phänomene, welches mit einer empirischen Theorie des Bewußtseins (als Theorie der Handlungserklärungen) unverträglich wäre. Nur insofern mentale Phänomene insubjektiv zugänglich sind, kann es eine ernstzunehmende Theorie des Mentalen geben. Notwendiges Kriterium für die

Zuschreibung intentionaler mentaler Zustände ist für Davidson die Fähigkeit sprachlicher Kommunikation, ihmzufolge gibt es hier eine theoretisch unlösbare Verknüpfung zwischen subjektivem Geist und zu interpretierender Sprache – eine ziemlich problematische Annahme. Insgesamt gelten für mentale Zustände die gleichen Identifikationskriterien wie für die Bedeutung sprachlicher Ausdrücke, nämlich menschliches Verhalten vor einem bestimmten Hintergrund.

Zur Bestimmung der in Alltags-Sprechsituationen unbewußt angewandten Kriterien zur Interpretation von Gedanken und Äußerungen wählt Davidson eine verschärfte, die *radikale Interpretationssituation,* d.h. die Interpretation eines fremdsprachigen Sprechers einer völlig unbekannten Kultur, zur philosophischen Klärung der Bedingungen zum Verständnis der sprachlichen und nicht-sprachlichen Handlungen dieses Sprechers. Der wesentliche Punkt liegt nun darin, daß auch das Verhalten eines Sprechers auf einem bestimmten soziokulturellen Hintergrund nur insofern als Evidenzmerkmal zur Interpretation seiner Äußerungen dienen kann, als schon die Geltung gewisser, selbst nicht mehr durch äußere Evidenz zu rechtfertigender, methodologischer Prinzipien/Maximen vorausgesetzt ist: um das Verhalten eines Sprechers systematisch auf seine bzw. des Interpreten Welt zu beziehen, muß z.B. die *Aufrichtigkeitsbedingung* erfüllt sein, d.h. er selbst muß einerseits seine Äußerung für wahr halten, andererseits muß diese Äußerung aus Interpretensicht auch wahr sein (d.h. beide müssen den gleichen Wahrnehmungsraum bewohnen).

Fundamentale Voraussetzung im Sinne einer unhintergehbaren transzendentalen Bedingung jeglicher Interpretation von Sprache und also auch der Identifikation mentaler Zustände ist für Davidson das methodologische *Prinzip der Nachsicht* (*principle of charity*), demzufolge der Interpret den Sprecher stets so zu verstehen sucht, daß eine optimale bzw. maximale Übereinstimmung realisiert und der Sprecher auf dem Hintergrund der Rationalitätsvorstellungen des Interpreten als rational handelnd aufgefaßt wird. Dieses Prinzip ist Bewertungsbasis zur Interpretation sprachlichen wie nicht-sprachlichen Verhaltens über das intentionale Vokabular – die Zuschreibung von bestimmten Glaubensinhalten bedeutet das Rechnen mit gewissen, den Rationalitätsanforderungen genügenden Verhaltensweisen, im anderen Falle erweist sich unser Sprecher als >logisch transzendent< , d.h. als chaotisch, und wir können ihn weder konsistent interpretieren noch ihm überhaupt irgend eine Handlung zuschreiben.

Aus dieser Tatsache ergibt sich für Davidson die entscheidende Konsequenz, daß es zwischen physikalischen und psychologischen Prädikaten – aufgrund der völlig unterschiedlichen Identifikationskriterien – keine nomologischen Gesetzesverknüpfungen geben kann: es mögen zwar Korrelationen zwischen physikalischen und mentalen Ereignissen instantiiert sein, diese Korrelationen besitzen aber keinesfalls naturgesetzlichen Charakter, denn bezüglich der Identität von mentalen Zuständen können nur unter Zugrundelegung des transzendental-normativen Prinzips der Nachsicht, der Rationalität und Kohärenz Aussagen getroffen und entschieden werden. Dies führt zur These des *anomalen Monismus*: insofern bestimmte Ereignisse in physikalischer Sprache beschreibbar sind, unterliegen sie auch naturwissenschaftlichen Gesetzen, soweit Ereignisse aber als mentale Größen in mentalistischer Sprache beschrieben sind, fallen sie aus dem Netz der Naturgesetze heraus.

Gareth Evans (1946-1980)

[Anmerkung: nach Sichtung der nicht allzu zahlreichen Lexikoneinträge etc. zu Evans´ Leben und Werk orientierte sich dieser Verfasser vor allem an der guten Einführung von Johannes Rössler, in: M.Frank (ed.), 1994].

wurde 1946 in London geboren. 1964-67 Studium der Philosophie in Oxford, (sein Tutor in Philosophie war F.P.Strawson); 1967-68 Senior Student of Christ Church, Oxford University, 1968-69 Kennedy Scholar in Harvard, 1969-79 Fellow of University College, Oxford, 1979-80 Wilde Reader in Mental Philosophy, Oxford University; Gareth Evans starb am 10. August 1980 in London. Seine Arbeiten auf dem Gebiet der Metaphysik, Sprachphilosophie und Philosophie des Geistes erschienen posthum als *Collected Papers* (1985), ebenso sein philosophischer Hauptbeitrag - das unvollendet gebliebene Werk erschien 1982 unter dem Titel *The Varieties of Reference*, herausgegeben von John McDowell.

Den philosophische Hintergrund und Ausgangspunkt für Evans bilden im wesentlichen zwei Komponenten: Russells Theorie der Kennzeichnungen und Freges Unterscheidung von Sinn und Bedeutung.

Evans gehört mit J. McDowell und C. Peacocke zu einer Gruppe jüngerer englischer Philosophen, die gemeinhin als Oxforder Neo-Fregeaner bezeichnet werden. Diese Philosophen teilen vor allem die Überzeugung, daß eine adäquate Sprachphilosophie und Philosophie des Geistes ohne Freges Dichotomie nicht zu haben ist. Diese Dichotomie unterscheidet hinsichtlich der Bedeutsamkeit eines Ausdrucks, etwa eines singulären Terms, zwischen der Referenz auf den von ihm bezeichneten Gegenstand (der Term `steht für´ einen Gegenstand, und dessen Existenz oder Nichtexistenz bestimmt den Wahrheitswert) – der >Bedeutung< dieses Terms (z.B. den Planeten Venus), einerseits, sowie einer spezifischen >Gegebenheitsweise< des fraglichen Gegenstandes als einer spezifischen Weise des jeweiligen Bezugnehmens - dem >Sinn< dieses Terms (z.B. die durch die Bezeichnungen >Morgenstern< und >Abendstern< ausgedrückten Erscheinungsweisen des Planeten Venus), andererseits. Der logische und epistemische Witz dieses Begriffspaares liegt u.a. darin, daß etwa einunddderselbe Sprecher aufrichtig den Satz >Der Morgenstern ist die Venus< bejahen und gleichzeitig den Satz >Der Abendstern ist die Venus< verneinen kann, weil ihm die tatsächliche Identität der Referenten unbekannt ist, und also in beiden Sätzen unterschiedliche Gedanken ausgedrückt werden, obwohl sie demselben Referenten dieselbe Eigenschaft zusprechen.

In seiner Theorie der Kennzeichnungen hatte Russell eine präzise Methode geliefert, wie der Gehalt von bestimmten Propositionen zur Individuierung von Personen dient insofern, daß der Wahrheitswert von der Einbettung des jeweiligen Individuums in bestehende oder nicht bestehende Sachverhalte abhängt. Aus der Klasse der Weltobjekte werden die jeweiligen Individuen dadurch spezifiziert, daß eine bestimmte Kennzeichnung auschließlich auf sie zutrifft (z.B. >im Jahr 1901 England regieren<); Ausschlaggebend ist dabei, daß solcherlei Gehalte problemlos in Gedanken oder Äußerungen auftauchen können, unabhängig davon, ob die jeweiligen Kennzeichnungen real erfüllt werden (d.h. ob eine derart beschriebene Person tatsächlich existiert) oder nicht: Russells Beispiel >der gegenwärtige König von Frankreich hat eine Glatze< wird analysiert als: es gibt genau eine Person, die König von Frankreich ist, und für diese Person gilt, daß sie eine Glatze hat. Nach Russells Analyse ist also ein solcher Satz schlicht falsch, aber nicht sinnlos oder gehaltlos, und daher logisch unproblematisch. Vorstellungen dieser Art unterscheidet Russell von solchen, die intrinsisch auf Gegenstände bezogen sind, von deren Eigenschaften ihr eigener Wahrheitswert abhängt. Vorstellungen dieser besonderen Art sind für ein Subjekt nämlich nur dann zu haben, wenn es zu den fraglichen Gegenständen in einer ausgezeichneten epistemischen Relation direkter Gegenwärtigkeit (der >acquaintance<) steht, so daß die Existenz dieser Vorstellungen von der Existenz der beinhalteten Gegenstände wesentlich und unmittelbar abhängt. Die ihnen entsprechenden sprachlichen Ausdrücke nennt Russell >logische Eigennamen<, sie erscheinen ihm, im Vergleich zu den klassischen Eigennamen, die er auch als >verkleidete Kennzeichnungen< (*disguised descriptions*) bezeichnet, als die katexochen singulären und im engeren Sinn referentiellen Ausdrücke.

In der Folge wurde dann Freges Konzeption des Sinnes von Eigennamen mit Russells Auffassung von Namen als verkleideten Kennzeichnungen verschmolzen zur sog. Frege-Russell-Theorie der Namen als (verkleideter) Kennzeichnungen, und als solche von der philosophischen Mehrheit akzeptiert. Erst Saul Kripke wendet sich radikal gegen die >Orthodoxie< der ˋNamensdoktrinˊ, dabei aber in Analogie anknüpfend an Russells Konzeption der *logischen Eigennamen*, wo ebenfalls spezifische Beziehungen zwischen Sprecher und Gegenstand (*acquaintance*) vorausgesetzt sind.

Allgemein wurde nun immer davon ausgegangen (u.a. David Kaplan, John Perry), die Fregesche Unterscheidung gelte hinsichtlich singulärer Ausdrücke wesentlich nur für klassische Eigennamen als verkleideter Kennzeichnungen, und sei insbesondere hinsichtlich der indexikalischen und demonstrativen Ausdrücke aufgrund deren ideosynkratischer Semantik unbrauchbar.

Evans hält diese Einschätzung für unbegründet: einerseits habe Frege niemals nahegelegt zu postulieren, daß für alle singuläre Terme ihre Referenten durch auf sie passende Kennzeichnungen bestimmt seien; andererseits stelle sich heraus, daß insbesondere die semantischen Ideosynkrasien demonstrativ und indexikalisch referierender Ausdrücke nur über eine Fregesche Theorie der entsprechenden – allerdings unpropositionalen, nicht-deskriptiven – Gegebenheitsweisen zu meistern sind. Kurz gesprochen dreht es sich darum, die (von Frege selbst eher stiefmütterlich behandelten) resistenten Demonstrativa und Indexikalia (>ich<, >hier<, >dieses<) schlicht dem Frege-Modell einzugliedern und dieses damit gleichzeitig konzeptuell zu erweitern – so daß mancher sich am Ende des Tages wundern mag, welch exotischen Charakter bislang gewohnte Fregesche Termini im Spezialfall annehmen können.

Dabei werden hinsichtlich Freges drei Punkte deutlich: erstens müssen singuläre Gedanken über Fregesche Sinne/Gegebenheitsweisen analysiert werden, wobei sie dennoch >Russellschen Status< haben, d.h. in ihrer Existenz konstitutiv von der Existenz derjenigen Gegenstände, von denen sie handeln, abhängen können; zweitens war Frege selbst der Ansicht, daß gewisse singuläre Sätze, mit nicht-existentem Referenten für ihre vermeintlichen singulären Terme, keinen Wahrheitswert besitzen – und demnach keine (angemessenen bzw. wirklichen) Gedanken auszudrücken imstande sind; und insofern singuläre Sätze Gedanken ausdrücken, handelt es sich um >Russellsche Gedanken<; drittens können diejenigen Äußerungen Freges, in denen er davon spricht, daß singuläre Terme einen Sinn haben können unabhängig von der Existenz eines Referenten (der >Bedeutung<), als quasi-metaphorische Redeweise verstanden werden, die auf fiktionale Kontexte begrenzt ist – und wenn Frege hier sagt, daß fiktionale singuläre Terme (>Odysseus<) zwar einen Sinn, aber offensichtlich keine Bedeutung haben, meint er (für Evans) in Wahrheit, daß so ein singulärer Term, gleichsam als sprachlogische Fata Morgana, eine Form vortäuscht, der ein Sinn zuzuordnen wäre, ohne daß dieser tatsächlich gegeben ist.

Insgesamt betrachtet Evans eine umfassendere Version der Frege-Theorie als bestens geeignet, die berechtigten Kritikpunkte am Kennzeichnungsmodell zu berücksichtigen, und somit auch die Fälle abzudecken, in welchen die Referenz zwar nicht über Kennzeichnungen vermittelt ist, wiederum aber die Spezifität der Gegebenheitsweisen eine konstitutive Rolle spielt.

Evans' allgemeiner Ansatz zielt ab auf die Postulierung einer gewissen epistemischen Relation zwischen kognitiven Subjekten und den Gegenständen ihrer Vorstellungen sowie deren Zusammenhang mit entsprechenden Vorstellungen und Gedanken. Diese Relation nennt Evans *Informationsrelation*. Sie ist einerseits insofern epistemologisch ausgezeichnet, als sie stets die beiderseitige konkrete Existenz von Vorstellungsobjekt und Subjekt voraussetzt, d.h. die vorstellende Person muß sich mit dem vorgestellten Objekt in konkreter raumzeitlicher Wechselwirkung befinden, andererseits ist sie streng zu trennen von Wissen, Meinungen und Gedanken: man kann sich in einem Informationszustand bestimmten Inhalts (daß das-und-das der Fall ist) befinden, ohne gleichzeitig zu *glauben,* daß das-und-das der Fall ist; ebenso kann der Inhalt von Information auch nicht-begrifflicher Natur sein – der entscheidende Aspekt zur Fassung nicht-deskriptiver, kriterienloser aber wesentlich informationsbasierter Identifikation im Evans'schen Sinn.

Evans widmet sich insbesondere der Frage nach der Natur der mit >ich<-Gedanken verbundenen Gegebenheitsweisen und ihren unzweifelhaften epistemologischen Besonderheiten. In welcher erkenntnismäßigen Situation befinde ich mich, wenn ich in der durch >ich/mich/mir< ausgedrückten Perspektive an mich selbst denke? Die Gegebenheitsweise der ersten Person steht für Evans in wechselseitigem Zusammenhang mit den durch Demonstrativa (>dieses<) und raumzeitlichen Indexikalia (>hier<) ausgedrückten Gegebenheitsweisen: ein zentraler Aspekt liegt für Evans in dem Nachweis, daß einerseits alle diese Gegebenheitsweisen ihre Objekte kriterienlos und ΄egozentrisch΄ identifizieren, andererseits aber die identifizierten Vorstellungsgegenstände immer als Bestandteile der objektiven Raum-Zeit-Ordnung (und nicht etwa metaphysisch-flüchtige Entitäten) gefaßt sind.

In Evans' Terminologie heißen Gegebenheitsweisen *Ideas* – (übersetzt als *Vorstellungen*). >ich<-, >hier<- und >dieses<-Vorstellungen bestehen jeweils aus zwei Komponenten: erstens sowohl einer für die jeweilige Vorstellung konstitutiven epistemischen Relation von Subjekt und Gegenstand, die einen kanonisch ausgezeichneten Informationszustand (Konzept der epistemologischen Hierarchie) induziert, als auch einer konstitutiven pragmatischen Relation des Subjekts zu spezifischen Handlungskontexten (z.B. ausgeruht-aufmerksam oder volltrunken-benebelt die Vorlesung in 10 Metern Entfernung vom Professor verfolgend), diese Komponente kann durch eine ΄funktionale Charakterisierung΄ des jeweiligen Vorstellungstyps beschrieben werden; die zweite Komponente besteht in der Diskriminierungsfähigkeit des Subjekts, den jeweiligen Vorstellungsgegenstand auf einem Welthintergrund anderer Gegenstände zu individuieren; diese zweite Komponente, von Evans auch als *Hintergrund-Element* bezeichnet, induziert die für seine Theorie konstitutive Ausdifferenzierung der Konzeptionen der *grundlegenden Vorstellungen* (*fundamental Idea*) sowie der *Allgemeinheitsklausel* (*generality constraint*).

Die wesentlichen Gemeinsamkeiten der >ich</>hier</>dies<-Vorstellungstypen liegen in folgenden drei Punkten

Erstens gewährleisten die mit >ich</>hier</>dies< ausgedrückten Gegebenheitsweisen ein *kriterienloses* Identifizieren der von ihnen bezeichneten Entitäten (Gegenstände, Orte, Individuen); die Rede von kriterienloser Identifikation mag zunächst inkonsistent erscheinen, aber Evans zufolge gibt es eine ΄weichere΄ Form des Identifizierens, die ohne den Mechanismus der Abarbeitung hinreichender und/oder notwendiger Kriterien auskommt.

Zweitens besitzen die fraglichen Gegebenheitsweisen die Eigenschaft ΄epistemischer Exklusivität΄, d.h. sie stehen jeweils nicht jedermann jederzeit jedenorts zur Verfügung: um adäquat in der >hier<-Gegebenheitsweise an einen bestimmten Ort denken zu können, muß man daselbst präsent sein, für eine adäquate >ich<-Vorstellung muß man die derart vorgestellte Person selbst sein usw.

Drittens besitzen sie den bereits angesprochenen >Russellschen Status<, welcher besagt, daß die prinzipielle Möglichkeit einer Vorstellung oder Gegebenheitsweise überhaupt wesentlich abhängt von der Existenz desjenigen Gegenstandes, welcher den Inhalt der fraglichen Vorstellung ausmacht; es sich also um solche Gegebenheitsweisen handelt, die für ein Bewußtsein schlechterdings nicht zu haben sind, wenn die von ihnen fokussierte Entität nicht auch existiert. Diese Eigenschaft ist >epistemisch transitiv<, d.h. sie gilt auch für die Gedanken, welche derartige Gegebenheitsweisen als kognitive Elemente enthalten: Gedanken mit singulären Termen, welche derartige Gegebenheitsweisen ausdrücken, sind nur dann adäquat zu haben und sinnvoll, wenn die durch sie bezeichneten Gegenstände aktual existieren. Aufgrund der epistemologischen Analogie zu den bereits angesprochenen, von Russell postulierten, >logischen Eigennamen<, bezeichnet Evans Ausdrücke dieser Art als *Russellsche singuläre Terme* und die entsprechenden Gedanken als *Russellsche Gedanken.*

Der erste philosophisch Witz an Evans' Erkenntnistheorie besteht also sichtbar darin, gerade solche (singuläre) Terme in das Frege-System zu integrieren, die bislang katexochen als fregeresistent galten, und umgekehrt zu postulieren, daß insbesondere aufgrund dieser ihrer ideosynkratischen semantischen Eigenschaften ein adäquates Verständnis dieser Terme nur via (evans-modifizierter) fregeanischer Analyse zu gewinnen ist. So wundert es auch nicht, daß ein derart erweitertes Frege-Evans-Modell gegenüber einem vermeintlich wohlbekannten Frege-Modell `äußerlich´ durch eine gewisse philosophische Extravaganz auffällt.

Der zweite philosophische Witz erblüht aus Evans Entscheidung, einerseits Russells Konzept existenzabhängiger singulärer Terme zu akzeptieren, gleichzeitig aber dessen epistemologisches Fundament als >cartesianisch< komplett zu verwerfen.

Wie schon gesehen, ist für Russell die Möglichkeit der adäquaten Verwendung logischer Eigennamen notwendig gekoppelt an die unmittelbare Kenntnis (*acquaintance*) des von diesem bezeichneten Gegenstandes, und als potentielle Objekte solch unmittelbarer Kenntnis sind für Russell nur private Sinnesdaten – Objekte, hinsichtlich deren Existenz ein Irrtum unmöglich scheint – denkbar. Aus dieser, entscheidenderweise von Evans nicht nachvollzogenen einschränkenden Bedingung Russells, resultiert (für Evans) dessen cartesianische Auffassung des Bewußtseins, derzufolge es guterdings unmöglich ist zu meinen, einen bestimmten Gedanken über einen Gegenstand zu haben, ohne daß dieser Gegenstand auch aktual realisiert ist. Evans dagegen behauptet interessanterweise, daß durchaus solche Fälle eintreten können, wo ein Subjekt einen >Russellschen Gedanken< (d.h. Gedanken auf der Basis der fraglichen Gegebenheitsweisen) hat bzw. zu haben glaubt, tatsächlich aber sein hierzu gefordertes unfehlbares Wissen hinsichtlich des im Gedanken (vermeintlich) fokussierten Gegenstandes gar nicht gegeben ist: nach Evans Überzeugung besteht durchaus die epistemologische Möglichkeit, daß eine Person glaubt, einen bestimmten Gedanken zu realisieren, während dieser Gedanke im betreffenden Kontext unmöglich realisiert werden kann – und daher der Versuch des Subjekts, diesen bestimmten Gedanken zu haben, sozusagen an der kontextuellen Realität scheitert.

Jerry Alan Fodor (*1935)

wurde 1935 in New York geboren. Er studierte Linguistik und Philosophie an der Columbia University (New York) und in Princeton.

Berüchtigt wurde er durch seine schneidend-bündigen Stellungnahmen zugunsten eines mentalistischen Realismus und seinem Bekenntnis zu einer wie auch immer zu spezifizierenden Form 'angeborener Ideen' im Sinne Noam Chomskys.

Fodor zufolge müssen kognitive Zustände aufgefaßt werden als Relationen zwischen Subjekt und neurophysiologisch instantiierten Repräsentationen: kognitive Prozesse sind demnach Rechenprozesse auf diesen inneren Einheiten. Somit sind die üblichen mentalen Begriffe des Glaubens, Meinens, etc. zwar als solche berechtigt, aber für ein näheres Verständnis mentaler Prozesse wenig hilfreich. Fodor gibt deswegen auch keine alltagssprachliche Analyse mentaler Begriffe (im Sinne der >ordinary language philosophy<), sondern entwickelt eine eigene Theorie über die Natur der von mentalen Begriffen identifizierten Entitäten: diese sogenannte Repräsentationale Theorie des Bewußtseins (Representational Theory of the Mind) wird ergänzt durch die Hypothese der >Gedankensprache< (Language Of Thought – LOT), derzufolge das materiale Medium dieser Repräsentationen linguistischer Natur ist und eine Syntax besitzt.

Sowohl Fodor wie auch seine Kritiker geben zu, daß es einen 'intra-zerebralen' (mental-internen) Bestandteil bei der Generierung von Bedeutungen geben muß, so daß sich die Frage der Synthese der internen und externen Komponenten stellt. Fodors Argument zugunsten einer internalistischen Version gegenüber einer externalistischen Version lautet, daß nur erstere die Rolle der propositionalen Einstellungen in ihrem Verhältnis zum menschlichen Verhalten zu erklären gestattet: wie sich die Dinge und Sachverhalte in der Welt und außerhalb des Bewußtseins wirklich verhalten mögen – ist letztlich völlig irrelevant: entscheidend ist nur, wie sich die Welt für das agierende kognitive Subjekt darstellt. Fodor verfolgt die Strategie des >Methodologischen Solipsismus<: dieser ordnet Bedeutungen >innere Repräsentationen< zu, ungeachtet der Existenz oder Nichtexistenz irgendwelcher Entitäten jenseits und außerhalb des fraglichen Individuums und seiner Gedanken. Dabei leugnet Fodor keinesfalls die prinzipielle Berechtigung eines umfassenderen Ansatzes bezüglich der Einbeziehung des Wahrheits- und Referenzproblems, hält dies aber zur Erklärung menschlichen Verhaltens für überflüssig. Auch will er sich nicht als Verteidiger subjektivistischer, ideosynkratisch-geheimnisvoller Bedeutungsmysterien verstanden sehen: der Gehalt (im engeren Sinne) von gegebenen Repräsentationen ist das, was beliebige Individuen gemein haben können, insofern diese ihre Repräsentationen dieselbe kognitive Funktion innerhalb des Rechenprozesses innehaben – und die fraglichen Individuen sich demzufolge im selben mentalen Zustand (im engeren Sinne) befinden.

Fodors Kritiker haben bezweifelt, inwiefern der Gehalt mentaler Zustände (im engeren Sinn) überhaupt sinnvoll >semantisch< genannt werden kann, wobei dieser selbst betont, der mentale Gehalt (im engeren Sinn) sei 'grundsätzlich unausdrückbar'.

Fodor ist dafür bekannt, keinem philosophischen Gefecht aus dem Wege zu gehen, seine fruchtbaren Auseinandersetzungen mit einer Vielzahl der berühmtesten analytischen Philosophen betrafen so z.B. den Holismus Quines oder Davidsons, den Mental-Instrumentalismus Dennetts oder den linguistischen Platonismus seines Kollegen und gelegentlichen Mitstreiters Jerrold Katz.

Dabei pflegt Fodor einen durchaus humoristischen Schreibstil – etwa mit regelmäßigen pseudo-biographischen Anspielungen auf seine philosophierende Tante oder Großmutter.

Gottlob Frege (1848-1925)

wurde am 08. November des Jahres 1848 in Wismar geboren, wo sein Vater als Rektor eine von ihm gegründeten Mädchenschule leitete.

Gottlob Frege studierte bis 1871 in Jena Mathematik bei Ernst Abbe, Physik bei Karl Snell und Philosophie bei Kuno Fischer, setzte dann in Göttingen sein Studium fort, wo er u.a. auch Vorlesungen es Philosophen Rudolf Hermann Lotze besuchte.

Sein primäres mathematisches Interesse galt der Theorie komplexer Funktionen, promoviert wurde er 1873 mit einer Arbeit *Über eine geometrische Darstellung der imaginären Gebilde in der Ebene*; 1874 habilitierte er sich in Jena (*Rechnungsmethoden, die sich auf eine Erweiterung des Größenbegriffs gründen*) und wirkte dort zunächst als Privatdozent an der Mathematischen Fakultät. 1879 wurde er a.o. Prof., 1896 ordentlicher Honorarprofessor, 1899 dann Codirektor des Mathematischen Instituts und Hofrat. Seine Emeritierung erfolgte 1918.

Freges Denken bewegte sich, ausgehend von genuin mathematischen Grundlagenproblemen, bald im Kraftfeld zwischen Mathematik und Philosophie. Er suchte nach einem tieferen Verständnis des Wesens mathematischer Wahrheiten bzw. ihrer letztendlichen Begründung.

Freges Ziel war es, zu demonstrieren, daß der größte Teil der Mathematik auf die Logik zurückgeführt bzw. auf diese reduziert werden konnte. Frege selbst kann als der eigentliche Begründer der modernen formalen Logik gelten, die er ohne Rekurs auf historische Vorbilder erstmalig in seiner 1879 erschienenen *Begriffsschrift. Eine der arithmetischen nachgebildete Formelsprache des reinen Denkens* darlegte.Die *Begriffsschrift* enthält den ersten vollständigen Junktoren - (>nicht<, >und<, >oder<) und Quantoren – (>für *alle* x gilt, daß ...<, >für *mindestens ein* x gilt, daß ...<) Kalkül.

In seinem 1884 erschienenen zweiten Werk, *Die Grundlagen der Arithmetik. Eine logisch-mathematische Untersuchung über den Begriff der Zahl,* wollte er demonstrieren, daß der Begriff der Zahl unter ausschließlicher Verwendung logischer Begriffe definierbar und also auf selbige reduzierbar sei. 1891 erschien die logisch-sprachphilosophische Studie *Funktion und Begriff,* 1892 dann *Über Sinn und Bedeutung,* in welchem die sprachphilosophisch epochale Begriffsdichotomie erstmals eingeführt wird. 1893 erschien der erste Band der *Grundgesetze der Arithmetik,* worin das bereits in den *Grundlagen* formulierte Programm der Reduktion der gesamten Arithmetik auf die Logik detailliert durchgeführt werden sollte; das gesamte Werk war auf drei Bände angelegt, von denen der zweite 1903, und der dritte – nach einem für Frege erschütternden Briefwechsel mit Bertrand Russell – niemals erschien: Russell hatte nämlich 1902 das nach ihm benannte Paradoxon in Freges System entwickelt, d.h. die Möglichkeit, innerhalb des Frege-Systems eine paradoxe Menge zu konstruieren:die Menge aller Mengen, die sich nicht selbst als Element enthalten.

In allgemeiner Hinsicht war Frege, entgegen gewissen sprachphilosophisch vereinnahmenden Tendenzen, nicht an philosophischen Fragen der conditio humana interessiert, etwa der Leistungen und Grenzen menschlicher Erkenntnis oder der >praktischen Vernunft<. Allerdings nahm er in seinen Arbeiten detaillierten Bezug auf die natürliche Sprache und ihre Weisen, Gedanken zum Ausdruck zu bringen.

Im Zusammenspiel des ergiebigen Werkzeugs von logisch-linguistischer Analyse und einer Vielzahl feinsinniger und neuartiger Thesen über künstliche und natürliche Sprache wurde Freges Werk zum Ausgangspunkt für ein bis dahin ungeahntes Interesse an der Sprache als Objekt logisch-mathematischer wie philosophischer Fragestellungen, gleichzeitig zur Keimzelle einer ganzen methodologischen Neubesinnung und Umorientierung innerhalb der Philosophie, welche dann zur Etablierung eines an der Logik orientierten neuen Zweiges führen sollten – der sogenannten analytischen Philosophie.

Dabei sind es vor allem drei Aspekte des fregeschen Ansatzes, welche die Fragestellungen und Methoden der späteren analytischen Philosophie prägen sollten:

- erstens übersetzt Frege die für ihn bedeutsamen philosophischen Probleme in Fragestellungen über die Sprache und deren Verwendung. So ersetzt er die epistemologische Frage nach der Möglichkeit des Wissens über Entitäten, die weder empirisch beobachtbar oder intuitiv erkenbar sind (z.B. Zahlen), durch die Frage nach der Handhabung und Funktion von Sprache hinsichtlich des Ausdrucks dieser Entitäten;
- zweitens ist Freges Fokussierung der Sprache/Sprachsysteme getragen durch das Grundprinzip, daß die semantische Leistung und Funktion von Sätzen explanatorisch und systemlogisch primär ist: dies bedeutet, daß eine Erklärung der Funktionsweise von Sprache und ihren grammatischen Modulen, logisch und begrifflich immer hinsichtlich ihrer Einbettung in vollständige Sätze sowie ihres (der einzelnen Satzkonstituenten – Sprachmoduln) Beitrags zu deren vollständiger Satzbedeutung zu erfolgen hat;
- drittens ist es die anti-psychologistische Stoßrichtung Freges, d.h. der Nachweis, daß logische und semantische Strukturen nicht mit psychologischen Gesetzen als Erklärungen mentaler Zustände zu konfundieren bzw. auf diese zurückzuführen, sondern gerade, als objektive Entitäten, von diesen völlig unabhängig seien, welche die Entfesselung der Logik und ihre Fruchtbarmachung für die Grundlagenforschung der Mathmatik ermöglichten. Fragestellungen und Erklärungen zum Verhältnis von Sprache und Welt oder von Sprache und Gedanken sind methodologisch von ideosynkratischen Aspekten und Verarbeitungsmodi individueller Bewußtseinsinhalte zu scheiden.

Es sind vor allem diese drei Leitprinzipien – Sprachfokussierung (>Lingua-Zentrismus<), Primat des Satzes bzw. der Satzbedeutung, und Anti-Psychologismus, welche in der Folge einen ungeheuren Einfluß entfalten bzw. überhaupt erst die Geburt der analytischen Philosophie ermöglichen sollten. Waren die *Logischen Untersuchungen* (1903) Edmund Husserls bereits die Frucht seiner antipsychologistischen Bekehrung durch Frege, so waren es schon bald darauf Russell, Wittgenstein und Carnap, durch deren Werk und Einfluß Freges Ideen immer weitere Verbreitung fanden und als zeitlos ergiebige Quelle die neuzeitliche Philosophie auf den Weg brachten und nachhaltig prägten.

Saul Aaron Kripke (*1940)

wurde 1940 in Bay Shore, New York, als Sohn eines Rabbis geboren. Die Familie zog alsbald nach Omaha in Nebraska, wo Saul seine Kindheit verlebte. Bereits in frühen Jahren zeigte er außergewöhnliche mathematische Begabung und leidenschaftliches Interesse an philosophischen Fragen. Mit 15 Jahren entwickelte er seine legendäre Semantik (zurückgreifend auf Leibniz' Konzept der möglichen Welten) für eine Quantoren-Modallogik, drei Jahre später erschien sein Vollständigkeitsbeweis für die Modallogik im *Journal of Symbolic Logic*. 1962 beendete Kripke sein Mathematikstudium als Bachelor in Harvard, wo er ab 1963 der Harvard Society of Fellows angehört. Von 1965 bis 1966 ist er Dozent in Princeton, 1966 bis 1968 wieder in Harvard, als Associate Professor und Professor an der Rockefeller University 1968 bis 1977, wo er 1977 dem Ruf auf die McCosh-Professur für Philosophie in Princeton folgt, die er bis heute ausübt. Kripke war der jüngste Philosoph, dem die Ehre zuteil wurde, die berühmten John Locke Lectures an der Universität Oxford zu halten (1973). Seither wurden ihm noch zahlreiche Auszeichnungen zuteil.

In den frühen 60er Jahren beginnt Kripke, sich mit dem Themenkomplex um Identität, Eigennamen und Möglichen Welten zu befassen. In der Folge formuliert er, von der Fachwelt immer wieder sowohl bestaunt wie beargwöhnt, eine Reihe zunächst ungewöhnlicher Sichtweisen und Positionen, die aber dann meistens nachhaltige Wirkung entfalten. Kein Mann dickleibiger philosophischer Folianten, findet sich in *Naming and Necessity*, einer Transkription dreier im Jahr 1970 in Princeton gehaltener Vorlesungen, die wohl umfassendste philosophische Standortbestimmung Kripkes.

Einer der Kernpunkte betrifft die Frage nach der Identität, welche von Kripke als eine Relation gefaßt wird, die ausschließlich zwischen einer Entität und ihr selbst – jedoch niemals zwischen zwei jeweils individuierbaren Entitäten – bestehen kann, und demzufolge immer mit Notwendigkeit zugesprochen oder abgesprochen werden muß. Die Konzeption der >notwendigen Identität< stammt dabei aus der Modallogik, und blieb allerdings in der Folge nicht unwidersprochen: So erscheint z.B. die Identität des Erfinders der Zweistärkenlinse mit dem ersten amerikanischen Postminister als durchaus kontingent und zufällig; *Kripke* aber stellt fest, daß zwar die von einer Person jeweils realisierten unterschiedlichen Charakterisierungen zweifellos kontingent sind, davon aber die Notwendigkeit der Identität einer Person mit sich selbst überhaupt nicht berührt wird: *Benjamin Franklin* als Person wäre auch dann immer mit sich selbst identisch gewesen, wenn er niemals optische Experimente unternommen hätte oder niemals Postminister geworden wäre.

An diesem Punkt wird Kripkes radikale Neufassung der Bedeutungstheorie von Eigennamen und ihrer sprachlichen Funktion deutlich. Wenn wir etwa einen Satz äußern wie >Franklin wäre gegebenenfalls niemals Postminister geworden< beschreiben wir eine kontrafaktische Alternative von Lebensumständen für diejenige Person, die tatsächlich nun einmal der erste Postminister der Vereinigten Staaten gewesen ist, wir entwerfen eine *kontrafaktische Situation* einer *möglichen Welt*, die ebenfalls die Person Franklin enthält, nur daß er kein Postminister ist.

Kripke lehnt dabei eine detaillierte Beschreibung oder ontologische Bestimmung der *möglichen Welten* prinzipiell ab: mögliche Welten werden postuliert, und nicht >entdeckt<, sie dienen nicht zur begrifflichen Präzisierung unserer modalen Konzeptionen, sondern veranschaulichen gewisse ursprüngliche modale Intuitionen, und zur Klärung philosophischer Fragen kann eine, wie auch immer geartete, präzisere Fassung des Begriffs der möglichen Welt ohnehin nichts weiter beitragen. Es ist nämlich normalerweise völlig unproblematisch, sich in alltagssprachlicher Weise auf kontrafaktische Situationen oder alternative Handlungsoptionen zu beziehen, ohne zuvor eine präzise Definition des technischen Begriffs der möglichen Welt gegeben zu haben. In der Terminologie der möglichen Welten gilt die Forderung, daß ein gewöhnlicher Eigenname immer den selben Designator besitzt, immer denselben Gegenstand – in allen *möglichen Welten* sowohl wie in der tatsächlichen Welt – identifiziert. Kripke führt hierzu für singuläre Terme (d.h. Individualbegriffe, z.B. Eigennamen) den Begriff der *starren Bezeichnung, des rigid designators* ein, und so lautet seine These, daß Eigennamen tatsächlich starre Bezeichner sind – diese Auffassung steht in krassem Widerspruch zur klassischen Theorie von Frege und Russell, derzufolge Namen als Abkürzungen von Kennzeichnungen (Scott = der Autor von >Waverley<) fungieren.

Kripkes Konzeption ist nämlich bei weitem nicht so harmlos, wie sie auf den ersten Blick scheinen könnte, wenn sie als bloße Verallgemeinerung der sicherlich eingängigen These, daß die beiden Sätze >Beckenbauer spielte in München< und >Beckenbauer hätte auch in Gladbach spielen können< von derselben Person handeln: tatsächlich ist hier eine starke ontologische These impliziert, nämlich, daß für alle Gegenstände in der Welt zwei Klassen von Eigenschaften gibt, die auf sie zutreffen: wesentliche (notwendige und hinreichende) sowie unwesentliche (weder notwendige noch hinreichende) Eigenschaften.

Schaut man auf den Satz >Caesar ist Julius<, der aus einem zweistelligen Prädikat und zwei singulären Termen (Eigennamen) besteht und eine offensichtlich wahre Identitätsbehauptung aufstellt, so bezeichnet jeder der beiden Namen, soweit sie *rigid designators* sind, auf starre Weise denselben Gegenstand quer durch alle möglichen Welten, den jeder von ihnen auch in der aktualen Welt bezeichnet. Tatsächlich bezeichnen beide Namen in der aktualen Welt die selbe Person – dies bedeutet, daß beide Namen diese Person quer durch alle möglichen Welten bezeichnen, woraus folgt, daß es sich bei dieser Identitätsaussage um eine *notwendige* Wahrheit handelt. Hieraus ergibt sich ein deutlicher Widerspruch zu gewissen Auffassungen hinsichtlich der Klassifizierung von Aussagen als apriori/a posteriori bzw. analytisch/synthetisch: üblicherweise werden nämlich Identitätsbehauptungen wie >Caesar ist Julius< als kontingente empirische (synthetische) Sachverhalte verstanden, die nicht apriori gewußt werden können – z.B. kann aus einem kontingentem Nachnamen kein kontingenter Vorname abgeleitet werden und vice versa. In dieser Auffassung ist nach Kripke ein fundamentaler Irrtum verborgen, nämlich die Vermischung des erkenntnistheoretischen Begriffs der Apriorizität mit dem metaphysischen Begriff der Notwendigkeit:
Sätze wie >Caesar ist Gajus< drücken für Kripke *notwendige* Wahrheiten *a posteriori* aus.
Die klassischen Bedeutungstheorien in der Tradition von Frege/Russell behaupten dagegen, daß es sich hierbei um *kontingente* Wahrheiten handelt; ihnenzufolge wird der Bezugsgegenstand oder Referent eines Namens durch eine umfassende Beschreibung oder Kennzeichnung bzw. ein Bündel von Kennzeichnungen (Searle) identifiziert, welches mit dem Namen assoziiert ist. Dieser Auffassung gemäß liefert die Kennzeichnung die Bedeutung bzw. den Sinn des Namens. Und weil nun die mit dem Namen >Caesar< assoziierte Kennzeichnung völlig verschieden von der mit >Gajus< assoziierten Kennzeichnung sein kann – so daß sie in anderen möglichen Welten auch unterschiedliche Referenten haben könnten, liegt die Auffassung nahe, der Satz >Caesar ist Gajus< sei ebenso kontingent wie >Der erste Postminister der Vereinigten Staaten ist der Erfinder der Zweistärkenlinse<. Diese Analyse und die ihr zugrundeliegende Theorie der Eigennamen sind nun für Kripke – völlig falsch. Seine Sichtweise, dem Erbe John Stuart Mill´s und Ruth Barcan Marcus´ verpflichtet, versteht Namen als bloße ´Etiketten´, die ohne jegliche inhaltliche Kennzeichnung dazu dienen, Entitäten zu markieren, und derart, beschreibungsfrei, ihre Referenten herauszugreifen. Kripke zufolge werden Namen durch einen ursprünglichen expliziten Taufakt unlöslich mit ihrem Träger verknüpft, und verfolgen ihn somit kennzeichnungsfrei quer durch alle möglichen Welten. Sämtliche Folgeverwendungen dieses Namens referieren auf diesen Träger aufgrund einer zurückverfolgbaren kausalen Kette von Verwendungen dieses Namens, die schließlich zur ursprünglichen Taufsituation zurückführen muß, und sie sind, als Folgeverwendungen, in der zielgenauen Erfassung ihres Referenten keinesfalls abhängig oder abkünftig davon, daß dieser Referent bestimmte Kennzeichnungen erfüllt oder nicht erfüllt, die zufällig mit seinem Namen assoziiert sind.

Für Kripkes kausale Theorie der Referenz impliziert also die referierende Verwendung eines Namens gleichzeitig das Vorhandensein einer bestimmten Kausalrelation, durch welche der sprachliche Verwender eines Namens (z.B. in konkreter Sprechsituation) tatsächlich mit dem Referenten in Beziehung gesetzt ist. So ist der heutige Gebrauch des Namens >Caesar< und sein Bezug auf Caesar ist gerechtfertigt und gewährleistet durch die Kausalkette der konsistenten wiederholten Verwendung dieses Namens (und unbeeinträchtigt durch die stenten wiederholten Verwendung dieses Namens (und unbeeinträchtigt durch die historisch bedingten Mehrdeutigkeiten seines Avancements zu einem Titel), die ihren Ausgangspunkt in der konkreten Taufsituation mit dem erstmaligen Gebrauch des Namens >Caesar< findet. Ebenso maßgeblich ist Kripkes Kritik an der konventionellen Analogisierung von kontingenter/notwendiger Wahrheit und aposteriorischem/apriorischem Wissen und der entsprechenden Auffassung, daß alle *notwendigen* Wahrheiten *a priori*, dagegen alle *kontingenten* Wahrheiten *a posteriori* erkannt würden. Diese Klassifikation ist für Kripke sowohl in intensionaler (inhaltlicher) wie extensionaler (umfangsmäßiger) Hinsicht inadäquat: Sätze wie >Caesar ist Gajus< oder >Wärme ist Molekülbewegung< drücken notwendige Wahrheiten aus, die aber a posteriori erkannt werden, während der Satz >Der im Bureau International des Poids et Mesures in Sevres aufbewahrte Urmeter ist ein Meter lang< eine zwar a priori gewußte, aber eine kontingente Wahrheit zum Inhalt hat – als einer konventionellen Festlegung, die keine direkte semantische Definition von >Meter< liefert, sondern vielmehr eine Methode zur Bestimmung des Sachbezugs von >ein Meter lang<, wobei der zur Zeit t^0 gemessene Stab S auch (z.B. bei anderer Temperatur) eine andere Länge hätte haben können.

Auf der Basis dieser Erkenntnis sowie des ontologischen Postulates der wesentlichen/unwesentlichen Eigenschaften (*Essentialismus*) und natürlichen Klassen erwächst Kripkes Kritik an der materialistischen Identitästheorie im Zusammenhang der Leib-Seele-Problematik. Er geht hierbei von der Tatsache aus, daß es psychische Vorgänge bzw. seelische Erlebnisse gibt – auf welche Weise sie auch immer zu spezifizieren sein mögen – und fragt, wie den Aussagen der Identitätstheoretiker, daß nämlich diese psychischen Vorgänge mit physiologischen Prozessen identisch seien, ein guter Sinn beigelegt werden bzw. diese wahr sein könnten. Die von ihm hier verfolgte Argumentationslinie strebt weniger danach, einen Beweis für die Falschheit der Identitätstheorie zu finden, als vielmehr über ein gewichtiges Ensemble von ins Felde geführten Argumenten und Intuitionen das Bewußtsein zu schärfen dafür, „daß sich die Vertreter dieser [Identitäts-] These Probleme aufgehalst haben, deren Lösung kein Kinderspiel ist und für die bislang nicht mal Ansätze existieren". (W.Stegmüller, 1987, S.338f.). Eine ähnliche Stoßrichtung gegenüber der Identitätstheorie wird auch durch Thomas Nagel eingenommen: von vermeintlichen Wahr- oder Falschheitsbeweisen abgesehen, könne diese letztlich keine überzeugende theoretische Einbettung geben, die ihre Aussage überhaupt erst wirklich verständlich machte.

Mit seinem zweiten >großen< Werk, *Wittgenstein on Rules and Privat Language,* (1982) widmet sich Kipke Wittgensteins Spätphilosophie in den *Philosophischen Untersuchungen* und den darin skizzierten und pointierten sprachphilosophischen Umwälzungen. Die von Kripke dort vorgeschlagenen Interpretationen brachten abermals, wie kaum anders zu erwarten, eine bis dahin ungekannte Radikalisierung und theoretische Profilierung der bedeutungsskeptischen Argumente Wittgensteins.

Humberto R. Maturana (*1928) / Francisco J. Varela (1946-2001)

[ausführliche – und soweit absehbar zuverlässige – Information über die von Maturana und Varela entwickelte Theorie der Autopoiese findet sich in der von Randall Whitaker verfaßten *Encyclopaedia Autopoietica*, zugänglich im www.]

Humberto Romesin Maturana wurde 1928 in Chile geboren, studierte an der Universität von Santiago de Chile Medizin, von 1954 bis 1956 Biologie in London und promovierte in diesem Fach 1958 in Harvard. Anschließend arbeitete er bis zu seiner Rückkehr an die Universität von Santiago im Jahr 1960 am Massachusetts Institute of Technology. In dieser Zeit veröffentlichte er gemeinsam mit Jerome Y. Lettvin, Warren S. McCulloch und Walter H. Pitts eine bahnbrechende Arbeit über die Physiologie des Sehens bei Fröschen: *What the frog's eye tells the frog's brain* (1959).
Anfang der 60er Jahre kam es anläßlich einer Neurophysiologie-Konferenz in Leyden zur ersten persönlichen Begegnung Maturanas mit dem Konstruktivisten Heinz v. Foerster, von diesem wie folgt geschildert:

„Ralph [Gerard] arranged for a general meeting of all the people, and he said >Ladies and gentlemen, we are here to have a dress rehearsal of our meeting on Monday and Tuesday. On Friday and Saturday everybody will present their papers, and there will be discussions and corrections on these papers. On Monday and Tuesday we will present the corrected papers.< As I was listening to that, I thought that this was the most idiotic proposal I had ever heard. I mean, that what a conference is for you don't need a dress rehearsal.
When Ralph was talking to other people, I sneaked out of the long room through one of the many side doors. And as I was doing this I saw another gentleman doing the same – sneaking out from another door. So I walked to him and said: >Are you taking part in that nonsense, participating in the rehearsal on Friday and Saturday, or would you like to go with me to the Rijksmuseum, to the Moritzhaeus, and enjoy Amsterdam?< He said he would prefer to come with me. I said >OK, my name is Heinz von Foerster.< He said >My name is Umberto Maturana.< So this is how we met and he got to know about the Biological Computer Lab. We were from the beginning the black sheep of that whole conference. When we came back on Monday, nobody was talking with us. It was extremely funny. Afterwards, I invited Maturana to come to the University of Illinois."

In den sechziger Jahren bestanden regelmäßige Kontakte zwischen Maturana und Heinz v. Foerster und dessen Biological Computer Laboratory (University of Illinois), an welchem Maturana von 1968-1970 eine Gastprofessur inne hatte; die Frage nach der Quantifizierung der gegenseitigen Beeinflussung dürfte dabei schwer zu beantworten sein.
Nach seiner Rückkehr an die Universität von Santiago de Chile widmete er sich gemeinsam mit seinem Mitarbeiter Francisco Varela der Ausarbeitung der Theorie der Autopoiese.
Francisco J. Varela (1946-2001) war einst als junger Erstsemester in Maturanas Büro – gekennzeichnet durch das Schild über der Tür >Experimental Epistemology Lab< – hineingestürmt und hatte stolz seine Absicht verkündet, "die Rolle des Bewußtseins im Universum erforschen zu wollen", worauf Maturana ihm gelassen entgegnete: "Mein Junge, dann bist Du hier an der richtigen Adresse."
Varela studierte Biologie und Neurophysiologie unter der Ägide seines Mentors in Santiago, von 1968-70 u.a. auch Biologie in Harvard, und promovierte bei Torsten Wiesel (gemeinsam mit David Hubel Nobelpreisträger 1981) über >Insect retinas: information processing in the compound eye<.
Von 1970 bis 1973 elaborierten Maturana und Varela an der Universität Santiago das Konzept der Autopoiese und der damit verbundenen konstruktivistischen Epistemologie. Gemäß dieser Theorie sind alle Lebewesen autonome, d.h. endogen kontrollierte und `selbst-organisierende´, Systeme (Maturana selbst lehnt den Terminus der `Selbstorganisation´ ab und spricht stattdes-

sen von `spontaner Organisation´, da er das >Selbst< wiederum als ein Organisationsprodukt bestimmter Systeme versteht). Das Minimalkriterium im Sinne notwendiger und hinreichender Bedingungen zur Charakterisierung autonomer biologischer Systeme ist die Autopoiese: diese stellt eine Organisationsform der jeweiligen Systeme dar, die sich über variierende Strukturen realisiert und deren einziges operatives >Ziel< die Aufrechterhaltung ihrer selbst – als der den jeweiligen systemischen Strukturen übergelagerten Ordnung – ist. Die jeweiligen organismischen Bio-Einheiten agieren hinsichtlich der Realisierung und Erhaltung ihrer Organisationsform als operativ geschlossene, durch Membranen als Schnittstellen (Interfaces) zu ihrem Medium begrenzte kybernetische Systeme "zweiter Ordnung" (v.Foerster).

Entscheidenderweise kommt der Kognition in autopoietischer Sicht eine völlig andere Rolle zu, als ihr landläufig meistens zugesprochen wird: sie dient nämlich der internen Orientierung und >Sinn-Stiftung< – und nicht etwa der Vermittlung von objektiven Informationen der Außenwelt; jedes Nervensystem und die es konstituierenden autopoietisch organisierten Neuronen ist als autonomes System ein operativ geschlossenes Netzwerk, dessen elementare funktionale Elemente bestimmte invariante Muster relativer neuronaler Aktivität sind: es gibt demzufolge schlichtweg keine operationale Grundlage für die (klassische) Auffassung des Nervensystems als eines nach Input/Output-Schema verfahrenden informationsverarbeitenden Systems.

Die in der Theorie der Autopoiese entwickelten Konzepte und Ideen, obwohl teilweise für manchen durchaus intuitiv gewöhnungsbedürftig, haben mittlerweile vielfältig Einfluß genommen: sowohl in geisteswissenschaftlichen (Soziologie, Philosophie) wie naturwissenschaftlichen Disziplinen (Evolutionsbiologie, Immunologie, Neurophysiologie, Kognitionswissenschaft), sind die von ihr ausgehenden Anregungen auf fruchtbaren Boden gestoßen.

Obwohl es heißt, daß insbesondere Maturana sich nur selten auf philosophische Vorgänger berufe, und noch seltener, bzw. niemals, auf Arbeiten wissenschaftlicher Kollegen, und statt dessen ausschließlich seine eigenen referiere – gleichsam zur ideosynkratischen Illustration seiner `Theorie der Selbstreferenz´ – können doch bedeutende konstruktivistische Vordenker ausgemacht werden, deren Ideen teilweise erst heute ihre angemessene Würdigung finden: es sind dies insbesondere Giambattista Vico, George Berkeley und Joseph Roger Boscovich; unter den jüngeren wären Hans Vaihinger mit seiner >Philosophie des Als-Ob<, sowie Jean Piaget und Gregory Bateson zu nennen.

Thomas Nagel (*1937)

wurde am 04. Juli 1937 in Belgrad geboren und kam 1939 in die Vereinigten Staaten. Studium an der Cornell University, (B.A. 1958), in Oxford (B.Phil. 1960) und Harvard, wo er 1963 bei John Rawls promovierte. Von 1963 bis 1966 Assistant Professor of Philosophy an der University of California, Berkeley, von 1966-69 Assistant Professor in Princeton, von 1969-72 Associate Professor, von 1972-80 Professor daselbst. Seit 1980 ist er Professor für Philosophie, seit 1986 Professor für Philosophie und Recht an der New York University, seit 2001 daselbst Fiorello LaGuardia Professor of Law. Er hat zahlreiche Gastprofessuren inne, und hielt in den letzten Jahren die angesehenen John Locke Lectures in Oxford und die Alfred North Whitehead Lectures in Harvard.

Nagel arbeitete auf einem weitgespannten philosophischen Terrain, wobei ethischen, politischen Fragen ebenso wie der Rechtsphilosophie immer eine prominente Rolle in seinem Denken zukam. Nagel verfaßte bislang sieben Bücher zu unterschiedlichen Themen, darunter *Mortal Questions* (1979), *The View from Nowhere* (1986), *Equality and Partiality* (1991), letzteres widmet sich insbesondere philosophisch-politischen Fragen.

Nagel läßt sich in besonderer Weise als ein Insistierer auf unbequemen Fragen beschreiben. Unbequem waren und sind diese Fragen, weil sie auf Themen beharrt, die zwar zum einen seit den ersten Anfängen der Philosophie, insbesondere durch Sokrates' (Platons) philosophischer Neuausrichtung gegenüber den ionischen Naturphilosophen (den >Vorsokratikern<), katexochen als >philosophische Fragen< angesehen und immer wieder gestellt wurden, zum anderen jedoch, bedingt durch den – als Selbstverständnis geltenden – hohen Anspruch der analytischen Philosophie an formal-logische Präzision in der Argumentation und Explikation methodologischer Voraussetzungen, an die logische Transparenz der verwendeten Begriffe etc., in der Folge zunächst vielleicht nur aufgeschoben, aber letztlich systematisch von der philosophischen Behandlung ausgeklammert wurden, wo man sich statt dessen überwiegend auf sprachliche/logische Detailanalysen beschränkte, und von den >großen Fragen< nur noch die im engeren Kontext der Erkenntnistheorie und Semantik gelten ließ, umfassendere, sich der Formalisierbarkeit entziehende, Fragestellungen jedoch abwies. Nagel trägt keine Scheu, sich vorbehaltlos, neben analytisch-kanonischen auch solchen, dem analytisch philosophischen Establishment als anrüchig geltenden, vermeintlich vermeintlichen, Problemen zu widmen: den erkenntnistheoretischen Fragen nach den Formen und Voraussetzungen von Gewißheit, nach dem Verhältnis von Körper, Seele bzw. Geist, aber auch den menschlich-existenzialen Fragen im Zusammenhang von Leben und Tod, Individuum und Gemeinschaft, Ethik und Recht etc. Ein Herbarium (bzw. Pandämonium) solcher umfassender, klassischer philosophischer Problemstellungen stellt seine Aufsatzsammlung *Mortal Questions* (1979), dar, in welcher sowohl menschlich-existentieller (das Absurde, der Tod), als auch eher soziokultureller Themen (Öffentliche Moral, Krieg, Massenmord, bürokratische und technokratische Skrupellosigkeit) gedacht wird.

Abgesehen von dieser philosophischen Unängstlichkeit hinsichtlich des Betretens neuen philosophischen (Alt-)Terrains, kann Nagel charakterisiert werden durch das ihm zu eigene Insistieren auf ihm intuitiv relevant erscheinenden Fragen, gerade dann, wenn seines Erachtens weit und breit keine (überzeugenden) Lösungen bereit stehen, und insbesondere auch dann, wenn, wie in der analytischen Philosophie nicht untypisch, von berufener Seite versucht wird, solche in angeschnittenen philosophischen Problemkontexten virulente Fragen und Irritationen als pseudophilosophische Fehlleistungen, d.h. sinnlose, unfruchtbare oder sonstig defiziente Unterfangen und des Fleißes der Gerechten unwürdige Objekte, auf dem Schrottplatz der Philosophie abzuladen. Diese Praktiken sind nämlich nach Nagels Auffassung symptomatisch für ein philosophisches Kastenwesen, welches zur geistigen Besitzstandswahrung einen methodologischen Purismus pflegt, demzufolge alle Fragen, die sich der kanonischen Behandlungsweise systematisch entziehen, unweigerlich dem philosophischen Anathema verfallen, wo, messerscharf geschlossen – nicht sein kann, was nicht sein darf. Bekanntlich verfehlen derartige Beruhigungsversuche gelegentlich ihre Wirkung, und widerspenstig persistierende Fragen und Zweifel spotten letzten Endes den meisten voreiligen philosophischen Begräbnissen, um an ungeahntem Ort zu ungeahnter Zeit `fröhliche Urständ´ zu feiern. Deshalb ist es wohl Nagels Maxime, wie Ulrich Lange (in Frank, 1994, S.127) formuliert, „sich eher auf die Intuitionen zu verlassen, die die Probleme erzeugen, als auf Theorien, die diese Intuitionen wegerklären wollen".

In engem Zusammenhang mit dem philosophischen Status der Intuitionen zu sehen ist auch das von Nagel selbst als für ihn zentrales philosophisches Problem identifizierte Verhältnis zwischen der scheinbar irreduziblen phänomenalen Komponente der perspektivischen Subjektivität der Individuen einerseits, und der Konzeption einer raumzeitlich realen, objektiven – d.h. subjektunabhängigen, von allen >subjektivistischen Verunreinigungen< gesäuberten, intersubjektiv zugänglichen Welt andererseits. Hier ist für Nagel die Aufgabe einer philosophischen Vermittlung zu leisten, die beiden Phänomenbereichen zumindest ihre ontologische Dignität beläßt, solange keine überzeugende >grand unified theory< vorhanden – oder auch nur absehbar – ist.

Nagel jedenfalls ist bereit, seine philosophischen Intuitionen eine methodologische Schlüsselrolle spielen zu lassen, zumindest insofern sie, immer gemäß seiner epistemologischen Maxime, der philosophischen Beunruhigung – und nicht der Einschläferung – dienen, gewissermaßen als Antidot zu einem kruden positivistischen Methodenpurismus als dem >Opium der Philosophen<. Sein erstes Buch, *The Possibility of Altruism* (1970), kreist bereits um diese Problematik der Vermittlung von subjektiver und objektiver Perspektive, wobei Nagel ursprünglich, etwa in seinem Aufsatz *Physicalism* (1965), eine Identitätstheorie von Physischem und Mentalem vertreten hatte – sein bereits damals vorhandenes latentes intuitives Unbehagen hinsichtlich der als >ernstzunehmend< betrachteten Subjektivität nahm in den folgenden Jahren stetig zu und führte schließlich zum Paradigmenwechsel.

In den letzten drei Aufsätzen von *Mortal Questions* (darunter der Aufsatz *What is it like to be a bat?*) erscheint das Problem der Irreduzibilität der subjektiven Phänomenalität als Hauptthema, ihm wird in *The View from Nowhere* (1986) weitere Aufmerksamkeit zuteil.

Hilary Putnam (*1926)

wurde am 31. July 1926 in Chicago geboren, verlebte aber seine frühe Kindheit in Frankreich. Sein Vater, Samuel Putnam, war ein recht bekannter Schriftsteller und Übersetzer, der damals als überzeugter Kommunist u.a. regelmäßig Kolumnen für den *Daily Worker* verfaßte. Während des Studiums an der University of Pennsylvania spezialisiert sich Putnam – ebenso wie Noam Chomsky – auf die gerade entstehende Disziplin der theoretischen Linguistik, außerdem studiert er Philosophie und Deutsch. Sein Hauptstudium absolviert er teils in Harvard (gemeinsam mit Quine, Hao Wang, C.I.Lewis, und Morton White), teils an der University of California, Los Angeles, wo er bei Hans Reichenbach über den Wahrscheinlichkeitsbegriff promoviert. Im Jahr 1953 kommt er nach Princeton, wo er Carnap kennenlernt und durch den Mathematiker Kreisel mit der formalen Logik vertraut gemacht wird. Ab 1965 lehrt er in Harvard, und beteiligt sich auch, Noblesse oblige, an den üblichen politischen Aktionen, u.a. gegen den Vietnam-Krieg, oder bei der maoistischen Progressive Labour Party. Ab 1972 beginnt sich sein Weltbild zu wandeln – er bricht mit seiner kommunistischen Vergangenheit. Dieser ideologische Bruch ist auch ein epistemologischer: seine frühere, offenbar von Engels nicht unbeeinflußte, erkenntnistheoretische Postition des (nachmals von ihm so betitelten) >metaphysischen Realismus< wird aufgegeben. In den späteren Jahren besinnt er sich stärker seiner jüdischen Herkunft und beschäftigt sich auch mit theologischen Fragen.

„Es ist das Zusammenkommen einiger ebenso glücklicher wie außergewöhnlicher Faktoren, die Putnam so etwas wie eine zentrale Stellung bei den intellektuellen Diskussionen innerhalb der englischsprachigen Welt gegeben haben. Da ist zunächst sein untrüglicher Instinkt für das, was in der fast unübersehbaren Fülle der heutigen Diskussionen *wichtig* ist und zu einer Auseinandersetzung herausfordert, die unser Denken weiterzuführen verspricht. Zugleich ist Putnam ein bohrender Geist, der nicht locker läßt und ein Problem oder ein Thema, wenn er es erst einmal angeschnitten hat, bis zu den letzten Konsequenzen *zu Ende denkt* ... Schließlich ist er vielleicht der einzige Philosoph der Gegenwart, der noch so etwas wie einen >*Totalüberblick*< hat. Ursprünglich arbeitete er auf sehr speziellen und schwierigen Gebieten der *mathematischen Logik.* (Ich erinnere mich an eine Äußerung eines deutschen Kollegen in den Vereinigten Staaten im Jahre 1963, der mit Bezug auf Putnam sagte: >So etwas kann auch nur in den USA passieren, daß man einen *reinen Mathematiker (!)* auf einen philosophischen Lehrstuhl beruft <) ... Nicht weniger eingedrungen ist er in die *moderne Linguistik und Sprachphilosophie.* Das Erstaunliche ist dabei, daß er trotz seiner diesbezüglichen Kenntnisse und Fähigkeiten *keineswegs ein >Formalisierer<* geworden ist ...“ (Stegmüller 1987, S.346).

Diese Worte Stegmüllers dürften deutlich gemacht haben, daß wir mit Putnam wieder einem der bedeutendsten englischsprachigen Philosophen (mit Anwärterschaft auf den >Klassiker<-Titel) des zwanzigsten Jahrhunderts gegenüberstehen.
Außer durch seine Schriften zur Philosophie der Mathematik und zur Beziehung von Logik und Quantentheorie wurde er vor allem durch Beiträge zur Philosophie des Selbstbewußtseins, zum Bedeutungsproblem sowie zur Realismus-Debatte bekannt.
Putnams Diskussion etwa des Bedeutungsproblems steht dabei in engem Zusammenhang mit seinen erkenntnistheoretischen Positionen und Haltungen zu zentralen philosophischen Fragen. Usprünglich nahm er einen materialistisch-realistischen Standpunkt ein, von ihm selbst später herablassend als >metaphysischer Realismus< bezeichnet, für den folgende Thesen konstitutiv seien: 1) es gibt eine in ihrer Struktur fest bestimmte bewußtseinsunabhängige Welt ; 2) entsprechend kann es nur eine einzige Theorie ultimativer Wahrheit über diese Welt geben, welche zu formulieren das Ziel aller (ernsthaften) Wissenschaft ist.
Innerhalb der Bedeutungsdebatte gab es die Kernthese, daß es die Bedeutung ist, durch welche die Referenz festgelegt wird. Putnam dagegen betonte, daß alle theoretischen Versuche, Bedeutung in mentalen Zuständen oder inneren Prozessen zu verankern, entschieden unbefriedigend seien. Zur Verdeutlichung erfindet Putnam die mittlerweile legendäre Geschichte von den beiden Zwillingsplaneten, die sich nur in einer einzigen Hinsicht unterscheiden: auf dem einen Planeten (>Erde<) gibt es Wasser, auf dem anderen (>Zwerde<) dagegen eine zwar äußerlich (Geschmack, Aussehen, Konsistenzn etc.) dem Wasser ununterscheidbare, ihrer chemischen Struktur nach aber völlig unterschiedliche Substanz (Zwasser). Auf der Erde existiert ein Englisch sprechendes Individuum mit Namen Alfred) auf Zwerde existiert sein Pendant (Zwalfred), welches eine syntaktisch und phonologisch vom Englischen nicht zu unterscheidende Sprache spricht. Diese beiden Individuen können nun offenbar keinesfalls aufgrund ihrer Äußerungen hinsichtlich dieser oder jener Flüssigkeit (Wasser oder Zwasser) unterschieden werden; da ihre Erfahrungen diesbezüglich völlig gleich sind, sind es auch ihre Gefühle, Gedanken und Äußerungen, da beide der jeweils als >Wasser< bezeichneten Substanz (Wasser bzw. Zwasser) identische Eigenschaften zuschreiben. Putnam's Argument ist nun, daß, entgegen dem Anschein, das von beiden benutzte Wort >Wasser< tatsächlich bei Erdensohn Alfred etwas anderes bedeutet als bei Zwerdensohn Zwalfred, weil beide tatsächlich auf unterschiedliche Substanzen referieren. Und genau aus diesem Grunde, dies ist

Putnams philosophischer Witz der Geschichte, können Bedeutungen nicht >im Kopf selbst< loziert sein, und falls sie es *doch* sind, können jedenfalls *sie* es *nicht* sein, was die Referenz auf Gegenstände *in der Welt* – jenseits und außerhalb des menschlichen Schädels – festlegt. Zur philosophischen Klärung des Referenzmechanismus schlägt Putnam vor, eine semantische Stufe herabzusteigen, von der Satzbedeutung zur Bedeutung einzelner Terme und Ausdrücke. Die klassische Variante zur Festlegung der Bedeutung von Termen ist die Frege-Russell-Methode, derzufolge Eigennamen und Artbezeichnungen als Abkürzungen von Kennzeichnungen oder Kennzeichnungsbündel konzipiert sind – diese Lösung lehnt Putnam entschieden ab; stattdessen folgt er der von Kripke entwickelten Konzeption des >starren Bezeichners<, des Ausdrucks mit >quer-welt-ein< definitiv festgelegter Referenz: ein Term wie > Otto Weininger< referiert demnach in allen möglichen Welten notwendig auf das fragliche Individuum, während der Term >der neunzehnjährige Autor von *Geschlecht und Charakter* < dies eben nicht tut. Wendet man diese Methode nun auf Artbezeichnungen an, wie etwa >Gold<, >Silber<, so bezeichnen diese laut Putnam auf starre Weise die spezifischen Metallsubstanzen, deren letztliche materielle Natur und Charakter durch die wissenschaftliche Forschung bestimmt werden. Dabei können Beschreibungen zweifellos zur Referenzbestimmung hilfreich sein, sie fungieren im Alltagsgebrauch als Stereotypen, die in den in alltagspragmatischen Kontexten sich offenbarenden Charakteristika (z.B. >gelb-rötlich metallisch gänzend<, >besonders bei den Damen beliebt-weil-teuer-weil-selten<, etc.) fundiert sind, und die sozusagen die gängige Währung gewöhnlicher Kommunikation stellen. Bedeutungen weisen also eine soziale Dimension auf, und können nicht primär als in Köpfen von Individuen beheimatete Entitäten verstanden werden. Als Putnam sich später vom Realismus verabschiedet, ändert sich für ihn auch das Fundament der Beziehung von Bedeutung und Referenz: die Fähigkeit des Verstehens von Sprache setzt keinesfalls voraus, was der Realismus postuliert, nämlich das Vorhandensein eines definitiven Abbildungsverhältnisses zwischen `der Sprache´ und `der Welt´ – entsprechend nähert er sich nun einer eher verifikationistischen Bedeutungsauffassung.

Von den verschiedenen philosophischen Standpunkten, die Putnam zu gegebener Zeit vertreten und auch wieder verworfen hat, zählt der Funktionalismus sicherlich zu den profiliertesten. Ursprünglich einer der dezidiertesten Vertreter, betrachtete Putnam den funktionalistischen Ansatz später als grundlegend irregeleitet. Innerhalb der Bewußtseinsphilosophie vertritt der Funktionalismus die These, daß psychologische Zustände wie >wonnetrunken an ein Glas Bier denkend< oder >den Lieben Gott für einen Funktionalisten haltend< letztlich und wesentlich funktionale Rechenzustände des Gehirns darstellen. Psychologie sollte in der Beschreibung der Software des Gehirn-Computers bestehen. Entsprechend strebte Putnam, die Bewußtseinsprozesse in der Terminologie von Turingmaschinen zu fassen; allerdings können, wenn Bedeutungen nicht >im Kopf< sind, Begriffe und Glaubenszustände nicht ohne Rekurs auf die (soziale) Umwelt des kognitiven Subjekts bestimmt werden. Letztlich beurteilt Putnam die Suche nach einer nicht-intentionalen Charakterisierung des Bewußtseins als unangemessen, ebenso wie den Versuch einer typenweisen Zuordnung von Rechenzuständen des Gehirns einerseits und propositionalen Einstellungen andererseits.

In späteren Jahren wendet sich Putnam zunehmend gegen scientistische Ansätze innerhalb der Philosophie, die von ihm stets lebhaft geführten Debatten sind in vielerlei Richtung ebenso maßgeblich wie anregend geworden – u.a. in der Wissenschaftstheorie:

„Ein letzter Punkt, der bisher noch gar nicht zur Sprache gekommen ist, betrifft das Prädikat >theoretisch<. Putnam selbst war es, der vor längerer Zeit in einer scharfen Herausforderung an die Wissenschaftsphilosophen darauf hingewiesen hatte, daßnoch niemand gezeigt habe, in welchem Sinne diese sog. theoretischen Begriffe >*von der Theorie herkommen*<. In seinen eigenen Schriften hat er sich doch wieder mehr oder weniger an der traditionellen, man kann ruhig sagen: an der carnapschen, Vorstellung orientiert. Demgegenüber hat J.D.Sneed auf die Herausforderung Putnams eine solche Antwort geliefert, die, wenn sie akzeptiert wird, zu einem radikalen Umdenken zwingt: Theoretisch sind danach, grob gesprochen, solche Größen, die *in theorienabhängiger Weise gemessen* werden ... Die Dichotomie >beobachtbar – theoretisch< ist dann nichts weiter als das Resultat einer Konfusion nämlich der unzulässigen Verschmelzung der epistemischen Dichotomie >beobachtbar – nichtbeobachtbar< mit der davon völlig verschiedenen `quasi-semantischen´ Dichotomie >theoretisch – nichttheoretisch< (mit >theoretisch< als dem *positiv* Auszuzeichnenden). Von einem Zwang zum radikalen Umdenken kann deshalb gesprochen werden, weil der sneedsche Nachweis dafür, daß es in jeder ernsthaften physikalischen Theorie theoretische Terme im starken Sinn gibt, die herkömmliche Formulierung physikalischer Hypothesen ausschließt. Der sog. Ramsey-Satz einer Theorie hört dann erstmals auf, eine logische Spielerei zu sein, und wird zu der *einzig möglichen* Art und Weise, eine empirische Hypothese, die theoretische Terme im starken Sinn enthält, zu formulieren"(Stegmüller 1987, S.466f.).

Richard McKay Rorty (*1931)

wurde am 04. Oktober 1931 in New York als Sohn von James und Winifred Rorty geboren. Seine Eltern waren aktive Kommunisten trotzkistischer Provenienz: die Mutter Winifred Tochter eines bekannten sozialutopistischen Theologen, Walter Rauschenbusch, der Vater James arbeitete mit dem Philosophen Sidney Hook zusammen in der revolutionären Amerikanischen Arbeiter Partei. Richard studierte von 1945 bis 1956 an der University of Chicago und der Yale University, insbesondere bei R.Carnap und C.Hempel. Nach dem Militärdienst wirkt er von 1958-61 als Instructor und Assistant Professor am Wellesley College bei New York, anschließend an der Princeton University, wo er 1970 zum >Stuart Professor of Philosophy< ernannt wird. 1982 gibt er diese renommierte Stelle in Princeton auf und wird in Charlottesville an der University of Virginia Professor of Humanities.
In den 60er und 70er Jahren veröffentlicht Rorty eine Vielzahl von Artikeln und Reviews zu einer erstaunlichen Bandbreite philosophischer Themen, zu den u.a. von ihm behandelten Philosophen gehören der Hegelianer Royce ebenso wie Whitehead, Dewey, Austin, Sellars, Ryle, Strawson, Quine, Davidson und Wittgenstein, aber auch Heidegger und Derrida. Dabei interessieren ihn die aus der Pluralität philosophischer Methoden und Konzepte erwachsenen metaphilosophischen Fragestelungen, die er von einem pragmatistischen Standpunkt angeht.
In den 70er Jahren gewinnt Rorty weite Anerkennung durch führende Beiträge zur Philosophie des Geistes, der Sprachphilosophie, der Epistemologie/Erkenntnistheorie und Metaphysik. In klassisch analytischen Bahnen bewegt er sich um Fragestellungen wie den *linguistic turn*, von Realismus und Empirismus, insbesondere auch Selbstbewußtsein und Leib-Seele-Problem.
Der Aufsatz *Incorrigibility as the Mark of the Mental* (1970) rührt aus einer Phase, „die in den heute auf dem deutschsprachigen Markt befindlichen Darstellungen von Rortys Philosophie übergangen oder nur oberflächlich erwähnt wird" (Georg Mohr), er steht im Zusammen-

hang.mit einer Reihe weiterer Arbeiten, in denen sich Rorty – vor allem in den Jahren zwischen 1965 und 1972 – an der Debatte um Selbstbewußtsein und Leib-Seele-Problem maßgeblich beteiligt; hierbei vertritt er eine von Paul Feyerabend (Vater der wissenschaftspragmatischen Devise >anything goes<) und Willard van Orman Quine inspirierte Konzeption eines *eliminativen Materialismus,* die von ihm selbst auch als >Verschwindens-Version< (*disappearance form*) der Identitätstheorie bezeichnet wird; ihrzufolge kann die Relation zwischen neuronalen und mentalen Ereignissen nicht als strikte Identität gefaßt werden, sondern vielmehr als besondere (imaginäre) Beziehung der Form, wie sie „zwischen existierenden und nicht-existierenden Entitäten besteht, wenn die Bezugnahme auf die letztgenannten einmal den Zielen diente, denen jetzt die Bezugnahme auf die erstgenannten dient", wie er selbst schreibt (ebd.). Dabei liegt die Pointe gegenüber dem reduktionistischen Ansatz des herkömmlichen Materialismus darin, daß im Zuge des wissenschaftlichen Fortschritts sich schließlich die soziale Sprachpraxis derart ändern wird, daß klassische mentale Formulierungsweisen schließlich als unangemessen und antiquiert aufgegeben werden: während der Reduktionismus die Identität von Gehirnprozessen und mentalen Ereignissen durch entsprechende Übersetzungsfunktionen zur Überführung mentalistischer Prädikate in eine ontologisch neutrale Sprache darzutun bemüht ist, bestreitet Rorty, daß es überhaupt etwas zu übersetzen gäbe – weil die mentalistische Sprechweise tatsächlich ohne (ernstzunehmenden) semantischen Verlust eliminierbar sei; die dann scheinbar verlorengegangenen, weil aus der Sprachpraxis eliminierten, Entitäten mentaler Provenienz seien für künftige Generationen gerade so entbehrlich wie für uns heutigen irgendwelche Myriaden von Naturgeistern, Dämonen etc., die in versunkenen Ideolekten ihren ebenso angestammten Platz besaßen: den mentalen Entitäten und Ereignissen entspricht in der letztlich maßgeblichen Realität keine Klasse rational identifizierbarer und im wissenschaftlichen Sinne existierender Objekte, es handelt sich bei diesen um semantische Nullitäten, Phantasmagorien letztlich naiver, vorwissenschaftlicher Sprachsysteme.

Eine neopragmatistisch-postmoderne Wende vollzieht Rorty mit seinem Hauptwerk *Philosophy and the Mirror of Nature,* mit dem er – zumindest vom Bekanntheitsgrad – in die erste Reihe amerikanischer Philosophen aufrückt und international die Aufmerksamkeit auch nichtphilosophischer Kreise gewinnt. In diesem Werk vereinigt er seine neueren Argumentationsstränge mit der Intention, die kultursoziologische Relativität auch philosophischer Systeme darzulegen, und distanziert sich insbesondere von den bisherigen Fragestellungen und Methoden der modernen und analytischen Philosophie, insofern sie den Anspruch erheben, den wahren Weg der philosophischen Wissenschaft gefunden zu haben, bzw. diesen auch nur eruieren zu können. Die von ihm vollzogene Kehre läßt sich mit den Schlagworten >Gespräch der Menschheit statt Philosophie< oder >unendlicher, offener Dialog statt objektive Wahrheit< zusammenfassen.

Seitdem hat er in mannigfachen Veröffentlichungen seine Version von Pragmatismus verteidigt und Traditionen klassischer Philosophie kritisiert, wobei er sich als dezidierten Anti-Cartesianer und Anti-Kantianer versteht. Vor allem auf den späten Wittgenstein, John Dewey, Martin Heidegger, Friedrich Nietzsche, Jaques Derrida und Michel Foucault rekurrierend, ortet er seine späteren Positionen in einem ausgeweiteten literarisch-philosophischen Kontext: Cornelius Castoriadis und Roberto Unger, Marcel Proust, Vladimir Nabokov und George Orwell, William Butler Yeats, Sigmund Freud, Paul Lyotard, Jürgen Habermas markieren nun die (vorläufigen) Eckpunkte seines Interesses.

In Arbeiten wie *Contingency, Irony, and Solidarity* (1989) finden sich seine neuen Schlachtrufe: >Solidarität statt Objektivität<, >Vorrang der Demokratie vor der Philosophie<, ausgebreitet, wobei die von ihm schließlich propagierte pragmatizistische Haltung, bei genauerem Hinsehen, sich bereits in den früheren Werken zumindest angedeutet findet.

Dabei kann man allerdings fragen, ob der von ihm vollzogene Abschied von der >fundamentalistischen Philosophie< nun etwa als Appell zu philosophischer Bescheidenheit zu verstehen ist, welches, zumindest von seinen ehemaligen Kollegen, bezweifelt wird. So schreibt der Philosoph James Conant: „in certain ways he resembles a Parisian intellectual: He reads everything, he drops a lot of names, he's interested in very big questions" (wwwBlurCircle:The Quest For Uncertainty). Auf eher humoristische Weise kontert Daniel Dennett Rortys globale Entlarvungs- bzw. Aufklärungsattitüde, wobei er den sogenannten Rorty-Faktor identifiziert: „My own experience suggests that you can use Rorty as a great source on difficult thinkers like Heidegger or Sellars" schreibt Dennett, „and if you multiply what he says by the number .673" – die von ihm als >Rorty-Faktor< bezeichnete Zahl – „then you get the truth. Dick always exaggerates everything in the direction of the more radical" (ebd.).

Sidney Sharpless Shoemaker (*1931)

wurde am 29.September 1931 in Boise, Idaho, als fünfter Sohn von Roy Hopkins Shoemaker und Sarah Parker Anderson geboren. Nach dem Studium am Reed College in Portland/Oregon, ging Shoemaker zum post graduate Studium an die Edinburgh University nach Schottland, anschließend an die Cornell University in Ithaca, New York, wo er 1958 seinen Ph.D. erwarb. 1961-64 wirkte er daselbst als assistant professor, 1964-67 associate professor, dann ab 1967-70 associate professor an der Rockefeller University, New York City, seit 1970 Professor abermals in Cornell und ab 1978 daselbst seither Susan Linn Sage professor of philosophy. Shoemaker ist seit 1964 Mitherausgeber der *Philosophical Review*, seit 1972 von *Knowledge and Mind*, seit 1982 Hauptherausgeber der *Cambridge Studies in Philosophy*. 1972 hielt Shoemaker die angesehenen *John Locke Lectures* in Oxford, darüberhinaus war er mehrfacher Stipendiat an zahlreichen Universitäten.

Sydney Shoemaker war es, der im Jahr 1963 mit dem Buch *Self-Knowledge and Self-Identity* die neuere Diskussion innerhalb der analytischen Philosophie zum Thema Selbstbewußtsein wieder in Gang brachte – mit kaum zu überschätzendem Einfluß auf die meisten maßgeblichen späteren Texte zu diesem Thema. In seinem zweiten Buch, *Identity, Cause, and Mind. Philosophical Essays*, (1984), sind die wichtigsten bis dahin publizierten Arbeiten Shoemakers noch einmal gesammelt, beginnend mit einer redigierten Fassung von *Self-Reference and Self-Awareness* von 1968, zuerst veröffentlicht im *Journal of Philosophy 65*, S.555-567, ferner der Aufsatz *Persons and Their Past*, worin die These der >Immunität gegen Irrtümer durch Fehlidentifizierung< des Selbstbewußtseins- eine Einschränkung erfährt anhand des Gedankenexperimentes eines in zwei >Teil-Iche< gespaltenen Subjekts, welches nurmehr über eine >Quasi-Erinnerung< an einige >seiner< Erlebnisse verfügt. Ebenfalls enthalten sind die legendären – nach der Bekehrung zum Funktionalismus geschriebenen – Aufsätze über das >invertierte Spektrum< und über die Frage, inwiefern der Funktionalismus mit dem Problem der sogenannten Qualia (phänomenale Erlebnisqualitäten) fertig zu werden imstande ist: Shoemaker behauptet dieses in Auseinandersetzung mit Ned Block. Ebenfalls im Jahr 1984 erschien in der Reihe >Great Debates in Philosophy< die Auseinandersetzung Shoemakers mit Richard Swinburne. Insgesamt dokumentiert sich Shoemakers philosophisches Interesse in zahlreichen Arbeiten zur Selbstbewußtseinsthematik, zu Wahrnehmung und persönlicher Identität, zu Fragen der Fremdsubjektivität und zur Kausalität.

In *Selbstbezug und Selbstbewußtsein* greift Shoemaker auf Wittgensteins Unterscheidung von Subjekt- und Objektgebrauch des Personalpronomens >ich< zurück: im Objektgebrauch erfolgt die Identifizierung über äußere Merkmale und ist irrtumsanfällig, während der Subjekt gebrauch auf unmittelbare und kriterienlose Weise, also ohne Abarbeitung äußerer Merkmale erfolgt, und daher immun gegen Fehlidentifizierung: wenn ich Schmerzen im linken Ohrläppchen spüre und sage: >ich habe Schmerzen im linken Ohrläppchen<, so verknüpfe ich keinesfalls ein bestimmtes innerweltlich eigenschaftlich identifiziertes Phänomen (Ohrläppchenschmerz) mit einer bestimmten innerweltlich eigenschaftlich identifizierten Entität (meiner Person), vielmehr ist mit dem Schmerzempfinden selbst eine intrinsische kriterienlose Identifikation gegeben, und die fragliche Äußerung kann niemals aufgrund einer Fehlidentifikation (– es war nicht ich selbst, sondern mein Großvater, welcher den Schmerz hatte) mißlingen. Auch indexikalische und demonstrative Ausdrücke können kriterienlos referieren, sind aber im Gegensatz zum Pronomen der ersten Person irrtumsanfällig. Die Frage nun, ob sich der >ich<-Subjektgebrauch prinzipiell durch den Objektgebrauch ersetzen ließe, beantwortet Shoemaker, u.a. rekurrierend auf die einschlägigen Arbeiten Castanedas, klar negativ: im Gegenteil, es setzt die objektmäßige Selbstidentifikation ein primordiales kriterienloses Selbstbewußtsein voraus. Hier kommen wir zu Shoemakers entscheidender These. In seinem Buch *Individuals* (1959) hatte Peter Frederick Strawson die Unterscheidung von M- und P-Prädikaten eingeführt. Während die M-Prädikate kein Bewußtsein bei demjenigen voraussetzen, dem sie zugeschrieben werden, ist dies bei den P-Prädikaten genau der Fall: erstere können etwa körperliche Zustände betreffen, die dem entsprechenden Subjekt nicht bewußt sein müssen (grüne Flecken im Gesicht). In Analogie zu Castanedas >he*<-Ausdruck entwirft Shoemaker nun das Prädikat P*, welches einen Zustand bezeichnet, der auf eine charakteristische Weise *w* erfahren wird derart, daß ein gegebenes Subjekt das Prädikat P* nicht nur stets im *w* -Modus realisiert, sondern damit auch gleichzeitig weiß, daß es selbst sich im Zustand P* befindet, wenn es denn weiß, daß das Prädikat P* im *w*-Modus – und auf andere Weise kann es ja nicht erfahren oder identifiziert werden – instantiiert ist. Wird der *w*-Modus z.B. charakterisiert als >unmittelbare innere Selbstkenntnis<, und bezeichnet P* z.B. den Zustand >Schädelbrummen <, so kann ein Subjekt einerseits nur dann unmittelbare innere Selbstkenntnis seines Schädelbrummens besitzen, wenn der entsprechende Zustand in ihm tatsächlich realisiert ist, andererseits weiß es unmittelbar, daß es selbst sich im fraglichen Zustand befindet, wenn es weiß, daß der fragliche Zustand realisiert ist. Die entscheidende These Shoemakers lautet nun, daß es die Existenz dieser Art von Prädikaten P* und ihrer korrekten Selbstzuschreibung ist, die, in transzendentaler Weise, überhaupt die Bedingung der Möglichkeit bereitstellt, um die anderen Zuschreibungen und Verwendungen von M- und P-Prädikaten erfolgreich vornehmen zu können.

Oswald Wiener (*1935)

Quelle: aufgrund der ziemlich spärlichen Datenlage zu O.W. dürfte die von Horst Kurz - Verfasser einer (der einzigen?) Dissertation zu O.W. mit dem Titel >Die Transzendierung des Menschen im "bio-adapter"< - zusammengestellte O.W.-page im www noch die beste Orientierungsmöglichkeit bieten, weshalb dieser Verfasser dankbar darauf zurückgriff.

kam am 5. Oktober 1935 in Wien zur Welt. Bereits 1953 lernte er Konrad Bayer kennen und gelangte durch diesen zur sogenannten *Wiener Gruppe*, deren jüngstes Mitglied er wurde. In den folgenden Jahren (1953-1958) bekundete Wiener sein weitgespanntes geistiges Interesse u.a.. in der Aufnahme diverser Studiengänge an der Alma mater Rudolphina (Universität Wien):

- 1954 Studium der Rechtswissenschaft
- 1955/56 Studium der Musikwissenschaften
- 1956/57 Studium Afrikanischer Sprachen
- 1958 Studium der Mathematik

allerdings führte er damals keinen Studiengang zum Abschluß. Während dieser aktivitätsreichen Studienjahre spielte er auch in diversen Jazz-Formationen als Trompeter und Kornettist.

Die zwischen 1954 und 1958 entstandenen literarischen Experimente und Kleinwerke (Prosa, Lyrik, Montagen, Konstellationen, Chansons, Essays bzw. theoretische Elaborate, darunter das *"coole Manifest"*) hat Wiener später in selbstkritischer Manier weitgehend vernichtet, wohl im Zuge seiner intensiven Auseinandersetzung mit Ludwig Wittgenstein und Fritz Mauthner, welche u.a. zu einem tiefgreifenden Wandel in seiner Auffassung über das Wesen der Sprache führte, die er jetzt vorrangig als politisches Werkzeug verstand.

Seit 1956 beschäftigt er sich intensiv mit theoretischer, später mit praktischer Kybernetik (mit dem Begründer der Kybernetik als mathematischer Disziplin, Norbert Wiener, ist er übrigens nicht näher verwandt) und gewinnt ein umfangreiches Wissen im Felde der Computerwissenschaft: 1963 beginnt er seine berufliche Tätigkeit bei *Olivetti* in Wien, zunächst verantwortlich für den Bereich Organisation, von 1965 bis zu seinem Abschied 1967 als Direktor der Datenverarbeitungsabteilung.

Zwischenzeitlich heiratet er 1959 Lore Heuermann, aber die Ehe wird 1964 wieder geschieden.

In Zusammenarbeit und auf Drängen seines Freundes Konrad Bayer nimmt Wiener dann ab 1962 seine literarische Tätigkeit wieder auf, insbesondere beendet er *Die Verbesserung von Mitteleuropa,Roman,* von 1965-1967 als Fortsetzungsroman eigener Art in der Grazer Literaturzeitschrift >manuskripte< veröffentlicht und im Jahr 1969 bei Rowohlt als Buch erschienen.

Nach dem Ausstieg bei *Olivetti* kommt es wieder zu verstärkt künstlerischem Engagement, insbesondere am 7. Juni 1968 zu einer skandalträchtigen Aktionsveranstaltung >Kunst und Revolution< im Hörsaal 1 des Neuen Institutsgebäudes der *Rudolphina*, die mit der Verhaftung Wieners und seiner Mitstreiter Günter Brus und Hermann Nitsch endet – gefolgt von zwei Monaten Untersuchungshaft und anschließendem Prozeß mit Freispruch.

Ein vom Berliner Senat gewährtes Semester-Stipendium führt zu Wieners Translokation nach West-Berlin, wo er u.a.. ab 1969 an der von Brus herausgegebenen *schastrommel* mitwirkt, von welcher, als >zentralorgan der österreichischen exilregierung<, bis zum Jahr 1976 siebzehn Nummern herausgebracht werden.

In Berlin bleibt Wiener bis 1986, nicht zuletzt als (erfolgreicher) Kneipenwirt bzw. Gastronom mehrerer Lokale (*Matala, Exil, Axbax*); ebenfalls in Berlin nimmt er 1980 an der Technischen Universität das Studium der Mathematik und Informatik wieder auf, das er 1985 mit erfolgreicher Promotion abschließt.

Seit 1986 lebt Oswald Wiener als freier Schriftsteller in Dawson-City, einem Dorf am Klondike-Fluß im Yukon Territory in Kanada; (im übrigen ist er inzwischen auch wieder verheiratet, nämlich mit seiner früheren Aktionsgefährtin Ingrid Schuppan).

Wiener war Initiator und Mitglied diverser Schriftstellervereinigungen wie der Grazer Autorenversammlung *GAV* (1973-74), er wurde 1987 für den >Manes-Sperber-Preis für Literatur< vorgeschlagen, welchen er aber – nach kontroverser Diskussion – nicht erhält, dafür jedoch den >Würdigungspreis der Stadt Wien für Literatur<, 1989 folgt der >Große Österreichische Staatspreis für Literatur<, 1992 der >Grillparzerpreis<; im selben Jahr wird er Professor für Poetik und Künstlerische Ästhetik an der Kunstakademie Düsseldorf; 1995 erfolgt die Ernennung zum Doctor honoris causa der Universität Klagenfurt.

Auszüge aus einem Interview mit Manuel Bonik, erschienen im März/April 1989:

„Ich bin meinen alten Freunden dankbar für die sentimentale Erziehung, die sie mir gegeben haben (ich war Achtzehn als ich in ihren Kreis geriet)...Bayer hat mich fasziniert; er schien etwas über den Zusammenhang zwischen Kunst und Leben zu wissen, das ich nicht fassen konnte.... .

Ich habe nicht für oder wider Einsichten, oder die Einsicht, Partei genommen, sondern das Wesen gesucht, das Einsichten hat.

Diese meine Einstellung hat sich erheblich verändert, ausgenommen den vorhergehenden Satz.

Formalismen schienen mir damals Oberflächen des Verstehens, heute scheint mir Verstehen ein Notbehelf zum Umgang mit Formalismen, ein "Trick zum Ausgleich des Mangels an formaler Kapazität", wenn ein Selbstzitat gestattet ist; Sinnbläschen diffundieren durch ein immenses formales Netz, lokale Illuminationen, recte Illusion.

Ausschlaggebend für den Wandel war die Vermutung, daß das "verstehende Wesen" – selbst ein Formalismus ist. Mein mathematischer Zeitvertreib machte mir klar, daß ich, soweit ich verstehen konnte, in ganz bestimmter Art verstehen mußte, und das der Mechanismus, der verstand, nur eine Projektion des verstandenen Formalismus in einen lokalen Knoten war. Die Tiefe des Verständnisses, abhängig von Kapazität und lokalen Umständen, ändert nichts am unabhängig davon vorhandenen Formalismus, sie kann höchstens irren und tut das dann in Verfolg eines unangebrachten Zweigs. Die Unabhängigkeit des Formalismus von Inhalten ist kein Platonismus, jedenfalls soweit Strukturen des Verstehens gemeint sind. Der verstehende Mechanismus ist die formale Struktur des Gehirns, und Mathematik ist nichts als die Selbstbeobachtung dieser Struktur.

Die Naturwissenschaften sind für mich nicht Themenreservoir, sondern ein Reservoir von Fragen über das Subjekt. Komplementäre Fragen der Kunst sind kraftlos geworden, ich glaube weil wir es müde sind, immer wieder emotional auf Gedanken vorbereitet zu werden, die es schon gab. Nur in den Wissenschaften sind neue Visionen möglich, aber welche Rolle bleibt der Kunst? Profile fremder Gedanken? Lebensgefühle im Chor? Radikale Brosamen? Ich wollte Künstler sein, als ich es für möglich hielt, daß die Kunst der Wissenschaft widerspreche. Aus vielen Gründen kann ich aber auch nicht Wissenschaftler sein ... .

Ich kann aber versuchen, wissenschaftliche Methoden und Begriffsbildungen dort zu erproben, wo ich der Natur der Lage nach ohnehin auf mich allein gestellt bin. Sozusagen zum Glück für mich hat der Hauptstrom der Naturwissenschaften in den letzten achtzig Jahren die inneren Gegebenheiten des Erkennens, >Bewußtsein< und dergleichen, als nicht untersuchbar betrachtet, das eigentliche Feld des Künstlers also, das aber auch in der Kunst immer nur behauptet und nie untersucht worden ist. Zwar hat die kognitive Psychologie einen gewissen Wandel gebracht, aber – gut für mich – auch die neuesten Entwicklungen wollen mit Intro-

Introspektion nichts zun tun haben. Das überläßt mir bis auf Weiteres einen zentralen Bereich des zeitgenössischen Interesses, denn sicherlich ist die Doppelfrage: "Was ist eine Zahl, daß ein Mensch sie wisse, und was ein Mensch, daß er eine Zahl weiß" (wiederum McCulloch) die Frage des Jahrhunderts. Kunst kann man aber wahrscheinlich nicht daraus machen ... Ich glaube, daß das menschliche Bewußtsein vollständig auf Physik reduziert werden kann, wenngleich die zu so einer Reduktion nötige Begriffsbildung natürlich Organisationsformen in Betracht ziehen muß, die sich aus einer Beobachtung von Teilchenkollisionen her nicht aufdrängen. Mein Verhältnis zur Natur ist Entsetzen, ihre Darstellung in der Dichtung ist ... fast (Kafka) immer schwachsinnig gewesen. Wie weit der Mensch die Natur verstehen wird hängt davon ab, wie weit sie sich als Automat darstellen lassen wird. Bei solchen Themen ist es richtig, sich vorzustellen, daß wir am Anfang der Geschichte stehen".

Ludwig Josef Johann Wittgenstein (1889-1951)

wurde als das achte und letzte Kind einer wohlhabenden Wiener Industriellenfamilie jüdischer Abkunft am 26.04.1889 in Wien geboren. Sein Vater, Karl Wittgenstein, hatte in den achtziger Jahren als Zentraldirektor der Prager Eisenindustrie-Gesellschaft den Großteil des österreichischen Eisenbahn-Schienenetzes und somit auch ein beträchtliches Vermögen aufbauen können, die Mutter Leopoldine W., geborene Kalmus, sorgte entgegen dem protestantischen Bekenntnis des Hausherrn für eine römisch-katholische Erziehung ihrer Kinder. Im Wiener Palais des Stahlmagnaten W. in der Alleegasse 16 waren sowohl Jugendstil-Künstler als auch bedeutende Musiker und Literaten häufig gesehene Gäste; Johannes Brahms und Gustav Mahler, Pablo Casals, Eduard Hanslick und Max Kalbeck waren mit der Familie wohlbekannt oder befreundet, so daß die vielfältigen künstlerischen Eindrücke im Hause W. nicht ohne Wirkung blieben. Der junge Ludwig zeigt früh außergewöhnliche Musikalität – erlernt aber erst 30jährig das Klarinettenspiel – sein Bruder Paul wird ein berühmter Konzertpianist, dem später, nach dem Verlust seines rechten Arms im Kriege, Meister wie Richard Strauss, Maurice Ravel und Sergej Prokofjew Konzerte für linkshändiges Klavier dedizieren, die jener zur Virtuosität entwickelt.

Die materiell gut umsorgte Kindheit Ludwigs war belastet durch den Freitod des verehrten Bruders Rudolf 1904, zwei Jahre nach dem Tod des ältesten Bruders Hans in Amerika.

Den ersten formellen Unterricht erhielt Ludwig durch Privatlehrer nach einem eigens vom Vater erstellten Lehrplan, anschließend absolvierte er eine eher unauffällige (bis auf die vielen selbstverordneten Fehlstunden und seine leicht extravagant-distanzierten Umgangsformen) Karriere an der Linzer Realschule (die u.a. der gleichaltrige Adolf Hitler zur selben Zeit besuchte).

Ab 1906 studierte er in Berlin-Charlottenburg an der TH Ingenieurswissenschaften, ab 1908 bis 1911 in Manchester Aeronautik mit dem Schwerpunkt der Fluggeräte und -motoren-Konstruktion. Sein Interesse verlagert sich jedoch hin zu den Grundlagen der Wissenschaft, Mathematik und insbesondere der Logik. Die Auseinandersetzung mit den Schriften Gottlob Freges und Bertrand Russells bringt ihn zu dem Entschluß, bei diesem in Cambridge Philosophie, Mathematik und Logik, zu studieren, wo er bald Freundschaft mit seinem Lehrer, sowie zu G.E.Moore und J.M.Keynes schließt. Russell arbeitete zu dieser Zeit gemeinsam mit Alfred North Whitehad an dem (Fregeschen) Programm einer Ableitung der Mathematik aus logischen Prinzipien (Axiomen und Schlußregeln), und wurde in der Folge Wittgensteins Lehrer, Freund, Förderer und schließlich philosophischer Kontrahent. 1911-1913 erschien Russell/Whiteheads Opus Magnum, die *Principia Mathematica,* in welchem die besagte Rückführung geleistet werden sollte. W. setzt sich intensiv mit diesem Werk auseinander, doch war sein philosophischer Dämon nicht befriedigt, ihm ging es um das *Wesen* der Logik und der Welt, dagegen konnte Russell´s PM-System zwar, mithilfe von Hilfssätzen und einer >ad hoc< postulierten Typentheorie, das gesetzte Ziel erreichen, entsprach aber nicht dem von W. empfundenen Gebot von logischer Reinheit und innerer Notwendigkeit.

In den Jahren 1912-1914 pendelt W. geographisch zwischen Cambridge, Wien, Hochraith (dem Familienlandsitz) und Skjolden (Norwegen), wo er sich 1913 eine Blockhütte gebaut hatte. Die in Cambridge begonnenen Überlegungen einer umfassenden ontologischen logisch-semantischen Theorie setzt W. auch während des Krieges in seinen Tagebüchern fort: W. meldet sich als Freiwilliger (1912 war er nach einer Bruchoperation vom Militärdienst befreit worden), und dient bei der Artillerie im kaiserlichen Heer, wo er an der Ostfront (Galizien) für Tapferkeit ausgezeichnet wird, den Krieg im Stile Ernst Jüngers als männliche Herausforderung und >Läuterungsmaschine< begreifend: „Vielleicht bringt mir die Nähe des Todes das Licht des Lebens. Möge Gotte mich erleuchten". (Dem engagierten Pazifisten Russell trübte sich in der Folge das Verhältnis zu W.). Auch in der italienischen Kriegsgefangenschaft auf Monte Cassino, von wo W. ein Manuskript der *Abhandlung* an Russell schickt, arbeitet er weiter an seinem Werk, welches nach Überarbeitung dann im Jahr 1921, erstmals in *Ostwalds Annalen der Naturphilosophie* unter dem Titel *Logisch-Philosophische Abhandlung* erscheint.

W. schreibt zu dieser Zeit an Russell von der für ihn enttäuschenden Korrespondenz mit Frege: „Er hat mir vor einer Woche geschrieben und ich entnehme daraus, daß er von dem Ganzen kein Wort versteht. Meine einzige Hoffnung ist also, Dich bald zu sehen und Dir alles zu erklären, denn es ist schon *sehr* bedrückend, von keiner einzigen Seele verstanden zu werden". Aber auch Russell konnte für W.´s Arbeit nur begrenztes Verständnis aufbringen; zwar schreibt er das Vorwort für die – im Gegensatz zur deutschen Erstausgabe – sorgfältig redigierte zweisprachige Londoner Edition, die 1922 unter dem heute gebräuchlichen Titel *Tractatus Logico-Philosophicus* erscheint, jedoch ist W. mit der Russellschen Interpretation ziemlich unglücklich. Auch private Schicksalsschläge waren ihm nicht erspart geblieben: außer dem Tod des Vaters (1913) mußte W. im letzten Kriegsjahr den Flugzeugabsturz seines Freundes David Pinsent hinnehmen, sein patriotisch gesinnter Bruder Kurt erschießt sich 1918 an der Front, nachdem die ihm unterstehende ungarische Truppe desertiert war.

Nach der Vollendung des *Tractatus* glaubte W., die ihm wesentlich erscheinenden Probleme der Philosophie grundsätzlich geklärt zu haben. Nachdem er auf den ihm zustehenden elterlichen Erbteil, ein nicht unbeträchtliches Vermögen von 300.000 Goldkronen, zugunsten mittelloser Künstler und seiner Geschwister verzichtet hatte – unter der klaren Bedingung, daß diese ihn niemals finanziell unterstützen sollten – absolviert er eine Ausbildung zum Volksschullehrer, um dann als solcher zunächst in Trattenbach, dann in Puchberg und schließlich bis 1926 in Otterthal, allesamt kleine Dörfer in Niederösterreich, tätig zu sein. Diese Zeit als Volksschullehrer verbrachte W. mit großem pädagogischen Eifer: er führte (wohl zur begrenzten Begeisterung der Eltern) den Algebraunterricht ein, machte nächtliche astronomische Exkursionen, dabei immer dem sokratischen Prinzip der Mäeutik (>Hebammenkunst<) folgend: um die geistige Eigeninitiative und Selbstverantwortung zu fördern, ließ er z.B. bei

Diktaten und Aufsätzen die Schüler ihre Fehler selbst herausfinden, die er zuvor nur am Zeilenrand markiert hatte. W.'s Extravaganzen äußerten sich aber auch in anderen Formen: strenge körperliche Züchtigungen durch den Lehrer, oder dessen plötzliche nervöse Schweißausbrüche und krampfhaftes Beißen in zerknüllte Taschentücher, mögen den einen oder anderen Eleven gelegentlich irritiert haben.

Der Höhepunkt seines pädagogischen Wirkens war sicherlich die Herausgabe des gemeinsam mit seinen Schülern erarbeiteten *Wörterbuch(s) für Volksschulen,* des zweiten und letzten zu seinen Lebzeiten erschienenen Werkes.

Seit 1924 hatte Moritz Schlick sein Interesse an der *Abhandlung* bekundet und versucht, W. an den Wiener Kreis, wo diese inzwischen eifrig diskutiert wurde, heranzuführen und der Philosophie zurückzugewinnen, was schließlich gelang.

Nach dem Tod der Mutter im Jahr 1926 entwirft und baut W. zusammen mit seinem Freund Paul Engelmann in Wien ein Haus in streng-kargem Stil für seine Schwester Margarete ('Gretl'), das 'Palais Stonborough', und kehrt dann 1929 nach Cambridge zurück, wo er – der *Tractatus* ist nun als Dissertation angenommen – Fellow am *Trinity College* wird, daselbst, zunächst bis 1936, Philosophie lehrend und einen eigenwilligen akademischen Stil praktizierend. Vor allem hatte sich inzwischen seine Haltung zu einigen Kernpunkten des Tractatus geändert: das Enstehen einer vom *Tractatus* radikal verschiedenen Philosophie wird durch die Vorlesungen und Notizen dieser Zeit dokumentiert, die er ab 1936 zu einem neuen Werk zusammenzutragen beginnt. In diesem Jahr verläßt W. Cambridge, um für zwei Jahre Norwegen und Irland zu bereisen, danach kehrt er, 1938 (Anschluß Österreichs) die britische Staatsbürgerschaft erhaltend, an den Lehrstuhl zurück, um, protegiert durch seine englischen Freunde, 1939 die akademische Nachfolge von George Edward Moore als Professor für Philosophie anzutreten. Die von ihm angestellten philosophischen Überlegungen – seine Seminare und Vorlesungen haben eher den Charakter einer monologischen Denkwerkstatt, wo W. laut vor sich hin denkt – faßt er nicht zu einschlägigen Monographien zusammen, sondern verstreut sie über Hunderte beschriebener Zettel und diverser Notizbücher.

Während des Krieges hält er wöchentliche Lehrveranstaltungen in Cambridge ab, darüberhinaus arbeitet er als Laborant in der Spitalsapotheke zunächst im Londoner Guys Hospital, später in Newcastle. 1947 legt W. seine Professur vorzeitig nieder und verbringt die vier letzten Lebensjahre abwechselnd in Irland, Cambridge, Oxford, Norwegen und Wien (bei seiner Schwester Hermine). Am 29. April 1951 verstirbt er in Cambridge im Hause seines Arztes Dr. Edward Bevan an Prostatakrebs, und wird drei Tage später auf dem St.Giles Cemetery beigesetzt.

W.'s Spätphilosophie unterscheidet sich signifikant von der des *Tractatus.* In seinem Frühwerk entwickelte er auf der Basis einer eigenwilligen Ontologie eine korrespondenztheoretische Wahrheitstheorie, um eine definitive Abgrenzung des sinnvoll aussagbaren, nämlich der Beschreibung von Sachverhalten, vom Sinnlosen, nämlich dessen, was nicht ausgesagt werden kann, sondern sich zeigen muß, zu profilieren. Sinnvoll ausgesagt werden können empirische Sachverhalte, deren logische Konfiguration von Gegenständen im Raum durch ein logisches Bild bzw. die logische Form (dies ist die zentrale Aussage der semantischen Bildtheorie des *Tractatus*) im sprachlichen Satz widergespiegelt wird.

Ganz anders steht es um die gängigen philosophischen Probleme und Aussagen (von theologischen Fragestellungen ganz zu schweigen): da sie außerhalb des Bereichs empirischer Tatsachen angesiedelt sind, in ihren Sätzen keine Sachverhalte (Gegenstandskonfigurationen) probeweise bildhaft zusammengestellt werden, die dann je nach gegebener oder nicht gegebener tatsächlicher Entsprechung in der Welt wahr oder falsch sind, stellen sie nichts dar als den vergeblichen Versuch, von Dingen sprechen zu wollen, die sich bestenfalls, als transzendentaler Voraussetzung des sinnvollen Redens überhaupt, zeigen können, nämlich als logische Form der sinnvollen empirischen (Sachverhalts-) Sätze, oder aber denen überhaupt keine ontologische Existenz zukommt, die also weder ausgesagt werden noch sich zeigen können und demnach als semantischer Abfall zu betrachten sind.

So stellt sich z.B. auch die Suche nach dem Sinn des Lebens bzw. der Welt als wesentlich sinnlos heraus, denn selbst wenn es einen Sinn der Welt o.ä. gäbe – müßte er außerhalb ihrer liegen und könnte nicht Bestandteil sinnvoller Aussagen sein. Da W. Russell's Vorstellung des *logischen Atomismus* übernimmt, demzufolge Sätze wahrheitsfunktionale Kombinationen von Elementarsätzen sind, ferner die sich derart zu Sachverhalten konfigurierenden Elementarsätze voneinander logisch unabhängig sind, sind auch die resultierenden Sachverhalte voneinander logisch unabhängig, d.h. es gibt tatsächlich keinen realen Kausalnexus, der Kausalitätsgedanke ist ein Aberglaube.

Wendet man nun die *Tractatus*-Doktrin auf das Werk selbst an, so ergibt sich unschwer, daß es, nach eigener Terminologie, keinen einzigen sinnvollen Satz enthält. Diese zunächst paradox erscheinende Konsequenz ergibt sich für W. aus der philosophisch-metasprachlichen Perspektive, welche allerdings methodologisch-aufklärende Funktion besitzt: die Erkenntnisse des *Tractatus* dienen als Vehikel bzw. Leiter, die man hinaufzusteigen und dann wegzuwerfen hat, wenn der philosophische Turm, von dem aus man die Welt (bzw. die logischen Mechanismen der Sprache) richtig zu sehen in der Lage ist, erklommen wurde.

Gleichzeitig – und dies ist geflissentlich übersehen worden – drückt sich, gleichsam zwischen den antimetaphysischen Zeilen, ein starker metaphysischer Impetus aus, (in etwas forcierter Formulierung könnte man von logizistischer Oberflächenstruktur und metaphysischer Tiefenstruktur des *Tractatus* sprechen), und nicht zufällig weist W. selbst am Ende seines Werkes darauf hin, daß nun zwar seiner Ansicht nach die wesentlichen philosophischen Probleme gelöst, aber für das menschliche Leben – und seine (metaphysischen) Bedürfnisse – nur wenig damit gewonnen sei. In einem Bief an seinen Freund Ludwig v. Ficker hatte W. 1918 auf die implizite, unausgesprochene Dimension des *Tractatus* hingewiesen:

„Ich wollte nämlich schreiben, mein Werk bestehe aus zwei Teilen: aus dem, der hier vorliegt, und aus alledem, was ich nicht geschrieben habe. Und gerade dieser zweite Teil ist der Wichtige. Es wird nämlich das Ethische durch mein Buch gleichsam von innen her begrenzt; und ich bin überzeugt, daß es, streng, *nur* so zu begrenzen ist. Kurz, ich glaube: Alles das, was viele heute schwafeln, habe ich in meinem Buch festgelegt, indem ich darüber schweige ... Ich würde Ihnen nun empfehlen das Vorwort und den Schluß zu lesen, da diese den Sinn am unmittelbarsten zum Ausdruck bringen".

Mit den Manuskripten *Philosophische Grammatik*, *Blaues* und *Braunes Buch* beginnt in den dreißiger Jahren W's Spätphase, kulminierend in den posthumen *Philosophischen Untersuchungen*. Hier ist der philosophische und methodologische Ansatz ein deutlich anderer. Es erfolgt die Behandlung der philosophischen Fragestellungen, die im wesentlichen aus unvollständigem Verständnis der sprachlichen Tiefenlogik und den damit vebundenen >Verführungen der Sprache< herrühren, diesmal aus keinem global-systematischen Anspruch und expliziter semantischer Theorie heraus, sondern aus der konkreten Analyse von Beispielen der mannigfachen Verwendungs- und Arbeitsweisen der Sprache werden ihre zugrundeliegenden logischen Strukturen und impliziten Sprachspiele herausdestilliert.

Wesentlich dient die Sprache jetzt nicht mehr nur der (logischen) Abbildung der empirischen Welt, sondern sie ist eingebettet in einen umfassenden Nexus kommunikativer Handlungen, und dient, wie andere menschliche Aktivitäten auch, der Manipulation von Welt – wobei die Beschreibung von Weltausschnitten (Sachverhalten) nur eine, und keinesfalls von jeher die wichtigste, der zahllosen menschlichen Handlungen und daher Verwendungsmöglichkeiten von Sprache darstellt.

Die Sprache gleicht also weniger einem einzelnen Werkzeug als vielmehr einem (mäßig geordneten) Werkzeugkasten mit unterschiedlichsten Utensilien (Sprachspielen) zur Durchführung unterschiedlichster alltagspraktischer Operationen. Entscheidend ist dabei die Verankerung der Sprachspiele in der sozial-kommunikativen Praxis der jeweiligen Sprachgemeinschaft in ihrer soziokulturellen Spezifizierung, der *Lebensform*: W. wendet sich gegen die Möglichkeit eines von der Sprachgemeinschaft gelösten, atomistisch-privaten Regelfolgens bzw. einer subjektivistischen Privatsprache.

Ebensowenig hält er jetzt von der Orientierung an formallogischen Idealsprachen zur philosophischen Analyse, vielmehr betont er den logischen (nur unzulänglich verstandenen) Reichtum der Alltagssprache in ihren unterschiedlichsten Verwendungsweisen (Sprachspielen), immer wieder fordert er: "Schau hin!" – auf das, was die Sprache im konkreten Einzelfall tut und wie sie es tut. Die philosophische Klärung problematisch erscheinender Begriffe erfolgt durch Beschreibung und Analyse des jeweiligen Sprachspiels und der Verwendungsweise des Begriffes im fraglichen und in anderen Sprachspielen. Entsprechend gibt es nun keinen korrespondenztheoretisch fundierten (absoluten) Wahrheitsbegriff mehr, die Frage nach der Übereinstimmung von Sprache und Welt erscheint überflüsig: die Bedeutung von Begriffen liegt in ihrer Verwendungsweise in einer Pluralität von Sprachspielen mit unterschiedlichen semantischen Schnittmengen, die Verknüpfung von Welt und Sprache ist offenbar solange hinreichend gewährleistet, als die befolgten Algorithmen sprachlichen Handelns im jeweiligen soziokulturellen Kontext und seinen alltagspragmatischen Forderungen und Aufgaben erfolgreich (für Individuum und Gemeinschaft) zu operieren imstande sind.

Die *Philosophischen Untersuchungen* wurden für die weitere Entwicklung der Philosophie nicht minder maßgeblich wie es schon der *Tractatus* gewesen war, als >philosophischer Steinbruch< sind sie ein reichhaltiges Reservoir von scharfsinnigen Beobachtungen und Erkenntnissen, die späteren Gedanken T.S.Kuhns zur *Struktur wissenschaftlicher Paradigmen und Revolutionen* finden sich ebenso präformiert wie die von Austin und Searle elaborierte *Sprechakttheorie*.

Eine in der Forschung umstrittene Frage ist, ob W. das im *Tractatus* verfolgte Ziel einer definitiven Klärung des Wesens der Sprache mittels einer umfassenden philosophischen Sprachtheorie später als unangemessen völlig verwirft, oder nur die früheren Antworten korrigiert bzw. ablehnt, ohne jedoch dem ehrgeizigen Unterfangen als solches seine philosophische Dignität abzusprechen:

ersteres wurde von Vertretern der *ordinary language philosophy* behauptet, als deren Ahnherr der späte W. gilt, ohne ihr Glaubensanhänger zu sein, während u.a. Dummett und Kripke in den *Philosophischen Untersuchungen* den Versuch einer terminologischen Grundlegung einer ebenso neuartigen wie umfassenden philosophischen Theorie der Sprache erblicken.

Literatur

Eine repräsentative Bibliographie zum Thema >Selbstbewußtsein in der Analytischen Philosophie< findet sich in Manfred Frank, (Hrgb.),1994; ziemlich umfassend ist die von Thomas Metzinger und David Chalmers zusammengestellte Bibliographie zum Gesamtkomplex >Bewußtsein< in Philosophie, Kognitionswissenschaft und Neurophysiologie, welche eine Auswahl von Monographien, Sammelbänden und Aufsätzen der letzten dreißig Jahre enthält (*"Consciousness"*, *Selected Bibliography, 1970-2003;* zugänglich u.a. im www auf der Metzinger-page).

Adler, Meinhard: *Physiologische Psychologie,* 2 Bde, Stuttgart (1979);
Alexander,R.D.: *The Biology of Moral Systems,* NewYork (1987);
Anscombe,G.E.M.: *An Introduction to the Tractatus,* London (1959);
Anscombe,G.E.M.: *Mr.Copi on Objects, Properties, and Relations in the Tractatus,* in: Copi/Beard (eds.) 1966;
Armstrong,D.M.: *A Materialist Theory of the Mind,* London (1968);
Atkins,K.R.: *Physics,* John Wiley&Sons (1965), dt. *Physik,* Berlin/New York (1974);
Ayer,A.J.: *Privacy,* in: Proceedings of the British Academy (1959);
Bachmeier,P.: *Wittgenstein und Kant,* Frankfurt a.M./Bern (1978);
Baginskas,A./Gutman,A.: *Advances in Neuron Physiology: Are they important for Neurocomputer Science?* in: A.Holden/V.Kryukov (eds.): *Neurocomputers and Attention,* Vol.I, 1991;
Baker,G.: *Wittgenstein, Frege and the Vienna Circle,* Oxford (1989);
Balzer,W.: *Probleme und Resultate der Wissenschaftstheorie und Analytischen Philosophie,* Bd.II: *Theorie und Erfahrung,* dritter Teilband: *Die Entwicklung des neuen Strukturalismus,* (Berlin/Heidelberg/New York (1986);
Beard,R.W.: s. Copi,I.M.
Beck,F./Eccles,J.C.: *Quantum aspects of brain activity and the role of consciousness,* Proceedings of the National Academy of Sciences 89, (1992), dt. in: J.C.Eccles: *Wie das Selbst sein Gehirn steuert,* München (1997);
Bell,J.S.: *Speakable And Unspeakable In Quantum Mechanics,* Cambridge (1987);
Benacerraf,P.: *God, the devil and Gödel,* in: The Monist, vol. 51 (1967);
Berkeley,G.: *A Treatise Concerning the Principles of Human Knowledge,* Oxford University Press, 1998, (1710);
Berkeley,G.: *Siris, a Chain of Philosophical Reflections, and Inquiries concerning the Virtues of Tar-Water* (1744), Sect. 253, cit. nach: Internet Encyclopedia of Philosophy: George Berkeley, www;
Berkeley,I.S.N.: *A Revisionist History of Connectionism,* Institute of Cognitive Science, University of Louisiana at Lafayette, 1997, www.;
Bernays,P.: *Review of R.Carnap: [M.&N.],* in: Journal of Symbolic Logic 14, Nr.4 (1950);
Bieri,P. (ed.): *Analytische Philosophie des Geistes,* Königstein/Ts. (1981);
Bleuler,E.: *Lehrbuch der Psychiatrie,* 15.Aufl. neubearb. v. M.Bleuler, Berlin/Heidelberg/NewYork (1983);
Block,I.(ed.): *Perspectives on the Philosophy of Wittgenstein,* Oxford (1981);
Boden,M.A.(ed.): *The Philosophy of Artificial Intelligence,* Oxford (1990);
Born,J./Herdy,M.: *Evolutionsstrategien und Neuronale Netze,* in: Dorffner et al.(eds.)1995;
Brandl,J.L. et al.(eds.): *Metaphysik. Neue Zugänge zu alten Fragen,* Sankt Augustin (1995);
Brentano,F.: *Psychologie vom empirischen Standpunkt,* Leipzig 1924 (1874);

Bridgman,P.W.: *The Logic of Modern Physics*, New York (1927);

Buchanan,B.G.: *Creativity at the metalevel*, in: AI–Magazine 22 (2003);

Butler,C.: s. Caudill,M.;

Butrick,R.: *Carnap on Meaning and Analyticity*, The Hague (1970);

Canfield,J.V.: *The Philosophy of Wittgenstein*, Vol I-XV, NewYork/London (1986);

Capelle,W.: *Die Vorsokratiker*, Stuttgart (1963);

Carl,W.: *Sinn und Bedeutung*, Königstein/Ts. (1982);

Carnap,R.: *Der logische Aufbau der Welt*, Berlin (1928);

Carnap,R.: *Scheinprobleme in der Philosophie*, in: *Der logische Aufbau der Welt*, 1961 (1928);

Carnap,R.: *Introduction to Semantics*, Cambridge/Massachusetts (1942);

Carnap,R.: *Meaning and Necessity*, Chicago (1947);

Carnap,R.: *A Reply to Leonard Linsky*, in: Philosophy of Science 16 (1949);

Carnap,R.: *Empiricism, Semantics, and Ontology*, in: [M&N],Chicago (1969);

Carnap,R.: *Meaning Postulates*, in: ebd.;

Carnap,R.: *On Belief-Sentences*, in: ebd.;

Carnap,R.: *Intellectual Autobiography*, in: Schilpp (ed.)1963;

Carnap,R.: *D.Davidson on Modalities and Semantics*, in: Schilpp (ed.)1963;

Carrier,M./Mittelstraß,J.: *Geist, Gehirn, Verhalten*, Berlin/Heidelberg (1989);

Cassirer,E.: *Die Philosophie der symbolischen Formen*, Wiesbaden (1928)

Castaneda,H.N.: *>He< A Study on the Logic of Self-consciousness*,in: Ratio 8 (1966), dt. in: M.Frank (ed.)1994;

Castaneda,H.N.: *Self-Consciousness, I-Structures and Physiology*, in: Spitzer/Maher (eds.)1989, dt. in: M.Frank (ed.)1994;

Caudill,M./Butler,C.: *Understanding Neural Networks*, 2 Vol.,Cambridge/Massachusetts (1992);

Christensen,S.M. (ed.): *Quantum Theory of Gravity*, Adam Hilger, Bristol (1984);

Church,A.: *Review of W.V.O.Quine: Mathematical Logic*, in: Journal of Symbolic Logic 5 (1940);

Church,A.: *Review of W.V.O.Quine: Notes on existence and necessity*, in: Journal of Symbolic Logic 8 (1943);

Church,A.: *On Carnap's Analysis of Statements and Belief*, in: Analysis 10, Nr.5 (1950);

Churchland,P.M.: *Eliminative Materialism and the Propositional Attitudes*, in: Journal of Philosophy 78 (1978);

Coffa,J.A.: *The semantic tradition from Kant to Carnap*, Cambridge (1991);

Copi,I.M.: *Objects,Properties, and Relations in the >Tractatus<*, in: Copi,I.M./Beard,R.W. (eds.): *Essays on Wittgenstein's Tractatus*, New York/London (1966);

Cushing,J.T./McMullin,E. (eds.): *Philosophical Consequences of Quantum Theory – Reflections on Bell's Theorem*, Notre Dame Press (1989);

Davidson,D.: *The Method of Extension and Intension*, in: Schilpp (ed.)1963;

Davidson,D.: *Mental Events*, in: *Essays on Actions and Events*,1980, dt. in: Bieri (ed.)1981;

Davidson,D.: *First Person Authority*, in: *Dialectica 38* (1984);

Davidson,D.: *Toward a Unified Theory of Meaning and Action*, in: *Grazer Philosophische Studien 11* (1980);

Davidson,D.: *Knowing One's own Mind*, dt. in Frank (ed.) 1994;

Davies,P.C.W./Brown,J.R. (eds.): *The ghost in the atom – a discussion of the mysteries of quantum physics*, Cambridge (1986);

Dennett,D.C.: *Content and Consciousness*, London (1969);

Deutsch,D.: *Die Physik der Welterkenntnis*, München, (2002/2000);

Deutsch,D.: *Physics, Philosophy and Quantum Technology*, in: Proceedings of the Sixth International Conference on Quantum Communication, Shapiro,J.H./Hirota,O. (eds.), Princeton (2003);

Deutsch,D./Ekert,A./Lupacchini,R.: *Machines, Logic and Quantum Physics*, in: Bulletin of Symbolic Logic Vol. 3, Issue 3, (September 2000);

DeWitt, B.S./Graham,R.N.(eds.): *The many-worlds Interpretation of Quantum Mechanics*, Princeton (1973);

Dietrich,R.A.: *Sprache und Wirklichkeit in Wittgensteins Tractatus*, Tübingen (1973);

Dinse,H.: *Raum-zeitliche Aspekte cortikaler Informationsverarbeitung*, in: Dorffner et al. (eds.)1996;

Dörner,D. in: Bericht der Expertenkommission: *Neurobiologie/Hirnforschung-Neuroinformatik,KI*, (1991);

Dorffner,G.: *Konnektionismus*, Stuttgart (1991);

Dorffner,G. et al.(eds.): *Konnektionismus und Neuronale Netze*, GMD-Studien 272, Sankt Augustin (1995);

Dreyfus,H.: *What Computers Still Can't Do*, MIT Press, Cambridge, Mass. (1993);

Dreyfus,H./Dreyfus,S. in: S. Graubard (ed.): *Probleme der Künstlichen Intelligenz*, dt.1996;

Du Bois-Reymond,E.H.: *Über die Grenzen des Naturerkennens. Die sieben Welträtsel. Zwei Vorträge.* Leipzig (1907/1880);

Dürr,H.-P.: *Complex Reality: Differentiation of One versus Complicated Interaction of Many viewed by a Quantum Physicist*, in: Mainzer/Müller/Saltzer (eds.): *From Simplicity to Complexity,*Part II, Wiesbaden (1998);

Dummett,M.: *Frege, Philosophy of Language*, London (1973);

Dummett,M.: *Frege und Wittgenstein*, in: Block (ed.)1981;

Dummett,M.: *The Interpretation of Frege's Philosophy*, Cambridge/Massachusetts (1981);

Eccles,J.C.: *Wie das Selbst sein Gehirn steuert*, München (1997);

Edwards,P.: (ed.): *The Encyclopedia of Philosophy*, Vol. I-V, MacMillan, New York (1967);

Einstein,A.: *Mein Weltbild*, Querido-Verlag, Amsterdam (1934);

Einstein,A./Podolsky,B./Rosen,N.: *Can Quantum-Mechanical Description of Physical Reality be Considered Complete?*, in: Phys. Rev. 47 (1935), pp.777-780;

Engels,F.: *Dialektik der Natur*, MEW, Bd.20, Berlin,1962,(1883);

Evans,G.: *The Varieties of Reference*, Oxford (1982);

Everett III, H.: *The Theory of the Universal Wavefunction*, Princeton 1956;

Favrholdt,D.: *An Interpretation and Critique of Wittgenstein's Tractatus*, Copenhagen (1964);

Feigl,H.: *The >Mental< and the >Physical<*, in: Feigl,H./Scriven,M./Maxwell,G. (eds.): *Concepts, Theories, and the Mind-Body Problem*, Minneapolis (1958), 3rd edition 1967, in: Minnesota Studies in the Philosophy of Science, Vol. III;

Fetzer,J.H.(ed.): *Aspects of Artificial Intelligence*, Dordrecht/Boston/London (1988);

Fischer,E.P.: *Eine Art von Zweideutigkeit - Wolfgang Paulis vierte Quantenzahl und die Abenteuer auf der Nachtseite der Physik*, FAZ 22.04.2000;

Fitch,F.B.: *The Problem of the Morning Star and the Evening Star,*in: Philosophy of Science 16 (1949);

Fodor,J.A.: *The Language of Thought*, Harvard University Press, Cambridge, Mass. (1975);

Fodor,J.A.: *Representations*, MIT-Press, Cambridge, Mass. (1981);

Fodor,J.A..: *Psychosemantics*, MIT Press, Cambridge, Mass. (1987);

Fodor,J.A./Pylyshin,Z.: *Connectionism and cognitive architecture: a critical analysis*, in: Cognition 28 (1988);

Fogelin,R.J.: *Wittgenstein*, London (1976);

Frank,M.(ed.): *Analytische Theorien des Selbstbewußtseins*, Frankfurt a.M. (1994);

Franz,W.: *Über mathematische Aussagen, die samt ihrer Negation nachweislich unbeweisbar sind*, Sitzungsberichte der Wissenschaftlichen Gesellschaft an der J.W.Goethe-Universität Frankfurt a.M., Wiesbaden 1977;

Frege,G.: *Begriffsschrift und andere Aufsätze*, hrsg.v. I. Angelelli, Darmstadt (1964);

Frege,G.: *Grundlagen der Arithmetik*, Hamburg (1988);

Frege,G.: *Grundgesetze der Arithmetik*, 2Bde, Darmstadt (1962);

Frege,G.: *Funktion, Begriff, Bedeutung*, hrsg. v. G.Patzig, Göttingen (1966);

Frege,G.: *Logische Untersuchungen*, hrsg. v. G.Patzig, Göttingen (1966);

Frege,G.: *Kleine Schriften*, hrsg.v. I.Angelelli, Darmstadt (1967);

Frege,G.: *Wissenschaftlicher Briefwechsel*, Hamburg (1976);

Frege,G.: *Nachgelassene Schriften*, Hamburg (1969);

Gähde,U.: *T-Theoretizität und Holismus*, Frankfurt/Bern (1983);

Genz,H.: *Symmetrie - Bauplan der Natur*, München/Zürich (1987);

Gitt,W.: *>Künstliche Intelligenz< - Möglichkeiten und Grenzen*, Physikalisch-Technische Bundesanstalt, Bericht TWD-34, Braunschweig (1989);

Glasersfeld,E.v.: *An Introduction to Radical Constructivism*, in: Watzlawick,P. (ed.): *The Invented Reality* (1984);

Glasersfeld,E.v.: *Radical Constructivism. A Way of Knowing and Learning*, London: The Falmer Press (1995);

Glünder,H.: *Themen der theoretischen Neurobiologie,*in: Dorffner et al. (eds.) 1996;

Glymour,C.: *AI is philosophy*, in: J.Fetzer (ed.): *Aspects of Artificial Intelligence*,1988, S.195;

Goldstein,S.: *Bohmian Mechanics*, in: Stanford Encyclopedia of Philosophy, 2001, (www);

Goodman,N.: *The Structure of Appearance*, Dordrecht (1951);

Görnitz,T.: *C.F. von Weizsäcker's Concept of Information - Quantum Theory of Information - a Basis for Sciences*, in: K.Mainzer et al. (eds.)1998;

Graubard,S.(ed.): *The Artificial Intelligence Debate*, MIT Press, Cambridge, Mass. (1988);

Gregory,R.L.: *Auge und Gehirn. Zur Psychophysiologie des Sehens*, München (1966);

Grice,H.P./Strawson,P.F.: *In defense of a dogma*, in: Philosophical Review 56 (1965);

Griffin,M.: in: P.M.S.Hacker (ed.)1972;

Hacker,P.M.S.: *Insight and Illusion*, Oxford (1972);

Hacker,P.M.S.: *The Rise and the Fall of the Picture Theory*, in: Block (ed.) 1981;

Hacker,P.M.S.: in: Shanker (ed.) 1986-1989, Vol.I;

Haugeland,J.: *Artificial Intelligence: The Very Idea*, MIT Press, Cambridge, Mass. (1985);

Hayes,P.J./McCarthy,J.: *Some Philosophical Problems from the Standpoint of Artificial Intelligence*, s. McCarthy,J.;

Hecht-Nielsen,R.: *Neurocomputing*, Addison-Wesley, New York (1990);

Heisenberg,W.: *Das Naturbild der heutigen Physik*, Hamburg (1955);

Heisenberg,W.: *Physikalische Prinzipien der Quantentheorie*, Stuttgart (1958);

Helm,G.: *Symbolische und Konnektionistische Modelle der menschlichen Informationsverarbeitung*, Berlin/Heidelberg (1991);

Hennings,R.-D.: *Artificial Intelligence - Expertensysteme*, Berlin (1985);

Hennings,R.-D.: *Informations- und Wissensverarbeitung*, Berlin/Heidelberg/NewYork (1991);

Hiley,B.J./Peat,F.D. (eds.): *Quantum Implications – Essays in honor of David Bohm*, London/New York (1987);

Hintikka,M.B./Hintikka,J.: *Investigating Wittgenstein,* Oxford (1986);

Hinton,G.E./McClelland,J.L./Rumelhart,D.E.: *Distributed Representations,* in: Boden (ed.) 1990;

Hoche,H.-U./Strube,W.: *Analytische Philosophie,* Freiburg/München (1985);

Hoering,W.: *Unentscheidbare Sätze der Mathematik und der Versuch ihrer philosophischen Deutung,* München (1961);

Holden,A.V./Kryukov,V.J. (eds.): *Neurocomputers and Attention,* 2 Bde, Manchester University Press (1991);

Hucho,F. in: Bericht d. Expertenkommission: *Neurobiologie/Hirnforschung - Neuroinformatik,KI,* (1991);

v.Humboldt,W.: *Über die Verschiedenheit des menschlichen Sprachbaues und ihren Einfluß auf die geistige Entwicklung des Menschengeschlechts,* Darmstadt 1949, (Berlin1836);

Husserl,E.: *Logische Untersuchungen,* 3Bde, Tübingen 1980 (1901);

Huxley,T.H.: *Collected Essays,* Greenwood Publishing Group 1970 (New York 1893);

Ishiguro,H.: *Use and Reference of Names,* in: J.V.Canfield (ed.) Vol.II;

Jammer,M.: *Der Begriff der Masse in der Physik,* Darmstadt (1964);

Jantsch,E.: *Die Selbstorganisation des Universums,* München 1988 (1982);

Jarrett,J.P.: *Bell's Theorem: A Guide to the Implications,* in: Cushing/McMullin (eds.);

Jung,C.G.: *Über psychische Energetik und das Wesen der Träume,* Freiburg i.Breisgau (1971);

Kant, I,: *Kritik der reinen Vernunft (A,B),* Riga (1781,1787);

Kaplan,D.: *Quantifying In,* in: Synthese 19 (1968/1969);

Kemke,C.: *Der Neuere Konnektionismus,* in: Informatik-Spektrum (1988);

Kenny,A.: *The legacy of Wittgenstein,* Oxford (1984);

Kese,R.: *Über den Beitrag Carnaps zur gegenwärtigen KI-Forschung,* in: Weingartner/Schulz (eds.): *Logik, Wissenschaftstheorie und Erkenntnistheorie /* Akten des 11. Internationalen Wittgenstein Symposiums, (1987);

Krauth,L.: *Die Philosophie Rudolf Carnaps,* Wien/NewYork (1970);

Kripke,S.A.: *Name und Notwendigkeit,* Frankfurt/M. (1981);

Kunzmann,P./Burkard,F.-P./Wiedmann,F.: *dtv-Atlas zur Philosophie,* München 1993 (1991);

Kurzweil,R.: *The Age of Intelligent Machines,* dt.: *KI - Das Zeitalter der Künstlichen Intelligenz,* München/Wien (1993);

Lenin,W.I.: *Materialismus und Empiriokritizismus,* Berlin (1977);

Lenz,A./Meretz,S.: *Neuronale Netze und Subjektivität,* Berlin (1995);

Lifschitz,V.: *Circumscription,* in: Handbook of Logic in AI and Logic Programming, Vol.III, Oxford 1994;

Linsky,L.: *Some Notes on Carnap's Concept of Intensional Isomorphism and the Paradox of Analysis,* in: Philosophy of Science 16 (1949);

Lorenz,K.Z.: *Die Naturwissenschaft vom Menschen,* München/Zürich,1992,(1947);

Mainzer,K.: *Symmetrien der Natur,* Berlin/NewYork (1988);

Mainzer,K.: *Computer - Neue Flügel des Geistes?* Berlin/NewYork (1997);

Mainzer/Müller/Saltzer (eds.): *From Simplicity to Complexity,*Part II, Wiesbaden (1998);

Malcolm,N.: *Nothing is hidden,* Oxford (1986);

Maturana,H.R.: *Erkennen: Die Organisation und Verkörperung von Wirklichkeit,* Berlin/Heidelberg/NewYork (1985);

Maury,A.: *The concept of Sinn und Gegenstand in Wittgenstein's Tractatus,* Amsterdam

(1977);

Mayer,V.E.: *Der Wert der Gedanken,* Frankfurt a.M. (1989);

Maxwell,G.: s. Feigl,H.

McCarthy,J./Hayes,P.J.: *Some Philosophical Problems from the Standpoint of Artificial Intelligence,* in: Machine Intelligence 4 (1969);

McClelland,J.L./Rumelhart,D.E.: *Parallel Distributed Processing,* s.u. Rumelhart,D.E.; McClelland,J.L., s. Hinton,G.E.;

McCulloch,W.S./Pitts,W.H.: *A logical calculus of the ideas immanent in nervous activity,* in: Boden (ed.) 1990;

McGuinness,B.: *The Grundgedanke of the Tractatus,* in: Canfield (ed.) Vol.II;

McGuinness,B.: *The So-called Realism of Wittgenstein's Tractatus,* in: Block (ed.) 1981;

McGuinness,B.: *Wittgensteins frühe Jahre,* Frankfurt a.M. (1988);

McMullin,E.: s. Cushing,J.T.;

Mermin,N.D.: *More Experimental Metaphysics from EPR,* in: Cushing/McMullin (eds.);

Metzinger,T.: *Postbiotisches Bewußtsein: Wie man ein künstliches Subjekt baut – und warum wir es nicht tun sollten,* in: Heinz Nixdorf Museums Forum (ed.): *Computer.Gehirn. Was kann der Mensch? Was kann der Computer?* Paderborn (2001);

Minsky,M./Papert,S.: *Perceptrons: An Introduction to Computational Geometry,* Cambridge, Mass. (1969);

Mohr,G.: *Einleitung zu R.Rorty,* in: Frank (ed.)1994;

Monk,R.: *Ludwig Wittgenstein,* NewYork (1990);

Nagel,E./Newman,J.R.: *Gödel's Proof,* NewYork 1958, (dt. Wien 1964);

Nagel,T.: *Mortal Questions,* Cambridge/Massachusetts (1979);

Nagel,T.: *What Is It Like To Be a Bat?,* in: ebd., sowie: The Philosophical Review 83 (1974), dt. in: Nagel,T.: *Letzte Fragen,*1996; Bieri (ed.)1981; Frank (ed.)1994;

Nakhnikian,G.: *Incorrigibility,* in: Philosophical Quarterly 18 (1968);

von Neumann,J.: *Mathematical Foundations of Quantum Mechanics,* Princeton (1955);

Newman,J.R./Nagel,E.: *Gödel's Proof,* s.u. Nagel,E.;

Niedermair,K.: *Wittgensteins Tractatus,* Frankfurt a.M. (1987);

Nissen,V.: *Einführung in Evolutionäre Algorithmen,* Braunschweig/Wiesbaden (1997);

Papert,S.: s. Minsky,M.

Pears,D.: *The Relation between Wittgenstein's Picture Theory of Propositions and Russell's Theories of Judgement,* in: S.Shanker (ed.),1986-89, Vol.I;

Peat,F.D.: s. Hiley,B.J.;

Penrose,R.: *The Emperor's New Mind,* Oxford University Press (1989), dt. *Computerdenken,* Spektrum-Verlag, Heidelberg (1991);

Pfeifer,R.: *Cognition – Perspectives from Autonomous Agents,* in: L.Steels (ed.) 1995;

Pfeifer,R.: *Die Mär von den intelligenten Monstern,* in: Science Facts 3/01, Zürich (2001);

Pitcher,G.:*The Philosophy of Wittgenstein,* Englewood Cliffs (1964);

Pitts,W.H.: s. McCulloch,W.S.;

Podolsky,B.: s. Einstein,A.;

Price,M.C.: *The Everett FAQ,* 1995, (www);

Putnam,H.: s. Graubard,S. (ed.), dt.1996;

Pylyshin,Z.: s. Fodor,J.A.;

Quine,W.V.O.: *From a Logical Point of View,* Cambridge, Mass. (1953), dt. *Von einem logischen Standpunkt,* Frankfurt a.M./Berlin/Wien (1979);

Quine,W.V.O.: *Word and Object,* New York (1960), dt. *Wort und Gegenstand,* Stuttgart

(1980);

Rheinwald,R.: *Menschen, Maschinen und Gödels Theorem,* in: Erkenntnis 34 (1991);

Rössler,J.: *Einleitung zu G.Evans,* in: Frank (ed.)1994;

Rössler, O.E.: *Endophysik. Die Welt des inneren Beobachters,* Berlin (1992);

Rorty,R.: *Mind-Body Identity, Privacy, and Categories,*in: Review of Metaphysics 19 (1965), dt. in: Bieri (ed.) 1981;

Rorty,R.: *Incorrigibility as the Mark of the Mental,* in: The Journal of Philosophy, LXVII,(1970), dt. in: Frank (ed.)1994;

Rosen,N.: s. Einstein,A.;

Roth,G.: *Wie das Gehirn die Seele macht,* Vortrag am 22.04.2001 bei den 51. Lindauer Psychotherapiewochen;

Rumelhart,D.E./McClelland,J.L./ PDP Research Group: *Parallel Distributed Processing,* 2 Bde, Cambridge, Mass. 1987;

Rumelhart,D.E., s. Hinton,G.E.;

Russell,B.: *Principles of Mathematics,* London,1979,(1903);

Russell,B./Whitehead,A.N.: *Principia Mathematica,* Vol.I-III, Cambridge 1978 (1910,1913);

Ryle,G.: *The Concept of Mind,* Chicago,2000,(1949);

Schilpp,P.A.(ed.): *The Philosophy of Rudolf Carnap,* La Salle, Open Court Pub. (1963);

Schlick,M.: *Allgemeine Erkenntnislehre,* Frankfurt/M.,1979,(Berlin,1918);

Schmelzer,I.: *Bohmsche Mechanik,* 2001, (www);

Schmitt,M.: *Neuronale Netze,* in: Dorffner et al.(eds.)1995, S.49;

Schulte,J.(ed.): *Texte zum Tractatus,* Frankfurt/M. (1989);

Schurig,V.: *Naturgeschichte des Psychischen,* Frankfurt a.M. (1975);

Schurz,G.: *Ein quantenmechanisches Argument für die Existenz konkreter Universalien,* in: Brandl,J.L. et al.(eds.), Sankt Augustin (1995);

Sriven,M.: s. Feigl,H.

Searle,J.R.: *Sprechakte,* Frankfurt a.M. (1983);

Seebohm,T.M.: *Philosophie der Logik,* Freiburg/München (1984);

Sellars,W.: *Empiricism and abstract Entities,* in: Schilpp (ed.)1963;

Shaffer,J.A.: *Mind-Body Problem,* in: Edwards,P.(ed.),1967, Vol.V;

Shanker,S.(ed.): *L.Wittgenstein,*Vol.I-V, London/Sidney/Dover (1986-89);

Shannon,C.E./Weaver,W.: *The Mathematical Theory of Communication,* Illinois (1949);

Shoemaker,S.S.: *Self-Reference and Self-Awareness,* in: Journal of Philosophy 65 (1968), dt. in Frank (ed.) 1994;

Shwayder,S.: *Gegenstände and other Matters,*in: J.V.Canfield (ed.)1986, Vol.II;

Shwayder,S.: *Wittgenstein´s Picture Theory and Aristotle,*in: Canfield (ed.) 1986, Vol.I;

Sikora,R.I.: *Rorty´s Mark of the Mental and his Disappearance Theory,* in: Canadian Journal of Philosophy 4 (1974);

Simons,G.: *The Biology of Computer Life: Survival, Emotion and Free Will,* Sussex: The Harvester Press Publishing Group (1985);

Simons,P.: *Das alte Problem von Komplex und Tatsache,* in: J.Schulte (ed.)1989;

Sluga,H.: *Gottlob Frege,* London (1980);

Sneed,J.D.: *The Logical Structure of Mathematical Physics,* Dordrecht (1971);

Steels,L. (ed.): *The Biology and Technology of Intelligent Autonomous Agents,* NATO ASI Series, Series F: Computer and Systems Sciences,Vol.144, Berlin/New York (1995);

Steels,L.: *Intelligence - Dynamics and Representations,* in: L.Steels (ed.)1995;

Stegmüller,W.: *Ludwig Wittgenstein als Ontologe, Isomorphietheoretiker, Transzendentalphi-*

losoph und Konstruktivist, in: Philosophische Rundschau 13, Heft 2, (1965);

Stegmüller,W.: *Modelltheoretische Präzisierung der wittgensteinschen Bildtheorie,* in: Notre Dame Journal of Formal Logic 7, (1966);

Stegmüller,W.: *Hauptströmungen der Gegenwartsphilosophie,*3Bde, Stuttgart, (1969/1987);

Stegmüller,W.: *Kripkes Deutung der Spätphilosophie Wittgensteins,* Stuttgart (1986);

Stegmüller,W.: *Die Entwicklung des neuen Strukturalismus seit 1973,* in ders.: *Probleme und Resultate der Wissenschaftstheorie und Analytischen Philosophie,* Bd.II: *Theorie und Erfahrung,* Berlin/Heidelberg/New York (1986);

Stenius,E.: *Wittgenstein's Tractatus,* Westport/USA, 1981 (1960);

Strawson,P.F./Grice,H.P.: *In defense of a dogma,* s.u. Grice,H.P.;

Stüber,K.: *Einleitung zu D.Davidson,* in: Frank (ed.)1994;

Tegmark,M.E.: *The Interpretation Of Quantum Mechanics: Many Worlds Or Many Words?,* in: Fortschr. Phys. 46 (1998), pp.855-862, sowie: www;

Tetens,H.: *Geist, Gehirn, Maschine,* Stuttgart (1994);

Thiel,C.: *Sinn und Bedeutung in der Logik Gottlob Freges,* Meisenheim a.Glan (1965);

Thomason,R.H.(ed.): *Philosophical Logic and Artificial Intelligence,* Dordrecht/Boston/London (1989);

Tumulka,R.: s. Zanghi,N.

Vaihinger,H.: *Die Philosophie des Als Ob. System der theoretischen, praktischen und religiösen Fiktionen der Menschheit auf Grund eines idealistischen Positivismus,* (1911);

Vico,G.: *Scienza Nuova,* Neapel,1725, translated by T.G.Bergin and M.H.Fisch, Cornell University Press (1991);

Vollmer,G.: *Evolutionäre Erkenntnistheorie,* Stuttgart (1975);

Wang,H. (ed.): *In Memoriam Kurt Gödel,* MIT-Press, Cambridge, Mass. (1978);

Wang,H.: *Reflections on Kurt Gödel,* MIT-Press, Cambridge, Mass. (1987);

Watzlawick,P. (ed.): *The Invented Reality,* New York (1984);

Weaver,W./Shannon,C.: *The Mathematical Theory of Communication,* s.u. Shannon,C.;

Whitaker,R: *Encyclopedia Autopoietica,* www.;

Whitehead,A.N.: s. Russell,B.;

Wiener,O.: *Schriften zur Erkenntnistheorie,* hrg. v. R.Herken, Berlin/Wien (1996);

Wiener,O.: *Form und Inhalt in Organismen aus Turingmaschinen,* in: ebd.;

Wiener,O.: *Notizen zum Konzept des Bio-Adapters,* in: ebd.;

Wiener,O.: *Probleme der Künstlichen Intelligenz,* in: ebd.;

Wiener,O.: *Kambrium der Künstlichen Intelligenz,* in: ebd.

Wiener,O.: *0 ,* in: ebd.;

Wiener,O.: `Information´ und Selbstbeobachtung,* in: ebd.

Wiesendanger,H.: *Mit Leib und Seele,* Frankfurt/Bern/New York (1987);

Wittgenstein,L.: *Tagebücher 1914-1916,* Frankfurt a.M. (1984);

Wittgenstein,L.: *Tractatus logico-philosophicus,* Frankfurt a.M.,1984 (1922);

v.Wright,H.: *Wittgenstein,* Oxford (1982);

Zanghi,N./Tumulka,R.: *John Bell Across Space and Time,* Book Review, in: American Scientist, 2002 (www);

Sachregister

(Legende: bei den kursiv gesetzten Titeln handelt es sich um die im Text explizit behandelten Arbeiten der fraglichen Autoren)

O

P

Z

Personenregister

(Legende: ein geklammerter Sternchenindex >(*)< verweist über die angeführten Seitenzahlen hinaus auf ein eigenes Schwerpunktkapitel, näheres siehe Inhaltsverzeichnis)

A

AIKEN, H. · 245
ALKMAION · 135
ANDERSON, J.A: · 273, 279
ANSCOMBE, G.E.M. · 47
ARCHIMEDES 96
ARISTOTELES · 90
ASPECT, A. · 336f.
AYER, A.J. · 155

B

BABBAGE, C · 245
BAIER, K. · 150
BALLARD, D.H. · 280
BALZER, W. (*) · 126ff.
BECK, F. · 14, 337
BEKENSTEIN, J.D. 335
BELL, J.S. · 19, 331
BERGMANN, G. · 177
BERKELEY, G.· 91, 174, 307
BERKELEY, I.S.N. · 274
BERNAYS, P. · 75, 82
BERNE, E. · 298
BIERI, P. · 160, 223, 224
BOBROW, D.G. · 273
BOHM, D. · 19, 336f.
BOHR, N. · 336
BOOLE, G. 245, 278
BOSCOVICH, R.J. · 308
BREAZEAL, C. · 20
BRENTANO, F. · 14, 168, 169
BROGLIE, L. de · 19, 336
BURGE, T. · 143
BUTRICK, R. · 82

C

CARL, W. · 29
CARNAP, R. (*) 15, 16, 23, 24, 40, 43, 66ff, 136, 138, 177
CARRIER, M. · 145, 160, 167, 168, 223, 247
CASTANEDA, H.-N. (*)· 41, 178, 179ff, 198, 199, 202, 205, 207, 210
CHERVONENKIS, A. 289
CHISHOLM, R. · 169, 178
CHURCH, A. · 69, 80, 82
CHURCHLAND, P.A. · 148
CLIFFORD, W.K. · 333, 334
COPI, I.M. · 47
CORDEMOY, G. de · 91

D

DAVIDSON, D.H. (*)· 82, 85, 141ff, 149, 158, 178
DESCARTES, R. · 90
DEUTSCH, D.· 19, 331
DeWITT, B.S. · 19
DIETRICH, R.A. · 50
DIRAC, P. · 335
DREYFUS, H · 15, 273
DREYFUS, S · 15, 273
DU BOIS-REYMOND, E.H. · 89
DUMMER, G. · 247
DUMMETT, M. · 25, 61
DÜRR, H.-P. · 334
DYSON, F.J. · 331

E

ECCLES, J.C. · 14, 338
ECKERT, J.P. · 245
EDMONDS, D.· 274
EINSTEIN, A. · 19, 337
ENGELS, F. · 92
EULER, L. · 269
EVANS, G. (*) 15, 37, 41, 44, 178, 202, 205ff.
EVANS, T. · 273
EVERETT III, H. 19, 336f.
EXNER-EWARTEN, S.von · 271

F

FAVRHOLDT, D. · 63
FECHNER, G.T. · 92, 146
FEIGL,H. · 94, 137, 138
FELDMAN, J.A. · 280
FEYERABEND, P. · 148
FISCHER, E.P. · 350
FODOR, J. · 45, 164ff, 178, 213, 296, 299, 300
FOERSTER, H.von · 246, 272, 312
FRANK, M. · 146
FREGE, G. (*) 14, 15, 16, 23, 24, 25ff, 46, 59, 60, 66, 67, 69, 73, 76, 80, 81, 177, 205, 207, 220, 229, 251, 269
FREUD, S. · 126

G

GASSENDI, P. · 91
GEACH, P. · 182
GEULINCXS, A. · 91